高等学校经济管理类主干课程教材
人 力 资 源 管 理 系 列

战略性人力资源管理
（第3版）

方振邦　杜义国◎编著

Strategic Human Resource Management

中国人民大学出版社
· 北京 ·

图书在版编目（CIP）数据

战略性人力资源管理/方振邦，杜义国编著. --3版. --北京：中国人民大学出版社，2020.9
高等学校经济管理类主干课程教材. 人力资源管理系列
ISBN 978-7-300-28405-7

Ⅰ.①战… Ⅱ.①方…②杜… Ⅲ.①企业管理-人力资源管理-高等学校-教材 Ⅳ.①F272.92

中国版本图书馆CIP数据核字（2020）第128766号

高等学校经济管理类主干课程教材·人力资源管理系列
战略性人力资源管理（第3版）
方振邦　杜义国　编著
Zhanlüexing Renli Ziyuan Guanli

出版发行	中国人民大学出版社		
社　　址	北京中关村大街31号	**邮政编码**	100080
电　　话	010－62511242（总编室）		010－62511770（质管部）
	010－82501766（邮购部）		010－62514148（门市部）
	010－62515195（发行公司）		010－62515275（盗版举报）
网　　址	http://www.crup.com.cn		
经　　销	新华书店		
印　　刷	固安县铭成印刷有限公司	**版　　次**	2010年5月第1版
开　　本	787 mm×1092 mm　1/16		2020年9月第3版
印　　张	27.75 插页1	**印　　次**	2024年7月第2次印刷
字　　数	735 000	**定　　价**	58.00元

前 言

20 世纪 90 年代以来，随着知识经济和信息技术的蓬勃发展，人力资源已经成为促进社会与经济发展的第一资源，各类组织也越来越重视人力资源的开发与管理。面对瞬息万变且异常复杂的竞争环境，组织固守传统人力资源管理的“成规”将会“作茧自缚”，难以获得永续生存与跨越式发展。因此，国内外许多优秀组织进一步探索战略性人力资源管理的实践，重视将人力资源作为战略决策的核心要素，不断提升人力资源管理层次，拓展人力资源管理职能。通过将人力资源管理与组织的使命、核心价值观、愿景和战略等有机融合，与组织架构、组织文化等协调配合，充分发挥人力资源战略的导向作用，促使人力资源管理各项活动相互匹配、共同聚焦于组织战略目标的实现，从而提升组织的持续竞争优势。

战略性人力资源管理是现代人力资源管理发展的一个新阶段，也是 21 世纪人力资源管理的主流。在这样一个新的发展阶段，人力资源管理无论是在管理的理念和目标、管理的性质和深度，还是在管理的角色和职能、管理的方式和方法等方面都凸显出新的变化和特色。只有系统学习与全面掌握战略性人力资源管理的基本理论与实务，才能保障战略性人力资源管理顺利高效实施，切实提高组织的人力资源管理水平。

本书可作为管理学专业的本科生专业课教材以及研究生入学考试专业参考书。从内容上看，本书在参考同类教材逻辑结构与内容体系、吸收国内外优秀理论成果和最新学术观点的基础上，涉及战略性人力资源管理的战略层面、组织层面与职能层面，系统全面地介绍战略性人力资源管理的基本理论、实务、工具与技术等。本书内容丰富、阐释深入，不仅可供人力资源管理专业的学生和初次接触人力资源管理工作的人士作为系统学习人力资源管理知识的教材，对不同行业各级管理者的管理实践同样有着积极的指导意义，可作为其丰富人力资源管理知识的参考书籍。

具体而言，本书由四大部分共 17 章构成。

第 1 部分（第 1、2 章）阐述战略层面。本部分遵循“人力资源—人力资源管理—战略性人力资源管理—人力资源战略与规划”的逻辑顺序，第 1 章概述人力资源的含义与性质，人力资源管理的含义、目标、功能、环境、发展与挑战，战略性人力资源管理的含义、理论基础与基本结构，等等；第 2 章阐述战略管理、人力资源战略以及人力资源规划的概念、基本原理及实务等。其中，第 2 章第 3 节“人力资源规划”作为战略性人力资源管理的主要职能之一，也属于第 3 部分的内容，但为了内容编排的便利与更加清晰地显现教材的逻辑结构，将之归入本部分。

第 2 部分（第 3、4 章）阐述组织层面。主要介绍战略性人力资源管理系统的两个组织层面的因素：组织架构及设计组织文化的基本原理及实务要点。

第 3 部分（第 5～13 章）阐述职能层面。具体分析战略性人力资源管理的主要职能模块，包括工作设计与工作分析、胜任素质、招募与甄选、职业生涯管理、培训与开发、绩效管理、薪酬管理、劳动关系管理以及员工流动管理等。

第 4 部分（第 14～17 章）阐述战略性人力资源管理的四个较为独立的实践及研究领域，包括员工激励、国际人力资源管理、人力资源外包和电子化人力资源管理。其中，人力资源外包和电子化人力资源管理也是战略性人力资源管理的两个重要支撑，促使人力资源管理部门及人员提高工作层次，更多地致力于战略性和变革性的活动，真正成为组织的战略合作伙伴。

我们在多年从事管理学及人力资源管理方面的教学、科研与咨询服务的过程中，积累了较为丰富的相关经验与成果。能够将之总结、提炼并反映在本教材之中，贡献给各位读者，我们感到非常欣慰。与同类教材相比，本书具有以下特点：

第一，体系完整，结构简明。本书以战略性人力资源管理的战略层面、组织层面与职能层面等为主线，基于系统的战略协同思想，从组织的使命、核心价值观、愿景和战略出发，全方位构建战略性人力资源管理系统，并将之作为全书的逻辑框架结构。该框架结构简明扼要、易于理解掌握，体系完整，涵盖了战略性人力资源管理的所有职能与相关研究及实践领域。

第二，内容翔实，贴近实践。在构建完整体系的基础上，本书对体系中各个部分内容的分析阐述力求翔实、到位。既重视介绍基本理论，也重视阐述具体实务、工具与技术；既重视剖析基本观点，也重视援引并丰富例证；既重视阐述各项重要的战略性职能，又不忽视介绍基本的日常作业性项目。此外，每章后面还安排了本章小结、关键词与思考题等，以帮助读者巩固所学，温故而知新。本书在编写过程中力求将人力资源管理研究的历史成果和最新观点有机整合，尽可能地将各种理论阐述得详细、透彻，帮助读者更好地理解，并用以指导实践。

第三，跟踪前沿，探索热点。本书注重反映人力资源管理的最新实践动态与学术研究成果，积极探索当前管理领域与人力资源有关的热点问题，尝试做出分析与解答。

第四，适用范围广。全书用通俗质朴的语言全面系统地介绍战略性人力资源管理的基础理论和一般职能，回避了行业性的具体业务管理和专业管理，可供任何有兴趣了解人力资源管理基础知识的人士阅读。

本书付梓之际，我们要特别感谢中国人民大学出版社管理出版分社的编辑为本书的出版所付出的劳动；感谢我的研究生徐东华、金洣成、鲍春雷、罗海元、葛蕾蕾、张磊、李丹、王迎桃、郭思含、白奕飞、朱烨、廖振宇、陈曦、姜颖雁等为本书所做的各项工作。此外，在编写本教材的过程中，参阅和借鉴了大量的相关书籍和资料，在此谨向这些书籍和资料的作者表示诚挚的谢意。

结集成书是遗憾的艺术，尽管我们已尽了很大努力，但限于水平，书中的疏漏和不足在所难免，敬请各位同仁、专家学者批评指正。

方振邦
中国人民大学公共组织绩效管理研究中心主任

目 录

第1章 导 论 …… 1

第1节 人力资源概述 …… 2
第2节 人力资源管理概述 …… 6
第3节 战略性人力资源管理概述 …… 27

第2章 人力资源战略与规划 …… 39

第1节 战略管理概述 …… 40
第2节 人力资源战略 …… 49
第3节 人力资源规划 …… 62

第3章 组织架构及设计 …… 79

第1节 组织架构的含义与类型 …… 80
第2节 组织设计概述 …… 86
第3节 组织设计的关键因素与权变因素 …… 89

第4章 组织文化 …… 100

第1节 组织文化概述 …… 101
第2节 组织文化建设 …… 108
第3节 组织文化与人力资源管理 …… 113

第5章 工作设计与工作分析 …… 117

第1节 工作设计 …… 118
第2节 工作分析概述 …… 121
第3节 工作分析的程序和工作说明书的编写 …… 125
第4节 工作分析的方法 …… 131

第6章　胜任素质……143

第1节　胜任素质概述……144
第2节　胜任素质模型概述……147
第3节　胜任素质模型的建立……153
第4节　胜任素质模型的应用……157

第7章　招募与甄选……163

第1节　员工招聘概述……164
第2节　员工招募的渠道与方法……171
第3节　员工甄选测评的方法与技术……177

第8章　职业生涯管理……188

第1节　职业生涯管理概述……189
第2节　职业生涯管理理论……192
第3节　职业生涯规划与管理……198

第9章　培训与开发……205

第1节　培训与开发概述……206
第2节　培训与开发的程序……211
第3节　培训与开发的主要方法……218
第4节　管理人员培训与开发……221

第10章　绩效管理……227

第1节　绩效管理概述……228
第2节　战略性绩效管理……231
第3节　绩效管理的环节……257
第4节　绩效评价的方法……275

第11章　薪酬管理……286

第1节　薪酬管理概述……287
第2节　基本薪酬体系……297
第3节　绩效薪酬体系……315
第4节　员工福利管理……325

第12章　劳动关系管理……330

第1节　劳动关系概述……331
第2节　劳动合同管理……333
第3节　工作时间、劳动保护与员工健康管理……339
第4节　劳动争议处理……343

第 13 章 员工流动管理 …… 348

第 1 节 员工流动概述 …… 349
第 2 节 员工流动的理论基础 …… 355
第 3 节 员工流动管理 …… 358

第 14 章 员工激励 …… 366

第 1 节 员工激励概述 …… 367
第 2 节 激励理论及应用 …… 369
第 3 节 员工激励的主要方法 …… 380

第 15 章 国际人力资源管理 …… 386

第 1 节 国际人力资源管理概述 …… 387
第 2 节 国际人力资源管理的跨文化视角 …… 394
第 3 节 国际人力资源管理的内容 …… 402

第 16 章 人力资源外包 …… 410

第 1 节 人力资源外包概述 …… 411
第 2 节 人力资源外包的实施 …… 414

第 17 章 电子化人力资源管理 …… 420

第 1 节 电子化人力资源管理概述 …… 421
第 2 节 电子化人力资源管理系统结构与功能模块 …… 423
第 3 节 电子化人力资源管理系统开发与实施 …… 427

参考文献 …… 432

第 1 章

导 论

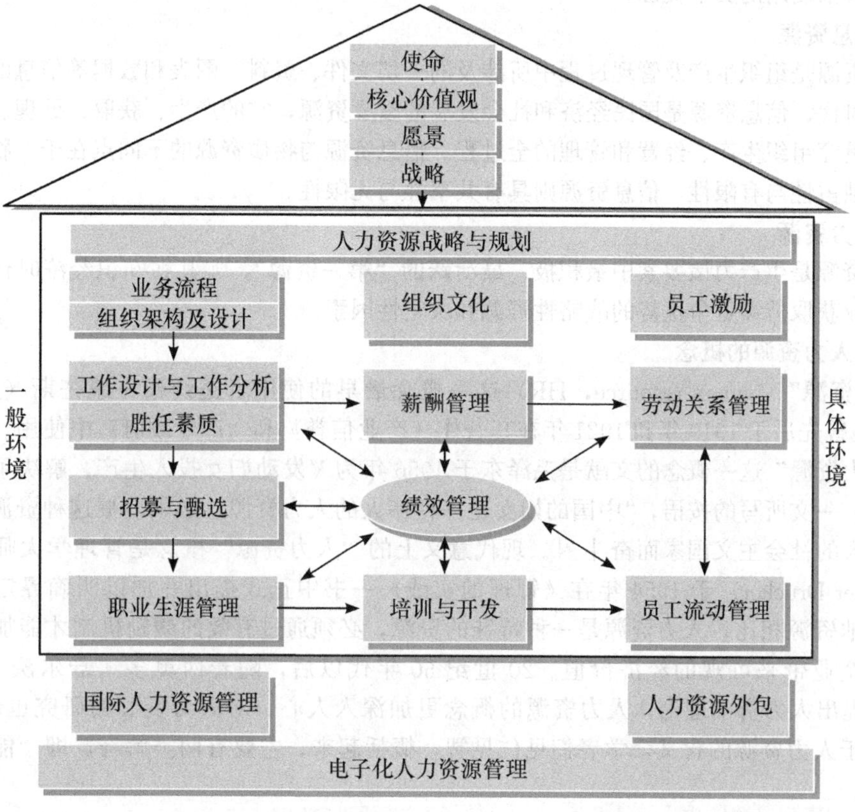

使命
核心价值观
愿景
战略
人力资源战略与规划
业务流程
组织架构及设计
组织文化
员工激励
工作设计与工作分析
胜任素质
薪酬管理
劳动关系管理
一般环境
具体环境
招募与甄选
绩效管理
职业生涯管理
培训与开发
员工流动管理
国际人力资源管理
人力资源外包
电子化人力资源管理

第1节 人力资源概述

一、人力资源的含义

（一）资源的概念

人力资源是一种资源，在了解人力资源的含义前，有必要先解释“资源”这个概念。

《辞海》把资源解释为“资财的来源”。管理学和经济学视野中的资源主要指为了创造物质财富而投入生产过程中的所有要素，包括土地、资金、技术、信息和人力等。现代社会中，整合利用各种资源创造财富的主体是企业，企业只有拥有并利用好这些资源，才能实现自身价值的最大化。资源主要分为三大类：

1. 物质资源

物质资源是人类生存和发展的基础，又分成自然资源与资本资源两大类。其中，自然资源是天然存在的自然物，是未经人类加工的资源，如土地、水、生物、能量和矿物等，它既是人类赖以生存的重要基础，又是社会生产的原料来源和布局场所；资本资源则是人们对自然资源开发或加工后用来创造财富的物质资源，如机器、厂房、道路、汽车等。一般而言，自然资源可以免费使用，资本资源则必须付费使用。随着市场经济的不断发展，原来许多免费使用的自然资源逐渐变成了有偿使用的资本资源。

2. 信息资源

信息资源是组织生产及管理过程中所涉及的一切文件、资料、图表和数据等信息的总称。在当今信息时代，信息资源是国民经济和社会发展的重要资源，它的产生、获取、处理、存储、传输和使用贯穿组织生产、经营和管理的全过程。信息资源与物质资源的不同点在于，物质资源具有明显的独占性与有限性，信息资源则具有共享性与无限性。

3. 人力资源

人力资源是生产力诸要素中最积极、最活跃的“第一资源”，尤其在知识经济时代，人力资源成为企业获取持续竞争优势的战略性资源和决定性因素。

（二）人力资源的概念

“人力资源”（human resource，HR）这一概念最早的使用者是约翰·康芒斯（John Commons），他曾先后于1919年和1921年在其著作《产业信誉》和《产业政府》中使用。我国最早使用“人力资源”这一概念的文献是毛泽东于1956年为《发动妇女投入生产，解决了劳动力不足的困难》一文所写的按语，“中国的妇女是一种伟大的人力资源。必须发掘这种资源，为了建设一个伟大的社会主义国家而奋斗”[①]。现代意义上的“人力资源”概念是管理学大师彼得·德鲁克（Peter Drucker）于1954年在《管理的实践》一书中正式提出并加以明确界定的。他认为，与其他资源相比，人力资源是一种特殊的资源，必须通过有效的激励机制才能加以开发利用，并为企业带来可观的经济价值。20世纪60年代以后，随着西奥多·舒尔茨（Theodore Schultz）提出人力资本理论，人力资源的概念更加深入人心，对人力资源的研究也越来越多。至今，对于人力资源的含义，学者们见仁见智，概括起来，主要有两类解释，即“能力观”与“人员观”。

“能力观”从能力的角度来界定人力资源的含义，认为人力资源是指人的能力或潜力。持这种观点的人占了较大的比例。例如：

---

① 中共中央文献研究室. 毛泽东文集：第6卷. 北京：人民出版社，1999：458.

(1) 人力资源指能够推动整个经济和社会发展的劳动者的能力，即处在劳动年龄的已直接投入建设和尚未投入建设的人口的能力。①

(2) 人力资源是在一定区域范围内，可以被管理者运用以产生经济效益和实现管理目标的体力、智能与心力等人力因素的总和及其形成基础，包括知识、技能、能力与品性素质等。②

(3) 人力资源是指人所具有的对价值创造起贡献作用，并且能够被组织所利用的体力和脑力的总和。③

“人员观”是从人员或人口的角度来界定人力资源的含义，认为人力资源就是具有劳动能力的全部人口或人员。例如：

(1) 人力资源是指一定社会区域内所有具有劳动能力的适龄劳动人口和超过劳动年龄的人口的总和。④

(2) 人力资源是指能够推动社会和经济发展的具有智力和体力劳动能力的人的总称。⑤

“能力观”更接近人力资源的本质，因为人只有具备了一定的能力或素质，才能创造财富。可以说，人力资源的本质就是能力，而人只不过是能力的载体而已。此外，界定人力资源的概念必须考虑到组织的战略目标。基于此，我们将人力资源定义为：人力资源是指一定时期内组织中的人所拥有的，能够支持组织目标实现的体力和脑力的总和。这个解释包含以下几个要点：

第一，人力资源的本质是人的脑力和体力的总和，统称为劳动能力。

第二，人的劳动能力要与组织的目标发生联系，必须支持组织目标的实现。

第三，人的劳动能力必须是组织中的人所拥有的，这里的“组织”可以大到一个国家或地区，也可以小到一个企业或作坊。

(三) 人力资源与人口资源、劳动力资源和人才资源的比较

为了更好地理解人力资源的含义，我们有必要对与人力资源相近的几个概念（人口资源、劳动力资源和人才资源）作简要的分析与比较。

人口资源是指一个国家或地区一定时期所拥有的人口总量，侧重于指人口的数量，是一个最基本的人口底数，劳动力资源、人力资源、人才资源等都来源于这个最基本的资源。

劳动力资源是指一个国家或地区一定时期拥有的具有劳动能力的劳动适龄人口，通常是16～60岁的人口群体。

人才资源是指一个国家或地区中具有较多科学知识、较强劳动技能，对组织目标的实现起关键或重要作用的那部分人。人才资源突出的是质量的概念，是人力资源中较优秀的那部分人。

人口资源、人力资源、劳动力资源和人才资源四个概念强调的重点不同：人口资源主要强调数量，人力资源与劳动力资源在强调质量的同时也重视数量概念，人才资源则主要强调质量。就数量而言，这四者存在一种包含关系（见图1-1）。

(四) 人力资源与人力资本的比较

“人力资源”与“人力资本”也是容易混淆的两个概念，许多人甚至将它们混用，其实这两个概念是有一定区别的。

---

① 张德．人力资源开发与管理．3版．北京：清华大学出版社，2007：4.

② 萧鸣政．人力资源开发与管理：在公共组织中的应用．北京：北京大学出版社，2005：8.

③ 董克用．人力资源管理概论．2版．北京：中国人民大学出版社，2007：8.

④ 朱舟．人力资源管理教程．上海：上海财经大学出版社，2001：2.

⑤ 陈远敦，陈全明．人力资源开发与管理．北京：中国统计出版社，1995：1.

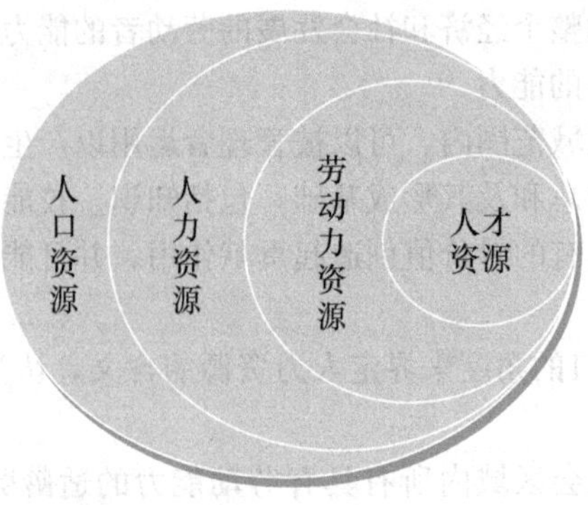

图1-1 人口资源、人力资源、劳动力资源、人才资源的包含关系

1. 资本与人力资本的概念

“资本”一词在语义上有三种解释：一是掌握在资本家手里的生产资料和用来雇用工人的货币；二是经营工商业的本钱；三是牟取利益的凭借。① 马克思认为，资本是能够带来剩余价值的价值。

对于“人力资本”（human capital）的含义，被誉为“人力资本之父”的西奥多·舒尔茨认为，人力资本是劳动者身上所具备的两种能力：一种能力是通过先天遗传获得的，是由个人与生俱来的基因所决定的；另一种是后天习得的，是由个人经过努力学习而形成的，比如读写能力是任何民族人口的人力资本质量的关键组成部分。一般而言，人力资本是体现在劳动者身上的一种资本类型，它以劳动者的质量，即劳动者的知识程度、技术水平、工作能力以及健康状况等来表示，是这些方面价值的总和。它是通过投资形成的，像土地、资金等实体性要素一样，在社会生产中具有重要作用。人力资本的投资主要有三种形式：教育与培训、劳动力迁移和医疗保健。而且，与其他类型的投资一样，人力资本的投资有这样一种含义：在当前付出一定的成本并希望在将来能够获得收益。因此，人们在进行人力资本的投资决策时主要考虑收益和成本两个因素，只有当收益大于成本或者至少等于成本时，人们才愿意进行人力资本的投资，否则，人们将不会进行人力资本的投资。

2. 人力资源和人力资本的关系

人力资源和人力资本是两个既有联系又有区别的概念。它们都以人为研究对象，都是与人有关的概念。人力资源是资本性资源，是人力投资的结果。而且，现代人力资源理论是以人力资本理论为根据的，人力资本理论是人力资源管理的理论基础；人力资源经济活动及其收益的核算是基于人力资本理论进行的；二者都是在研究人力作为生产要素在经济增长及经济发展中的重要作用时产生的。但是，二者也有一定的区别：

第一，二者研究问题的角度和关注的重点不同。人力资源是将人力作为财富的来源看待，从人的潜能与财富之间的关系角度来研究人力问题，是从更广泛意义上对人力问题的研究。人力资本是通过投资形成的存在于人体中的资本形式，是形成人的脑力和体力的物质资本在人身上的价值凝结，从投入与产出的角度来研究人力在效益和经济增长中的作用，关注的重点是收益问题，即投资能否带来收益以及带来多少收益。

第二，二者计量的形式不同。资源是存量概念，资本则兼有存量和流量概念。人力资源是指一定时期内组织中的人所拥有的，能够支持组织目标实现的体力和脑力的总和，其存量表现为质和量两个因素的乘积。而人力资本，如果从生产活动的角度看，往往是与流量核算相联系的，表现为经验的不断积累、技能的不断增进、产出量的不断变化和体能的不断消耗；如果从投资活

① 萧鸣政．人力资源开发与管理：在公共组织中的应用．北京：北京大学出版社，2005：8．

动结果看，又与存量核算相关联，表现为投入教育与培训、劳动力迁移和医疗保健等方面的资本在人身上的凝结。

第三，二者研究的内容不同。如前所述，人力资源概念的外延比人力资本要宽。人力资源既包括未经开发的自然人力资源，又包括开发后的人力资源，是一个概括性的范畴。人力资本则是一个反映价值量的概念，是指能够投入经济活动中并带来新价值的资本。人力资源问题的研究可以从开发、配置、管理和收益等方面进行，人力资本问题的研究则可以从投资和收益等方面进行。[①]

二、人力资源的性质

人力资源作为一种特殊的资源形式，具有不同于自然资源的特殊方面。要想准确地理解人力资源的性质，就必须从它的本质入手。人力资源的本质就是人所具有的脑力和体力，它的所有性质都是围绕这个本质形成的。具体言之，人力资源的性质可概括为以下六个方面：

1. 生物性

人首先是一种生物。人力资源存在于人体之中，是有生命的“活”资源，与人的自然生理特征、基因遗传等紧密相连，人的最基本的生理需要带有某些生物性的特征。因此在管理中，首先要了解人的自然属性，根据人的自然属性与生理特征进行符合人性的管理。人力资源属于人类自身所特有，因此具有不可剥夺性。这是人力资源最根本的性质。

2. 能动性

能动性是人力资源区别于其他资源的本质所在。“蜜蜂建筑蜂房的本领使人间的许多建筑师感到惭愧。但是，最蹩脚的建筑师从一开始就比最灵巧的蜜蜂高明的地方，是他在用蜂蜡建筑蜂房以前，已经在自己的头脑中把它建成了。劳动过程结束时得到的结果，在这个过程开始时就已经在劳动者的表象中存在着，即已经观念地存在着。”[②] 在价值创造的过程中，人力资源总是处于主动的地位，是劳动过程中最积极、最活跃的因素，能够发挥主观能动性，有目的、有意识地利用其他资源进行生产，推动社会和经济的发展。同时，人力资源具有创造性思维的潜能，能够在人类活动中发挥创造性的作用，既能创新观念、革新思想，又能创造新的生产工具、发明新的技术。其他资源则相反，它们服从于人力资源，在价值创造过程中总是处于被利用、被改造的被动地位。

3. 时效性

时效性是指人力资源的形成与作用效率要受其生命周期的限制。作为生物有机体的个人，其生命是有周期的，每个人都要经历幼年期、少年期、青年期、中年期和老年期。其中，只有青年期和中年期才是创造财富的最佳时期，有效时间大概在40年左右；其他阶段的人要么处于成长和发育时期，要么处于衰退时期，尚不足以用来进行价值创造。生命周期和人力资源的这种倒“U”形关系决定了人力资源的时效性。因此，人力资源的开发与管理必须尊重人力资源的时效性特点，做到适时开发、及时利用、讲究时效，最大限度地保证人力资源的产出，延长其发挥作用的时间。人力资源储而不用，才能就会荒废、退化，而未及时开发或利用的人力资源，不仅难以成为财富创造与社会发展的有生力量，还可能成为经济发展和社会进步的障碍。

4. 增值性

物质资本在使用的过程中，由于磨损、自然腐蚀或损坏等原因，效率和效益是递减的，人力资源则不同，它不会因为使用而消失，反而会因为不断的使用而更有价值，因此是一种高增值性资源。美国经济学家舒尔茨曾经说过，“土地本身并不是使人贫穷的主要因素，而人的能力和素

---

① 萧鸣政. 人力资源开发与管理：在公共组织中的应用. 北京：北京大学出版社，2005：7.

② 马克思，恩格斯. 马克思恩格斯全集：第23卷. 北京：人民出版社，1972：202.

质却是决定贫富的关键。旨在提高人口质量的投资能够极大地有助于经济繁荣和增加穷人的福利”。他测算出美国1929—1957年间经济增长中人力资源投资的贡献度高达33%。在知识经济时代，社会经济的发展主要依赖于人类的智能与劳动创造，人力资源将因此成为推进经济增长的“发动机”，其增值性也会体现得越来越明显。

5. **社会性**

人总是处在一定的社会和时代之中的，人之所以为人，是因为人有区别于动物的社会性。人的思想、理念、文化、观点、意识等都是基于一定的社会而产生，又会随着社会的发展而变化，因此人力资源具有社会性。人力资源的社会性，主要体现在人的社会关系中。正如马克思所说：“人的本质……在其现实性上，它是一切社会关系的总和。”① 人力资源的形成、配置、利用、开发是通过社会分工来完成的，是以社会关系的存在为前提的。在现代社会化大生产的条件下，个体要通过一定的群体来发挥作用，合理的群体组织结构有助于个体的成长及高效地发挥作用，不合理的群体组织结构则会对个体构成压抑。群体组织结构又在很大程度上取决于社会环境，社会环境构成了人力资源的大背景，它通过群体组织直接或间接地影响人力资源开发，这就对人力资源管理提出了要求：既要注重人与人、人与群体、人与社会关系的协调，又要注重组织中团队建设的重要性。

6. **可再生性**

资源可分为可再生性资源和不可再生性资源两大类。人力资源是一种可再生性资源，在开发与使用过程中，不会像矿藏等不可再生性资源那样持续减少与不可恢复，反而会凭借自身的机制加以恢复，并保持总体数量。人力资源的可再生性体现为人口的再生产和劳动力的再生产，通过人口总体内个体的不断更替和“劳动力耗费—劳动力生产—劳动力再次耗费—劳动力再次生产”的过程得以实现。同时，人的知识与技能的陈旧、老化也可以通过培训和再学习等手段得到更新。当然，人力资源的可再生性不同于一般生物资源的可再生性，除了遵循一般生物学规律之外，还受人类意识的支配和人类活动的影响。所以，人力资源要实现自我补偿、自我提高与自我更新，必须进行二次开发乃至多次开发。

第2节 人力资源管理概述

一、人力资源管理的含义

（一）管理的基本问题

人力资源管理属于管理的范畴，因此在界定人力资源管理的含义之前，有必要先了解管理的含义与目标等基本问题。

1. **管理的含义与目标**

管理是人类最基本的社会活动之一，也是人类特有的一种社会现象。长期以来，许多中外学者都对管理下过定义，但由于管理的广泛性和复杂性及研究的侧重点不同，至今仍未形成统一的概念。其中几种有代表性的解释如下：

弗雷德里克·W.泰勒（Frederick W. Taylor）认为，管理就是要“确切地知道要别人干什么，并注意让他们用最好、最经济的方法去干”。

亨利·法约尔（Henri Fayol）认为，“管理就是实行计划、组织、指挥、协调和控制”。

① 中共中央马克思恩格斯列宁斯大林著作编译局. 马克思恩格斯选集：第1卷. 北京：人民出版社，2012：139.

赫伯特·A. 西蒙（Herbert A. Simon）认为，“管理就是决策”。

丹尼尔·A. 雷恩（Daniel A. Wren）认为，“给管理下一个广义而又切实可行的定义，可以把它看成是这样的一种活动，即它发挥某些职能，以便有效地获取、分配和利用人的努力和物质资源，来实现某个目标”。

上述定义可以说从不同侧面、不同角度揭示了管理的含义，或者揭示了管理某一方面的属性。综合各种管理学派的观点，我们认为，管理就是一个协调工作活动的过程，以便能够有效率和有效果地同他人一起或通过他人实现组织的目标。这个概念具有三层含义：

第一，管理是一个协同工作的过程，这个过程代表了一系列进行中的有管理者参与的职能活动。

第二，管理是与他人一起或通过他人实现组织的目标，这就区分了管理职位和非管理职位。

第三，效率和效果是管理活动追求的两大目标。其中效率（efficiency）是指以尽可能少的投入获得尽可能多的产出；效果（effectiveness）是指所从事的工作和活动有助于组织达到目标。可见效率是关于做事的方式，而效果涉及结果，或者说达到组织的目标，两者相辅相成，共同构成管理活动追求的目标（见图 1-2）。

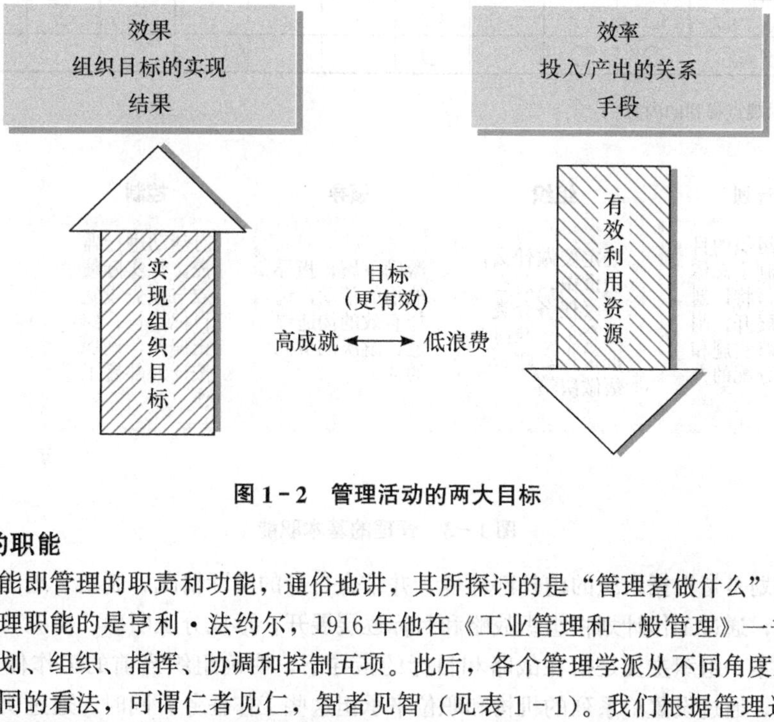

图 1-2　管理活动的两大目标

2. 管理的职能

管理的职能即管理的职责和功能，通俗地讲，其所探讨的是“管理者做什么”的问题。最早系统地提出管理职能的是亨利·法约尔，1916 年他在《工业管理和一般管理》一书中将管理的职能划分为计划、组织、指挥、协调和控制五项。此后，各个管理学派从不同角度对管理的职能提出了各种不同的看法，可谓仁者见仁，智者见智（见表 1-1）。我们根据管理过程学派的观点，认为组织各级管理者都要承担的基本职能有四个，分别是计划（planning）、组织（organizing）、领导（leading）和控制（controlling）（见图 1-3）。

表 1-1　管理职能划分的主要观点

年份	人物	计划	组织	领导	协调	控制	激励	人事	调集资源	通信联系	决策	创新	管理者的努力
1916	法约尔	○	○	○	○	○							
1934	戴维斯	○	○			○							
1937	古利克	○	○	○	○	○		○		○			

续表

年份	人物	计划	组织	领导	协调	控制	激励	人事	调集资源	通信联系	决策	创新	管理者的努力
1947	布朗	○	○	○		○			○				
1948	厄威克	○	○			○							
1951	科曼	○	○	○	○	○			○				
1953	特里	○	○	○	○	○							○
1955	孔茨	○	○			○		○					
1956	特里	○	○		○	○	○						
1958	麦克利兰	○	○	○		○							
1964	梅西	○	○			○		○					
1964	孔茨	○	○	○		○		○					
1966	希克斯	○	○			○	○			○		○	
1972	特里	○	○	○	○	○							
1979	梅西	○	○	○		○				○	○		
1984	罗宾斯	○	○	○		○							

说明：○表示观点提到的内容。

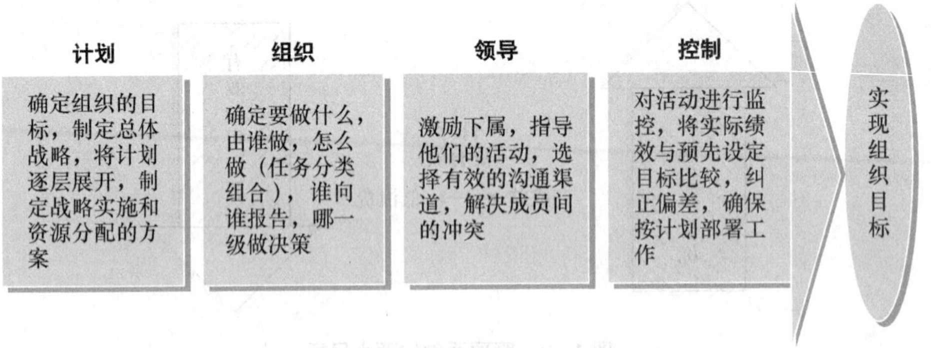

图1-3　管理的基本职能

其中，计划是指根据组织的内外部环境，并结合自身的实际情况，制定合理的总体战略和发展目标的过程，通过工作计划将组织战略和目标逐层展开，形成分工明确、协调有序的战略实施和资源分配方案；组织主要是指在战略和目标的指导下，明确组织当前的工作任务并对任务进行分类与整合，通过设置一系列的机构和职位来承担这些工作任务，同时，通过明确组织中的指挥链并进行相应的职责和权限划分，构建起完整的组织管理体系；领导是充分利用各种方法和手段对下属进行有效的激励，并为下属提供必要的指导和支持，以集中精力实现组织预定目标的过程；控制是为确保组织目标的顺利实现，遵照一定的科学程序，对组织内部各种工作的进展情况与实际效果进行监控和评估，并在其偏离预定轨道时采取措施加以纠正的过程。管理者在进行管理时始终处于一种过程当中，以连续的方式从事着计划、组织、领导和控制活动。

（二）人力资源管理的含义

在认识“人力资源”与“管理”这两个基本概念及相关原理的基础上，下面来阐述人力资源管理的概念。

1954年，彼得·德鲁克提出了现代意义上的“人力资源”这个概念。此后，工业关系和社会学家E. 怀特·巴克（E. Wight Bakke）在1958年出版的《人力资源功能》一书中，首次将人力资源作为管理的普通职能加以讨论，成为对“人力资源管理”（human resource management，HRM）的最早界定。其后，国内外学者从目的、过程、制度、主体、综合等多种不同的视角来解释人力资源管理的概念，进而形成以下几种具有代表性的观点。

1. 目的观

“目的观”主要从人力资源管理的目的出发来解释它的含义，认为它借助对人力资源的管理来实现组织的目标。例如：

（1）人力资源管理就是通过各种技术与方法，有效地运用人力资源来达成组织目标的活动（Mondy & Noe，1996）。

（2）人力资源管理就是通过各种管理功能，促进人力资源的有效运用，以达成组织的目标（Schuler，1987）。

（3）人力资源管理是利用人力资源实现组织的目标。①

2. 过程观

“过程观”主要从人力资源管理的过程或承担的职能出发，把人力资源管理看成一个活动过程。例如：

（1）人力资源管理是负责组织人员的招募、甄选、训练及报酬等功能的活动，以达成个人与组织的目标（Sherman，1992）。

（2）人力资源管理指对全社会或一个企业的各阶层、各类型的从业人员从招募、录取、培训、使用、升迁、调动直至退休的全过程管理。②

（3）人力资源管理是用来提供和协调组织中的人力资源的活动。③

3. 制度观

“制度观”主要揭示人力资源管理的实体，认为它就是与人有关的制度和政策等。例如：

（1）人力资源管理是对人力资源进行有效开发、合理配置、充分利用和科学管理的制度、法令、程序和方法的总和。④

（2）人力资源管理包括一切对组织中的员工构成直接影响的管理决策和实践活动。⑤

（3）人力资源管理包括要影响到公司和员工之间关系的性质的所有管理决策和行为（Beer & Specktor，1984）。

（4）人力资源管理是指影响雇员的行为、态度以及绩效的各种政策、管理实践和制度。⑥

4. 主体观

“主体观”主要从人力资源管理的主体出发解释其含义，认为它是人力资源管理者与部门的工作，持这种观点的人所占的比例不大。例如，人力资源管理指那些专门的人力资源管理职能部门中的专业人员所做的工作（余凯成，1997）。

5. 综合观

“综合观”主要从目的、过程等方面出发综合地进行解释，持这种观点的人占较大的比重。例如：

（1）人力资源开发与管理是指运用现代科学方法，对与一定物力相结合的人力进行合理的培

① 蒙迪，诺埃. 人力资源管理：第6版. 北京：经济科学出版社，1998：4.
② 陈远敦，陈全明. 人力资源开发与管理. 北京：中国统计出版社，1995：14.
③ BYARS L L，RUE L W. 人力资源管理. 北京：华夏出版社，2002：3.
④ 梁裕楷，袁兆亿，陈天祥. 人力资源开发与管理. 广州：中山大学出版社，1999：373.
⑤ 张一弛. 人力资源管理教程. 北京：北京大学出版社，1999：1.
⑥ 诺伊，霍伦拜克，格哈特，等. 人力资源管理：赢得竞争优势：第3版. 北京：中国人民大学出版社，2001：3.

训、组织与调配，使人力、物力经常保持最佳比例，同时对人的思想、心理和行为进行恰当的诱导、控制和协调，充分发挥人的主观能动性，使人尽其才、事得其人、人事相宜，以实现组织目标。①

（2）人力资源管理是对人力资源的取得、开发、保持和利用等方面所进行的计划、组织、指挥和控制的活动，是通过协调社会劳动组织中的人与事的关系和共事人的关系，以充分开发人力资源，挖掘人的潜力，调动人的积极性，提高工作效率，实现组织目标的理论、方法、工具与技术。②

（3）人力资源管理是指组织为了获取、开发、保持和有效利用在生产过程中所必不可少的人力资源，通过运用科学、系统的技术和方法所进行的各种相关的计划、组织、领导和控制的活动，以实现组织既定目标的管理过程。③

应该说，"综合观"更接近人力资源管理的本质。我们在吸取上述观点合理因素的基础上，将人力资源管理界定为：人力资源管理是组织通过各种政策、制度和管理实践，对人力资源进行合理配置、有效开发和科学管理，充分挖掘人力资源的潜力，调动人的积极性，提高工作效率，从而实现组织目标的管理活动。

二、人力资源管理的功能

围绕人力资源所开展的管理活动的作用即为人力资源管理的功能。它必须通过人力资源管理的职能来实现，是履行人力资源管理职责的结果。我们认为，人力资源管理的功能主要有五个方面：吸纳（选人）、激励（用人）、开发（育人）、维持（留人）以及整合（见图1-4）。

图1-4　人力资源管理的功能

其中，吸纳功能主要是根据组织目标确定所需员工条件，通过规划、招募、测评或选拔、录用等获取组织所需要的优秀员工；激励功能主要是通过引导与改变员工的态度、行为，让员工在现有的职位创造出优良业绩；开发功能主要是通过员工培训、工作丰富化、职业生涯管理等，不断培训员工、开发员工潜质，让员工保持能够满足当前及未来工作需要的技能；维持功能主要是通过薪酬、绩效、晋升、劳动关系等一系列管理活动，保持员工的积极性、主动性与创造性，使员工有一个安全、健康、舒适的工作环境，以提高员工满意度，使其安心工作；整合功能是指通过组织文化、信息沟通、人际关系和谐、矛盾冲突的化解等有效整合，使组织内部的个体、群体

① 张德．人力资源开发与管理．3版．北京：清华大学出版社，2007：4.
② 韩淑娟，赵凤敏．现代企业人力资源管理．合肥：安徽人民出版社，2000：13.
③ 董克用．人力资源管理概论．2版．北京：中国人民大学出版社，2007：42.

的目标、行为、态度趋向组织的要求和理念，使之形成高度的合作与协调，发挥集体优势，以提高组织的生产力和效益。

这五项功能中，吸纳功能是前提，为其他功能的实现提供了条件，如果选择了不恰当的员工进入组织，会给其他功能的发挥带来极大的障碍；激励功能是核心，是其他功能发挥作用的最终目的，如果不能激励员工创造出优良的绩效，其他功能的实现就失去了意义；开发功能是手段，只有让员工掌握了相应的工作技能，激励功能的实现才能具备客观条件，否则就会导致员工“心有余而力不足”；维持功能是保障，只有将吸纳的人员保留在企业中，开发和激励功能才会有稳定的对象，其作用才可能持久；整合功能是关键，战略性人力资源管理的发展使其他功能有了统一的方向与目标，人力资源管理的政策与实践才具有一致性，而不会相互冲突。

三、人力资源管理的目标

人力资源管理的目标应该从最终目标和具体目标这两个层次加以理解。人力资源管理的最终目标就是有助于实现企业的整体目标。人力资源管理是企业管理的一个组成部分，从属于整个企业管理，而对企业进行管理的目的就是实现企业既定的目标，因此，人力资源管理的目标也应当服从和服务于这一目的。需要指出的是，虽然不同的企业，其整体目标的内容可能有所不同，但最基本的目标都是一样的，那就是要创造价值以满足相关利益群体的需要。在实现最终目标的前提下，人力资源管理还要达成一系列的具体目标，包括：

(1) 保证价值源泉中人力资源的数量和质量；

(2) 为价值创造营造良好的人力资源环境；

(3) 保证员工价值评价的准确有效；

(4) 实现员工价值分配的公平合理。

人力资源管理的具体目标与人力资源价值链的运作是密切相关的。价值链表明了价值在企业内部从产生到分配的全过程，是贯穿企业全部活动的一条主线，价值链中任何一个环节出现问题，都将影响整个价值的形成。人力资源管理的具体目标就是：从人力资源的角度出发，为价值链中每个环节的有效实现提供有力的支持（见图1－5）。

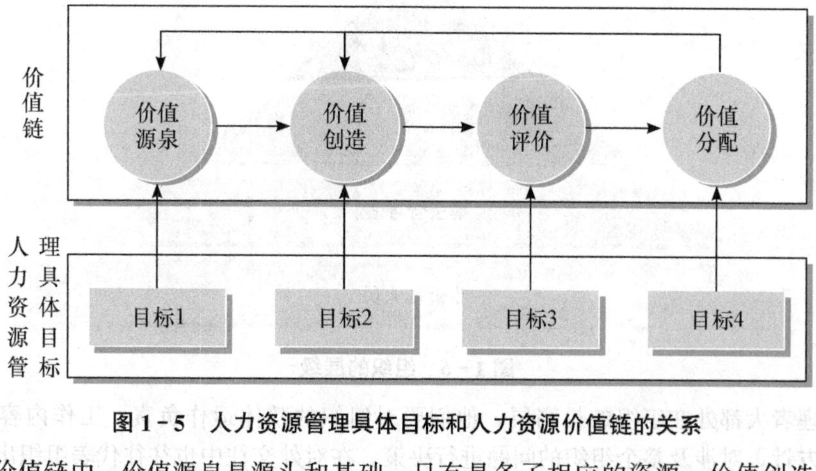

图1－5　人力资源管理具体目标和人力资源价值链的关系

在整个价值链中，价值源泉是源头和基础，只有具备了相应的资源，价值创造才有可能进行。因为人力资源是价值创造不可或缺的资源，所以为了保证价值创造的正常进行，企业必须拥有满足一定数量和质量要求的人力资源，否则，企业的价值创造就无法实现，这就是人力资源管理的第一个具体目标——保证价值源泉中人力资源的数量和质量，这一目标需要借助人力资源规划和招募录用等职能活动来实现。在价值链中，价值创造是最关键的环节，只有通过这一环节，价值才能被创造出来，而价值创造并不会自动发生，它需要以人力资源为中心来整合和运用其他资源，因此，必须营造良好的人力资源环境，去实现价值的创造，这就是人力资源管理的第二个具体目标——为价值创造营造良好的人力资源环境，这一目标需要借助工作分析和设计、员工调配、培训开发以及员工激励等活动来实现。价值分配可以说是价值链运作的目的，为了进行价值分配，就必须对价值创造主体在价值创造过程中所作的贡献进行准确的评价，这就是人力资源管理的第三个具体目标——保证员工价值评价的准确有效，这一目标需要借助绩效管理等职能活动来实现。只有通过价值分配，企业各相关利益群体的需要才能得到满足，从价值创造主体的角度来看，只有它们得到了公平合理的价值分配，价值创造才有可能继续发生，这就是人力资源管理的第四个具体目标——实现员工价值分配的公平合理，这一目标需要借助薪酬管理等职能活动来实现。总的来说，人力资源管理的目标是，通过组建优秀的企业员工队伍，建立健全企业管理机制，形成良好的企业文化氛围，有效地开发和激励员工潜能，最终实现企业管理的目标。

四、人力资源管理者和人力资源管理部门

（一）管理者概述

在介绍人力资源管理者和人力资源管理部门之前，有必要先了解关于管理者的基本原理。

1. 管理者的含义及类别

管理者（manager）是管理活动和管理职能的承担者。美国学者斯蒂芬·P. 罗宾斯（Stephen P. Robbins）认为，管理者就是那些在组织中指挥别人活动的人。随着管理的作用日益凸显，作为管理活动主体的管理者在企业中的地位也越来越重要，某种意义上甚至成为企业成败的关键。管理大师德鲁克曾经说过："如果一个企业运转不动了，我们当然是去找一个新的总经理，而不是另雇一批工人。"

按照不同的标准，我们可以将管理者划分为不同的类型。最常见的分类是，根据在组织中所处的层级不同，管理者可以分为高层管理者、中层管理者和基层管理者三类（见图1-6）。

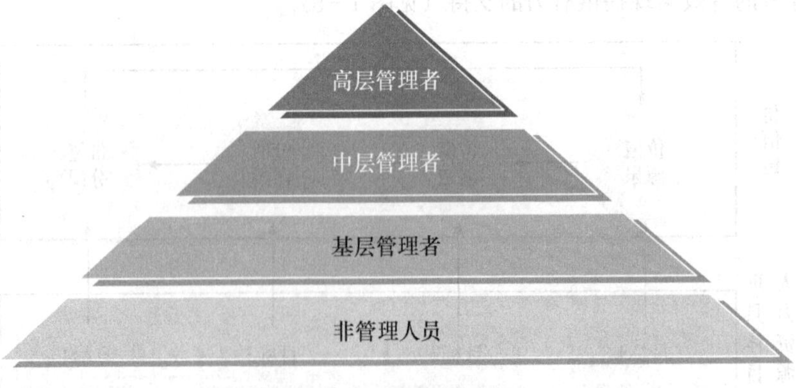

图1-6　组织的层级

高层管理者大都处在组织的最高层，他们要对组织的整体运作负责，工作内容主要是制定组织的大政方针，对涉及整个组织的问题进行决策，在对外交往中也往往代表组织出现，如公司的董事长或总经理、学校的校长或副校长等。中层管理者一般处在组织的中间层级，作为高层管理者和基层管理者之间的桥梁，他们的主要工作是"上传下达"，一方面要向下传达高层管理者的重大决策并监督、协调基层管理者的工作，另一方面要向高层管理者反映基层中存在的问题，为他们的决策提供依据，如工厂的车间主任、公司各部门的经理及学校的系主任等。基层管理者

则是组织中层次最低的管理者，他们要直接面对普通员工，除了对普通员工的工作进行监督、指导外，一般还要承担一部分具体工作，如公司各部门的主管、工厂的班组长、学校的教研室主任等。这三个层级的划分并不是绝对的，按照组织的从属关系不同，同一个管理者所属的管理层次也会发生转换。例如，一家集团公司有若干分公司，那么对于某分公司的总经理来说，从整个集团公司来看，他属于中层管理者；但是就该分公司而言，他又是高层管理者。

此外，根据弗雷德·卢桑斯（Fred Luthans）的研究，处于不同组织层级的管理者在各项管理职能上所花费的时间和精力相去甚远（见图1-7）。其中领导职能占各级管理者时间的比例由基层到高层呈现递减规律，计划、组织和控制职能则相反，越是高层管理者花在这三项职能上的时间越多，这与各层级管理者的工作特点和任务要求是相吻合的。

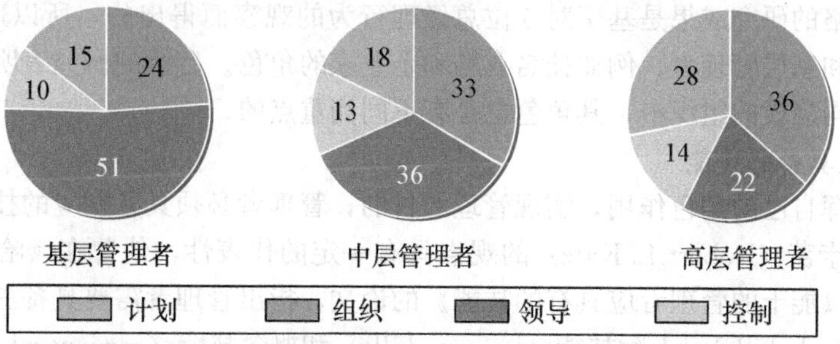

图1-7　不同层级管理者用在不同职能上的时间分布（%）

2. 管理者的角色

对于管理者的角色，学者们做了大量的研究。其中最有代表性的当属亨利·明茨伯格（Henry Mintzberg）在20世纪60年代末所做的研究。在大量观察管理活动的基础上，明茨伯格对管理者的角色进行了界定，认为管理者扮演着10种不同但高度相关的角色。这10种角色主要体现在三个方面，即人际关系、信息传递和决策制定，每种角色都对应着一定的描述和特征活动（见表1-2）。

表1-2　明茨伯格的管理者角色理论

角色分类	具体角色	描述	特征活动举例
人际关系	挂名首脑	象征性的首脑，必须履行许多法律性或社会性的例行义务	迎接来访者，签署法律文件
	领导者	激励和动员下属，负责人员配备、培训和交往，对下属的工作进行协调	实际领导所有的由下级参加的活动
	联络者	与组织外部的机构和人员交往，维护自行发展起来的外部接触和联络网络，以获取相关信息	发感谢信，从事外部委员会的工作，通过电话、信件等形式与外部保持联络
信息传递	监听者	接收和收集各种特定的信息，以便对组织和环境有透彻的了解，成为组织内外部信息的神经中枢	阅读报刊和报告，了解市场动态
	传播者	将从外部和内部获得的信息传递给组织的其他成员，这些信息有些是关于事实的，有些是解释别人观点的	举行信息沟通会，通过报告、电话等方式进行信息的传达
	发言人	向外界发布组织的有关信息，让组织以外的机构和人员了解组织的有关情况	举行新闻发布会，与供应商和顾客举行座谈会

续表

角色分类	具体角色	描述	特征活动举例
决策制定	企业家	发现组织和环境中的机会，制定方案并对方案的执行情况进行监督检查	制定公司的战略，检查决议的执行情况
	混乱驾驭者	当组织面临突发的意外事件时，及时采取相应的措施进行补救	采取措施应对危机事件
	资源分配者	对组织拥有的各种资源进行分配，实际上就是做出组织层面的重要决策	批准各部门的预算，批准公司总的采购计划
	谈判者	作为组织的代表参加重大的谈判	与供应商、销售商进行谈判

因为明茨伯格的研究成果是基于对5位总经理行为的观察而得出的，所以这10种角色并不完全适用于中层和基层管理者，例如挂名首脑和企业家的角色。后续的研究表明，即使同样是高层管理者，在不同规模的组织中，其角色也是有不同侧重点的。

3．管理者应具备的技能

为了充分发挥自己的角色作用，实现管理的目的，管理者必须具备相应的技能。在这个问题上，罗伯特·L. 卡茨（Robert L. Katz）的观点具有一定的代表性，他曾在《哈佛商业评论》上发表过一篇名为《能干的管理者应具有的技能》的论文，指出管理者需要具备三种基本技能，即技术技能（technical skills）、人际技能（human skills）和概念技能（conceptual skills）。

技术技能指管理者应具备相应的专业知识和技术，能够运用一定的知识、技术、工具和程序完成工作任务，如工程师要具备设计知识和技能，律师要具备法律知识和辩论能力，销售经理要具备产品知识和推销能力，等等。技术技能对管理者来说是非常必要的，虽然他们不必成为某领域的专家，但如果不具备这些技能，就无法对下属的工作进行指导和监督。

人际技能就是与人打交道的能力。作为管理者，必须经常与各种各样的人发生关系，其中既包括组织内部的人员，如上级管理者、同事和下属等，又包括组织外部的人员，如政府工作人员、供应商等，因此管理者必须具备与他们进行有效交往和沟通的能力，以实现自己的管理职责。

概念技能指管理者认识事物、现象的本质及相互关系的能力。管理者面对的环境通常是复杂的，因此他们必须能够对环境以及组织与环境的关系进行正确的分析和判断，并在此基础上做出决策。在组织内部同样如此，管理者也必须认清组织内部各部分的相互关系，对组织有一个全局性和整体性的把握。

作为管理者，这三种能力都应当具备，但是不同层次的管理者可能会有所侧重，管理层次越高，从事的具体业务就越少，与普通员工发生的直接工作关系也越少，因此其技术技能的要求会越低，但是概念技能的要求会逐渐增加；而人际技能的要求对各个层次的管理者来说大致相同，只是交往的对象可能会有所不同，高层管理者与外部的交往会更多，基层管理者与内部的交往会更多。

（二）人力资源管理者和人力资源管理部门

作为主体，人力资源管理者和人力资源管理部门在整个人力资源管理活动中占有非常重要的地位，不仅是人力资源管理职能和活动实现的载体，而且直接决定了人力资源管理作用的发挥，在某种程度上甚至影响到人力资源管理在整个企业中的地位。

1．人力资源管理者和人力资源管理部门的出现

虽然人力资源管理的实践活动可以追溯至很远的年代，但是专门的人力资源管理人员和人力资源管理部门的出现相对较晚。

早期的人力资源管理活动大多是与现场的生产管理交织在一起并由一线管理人员承担的，随着资本主义社会的发展和一系列法律法规的颁布，企业劳资关系的协调及相应事务的处理越

来越多，特别是在泰勒的科学管理思想出现后，进行工作分析并按照相应的标准挑选和培训工人的工作也越来越多，因此就出现了人事专职人员。例如，雇用专员专门负责工人的招募甄选；工资专员以工作任务和时间-动作研究为基础，设定工资基数；社会秘书或福利秘书制定福利方案；养老金专员处理养老和保险计划等。

随着实践的发展，对人事专职人员的要求也越来越高，企业需要具有专门知识和技能的人事专家来从事招募、录用、培训和工作设计等方面的工作。例如，劳工专家负责处理员工抱怨、协调劳资关系；培训专家负责培训员工的技能，特别是销售技能和操作工人的操作技能；劳动安全专家负责监督工作条件、处理劳动安全事故等。人事专职人员和人事专家的增加，使组织不得不设立专门的部门来进行管理并赋予这个部门相应的职能，但在早期，人力资源管理部门更多的是以其他名称出现的。例如，国际收割机公司成立的工业关系部；福特汽车公司成立的社会部，该部门综合处理员工关系、医疗、福利、安全和法律等方面的问题；库本海默公司成立的工业关系部，该部门设立了分支部门，负责处理健康、雇用、抱怨、训练、工资与报酬等方面的事务。

专门的人力资源管理人员和人力资源管理部门的出现，是人力资源管理发展过程中重要的里程碑，它使人力资源管理工作更加趋于专业化，职能的发挥也得到了加强。

2. 人力资源管理者和人力资源管理部门承担的职能和职责

雷蒙德·A. 诺伊（Raymond A. Noe）等学者认为，人力资源管理部门承担的职能和职责主要如表1-3所示。

表1-3 人力资源管理部门承担的职能和职责

职能	职责
工作分析与设计	任务分析，工作设计，工作描述
招募与甄选	招聘，职位设置，面试，测试，协调临时工的使用
培训与开发	定位，技能培训，职业生涯发展计划
绩效管理	绩效衡量，绩效评估的准备和管理，惩戒
薪酬和福利	工资和薪酬管理，奖励津贴，保险，休假管理，退休计划，红利分享，持股计划
劳动关系	态度调查，劳动者关系，员工手册，公司出版物，遵守劳动法规，重新安置和新职介绍服务
人事政策	政策制定，政策传播，记录保持，人力资源信息系统
符合法规	确保行为合法的政策，报告，信息发布，安全检查，设施的可利用性
支持战略	人力资源规划和预测，变革管理

资料来源：诺伊，霍伦贝克，格哈特，等．人力资源管理基础：第3版．北京：中国人民大学出版社，2011：6.

还有很多学者对人力资源管理者和部门应承担的职能与职责进行了总结，这里不再一一列举。综合大家的观点，可以将人力资源管理者和部门所从事的活动划分为三大类：第一类是战略性和变革性的活动；第二类是业务性的职能活动；第三类是行政性的事务活动。

战略性和变革性的活动涉及整个企业，包括战略的制定和调整、组织变革的推动等内容。严格来讲，这些活动都是企业高层的职责，但是人力资源管理者和人力资源管理部门必须参与到这些活动中来，要从人力资源管理的角度为这些活动的实施提供有力的支持。业务性的职能活动的内容主要就是前面所讲的人力资源管理的职能。行政性的事务活动的内容则相对简单，如员工工作纪律的监督、员工档案的管理、各种手续的办理、人力资源信息的保存、员工服务、福利的发放等活动都属于这一类。

根据帕特里克·赖特（Patrick Wright）和加里·麦克马汉（Gary McMahan）的研究，人力资源管理者和人力资源管理部门所从事的各类活动的投入时间和具有的附加值并不是正相关的。在他们所进行的活动中，大约有60%的时间耗费在行政性活动上，产生的附加值却很低，只占到整个附加值的10%左右；业务性活动耗费的时间和产生的附加值大致相等，都是30%左右；战略性和变革性活动，投入的时间很少，大约只有10%，对公司的附加值却很大，有60%左右（见图1-8）。

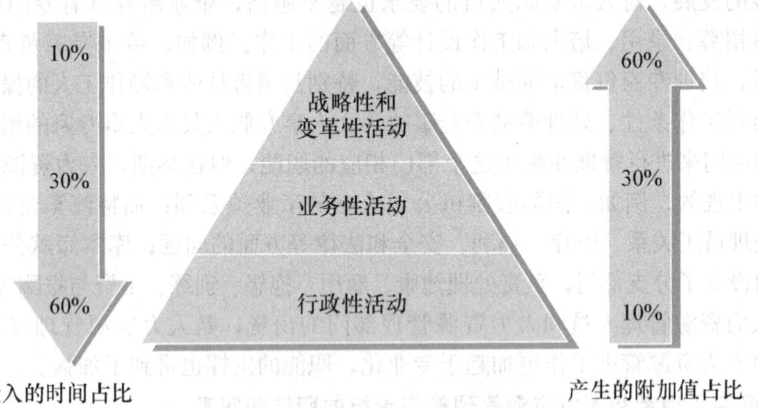

图1-8　人力资源管理活动的类型及投入产出情况

由上述结论可以看出，人力资源管理者和人力资源管理部门所从事的活动还有很大的改进余地和提升空间，如果他们想要提高自己的价值，做出更大的贡献，就必须改变自己的工作层次，把更多的精力和时间投入战略性和变革性活动中去，少做一些行政性事务工作。

近年来，随着计算机、网络技术的发展和专业人事代理服务公司的出现，人力资源管理者和人力资源管理部门可以省去大量的行政性事务工作，或剥离出部分的业务性职能工作，这使他们改变自己的工作层次成为可能。通过专业的人力资源管理软件和网络技术，许多以前需要耗费大量时间来处理的工作现在可以更加快速简捷地完成，比如员工薪酬的计算、人力资源信息的统计、相关信息的收集、各种手续的办理、应聘简历的收集、绩效评价的实施等。此外，有很多以前需要人力资源管理者和人力资源管理部门来完成的工作，现在可以由员工和其他部门以“自助”的方式实现，如员工信息的更新等。借助专业的人事代理服务公司，人力资源管理部门可以将很多事务性的工作外包，如人事档案的保管、保险费用的缴纳、员工的服务等；还有一些常规性的职能活动也可以委托出去，例如员工的招聘、培训的实施等。通过这些手段，人力资源管理者和部门可以节省出大量的时间和精力来进行附加值较高的活动，从而使自己的工作层次发生根本性的变化，其图形由三角形转变为菱形（见图1-9）。

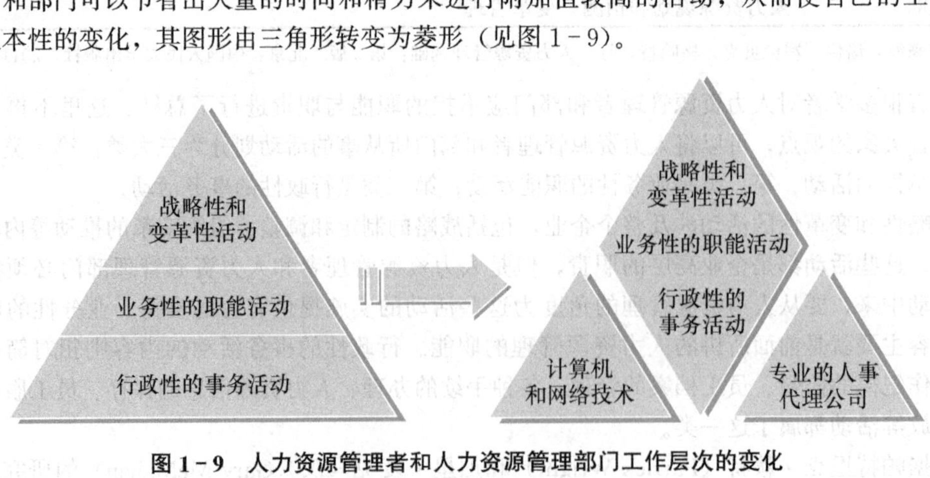

图1-9　人力资源管理者和人力资源管理部门工作层次的变化

3. **人力资源管理者和人力资源管理部门的角色**

和其他管理者一样，人力资源管理者在组织中也要扮演一定的角色，而所有人力资源管理者角色的集合就形成了人力资源管理部门的角色。美国国际人力资源管理学会（International Public Management Association for Human Resources，IPMA-HR）认为，人力资源管理者应该承担四种角色：业务合作伙伴、变革推动者、领导者与人力资源管理专家（见图1－10）。

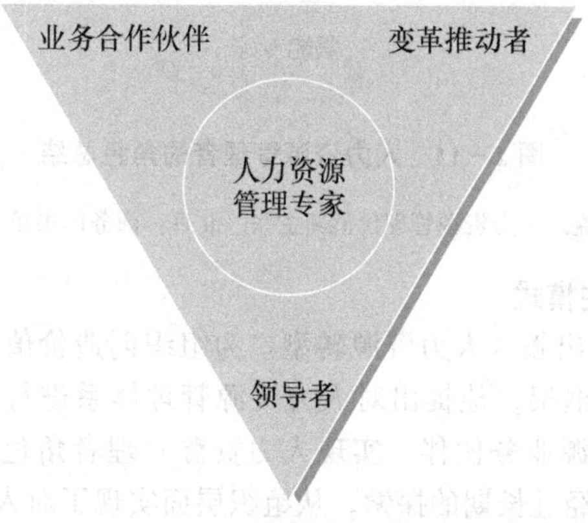

图1－10　人力资源管理者的四种角色

此外，密歇根大学教授戴夫·乌里奇（Dave Ulrich）等学者也对人力资源管理者的角色进行了研究，认为人力资源管理者的角色是发展的（见表1－4）。

表1－4　人力资源管理者角色的发展

20世纪90年代中期	21世纪中期	管理思想的演化
员工激励者	员工激励者 人力资本开发者	员工对组织成功越来越重要。员工激励者聚焦于今日的员工；人力资本开发者聚焦于如何让员工为未来做好准备
行政管理专家	职能专家	人力资源管理活动是人力资源价值的核心。有些人力资源活动通过高效的管理手段（例如技术手段）来完成，有些通过政策及干预来完成，对“行政管理专家”的角色进行了延伸
变革推动者	战略伙伴	作为战略伙伴有多方面的表现：业务专家、变革推动者、知识管理者和顾问。变革推动者只代表战略伙伴角色的部分内涵
战略伙伴	战略伙伴	作为战略伙伴有多方面的表现：业务专家、变革推动者、知识管理者和顾问。变革推动者只代表战略伙伴角色的部分内涵
	领导者	前四种角色的总和等于领导力。人力资源领导者包含领导人力资源管理部门、与其他职能部门合作、保证公司管理秩序以及监控人力资源团队的含义

资料来源：乌里奇，布罗克班克．人力资源管理价值新主张．北京：商务印书馆，2008：305.

表1－4说明，到21世纪中期，人力资源管理者的角色可概括为五种：（1）员工激励者(employee advocate)，负责将雇主与员工的关系确定为一种具有互惠价值的关系；（2）人力资本开发者（human capital developer)，负责建设未来的员工队伍；（3）职能专家（functional expert)，负责设计和开展能够保证个人能力和创造组织能力的人力资源管理活动；（4）战略伙伴(strategic partner)，帮助各层次直线经理达成其各自的目标。(5) 领导者，必须将所有的人团结在一起，并得到人力资源管理部门内部及外部人员的信任（见图1－11）。

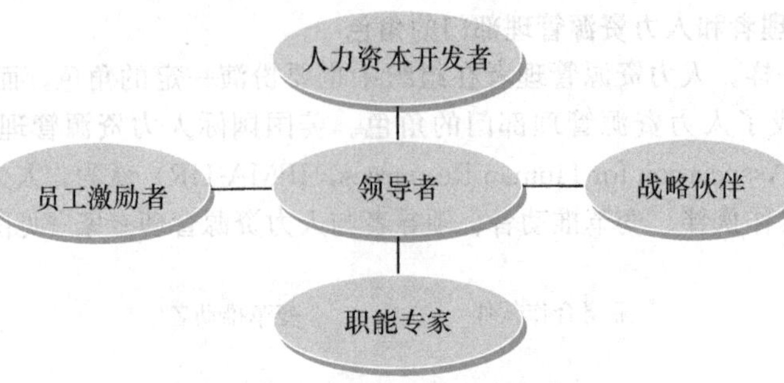

图1-11　人力资源管理者的角色总结

资料来源：乌里奇，布罗克班克. 人力资源管理价值新主张. 北京：商务印书馆，2008：304.

4. 人力资源管理三支柱模式

1997年，戴夫·乌里奇出版《人力资源转型：为组织创造价值和达成成果》一书，论述了人力资源管理三支柱的理论框架。他提出对人力资源管理体系进行流程再造，通过建立专家中心、共享服务中心和人力资源业务伙伴，实现人力资源管理者角色模型在企业中的落地。IBM自20世纪90年代初开始，经过长期的探索，从组织层面实现了对人力资源部的重构，将人力资源部分为三个部分，于2007年提出了人力资源管理的三支柱模式。三支柱具体如下：

专家中心（center of expertise，COE）。COE的角色是人力资源管理领域专家，参与公司战略制定，并负责制定人力资源管理战略。COE联结企业高层和人力资源管理职能，推动人力资源管理支撑企业战略。

人力资源业务伙伴（human resource business partner，HRBP）。HRBP的角色是人力资源通才，辅助直线部门负责人对组织、团队、人才进行管理。HRBP综合运用人力资源管理专业方法对业务部门提供精准支持，帮助各级领导培养和发展人力资源管理能力。HRBP解决的是人力资源管理与业务体系脱节的问题，确保人力资源管理政策更贴近组织的业务需求，支持企业战略的有效实施。

共享服务中心（shared service center，SSC）。SSC负责基础人力资源事务性工作，帮助HRBP和COE从事务性、重复性工作中解脱出来，并对内部客户的满意度和卓越运营负责。SSC通过为组织中的员工提供一体化、信息化、标准化的服务，为员工提供定制化、可信赖的人力资源管理服务。

三支柱模式改造了传统人力资源管理部门的职能结构，较好地解决了传统人力资源管理陷于事务性工作、效率低、与业务工作脱节和战略性不足等问题，实现了人力资源管理管理价值的提升，在企业中得到了广泛应用。

五、人力资源管理的环境

人力资源管理的环境是指能够对人力资源管理活动的成效产生潜在影响的各种因素的总和。系统管理学派及权变理论学派的代表人物弗里蒙特·E.卡斯特（Fremont E. Kast）和詹姆斯·E.罗森茨韦克（James E. Rosenzweig）认为，"组织是一个开放系统，是在与其环境的不断相互作用中获得发展的。因而只有在开放系统的总模式下才能很好地确定组织内外各个变量之间的确切关系"。人力资源管理作为组织的一个基本职能系统，并不是孤立的，而是与组织内外的其他变量存在着密切的联系，会受到各种环境因素的影响。

人力资源管理的环境因素是非常广泛和复杂的，主要可以划分为两大类：一是外部环境。它是组织边界以外影响人力资源管理的各种因素，包括政治、经济、技术、法律、文化等。二是内部环境。它是指组织系统内部影响人力资源管理的各种因素，包括组织战略、组织文化、组织生命周期、高层领导者的领导风格等。只有充分了解与妥善处理好这些因素，才能使人力资源管理在复杂多变的环境中获得持续发展，实现人力资源管理活动与环境的和谐统一。

（一）人力资源管理的外部环境

1. 政治因素

政治制度与方针政策的稳定性与连贯性以及政府管理方式等，都会影响到人力资源管理。政治局面的混乱必然导致企业无法正常运转，甚至危及其生存，进而导致人力资源管理活动的停滞或混乱，而政党的更迭与方针政策的变化将影响人力资源管理发展的方向，对人力资源管理活动具有一定的引导性和支配性。此外，政府是国家政权的行使者，在整个社会生活中居于主导地位，因此政府对企业的管理方式直接决定了企业进行人力资源管理活动的空间。政府对企业控制过严，就会削弱企业的自主权，企业人力资源管理的活动空间相应也就比较狭窄；反之，企业就会拥有较大的自主权，人力资源管理的活动空间相应也比较大。在市场经济条件下，人力资源管理呼唤稳定的政治局面、连贯的政府管理方式及方针政策等，以减少企业内部人力资源管理的“动荡”，提高人力资源管理的效果。

2. 经济因素

经济因素对人力资源管理的影响主要体现在以下几个方面：一是经济体制。经济体制是一个国家经济运行的具体方式，集中体现为资源的配置方式。在市场经济体制下，市场成为资源配置的主体，企业拥有相对独立的自主权，可以根据内部的各种因素自行对人力资源进行统一配置。企业为了提高各自的竞争优势，竞相创新与发展人力资源管理方式，促使人力资源管理方式日益复杂与多元化。二是经济发展状况。在市场趋向完善、经济快速发展的今天，经济发展状况和劳动力市场状况已成为人力资源管理的内生变量。企业在进行人力资源规划时，必须考虑企业未来的发展前景，而这正是与整个经济发展状况紧密联系在一起的，两者具有显著的正相关关系。经济形势繁荣发展，前景看好，企业就会不断发展，对人力资源的需求就相应增加，反之就相应减少。企业要对国家经济政策的变化、人口规模和结构的改变、经济增长速度等因素进行深入分析，及时调整好人力资源管理的相关对策。三是劳动力市场状况。在劳动力市场中，劳动力参与率、人口平均寿命、特定职位的素质和技能要求等都会影响劳动力供给的变化。企业制定人力资源战略，必须了解一定时期内劳动力需求的种类和数量，掌握社会劳动力的供给、构成以及对特定人力资源的市场需求，这样才能有的放矢，掌握主动。

3. 技术因素

在市场经济条件下，企业既是市场竞争的主体，也是技术创新的主体。技术进步对经济发展的影响，从本质上说是企业对新技术的开发与应用，是人力资源价值的集中体现。随着技术与产品更新周期越来越短，现有职位不断发生变化，不断出现的新职位需要更多掌握新知识、新技术、新技能的员工。因此，企业要密切关注科技发展动向，预测本企业业务及职位对工作技能需求的变化，制订和实施有效的人力资源开发计划，同时更新人力资源管理手段，推进人力资源管理电子化。

4. 法律因素

法律规范对人力资源管理的影响主要体现在它的约束和规范作用上。企业制定和实施人力资源战略及政策，必须符合国家和地方政府主管部门发布的各种相关法律和法规，这是企业能够保持正常运转的重要条件。目前，我国已经实施的劳动法、劳动合同法、工会法等法律，对人力资源管理实践具有重要的影响。其中，劳动法的内容几乎涉及人力资源管理的各个方面，包括招募甄选、平等就业、劳动安全和卫生、工资待遇、社会保险和福利、辞退解雇、培训开发等，而劳动合同法在规章制度的制定、书面合同的签订责任、试用期的设置、劳动合同的期限、违约金的数量、劳动合同的解除、集体合同的订立、劳务派遣以及非全日制用工等方面做出了全面的规定，直接规范着人力资源管理的相关活动。

5. **文化因素**

人类社会和文明始终处于不断的发展和变化之中，在全球化潮流的推动下，国家和地区的价值观、伦理道德、宗教信仰、风俗习惯等文化因素发生巨大的变化，它们影响和制约着人们的思维方式和行为方式，进而对人力资源管理产生重要的影响。不同的文化背景一般会产生不同的人力资源管理模式。例如，日裔美国学者威廉·大内（William Ouchi）于20世纪70年代选择美国和日本的24家大型企业进行了比较分析与研究，1981年出版了他的研究成果——《Z理论》。在该书中，他总结了两国企业管理模式特别是人力资源管理模式的特点（见表1-5）。

表1-5 日本和美国企业管理的比较

日本企业	美国企业
终身雇佣制	短期雇佣制
缓慢的评价和晋升	快速的评价和晋升
非专业化的职业通道	专业化的职业通道
含蓄的控制	明确的控制
集体的决策过程	个人的决策过程
集体负责	个人负责
整体关系	局部关系

大内认为，文化的差异是导致日美两国管理模式不同的主要原因。美国的历史较短，没有经历封建社会，历史包袱较轻，加之是一个移民国家，人们之间的关系较为松散，因此形成了敢于冒险、崇尚英雄、注重结果的文化传统。与之相反，日本历史悠久，传统的家庭制度和封建意识对人们的影响较大，加之是一个单一的农耕民族，受中国儒家思想的影响，讲究“以和为贵”，因此形成了以集体主义为主的文化传统。日美两国的人力资源管理模式与各自的文化传统基本一致。

（二）人力资源管理的内部环境

1. **组织战略**

在组织的外部环境不确定且风险性增大，组织间竞争日益加剧的情况下，各种组织的管理者积极开发系统性的方法，以分析环境，评价组织的优势和劣势，并识别有可能建立竞争优势的机会。因此，组织战略已成为组织生存与发展不可或缺的因素。按照组织层次，组织战略可以分为三种类型，即公司层战略、事业层战略和职能层战略。不同类型的战略要求设置与其相匹配的人力资源战略，进而使招聘配置、培训开发、绩效管理与薪酬管理等人力资源管理活动具有不同的特点。例如，在事业层战略上，实施差异化战略的企业就应该以比较高的工资水平吸引敢于冒险和富有创新精神的员工，而以成本领先战略为导向的企业则可能招聘及使用技术娴熟、长期稳定型的员工，并会更加重视通过精简人员、促使人职匹配等措施来节约人力资源成本。

2. **组织文化**

组织文化泛指一个组织内部形成的组织成员共同持有的信念、价值观、假设以及表现出来的实践和行为等。组织文化一旦形成不容易发生变化，因此它在一定程度上代表着组织的灵魂，是组织彰显自身形象的有效载体。组织文化与人力资源管理有着紧密的联系：组织文化所提供的组织价值标准、道德规范和行为准则，不仅是人力资源管理运作中的精神和行为依据，也为组织培育高素质的人才队伍创造了一个良好的环境和氛围；优秀的组织文化不仅协调着员工之间的关系，还将组织中的各种成员凝聚在一起，使组织发展更具稳定性。人力资源管理的吸纳、激励、开发、维持以及整合等各项基本功能的实现都受到组织文化直接或间接的影响。例如，组织要不断评价员工的兴趣爱好、工作态度、价值取向、个人成功标准等是否与组织文化相匹配，同时要通过各种途径和方式向他们灌输组织文化，以进行行为塑造。

3. 组织生命周期

组织是一个生命有机体，有其诞生、成长、壮大、衰退直到死亡的过程，一个组织从其诞生到死亡的全过程就是组织的生命周期。组织的发展一般要经过初创期、成长期、成熟期和衰退期四个阶段，不同的阶段要采用不同的人力资源管理政策或活动，以更好地实现组织各个阶段的目标。首先，在初创期，组织面临较大的生存压力，存在员工数量少、资金匮乏、知名度低、管理不规范等问题。因此，这一时期人力资源管理的重点应放在以下方面：在选人与用人上，充分发挥创始人的人格魅力、创造力和影响力，并通过优秀的愿景来吸引并留住人才；在绩效管理上，更多的是以结果为导向，重视员工对组织当前发展的贡献；在报酬上，实施薪酬领先策略，鼓励员工追求未来的潜在收益，通过投资入股、给予股票期权等方式激励员工。其次，在成长期，随着组织规模、员工队伍与业务的不断扩大，组织管理也逐渐规范。但是，在快速发展的过程中，组织存在结构脆弱、高级人才短缺、服务能力不足等突出问题，因此这一时期人力资源管理的重点应转移到以下方面：完善组织架构；加强人才培养，大量吸纳高级人才；让员工从事具有挑战性的工作，丰富工作内容，让他们承担更多的责任。再次，在成熟期，组织发展到最辉煌的阶段，容易出现骄傲自满、沟通不畅、滋生官僚主义、创新精神减弱等弊端，因此人力资源管理的重点在于建设学习型组织，建立人力资源储备库，加强有针对性的培训，实施多样化激励手段，等等。最后，在衰退期，组织逐渐出现员工士气不高及不稳定、设备工艺落后、财务状况恶化、管理不善等问题，此时组织在衰亡与蜕变两者之间进行抉择，因此这一时期人力资源管理的重点是关注以下方面：实施管理创新；加快人才转型，在新的领域进行人才招聘和培训；加强职业生涯管理，重视对员工的后期发展路径给予指导，以便实现组织的二次创业；等等。

4. 高层的领导风格

与组织文化一样，组织领导者，特别是高层领导者的态度、行为与偏好等，对于增进员工交互行为、保持团队关系以及实现组织目标等起着重要作用。依据美国密歇根大学的研究，不同的领导风格对人力资源管理是不一样的。例如，以人为中心的领导，把下属看得十分重要，不仅关心他们的生活，还重视员工参与；以工作为中心的领导，视工作为第一要素，把工作效率看得非常重，认为凡是高效率者就是理想的工作人员。显然，在以工作为中心的领导活动中，人力资源管理者只是单纯扮演回应者和执行者的角色，其重点放在员工选拔、报酬与惩罚等问题上；以人为中心的领导活动则反映了人性化的管理方法，更加关注人际关系管理与情感管理等。

(三) 人力资源管理环境评估

为了应对人力资源管理环境的复杂性与不确定性，管理者应该对人力资源管理的环境进行评估，以便主动开展相应的人力资源管理活动，更好地实现组织目标。人力资源管理环境评估可从两个维度来进行，即环境的变化程度和复杂程度。就变化程度而言，如果环境的构成要素经常变动，可称之为动态环境，反之，则称其为稳定环境；就复杂程度而言，评估的标准在于环境中的要素数量以及组织所拥有的与这些要素相关的知识。这两个维度构成四类环境特征的排列组合，从而形成一个人力资源管理环境评估图（见图1-12）。

		变化程度	
		稳定	动态
复杂程度	简单	单元一 稳定的、可预测的环境 环境要素少 要素有些相似，基本保持不变 对要素的复杂知识的要求低	单元二 动态的、不可预测的环境 环境要素少 要素有些相似但处于连续变化过程中 对要素的复杂知识的要求低
	复杂	单元三 稳定的、可预测的环境 环境要素多 要素间彼此不相似但单个要素基本保持不变 对要素的复杂知识的要求高	单元四 动态的、不可预测的环境 环境要素多 要素间彼此不相似，处于连续变化过程中 对要素的复杂知识的要求高

图1-12　人力资源管理环境评估

其中，单元一是最稳定、最简单的环境，代表了不确定性水平最低的环境。在这种环境中，人力资源管理的活动是最简单的，它完全可以根据以往的经验和惯例做出明确的决策。单元四则是最动荡、最复杂的环境，代表了不确定性水平最高的环境。在这种环境中，人力资源管理的难度最大，往往需要做出新决策，制定新方案。如今大多数组织人力资源管理正处于这种复杂的、发生持续变化的环境之中，管理者通常处于被动地位，难以迅速有效地回应环境不确定性带来的诸多挑战。

六、人力资源管理的发展与挑战

(一) 人力资源管理的发展演变

国内外学者根据管理理论及实践，对人力资源管理的发展阶段进行了深入的研究，他们从不同的角度分别提出各自的观点。代表性的观点如下：

(1) 从管理的历史背景出发，以美国华盛顿大学的温德尔·弗伦奇（Wendell French，1998）为代表的学者将人力资源管理的发展分为科学管理、工业福利运动、早期工业心理学人际关系运动时代、劳工运动、行为科学及组织理论六个阶段。

(2) 从管理的功能出发，以美国科罗拉多大学丹佛分校的韦恩·卡肖（Wayne Cascio，1995）为代表的学者将人力资源管理的发展分为档案管理、外部政府职责、内部组织职责及战略伙伴四个阶段。

(3) 从管理者的角色出发，以福姆布龙、蒂奇和德瓦纳（Fombrun，Tichy & Devanna）为代表的学者将人力资源管理的发展分为操作性角色时代、管理性角色时代及战略性角色时代三个阶段。

(4) 从管理的目的出发，人力资源管理的发展分为工作中心、人员中心及人员工作互动三个阶段。

(5) 从管理的内容出发，人力资源管理的发展分为现场事务管理、档案业务管理及指导协调三个阶段。

(6) 从管理的技术出发，人力资源管理的发展分为非独立的综合管理、专业的技术化管理、专业的人性化管理、专业综合化管理四个阶段。

(7) 从管理的历史发展出发，人力资源管理的发展分为经验任务管理、科学人事管理及现代人力资源管理三个阶段。

根据以上观点，我们认为，人力资源管理的发展先后经历了人事管理、人力资源管理及战略性人力资源管理三个阶段。

1. 人事管理阶段

人事管理（personnel management）是伴随组织的出现而产生的，现代意义上的人事管理是随着工业革命的产生而发展起来的。19世纪的工业革命高潮带来了大机器的生产方式，规模化大生产和装配线的出现加强了人与机器的联系，大工厂的建立使员工的数量急剧增加。工业革命在提高劳动专业化水平和生产力水平的同时，也对生产过程的管理，尤其是对生产中员工的管理提出了更高的要求，从而出现了专门的管理人员，负责对员工的生产进行监督、对与员工有关的事务进行管理，不过当时管理的内容还比较简单，仅限于工作分析、人员招募、档案管理与工资及福利发放活动等。从这一时期开始，人事管理作为一种管理活动被组织（尤其是企业）所接受，也正式进入了企业的管理活动范畴。许多学者把这一时期看作现代人事管理的开端。在这一阶段，20世纪初以弗雷德里克·泰勒等为代表，开创了科学管理理论，该理论提出的“劳动定额”“计件工资制”“工作流程图”等，奠定了人事管理学科的基础；以德国心理学家雨果·孟斯特伯格（Hugo Munsterberg）为代表的心理学家则注意到了人在工作过程中的心理特点对工作效率的影响，并进行了大量研究，促进了工业心理学的诞生，其研究成果推动了人事管理工作的科学化进程。此外，哈佛大学教授乔治·埃尔顿·梅奥（George Elton Mayo）等学者在美国西方电气公司的霍桑工厂进行了著名的霍桑实验，真正揭开了对组织中的人的行为研究的序幕，创立了人际关系学说，推动了整个管理学界的革命，人力资源管理开始从以工作为中心转变到以人为中心。

2. 人力资源管理阶段

第二次世界大战后，资本主义经济高速发展，技术更新周期大大缩短，市场竞争更趋激烈，生产的社会化程度和经济活动的国际化程度日益提高，促使企业管理进一步向现代管理阶段发展。这一阶段开始涌现出许多管理学派，形成“管理理论的丛林”。这些理论日益应用、渗透到人事管理方面，促使人事管理向人力资源管理转变。这种转变正如彼得·德鲁克所说：“传统的人事管理正在成为过去，一场新的以人力资源开发为主调的人事革命正在到来。”不过在这个阶段的很长一段时间里，虽然“人力资源管理”一词已广为学界所熟知，但并没有将人力资源管理的定义与人事管理所做的工作完全区分开来。直到20世纪70年代中期，人力资源管理才真正成熟起来，在管理的观念、模式、内容、方法各方面都发生了很大的转变。在这一阶段，人力资源管理逐渐成为组织管理的核心，“人力资源部”逐步取代“人事部”，人力资源管理者在招募、甄选和培训等问题上开始向企业管理者提供专家意见。但是，人力资源管理部门还只是执行部门而非决策部门，人力资源管理者仍扮演着执行者而非规划者的角色。

3. 战略性人力资源管理阶段

20世纪80年代以来，人力资源管理理论不断成熟，并在实践中得到进一步发展，学者们努力将其与战略规划整合在一起，提出了战略性人力资源管理（strategic human resource management）理论，这标志着现代人力资源管理发展到一个新阶段。1978年，詹姆斯·沃克（James Walker）在《将人力资源规划与战略规划联系起来》一文中，初步提出将战略规划与人力资源规划联系起来的思想，这是战略性人力资源管理思想的萌芽；1981年，福姆布龙、蒂奇和德瓦纳等人发表了《人力资源管理：一个战略观》一文，标志着战略性人力资源管理理论的产生。之后，许多学者相继对战略性人力资源管理进行研究，做出了重要的贡献；众多优秀企业也积极开展战略性人力资源管理实践，获得了显著的绩效。在这一阶段，人力资源成为企业的战略性资源，人力资源管理上升到事关企业发展的战略性地位；同时，人力资源管理部门的角色开始向企业管理的战略合作伙伴转变，人力资源管理者的角色也在向战略规划者转变。关于战略性人力资源管理的内容将在本章第3节进行更为详细的阐述。

（二）人力资源管理面临的挑战

科技的迅猛发展，特别是网络的普及和计算机技术的应用，正在给我们的经济、社会与文化生活带来前所未有的变化。当地理和空间不再是障碍，地球日益成为“地球村”时，我们已经进入知识经济时代。在这个时代，人力资源的价值成为衡量企业整体竞争力的标志，同时人力资源管理正在遭受前所未有的严峻挑战。

1. 全球化的挑战

全球化的潮流势不可当。越来越多的国际并购缔造了更多的全球化企业，越来越多的公司开展海外业务形成跨国公司，基于互联网的电子商务使任何一个上网的企业都能面对全球市场，这些都促使企业的经营管理全球化进程不断加快。一个成功的企业应该具备独特技能和视野，能够感知全球市场和产品的细微差异，能够了解全球范围内各种文化和宗教的不同及其对产品和服务的影响力，在全球范围内共享信息，采取有效的激励政策鼓励全球员工，并在全球范围内共享自己的构想与智慧等。这些都是全球化给企业管理带来的挑战，进而要求企业管理者有能力平衡及处理不同地域、文化、法律和业务活动等一系列问题。相应地，人力资源管理部门必须有能力招募及选拔适合在国外生活和工作的人才，设计并实施培训开发项目以提高员工对国外文化和工作环境的适应能力，调整薪酬计划以保证不同地区员工的薪酬公平与均等。此外，在全球范围内，国家之间的竞争日趋激烈，人才成为竞争的焦点，发达国家和跨国公司利用其在市场中的优势和垄断地位，大力网罗人才，这对发展中国家的人力资源管理是一个巨大的挑战。

2. 新经济的挑战

信息技术及其产业发展水平是一个国家科技、经济、军事实力的重要标志之一，以信息技术为龙头的一系列高新技术的发展是新的产业革命来临的征兆。至此，人类踏上了新经济发展之路。新经济是一种以高科技、信息、网络、知识为重要构成部分和主要增长动力的经济模式。在新经济背景下，组织之间的竞争日益激烈，所有竞争的焦点都集中于人力资源，在某种意义上甚至可以说，人力资源竞争的成败将决定组织竞争的成败。新经济给人力资源管理带来的挑战具体表现在以下几个方面：第一，由于信息技术广泛应用于人力资源管理的各个领域，进而出现了全面质量管理、业务流程再造等新概念与新方法，而这些新概念与新方法必然会给人力资源管理带来新的挑战。组织只有很好地利用这些先进的管理理念和方法，才能在竞争激烈的当今社会立于不败之地。第二，信息技术的进步，凸显了人力资源管理信息系统的作用，各种类型组织的人力资源管理者都能利用计算机开展日常工作；而且，互联网已成为获得和发布人力资源管理信息的主要渠道之一，正在改变人力资源管理活动的决策、管理及评估方式，人力资源管理活动变得日益复杂与多变。第三，信息技术使管理者与员工、员工与员工之间的沟通更为顺畅，因此重视与员工沟通，重视授权与信任员工，促使员工实施自我管理，是新形势下组织实现有效管理的迫切任务。第四，技术更新速度的加快使员工培训与开发工作显得尤为重要，而且招聘高科技人才的工作也变得更为困难，因此如何加强员工培训开发与吸引优秀的高科技人才，以适应快速变化的技术需求，是各类组织人力资源管理面临的重大挑战。

3. 组织变革的挑战

技术创新速度提升，使得产品更新、生产工艺变更、经营方式转变以及竞争方式变化等的速度进一步加快，组织运作环境变化的强度和频度也相应加大。环境的变化和竞争的激烈极大地增加了组织生存和发展的难度，迫使组织不断实施变革以增强适应能力。传统的组织形式是以直线制为代表的纵向一体化模式，其特点是职能层级过多，不同阶层的员工被人为地隔离，造成诸如机构臃肿、官僚作风、效率低下等弊端，导致组织运作成本居高不下。幸运的是，信息技术尤其是电脑和网络技术的发展和应用为缩短信息传递时间、提高组织绩效提供了技术支持，使得精简组织机构、减少职能层级成为可能，组织日益趋于扁平化、网络化、柔性化与虚拟化。诸如此类的组织变革给人力资源管理带来了极大的挑战，一向处于被动适应地位的人力资源管理受到了空前的影响甚至冲击，并开始发生变化。主要表现在以下方面：组织应该对人力资源管理进行信息化建设和改造，以适应组织变革发展趋势；人力资源管理开始突破组织边界，在更加广泛的网络基础上进行，进而可以在更宽广的范围内选择最有价值的人力资源管理职能；人力资源部门的地位开始从执行层上升到决策层，由着眼于组织目前运转的执行功能向着眼于组织长期竞争力的战略管理转变，由组织变革的追随者演变为组织变革的发起者，不再处于组织管理的边缘，而是逐渐在组织管理中居于核心地位。

4. 员工变化的挑战

员工是组织生存和发展的基础，也是人力资源管理的主要对象。进入21世纪，组织员工的需要、结构和素质等都发生了很大的变化，这势必给人力资源管理带来新的挑战。首先，员工的需要发生了变化。员工在基本需要得到满足后，开始向更高层次的需要发展，渴望得到承认与尊重，也渴望参与组织管理并实现自身价值。这就给人力资源管理提出了新的要求，要求加强管理者与员工之间的沟通，最大限度地满足员工的合理需要。其次，由于人才竞争日益激烈，员工对组织的忠诚度下降，流动率越来越高，尤其是跨国界、跨行业、跨部门的人才流动，加重了组织培训与开发的负担，同时加大了员工与组织磨合的难度。最后，员工为了争取自由轻松的工作环境与实现工作中的自主性，一般会追求自由宽松且富有弹性的工作时间，这就使得人力资源管理要逐步从传统的刚性工作制度中转变过来，但迫于组织发展的压力，改革不可能在短期内实现，导致人力资源管理处于两难境地。

5. 人口老龄化的挑战

随着生活水平的提高、医学的发达和卫生环境的改善，人类的平均寿命正在逐年增加，世界性的人口老龄化倾向十分明显。据联合国预测，1990—2020年世界老龄人口的平均年增长速度为2.5%，同期中国老龄人口的递增速度为3.3%；世界老龄人口占总人口的比重从1995年的6.6%上升至2020年的9.3%，同期中国将由6.1%上升至11.5%。人口老龄化对企业人力资源管理的整个运作模式提出了挑战。首先，企业招聘遇到难题。整个劳动力市场和培训市场中缺乏年轻人，因此一些需要专业技能和培养周期较长的部门严重缺乏新一代接替者，外部劳动力市场可选择余地小，这就加大了企业选拔优秀人才的难度。其次，员工退出机制遭遇尴尬。员工退休时间的问题也时刻困扰着企业。统计资料显示，欧洲55～65岁的男性中，只有39%的人还在工作。德国的正式退休年龄是65岁，但目前实际退休者的平均年龄只有59岁。一方面是劳动力供给不足，尤其是高级人才短缺；另一方面较高的退休金又在鼓励人们早点退出劳动力市场，企业在选择员工退出机制时面临两难境地。再次，年功工资成本过高，企业不堪重负。年功工资一般随服务年限的增加而增加，老年员工的增多大大提高了企业的人工成本。许多大公司已经把退休年龄提高到60岁，随之而来的是必须为50多岁的员工支付高额年功工资，这无疑加大了企业负担。最后，养老金压力增大。老年员工的增加必将带来巨额养老金的支付问题。向退休员工支付多少养老金以及如何支付等，是企业人力资源管理者不得不思考的重要问题。

（三）人力资源管理的发展趋势

人力资源管理在应对知识经济时代的各种挑战和冲击的过程中，呈现出以下发展趋势：

1. 人力资源管理战略化

当前，人力资源管理已经朝战略性人力资源管理方向发展，其主要表现是战略性人力资源管理理论与实践的发展。战略性人力资源管理把人力资源管理提升到战略的高度，系统地将人与组织联系起来，建立统一性和适应性相结合的人力资源管理；把人力资源视作一切资源中最宝贵的资源，强调依靠人力资源实现战略目标和建立竞争优势。在战略性人力资源管理实践中，人力资源管理部门的工作范围不再局限于招聘、培训等工作内容，而是被整合到企业的战略、运营等流程中去，承担起了新的职责，成为“战略合作伙伴”。这种新的角色定位使人力资源管理部门能够为组织的战略和运营配备合适的人员，使整个组织的战略管理能力获得提升。同时，人力资源管理者逐渐从行政性事务中解放出来，从过去那种行政、服务和服从的角色，转变为关心组织发展和管理者能力的战略角色；越来越多的企业聘请人力资源专家实质性地参与战略研究和制定全过程，从而使人力资源管理在更高的层次上不断发展，更趋于强调战略问题，强调如何使人力资源管理为实现组织目标做出更大的贡献。今后，战略性人力资源管理的优势地位将日趋巩固，人力资源管理的战略化发展趋势将日益明显。

2. 人力资源管理人本化

传统的人事管理建立在等级森严、沟通不畅、对员工不信任的基础之上，这种管理方式已经不能适应知识经济时代以及“以人为本”理念的要求。随着信息技术的快速发展，知识型员工的日益增多，企业与员工之间、管理者与被管理者之间都将会按照新的“游戏规则”来处理各种关系，人力资源管理方式也相应发生了重大变化，表现出人本化趋势。这具体表现为以人为中心，将人力资源视作组织最重要的资源，并不断加以开发利用，促成员工目标和组织目标的共同实现。例如，越来越多的企业纷纷对员工工作进行重新设计，使工作丰富化，给员工更大的自由发挥空间，以培养与增强员工的组织归属感，提高员工的工作热情与兴趣，提升员工的工作生活质量。

3. 人力资源管理国际化

世界经济的全球化使得各国的资本、劳动力在世界范围内流动，并使跨国公司内部文化的异质性、多元性日趋增强，文化、民族和群体的差异不仅影响着人们之间的沟通，还影响着组织内部的互动性。因此，人力资源管理需要整合不同的文化，并且从不同的文化中获取有利于组织发展的因素，即实施跨文化管理。人力资源管理也因此表现出越来越明显的国际化趋势。全球观念、系统观念、多元主义是培养文化开放与宽容的思想基础，而有效的不同文化的交流与对话，特别是深度对话，是实现文化整合和文化共享的重要途径。跨文化培训已成为人力资源发展的重心所在，是实现文化整合的有力工具。此外，随着市场竞争的国际化，越来越多的企业重视招聘与使用国际人才，人才资源在全球范围内进行配置的特征日益明显。

4. 人力资源管理信息化

现代科学技术，特别是信息技术的飞速发展，给人力资源管理带来了一场前所未有的革命，电子化人力资源管理（E-HR）系统的出现为人力资源管理手段的科学化带来了全新的体验。导入和运用新的科学技术、促使人力资源管理电子化是这个时代人力资源管理发展的大势所趋。电子化的员工自助系统、培训系统、绩效管理系统、薪酬计算系统等，在人力资源管理部门与员工之间搭建起一座沟通的桥梁。友好的用户界面，以及强有力的报表生成工具、分析工具和信息的共享使人力资源管理人员得以摆脱烦琐的日常工作，集中精力从战略的角度考虑企业人力资源规划和政策。目前，我国人力资源管理信息化单靠内部资源的优化配置已不能满足企业发展的需要，外部资源的优化管理开始成为企业关注的焦点。

5. 人力资源管理外包化

为了适应组织内部投资结构和工作量的经常变化，促使组织维持较为明快有效的系统和程序，越来越多的企业，尤其是中小企业，开始重视将人力资源管理活动委托给组织外部的专业服务机构承担，人力资源管理趋向外包化。人力资源管理外包呈现出以下趋势：使某些基础性工作向社会化的企业管理服务网络转移；将企业的档案管理、社会保险、职称评定、招聘和培训等庞杂的事务性工作，知识含量不太高的工作等从人力资源部门转移出去，组织设计、工作分析等具有开创性的职能则交给管理咨询公司。人力资源管理外包的实质就是降低管理成本，通过从战略高度对企业成本结构和成本行为的全面了解、控制和改善，来增强企业的适应能力与获得长久的竞争优势。人力资源管理外包作为企业人力资源管理职能转变的方向，发展较为迅速。有相当多的跨国公司、本土企业以及有关机构已经对其表现出浓厚的兴趣和关注度，可以说，人力资源管理外包无论是在中国还是在整个世界，都具有广阔的发展前景。

第3节 战略性人力资源管理概述

一、战略性人力资源管理的含义

战略性人力资源管理从出现至今仅有几十年的历史，就在这样一个短暂的时期内，关于战略性人力资源管理的研究却蓬勃发展。研究者从不同的角度界定其含义，见仁见智，以下是一些具有代表性的主要观点。

福姆布龙、蒂奇和德瓦纳（1981）提出了组织有效运作的三个核心要素，即使命和战略、组织结构以及人力资源管理；认为战略性人力资源管理通过把各项职能活动，如招募与甄选、培训与开发、绩效管理、薪酬管理等与战略管理过程紧密联系起来，促使人力资源管理活动不仅与组织战略保持动态协同，而且为组织战略的实施创造适宜的环境，发挥战略伙伴的作用，最终实现组织目标（其理论模型见图 1－13）。

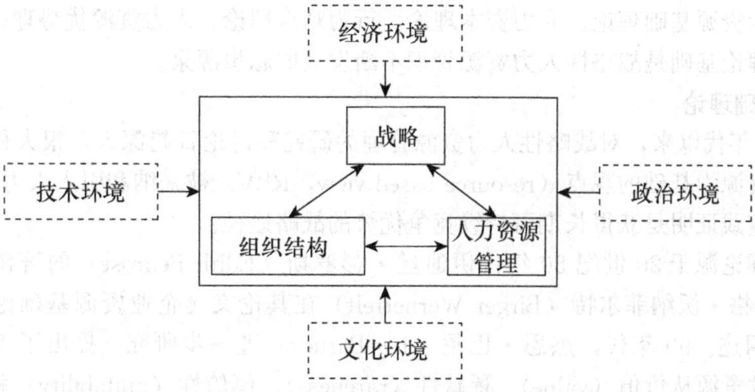

图 1－13　福姆布龙等人的战略性人力资源管理基本框架图

米勒（Miller，1987）认为，战略性人力资源管理是企业中所有与人力资源有关的决策，这些决策主要是为了协助组织实施战略以获得竞争优势。

赖特和麦克马汉（Wright & McMahan，1992）将战略性人力资源管理界定为使组织实现其战略目标的有计划的人力资源部署和管理行为。具体包括：（1）将人力资源视为获取竞争优势的一种首要资源；（2）强调通过人力资源规划、人力资源政策及具体的人力资源活动，达到可以获取竞争优势的人力资源配置；（3）强调获取竞争优势的人力资源配置，能够与组织战略垂直匹配，并能在组织内部各种活动间水平匹配；（4）强调所有人力资源活动皆为一个目的，即实现组织目标。

舒勒（Schuler，1992）将战略性人力资源管理界定为运用整合（integration）和调整（adaptation）的方式，确保人力资源管理活动与组织的经营战略及战略性需求相匹配，人力资源政策能与组织内的水平职能政策及垂直层级结构保持一致，管理者与员工共同参与并能够被组织成员所接受。

泰森（Tyson，1995）将战略性人力资源管理界定为整合公司与战略业务单元（SBU）的人力资源战略，包括把员工视为资产、分析组织变革的需求、提出并购或合并的建议、确认人才需求以及制定战略性人力资源规划等。

马特尔和卡罗尔（Martell & Caroll，1995）认为战略性人力资源管理具有以下特性：（1）长期的视角；（2）人力资源管理与战略规划有新的关联；（3）人力资源管理与组织绩效有关联；（4）直线主管参与人力资源政策制定过程。

德莱里和多蒂（Delery & Doty，1996）认为战略性人力资源管理是组织为实现经营战略而采取的不同人力资源管理活动，即不同的经营战略需搭配不同的人力资源管理活动。

不同学者从不同角度提出的多种关于战略性人力资源管理的定义，存在一些共同点，即战略性人力资源管理有别于传统人力资源管理所扮演的职能性角色，以战略为导向，探讨人力资源管理与组织战略的互动关系，将人力资源管理的各项活动与组织战略紧密结合，从而提升组织人力资源管理的地位，协助组织获取竞争优势，达成组织目标。

综上所述，我们认为，战略性人力资源管理就是以组织战略为导向，通过动态协同人力资源管理的各项职能活动，确保组织获取持续竞争优势，并达成组织目标的过程。

二、战略性人力资源管理的理论基础

战略性人力资源管理是在不断吸收和借鉴相关理论的基础上发展起来的，有着深厚的理论基础。主要包括资源基础理论、人力资本理论、行为观点理论、人力资源优势理论以及一般系统理论等。这些理论基础是战略性人力资源管理不断发展的思想源泉。

1. 资源基础理论

20世纪80年代以来，对战略性人力资源管理的研究和讨论日趋深入，很大程度上归功于战略管理领域以资源为基础的观点（resource based view，RBV）被采纳和引入人力资源管理领域，并被企业管理实践证明是获得长期可持续竞争优势的战略途径。

资源基础理论源于20世纪50年代伊迪丝·彭罗斯（Edith Penrose）的著作《企业增长理论》，80年代伯格·沃纳菲尔特（Birger Wernerfelt）在其论文《企业资源基础论》中首次对该理论加以完整阐述。90年代，杰恩·巴尼（Jay Barney）进一步研究，提出了VRIO的分析框架，即对异质性资源从价值（value）、稀缺性（rareness）、模仿性（imitability）和组织（organization）四个方面进行研究；同期，企业资源基础理论开始与战略性人力资源管理研究相联系，提出组织的竞争优势来自组织自身所具有的异质性资源，而不是其所处的外部环境，是一个由内到外的过程。资源基础理论区分出三种组织资源，即物质资本（physical capital）、人力资本（human capital）与组织资本（organizational capital）；强调组织为了获取持续竞争优势所依赖的组织内部的有形和无形资源，必须是有价值的、稀缺的、不可模仿的和难以移动的。资源基础理论为人力资源管理和战略管理理论的结合架起了一座桥梁，使“人力资源对组织成功具有战略重要性”的观点具备了逻辑基础，为“人力资源及人力资源管理系统能够导致竞争优势”这一观点提供了有力解释。

2. 人力资本理论

20世纪60年代以来，随着美国芝加哥大学经济学教授西奥多·舒尔茨完整地提出并论证了人力资本理论，人力资本日益成为企业管理关注的焦点。人力资本是体现在人身上的、可以用来提供未来收入的一种资本，包括符合组织战略目标的知识和技能等。扬特（Youndt，1996）等人认为，组织成员所具有的知识与技能是具有经济价值的，并且人力资源管理活动与人力资本的提升具有正相关关系。而且，人力资本具备不同于物质资本或其他非人力资本的显著特征，这些特征决定了人力资源可以通过获取人力资本优势成为组织的战略资产：第一，人力资本在时间、健康和寿命等方面的局限性，以及依附于人的知识、技能、才干和资历等的不可完全让渡性，使得人力资本作为一种资源具有稀缺性。第二，人力资本的价值性，一方面是指人力资本的递增性，即人力资本在使用中因人的不断学习而使其存量增加，另一方面是指人力资本投资收益的多重性，即人力资本的投资收益不仅是货币收益，还包括心理收益和社会收益等。第三，人力资本具有可变性、层次性、投资不可逆性和难以测度性。这些特征是人力资本在长时间的投资和不断使用中逐渐积累形成的，决定了人力资本的复杂性，即增加了人力资本模仿和替代的难度。第四，人力资本的依附性决定了其存在移动障碍，人力资本的依附性体现在对员工个体及所处环境的依赖。因此，组织应该将人看作资本，如同投资于机器设备一样投资于人，并通过对员工的培训、保留、激励等方式使组织的人力资本优势最大化。

3. 行为观点理论

行为观点（behavior view）理论主要源于权变理论。社会心理学领域的学者将行为角色定义为：当一个人的行为与他人的行为发生适当关联时，能够产生可预期的结果。不同的组织特性及经营战略会引发不同的态度与行为需求，而人力资源管理实践可以引导或控制员工的态度和行为。因此，可以通过与战略一致的人力资源管理活动来激发员工相应的角色行为，获取竞争优势。舒勒等学者将人力资源管理实践与组织的竞争战略和绩效相联系，提出了战略性人力资源管理的5P模型，即人力资源哲学（HR philosophy）、人力资源政策（HR policy）、人力资源方案（HR program）、人力资源实践（HR practice）与人力资源流程（HR process），而且这五个要素都与组织的战略相连接。迈尔斯和斯诺（Miles & Snow）也提出过类似的观点，认为人力资源管理实践必须随着战略的不同而改变，因为组织必须通过人力资源管理实践促进员工的行为，才能推动组织战略的达成。弗雷德里克森（Frederiksen）则认为人力资源管理活动是组织输入角色信息、支持理想行为、评价角色表现的首要方法，有效的人力资源管理活动能使组织内部角色参加者的期望与对其行为的评价等与组织本身的行为要求（战略）相一致。

4. 人力资源优势理论

博克塞尔（Boxell，1998）以资源基础理论为逻辑基础提出了人力资源优势（human resource advantage）理论，认为组织可以通过获取人力资源优势而获取竞争优势。人力资源优势主要源于两个方面：一是人力资本优势。当组织获取了相对于竞争对手的具有高技能水平和对组织高度认可的“内圈核心”（inner core）和“外圈核心”（outer core）时，就拥有了人力资本优势。“内圈核心”由那些负责创新的管理者、技术专家及处于战略岗位的员工组成；“外圈核心”由那些拥有行业特殊技能的员工组成。二是人力整合过程优势。当员工关系问题和协作问题的解决过程使组织更有效时，组织就获得了人力资源整合优势，这两种优势的整合使人力资源具有价值性、稀缺性、不可模仿性和不可替代性的特征，从而成为组织持续竞争优势的源泉。

5. 一般系统理论

一般系统（general system）理论是由理论生物学家路德维希·冯·贝塔朗菲（Ludwig von

Bertalanffy）创立的。1968年，贝塔朗菲出版了代表作《一般系统理论——基础、发展和应用》，奠定了该理论的学科基础。该理论认为，任何系统都是一个有机的整体，而不是各个部分的机械组合或简单相加，系统的整体性是各要素在孤立状态下所不具备的特质。该理论反对那种认为要素性能好，整体性能一定好，以局部说明整体的机械论观点；认为系统中的各要素不是孤立存在的，每个要素在系统中都居于一定的位置，起着特定的作用。要素之间相互关联，构成了一个不可分割的整体。赖特和斯内尔（Wright & Snell，1991）根据一般系统理论，提出了用开放性的系统观点来解释组织的竞争管理模式，其中员工能力与技能被视为“投入”，员工行为被视为“转换”，员工满意度与工作绩效则被视为“产出”。在这个系统中，有效的管理才能包括才能获取、才能利用、才能维持和才能剔除，有效的管理行为包括行为控制（如通过绩效管理与薪酬系统来引导和控制员工行为）和行为协调（如通过人力资源战略的制定和规划来协调员工行为）。因此，根据一般系统理论，战略性人力资源管理系统可以通过整合和协同人力资源管理的各项职能活动，来提升组织效能。

三、战略性人力资源管理的基本特征

本章第2节已经提到，人力资源管理的发展经历了人事管理、人力资源管理及战略性人力资源管理三个阶段。这三个阶段既有联系又有区别。为了更好地阐释战略性人力资源管理的特征，有必要先来比较分析人事管理、人力资源管理与战略性人力资源管理（见表1－6）。

表1－6　人事管理、人力资源管理、战略性人力资源管理的比较

项目	人事管理	人力资源管理	战略性人力资源管理
理念	“人”是一种工具性资源，服务于其他资源	人力资源是组织的一种重要资源	人力资源是组织最重要的资源，是战略资产
与战略的联系	单向联系	双向联系	一体化联系
职能	参谋职能	直线职能 辅助决策	直线职能 决策制定
职责	行政事务性工作	战略执行 行政事务性工作	战略制定 行政事务性工作
角色	具体执行者	战略决策辅助者 战略决策信息提供者 战略执行者	战略合作伙伴 战略规划者 战略执行者
绩效	部门绩效导向	兼顾部门绩效/组织绩效	个人/部门/组织绩效一体化 竞争优势导向
变革	被动适应	主动调整	领导变革
时间视野	短期	短期、中期	短期、中期、长期
工作方式	被动的工作方式	灵活的工作方式	主动的工作方式
关键投资	资本	资本、产品	人、知识
经济责任	成本中心	成本中心	投资中心

从人事管理到人力资源管理，再到战略性人力资源管理，与其说是研究领域的转变，不如说是组织中关于对“人”的认识的转变。从以往的把人看作“经济人”到“社会人”，再到“复杂人”，这一发展演变过程体现出理论界和业界已认识到人作为社会活动的主体具有更高层次的需要，更加注重员工能力的开发，并从深层次调动员工的积极性；同时，随着对人力资本理论认识

的深入，从把人看作负债或成本转变为把人看作获取竞争优势的资源，组织越来越注重“人”对组织的贡献，越来越将人力资源视为组织实现其战略目标的重要因素，也越来越强调人力资源管理与战略的匹配。可以说，与人事管理、人力资源管理相比，战略性人力资源管理是一种新概念、新模式，不仅有新的内容，而且有新的特征。战略性人力资源管理的特征可以提炼并总结如下：

1. **战略性**

战略性是战略性人力资源管理的本质特征，强调人力资源管理所有活动的开展皆聚焦于实现组织战略目标。战略性人力资源管理不再局限于人力资源管理系统本身，而是自觉地与组织的战略结合起来；不是仅仅满足组织短期的发展需要，而是着眼于未来，更加关注影响组织长期发展的战略性因素，注重从人力资源的角度构建组织的核心竞争力，确保组织持续、稳健地发展。在这种理念下，人力资源管理职能在组织中的地位发生了转变，人力资源管理部门的地位得到了提升，人力资源管理方式也发生了根本性的改变，传统人力资源管理中大量具体、琐碎的日常事务被外包或以计算机代替，人力资源管理的重心向战略性工作转移。

2. **系统性**

人力资源管理的系统性主要体现为以系统论的观点看待人力资源管理。战略性人力资源管理是组织管理体系的一个重要组成部分，是一个包含着若干子系统的大系统。系统性意味着系统内各组成要素之间相互协调与配合，以追求系统整体功能的最优；同时，人力资源管理的业务边界逐渐淡化，不再只是人力资源管理部门的职责，非人力资源部门管理者的人力资源管理职责日益突出。战略性人力资源管理的系统性既要求人力资源管理决策的系统性，也要求人力资源管理者具有全局思想和整体观念，进而要求人力资源管理部门更多地了解组织内其他部门的业务情况，以便更好地为组织战略全局服务。

3. **匹配性**

匹配性是战略性人力资源管理的核心要求，包括外部匹配和内部匹配。外部匹配是指人力资源战略与企业战略协调一致，与企业的发展阶段相适应；内部匹配是指发展和强化人力资源管理的各种政策和实践之间的内在一致性，也就是整合人力资源管理的各项活动，使它们保持内部一致性，从而达到相辅相成的效果。进一步讲，战略性人力资源管理关注人力资源战略与组织战略的契合性，重视员工目标与组织目标的一致性，强调人力资源管理各项实践活动之间的协作性；通过战略整合来实现人力资源管理实践与组织战略的动态匹配以及各项人力资源政策、职能活动之间的动态匹配，从而发挥组织的协同效应和促进战略目标的达成。

4. **动态性**

战略性人力资源管理的动态性基于这样的基本假设：组织的内外部环境是不断变化的。组织在进行战略性人力资源管理时，需要考虑到它对组织内外部环境的适应性和灵活性。动态性对组织和管理者都提出了全新的要求，组织追求的不再是“最佳的”人力资源管理实践，而是要求人力资源管理实践与组织的内外部环境之间保持动态的适应。为此，管理者需要不断地增强战略性人力资源管理的战略弹性，以提高组织的学习创新能力。一方面，面对外部环境的改变时，能够积极地调整人力资源战略；另一方面，在组织内部进行战略匹配时，能够保持灵活的动态互动过程，从而确保组织能够有效应对各种不同的发展需求和复杂多变的竞争环境。

四、战略性人力资源管理系统

(一) 战略性人力资源管理系统概述

战略性人力资源管理把人力资源管理提升到战略的地位，将人与组织系统地联系起来，建立统一性和适应性相结合的人力资源管理。战略性人力资源管理是一个系统，强调与组织的使命、核心价值观、愿景和战略等协调一致，而且在组织战略目标的指导下与业务流程、组织架构和组织文化等相互匹配，并力求获得各职能之间的协同效应。组织构建并实施有效的战略性人力资源管理系统，可以确保组织战略的灵活性与可执行性，进而引导人力资源管理活动及盘活人力资源能力，使之聚焦于组织战略，从而真正形成具有高增值性、难以模仿性与不可替代性的人力资源队伍，不断提升组织的竞争优势，持续创造组织价值，并实现组织目标。图1-14描述了战略性人力资源管理的主要职能及其关系。该模型将战略性人力资源管理活动与相关运作情境结合起来，从战略的角度诠释了人力资源管理的实质。

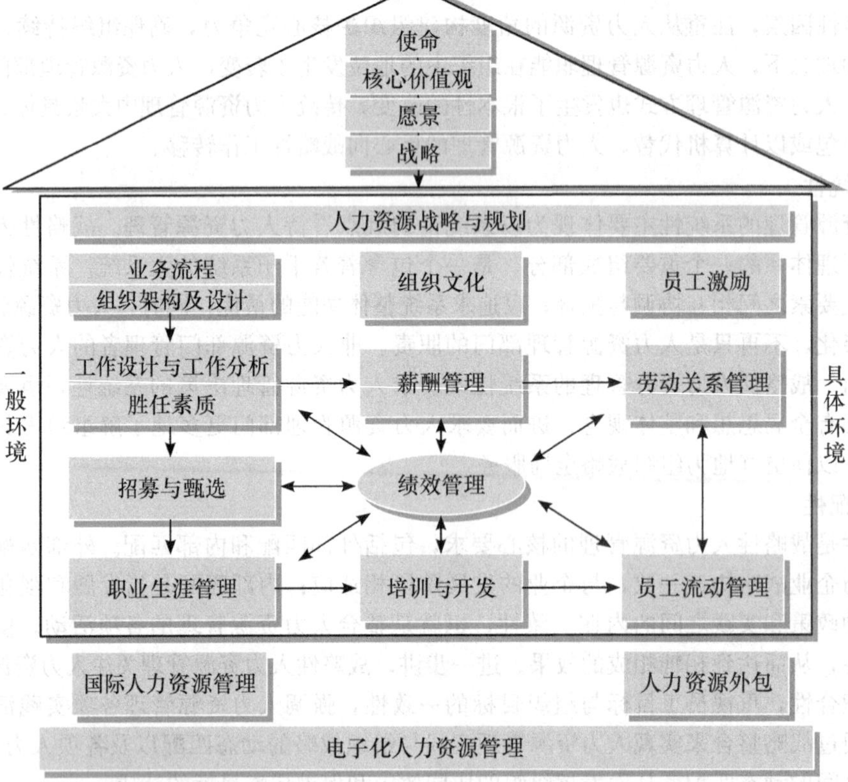

图1-14　战略性人力资源管理的主要职能及其关系

从图1-14中可以看出，该模型包含了影响战略性人力资源管理系统的主要变量，包括企业所处的环境、企业的使命、核心价值观、愿景、战略以及组织文化等。企业的环境分为一般环境和具体环境。一般环境是指企业当前所处的整个经济环境和行业环境；具体环境是指与企业关系密切的、对企业影响较大的局部环境，如企业主要产品市场的情况、企业原材料供应商的情况等。其中，组织文化作为企业内部环境的一部分，对人力资源管理活动有着十分重要的影响。使命和愿景为组织制定了总目标和方向，而只有在界定了使命和愿景将如何实现战略时，使命和愿景才变得具有可操作性。这些因素是构建有效的战略性人力资源管理系统的前提。

在明确了企业的使命、核心价值观、愿景和战略后，人力资源管理系统本身通过人力资源战略与规划、组织架构及设计、工作设计与工作分析、胜任素质、招募与甄选、职业生涯管理、培训与开发、绩效管理、薪酬管理、员工激励、劳动关系管理以及员工流动管理等基本功能或职能进行运作，各个职能之间相互影响、相互联系、相辅相成，构成了一个完整的体系。各职能之间较为重要与显著的关系表现为：工作设计与工作分析应该根据业务流程和组织架构展开，是其他各项职能的基石；根据工作设计与工作分析的结果，可以预测出组织所需的人力资源数量、质量以及结构；人力资源的净需求量确定以后，据此制订招聘计划，然后选取合适的方法或手段进行招募，人员招募结束，经过甄选后确定合适的人选；对录用人员实施职业生涯规划，经过一定的培训后，配置于相应的职位；在人员使用过程中，必须根据组织战略目标对其绩效进行管理及考核，这是整个战略性人力资源管理的核心职能，是员工加薪、晋升、培训与激励等人力资源管理决策的基本依据；依据绩效考核结果，对员工实施绩效加薪等薪酬管理工作，也是员工激励的一个主要途径；完善的员工激励措施与合理的员工流动政策无疑对改善劳动关系具有十分重要的意义。

此外，随着经济全球化和信息技术的迅猛发展，国际人力资源管理、人力资源外包与电子化人力资源管理的实践也持续发展，并已成为战略性人力资源管理不可分割的重要而独立的研究领域；人力资源外包与电子化人力资源管理还是战略性人力资源管理的重要支撑及技术平台，为战略性人力资源管理的有效实施保驾护航。通过将传统的重复性、事务性的工作外包出去，人力资源部门可以把精力投入对企业更有价值的层面，比如人力资源战略与规划，进而真正成为企业战略决策的参与者与合作伙伴；电子化人力资源管理的实施则可以将那些稳定的、机械性的、重复性的人事行政事务性工作由机器"代劳"，使人力资源管理者真正从烦琐的行政事务中摆脱出来，将精力集中于重要的战略性项目，进而使人力资源管理部门由原来的"边缘化"的事务性部门转变为核心的战略性部门。

（二）战略性人力资源管理系统构建的影响因素

影响战略性人力资源管理系统的变量主要包括企业的环境、使命、核心价值观、愿景和战略等。这些因素是战略性人力资源管理系统设计的基础和依据。关于人力资源管理的环境，本章第2节已经讨论过，这里我们着重讨论企业的使命、核心价值观、愿景及其对战略性人力资源管理的影响。

1. 使命

使命（mission）就是企业存在的根本理由，回答"我们的企业是什么"的问题。使命是核心经营理念的一部分，它反映了人们在组织中从事工作的理想动力。任何现代企业都是在社会大系统中寻找生存和发展的机会，该系统包括该企业的供应商、分销商、最终顾客、企业的战略伙伴、所在社区以及其他利益相关者。企业要获得可持续发展，必须找到自身存在和发展的理由，即要明确企业能够为其供应商、分销商、顾客、战略伙伴等一系列的相关利益群体创造什么样的价值。企业只有在持续不断地为它们创造价值，使各利益相关者都离不开自身的基础上，才能够获得可持续成长和发展的机会。比如韩国著名的三星集团提出的使命是"以人才和技术为基础，创造最佳产品和服务，为人类社会做出贡献"。我国的华为信息技术有限公司曾提出"在电子信息领域实现顾客的梦想，并依靠点点滴滴、锲而不舍的艰苦追求，使我们成为世界级领先企业"。

使命不等于经济目标，没有一家企业将"利润最大化"作为自己的使命。使命的主要作用是指导和激励，"利润最大化"并不能激励组织中各个层级的人员，而且不具有指导作用。戴维·帕卡德（David Packard）于1960年在给惠普员工所作的演讲中指出，企业使命触及的是一种除了赚钱之外的公司存在的更深层理由。帕卡德说："很多人都以为，公司的存在仅仅是为了赚钱，这是错误的。尽管这确实是公司存在的一个重要结果，但我们要深入下去，去发现我们存在的真实理由。通过调查，我们最终得出这样的结论，那就是：一群人联合起来，并以一种机构的形式存在，我们称之为公司，从而完成一些单靠一个人完成不了的事情，为社会做贡献……你可以环顾周围，发现人们好像都对赚钱感兴趣，而对其他事物不感兴趣，但其深层的驱动力很大程度上来自要做一些事情的渴望：创造一种产品，提供一种服务。概括而言，是要做一些有价值的事情。”优秀企业的员工在谈到他们的成就时，很少提到每股盈利多少。例如，摩托罗拉人谈论的是激动人心的质量改进，以及他们创造的产品对世界的影响；惠普人谈论的则是他们对市场的技术贡献。

使命可以延续上百年，因此不应该与具体目标或企业战略混为一谈。目标和战略可以一步步地达到和实现，但使命是不可能完全实现的。它就像是地平线上的启明星——是一种永远的追求，但永远也达不到。不过，虽然使命本身不变化，但是它却激励着变化。“使命永远不可能完全实现”这一事实，恰恰意味着组织不可能停止变革和发展。

表1-7列出了几个组织的使命。

表1-7　使命陈述样本

组织	使命陈述
沃尔玛	让普通百姓买到有钱人用的东西。
华特迪士尼	让人们快乐。
3M公司	创造性地解决未解决的各种问题。
美国癌症学会（American Cancer Society）	美国癌症学会是一个以社区为基础的自发的全国性健康组织。它致力于通过研究、教育、宣传和服务，预防癌症，救治生命，减少癌症引起的苦痛，从而消除作为重要健康问题的疾病。

2. 核心价值观

核心价值观（core values）是指引组织的永恒原则，它反映了组织深层的信仰，并在全体员工日复一日的行动中表现出来。吉姆·柯林斯（Jim Collins）和杰里·波拉斯（Jerry Porras）在《基业长青》一书中指出，核心价值观深植于组织内部，是组织长盛不衰的根本信条，即少数几条一般的指导原则；高瞻远瞩的公司通常只有几条核心价值观，介于3～6条之间，这些公司决定自己应坚持的核心价值观，不考虑当时的环境、竞争的要求或管理的潮流；核心价值观变动或妥协的机会极少，不能与特定的文化或作业方法混为一谈，也不能为了经济利益或短期权益而自毁立场。在许多企业中，核心价值观反映了其创始人或首席执行官强烈的个人信仰。

表1-8列出了几个组织的核心价值观。

表1-8　核心价值观陈述样本

组织	核心价值观	组织	核心价值观
通用电气	● 充满追求出色的激情，厌恶官僚作风 ● 欢迎任何建议并致力于解决问题 ● 每个人充满自信，按最时尚的方式行事 ● 拥有无限活力并能带动他人 ● 将变革视作机会而非威胁 ● 全球观点并建立多样化全球化团队	宝洁	● 产品完美 ● 不断自我提高 ● 诚实与公平 ● 尊重与关心个人
IBM	● 给予每个员工充分的考虑 ● 花很多时间使顾客满意 ● 坚持到底把事情做好，所作所为追求完善	华特迪士尼	● 不愤世嫉俗 ● 创造、梦想和想象 ● 狂热地关注协调和细节 ● 保护和掌控迪士尼的形象

3. 愿景

愿景（vision）就是组织内人们“发自内心的意愿”，是企业渴求的未来状态，即回答企业未来将成为什么样的企业，它是人们心中的一股令人深受感召的力量。刚开始时可能只是被一个想法所激发，然而一旦发展成感召一群人的支持，就不再是一个抽象的东西，人们开始把它看成具体存在的。在人类的群体活动中，几乎没有一种东西能像愿景那样拥有激发出如此强大的力量的精神能量。

当前，越来越多的企业开始着手建立自己企业的愿景。企业的愿景一般由两部分组成：一是企业在未来的10～30年要实现的“胆大包天的目标”（big hairy audacious goals，BHAG）；二是对企业在实现这些目标后将会是什么样子的生动描述。“胆大包天的目标”应该是清楚、明确且引人入胜的，是一个共同努力的目标，是团队精神的催化剂，它有着自己明确的重点线，因此，组织能够知道什么时候自己达到了目标。“生动描述”则用一种形象鲜明、引人入胜和具体明确的描述来说明实现“胆大包天的目标”后是什么样子。比如亨利·福特一开始就为福特公司提出了其要追求的愿景——使汽车大众化，并将这一目标用生动的语言描述为：“我要为大众生产一种汽车……它的价格如此之低，不会有人因为薪水不高而无法拥有它，人们可以和家人一起在广阔无垠的大自然里陶醉于快乐的时光中……当我实现它时，每个人都将拥有它。马会从马路上消失，汽车理所当然地取代了它……我将会给众多的人提供就业机会，而且报酬不低。”通过塑造并不断宣扬这种美妙的愿景，福特鼓励了整整一代企业家和员工，使之为了实现这样的梦想而不懈奋斗。

一个清晰的、具有说服力的愿景陈述一般包括三个关键要素：挑战性目标、市场定位（竞争领域）和时间期限。表1-9是几个愿景陈述的样本。

表1-9 愿景陈述样本

	愿景陈述
美国肯尼迪政府空间计划	在20世纪60年代结束之前，实现登陆月球，并安全返回地球（1961年提出）。 ● 挑战性目标：实现登陆月球并安全返回地球。 ● 市场定位：航空航天事业探月工程。 ● 时间期限：在20世纪60年代结束之前。
英国利兹大学	到2015年，我们整合世界水平的研究、学术和教育，进入世界大学50强（2003年提出）。 ● 挑战性目标：进入世界大学50强。 ● 市场定位：整合世界水平的研究、学术和教育。 ● 时间期限：到2015年。
海林市山市镇	到2015年，全力打造“山产品之乡”品牌，把山市镇建成人民富裕、环境友好、社会和谐的中国北方知名山产品流通贸易大镇和牡丹江市畜牧业强镇（2007年提出）。 ● 挑战性目标：人民富裕、环境友好、社会和谐的山产品之乡和畜牧业强镇。 ● 市场定位：中国北方山产品流通贸易业、牡丹江市畜牧业。 ● 时间期限：到2015年。
东莞市科学技术博物馆	到2015年，成为国内一流、国际知名的（专题）科技馆（2009年提出）。 ● 挑战性目标：国内一流、国际知名。 ● 市场定位：专题科技馆。 ● 时间期限：到2015年。
金鹤门业有限公司	到2015年，成为中国木门行业的领导品牌（2008年提出）。 ● 挑战性目标：成为国内木门品牌的领导者。 ● 市场定位：国内木门行业、产品领先。 ● 时间期限：到2015年。

表1-10是索尼公司在20世纪50年代确定的使命和愿景（“胆大包天的目标”和“生

动描述”）。

表1-10 索尼公司20世纪50年代确定的使命和愿景

	内容
使命	● 体验发展技术、造福大众的快乐。
愿景	胆大包天的目标： ● 成为最知名的企业，改变日本产品在世界上的劣质形象。
生动描述	● 我们所生产的产品将遍布世界各地……我们将成为第一家打入美国市场的日本公司，并直接销售我们的产品。……美国公司失败的技术创新项目——如半导体收音机，我们将会取得成功。……50年后，我们的品牌在世界各地都是知名的。……我们崇尚创新和质量，我们可以和任何一家最具创新精神的公司相媲美。……“日本制造”将意味着精美细致，而不是粗制滥造。

企业通过明晰自己的使命与愿景，找到了企业发展的目标和方向。企业的战略则是将这样的使命和愿景进行落实的关键步骤。企业的使命、愿景和战略共同形成了企业一整套时间跨度由长到短的目标体系，以及支撑这些目标的具体策略。它们又共同形成了企业的组织与战略性人力资源管理系统设计的前提和基础，并且成为组织所有经营和管理系统所要服务的对象。

（三）战略性人力资源管理系统运作的基本要求

战略性人力资源管理系统在运作中有两个基本要求，即战略匹配性（strategic fit）和战略弹性（strategic flexibility）。其中，战略匹配性包括纵向匹配和横向匹配。纵向匹配又包括三个层次：人力资源整合计划、组织架构及组织文化与战略的匹配，人力资源具体实践活动与人力资源整合计划的匹配，个体目标与组织目标的匹配。横向匹配也包括三个层次：人力资源整合计划与组织架构及组织文化的匹配，人力资源各种实践活动间的匹配，个体成员间的匹配。战略弹性是指战略适应竞争环境变化的灵活性。战略匹配是一个动态过程，战略弹性用来反映在这一动态过程中，战略对竞争环境变化的反应和适应能力。一个战略性人力资源管理系统必须兼具战略匹配性和战略弹性。

1. 战略匹配性

战略匹配性是战略性人力资源管理的核心要求，企业要通过战略整合来保持企业战略和人力资源战略的一致性。盖斯特（Guest，1997）提出了五种类型的战略匹配：（1）战略性互动匹配，即寻求组织人力资源实践与外部环境的匹配，使组织中的人力资源战略及相应实践与环境互动。（2）突发性匹配，即确保组织中的人力资源政策及实践能够适应外部环境一些因素的突发性变化，如市场因素、法律因素的变化等，并及时对其做出反应。（3）一个理想的实践组合的匹配，即提炼企业可以采用的最佳人力资源管理实践，并使组织努力接近这种最佳人力资源实践。（4）作为整体性的匹配，即强调实践之间恰当组合的重要性。它主张有效的人力资源管理的关键在于发现人力资源管理各项实践的适当组合，认为各项实践的组合产生的效用远大于单个或部分效用。（5）“捆绑”（bundles）式匹配，即寻求互补的人力资源实践之间的捆绑结合，力图找到最有效果的，也就是最匹配的那种捆绑结构。这种匹配强调组织各项人力资源实践之间的匹配，以获取“捆绑式”人力资源实践的组合结构。

这五种战略匹配类型中，前两种匹配涉及组织与环境间的匹配，即外部匹配；后三种则是关于组织内部的匹配，即内部匹配。外部匹配是指人力资源战略和企业战略之间的一致性，以及与企业的发展阶段的一致性，考虑组织的动态性并完全吻合组织的特点。要实现外部匹配是很困难的，这是因为：（1）战略具有许多不同的类型、不同的层面和不同的风格；（2）战略形成的过程非常复杂；（3）组织的动态性决定了企业战略具有不断演化的性质，从而使企业战略很难有非常精确的表达；（4）人力资源关注的是承诺、激励员工等，很难评价其与企业业绩之间的内在联系。企业战略与人力资源战略所具有的这些特点，使外部匹配变得相当有挑战性。

内部匹配是通过发展和强化人力资源的各种政策和实践之间的内在一致性而实现的。“捆绑”式匹配就是一起开发和执行几个互补的人力资源活动，从而使它们保持内部一致性，并达到互相加强的目的。实现内部匹配的困难主要有：（1）组织和战略的复杂性，使人力资源跨越各种范围和活动而相互整合变得困难；（2）高层管理者在进行创新时，人力资源活动常常被忽视，例如引入按业绩付酬的制度，却没有业绩管理流程与之相配套；（3）很难确定和环境相适应的“捆绑”；（4）人力资源工作人员对达到整合的要求理解不充分。

2. 战略弹性

鉴于组织的动态性特点，企业人力资源管理在进行战略匹配时还需考虑到战略的灵活性，即战略弹性。战略弹性是企业依据自身的知识能力，为应对不断变化的不确定情况而具有的应变能力。战略弹性来源于企业本身独特的知识能力，企业内人员的知识构成和其组合方式则是构成战略弹性的关键。战略匹配要求企业通过寻求合适的人力资源管理活动，使员工的行为适应企业战略的要求，强调在一个时间点上的一致性；战略弹性集中在发展企业组织能力以适应不同的竞争要求，而不是仅仅服从目前的战略，强调战略在一段时间内的一致性。战略匹配和战略弹性是互补的：战略匹配必须具有持续性，其匹配性要求必须建立在动态性要求基础上，而且这种持续匹配性又最终依赖并体现在组织中员工的适应性上。环境的差异将会影响战略的匹配性和弹性。在一个动态的不可预期的环境下，组织需要发展一个有机的人力资源系统，以便产生一个人力资源库，使员工拥有广泛的综合技能，进行各类不同的活动。

总体而言，战略性人力资源管理的运作强调最佳的与组织内外部环境动态变化相匹配的捆绑式的人力资源管理实践。在剧烈动荡的市场环境中，企业竞争呈现出动态化的特征，能否在竞争中取胜，取决于对市场趋势的预测和对变化中顾客需求的快速响应。在这种竞争态势下，企业必须进行战略性人力资源管理，增强企业人力资源竞争力，进而培育和发展动态核心能力。为了适应当今时代多变、激烈的竞争环境，获得持续的竞争优势，我国企业迫切需要提高人力资源管理能力和人力资源竞争力，具体来说要注意以下几个方面的问题：（1）战略性人力资源管理要对达成组织的战略和目标提供支持，确保所有的人力资源管理活动都产生附加值；（2）加强文化管理，释放并开发人的内在能力；（3）开发流程使员工的贡献达到最大，对那些具有潜力的员工，在他们的职业生涯早期就应该对他们进行组织和管理方面的愿景规划；（4）使每位员工的持续学习和发展成为其工作、生活的重要内容；（5）设计、执行和管理各种系统，提供特殊的技能培训，确保员工学到相关的知识和技能。

本章小结

本章介绍了人力资源的概念、性质及其与相关概念的关系，阐述了人力资源管理的含义、发展阶段、功能、目标、环境、面临的挑战以及发展趋势，分析了战略性人力资源管理的含义、特征、系统构建及运作要求等。

人力资源是指一定时期内组织中的人所拥有的，能够支持组织目标实现的体力和脑力的总和。人力资源具有生物性、能动性、时效性、增值性、社会性和可再生性等性质。

人力资源管理是组织通过各种政策、制度和管理实践，对人力资源进行合理配置、有效开发和科学管理，充分挖掘人力资源的潜力，调动人的积极性，提高工作效率，从而实现组织目标的管理活动。它先后经历了人事管理、人力资源管理和战略性人力资源管理三个发展阶段。人力资源管理主要有五个方面的功能，即吸纳、激励、开发、维持以及整合。人力资源管理的目标包括最终目标和具体目标两个层次：最终目标就是有助于实现企业的整体目标；具体目标受最终目标的牵引，并与企业价值链的运作密切相关。人力资源管理所处的环境可以划分为外部环境和内部环境：外部环境包括政治、经济、技术、法律、文化等；内部环境包括组织战略、组织文化、组织生命周期、高层的领导风格等。人力资源管理面临全球化、新经济、组织变革、员工变化、人口老龄化等挑战，呈现出战略化、人本化、国际化、信息化、外包化等发展趋势。

战略性人力资源管理就是以组织战略为导向，通过动态协同人力资源管理的各项职能活动，确保组织获取持续竞争优势，并达成组织目标的过程。战略性人力资源管理具有战略性、系统性、匹配性、动态性等特征。组织的使命、核心价值观、愿景、战略等因素是战略性人力资源管理系统设计的基础和依据。

关键词

人力资源（human resource，HR）
人力资本（human capital）
人事管理（personnel management）
人力资源管理（human resource management，HRM）
战略性人力资源管理（strategic human resource management，SHRM）
使命（mission）
核心价值观（core values）
愿景（vision）
战略匹配性（strategic fit）
战略弹性（strategic flexibility）

思考题

1. 什么是人力资源与人力资源管理？人力资源有哪些性质？
2. 人力资源与人口资源、劳动力资源、人才资源、人力资本有何异同？
3. 人力资源管理的功能包括哪几个方面？
4. 人力资源管理的目标是什么？
5. 试述人力资源管理者和部门的职能和角色。
6. 试述人力资源管理三支柱模式。
7. 人力资源管理的环境包含哪些因素？
8. 人力资源管理的发展分成哪几个阶段？每个阶段各有哪些主要特点？
9. 人力资源管理面临哪些挑战？
10. 人力资源管理的发展表现出哪些趋势？
11. 什么是战略性人力资源管理？它具有哪些特征？
12. 试述战略性人力资源管理的各个主要职能及其关系。

第2章

人力资源战略与规划

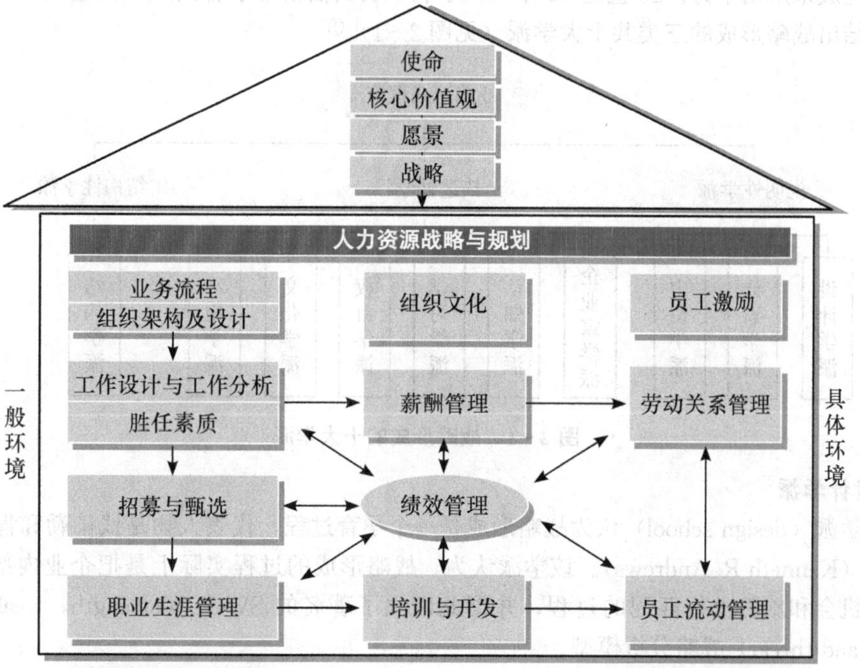

第1节 战略管理概述

一、战略管理的概念

“战略”（strategy）一词来自古希腊语中的军事术语“strategos”，指的是在一场战争或者战斗背后所隐含的筹划、谋略与构想。《韦氏新英语大辞典》则将“战略”一词定义为“谋略的巧妙运用和协调”以及“艺术性的规划和管理”。随着时代的发展，“战略”这一军事术语被移植到社会、政治和经济活动等各个方面。

战略管理思想的起源可以追溯到20世纪初，亨利·法约尔提出管理有五大职能：计划、组织、指挥、协调和控制。其中计划职能是企业管理的首要职能，这可以说是最早出现的企业战略管理思想。20世纪30年代，美国经济学家切斯特·巴纳德（Chester Barnard）在其所著的《经理人员的职能》一书中首次使用了战略概念。书中关于组织与环境相适应的主张成为现代企业战略分析方法的基础。20世纪中后期，世界范围内掀起了研究战略管理的高潮。1962年，美国管理学家阿尔弗雷德·钱德勒（Alfred Chandler）出版了《战略与结构》一书，第一次从大型企业成长史的角度研究了企业战略与结构的相互关系，正式开始了对企业战略问题的研究。从此以后，很多学者积极投身于企业战略理论的研究，形成了多种不同的战略学派，战略管理方面的著作和研究成果层出不穷。20世纪90年代，亨利·明茨伯格等学者回顾了大量关于战略形成的文献，总结出战略形成的三类共十大学派（见图2-1）。①

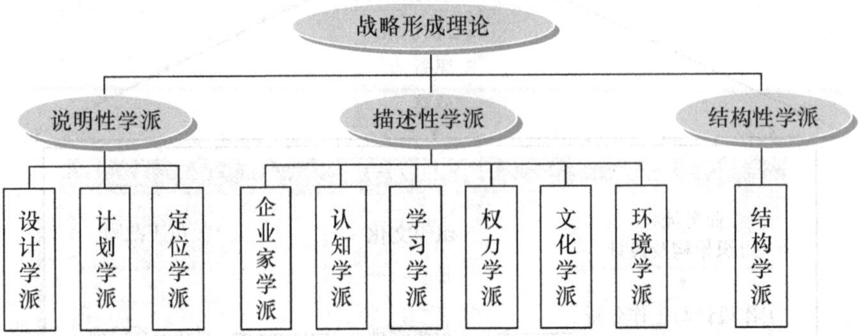

图2-1　战略形成的十大学派

1. 设计学派

设计学派（design school）认为战略形成是一个孕育过程，代表人物是钱德勒和肯尼思·R. 安德鲁斯（Kenneth R. Andrews）。该学派认为，战略形成的过程实际上是把企业内部优势和劣势与外部机会和威胁进行匹配的过程，并据此建立了著名的SWOT（strength，weakness，opportunity and threat）战略分析模型。

2. 计划学派

计划学派（planning school）认为战略产生于一个受控的、正式的过程，该过程被分解成清晰的步骤，每个步骤都采用核算清单进行详细的描述，并由分析技术作为支撑。其中最具有影响力的著作是H. 伊戈尔·安索夫（H. Igor Ansoff）的《公司战略》一书。计划学派认可了设计学派大多数的前提，但它与设计学派的简单和非正式的模式相比，更强调步骤性和命令式的控制。

① 明茨伯格，阿尔斯特兰德，兰佩尔. 战略历程. 北京：机械工业出版社，2006：4-5.

3. **定位学派**

定位学派（positioning school）认为战略形成是一个分析过程。定位学派源于迈克尔·波特（Michael Porter）的两本轰动性的著作：《竞争战略》和《竞争优势》。它们使定位学派在战略管理领域占据了主导地位。在定位学派中，迈克尔·波特的五种竞争力量分析模型、三种通用战略、价值链模型是其主要分析工具。该学派第一次将战略分析的重点由企业转向产业，强调了外部环境的重要性。定位学派对战略管理的理论和实践产生了巨大的影响，提出了一个简单但具有创造性的观点：只有少数的关键战略在某一既定的产业被重视和被认为符合要求，即通用战略（generic strategies）。

4. **企业家学派**

企业家学派（entrepreneurial school）认为战略形成是一个构筑愿景的过程。企业家学派将战略形成过程集中在少数企业领导人身上，他们凭借直觉、智慧、经验以及洞察力等进行直觉判断以决定企业的活动领域和发展方向。这一学派最核心的概念就是愿景，它是对战略的心理描述，产生于或至少表现在领导者的头脑之中。

5. **认知学派**

认知学派（cognitive school）认为战略形成是一个心理过程。该学派认为战略形成是一种发生在战略家思想中的认知过程，战略表现为不同的认知视角，包括概念、计划和框架等，它们决定了人们如何处理环境中的输入信息。认知学派揭示了战略形成是一个认识的过程，在战略的认识和实践（经验）之间架起了一座桥梁。

6. **学习学派**

学习学派（learning school）是在对设计学派、定位学派和计划学派中的“理性”传统提出质疑的基础上形成的，认为战略形成是一个自发过程。这一学派始于1959年查尔斯·林德布罗姆（Charles Lindblom）发表的文章《“蒙混过关”的科学》，詹姆斯·奎因（James Quinn）于1980年出版的《应变战略：逻辑渐进主义》一书是学习学派的一个新标志。学习学派认为，组织所处的环境具有复杂和不可预测的特性，战略的制定只能在不断学习的过程中形成和执行，战略形成与发展就是思想与行动、控制与学习、稳定与改变相结合的艺术性过程。

7. **权力学派**

权力学派（power school）认为战略形成是一个协商过程，战略形成的过程不是由某个人（如企业领导者、战略家等）决定的，而是组织内部各种权力冲突或与组织外部各种控制力量相互妥协、谈判的结果。权力存在两个分支，即微观权力和宏观权力。微观权力是用来应付组织内部的政治对策，是组织内部各种正式和非正式利益团体运用权力、施加影响、进行谈判协商，最后达成协议的过程；宏观权力关心的是组织对权力的应用，强调运用整体力量作用于涉及其战略利益的其他利益团体，如供应商、竞争对手等。因此，权力学派认为，战略制定不仅要注意产业环境、竞争力量等经济因素，而且要注意利益团体权力分享等政治因素。

8. **文化学派**

文化学派（culture school）认为战略形成是一个集体思维过程。该学派认为，战略制定过程本质上是根植于组织中的文化及社会价值观的作用，战略是一种观念的形式，文化倾向于维持现有战略。由于日本企业经营的成功，对企业文化的研究在20世纪80年代形成了一个高潮。如英国的安德鲁·佩蒂格鲁（Andrew Pettigrew）对英国化学公司进行了详细研究；美国的费尔德曼（Feldman）探讨了文化与战略演变的关系；托马斯·彼得斯（Thomas Peters）和罗伯特·沃特曼（Robert Waterman）合著的《追求卓越》一书，也曾详细论述如何凭借文化优势维持组织稳定的战略观念。

9. 环境学派

环境学派（environmental school）认为战略形成是一个适应性过程。该学派重点研究组织所处外部环境对战略制定的影响，认为环境在战略形成的过程中扮演中心角色，组织必须适应环境，并在适应环境的过程中找到自己生存和发展的位置。环境是一种抽象、模糊的力量，它通过使组织进入特定的生态位置而影响战略。

10. 结构学派

结构学派（configuration school）认为战略形成是一个变革过程。结构学派属于综合性学派，汇集了各种学派的观点。这一学派一方面将组织和组织周围的状态描述为某种稳定结构，另一方面将战略形成的过程描述为变革。它们反映了事物存在的两个方面：状态和变迁。结构学派提供了一种调和不同学派的方式，认为不同学派都有自己的时间和位置，由此为战略管理的研究带来了秩序。

20世纪90年代以后，随着经济全球化的加速发展、产业结构调整的提速以及影响经济发展因素的不确定性加大，各国企业都在认真研究和思考如何获取稳定、持续增长的能力。在这期间，出现了很多有较大影响的企业战略管理理论，其中最具影响力的是核心能力理论，它与产业结构理论一起成为战略管理最具影响力的两大主流思想，引起了战略管理的“内”“外”之争。由定位学派的代表人物波特提出的产业结构理论认为，组织战略的核心是获得竞争优势，竞争优势来源于组织所处的产业及相对位置。而以普拉哈拉德（C. K. Prahalad）和加里·哈默尔（Gary Hamel）为代表的核心能力理论则从企业内部寻求问题的答案，认为企业竞争优势的真正源泉在于企业的核心能力，因此战略管理的主要因素是培植企业对自身拥有的战略资源的独特的运用能力，通过一系列的组织和整合形成自己独特的，不易被模仿、替代和占有的核心能力以获得持续的竞争优势。

总之，战略管理理论经历了从重视战略制定过程到重视战略本身的内容，从重视组织外部环境到重视组织内部优势，从被动适应环境到主动培育组织的核心竞争力的转变。综合起来，战略管理（strategic management）是一组管理决策和行动，是外部竞争策略和内部管理优化的组合。对外而言，战略是确定并实施产业选择、产品和业务选择、定位和关键竞争方式的方法；对内而言，战略是选择并实施组织最优经营管理的方法。战略管理的最终目的是使企业从容应对日益复杂的竞争环境，获得长远的发展。

二、战略管理的过程

战略管理是一个动态管理的过程，它是对企业的生产经营活动实行的总体性管理，是企业制定和实施战略的一系列管理决策与行为。其核心问题是使企业自身条件与环境相适应，以求得企业的长期生存与发展。如图2-2所示，战略管理的过程主要包括以下几个步骤。

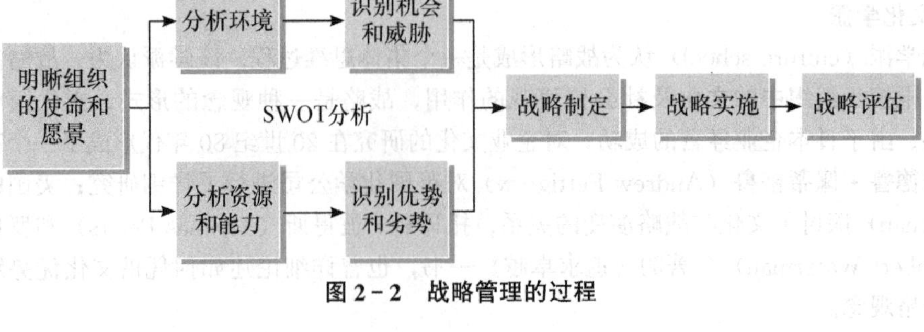

图2-2 战略管理的过程

(一) 战略分析

企业是在社会大系统中生存和发展的，其生产经营活动必然要与外部环境发生联系。因此，企业在制定战略时必须分析自己所处的环境和现有资源的经营能力，动态地分析在战略实施的过程中各种资源可能发生的变化，以及由此对企业竞争力的影响，以保证自己的发展，实现自己的战略目标。这里侧重介绍内外部环境分析。

1. 外部分析

外部分析（external analysis）是指通过对组织的运营环境进行考察，分析企业所面临的各种战略机会以及所受到的各种战略威胁。一般来说，组织的外部环境可以大体分为三个层次：总体环境、产业环境和竞争环境。

(1) 总体环境。总体环境包括人口、经济、政治法律、社会文化、技术和全球环境。表2-1分析了这六个方面包含的具体环境要素。

表2-1 总体环境的细分与具体要素

方面	具体要素		
人口	● 总人口数	● 民族构成	● 年龄结构
	● 收入分布	● 地理分布	
经济	● 通货膨胀率	● 个人储蓄率	● 利率
	● 企业储蓄率	● 贸易赤字或顺差	
	● 国内生产总值	● 财政赤字或盈余	
政治法律	● 反垄断法规	● 劳动力训练法规	● 税法
	● 教育政策及相关思路	● 取消管制的趋势	
社会文化	● 女性就业	● 对工作生活质量的态度	
	● 工作和职业取向的变化	● 喜好的产品和服务的变化	
	● 对环境的敏感度	● 多种就业方式	
技术	● 产品创新	● 民间和政府研发费用的流向	
	● 技术应用	● 新的通信技术	
全球环境	● 重要政治事件	● 新兴工业化国家	
	● 关键的全球市场	● 不同的文化和政治体制	

资料来源：希特，爱尔兰，霍斯基森. 战略管理：竞争与全球化. 4版. 北京：机械工业出版社，2002：47.

(2) 产业环境。与总体环境相比，产业环境对企业的影响更直接。一个产业的竞争程度和利润潜力可以由五个方面的竞争力量反映并决定。波特的“五力模型”是分析产业环境的主要工具，这五种力量如图2-3所示。

第一，新进入者的威胁。新进入者进入一个产业的难易程度由规模经济性、品牌忠诚度、资本规模、预期的报复措施等因素决定。新进入者越容易进入，则产业竞争越激烈。

第二，替代产品或服务的威胁。替代品指那些来自不同产业的产品或服务，但这些产品或服务的功能与该产业的相同或相近。转换成本、价格、质量、购买者忠诚度等因素决定了顾客对购买替代品的偏好程度。

第三，购买者讨价还价的能力。购买者在产业中的影响程度受顾客数量、顾客掌握的信息、替代品的可获得性等因素影响。

第四，供应商讨价还价的能力。供应商可能会通过提高价格或降低产品的质量来向产业内的竞争企业显示自己的力量。供应商在产业中的影响力由供应商的集中度、替代投入的可获得性等因素决定。

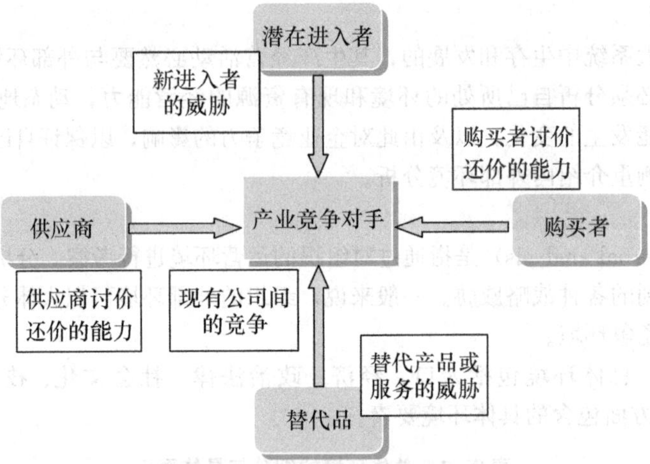

图 2-3　产业竞争的驱动力量

资料来源：波特．竞争战略．北京：华夏出版社，2005：4．

第五，现有公司间的竞争。产业增长率、需求变化、产品的差异等因素决定了产业中现有企业之间的竞争程度。

管理者需要对这五种力量进行评估，结合对其他环境因素（如工会、政府的力量等）的分析，确定存在的威胁和机会，以此为基础选择合适的竞争战略。波特指出，管理者应该选择能够给企业带来竞争优势的战略。他还进一步提出，竞争优势可以是比竞争对手更低的成本，也可以是与竞争对手的显著差异。

(3) 竞争环境。竞争环境主要是指竞争对手。了解竞争对手是对总体环境和产业环境进行分析的必要补充，也就是组织要搜集并分析有关竞争对手的信息。如耐克和阿迪达斯、可口可乐和百事都想了解对方。一般来说，组织借助竞争对手分析可以了解竞争对手的目标、战略意图等。

在分析外部环境的基础上，组织需要评估自身面临的机会和威胁，也就是要进行内部分析。

2. 内部分析

内部分析（internal analysis）主要分析组织的核心竞争力。正如前面提到的，核心竞争力是能给组织创造价值特别是给组织带来竞争优势的特定资源和能力。一般来说，判断核心竞争力的标准主要有四个，即有价值的能力、稀缺的能力、难以模仿的能力及不可替代的能力；组织探讨核心竞争力的分析工具则是迈克尔·波特提出的价值链分析法。价值链分析法展示了组织的运营、营销、物流等为顾客创造价值的一系列活动、功能以及商业流程之间的连接情况（见图 2-4）。

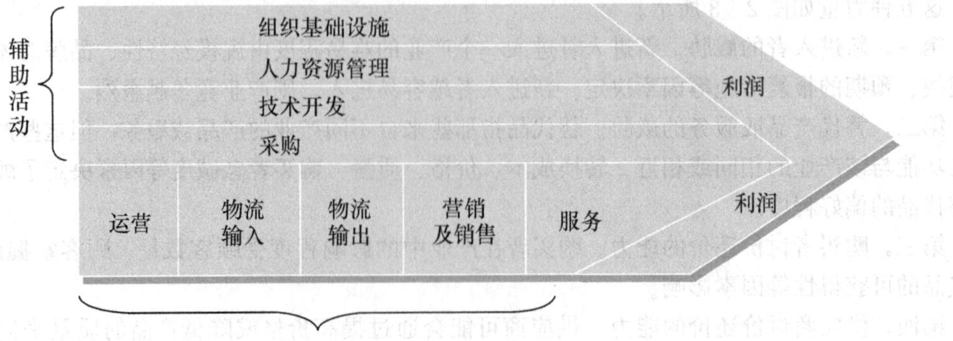

图 2-4　价值链分析框架

价值链由两类活动组成：基本活动（创造主要的顾客价值）和辅助活动（为基本活动提供支持服务）。内部分析也是分析组织自身的优势与劣势的过程。它集中考察组织可能获得的各种资源（财务资源、资本资源、技术资源以及人力资源）的数量和质量。企业需要诚实而精确地对每一种资源进行评估，以确定每一项资源对企业来说到底是一种优势还是劣势。

3. SWOT分析

外部分析和内部分析一起构成了SWOT分析，即把企业内外环境所形成的优势（strengths）、劣势（weaknesses）、机会（opportunities）、威胁（threats）四个方面的情况结合起来进行分析，以寻找制定适合本企业实际情况的经营战略和策略的方法。SWOT分析是安德鲁斯于1971年在《公司战略概念》一书中提出的，能够较客观准确地分析和研究一个单位现实情况的方法。SWOT分析的主要目的在于对企业的综合情况进行客观公正的评价，以识别各种优势、劣势、机会和威胁因素，从而拓展思路，正确地制定企业战略。表2-2列出的是在SWOT分析中一般需要考虑的因素。

表2-2 SWOT的分析因素

	内部优势（S）	内部劣势（W）
内部环境	● 产权技术 ● 成本优势 ● 竞争优势 ● 特殊能力 ● 产品创新 ● 具有规模经济 ● 良好的财务来源 ● 高素质的管理人员 ● 公认的行业领先者 ● 购买者的良好印象 ● 适应力强的经营战略 ● 其他	● 竞争劣势 ● 设备老化 ● 战略方向不同 ● 竞争地位恶化 ● 产品线范围太窄 ● 技术开发滞后 ● 营销水平低于同行业其他企业 ● 管理不善 ● 战略实施的历史记录不佳 ● 不明原因导致的利润率下降 ● 资金拮据 ● 相对于竞争对手的高成本 ● 其他
	外部机会（O）	外部威胁（T）
外部环境	● 纵向一体化 ● 市场增长迅速 ● 可以增加互补产品 ● 能争取到新的用户群 ● 有进入新市场的可能 ● 有能力进入更好的企业集团 ● 在同行业中竞争业绩优良 ● 扩展产品线满足用户需要 ● 其他	● 市场增长较缓 ● 竞争压力增大 ● 不利的政府政策 ● 新的竞争者进入行业 ● 替代品销售额逐步增加 ● 用户讨价还价能力增强 ● 用户需要与爱好逐步转变 ● 通货膨胀率上升 ● 其他

SWOT分析的基本点就是企业战略的制定必须使其内部能力（优势和劣势）与外部环境（机会和威胁）相适应，以获取经营的成功。SWOT分析提供了四种战略方案，即优势-机会（SO）战略、劣势-机会（WO）战略、优势-威胁（ST）战略和劣势-威胁（WT）战略（见图2-5）。

SO战略是一种发挥企业内部优势的同时利用企业外部机会的战略。所有管理者都希望自己的企业处于这样的状态，获得很好的发展机会。大多数企业通常首先采用WO、ST或WT战略在发展中克服弱点、发挥长处，最终达到能够采用SO战略的状况。

	优势——S 列出优势	劣势——W 列出劣势
机会——O 列出机会	SO战略 发挥优势，利用机会	WO战略 利用机会，克服劣势
威胁——T 列出威胁	ST战略 利用优势，回避威胁	WT战略 减少劣势，回避威胁

图2-5 SWOT矩阵

WO战略的目标是通过利用外部机会来弥补内部弱点。适用这一战略的基本情况是存在一些外部机会，但企业有一些内部的弱点妨碍它利用这些外部机会。这时，一种可能的WO战略是通过与在这一领域有生产能力的企业组建合资企业而获得生产该种装置的技术能力；另一种WO战略可以是聘用所需人才或培训自己的人员，使他们具备这方面的技术能力。

ST战略旨在利用本企业的优势回避或减少外部威胁的影响。这并不意味着一个很有优势的企业在前进中总要遇到威胁。在许多产业中，竞争对手模仿本企业的计划、创新及专利产品构成对企业的一种巨大威胁，因此企业应该采取措施回避或减少威胁。

WT战略是一种旨在减少内部劣势同时回避外部环境威胁的防御性技术。一个面对大量外部威胁且具有众多内部劣势的企业，的确处于不安全和不确定的境地。实际上，这样的企业正面临着被并购、收缩、宣告破产或结业清算的命运，不得不为生存而奋斗。

值得注意的是，进行以上匹配的目的在于产生可行的备选战略方案，而不是选择或确定最佳战略，也并不是所有在SWOT矩阵中得出的战略方案都要实施。

（二）战略制定

战略制定（strategy formulation）是在分析评估当前企业的使命、战略目标的基础上，充分考虑当前及未来企业可能面临的外部的机会和威胁以及内部的优势和劣势，从而制定一个企业未来发展的战略规划的过程。战略需要在组织的公司层面、事业层面和职能层面上分别建立。我们将在下一部分讨论组织的每一种战略类型。

（三）战略实施

战略实施（strategy implementation）就是将已经制定的战略转化为具体行动并实现战略目标的过程。企业一旦做出了自己的战略选择，接下去要做的就是实施这种战略。《追求卓越》的作者汤姆·彼得斯说过，“执行就是一切”。如果不能付诸实施，再优秀的战略也一文不值。

（四）战略评估

执行和实施战略的任务从来不会一次完成。如果说战略的制定过程属于主观认识范畴，那么其真正的价值只有经过实践才能得到验证。在战略实施过程中进行战略评估（strategy evaluation）将进一步辨认对外界环境的分析是否正确，所制定的战略途径和手段是否有效，等等，从而发现问题和差距，分析产生偏差的原因，根据变化的环境对组织战略进行适当调整，并在必要时采取矫正措施，使战略行动更好地与环境及所要实现的目标相协调。

三、组织战略的类型

组织战略按照组织层次，可以分为公司层战略（corporate-level strategy）、事业层战略（business-level strategy）和职能层战略（functional-level strategy）（见图2-6）。不同组织层次的

战略分析所用的工具也不相同。公司层战略分析常用的工具有 SWOT 矩阵和 BCG 矩阵，事业层战略常用的是波特的通用战略分析。

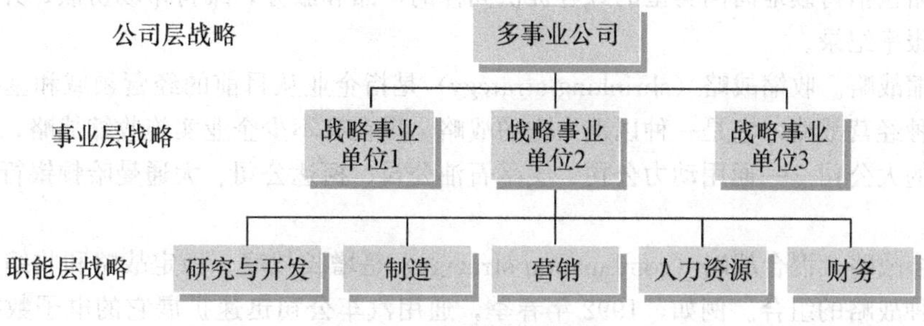

图 2-6　组织战略的类型

资料来源：罗宾斯，库尔特．管理学：第 7 版．北京：中国人民大学出版社，2004：533.

（一）公司层战略

公司层战略就是公司如何发展的战略规划。它主要涉及的问题是公司如何在各个不同的行业中确立公司的业务地位，以及采取什么样的行动和策略来改善公司多元化经营所进入的业务领域的业绩。公司战略是决定公司未来发展方向的，通常由最高管理层制定。公司层战略除了要决定组织的发展方向外，往往还要决定每个事业部或者产品在公司战略中的地位和角色，这就是产品的组合分析。

1. 方向战略

组织的方向战略有时也称为大战略，根据成长方向的不同可以分为四类：增长战略（或成长战略）、稳定战略、收缩战略和混合战略。方向战略的确定可以用 SWOT 分析来协助。SWOT 分析是在综合分析组织内部所具备的优势和劣势以及组织外部环境中存在的机会和威胁的基础上，做出恰如其分的综合判断，决定组织发展方向的方法。组织的方向战略与 SWOT 分析可以表示为如图 2-7 所示的结构。

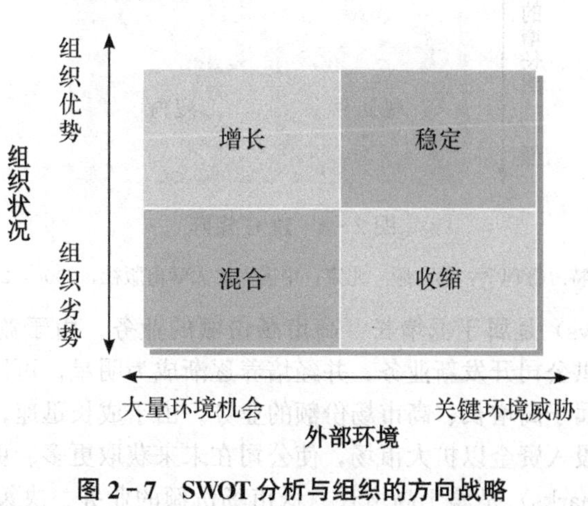

图 2-7　SWOT 分析与组织的方向战略

资料来源：罗宾斯，库尔特．管理学：第 7 版．北京：中国人民大学出版社，2004：212.

（1）增长战略。增长战略（growth strategy）指扩展公司的业务活动和范围，寻求扩大组织的经营规模。这包括一些通行的衡量标准，如更高的销售额、更多的员工和更大的市场份额。增长可以通过直接扩张、合并同类企业或多元化经营的方式实现。像沃尔玛和麦当劳是以直接扩张的方式追求增长的，另外一些公司则采用合并的方式追求增长。

(2) 稳定战略。稳定战略（stability strategy）的特征是很少发生重大变化，继续维持当前活动。这种战略包括持续地向同类型的顾客提供同样的产品和服务，维持市场份额，并保持组织一贯的投资回报率纪录。

(3) 收缩战略。收缩战略（shrinking strategy）是指企业从目前的经营领域和基础水平收缩或撤退的一种经营战略。它是一种以退为进的战略。现在有不少企业实施收缩战略，其中包括一些美国著名的大公司——通用动力公司、美孚石油公司、柯达公司、大通曼哈顿银行以及联合碳化物公司等。

(4) 混合战略。混合战略（combination strategy）是增长战略、稳定战略和收缩战略三种战略或其中两种战略的组合。例如，1992 年春季，通用汽车公司迅速扩展它的电子数据系统公司（Electronic Data Systems），而大幅削减它的美国国内汽车制造业务。这就是一种典型的混合战略。

2. **业务或产品的组合分析**

如果一个组织拥有多个事业部或者多种业务或产品，就要考虑如何管理多个事业部或多种业务，也就是要考虑组织拥有的资源如何在各种业务或事业部中进行有效分配的问题。这方面最流行的方法之一是公司业务组合矩阵，即 BCG 矩阵。该方法是由波士顿咨询集团（Boston Consulting Group，BCG）于 20 世纪 70 年代初期开发的。BCG 矩阵的示意图如图 2-8 所示，其中横轴代表市场份额，纵轴表示预期的增长率。高市场份额意味着该项业务是所在行业的领导者；高增长率定义为销售额至少达到 10%的年增长率（扣除通货膨胀因素）。BCG 矩阵区分出四种业务组合，如图 2-8 所示。

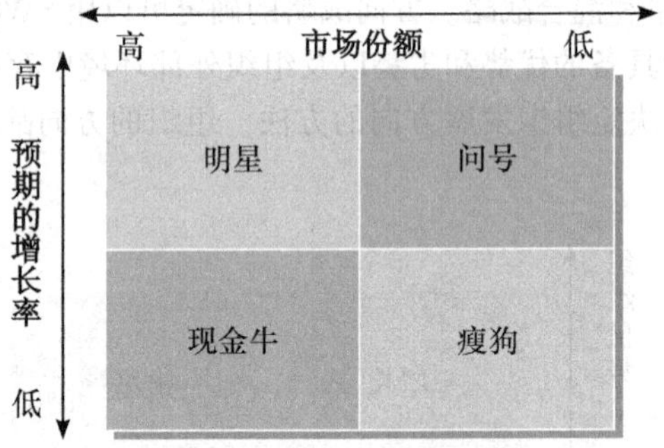

图 2-8 BCG 矩阵

资料来源：罗宾斯，库尔特．管理学：第 7 版．北京：中国人民大学出版社，2004：214.

“现金牛”（cash cows）是属于低增长、高市场份额的业务。由于竞争已经趋于稳定，它可以产生大量的现金，以供公司开发新业务，并经培养逐渐成为明星，可以说是公司的“金库”。

“明星”（stars）是属于高增长、高市场份额的业务。由于成长迅速，通常不但不能从中获取大量的现金，反而需要投入资金以扩大市场，使公司在未来获取更多、更长远的收益。

“问号”（question marks）是属于高增长、低市场份额的业务。决策者应该仔细考虑，究竟是花费更多的资金来提高市场份额，以开创更美好的明天，还是缩小经营规模，甚至完全退出市场。

“瘦狗”（dogs）是属于低增长、低市场份额的业务，处于这个象限的业务既不能产生大量现金，也不需要投入大量资金，因为处于没有吸引力的产业，不具备带来大量现金流的潜力。

管理者应尽可能通过“现金牛”获得现金，对“明星”和“问号”领域的业务进行支持。对

“明星”业务的支持有助于这些业务的增长和保持较高的市场份额；但“问号”的发展方向不确定，具有风险性，需要谨慎决策。“瘦狗”业务是应该被出售或者清算的业务。

（二）事业层战略

事业层战略通常发生在事业部或产品层次上，它重点强调公司产品或服务在某个产业或事业部所处的细分市场中竞争地位的提高。它的核心是如何获得并强化公司在市场上的竞争优势，涉及的主要问题是公司的管理部门为了在某一项具体的业务中创造良好的业绩应该采取什么样的行动和策略，即业务竞争战略。

竞争战略主要通过产业分析，选择适当的战略获取竞争优势。其中一个重要的分析工具就是前面提到的波特的五力模型。同时，波特提出的竞争战略为成本领先战略（cost leadership strategy）、差异化战略（differentiation strategy）及聚焦战略（focus strategy）。[①] 其中聚焦战略又可以分为成本聚焦和差异化聚焦。三种基本战略如图 2-9 所示。

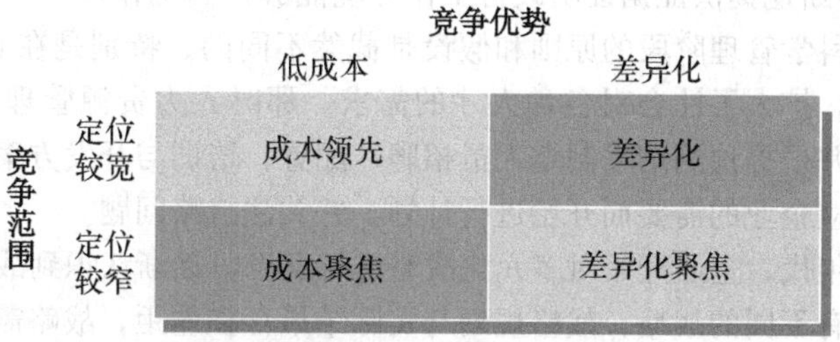

图 2-9　波特的三种基本战略

其中，成本领先战略是指企业通过在内部加强成本控制，在研究、开发、生产、销售、服务和广告等领域内把成本降到最低限度，成为行业中的成本领先者的战略。差异化战略是提供与众不同的产品和服务，满足顾客特殊的需求，形成竞争优势的战略。通常企业可以在服务水平、零配件的提供、工艺设计、产品性能、产品寿命及使用的便利性上实现差异化。聚焦战略是指把经营战略的重点放在一个特定的目标市场上，为特定的地区或购买者集团提供特殊的产品或服务。我们将在下一节更详细地介绍每种战略及其特点。

（三）职能层战略

职能层战略是指管理者为特定的职能活动、业务流程或业务领域内的重要部门所制订的战略规划。它涉及的问题是制订一个管理战略规划，管理某项业务中某项主要的活动——研究与开发、客户服务、分销、财务管理、人力资源管理等。某项业务有多少对战略起关键作用的活动，就应该有多少职能战略。每种职能战略需要支持事业层的战略，要围绕事业层战略制订具体的行动计划。

第2节　人力资源战略

一、人力资源战略的形成与发展

从 19 世纪中期到 20 世纪初期，产业革命带来的生产工具与生产动力的变革，使以手工劳动为基础的工场手工劳动转向了机器大生产，资本主义工厂制度迅速确立起来，推动了经济快速

① 波特．竞争战略．北京：华夏出版社，2005：34.

发展。企业主为了攫取最大化的利润，不断降低工人工资来减少生产成本，再加上资本主义经济危机的影响（危机期间裁减工人与降低工资），造成劳资关系紧张，工人消极怠工，影响了生产效率的提高。以泰勒为代表的科学管理运动试图通过科学管理来提高工业效率。如何把员工与工作进行匹配、确保他们得到合理的报酬被泰勒看作“技术问题”，例如人事工作者应用泰勒所要求的科学方法，使用新的测量技术去合理地选择和配置员工。在这个时期，企业人力资源管理的重点是如何选择合适的员工和通过人力资源措施来提高工作效率，人力资源管理被看作“技术活动”。

管理思想的创新和管理实践的发展推动了人力资源管理向前发展。20世纪30—50年代的人际关系运动促使企业在管理中重视“人”的因素，关注员工关系的管理。60—70年代操作研究和系统优化运动兴起，人事负责人在工作再设计、工作评价、人事预测及规划、绩效评价系统设计领域提供了新的服务。其中人际关系和行为科学学派就十分强调生产率问题中潜在的“人的因素”，分析家们也不断地提供证据证明改善工作环境能够提高工作产出。这种更为人性化的人力资源政策和实践与科学管理阶段的原则和假设是截然不同的。特别是在60年代以后，经济和科学技术的快速发展，扩大了社会对各种人才的需求。那时人力资源管理的主要功能是预测企业的人力资源需求，并根据预测结果制定人员招聘、配置、培训与开发方案等。可以看出，这时人力资源管理为了适应企业的需要而开始进行计划，并关注战略问题。

进入20世纪80年代，企业开始对多元化战略进行反思，逐渐认识到战略的制定不是简单机械的过程，不同组织有不同的战略，战略规划与实际结果存在差距，战略需要根据外界条件的变化不断进行调整。同时，全球化的步伐不断加快，企业间的竞争已经跨越了国界。面对迅速变化的经营环境，实施成功的战略管理对企业的生存和发展具有重要意义。越来越多的学者开始关注企业内部的资源和能力，人力资源被认为是企业产生核心能力的源泉。在人力资源领域，研究者也将研究的重点集中于人力资源各模块之间的匹配，试图建立一个更加综合、严密的系统以有效地对员工进行管理。也正是在这个时候，人力资源战略的概念开始出现在管理文献中。赖特和麦克马汉把人力资源战略描述为“规划人力资源配置和活动的模式……以保持一段时间内的连续性和各种不同决策与活动的一致性”。贝尔德和米肖拉姆（Baird & Meshoulam）则认为，内部匹配和外部匹配对于人力资源战略的研究和实践都十分重要。内部匹配是指组织内人力资源管理的各组成部分之间的一致性。例如，如果目标是招聘高素质的员工，那么人力资源的活动如开发、薪酬和评估就必须支持核心员工的发展和保持。外部匹配聚焦于人力资源战略和实践与公司的发展阶段和战略方向如何适应，大多数人力资源战略研究者把精力放在研究如何使人力资源实践与不同类型的业务战略相匹配，还在他们提出的竞争战略基础上拓展出一个与其竞争战略相匹配的人力资源战略模型。至此，真正意义上的人力资源战略终于形成，开始指导企业人力资源管理实践。

从以上分析可以看出，在20世纪80年代以前，人力资源活动并不是真正意义上的战略性人力资源管理活动，它还停留在技术活动的层面上，只是随着管理理论和实践的发展不断发现新的技术手段来解决生产经营中出现的问题，由于没有对人力资源措施进行系统的设计，它们之间可能是“死敌”，相互之间唱反调，传递出不一致甚至相互冲突的信息。进入80年代后，学者们受资源基础理论的影响，开始关注从企业整体的角度来考虑人力资源问题，如何使人力资源措施形成合力，如何使人力资源战略支撑企业战略，以确保企业战略的实现。直到此时，人力资源战略才真正成型。可以说，人力资源战略是随着管理理论和实践的发展而逐渐形成和发展的。

二、人力资源战略的含义与类型

(一) 人力资源战略的含义

人力资源战略是一个出现相对较晚的概念，研究者们从不同的角度对其进行界定，得出了不同的结论，至今人力资源战略还没有一个被广泛接受的定义。

舒勒（Schuler，1992）认为，人力资源战略是阐明和解决涉及人力资源管理的基本战略问题的计划和方案。戴尔（Dyer，1984）提出了一个决策性的人力资源战略概念，他把组织的人力资源战略定义为“从一系列人力资源管理决策中出现的模式”。戴尔和霍德（Dyer & Hoder，1988）提供了一个更综合的人力资源战略概念，认为人力资源战略是人力资源目标和追求战略目标的方法的综合。当一个业务战略形成并被接受之后，支撑战略目标的关键人力资源目标就已经形成，为完成这些目标所必需的方法（例如计划和政策等）也同时被设计出来并得到执行。例如，如果一个组织的战略是选择成为一个低成本的制造商，主要的人力资源目标就是高绩效和低员工数。这必将导致员工人数的减少和员工培训费用的增加，这种人力资源目标和方式的综合就是组织的人力资源战略。舒勒和沃克认为，人力资源战略是被人力资源经理和直线经理分享去解决与人有关的业务问题的一整套活动和过程。经理们必须制定一些有指导意义的方案以解决这些与人相关的业务问题，这些方案和计划将集中（focus）、启动（mobilize）和指导（direct）人力资源行为以成功解决对公司至关重要的业务问题（business issue），这些计划和方案形成了人力资源战略的核心。库克（Cooke）认为，人力资源战略是指员工发展决策以及对员工有重要的长期影响的决策，是根据企业战略制定的人力资源管理与开发的纲领性的长远规划，并通过人力资源管理活动来实现企业战略目标。乌里奇（Ulrich，1997）认为，人力资源战略是公司高层管理团队建立的一种策略、组织和行动方案，试图完善人力资源的功能。

以上对人力资源战略的定义或理解是从两个角度来考虑的：一种是把人力资源管理战略看作一种决策方案，是导向性的；另一种是把人力资源战略看作解决问题的行动和过程，是行动性的。虽然不能就人力资源战略概念有一个统一的界定，但可以总结出人力资源战略的特征如下：一是强调与企业战略的匹配（外部匹配），支撑企业战略的实现；二是强调人力资源实践间的匹配（内部匹配），以系统的观点审视人力资源实践；三是人力资源战略是员工发展决策以及对员工有重要的长期影响的决策。

我们对人力资源战略（human resource strategy）的定义如下：组织为适应外部环境的变化和内部管理的需要，根据组织的战略目标，制定出人力资源管理目标，进而通过各种人力资源管理职能活动实现组织目标和人力资源目标的过程。它强调人力资源对组织战略目标的支撑作用，从战略层面考虑人力资源的内容和作用。

由本章第1节的内容可知，企业的战略包括三个层次，分别是公司层战略、事业层战略和职能层战略。其中公司层战略寻求决定公司应当从事什么样的事业，以及计划从事什么样的事业；事业层战略决定组织应当如何在每一项事业上参与竞争；职能层战略寻求如何支持事业层战略。因此，人力资源管理作为企业职能的一个重要组成部分，对企业战略的实现起着重要的支持作用。人力资源战略与市场营销战略、生产战略、财务战略等共同构成了企业的职能层战略（见图2-10）。

(二) 人力资源战略的类型

人力资源战略指导着企业的人力资源管理活动，使人力资源管理活动之间能够有效地互相配合。下面介绍三种对人力资源战略的分类。

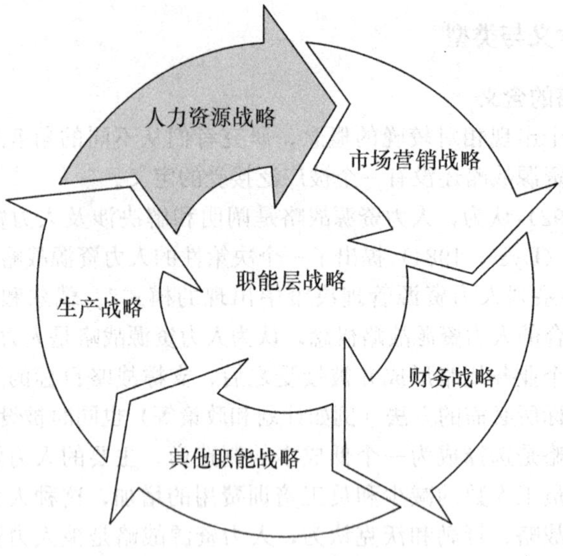

图 2-10　职能层战略

1. **戴尔和霍德的分类**

根据戴尔和霍德的研究，人力资源战略可分为三种：诱引战略、投资战略和参与战略。

（1）诱引（inducement）战略。诱引战略是指自己不培养员工，而是通过丰厚的报酬去诱引人才，从而形成高素质的员工队伍。在这种战略下，吸引员工的是高薪酬、高福利，从而可能使企业的人工成本较高。因此，企业往往严格控制员工人数，并力求诱引的员工都是高质量的，从而减少员工的培训费用。在这种战略下，企业与员工的关系主要是金钱关系，工作报酬主要取决于员工的努力程度，管理上则采取以单纯利益交换为基础的严格的科学管理模式，企业强调员工对目标的承诺，员工往往被要求从事繁重的工作，流动率较高。处于激烈竞争环境下的企业常常采用此战略。

（2）投资（investment）战略。这种战略通常被那些差别化企业采用，这类企业拥有一定的适应性和灵活性，强调通过自己培养来获取高素质的员工，如孟尝君之“食客三千”，储备了多种专业人才。管理人员注重对员工的支持、培训和开发，视员工为企业最好的投资对象，并力争在营造和谐的企业文化和良好的劳资关系，企业除与员工是雇佣关系外，还注重培养员工的归属感，因此员工的流动率较低。

（3）参与（involvement）战略。采取参与战略的企业大都有扁平和分权的组织结构，能够在对竞争者和生产需求做出快速反应的同时，有效地降低成本。为鼓励创新，这些企业的人力资源管理政策强调人员配备、工作监督和报酬，员工多数是高技术水准的专业人员，可以实现企业人力资源战略目标。企业则为员工提供具有挑战性的工作，鼓励参与，把报酬与成果密切联系在一起，从而实现战略目标。在这种战略下，管理人员的工作主要是为员工提供咨询和帮助，企业则注重团队建设和授权。企业在培训中也强调对员工人际技能的培养，如对员工进行魔鬼训练等。大多数日本企业采取这种战略。

2. **斯特雷斯和邓菲的分类**

根据斯特雷斯和邓菲（Strace & Dunphy，1994）的研究，人力资源战略可能因企业变革程度的不同而采取以下四种战略：家长式人力资源战略、发展式人力资源战略、任务式人力资源战略和转型式人力资源战略（见表 2-3）。

表2-3 变革程度与人力资源战略

变革程度	管理方式	人力资源战略
基本稳定，微小调整	指令式管理为主	家长式人力资源战略
循序渐进，不断变革	咨询式管理为主，指令式管理为辅	发展式人力资源战略
局部变革	指令式管理为主，咨询式管理为辅	任务式人力资源战略
整体变革	指令式管理与高压式管理并用	转型式人力资源战略

(1) 家长式人力资源战略。这种战略主要运用于避免变革、寻求稳定的企业，其主要特点有：集中控制人事的管理；强调秩序和一致性；有硬性的内部任免制度；重视操作与监督；人力资源管理的基础是奖惩与协议；注重规范的组织架构与方法。

(2) 发展式人力资源战略。当企业处于一个不断发展和变化的经营环境时，为适应环境的变化和发展，企业采用渐进式变革和发展式人力资源战略，其主要特点有：注重发展个人和团队；尽量从内部招募；有大规模的发展和培训计划；运用"内在激励"多于"外在激励"；优先考虑企业的总体发展；强调企业的整体文化；重视绩效管理。

(3) 任务式人力资源战略。这种企业面对的是局部变革，战略的制定是采取自上而下的指令方式。这种企业的部门在战略推行上有较大的自主权，但要对本部门的效益负责。采取这种战略的企业依赖于有效的管理制度，其主要特点有：非常注重业绩和绩效管理；强调人力资源规划、工作再设计和工作常规检查；注重物质奖励；同时进行企业内部和外部招募；开展正规的技能培训；重视战略部门的组织文化。

(4) 转型式人力资源战略。当企业已完全不能适应经营环境而陷入危机时，全面变革迫在眉睫，企业在这种紧急情况下没有时间让员工较大范围地参与决策，彻底的变革有可能触及相当部分员工的利益而不可能得到员工的普遍支持，只能采取强制高压式和指令式的管理方法，包括企业战略、组织机构和人事的重大改变，创立新的结构、领导和文化。与这种彻底变革相匹配的是转型式人力资源战略，其主要特点有：对企业组织架构进行重大变革，对职位进行全面调整；通过裁员调整员工队伍的结构，缩减开支；从外部招聘骨干人员；对管理人员进行团队训练，建立新的"理念"和"文化"；打破传统习惯，摒弃旧的组织文化；建立适应经营环境的新的人力资源系统和机制。

3. **舒勒的分类**

舒勒将人力资源战略分成三种类型：累积型、效用型和协助型。

(1) 累积型（accumulation）战略。用长远的观点看待人力资源管理，注重人才的培训，通过甄选来获取合适的人才；以终身雇佣为原则，以公平原则来对待员工，员工晋升速度慢；薪酬是以职务及年功为依据，高层管理者与新员工工资差距不大。该战略是出于实现员工参与最大化，进行技能培训，开发员工的能力、技能和知识，从而获取员工的最大潜能的目的。

(2) 效用型（utilization）战略。用短期的观点看待人力资源管理，较少提供培训；企业职位一有空缺随时进行填补，非终身雇佣制，员工晋升速度快；采用以个人为基础的薪酬方案。该战略是基于员工高技能的充分利用和极少的员工承诺，企业雇用具有职位所需技能且立即可以上岗的员工，注重员工的能力、技能和知识与特定工作的匹配。

(3) 协助型（facilitation）战略。介于累积型战略和效用型战略之间，个人不仅需要具备技术性的能力，还要在同事间保持良好的人际关系。在培训方面，员工个人负有学习的责任，公司仅提供协助。该战略基于新知识的创造，鼓励员工的自我开发。

从舒勒的人力资源战略分类及其特征可以看出，当企业将人力资源视为一项资产时，就会提供较多的培训，如累积型战略；当企业将人力资源视为企业的成本时，则会提供较少的培训以节约成本，如效用型战略。

从以上分析可以看出，不同的学者对人力资源战略有不同的分类方法，同时，不同的人力资源战略在人力资源获取渠道、采用的薪酬策略或管理方式等方面都有各自的特点，这就要求企业在管理实践中根据具体情况来选择合适的人力资源战略或人力资源战略组合。需要指出的是，从企业总体来说，大多数企业采取的人力资源政策与主导的人力资源战略相符合；从微观层次上来讲，企业可以根据不同的员工采取不同的措施。

三、企业战略与人力资源战略

人力资源战略是整个企业战略的一部分，但在实践中，企业战略与人力资源战略往往是分别制定的，从而使得在现实中企业战略与人力资源战略之间可能存在冲突。例如，企业在实行成本领先竞争战略时，会采取降低劳动力成本的措施来实现成本最小化的目标，而当企业为了降低成本而裁员的时候，又会与企业人力资源管理强调对员工的收入稳定、个人发展以及为社会就业负责的承诺相悖。又如，企业战略可能通过鼓励产品的创新在市场上保持竞争优势，企业的人力资源管理采取的却是成本导向战略，这时企业的人力资源管理对企业整体目标的实现所起的作用就不是促进，而是阻碍；如果企业采取的是产品领先和技术创新战略，企业的人力资源状况却不足以支撑这样的战略，则企业战略在很大程度上也会受到人力资源的制约。

伦格尼克-霍尔（Lengnick-Hall，1998）在人力资源战略形成的“相互依赖”模型中认为，处于战略形成过程中的组织如果能全面考虑人力资源和组织战略，其组织绩效将会远远好于那些将两种战略看作存在竞争关系的战略或仅仅把人力资源战略当成解决组织竞争优势的一种途径的组织。研究证实，越来越多的企业将人力资源融入组织战略的形成过程中。对两种战略进行整合的大中型企业的比例已从20%上升到45%。勒温和米切尔（Lewin & Mitchell，1995）指出，人力资源战略和企业战略的协调，可以帮助企业利用市场机会，提升企业的内部组织优势，帮助企业实现战略目标。越来越多的人力资源研究者呼吁将组织的人力资源管理系统与组织战略结合起来，注重发挥众多人力资源措施的协同作用，确保与组织的整体需求一致。

（一）企业战略与人力资源战略的关系

1. 企业战略决定人力资源战略

早期的人力资源战略形成模式将企业的长期需求、人力资源相关问题（柔性经营、员工竞争力、士气及承诺）等统筹考虑，即在企业战略和人力资源战略之间是一种单向的关系（垂直关系），与其他职能部门的战略一样，人力资源战略建立在企业战略的基础上，能够反映企业今后的需求。戴尔在1984年提出，“组织战略是组织的人力资源战略的主要决定因素”，并列举实证研究支持这一观点。其中一项研究是拉贝尔对11家加拿大企业的最高管理层人力资源战略的形成过程时的调查。该研究发现组织战略被提及的频率最高，被调查者大部分认为组织战略是组织人力资源战略的决定因素；组织所追求的战略目标不同，其人力资源战略的形成就会有显著的差异。

舒勒也认为较高层次的组织战略是人力资源战略的决定因素，不同的组织战略决定不同的人力资源战略，战略通过对组织架构（职能型或直线型）和工作程序（规模生产或柔性生产）的作用来对人力资源战略产生影响。他在1994年提出人力资源战略形成的5P模型，即哲学、政策、方案、实践和流程，认为组织的外部环境（如经济、市场、政治、社会文化、人口）、内部环境（如组织文化、现金流、技术）因素都会决定组织战略需求并改变其形成战略的方式。在分析上述因素之后，最高管理层制定全面的组织使命，明确关键性的目标，说明管理方案及程序，以帮助组织实现战略目标。这些目标、方案以及政策当然成为人力资源战略的一部分。因此，这一模型同样强调企业战略与人力资源之间存在紧密联系，后者与前者是一体的。

由此可以看出，人力资源战略被定位于企业的职能战略层次，是在企业战略基础上形成的，通过发挥其对企业战略的支撑作用，促进企业战略的实现。乌里奇基于人力资源必须落实公司战略的考虑指出，战略必须与人力资源一致（人力资源战略必须与公司战略一致），因为战略与人力资源合作有三个优点：公司的执行能力增强；公司适应变化的能力增强；因为能产生“战略一致性”，从而使公司更能满足顾客需求，并接受挑战。

2. 人力资源战略影响企业战略

在早期对人力资源战略形成的描述性研究中，戴尔的结论是组织战略和人力资源战略相互作用，组织在整合两种战略的过程中要求从人力资源角度对计划的灵活性、可行性及成本进行评估，并要求人力资源系统开发自己的战略以应对因采取计划而面临的人力资源方面的新挑战。伦格尼克-霍尔在人力资源战略形成的“相互依赖”模型中认为，组织战略与人力资源战略的形成具有双向作用。他们证实了人力资源战略不仅受到组织战略的影响，同时也受到组织是否对未来的挑战和困难做好了准备的影响。当然，这些影响并不是单向的，人力资源战略对全面的企业战略的形成和执行有着自己的贡献。他们提出人力资源战略的产生是为了适应组织的成长期望和组织对期望的准备，如果组织有较高的组织期望但人力资源战略还不成熟，就会采取以下行动：第一，对人力资源进行投资以提高执行能力；第二，根据所缺乏的准备条件调整组织目标；第三，利用现在的人力资源配置优势改变战略目标。在这三种情况下，人力资源战略和组织战略相互提供信息并相互影响。

3. 人力资源战略在企业战略管理中的主要功能

（1）在战略制定阶段为SWOT分析提供相关信息。在战略制定阶段，战略制定小组在审视和分析原来的战略后，要对企业环境（机会和威胁）进行详尽的分析。外部环境中的许多机会和威胁都是与人联系在一起的。随着企业对人力资源重要性认识的加深，企业已经不仅在为获得顾客进行竞争，同时也在为获得高素质员工进行竞争。人力资源管理部门在外部分析环节上所起的作用是从人力资源的角度密切关注外部环境——相关的机会和威胁，尤其是那些与人力资源职能直接相关的方面：潜在的劳动力短缺、竞争对手支付给相同职位员工的薪酬、竞争对手获取优秀员工的途径以及对人员雇用产生影响的立法工作等。

对企业的内部优势和劣势进行分析同样需要人力资源部门的参与。现在许多公司越来越清晰地意识到人力资源是它们最重要的财富之一。如果不考虑自己的员工队伍所具有的优势和劣势，就可能会导致企业选择它们自己本来没有能力去实现的战略。比如，一家企业选择如下战略：通过计算机自动化控制设备来替代原来的设备，以期提高生产效率，从而降低成本。尽管这种选择看上去不错，但是企业很快就发现事实并非如此。员工根本就不会用这些新设备，因为该公司的员工队伍中有大约25%的人实际上是功能性文盲，根本无法适应公司战略的要求，结果就可想而知了。因此，在战略制定阶段，人力资源部门必须做好企业内部人力资源状况分析，做出合理的符合企业战略的人力资源需求分析。

例如，康奈尔大学的斯科特·A.斯内尔（Scott A. Snell）教授对企业内部的人力资源分类进行了研究，这对企业进行人力资源状况分析有一定的借鉴意义。斯内尔将企业内部的人力资源分为核心人才、通用人才、独特人才和辅助型人才（见图2-11）。在此基础上，斯内尔总结了不同类型人力资源的特点，并针对不同类型的人力资源提出了不同的人力资源管理模式（见表2-4）。这从一个侧面说明了企业在制定人力资源战略乃至整体战略时，必须对内部人力资源状况加以分析，以便为战略决策提供准确的人力资源相关信息。

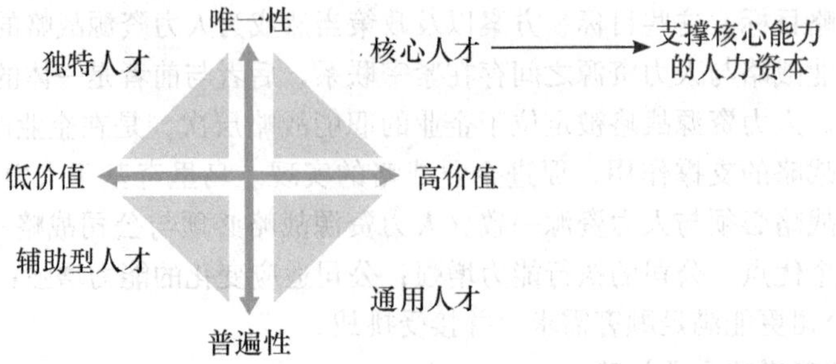

图2-11 斯内尔模型中对人才的分类

表2-4 不同类型的人力资源所具有的特点及其适用的工作方式和雇佣模式

项目	核心人才	通用人才	辅助型人才	独特人才
价值	高价值：直接与核心能力相关	高价值：直接与核心能力相关	低战略价值：操作性角色	低战略价值：与核心价值间接联系
独特性	独一无二：掌握了公司特殊的知识和技能	普遍性：普通知识和技能	普遍性：普通知识和技能	独一无二：特殊的知识和技能
工作方式	知识工作	传统工作	合同工	伙伴
雇佣模式	以组织为核心	以工作为核心	交易	合作
人力资源管理系统	以责任为基础的人力资源管理系统	以生产率为基础的人力资源管理系统	以服从为基础的人力资源管理系统	合作的人力资源管理系统
工作设计	授权、提供资源 因人设岗	清晰定义 适度授权	准确定义 圈定范围	以团队为基础 资源丰富/自主
招聘	根据人才（学习能力） 内部提拔	外部招募 根据业绩	人力资源外包 为特别的任务招聘	能够合作 根据业绩
开发	在职培训 具有公司特色 局限于公司的具体情况 关注短期效果	局限于规章、流程	在职培训 根据公司具体情况	
考核	关注对战略的贡献 开发	培训效果 关注绩效	服从性	以团队为核心 目标的完成情况
薪酬	外部公平（高工资） 为知识、经验付薪 持股	外部公平	按小时或临时工作付薪	以团队为基础的激励 合同、年薪、为知识付薪

(2) 人力资源战略支撑企业战略的实施。人力资源战略和其他职能战略（市场战略、研发战略）位于企业战略的第三层次——职能战略层，只有充分发挥它们对企业战略的支撑作用，才能促进企业战略的实现。人力资源战略是由工作设计与工作分析、招募与甄选、培训与开发、绩效管理以及薪酬管理等模块构成的，为了促进企业战略的实现，必须确保这些模块与总体的人力资源战略及企业战略保持一致。例如，当企业采用差异化的经营战略时，这种战略思想的核心在于通过创造产品或者服务的独特性来获得竞争优势，强调产品的设计和研究开发，此时的人力资源战略则是强调创新性和弹性，形成创造性氛围，采用以团队为基础的培训和考评、差异化的薪酬策略等，在评价绩效时采用行为导向的评价方法，并且把绩效评价作为员工发展的手段。实践中，许多组织虽然拥有绩效反馈和薪酬计划，但由于人力资源规划鼓励的是一些与组织期望

的行为相反的行为，组织无法得到期望的行为和绩效。

(二) 企业战略与人力资源战略的整合

1. 与波特的竞争战略相匹配的人力资源战略

根据波特的理论，各种战略使企业获得竞争优势的三个基点是成本领先、差异化和聚焦。成本领先战略强调以最低的单位成本价格为价格敏感用户生产标准化的产品；差异化战略旨在为对价格相对不敏感的用户提供某产业中独特的产品与服务；聚焦战略指专门提供满足小用户群体需求的产品和服务。

波特的战略意味着根据产业类型、公司规模及竞争类型等因素，不同的企业应采取不同的组织安排、控制程序和激励机制。不同的战略可以分别在成本领先、差异化及聚焦方面取得竞争优势。可得到更多资源的大公司一般以成本领先或差异化为基点进行竞争，而小公司则以聚焦为基点进行竞争。

(1) 成本领先战略。企业由于具有成本优势，可以凭借低价格和高市场占有率获得或保持竞争优势。但成本领先战略必须与差异化战略结合使用，在相对竞争对手差异化的基础上创造相等价值，以领先于产业平均收益水平。成本优势的价值在于这种优势的可维持性，如果竞争对手很容易模仿，那么领先者的成本优势乃至竞争优势将丧失殆尽。企业采用成本领先战略的主要优势如下：

第一，形成进入障碍。企业的生产经营成本低，为行业的潜在进入者设置了较高的进入障碍。那些生产技术尚不成熟、经营上缺乏规模经济的企业很难进入此行业。

第二，增强企业讨价还价的能力。企业的成本低，可以提高与供应者讨价还价的能力，降低投入因素变化所产生的影响；同时，企业成本低还可以提高对购买者讨价还价的能力，对抗强有力的购买者。

第三，降低替代品的威胁。企业的成本低，在与竞争对手竞争时，仍旧可以凭借其低成本的产品和服务吸引大量的顾客，降低或缓解替代品的威胁，使自己处于有利的竞争地位。

第四，保持领先的竞争地位。当企业与行业内的竞争对手进行价格战时，由于企业的成本低，可以在竞争对手毫无利润的水平上保持盈利，从而扩大市场份额，保持绝对竞争优势地位。

总之，企业采用成本领先战略可以使企业有效地面对行业中的五种竞争力量，以其低成本的优势获得高于行业平均水平的利润。

成本领先战略尤其适用于成熟的市场和技术稳定的产业。在下列情况下实现产品差异化的途径很少：购买者不太在意品牌间的差别；存在大量讨价还价的购买者。

采取成本领先战略也有一定的风险性。例如，竞争者可能会进行效仿，这会压低整个产业的盈利水平；市场环境变化，会改变原来企业成本驱动因素，进而影响成本，使企业丧失成本优势；产业技术上的突破可能会使这一战略失效；购买者的兴趣可能会转移到价格以外的其他产品特征上；等等。因此，企业在采用成本领先战略时，应及早注意这些问题，采取防范措施。

(2) 差异化战略。企业形成这种战略主要是依靠产品和服务的特色，而不是产品和服务的成本。但是应该注意，差异化战略并不是说企业可以忽视成本，只是强调这时的战略目标不是成本问题。

差异化不能保证一定会带来竞争优势，尤其在标准化产品可以充分满足用户需求，或竞争者有可能迅速地模仿时。采用差异化战略的企业最好能设置防止竞争者迅速模仿的障碍，以保证产品具有长久的独特性。成功的差异化战略能够使企业以更高的价格出售其产品，并通过使用户高度依赖产品的差异化特征而获得用户的忠诚。企业采用这种战略可以很好地防御行业中的五种竞争力量（新进入者的威胁、替代品的威胁、购买者讨价还价的能力、供应商讨价还价的能力以及现有公司间的竞争），获得超过行业平均水平的利润，这些主要表现在以下几个方面：

第一，形成进入障碍。由于产品独具特色，顾客对产品或服务有很高的忠诚度，从而形成该行业新进入者强有力的进入障碍。潜在的进入者要与该企业竞争则需要淡化这种产品的独特性。

第二，降低顾客对价格的敏感程度。由于产品的差异化，顾客对该产品或服务具有某种程度的忠实性，当价格发生变化时，顾客对价格的敏感程度不高。生产该产品的企业便可以运用产品差异化的战略在行业竞争中形成一个隔离带，避免竞争者的伤害。

第三，增强讨价还价的能力。由于产品的差异化，购买者别无选择，对价格的敏感程度又降低，企业可以运用这一战略削弱购买者讨价还价的能力。

第四，防止替代品的威胁。企业的产品或服务具有特色，能够赢得顾客的信任，可以在与替代品的较量中处于更有利的地位。

企业成功地实施差异化战略通常需要特殊类型的管理技能和组织架构。例如，企业需要从总体上提高某项经营业务的质量，树立产品形象，保持先进技术和建立完善的分销渠道的能力。为实施这一战略，企业需要具有很强的研究开发与市场营销能力的管理人员，同时在组织架构上，成功的差异化战略需要有良好的组织架构以协调各个职能领域，有能够确保激励员工创造性的激励体制和管理体制。

追求差异化战略时有可能面临的其他风险包括：差异化的技术在购买者看来并不能降低成本或者提高效益；过度的差异化使得产品的价格相对于竞争对手来说太高或者差异化属性超出了购买者的需求；等等。因此，企业在实施差异化战略的过程中需要开展广泛的研究开发、设计产品形象、选择高质量的原材料和争取顾客等工作，同时还应该认识到，并不是所有顾客都愿意为产品差异化支付更高的价格。

（3）聚焦战略。采用聚焦战略的公司将经营战略目标集中于特定消费者群体、特定地域市场或特定规格的产品，从而能够比服务于更广泛市场的竞争者更好地为特定的细分市场服务。聚焦战略与其他两种基本的竞争战略不同。成本领先战略与差异化战略面向更广阔的市场，在整个行业的范围内实施战略；聚焦战略则围绕一个特定的目标市场进行密集型的生产经营活动，要求能够比竞争对手提供更有效的服务。企业一旦选择了目标市场，便可以通过产品差异化或成本领先的方法，形成聚焦战略。也就是说，采用聚焦战略的企业，基本上就是特殊的差异化或特殊的成本领先企业。如果采用聚焦战略的企业要想实现成本领先，则可以在专用品或复杂产品上建立自己的成本优势，这类产品难以进行标准化生产，也就不容易形成生产上的规模经济效益。聚焦战略与差异化战略不同的是，采用聚焦战略的企业是在特定的目标市场中与实行差异化战略的企业进行竞争，而不在其他细分市场上与其竞争对手竞争。聚焦战略之所以能够取得成功，是因为重点集中的企业由于其市场面狭小，可以更好地了解市场和顾客，提供更好的产品与服务。

企业实施聚焦战略的关键是选好目标市场。通常企业要尽可能地选择那些竞争对手最薄弱和最不易受替代品冲击的目标市场。在下列条件得到满足时，不管是以低成本为基础的聚焦战略，还是以差异化为基础的聚焦战略，都会变得有吸引力。一是目标市场足够大，可以盈利；二是小市场具有很好的成长潜力；三是小市场不是主要竞争厂商成功的关键，没有或有很少的竞争厂商在相同的目标市场上开展专业化经营；四是采取聚焦战略的公司拥有有效服务小市场的资源和能力；五是采取聚焦战略的公司凭借其建立起来的顾客商誉和服务来防御行业中的竞争者；六是整个行业中有很多细分市场，一家企业难以为所有细分市场服务，从而企业能够选择与自己的强势和能力相称的有吸引力的市场。

另外，企业在实施聚焦战略的时候也存在一定的风险，主要体现在以下几个方面：第一，以较宽的市场为目标的竞争者也可能采用同样的聚焦战略；或者竞争对手从企业的目标市场中找到了可以再细分的市场，并以此为目标实施聚焦战略，从而使原来采用聚焦战略的企业失去优势。第二，由于技术进步、替代品的出现、价值观念的更新、消费者偏好变化等多方面的原因，目标市场与总体市场之间在产品或服务方面的需求差别变小，企业原来赖以形成聚焦战略的基础也不存在了。第三，较宽范围的竞争对手与采取集中战略的企业之间在成本上的差异日益缩小，抵消了企业为目标市场服务的成本优势，导致聚焦战略的失败。第四，众多的竞争者可能会认识到这一经营战略的有效性，并模仿这一战略，瓜分细分市场的利润。

基于上述波特的竞争战略理论，路易斯·戈梅斯-梅西亚（Luis Gomez-Mejia）等人提出了与波特的竞争战略相匹配的三种人力资源战略（见表2-5）。

表2-5　与波特的竞争战略相匹配的三种人力资源战略

企业战略	组织的一般特点	人力资源战略
成本领先战略	● 持续的资本投资 ● 严密地监督员工 ● 严格的成本控制，要求经常、详细的控制报告 ● 低成本的配置系统 ● 结构化的组织和责任 ● 产品设计以制造便利为原则	● 有效率的生产 ● 明确的工作说明书 ● 详细的工作规划 ● 强调具有技术上的资格证明与技能 ● 强调与工作有关的特定培训 ● 强调以工作为基础的薪酬
差异化战略	● 营销能力强 ● 产品的策划与设计 ● 基础研究能力强 ● 公司以质量或科技领先著称 ● 公司的环境可吸引高技能的员工、高素质的科研人员或具有创造力的人	● 强调创新和弹性 ● 工作类别广 ● 松散的工作规划 ● 外部招聘 ● 团队基础的培训 ● 强调以个人为基础的薪酬
聚焦战略	● 结合了成本领先战略和差异化战略组织的特点	● 结合了上述人力资源战略的特点

当企业采用成本领先战略时，主要是通过低成本来获取竞争优势，因此应该严格控制成本和加强预算。为了配合低成本的企业战略，此时的人力资源战略强调的是有效性、低成本生产，强调通过合理的高结构化的程序来减少不确定性，并且不鼓励创造性。在采用成本领先战略时，企业一般采用结果导向的绩效评价办法，并且把绩效评价当成控制手段。

当企业采用差异化的竞争战略时，这种战略思想的核心在于通过创造产品或者服务的独特性来获得竞争优势。因此，这种战略的一般特点是具有较强的营销能力，强调产品的设计和研究开发，企业以产品质量著称。此时的人力资源战略强调创新性和弹性，形成创造性氛围，采用以团队为基础的培训和评价、差异化的薪酬策略等，在绩效评价时一般采用行为导向的评价方法，并且把绩效评价作为员工发展的手段。

当企业采用聚焦战略时，企业战略的特点是综合了成本领先战略和差异化战略，相应的人力资源战略的特点是上述两种人力资源战略的结合。

2. 与迈尔斯和斯诺的企业战略相匹配的人力资源战略

雷蒙德·迈尔斯（Raymond Miles）和查尔斯·斯诺（Charles Snow）将企业战略分为三种类型：防御者（defender）战略、探索者（prospector）战略和分析者（analyzer）战略。防御者战略寻求的是整体市场中的一个狭窄、稳定的细分市场，而不是成长。探索者战略是指通过不断寻找新产品、新市场或新服务，发掘新的商业机会，在这种战略下，企业资源主要用于鼓励创新以及获取难以在组织内部发展的能力，创新比效率更关键。分析者战略是指企业在一些稳定的产品市场上经营，同时积极寻找和把握机会，通过快速模仿有创新能力的竞争对手来保持竞争优势。

贝尔德和比奇勒（Baird & Beechler）认为，对应于企业的防御者战略、探索者战略和分析者战略，企业应当采取与之相匹配的人力资源战略（见表2-6）。

表2-6　企业战略、组织要求和人力资源战略

企业战略	组织要求	人力资源战略
防御者战略 ● 产品市场狭窄 ● 效率导向	● 维持内部稳定性 ● 有限的环境分析 ● 集中化的控制系统 ● 标准化的运作程序	累积型战略：基于最大化的员工投入及技能的培养 ● 获取员工的最大潜能 ● 开发员工的能力、技能和知识 ● 关注内部公平
探索者战略 ● 持续地寻求新市场 ● 外部导向 ● 产品/市场的创新者	● 不断地陈述改变 ● 广泛的环境分析 ● 分权的控制系统 ● 组织结构的正式化程度低 ● 资源配置快速	效用型战略：基于极少的员工承诺和高技能的利用 ● 雇用具有目前所需要的技能且可以立即上岗的员工 ● 使员工的能力、技能与知识能够配合特定的工作 ● 关注外部公平
分析者战略 ● 追求新市场 ● 维持目前存在的市场	● 弹性 ● 严密和全盘的规划 ● 提供低成本的独特产品	协助型战略：基于新知识和新技能的创造 ● 聘用自我激励的员工，鼓励和支持能力、技能和知识的自我发展 ● 在正确的人员配置及弹性结构化团体之间作协调 ● 关注内部和外部公平

当企业采用防御者战略时，与其相对应的人力资源战略是累积型战略。累积型战略是强调最大化的员工投入和员工技能培养，充分发挥员工的最大潜能。

当企业采用探索者战略时，最优的人力资源战略选择是效用型战略。效用型战略是基于极少的员工承诺和高技能的利用，企业将雇用具有目前所需要的技能且可以马上使用的员工，使员工的能力、技能与知识能够配合特定的工作。

当企业采用分析者战略时，与其相对应的人力资源战略是协助型战略。协助型战略是基于新知识和新技能的创造，鼓励及支持员工能力、技能和知识的自我开发。

3. 与奎因的企业基本经营战略和文化相匹配的人力资源战略

（1）企业文化分类。企业文化主要指一个企业长期形成并为全体员工认同的价值信念和行为规范。每一个企业都会有意或无意地形成自己特有的文化，它来源于企业经营管理者的思想观念、企业的历史传统、工作习惯、社会环境和组织架构等。密歇根大学的奎因认为，企业文化可以根据两个轴向分成四大类（见图2-12）。

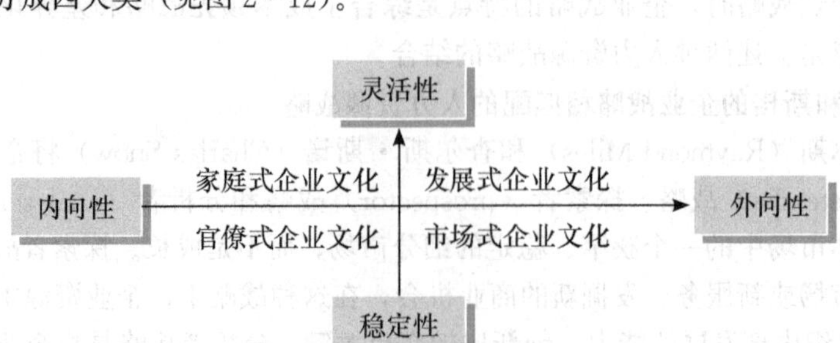

图2-12　企业文化的分类

第一，发展式企业文化。其特点是强调创新和成长，组织架构较松散，运作上相当非正规化。

第二，市场式企业文化。其特点是强调工作导向和目标的实现，重视按时完成各项生产经营目标。

第三，家庭式企业文化。其特点是强调企业内部的人际关系，企业像一个大家庭，员工像一个大家庭的成员，彼此间相互帮助和相互关照，最受重视的价值观是忠诚和传统。

第四，官僚式企业文化。其特点是强调企业内部的规章制度，凡事皆有章可循，重视企业的结构、层次和职权，注重企业的稳定性和持久性。

(2) 企业基本经营战略、文化与人力资源战略的匹配。

1) 詹姆斯·奎因的研究。根据企业文化的类型特点，奎因提出了企业基本经营战略、企业文化和人力资源战略的几种配合形式（见表2-7)。

表2-7　与企业经营战略和文化相匹配的人力资源战略

基本经营战略	企业文化	人力资源战略
低成本、低价格经营战略	官僚式企业文化	诱引战略
独创性产品经营战略	发展式企业文化	投资战略
高品质产品经营战略	家庭式企业文化	参与战略

实施低成本、低价格经营战略的企业多为集权式管理，生产技术较稳定，市场也较成熟，工作专业化程度高，严格控制工作流程，企业追求的是员工在特定的工作中有稳定一致的表现。如果员工经常缺勤或表现参差不齐，必将对生产过程和成本构成严重影响，因此企业主要考虑的是员工的可靠性和稳定性。

采用独创性产品经营战略的企业主要以创新性产品和独特性产品战胜竞争对手，企业处在不断成长和创新的过程中，其生产技术一般较复杂，员工的工作内容较模糊，无常规做法，非重复性并具有一定的风险。企业的任务就是为员工创造一个有利的环境，鼓励员工发挥独创性。这种企业的成败取决于员工的创造性，注重培养员工独立思考和创新的能力。

采取高品质产品经营战略的企业依赖于广大员工的主动参与，这样才能保证其产品的优秀品质。企业重视培养员工的归属感和合作参与精神，通过授权，鼓励员工参与决策，或通过团队建设让员工自主决策。传统的日本企业就广泛采取了这种战略配合。

2) 福姆布龙、蒂奇和德瓦纳的研究。根据福姆布龙、蒂奇和德瓦纳（Fombrun，Tichy，& Devanna，1984）的研究，企业发展战略对人力资源战略有很大影响，尤其是在人员招聘、绩效评价、薪酬政策和员工发展等方面。他们认为，人力资源管理的这些方面应与企业的发展战略相配合，才能实现企业的发展目标。企业发展战略和人力资源战略的配合关系见表2-8。

表2-8　与企业发展战略和企业文化相匹配的人力资源战略

基本发展战略	企业文化	人力资源战略
集中式单一产品发展战略	官僚式企业文化	家长式人力资源战略
纵向整合式发展战略	市场式企业文化	任务式人力资源战略
多元化发展战略	发展式企业文化	发展式人力资源战略

其中，企业采取集中式单一产品发展战略时，往往具有规范的职能型组织架构和运作机制，高度集权的控制和严密的层级指挥系统，各部门和人员都有严格的分工。这种企业常采用家长

式人力资源战略。在员工招聘和绩效评价上，较多从职能作用上进行评价，且较多依靠各级主管的主观判断；在薪酬管理上，这种企业多采用自上而下的家长式分配方式，即上司说了算；在员工的培训与开发方面，以单一的职能技术为主，较少考虑整个系统。

采取纵向整合式发展战略的企业在组织架构上仍较多实行规范性职能型架构的运作机制，控制和指挥同样较集中，但这种企业更注重各部门实际效率和效益。其人力资源战略多为任务式。人员的招聘和绩效评价较多依靠客观标准，立足于事实和具体数据；奖酬的依据主要是工作业绩和效率；员工的发展仍以专业化人才培养为主，少数通用人才主要通过工作轮换来培养和发展。

采取多元化发展战略的企业因为经营不同产业的产品系列，其组织架构较多采用战略业务单元（SBU）或事业部制，这些业务单元都保持着相对独立的经营权。这类企业的发展变化较为频繁，其人力资源战略多为发展式。在人员招聘和甄选上，较多运用系统化标准；对员工的绩效评价主要是看员工对企业的贡献，主客观评价标准并用；奖酬的基础主要是对企业的贡献和企业的投资效益；员工的培训与开发往往是跨职能、跨部门甚至跨事业单位的系统化开发。

第3节 人力资源规划

一、人力资源规划概述

凡事预则立，不预则废。人力资源管理同样如此。要保证战略性人力资源管理整个系统正常运转，必须认真做好人力资源规划。

（一）人力资源规划的概念

人力资源规划（human resource planning）就是根据组织的发展战略、目标以及组织内外环境的变化，科学地预测、分析组织的人力资源需求和供给状况，制定必要的管理政策和措施，以确保组织在需要的时间和职位上获得所需的人力资源的过程。简单地讲，人力资源规划就是对组织在某个时期内的人员供给和人员需求进行预测，并根据预测的结果采取相应的措施来实现人力资源的供需平衡。

准确理解人力资源规划的含义，必须把握以下几个要点：

（1）制定人力资源规划的目的是实现企业的战略目标，保证企业的可持续发展。任何组织的成功都依赖于在合适的时间有合适的人员在合适的职位上。在现代社会中，人力资源是企业最宝贵的资源，拥有充足数量和良好素质的人力资源是企业实现战略目标与可持续发展的关键。

（2）制定人力资源规划是企业在对现有的人力资源的数量、质量、结构等各方面进行盘点，并运用科学的方法，对企业未来的人力资源需求与供给进行分析的基础上进行的。这是因为，企业外部的政治、经济、法律、技术、文化等环境因素一直处于动态的变化之中，而这会相应地引起企业内部人员结构的变化。因此，必须对这些变化进行科学的预测与分析，以满足企业对人力资源的需求。

（3）制定必要的人力资源政策和措施是人力资源规划的主要环节。人力资源规划的实质就是在人力资源供求预测的基础上制定出正确、清晰、有效的人力资源政策和措施，以实现人力资源的供求平衡，满足企业对人力资源的需求。

人力资源规划根据时间的长短不同，可以分为长期规划、中期规划、年度规划和短期规划四种。长期规划适用于大型组织，往往是5～10年的规划；中期规划适用于大中型企业，一般的期限是2～5年；年度规划适用于所有的组织，它每年制定一次，通常是组织年度发展规划的一部分；短期规划适用于短期内组织人力资源变动加剧的情况，是一种应急计划。

(二) 企业经营战略、人力资源战略与人力资源规划的关系

企业经营战略、人力资源战略与人力资源规划的关系如图 2-13 所示。

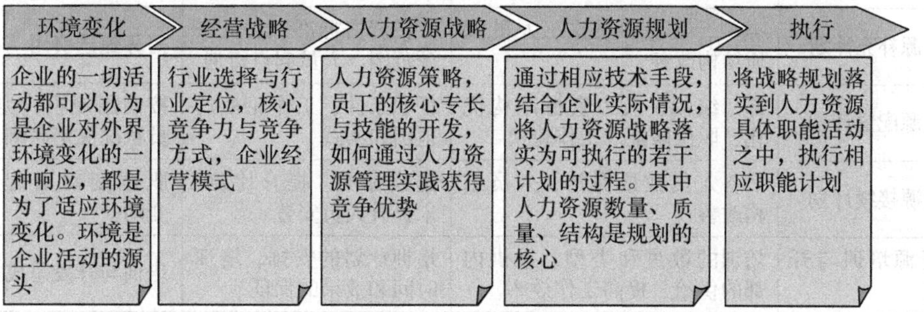

图 2-13　企业经营战略、人力资源战略与人力资源规划

资料来源：彭剑锋．人力资源管理概论．上海：复旦大学出版社，2003：170.

人力资源战略必须以企业经营战略为基础，当企业战略目标与经营方式发生变化时，人力资源战略也随之发生变化。而且，人力资源战略决定了人力资源规划的方针、重点和基本政策，决定了人力资源数量、结构和素质要求。此外，人力资源规划是企业经营战略规划的一部分，必须为企业经营战略服务，是企业为达成经营战略而确定的人力资源配置目标、计划与方式，是企业人力资源管理工作的“龙头”；人力资源规划是人力资源战略的进一步延伸，为了实现人力资源战略目标，必须将人力资源战略转化为可操作的措施逐步落实，缺乏规划的人力资源战略只能被束之高阁，难以“落地”。总之，人力资源规划必须与企业的经营战略保持一致，为企业的整体战略及人力资源战略服务，同时还要与企业各个层次的经营计划相互协调、保持平衡。

(三) 人力资源规划的内容

人力资源规划的内容，也就是它的最终结果，主要包括两个方面：

1. 人力资源总体规划

人力资源总体规划是对计划期内人力资源规划结果的总体描述，包括预测的需求和供给分别是多少，做出这些预测的依据是什么，供给和需求的比较结果是什么，企业平衡需求与供给的指导原则和总体政策是什么，等等。人力资源的总体规划具体包括三方面的内容，分别是人力资源数量规划、人力资源素质规划和人力资源结构规划。

(1) 人力资源数量规划是依据企业未来业务模式、业务流程、组织架构等因素确定未来企业各部门人力资源编制以及各类职位人员配比关系，并在此基础上制订企业未来人力资源需求计划和供给计划。

(2) 人力资源素质规划是依据企业战略、业务模式、业务流程和组织对员工的行为要求，设计各类人员的任职资格，包括人员素质要求、行为能力要求以及标准等。素质规划具体包括企业人员的基本素质要求、人员基本素质提升计划以及关键人才招聘、培养和激励计划等。

(3) 人力资源结构规划是指依据行业特点、企业规模、未来发展战略重点以及业务模式，对企业人力资源进行分层分类，同时设计和定义企业职位种类和职位责权界限等，从而理顺各层次、各类职位上的人员在企业发展中的地位、作用以及相互关系。

2. 人力资源业务规划

人力资源业务规划是总体规划的分解和具体化，它包括人力资源补充计划、人力资源配置计划、人力资源接续计划、人力资源培训与开发计划、工资激励计划、员工关系计划和退休解聘

计划等内容（见表2-9）。

表2-9　人力资源业务规划的内容

规划名称	目标	政策	预算
人力资源补充计划	类型、数量、层次、人员素质结构改善	人员资格标准、人员来源范围、人员起点待遇	招募甄选费用
人力资源配置计划	部门编制、人力资源结构优化、职位匹配、工作轮换	任职条件、工作轮换的范围和实践	按使用规模、类别和人员状况决定薪酬预算
人力资源接续计划	后备人员数量保持、人员结构改善	选拔标准、提升比例、未提升人员安置	职位变动引起的工资变动
人力资源培训与开发计划	培训的数量和类型、提供内部的供给、提高工作效率	培训计划的安排、培训时间和效果的保证	培训与开发总成本
工资激励计划	劳动力供给增加、士气提高、绩效改善	工资政策、激励政策、激励方式	增加工资奖金的数额
员工关系计划	劳动效率提高、员工关系改善、离职率降低	民主管理、加强沟通	法律诉讼费用
退休解聘计划	劳动力成本降低、生产率提高	退休政策及解聘程序	安置费用

资料来源：董克用．人力资源管理概论．2版．北京：中国人民大学出版社，2003：220.

（四）人力资源规划的意义

在信息时代的今天，科学技术突飞猛进，产业结构不断调整，组织变革速度加快，人力资源变化也日益复杂。因此，不确定性环境中的人力资源规划越来越显示出重要的意义。

（1）人力资源规划有助于组织制定并实施长远的战略目标和发展规划。任何企业在制定战略目标时，首先需要考虑的都是组织内拥有的以及可以挖掘的人力资源。一套切实可行的人力资源规划，有助于企业管理层全面深入了解企业内部人力资源的配置状况，进而科学合理地确定企业的战略目标。此外，人力资源规划有助于人力资源在数量、效率和制度上与企业战略要求保持一致，使人力资源管理体系能够有效支持企业战略，并获得竞争优势。

（2）人力资源规划有助于人力资源管理活动的有序化。人力资源规划是组织人力资源管理的基础性工作，它为人力资源管理活动，如员工招聘、职业生涯设计、员工培训、绩效管理与薪酬管理等提供可靠的相关信息依据，以保证管理活动的有序化。此外，人力资源规划事先通过对组织的人力资源状况进行系统分析，并采取有效措施，能够使企业避免人力资源不足或过剩的困扰，进而在日趋激烈的市场竞争环境中，减少人事震荡，并保证人力资源管理系统的正常有序运转。

（3）人力资源规划有助于企业有效控制人工成本。企业的人工成本中最大的支出是工资，而工资总额很大程度上取决于企业中的人员分布状况。人员分布状况是指企业中的人员在不同职务、不同级别上的数量状况。当企业处于发展初期时，低层职位的员工多，人工成本相对便宜。随着企业的发展，人员职位水平上升，工资成本增加。在没有人力资源规划的情况下，未来的人工成本是未知的，难免会出现成本上升、效益下降的趋势。因此，根据人力资源规划中所做的预测，有计划地调整人员分布状况，把人工成本控制在合理支付范围内，是十分重要的。

（4）人力资源规划有助于满足员工需求和调动员工的积极性。人力资源规划展示了企业内部未来的发展机会，使员工能充分了解自己的哪些需求可以得到满足以及满足的程度。如果员工明确了可以实现的个人目标，就会去努力追求，在工作中表现出积极性、主动性、创造性。否则，在前途和利益未知的情况下，员工就会表现出干劲不足，甚至有能力的员工还会采取另谋高就的方法实现自我价值。有能力的员工流失过多，就会削弱企业实力，降低士气，进一步加速员工流失，使企业的发展陷入恶性循环。

(五) 人力资源规划与人力资源管理其他职能的关系

人力资源规划是战略性人力资源管理整体框架中的一部分，也是人力资源管理的一项重要职能，它与人力资源管理的其他职能之间存在非常密切的关系。

(1) 与工作分析的关系。人力资源规划的一个重要内容是进行工作分析规划，而工作分析所得到的职位描述与职位规范为人力资源的数量和质量要求提供了明确的信息，进而为人力资源的供需预测提供了依据。

(2) 与员工招聘的关系。在人力资源规划中，具体规定了员工的需求数量、人员结构、需求的时间等项目，这就为员工招聘提供了科学依据。员工招聘的完善不仅能满足规划对员工数量的要求，还能够达到规划对所聘人员的素质要求。

(3) 与员工配置的关系。员工配置就是在企业内部进行人员的晋升、调动和降职等。人力资源规划是员工配置决策的一个重要因素。人力资源规划的一项很重要的作用就是对组织内部某个层次人力资源的需求与供给进行预测，企业可以根据现有的人员状况制订相应的员工配置计划以实现供需平衡。

(4) 与职业生涯管理的关系。人力资源规划包含职业生涯发展规划，职业生涯发展规划为员工指明了职业发展目标及通道，员工明确了自己将来的职业发展目标与方向，就会去努力追求，进而在工作中表现出积极性与主动性。

(5) 与员工培训的关系。人力资源规划与员工培训的关系更多地体现在员工的质量方面。企业培训工作中关键的一项内容就是确定培训的需求，只有培训的需求符合企业的实际，培训才有可能发挥效果。供需预测的结果则是培训需求确定的一个重要来源，通过比较现有员工和所需员工的质量，就可以确定出培训的需求，这样通过培训就可以提高内部供给的质量。此外，健全的培训模块能够在短时间内提升员工的职业技能，对人力资源规划的实施具有推动作用。

(6) 与绩效管理的关系。在人力资源规划中，绩效评价是进行人员需求和供给预测的一个重要基础，通过对员工工作业绩以及态度能力的评价，企业可以对员工的状况做出判断。如果员工不符合职位的要求，就要进行相应的调整，这样造成的职位空缺就形成了需求预测的一个来源；同时，对于具体的职位来说，通过绩效评价可以发现企业内部有哪些人能够从事这一职位，这也是内部供给预测的一个重要方面。

(7) 与薪酬管理的关系。人力资源需求的预测结果可以作为企业制订薪酬计划的依据，因为需求的预测既包括数量又包括质量，所以企业可以根据预测期内人员的分布状况，并结合自身的薪酬政策进行薪酬总额的预测，或者根据预先设定的薪酬总额调整薪酬的结构和水平。此外，企业的薪酬政策也是预测供给时需要考虑的一个重要因素。人员供给的预测是针对有效供给来进行的。比如就外部供给而言，如果企业自身没有吸引力，那么再大的外部供给市场对它来说也是没有意义的，因此在进行外部供给预测时需要衡量企业自身的吸引力，而薪酬就是衡量吸引力的一个重要指标。

(8) 与员工解聘的关系。人力资源规划与员工解聘的关系是比较明显而直接的。从长期来看，如果需求小于企业内部的供给，就要通过对人员的解聘辞退实现供需的平衡。

(六) 人力资源规划的特征

做好人力资源规划对开展战略性人力资源管理至关重要，成功的人力资源规划应具备以下几个特征。

(1) 前瞻性。人力资源管理是企业管理的重要基础性工作，人力资源规划目标的实现，需要经过一个长期的实施、调整、补充、完善过程才能逐步完成。人力资源规划只有具备前瞻性，才能为企业发展创造良好的人力资源条件。

(2) 协同性。人力资源规划虽然研究的是人力资源管理方面的问题，却需要以系统的方法制定出与企业总体战略、与其他各方面相协调的规划。

(3) 阶段性。人力资源规划是分阶段、分步骤实施的，需要根据企业发展愿景和长远目标的要求，按照企业战略安排，合理划分人力资源政策和措施的阶段性目标，并分阶段实施。

(4) 适应性。由于企业所处的外部环境的动态性和某种程度的不可预知性，人力资源规划要充分估计可能发生的变化，并针对这种变化做出相应的预期对策和应急措施，以适应变化多端的外部客观环境，为企业的总体战略提供一个良好的支持。

(5) 效益性。通过人力资源规划的实施，要让企业受益，让企业高层和各部门感受到规划为企业创造了独特价值，进一步支持规划的实施。

二、人力资源规划的程序

为了达到预期的目的，人力资源规划应该按照一定的程序来进行，具体流程如图 2-14 所示。可以看出，人力资源规划程序一般包括四个步骤：准备阶段、预测阶段、实施阶段和评估阶段。

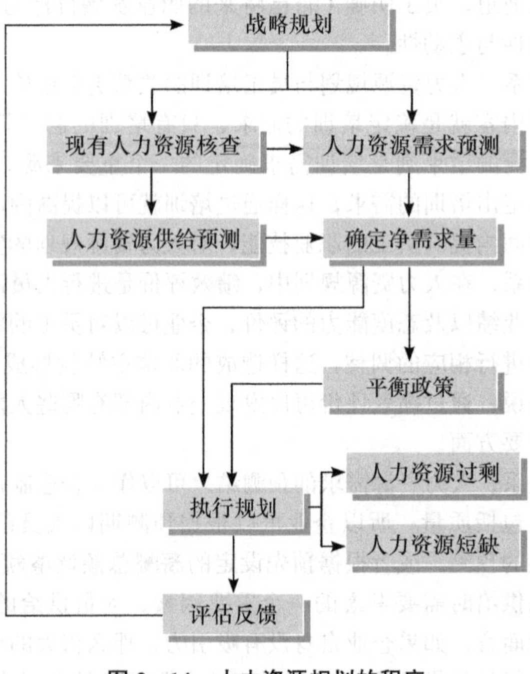

图 2-14　人力资源规划的程序

(一) 准备阶段

信息资料是制定人力资源规划的重要依据。因此，本阶段的工作主要是收集和调查人力资源规划所需要的各种信息资料，为后续阶段做实务方法和工具的准备。这些信息资料主要包括以下几个方面的内容：

1. 企业战略

人力资源规划必须与企业的经营战略保持一致，要为企业的整体战略服务，因此，搞清楚企业的战略是制订人力资源规划的前提。企业的经营战略主要包括企业使命与战略目标、经营领域、竞争优势、战略选择及战略重点等。这些因素的不同组合会对人力资源规划提出不同的要求。因此，在制订人力资源规划时，必须收集并深入研究与企业战略相关的信息。

2. 企业外部环境

企业的人力资源规划必然会受到企业外部环境的制约。例如，相关的政治、经济、文化、人口、教育、法律等环境，劳动力市场的供求状况，劳动力的择业期望，竞争对手的人力资源管理政策等。随着知识经济时代的到来，市场变化越来越迅速，产品生命周期越来越短，消费者的偏好日趋多元化，企业面临的外部环境越来越难以预测，这对人力资源管理工作，特别是对人力资源规划提出了更高的要求。如何使企业的人力资源规划既能适应外部环境变化导致的人力资源需求变化，又能摆脱传统的人力资源管理框架造成人力成本过高的缺陷，已成为人力资源规划面临的一个重要问题。因此，对企业外部环境进行细致、深入的分析，是提高人力资源规划质量的重要环节。

3. 现有人力资源的信息

这其实是对企业现有人力资源的数量、质量、结构和潜力等进行的“盘点”。盘点的信息应当包括现有人力资源的数量、素质结构、使用状况、发展潜力及流动比率等。只有及时准确地掌握企业现有人力资源的状况，人力资源规划才有意义，为此，需要借助完善的人力资源信息系统，及时更新、修正和提供相关的信息。

（二）预测阶段

在收集和研究了相关信息之后，就要选择合适的预测方法，对人力资源的需求和供给进行预测。预测的目的，是要掌握企业对各类人力资源在数量和质量上的需求，以及能满足需求的企业内外部人力资源供给情况，得出人力资源的净需求数据。在进行供给预测时，内部供给预测是重点，外部供给预测应侧重于关键人员。人力资源需求和供给预测具有较强的技术性，是人力资源规划中最关键也是难度最大的一部分，直接决定了规划的成败。只有准确地预测出需求和供给，才能采取有效的措施进行平衡。关于如何预测人力资源需求和供给，在后面内容中会做较详细的介绍。

（三）实施阶段

在供给和需求预测出来以后，就要根据两者之间的比较结果，通过人力资源的总体规划和业务规划，制定并实施平衡供需的措施，使企业对人力资源的需求得到满足。人力资源的供需达到平衡，是人力资源规划的最终目的，进行供给和需求的预测就是为了达到这一目的。至于在每种比较结果下应当采取什么样的具体措施，将在后面内容中进行说明。

在制定相关的措施时要注意，应当使人力资源的总体规划和业务规划与企业的其他计划相协调，只有这样，制定的措施才能够得以有效实施。例如，如果财务预算没有增加相应的费用，人员的招聘计划就无法实施。

（四）评估阶段

人力资源规划实施结束后，接下来，应该对人力资源规划进行综合评估，这是整个规划过程的最后一步。由于预测不可能做到完全准确，因此人力资源规划也不能一成不变，它是一个开放的动态系统。进而言之，人力资源规划是一次规划，分期流动实行，并要根据实际状况，经常性地进行调整和动态评估与反馈。企业可以广泛听取管理人员和员工对人力资源规划的意见，充分调动广大管理人员和员工参与人力资源规划的积极性。在发达国家的大中型企业中，人力资源规划的评估工作通常是由人力资源管理委员会完成的。该委员会一般由一位副总裁、人力资源部经理以及若干专家和员工代表组成。委员会的职责是定期评估各项人力资源政策的执行情况，并对相关目标和政策的修订提出修改意见，交董事会审批。这一做法值得我国企业借鉴。

三、人力资源需求、供给预测和平衡

（一）人力资源需求预测

人力资源需求预测是指对企业在未来某一特定时间内所需的人力资源的数量、质量以及结构进行估计。其主要任务是预先确定组织在什么时候需要人，需要多少人，需要什么样的人。为此，规划人员首先要了解哪些因素可能影响到组织的人力资源需求，根据这些因素的变化对组织人力资源需求状况进行分析和预测。

1. 人力资源需求分析

人力资源需求分析主要从以下几个影响人力资源需求的因素入手：

（1）企业发展战略和经营规划。组织的发展战略和经营规划直接决定了组织内部的职位设置情况及人员需求数量、质量与结构。当组织决定实行扩张战略时，未来的职位数和人员数肯定会有所增加；如果组织对原有经营领域进行调整，未来组织的职位结构和人员构成也会相应地进行调整。

（2）市场需求。一般来说，在生产技术和管理水平不变的条件下，市场需求与人力资源需求成正比。当市场需求增加时，企业内职位和聘用的人数也会相应增加。

（3）生产技术与管理水平。不同的生产技术和管理方式很大程度上决定了企业内部的生产流程和组织方式，进而决定了组织内职位设置的数量和结构。因此，当组织的生产和管理技术发生重大变化时，会引起组织内职位和人员情况的巨大变化。当企业采用效率高的生产技术的时候，同样数量的市场需求可能只需要很少的人员就可以满足，同时新的技术可能还要求企业用能够掌握新技能的员工来替换原有员工。但是新的技术也可能会有一些新的职位要求，在一定程度上增加对某一类员工的需求。

（4）人员流动比率。人员流动比率是指由于辞职、解聘或合同期满后终止合同等原因引起的职位空缺规模。人员流动比率的大小及这一比率的内部结构状况，会对企业的人力资源需求产生直接影响。

影响企业人力资源需求的因素很多，因此需求分析应根据企业的具体情况，分析和筛选出那些最关键的因素，然后根据这些因素的变化对人力资源需求状况进行预测。

2. 人力资源需求预测的方法

各种复杂的内外环境因素的影响使人力资源需求预测非常困难，因此在进行需求预测时必须结合定性方法和定量方法。常用的定性方法有主观判断法、德尔菲法等，定量方法有趋势预测法、回归预测法、比率预测法等。

（1）主观判断法。它是由管理人员根据以往的经验，以及对人力资源影响因素的未来变化趋势进行主观判断，自下而上地确定未来所需人员的方法。具体做法如下：先由基层管理者根据自己的经验和对未来业务量的估计，提出本部门各类人员的需求量，再由上一层管理者估算平衡，直至最高层管理者做出决策，然后由人力资源管理部门制定出具体的执行方案。这是一种最简单的预测方法，主要适用于短期的预测。如果企业规模小，生产经营稳定，发展较均衡，一般采用这种方法。

（2）德尔菲法（Delphi）。德尔菲这一名称起源于古希腊有关太阳神阿波罗的神话。传说阿波罗在德尔菲这个地方杀死了一条巨蟒，成了德尔菲主人。在德尔菲建有阿波罗神殿，是一个预卜未来之地，德尔菲法由此得名。1946年，兰德公司首次用这种方法来进行预测，后来该方法被广泛采用。这种方法是指邀请在某一领域的专家或有经验的管理人员对某一问题进行预测并最终达成一致意见的结构化的方法，有时也称为专家预测法。

采用德尔菲法的具体操作过程如下：第一步，确定预测目标，以问卷形式列出一系列有关人力资源预测的具体问题；第二步，广泛选择和深入了解人力资源专家，并向选定的专家提供有关情况和资料，取得他们的合作；第三步，向专家发出调查问卷，请他们独立思考并书面回答；第四步，将专家的意见进行归纳，并将综合结果反馈给他们；第五步，请专家根据归纳的结果重新思考，允许他们修改自己的预测并说明原因；第六步，重复进行第四步和第五步，直到专家的意见趋于一致；第七步，用文字、图表等形式将专家的预测结果予以发布（见图2-15和表2-10）。

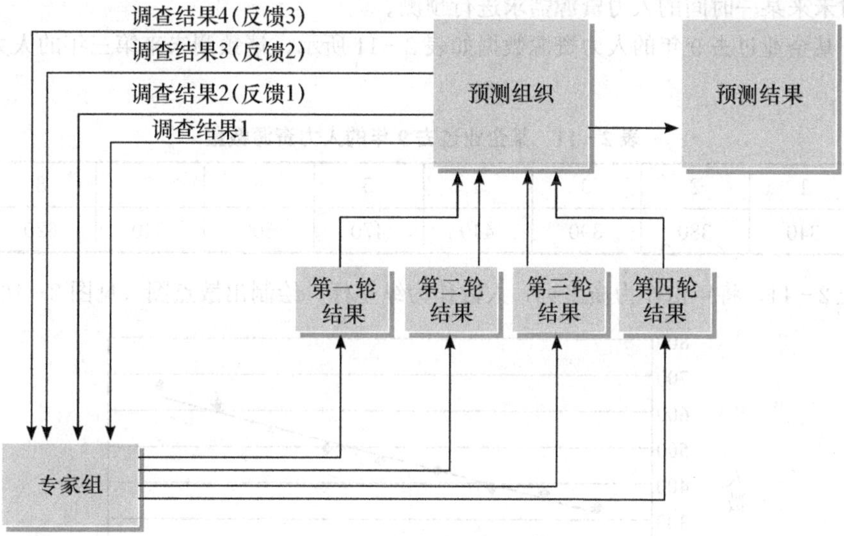

图2-15　德尔菲法示意图

表2-10　德尔菲法调查样表

预测项目：××公司专业技术职位A与职位B的合理人才数量比
上次（第×次）调查结果：
(1) A职位不需要设置，因为……
(2) 1∶0.5，因为……
(3) 1∶1，因为……
(4) 1∶1.5，因为……
(5) 1∶3，因为……
中间值1∶1，四分位点1∶0.5和1∶1.5，极端值1∶3，回答A职位不需要设置的占5%。
您的分析估计：
请说明理由：

德尔菲法具有以下特点：第一，专家参与。这里的专家是指对所研究问题有深入了解的人。既可以是基层管理人员，也可以是高层经理；既可以是企业内的，也可以来自企业外部。对专家有数量上的要求，一般不少于10人。第二，匿名进行。专家们互不见面，独立地做出判断，且专家每次判断意见的返回率不能低于60%。第三，多次反馈。预测过程必须经过几轮反馈，使专家的意见互相补充、启发，并渐趋一致。第四，采用统计方法。将每一轮反馈的预测结果用统计方法加以处理，做出定量判断。第五，使用一位中间人或协调员在专家之间收集、传递、归纳和反馈信息。

德尔菲法主要用于人力资源需求的中长期预测，要想有效地使用该方法，还应该遵循以下原则：一是要为专家提供充足的信息，使他们能做出准确的预测；二是问题要尽量简单，以保证所有专家对问题有相同的理解；三是对专家的预测结果不要求精确，但要他们说明对预测结果的肯定程度；四是要向专家说明预测对组织的重要性，以取得他们的支持。

(3) 趋势预测法（trend forecast）。趋势预测法是指根据企业过去若干年份的人员数量和变化趋势，来预测企业在未来某一时期人力资源的需求量。具体做法如下：以时间为自变量，人力资源需求量为因变量，根据历史数据，在坐标轴上绘出散点图；由图形可以直观地判断应用哪种趋势线拟合，从而建立相应的趋势方程；用最小二乘法求出方程系数，确定趋势方程；在此基础上，就可对未来某一时间的人力资源需求进行预测。

例如，某企业过去9年的人力资源数据如表2-11所示，请预测未来第三年的人力资源需求是多少。

表2-11　某企业过去9年的人力资源数量

年份	1	2	3	4	5	6	7	8	9
人数	340	380	390	440	470	500	540	620	670

根据表2-11，将年份作为横坐标，人数作为纵坐标，绘制出散点图（见图2-16）。

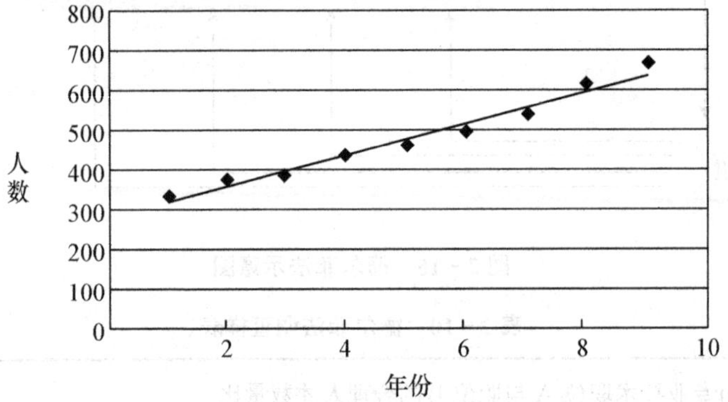

图2-16　散点图

由散点图可知，应建立直线趋势方程：

$$Y=a+bX$$

式中，Y为人数，X为年份。

可以通过计算机程序拟合得出：

$$a=283.3，b=40$$

$$Y=283.3+40X$$

所以，未来第三年的人力资源需求量为：

$$Y=283.3+40\times 12=763(人)$$

(4) 回归预测法（regression forecast）。回归预测法是指根据回归原理对人力资源需求进行预测。基本思路：确定与企业中的人力资源数量和构成高度相关的因素，建立回归方程；然后根据历史数据，计算出方程系数，确定回归方程；只要得到了相关因素的数值，就可以对人力资源的需求量做出预测。回归模型包括一元线性回归模型、多元线性回归模型和非线性回归模型。一元线性回归是指与人力资源需求高度相关的因素只有一个；多元线性回归是指有两个或两个以上的因素与人力资源需求高度相关。如果人力资源需求与其相关因素不存在线性关系，就应该采用非线性回归模型。多元线性回归与非线性回归非常复杂，通常要借助计算机来处理。

实践中往往是多个因素共同决定企业人力资源需求量，且这些因素与人力资源需求量呈线性关系，因此多元线性回归预测法在预测人力资源需求量方面应用比较广泛，而且比趋势预测法准确。多元线性回归的公式为：

$$Y=a_0+a_1X_1+a_2X_2+\cdots+a_nX_n$$

该方法一般按以下步骤来进行：

第一步，确定适当的与人力资源需求量有关的组织因素。组织因素应与组织的基本特征直接相关，而且它的变化必须与所需的人力资源需求量变化成比例。

第二步，找出历史上组织因素与员工数量之间的关系。例如，医院中病人与护士数量的比例关系，学校中学生与教师的比例关系等。

第三步，计算劳动生产率。例如，表 2-12 为某医院 1974—1986 年每三名护士平均护理病例的数量。这样，每年病人数的总数乘以同一年份劳动生产率即可求得护士的总数。

表 2-12　某医院 1974—1986 年病人与护士数量比例数

年份	组织因素 病人数	劳动生产率 护士数/病人数	人员需求 护士人数
1974	3 000	3/15	600
1978	2 880	3/12	720
1982	2 800	3/10	840
1986	1 920	3/6	960

说明：本例为简便起见，只将劳动生产率这个单一因素作为自变量。

第四步，确立劳动生产率的变化趋势以及对趋势的调整。要确定过去一段时间中劳动生产率的变化趋势必须收集该时期的产量和劳动力数量的数据，依此算出平均每年生产率变化和组织因素的变化，这样就可预测下一年的变化。

第五步，预测未来某一年的人员需求量。表 2-13 列出了 1974—1998 年实际和预测的组织因素水平（病人数/年）及劳动生产率。其中，1990—1998 年的病人数可以运用趋势法和社会需求分析法预测。劳动生产率是经过对历史数据分析调整后的数值。一旦确定了这两个变量，便可以计算出人员需求。

表 2-13　某医院 1974—1998 年护士需求量实际和预测

年份	组织因素 病人数	劳动生产率 护士数/病人数	人员需求 护士人数
1974	3 000	3/15	600 } 实际
1978	2 880	3/12	720 } 实际
1982	2 800	3/10	840 } 实际
1986	1 920	3/6	960 } 实际
1990	1 400	3/4	1 050 } 预测
1994	1 520	3/4	1 140 } 预测
1998	1 660	3/4	1 245 } 预测

(5) 比率预测法（ratio forecast）。比率预测法是基于对员工个人生产效率的分析来进行的一种预测方法。下面是该方法常见的几种情况：

第一，人员比例法。例如：某企业有200名生产人员和10名管理人员，那么，生产人员与管理人员的比率就是20，这表明1名管理人员管理20名生产人员。如果企业明年将生产人员增加到400人，那么根据比率可以确定企业对管理人员的需求为20人，也就是要再增加10名管理人员。

第二，生产单位与人员比例法。例如：某企业有生产工人100名，每日可生产50 000单位的产品，即一名生产工人每日可生产500单位产品。如果企业明年要提高产量，每日生产100 000单位产品，根据比率可以确定需要生产工人200名，也就是要再增雇100名生产工人。

比率预测法假定企业的劳动生产率是不变的，如果考虑到劳动生产率的变化对员工需求量的影响，可用以下计算公式：

$$N=\frac{w}{q(1+R)}$$

式中，N为人力资源需求量；w为计划期内任务总量；q为目前的劳动生产率；R为计划期内生产率变动系数。

$$R=R_1+R_2-R_3$$

式中，R_1为由于企业技术进步而引起的劳动生产率提高系数；R_2为由于经验积累而引起的生产率提高系数；R_3为由于年龄增大及某些社会因素引起的生产率降低系数。

(二) 人力资源供给预测

人力资源供给预测是指对在未来某一特定时间内能够供给企业的人力资源的数量、质量以及结构进行估计。人力资源供给预测主要包括内部人员拥有（供给）量预测和外部人员供给量预测。重点是前者，而且侧重于对关键员工或核心员工的预测。

1. 人力资源供给分析

人力资源供给分析首先要从分析影响企业内部供给与外部供给的诸因素入手。

(1) 内部供给影响因素分析。企业内部人力资源供给通常是企业未来人力资源的主要来源，因此企业人力资源需求的满足应优先考虑内部人力资源供给。影响企业内部人力资源供给的因素主要包括：

第一，员工年龄结构。员工年龄结构关系到企业发展过程中员工新老交替的顺利进行，而且不同年龄的员工对不同的职位有不同的优势和作用，根据年龄结构是否合理，可以做出科学的补充计划。年龄结构分析可按以下方法进行：一是计算平均年龄。若平均年龄大于40岁，表明人力资源供给不足、青黄不接，应该采取更新措施。二是将年龄组的统计资料用表格的形式或在坐标轴上以曲线图的形式表示出来，使企业的员工年龄结构与分布状况一目了然，以此作为内部人员供给的一个基本依据。

第二，员工队伍稳定状况。通常用人力资源流动率来考察员工队伍稳定状况。人力资源流动率是一定时期内某种人力资源变动（离职与新进）与员工总数的比率。适度的人力资源流动率是保证企业新陈代谢的条件。人力资源流动率通常分为人力资源流出率与人力资源新进率。如果人力资源流出率较高，未来企业的人力资源供给就会减少；如果人力资源新进率较高，未来企业的人力资源供给就会增加。

第三，员工素质状况。企业员工素质可划分为员工的知识技能水平、思想素质和文化价值观以及员工群体的知识技能层次结构等几个主要维度。在其他条件不变的前提下，员工素质的变化会影响内部供给，两者通过劳动生产率这个中间变量进行调节。也就是说，一般情况下，员工素质越高，劳动生产率就越高，内部人力资源供给相应就会增加。员工素质状况的改善，与工资水平的提高、教育培训机会的增多以及各种激励措施的实施都可能相关，因此对企业内部员工素质状况的分析，必须对这些影响因素的变化给予高度关注。

（2）外部供给影响因素分析。影响企业外部人力资源供给的因素是多种多样的，在进行人力资源外部供给预测时主要应考虑以下五个方面的因素：

第一，宏观经济形势。一般来说，宏观经济形势越好，失业率越低，劳动力供给越紧张，招聘就越困难；宏观经济形势越差，失业率越高，劳动力供给越充足，招聘就越容易。

第二，政府的政策法规。政府的政策法规是影响企业外部人力资源供给不可忽视的一个因素。各地政府为了本地经济的发展，保护本地劳动力的就业机会，都会颁布相关的政策法规，涉及不准歧视女性就业、保护残疾人就业、严禁雇用童工、员工安全保护法规、从事危险工种保护条例等，从而影响外部人力资源供给。

第三，劳动力市场状况。劳动力市场发育良好将有利于劳动力自由进入市场，由市场工资率引导劳动力的合理流动；劳动力市场发育不健全势必影响人力资源的优化配置，也给组织预测外部人员供给带来困难。

第四，人口状况。人口状况是影响企业外部人力资源供给的重要因素，主要包括两个方面：一是人口总量。人口总量决定了人力资源供给总量。人口总量越大，人力资源供给越充足。二是人力资源的总体构成。主要包括人力资源的年龄、性别、受教育程度、技能、经验等，该因素决定了在不同的层次与类别上可以提供的人力资源的数量与质量。

第五，社会就业意识和择业心理偏好。就业意识和择业心理偏好是影响外部人力资源供给的重要因素。比如，一些城市失业人员不愿从事苦、脏、累、险的工作；应届大学毕业生对职业期望值过高，大多数人希望到经济发达地区或进入国家机关、大公司或国有企业工作，不愿到经济落后地区或小企业工作。

2．人力资源供给预测的方法

人力资源供给预测的方法很多，这里介绍几种有代表性的方法。

（1）技能清单法（skill inventory）。技能清单法又称人员核查法。技能清单是反映员工工作能力特征的列表，这些特征包括员工的培训背景、工作经历、持有的资格证书、工作能力的评价等内容。表 2－14 是技能清单的一个例子。

表 2－14　技能清单示例

<table>
<tr><td colspan="3">姓名：</td><td colspan="2">职位：</td><td colspan="2">部门：</td></tr>
<tr><td colspan="3">出生年月：</td><td colspan="2">婚姻状况：</td><td colspan="2">到职日期：</td></tr>
<tr><td rowspan="3">教育背景</td><td>类别</td><td colspan="2">学校</td><td colspan="2">毕业日期</td><td>主修科目</td></tr>
<tr><td>大学</td><td colspan="2"></td><td colspan="2"></td><td></td></tr>
<tr><td>研究生</td><td colspan="2"></td><td colspan="2"></td><td></td></tr>
<tr><td rowspan="3">技能</td><td colspan="3">技能种类</td><td colspan="3">所获证书</td></tr>
<tr><td colspan="3"></td><td colspan="3"></td></tr>
<tr><td colspan="3"></td><td colspan="3"></td></tr>
<tr><td rowspan="2">训练背景</td><td colspan="2">训练主题</td><td colspan="3">训练机构</td><td>训练时间</td></tr>
<tr><td colspan="2"></td><td colspan="3"></td><td></td></tr>
</table>

续表

<table>
<tr><td rowspan="4">志向</td><td>是否愿意从事其他类型的工作？</td><td>是</td><td>否</td></tr>
<tr><td>是否愿意到其他部门工作？</td><td>是</td><td>否</td></tr>
<tr><td>是否愿意接受工作轮换以丰富工作经验？</td><td>是</td><td>否</td></tr>
<tr><td>你最喜欢从事哪种工作？</td><td colspan="2"></td></tr>
<tr><td colspan="2" rowspan="2">你认为自己需要接受何种训练？</td><td colspan="2">改善目前技能和绩效的训练</td></tr>
<tr><td colspan="2">晋升所需的经验和技能训练</td></tr>
<tr><td colspan="2">你认为自己可以接受何种工作？</td><td colspan="2"></td></tr>
</table>

一般来说，技能清单应包括七大类信息：

第一，个人数据：年龄、性别、婚姻状况。

第二，技能：教育背景、工作经验、培训经历。

第三，特殊资格：专业团体成员、特殊成就。

第四，薪酬和工作历史：现在和过去的薪酬水平、加薪日期、承担的各种工作。

第五，公司数据：福利计划数据、退休信息、资历。

第六，个人能力：在心理或其他测试中的测试成绩、健康信息。

第七，个人特殊爱好：地理位置、工作类型。

技能清单的主要优点是它提供了一种迅速和准确地估计组织内可用技能的工具。随着计算机和网络技术的广泛使用，技能清单的制作和应用越来越便利。除了为晋升和调动决策提供帮助之外，技能清单还可以用于规划未来培训甚至员工招聘工作。技能清单可以用于所有的员工，也可以仅包括部分员工，当然不同员工类型的技能清单，其具体项目可以根据需求进行修改和调整，以反映该员工类型的主要特征。

（2）人员替补图法（personnel replacement diagram）。人员替补图法是记录员工的工作绩效、晋升的可能性和所需要的训练等内容，由此来决定哪些人员可以补充组织的重要职位空缺。这种方法是对现有员工的状况做出评价，然后对他们晋升或调动的可能性做出判断，以预测企业潜在的内部供给，同时也可以通过及时发现可能出现空缺的职位，预测企业员工需求（见图2-17）。

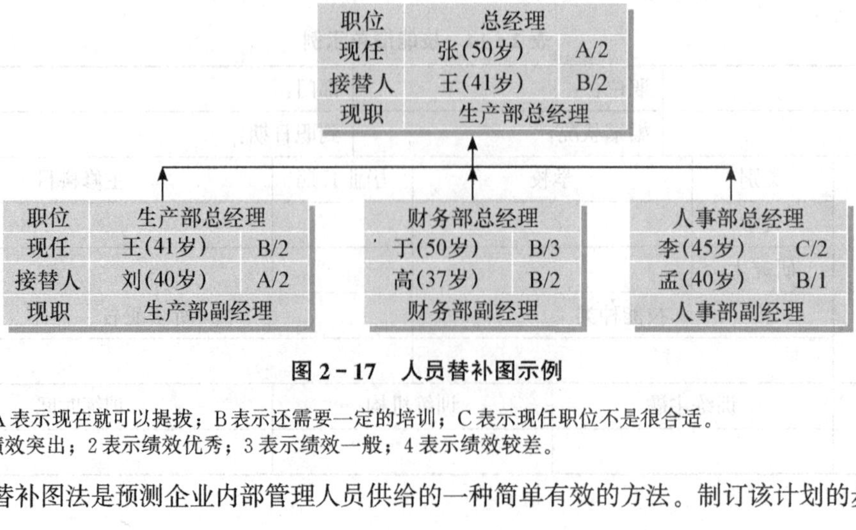

图2-17　人员替补图示例

说明：A表示现在就可以提拔；B表示还需要一定的培训；C表示现任职位不是很合适。
1表示绩效突出；2表示绩效优秀；3表示绩效一般；4表示绩效较差。

人员替补图法是预测企业内部管理人员供给的一种简单有效的方法。制订该计划的步骤如下：

第一步，确定计划范围，即确定管理人员晋升计划包括的管理职位。

第二步，确定各个管理职位可能的接替人选。

第三步，评价各位接替人员的当前绩效和提升潜力。根据评价结果，当前绩效可划分为“突出”“优秀”“一般”“较差”四个级别，提升潜力可划分为“可以提拔”“需要培训”“现在职位不合适”三个级别。

第四步，确定接替人选。在确定接替人选时，要将个人目标与组织目标结合起来，就是说，企业从组织目标出发根据评价结果所做的人事安排，应尽可能与接替人员的个人目标相吻合，使之能尽快胜任工作。

(3) 马尔科夫模型 (Markov model)。马尔科夫模型是指以企业人员移动的历史数据为基础，预测未来企业在各时段上（一般为一年）各类人员分布状况的一种动态预测技术。它的基本思路是找出过去人力资源流动的比例，以此来预测未来人力资源供给的情况。马尔科夫模型预测方法实际上是一种转换概率矩阵，使用统计技术预测未来的人力资源变化。它不仅可以解决员工类别单一的企业中人力资源供给问题，同样也可以处理员工类别比较复杂的大型企业中的内部人力资源供给预测。对于马尔科夫模型的原理，这里不作过多介绍，下面来看一个具体应用的例子。

某公司每年平均有80%的高层管理人员留用，20%的高层管理者退出（晋升或退休），65%的技术人员留在原职位，15%提升为高级工程师，20%离职。公司中的职位转移矩阵和初始人数如表2-15所示。

表2-15　某公司职位转移矩阵和初始人数

人员类别	初始人数	高级管理人员	部门经理	高级工程师	技术员	离职率合计
高级管理人员	40	0.8				0.2
部门经理	80	0.1	0.7			0.2
高级工程师	120		0.05	0.8	0.05	0.1
技术员	160			0.15	0.65	0.2

表2-15中这些数据实际上反映的是每一类人员变动的概率，一般以5～10年为一个周期。周期越长，百分比的准确性就越高。将计划初期每一类人员数量乘以相应的变动概率，再纵向相加就可以得到企业内部未来人力资源的净供给量，再根据计算出的该年相关人员的供给状况制定出相应的人力资源调整政策。

运用马尔科夫模型可以解出下一年相关人员的供给情况（见表2-16）。

表2-16　某公司人力资源供给情况

		高级管理人员	部门经理	高级工程师	技术员	离职
初始人数	40	32	0	0	0	8
	80	8	56	0	0	16
	120	0	6	96	6	12
	160	0	0	24	104	32
预测的人员供给量（人）		40	62	120	110	68

值得注意的是，尽管马尔科夫模型在一些大公司（如IBM）得到广泛应用，但是这种方法的精确性与可行性还有待进一步研究。由于转移矩阵中的概率与实际情况可能存在误差，使用这种方法得到的内部人力资源预测的结果可能不准确。

除了人力资源需求与供给预测的各种方法外，人力资源信息系统（human resource information system，HRIS）在人力资源规划中也起着重要的作用。利用计算机系统能够扩大人力资源信息收集范围，信息的收集、存储、归档、分析和传递等工作更加便捷与有效，这无疑能够大大提高人力资源规划的准确性与有效性。对于人力资源信息系统的相关内容，我们将在第17章进行介绍。

（三）人力资源供需平衡

在人力资源供需预测的基础上，接下来的一项关键工作就是人力资源的供需平衡，这是人力资源规划工作的核心和目的所在。人力资源的供给与需求预测比较，一般会有以下几种结果：一是供给和需求在数量、素质以及结构等方面都平衡；二是供给与需求在数量上平衡，但结构上不匹配；三是供给与需求在数量上不平衡，包括供大于求和供小于求两种情况。现实中，供求完全平衡的情况很少。当供给与需求数量平衡而结构不匹配时，需要对现有的人力资源在结构上进行调整。而当供给和需求在数量上也存在差异时，则需要制定出相应的规划政策，以确保组织发展的各时间点上供给与需求平衡。

1. 人力资源结构不平衡的调整措施

人力资源结构不平衡是指组织内某些职位的人员过剩，某些职位的人员短缺。对于人力资源结构不平衡的调整，可以采取以下措施：

（1）通过企业内部人员的晋升和调任等，满足空缺职位对人力资源的需求。

（2）对于供过于求的普通人力资源，可以有针对性地对其进行培训，提高他们的知识和技能，将其补充到空缺的职位上。

（3）招聘与裁员并举，即一方面要从外部招聘企业急需的人员，另一方面对企业内的冗员进行必要的裁减。

2. 人力资源供大于求的调整措施

当预测的供给大于需求时，组织可以采用下列措施进行调整：

（1）扩大经营规模或者开拓新的增长点，以增加对人力资源的需求。例如，企业可以实施多种经营吸纳过剩的人力资源。

（2）永久性的裁员或者辞退员工。这种方法虽然比较直接，但是会给社会带来不安定因素，往往受到政府的限制。

（3）鼓励员工提前退休。给那些接近退休年龄的员工以优惠的政策，让他们提前离开工作岗位。

（4）冻结招聘。停止从外部招聘人员，通过自然减员来减少供给。

（5）缩短员工的工作时间，实行工作分享或者降低员工的工资。

（6）对富余员工实施培训。这相当于进行人员的储备，为将来的发展做好准备。

3. 人力资源供不应求的调整措施

当预测的供给小于需求时，组织可以采用以下措施来进行调整：

（1）从外部雇用人员，包括返聘退休人员。这是最直接的一种方法，可以雇用全职的，也可以雇用兼职的，这要根据企业自身的情况来确定。如果需求是长期的，就要雇用全职的；如果是短期需求增加，就可以雇用兼职的或临时的。

（2）提高现有员工的工作效率。这也是增加供给的一种有效方法。提高工作效率的方法有很多，如改进生产技术、增加工资、进行技能培训、调整工作方式等。

（3）延长工作时间，让员工加班加点。

（4）降低员工的离职率，减少员工的流失，同时进行内部调整，通过提高内部的流动率来增加某些职位的供给。

(5) 将企业的部分业务外包。这实际上等于减少了对人力资源的需求。

上述平衡供需的方法在实施过程中有不同的效果。例如，靠自然减员来减少供给，过程比较长；裁员的方法则见效比较快。表2-17对各种供需平衡方法的效果进行了比较。

表2-17　供需平衡方法的比较

	方法	见效速度	员工受伤害的程度
供给大于需求	裁员	快	高
	减薪	快	高
	降级	快	高
	工作分享或工作轮换	快	中等
	退休	慢	低
	自然减员	慢	低
	再培训	慢	低
供给小于需求	加班	快	高
	临时雇用	快	高
	外包	快	高
	培训后换岗	慢	高
	减少流动数量	慢	中等
	外部雇用新人	慢	低
	技术创新	慢	低

资料来源：诺伊，霍伦拜克，格哈特，等. 人力资源管理：赢得竞争优势：第3版. 北京：中国人民大学出版社，2001：186.

企业人力资源供给与需求的不平衡不可能是单一的供给大于需求或者供给小于需求，往往会相互交织在一起，出现某些部门或某些职位的供给大于需求，而其他部门或职位的供给小于需求的现象。例如，关键职位的供给小于需求，但是普通职位的供给大于需求。因此，企业在制定平衡供需的措施时，应当从实际出发，综合运用这些方法，努力使人力资源的供给和需求在数量、质量以及结构上均达到平衡。

本章小结

本章介绍了战略的含义及类型，战略管理的概念与过程，人力资源战略的含义与类型，人力资源战略与企业战略的关系；阐述了人力资源规划的概念、内容与意义，人力资源规划的程序及供需预测方法。

人力资源战略作为企业的职能层战略，是指组织为适应外部环境的变化和内部管理的需要，根据组织的战略目标，制定出人力资源管理目标，进而通过各种人力资源管理职能活动实现组织目标和人力资源目标的过程。它强调人力资源对组织战略目标的支撑作用，从战略层面考虑人力资源的内容和作用。

人力资源规划是根据组织的发展战略、目标以及组织内外环境的变化，科学地预测、分析组织的人力资源需求和供给状况，制定必要的管理政策和措施，以确保组织在需要的时间和职位上获得所需的人力资源的过程。人力资源规划的内容主要包括人力资源总体规划和人力资源业务规划两个方面的内容，一般包括四个步骤：准备阶段、预测阶段、实施阶段和评估阶段。

人力资源需求预测是指对企业在未来某一特定时间内所需要的人力资源的数量、质量以及结构进行估计。其主要任务是预先确定组织在什么时候需要人，需要多少人，需要什么样的人。在进行需求预测时必须结合定性方法和定量方法。常用的定性方法有主观判断法、德尔菲法等，定量方法有趋势预测法、回归预测法、比率预测法等。人力资源供给分析主要从分析影响企业内部供给与外部供给的诸因素入手。人力资源供给预测的几种有代表性的方法分别是技能清单法、人员替补图法与马尔科夫模型。

关键词

战略管理（strategic management）

SWOT 分析（SWOT analysis）

公司层战略（corporate-level strategy）

事业层战略（business-level strategy）

职能层战略（functional-level strategy）

人力资源战略（human resource strategy）

人力资源规划（human resource planning）

趋势预测法（trend forecast）

回归预测法（regression forecast）

比率预测法（ratio forecast）

技能清单法（skill inventory）

人员替补图法（personnel replacement diagram）

马尔科夫模型（Markov model）

思考题

1. 什么是战略？组织战略包含哪些具体类别？
2. 简述明茨伯格等提出的战略形成的十大学派。
3. 什么是战略管理？战略管理过程包含哪些步骤？
4. 什么是 SWOT 分析？简述 SWOT 矩阵。
5. 什么是人力资源战略？它分为哪些类型？
6. 简述人力资源战略与企业战略的关系。
7. 简述与波特的竞争战略相匹配的人力资源战略的特点。
8. 什么是人力资源规划？它与企业战略、人力资源战略具有什么样的关系？
9. 人力资源规划包含哪些内容？
10. 人力资源规划有什么意义？它与人力资源管理其他职能具有什么样的关系？
11. 人力资源规划过程分为哪几个阶段？每个阶段的主要任务是什么？
12. 什么是人力资源需求预测？它的常用方法有哪些？阐述每种方法的含义与特点。
13. 什么是人力资源供给预测？它的常用方法有哪些？阐述每种方法的含义与特点。
14. 影响人力资源供给的因素有哪些？
15. 分析比较人力资源供需平衡的方法。

第3章

组织架构及设计

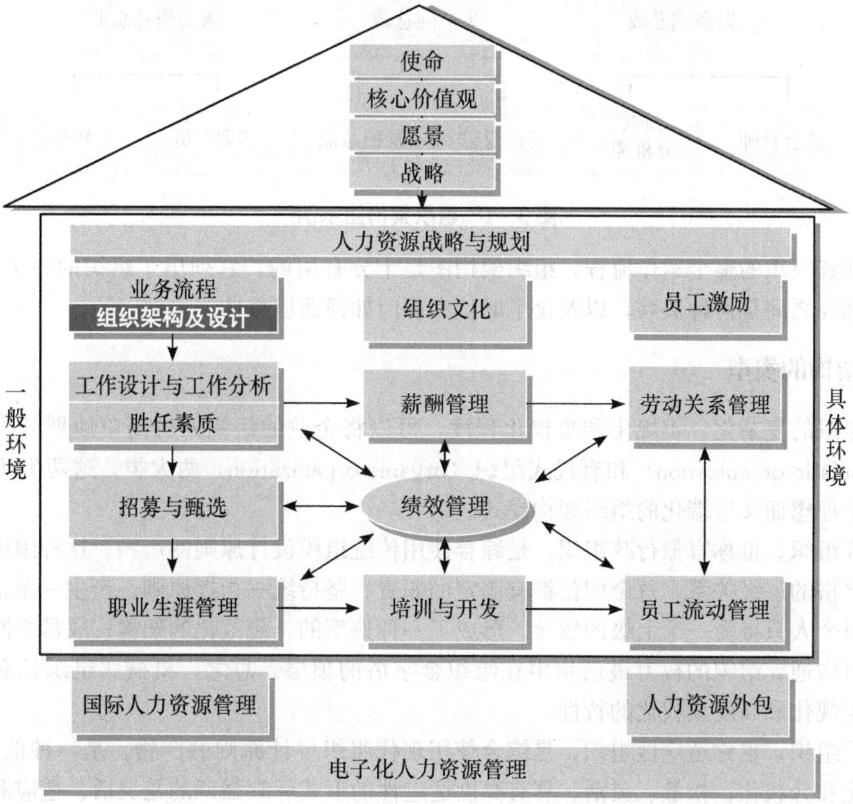

使命
核心价值观
愿景
战略
人力资源战略与规划
业务流程
组织架构及设计
组织文化
员工激励
工作设计与工作分析
胜任素质
薪酬管理
劳动关系管理
一般环境
具体环境
招募与甄选
绩效管理
职业生涯管理
培训与开发
员工流动管理
国际人力资源管理
人力资源外包
电子化人力资源管理

第1节 组织架构的含义与类型

一、组织架构的含义

组织架构（organizational structure）通常又称组织结构，是指为了实现组织目标，全体员工进行分工协作，在职务范围、责任、权力等方面形成的架构体系。这个定义具有以下三方面的含义：

（1）组织架构的本质是员工的分工协作关系。

（2）设计组织架构的目的是实现组织的目标，组织架构是实现组织目标的一种手段。

（3）组织架构的内涵是员工在职、权、责三方面的结构体系。

就像人类由骨骼确定体型一样，组织是由架构来决定其形状的。组织架构可以通过组织架构图（organization chart）来反映。组织架构图是对一个组织的一整套基本活动和流程的可视化描述，形象地反映了组织内各机构、职位相互之间的关系。图3-1是一个组织架构图的例子。

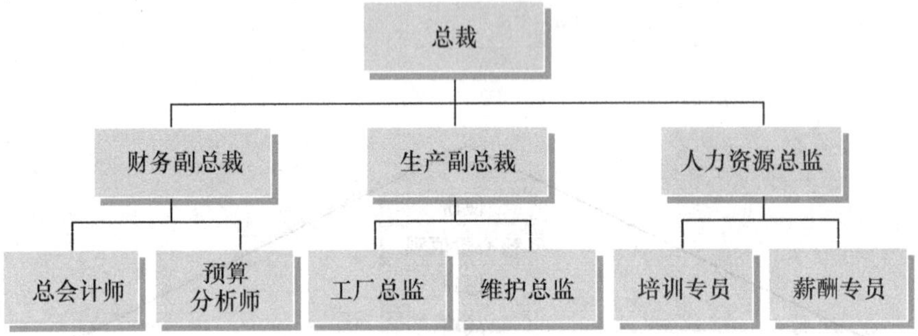

图3-1 组织架构图示例

要想理解组织的整个运作流程，组织架构图是十分有用的，它列出了组织的各个不同部分，说明这些部分之间是何种关系，以及每个职位和部门如何适应整体。

二、组织架构的类型

根据组织的复杂化、正规化和集权化程度，可以将企业的组织架构简单地划分为机械式组织（mechanistic organization）和有机式组织（organic organization）两大类，这两类组织形式是组织设计中理想而又极端化的组织架构模式。

机械式组织，也称官僚行政组织，是综合使用传统组织设计原则的产物。这种组织最突出的特点是有严格的层级关系，每个职位都有固定的职责，坚持统一指挥原则，产生一条正式的职权层级链，每个人只接受一个上级的领导，形成了一种典型的、规范化的架构；成员之间按照正式的渠道进行沟通，组织的权力最后集中在组织金字塔的顶层。总之，机械式组织具有高度复杂化、高度正规化和高度集权化的特性。

有机式组织，也称适应性组织，是综合使用现代组织设计原则的产物，是一种低度复杂化、低度正规化和分权化，松散、灵活、具有高度适应性的形式。它强调的是灵活、适应和变化。在这种组织中，员工多是职业化的，具有熟练的技巧，经过训练后能够处理多种多样的问题。经过教育，他们已经将职业行为标准注入思想之中，工作不需要过多正式的规则和监督。因此，这种组织的特点是员工之间存在高度的合作、非正式的沟通、分权、职位与职务的变化调整。两者的比较见表3-1。

表3-1 有机式组织与机械式组织的比较

有机式组织	机械式组织
合作（纵向与横向）	严格的层级关系
不断调整职责	固定的职责
低度的正规化	高度的正规化
分权决策	集体决策
非正式沟通渠道	正式沟通渠道

在现实的组织中，很少有纯粹的机械式或有机式组织。许多组织架构设计既可以是机械式的，也可以是有机式的。

此外，本着更为实际的设计思想和现实选择，组织架构大致有以下几种典型而实际的类型：直线制组织架构、职能制组织架构、直线职能制组织架构、事业部制组织架构、矩阵式组织架构、团队式组织架构、虚拟组织、无边界组织和战略联盟等。

1. 直线制组织架构

直线制组织架构（line structure）是人类社会各种组织存在的最基本形式。直线制组织架构具有以下特点：层次分明，组织的各级管理者都按垂直系统对下级进行管理，指挥和管理职能由各级主管领导直接行使，不设专门的职能管理部门；命令的传送和信息的沟通只有一条直线渠道，完全符合统一指挥的原则（见图3-2）。

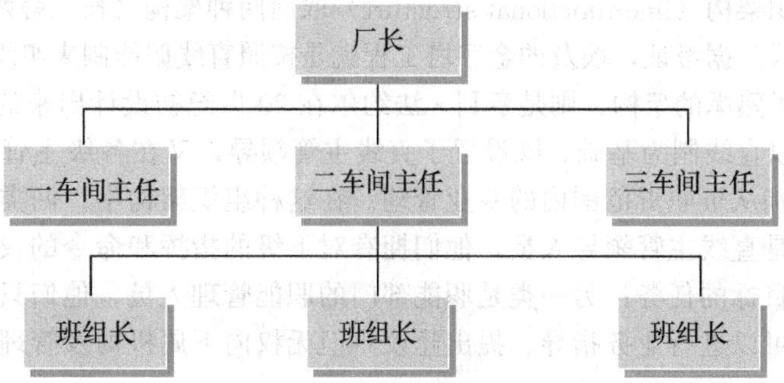

图3-2 直线制组织架构

直线制组织架构的优点：(1) 单一领导，架构简单，关系清晰，上下级权责明确；(2) 政令统一，决策快，效率高。

直线制组织架构的缺点：(1) 缺乏专业化的分工管理，下级遇到一切问题都必须向上级领导请示、汇报，领导工作繁重，容易陷入日常事务中，难以集中时间、精力思考研究规划重大问题；(2) 权力集中，且受专业、个人素质等方面的影响，难以保证领导、决策、指挥不出现失误；(3) 信息只沿上下直线传递，对左右协调、沟通不利。

直线制组织架构适用范围比较有限，一般只适用于那些规模小、活动内容比较简单、工作程序少、同级单位较少合作的组织系统。

2. 职能制组织架构

职能制组织架构（functional structure）与直线制组织架构恰好相反，它的各级主管人员都配有通晓各种业务的专门人员和职能机构作为辅助者直接向下发布命令（见图3-3）。

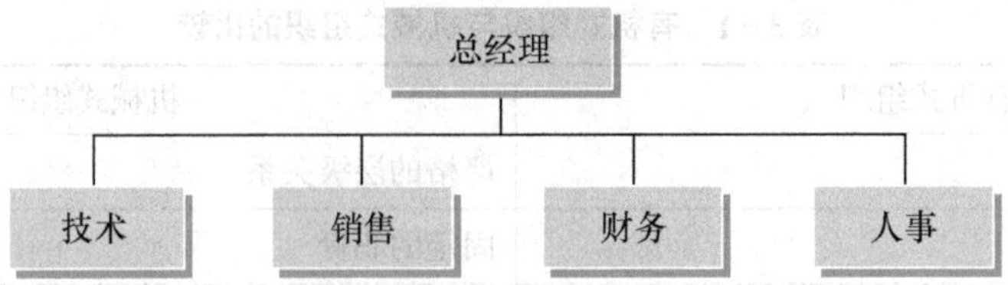

图3-3　职能制组织架构

职能制组织架构的优点：(1) 按职能划分部门，职责容易明确；(2) 各部门和各类人员实行专业化分工，有利于管理人员熟练掌握本职工作的技能，有利于强化专业管理，提高工作效率；(3) 管理权力高度集中，便于最高领导层对整个组织实施严格的控制。

职能制组织架构的缺点：(1) 高度的专业化分工以及稳定性导致各职能部门的眼界比较狭窄，往往片面强调本部门工作的重要性，容易产生本位主义、分散主义，造成摩擦和内耗，职能部门之间的横向协调比较困难；(2) 信息沟通不畅，高层决策在执行中也往往被狭隘的部门观点和利益所曲解，或者受阻于部门间的隔阂而难以贯彻，这样，整个组织系统就不能对外部环境的变化及时做出反应，适应性差；(3) 各部门的主管人员属于专业职能人员，工作本身限制着他们扩展自己的知识、技能和经验，而且养成了只重视本部门工作与目标的思维方式和行为习惯，不利于培养素质全面的、能够管理整个组织的管理人才。

职能制组织架构主要适用于产品品种比较单一、生产技术发展变化较慢、外部环境比较稳定的中小型组织。

3. 直线职能制组织架构

直线职能制组织架构（line-functional structure）取前两种架构之长，舍两者之短。这是一种比较古老的组织形式。据考证，埃及的金字塔工程就是按照直线职能制来组织工作的。但它作为一种有意识的、深思熟虑的架构，则是亨利·法约尔在20世纪初设计出来的，并在许多国家得到应用。这种组织以直线制为基础，既设置了直线主管领导，又在各级主管人员之下设置了相应的职能部门，分别从事职责范围内的专业管理。在这种组织架构中，两类人员的职权必须是十分清楚的。一类是直线主管领导人员，他们拥有对下级的指挥和命令的权力，承担着实现所管理的部门的业务目标的任务；另一类是职能部门的职能管理人员，他们只能起参谋和助理的作用，对下级机构可以进行业务指导、提出建议，但无权向下属机构及管理人员发布命令（见图3-4）。

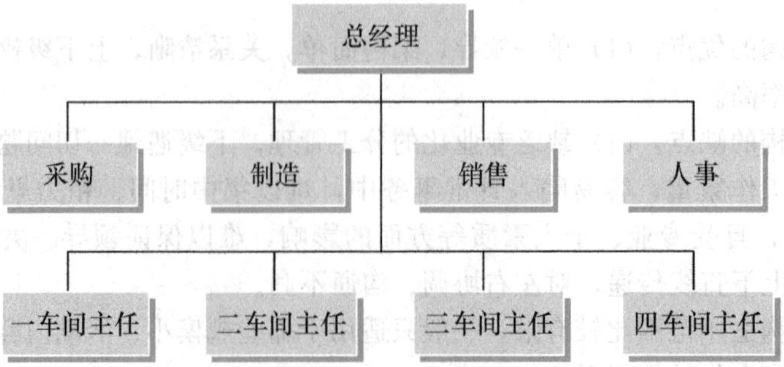

图3-4　直线职能制组织架构

直线职能制组织架构的优点：(1) 工作职责明确，稳定性强，分工具体，是一种以工作为中心的组织形式；(2) 整个组织既保证了命令的统一，又发挥了职能专家的作用，有利于优化行政管理者的决策。因此，这种架构形式被各类组织广泛采用。

直线职能制组织架构的缺点：(1) 各职能部门容易从本位出发，导致意见和建议的不一致甚至冲突，加大了上级管理者在各职能部门之间进行协调的负担；(2) 职能部门的作用受到了较大的限制，一些下级业务部门经常忽视职能部门的指导性意见和建议。

4. 事业部制组织架构

事业部制组织架构（divisional structure）是现代企业组织规模扩大化和经营国际化的产物，最初由美国通用汽车公司总裁斯隆于1924年提出，目前已成为特大型企业、跨国公司普遍采用的组织架构。

采用事业部制组织架构的目的是对大型企业按照“集中决策，分散经营”的总要求进行有效的管理。事业部制是分级管理、分级核算、自负盈亏的一种形式，即一个公司按地区或产品类别分成若干个事业部，从产品设计、原料采购、成本核算、产品制造一直到产品销售，均由事业部及所属工厂负责，实行单独核算、独立经营，公司总部只保留人事决策、预算控制和监督大权，并通过利润等指标对事业部进行控制（见图3-5）。

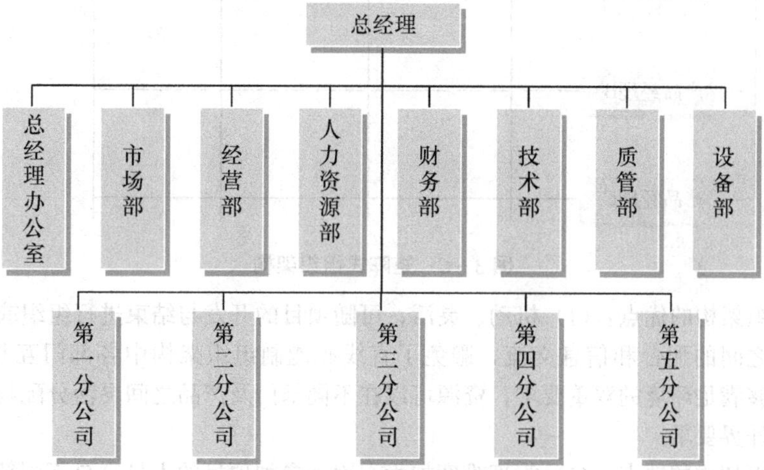

图3-5　事业部制组织架构

事业部制组织架构的优点：(1) 能够实现集权和分权的有效结合，各事业部在最高管理层的统一领导下分散经营，有利于最高管理层在面对规模庞大的组织的同时摆脱日常的繁杂事务，集中精力做好企业的战略决策和长远规划；(2) 各事业部自成体系，独立经营、核算，可以发挥其灵活性和主动性，进而增强企业整体的灵活性和适应能力；(3) 可促进各事业部之间的竞争，促进企业发展。

事业部制组织架构的缺点：(1) 各事业部在产品和所负责的市场上具有较大的独立性，很容易产生本位主义，只关心自己的利益，相互之间协作困难，而且局部利益和整体利益难以协调；(2) 事业部制组织通常内部机构重叠，以致机构庞大、结构臃肿、人员编制过多，进而增加了管理成本，这主要表现在组织总部与事业部之间、各事业部之间的职能和经营机构重复设置现象较为普遍。

事业部制组织架构不适用于规模小的组织，只有在组织规模较大，并且其下属单位够得上一个“完整的单位”时才能够应用。

5. 矩阵式组织架构

矩阵式组织架构（matrix structure）是围绕某项特定任务成立跨职能部门的专门机构。比如组成一个专门的产品（项目）小组去从事新产品开发工作，在研究、设计、试验、制造等各个不同阶段，由有关部门派人参加，力求做到条块结合，以协调有关部门的活动，保证任务的完成。这种组织架构形式是固定的，人员却是变动的，需要谁，谁就来，任务完成后就可以离开。项目小组是临时组织的，其负责人也是临时委任的。任务完成后项目小组就解散，有关人员回原单位工作。矩阵式架构的独特之处在于事业部制架构和职能制架构（纵向和横向）的同时实现。矩阵式架构中的产品经理和职能经理在组织中拥有同样的职权，员工要向两者负责、报告（见图3-6）。

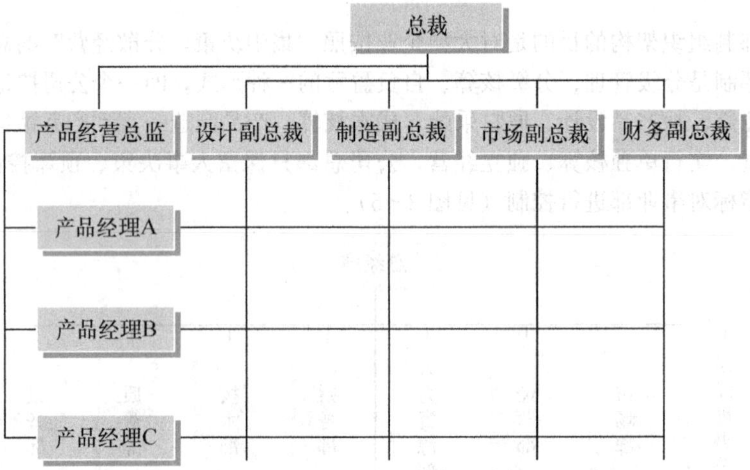

图3-6　矩阵式组织架构

矩阵式组织架构的优点：(1) 机动、灵活，可随项目的开发与结束进行组织或解散；(2) 加强了不同部门之间的配合和信息交流，避免了直线职能制组织架构中各部门互相脱节的现象；(3) 使组织能够满足环境的双重要求，资源可以在不同部门及产品之间灵活分配与整合，进而适应不断变化的外界要求。

矩阵式组织架构的缺点：(1) 管理难度加大，因为参加项目的人员来自不同部门，隶属关系仍在原单位，所以项目负责人很难对他们进行管理，难以形成有效的激励与惩治手段；(2) 短期效应明显，由于项目组成人员来自各个职能部门，任务完成以后仍要回原单位，容易产生临时观念，对工作有一定影响。

矩阵式组织架构很适合横向协作和科研攻关项目，企业可用来完成涉及面广的、临时性的、复杂的重大工程项目或管理改革任务。

6. 团队式组织架构

团队式组织架构（team structure），是指为了完成某项需要多种技能和经验的任务，通过选调组织中具有这方面素质和能力的人来组成一个团体，借助团队成员的共同努力来完成任务的一种组织形式。传统的行政组织架构和单纯的项目管理架构已经无法满足知识型组织发展的需要，因为这些组织架构模式采取自上而下的管理方式，抑制了员工的主动性和创造性；团队式架构则强调员工在团队中的价值，强调员工对管理工作的参与性，可以极大地调动员工的主动性和积极性，充分发挥员工的创造性。两者的主要区别如表3-2所示。

表3-2　团队组织与传统组织的区别

项目	传统组织	团队组织
员工素质	非知识型员工	知识型员工

续表

项目	传统组织	团队组织
稳定性	比较稳定	灵活，可根据需要随时变更
负责人产生方式	由上级任命	由上级任命或者团队民主选举
领导与下属间的关系	上下级，负责人一般有特殊待遇	平等，负责人无特殊待遇
沟通方式	自上而下或自下而上	平行沟通

资料来源：胡君辰，杨永康. 组织行为学. 上海：复旦大学出版社，2002：415.

目前，团队式组织架构已经成为组织工作活动最有效的方式。由于团队的生命周期较短，当任务完成后，团队就解散，其成员则因新任务和新计划与其他人员组成新的团队，团队的成员随着任务或者需求的变化而变动。这种弹性化的人力资源运用方式，可以快速应对外部环境的变化与服务对象的需求，随时针对问题建立弹性化的组合，避免专业化分工所造成的僵化和协调困难。同时，由于决策的下放与完成任务的挑战性，还可以激发团队成员的成就感和责任心，为组织带来生机与活力。但是团队式组织架构也存在一些缺点：一方面，规模上受到限制，人数较少时，团队最容易取得成功，人数较多时，则彼此的沟通较为困难；另一方面，对领导者和员工素质要求较高，团体的成功依赖于领导者能够提出明确的任务、成员具有高度的自律性以及彼此能够进行有效的沟通。

7. 虚拟组织

虚拟组织（virtual organization）是指一种只有很小规模的核心组织，以合同为基础，依靠其他商业职能组织开展制造、分销、营销或其他关键业务的经营活动的架构。虚拟组织形态下运作的企业有完整的功能，如生产、营销、设计、财务等，但在企业内部却没有执行这些功能的部门。企业仅保留最关键的功能，然后将其他功能虚拟化，以各种方式借助外力进行整合，进而创造企业自身的竞争优势（见图3－7）。

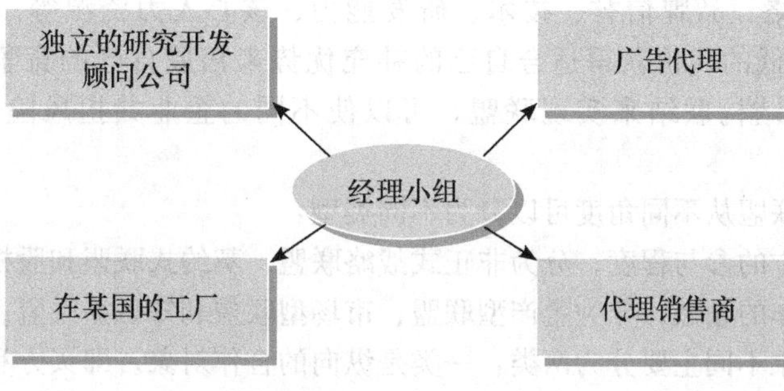

图3－7　虚拟组织

图3－7表明，管理人员把企业的基本职能都交给外部力量，组织的核心是一个小规模的经理小组，他们在工作时，直接监督企业内部的经营活动，并协调为本企业进行生产、销售及其他重要职能活动的各组织之间的关系。图中的箭头表示与这些企业之间的契约关系，核心组织的主管人员大部分时间通过计算机网络协调和控制与外部企业的关系。

虚拟组织的优势是具有很大的灵活性，管理和技术精华可以集中在为组织带来竞争优势的关键活动上，通过外部资源的有效整合满足快速变化的需要，进而可以实现人员精干、协调电子化、开支减少、成本降低、竞争力增强。但是虚拟组织也存在主要活动控制困难、员工忠诚度低等缺陷。

8. **无边界组织**

无边界组织（boundaryless organization），是指其横向、纵向或外部的边界不由某种预先设定的结构所限定或定义的一种组织设计。无边界组织是通用电气的杰克·韦尔奇首创的一个概念。他强调无边界组织应该将各个职能部门之间的障碍全部消除，工程、生产、营销以及其他部门之间能够自由沟通，工作及工作程序和进程完全透明。无边界组织是一种知识、信息耦合度高，反应迅速的新型组织，是知识型企业组织架构演变发展的必然趋势。计算机网络化是人们超越组织界限进行交流和交易的重要技术基础。

无边界组织是相对于有边界组织而言的。有边界组织可以说是对传统金字塔式的科层组织重要特征的一个界定。在有边界组织中，任何单位和部门的职责界限完全是为了保证组织的稳定与秩序，同时，为了加强这种稳定和秩序，还形成了一系列控制手段，一旦发现某人的行为表现超越边界，来自各方面的强制力量就会迫使他回到边界圈定的框框之内。无边界组织则突破了这种传统，在纵向关系上，各个层次及各种头衔人员之间的界限已经被打破，变得富有弹性和可渗透性，从而有助于更快、更好地决策和行动，也有利于组织方便地从各层次人员那里获得知识信息和创新灵感；在横向关系上，各职能部门不再有自己独立的"势力范围"，部门间相互渗透，共同思考怎样才能最大限度地满足客户的需求。无边界组织不会自然形成，需要深思熟虑的体系和流程变革，更需要能够推动、鼓舞、激励和倾听员工的领导者。

9. **战略联盟**

战略联盟（strategic alliance）是指两个或两个以上的企业为了实现各自特定的战略目标，通过企业间的协议或联合等方式而达成的一种长期的合作安排。它是一种基于价值链的，涉及不同主体之间资源交换和共享的合作关系，如技术许可生产、供应协定、营销协定和合资企业等。经济全球化和科技飞速发展，市场竞争日趋激烈，在企业经营中，以零和博弈为前提的非此即彼的竞争逻辑已经难以立足，只有与其他企业建立强大的联盟，才能使自己在新的竞争环境中立于不败之地。随着市场分工的不断细化，越来越多的组织发现自己不可能拥有所有关键成功要素，如销售网络、品牌信誉、技术、研发能力、核心人力资源等。在这样的背景下，战略联盟为组织以较低的代价获得适合自己的补充优势来拓展自己的竞争优势提供了可能。通过资源流动和治理结构联结来实现联盟，可以使不同的企业共担风险、共得利益、共享资源。

一般来说，战略联盟从不同角度可以分为不同类型：

（1）根据联盟各方的参与程度，分为非正式战略联盟、契约式联盟和股权式联盟。

（2）根据联盟合作的领域，分为生产型联盟、市场型联盟和知识型联盟。

（3）根据合作对象不同主要分为两类：一类是纵向的合作对象，即买方和卖方的联盟；另一类是横向的合作对象，包括与竞争对手、政府部门、科研机构和配套产品生产商的合作。

（4）根据联盟投入要素，可分为资源推动型联盟和能力推动型联盟。

第2节 组织设计概述

一、组织设计的概念

组织设计（organizational design）是以组织架构安排为核心的组织系统的整体设计工作，是组织总体设计的重要组成部分，是有效实施管理职能的前提。组织设计的基本功能是协调组织中人员与任务之间的关系，使组织保持灵活性和适应性，从而有效地实现组织目标。组织设计的基本思路主要是依据“目标-手段分析”方法论①，如图3-8所示。

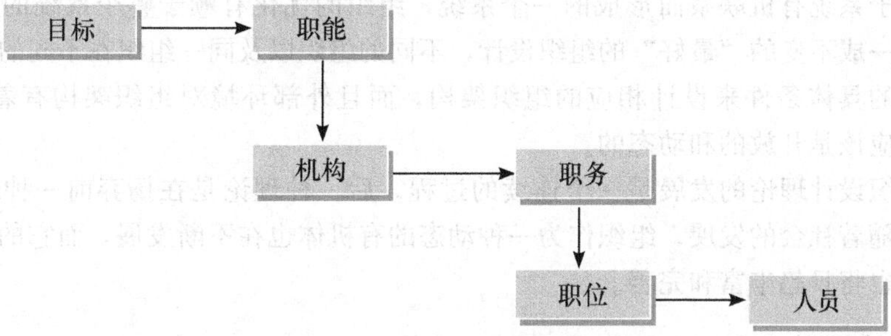

图3-8　组织设计的思路

图3-8表明，在进行组织设计时，首先必须明确组织目标并确定相应的基本职能，再以职能细分和归类为依据，设置相应的机构和相关的职务，进而与必要的职位和各种职务相对应，按职位配置人员。组织设计的基本思路是做到因事设职、因职用人。

二、组织设计理论概述

组织设计理论是指有关组织架构与组织关系的系统设想。按照时间的顺序，组织设计理论先后经历了古典组织设计理论、行为组织设计理论和现代组织设计理论。古典组织设计理论以泰勒、法约尔、韦伯等人的组织设计理论为代表。泰勒首次把计划和执行职能分开，改变了凭经验工作的方法，代之以科学的工作方法，以确保管理任务的完成。他为组织职权设计提出了一个极为重要的原则——例外原则。例外原则是指企业的高级管理人员把一般日常事务授权给下属管理人员负责处理，自己则保留对例外事项（一般也是重要事项）的决策权和控制权，如重大的企业战略问题和重要的人员更替问题等。这种例外原则至今仍然是组织设计原则中极为重要的原则之一。法约尔根据自己长期的经验提出了包括劳动分工、权力与责任、统一指挥、统一领导在内的一般管理的14项原则。韦伯提出了一种理想的组织模式——“官僚组织”，从而发展了权威的结构与关系理论，即权力架构理论。古典组织设计理论是一种以工作任务为中心的设计理论，侧重于静态组织的研究，注重组织效率；强调明晰的劳动分工、正式的规则和法规、按等级组织职位以及明确的命令链。20世纪中叶以前，古典组织设计模式一直是组织设计的主导模式。

行为组织设计理论产生于20世纪30年代，它吸收了行为科学和心理学的理论知识，是对古典组织设计理论作了一定的修改和补充而形成的。其代表人物有梅奥、麦格雷戈和西蒙等。梅奥主持的霍桑实验奠定了行为科学的基础，该研究使人的社会、心理因素及人在组织中的行为与效率的关系成为组织设计理论的重要内容。行为组织设计理论最积极的作用就在于，强调组织中人的因素，主张满足人的各种需要，充分发挥人的主动性和创造性。在此基础上，提出组织设计应倾向于分权、结构扁平化以及部门专业化；更重要的是，必须考虑员工的需要和特点，例如，在分配工作时要考虑人的兴趣和爱好，进而在组织设计时考虑到工作轮换、工作扩大化及工作丰富化的要求，使员工对工作有兴趣，从而充分发挥他们的才能，以获得更好的工作绩效。

20世纪60年代以后，现代组织设计理论应运而生。现代组织设计理论把系统理论和权变理论等引入组织设计，主张人是组织的主体，组织设计是静态的结构设计与动态的运作过程的结合；提出不存在某种普遍适用的组织设计模式，影响组织设计的主要权变因素包括企业战略、环境、技术、规模等。现代组织设计理论中具有代表性的有系统理论与权变理论。其中，系统理论

① 余凯成. 组织行为学. 大连：大连理工大学出版社，2001：447.

认为，组织是一个人造的开放系统，为了求得生存和发展，必须与外界环境相互影响，而且组织本身也是各个子系统有机联系而形成的一个系统，组织的优化有赖于整个系统的优化。权变理论认为，没有一成不变的“最好”的组织设计，不同的组织以及同一组织在不同的发展阶段，都应当根据当时的具体条件来设计相应的组织架构，而且外部环境对组织架构有着深刻的影响，因此组织设计应该是开放的和动态的。

总之，组织设计理论的发展是一个连续的过程，后一种理论是在扬弃前一种理论的基础上发展起来的。随着社会的发展，组织作为一种动态的有机体也在不断发展，而它的理论表现——组织设计理论也将日趋丰富和完善。

三、组织设计的原则

组织设计的原则，是指从长期实践中概括出来的，在进行组织设计时必须遵循的一些基本原则。在管理思想发展的进程中，很多学者对组织设计的原则提出了自己的见解，其中林德尔·厄威克（Lyndall Urwick）和哈罗德·孔茨（Harold Koontz）的观点比较具有代表性。

林德尔·厄威克在其早年的著作中提出过适用于一切组织的8项管理原则：（1）目标原则；（2）相符原则；（3）职责原则；（4）组织阶层原则；（5）控制幅度原则；（6）专业化原则；（7）协调原则；（8）明确性原则。

哈罗德·孔茨概括了15条组织设计原则：（1）目标一致原则；（2）效率原则；（3）管理幅度原则；（4）分级原则；（5）授权原则；（6）职责的绝对性原则；（7）职权和职责对等原则；（8）统一指挥原则；（9）职权等级原则；（10）分工原则；（11）职能明确原则；（12）检查职务与业务部门分设的原则；（13）平衡原则；（14）灵活性原则；（15）便于领导原则。

随着时代的发展和环境的变迁，有些组织设计原则不再重要，有些则依然被奉为组织设计的圭臬。结合当今的时代背景，组织设计一般应遵循以下7项原则：

1. 目标一致性原则

组织架构的设计和组织形式的选择必须有利于组织目标的实现。任何组织都有其特定的目标，组织及其每一部分都应该与其特定的组织目标相联系，组织的设计与调整都应以其是否对实现组织目标有利作为衡量标准。

2. 分工与协作原则

组织架构应能充分反映为实现组织目标所必需的各项任务和工作分工，以及相互之间的协调，因此，组织设计要根据需要和可能合理确定分工。组织设计中管理层次的分工、部门的分工和职权的分工，以及各种分工之间的协调，都是分工与协作原则的具体体现。

3. 有效管理跨度原则

一位领导人能够有效领导的直属下级人数是有限的。在进行组织设计时，领导人的管理跨度应控制在一定水平，以保证管理工作的有效性。管理跨度的大小与管理层次的多少成反比例关系。

4. 权责对等原则

职权与职责必须对称或相等。在进行组织设计时，既要明确每一部门的职责范围，又要赋予其完成职责所必需的权力，二者必须协调一致。

5. 集权与分权相结合原则

集权有利于保证企业的统一领导指挥，以及人力、物力、财力的合理分配使用。分权有利于基层迅速正确做出决策，上层领导摆脱日常事务，集中精力抓大问题。集权与分权相辅相成，是矛盾的统一，没有绝对的集权，也没有绝对的分权。

6. **精干高效原则**

组织的架构应该精干、有力，工作效率很高。要在满足组织正常运行需要的前提下，力求减少管理层次，精简管理机构和人员，充分发挥各级各类人员的积极性，更好地为提升组织绩效服务。

7. **稳定性与适应性相结合原则**

这一原则要求在组织设计中既要保证组织在外部环境和任务发生变化时能继续有序正常运行，又要保证组织在运转过程中能根据变化了的情况做出相应变更，具有一定的弹性和适应性。

第3节 组织设计的关键因素与权变因素

一、组织设计的关键因素

组织架构设计需要考虑一些关键问题或因素，它们是工作专门化、部门化、命令链、管理跨度、集权与分权以及正规化（见表3-3）。

表3-3 为了设计恰当的组织架构，管理者需要面对的六个问题

关键问题	由什么解决
1. 把任务分解成相互独立的工作单元时，应细化到什么程度？	工作专门化
2. 对工作单元进行合并和组合的基础是什么？	部门化
3. 员工个人和群体向谁汇报工作？	命令链
4. 一名管理者可以有效指导多少员工？	管理跨度
5. 决策权应放在哪一级？	集权与分权
6. 规章制度在多大程度上可以指导员工和管理者的行为？	正规化

资料来源：罗宾斯．组织行为学：第10版．北京：中国人民大学出版社，2005：467.

（一）工作专门化

19世纪末，亚当·斯密（Adam Smith）提出了劳动分工的思想，并指出分工有利于工人提高劳动生产率、熟练程度、技巧和判断力等。他以大头针生产工人为例，提出一个工人在没有受过业务训练并且不熟悉机器操作的情况下，一天或许连一枚大头针也造不出来，最多只能制造不超过20枚大头针。而如果将整个工作分成若干工序，一个人负责其中的一项或者两三项，就可以将一天的产量提高到每人4 800枚。也就是说，工人如果独自完成全部工序，无法完成他们适当分工之后所做工作量的1/240。后来，亨利·福特（Henry Ford）将这一思想引入其汽车装配工厂，利用生产线作业管理方法，给生产线上的每一个员工分配特定的、重复性的工作。通过把工作划分为较小的、标准化的任务，使工人能够反复进行同一种操作，从而提高了生产效率。泰勒所主张的计划与执行分离、计划室与车间分离、职能工长制等，也是以劳动分工为出发点的。

后来，人们用工作专门化（job specialization）描述组织中任务被划分成各项专门工作的程度。具体而言，工作专门化是通过动作和时间研究，将工作分解为若干很小的单一化、标准化及专业化的操作内容与操作程序，以达到提高生产效率的目的。工作专门化的实质，不是将整项任务交由某个人承担，而是将其细分为若干步骤，每一步骤由不同的人单独完成。换言之，个人专门从事活动的一部分，而不是全部活动。

20世纪40年代后期，工业化国家大多数生产领域的工作都是通过工作专门化来完成的。大多数管理人员认为，这是一种最高效的利用员工技能的方式。不可否认，工作专门化具备很多优点：首先，它使得组织分工明晰，员工可根据明晰的责权利关系来从事企业中程序化的工作，而不必处于盲目状态；其次，从组织角度来看，工作专门化有利于提高组织的培训效率，挑选与训练从事具体的、重复性的工作的员工比较容易，成本也较低，而且员工长期在单一领域内工作，对该领域非常熟悉，能够鼓励他们在自己熟知的领域内有所突破，进行发明创造。但是，20世纪60年代以来，随着管理实践的发展，工作专门化带来的负面效应也逐渐显现出来。尤其是在某些工作领域出现了这样一个拐点：由工作专门化带来的员工非经济性（表现为厌烦情绪、疲劳感、压力感、低生产率、低质量、缺勤率和人员流失率上升等）超过了经济性带来的优势（见图3-9）。

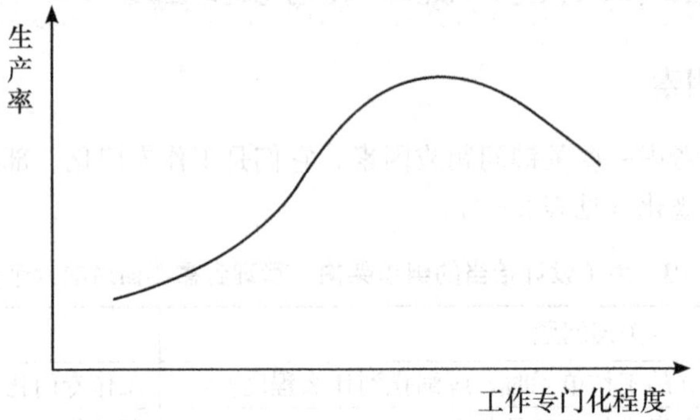

图3-9　工作专门化程度对生产率的影响

今天，许多管理者已经认识到，工作专门化虽然是一个重要的组织方式，但不是一个能够无止境地提高生产率的方法。他们在看到工作专门化为某些类型的工作带来经济性的同时，也认识到过度专门化会导致非经济性的产生。为了避免工作专门化带来的负面影响，一些新的方式被引入工作中，如工作轮换、工作扩大化及工作丰富化等，这些方式有助于丰富员工的工作内容，从而提升员工的工作满意度和生产率。

（二）部门化

部门化（departmentalization）是在劳动分工的基础上，将各项活动进行归类，使得性质相同或相似的工作合并到一起组成单位，这样便形成了一个个专业化的部门。在企业实践中，部门化的形式是多种多样的，典型的有：

1. 职能部门化

职能部门化（functional departmentalization）是以工作任务性质为基础来划分部门的，具有同类性质的任务组成一个部门。例如财务、市场、制造等都是企业的基本职能（见图3-10）。

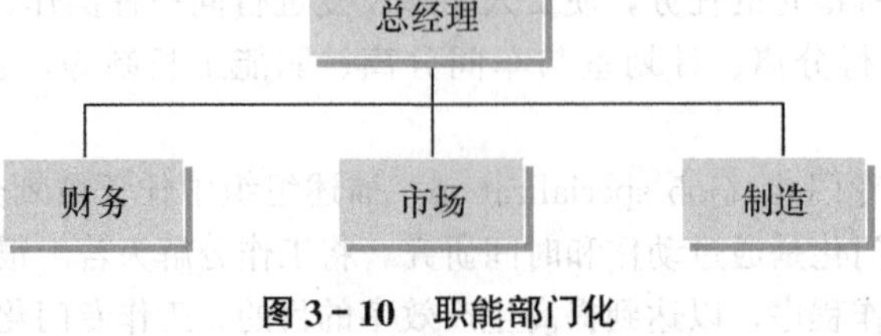

图3-10　职能部门化

按职能部门化原则来设置组织的职能机构，是最常见的一种部门化组织形式。职能部门化将相同专业的专家和拥有相同技能、知识和观念的人员组合在一起，有利于本专业领域内部的协调，从而提升管理的专业化程度，提高效率。但是，由于各部门长期只从事本专业的业务，可能会造成与其他职能部门的沟通不畅。此外，这种方式使得管理人员只关注本领域，不利于高级管理人才的培养。

2. 产品部门化

产品部门化（product departmentalization）是将同一产品或产品系列的有关活动归并到一个部门进行独立经营（见图3-11）。

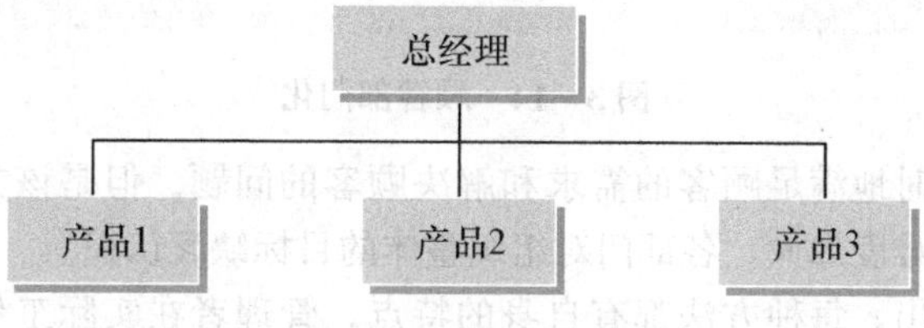

图3-11　产品部门化

产品部门化有利于提高员工对产品的熟知度，提高产品绩效的稳定性，同时培养和锻炼管理者的管理才能。但是，这种方式会导致本位意识和对企业有限资源的争夺，产品部门的管理者需要做大量的协调工作。

3. 区域部门化

区域部门化（geographic departmentalization）是根据地理因素设立部门，把不同区域的业务和职责划归不同的部门（见图3-12）。

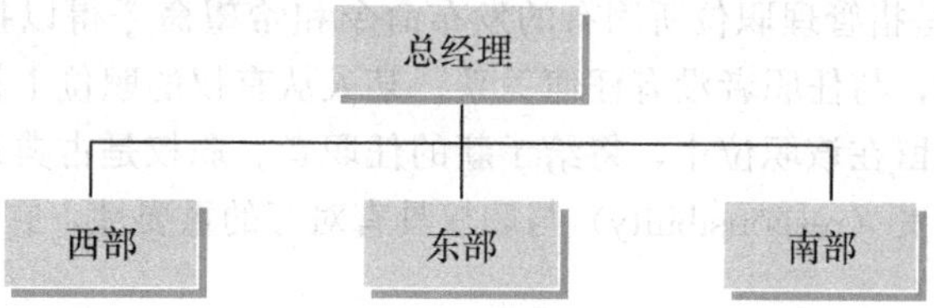

图3-12　区域部门化

区域部门化有利于地域分布广泛的业务运作，改善区域内部的业务协调，培养和锻炼管理人员。但是这种方式容易导致地区本位主义，以及地区之间协调困难。

4. 流程部门化

流程部门化（process departmentalization）是按照提供产品或服务的流程来划定部门，使各项工作活动沿着处理产品或提供服务的工艺流程来组织（见图3-13）。

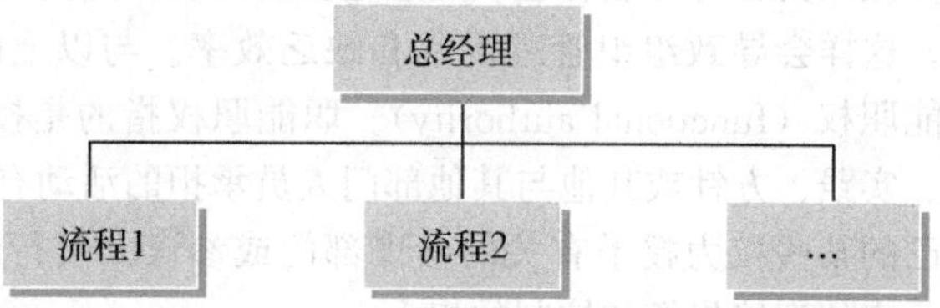

图3-13　流程部门化

流程部门化在生产程序复杂、要求严格的情况下是必要的，有利于加强工艺管理，提高工艺水平。该方式同样适用于某些顾客服务。其缺点是仅限于某些类别的产品和服务。

5. 顾客部门化

顾客部门化（customer departmentalization）是根据顾客的类型来划定部门的。根据顾客划分部门的依据是，每个部门的顾客都存在共同的问题和要求，因此要为他们分别配置相关专家，以满足他们的需要（见图3-14）。

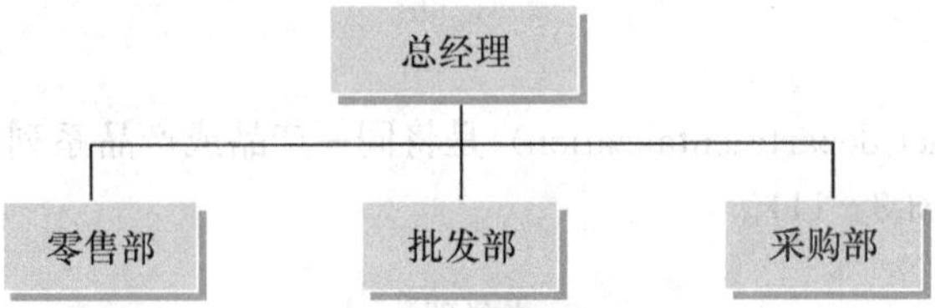

图3-14 顾客部门化

顾客部门化可以及时地满足顾客的需求和解决顾客的问题。但是该方式使得高层管理者在不同部门间进行协调的难度加大，各部门对组织整体的目标缺乏认识。

从以上分析可以看出，每种方法都有自身的特点，管理者在实际工作中要根据具体情况进行选择。实践中，仅仅按照一种划分标准来进行组织分工的情况很少见，多数情况是采用几种方法的组合来对部门进行划分。

（三）命令链

命令链（chain of command）是指从组织高层延伸到基层的一条持续的职权线，它界定了谁向谁报告工作，帮助员工回答“我在遇到问题时向谁请示”或“我对谁负责”之类的问题。要更好地理解命令链的概念，必须弄清以下基本原理：

1. 职权与职责

职权（authority）是指管理职位所固有的发布命令和希望命令得以执行的一种权力。职权是基于组织中的职位的，与任职者没有任何关系。某人从有权的职位上被解职，就不再享有该职位的权力，职权仍保留在该职位中，将给予新的任职者。职权是古典理论中的一大信条，被视为组织的黏合剂。职责（responsibility）与职权具有对等的重要性，它是指对应职权应承担的责任。

按照古典学者的划分，职权可以分为直线职权（line authority）和参谋职权（staff authority）两种类型。直线职权是指给予一位管理者指挥其直接下属工作的权力。这种上级-下级职权关系从组织的最高层贯穿到组织的最低层，进而形成一条命令链。在命令链的每个连接处，拥有直线职权的管理者均有权指挥下属人员的工作，无须征得他人意见就可以做出某些决策。同样，每一位管理者也都要接受其上级主管的指挥。与直线职权对应的参谋职权，是指为直线职权服务的顾问性质的职权。一般来说，在没有得到授权的情况下，拥有参谋职权的人是不能直接发布命令的，但在实际操作中，参谋人员有时可能有意或无意地变参谋职权为直线职权，对下属甚至非下属人员行使直接指挥权，这样会导致组织管理混乱和缺乏效率。与以上两种形式的职权相关的还有一种职权，称为职能职权（functional authority）。职能职权指的是授予个人或部门的权力，以控制规定的工作进程、实践、方针或其他与其他部门人员承担的活动有关的事项。职能职权是管理人员将原本属于自己的某些权力授予有关的参谋部门或参谋人员行使，从而使参谋人员不仅具有参谋职权，还有一定的直接指挥和控制的权力。

此外，古典学者认为，应该对职责的两种形式加以区分：执行职责与最终职责。管理者向下授予的是执行职责；最终职责则是不能下授而应当保留的，即管理者应对他授予了执行职责的下属人员的行动负最终责任。因此，管理者应当下授与所授职权相对称的执行责任，但最终责任是无论如何也不能下授的。对组织来说，一定的职权应该与一定的职责相一致，也就是要权责对等。职权大于职责会导致滥用职权而忽视职权的运作绩效；职权小于职责会导致指挥失灵而难以发挥作用。而且，权责对等还应该与利益相匹配，否则也难以保证权力不会被滥用或发挥不足。

2. **命令统一原则**

命令统一原则（unity of command）是法约尔提出的14条管理原则之一，即应该能使组织保持一条持续的职权线，每个下属应当而且只能向一个上级主管直接负责。它包括两方面的意思：一是一个下属只能接受一个上级的指挥；二是一个下属只能向一个上级汇报工作。

遵循命令统一原则，上级能了解下属的情况，下属也容易领会上级的意图。因此，命令如果能组织安排得当，就可做到政令畅通，提高管理工作的有效性，进而避免“多头领导”和“政出多门”等弊端。当组织相对简单，工作可分解度高时，命令统一是一条很有效的原则，因此，现在仍有许多组织根据这一原则来设计组织架构和工作关系。但是，随着社会环境的变迁与组织日益复杂化，组织运行不仅要求纵向的统一指挥，还要求部门或成员之间横向的相互沟通、协调与支持，而过分地强调命令统一有可能导致组织灵活性的降低，最终影响组织绩效。

（四）管理跨度

管理跨度（span of control）又称管理幅度，是指一个主管能够直接有效地指挥下属成员的数目。管理层次（management level）也称组织层次，是描述组织纵向架构特征的一个概念。一般而言，对一个特定组织来说，管理层次与管理跨度成反比：管理跨度越宽，对应的管理层次越少；管理跨度越窄，对应的管理层次就越多。一般而言，古典学派主张窄小的跨度，认为直接受管理人员管辖的应为4～7人；现代的观点则主张较大的跨度。越来越多的组织正努力扩大管理跨度。例如，通用电气公司的管理跨度已拓宽到10～12个下属。

管理层次与管理跨度决定了两种基本的组织架构形态：扁平结构（flat structure）与高耸结构（tall structure）。扁平结构是指管理层次少而管理跨度大的一种组织结构形态。与之对应，高耸结构是指管理层次多而管理跨度小的一种组织架构形态。如图3-15所示，左侧的组织架构属于高耸型，右侧的组织架构则属于扁平型。假设它们的作业人员都为4 096人，如果前一个组织的管理跨度各层次均为4，而后一个组织的跨度为8，那么前一个组织就相对多出2个管理层次（前者为7个，后者为5个）。扁平结构与高耸结构各有利弊。

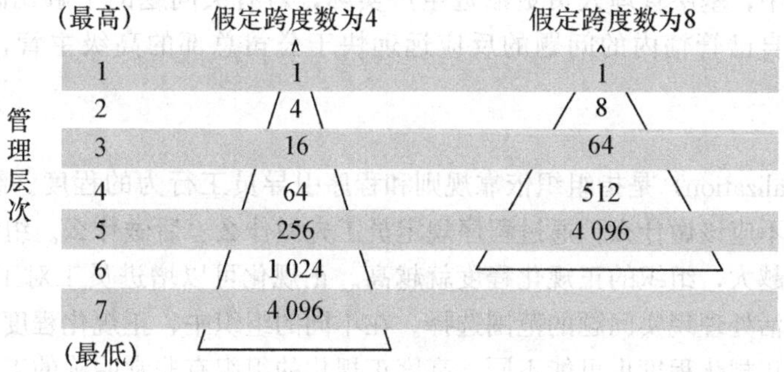

图3-15 两种管理跨度的对比

资料来源：罗宾斯. 组织行为学：第10版. 北京：中国人民大学出版社，2005：471.

扁平结构的优点：上下联系渠道短，可以减少管理人员，节省管理费用；有利于信息沟通，并可减少信息误传，有利于提高管理指挥效率；扩大了下级的管理权限，有利于调动下级人员的积极性、主动性和提高下属人员的管理能力。缺点：由于管理幅度加大，会增加横向协调的难度，组织领导者陷于复杂的日常事务之中，没有时间和精力搞好事关组织全局的长远发展战略管理；同时，下属的提升机会也更少。

高耸结构的优点：管理层次比较多，管理幅度比较小，每一层次上的主管都能对下属进行及时的指导和控制；层次之间的关系比较紧密，有利于工作任务的衔接；同时也为下属提供了更多的提升机会。缺点：拉长了上下级联系的渠道，会增加管理费用；管理层次增加会导致协调工作量增加，互相扯皮的事情层出不穷；管理层次的增加会使上下意见沟通交流受阻，不利于贯彻最高主管规定的目标和政策等。

究竟是采取扁平结构还是高耸结构，主要取决于组织规模的大小和组织领导者的有效管理幅度等因素。例如，在管理跨度一定时，组织规模与管理层次成正比，即组织规模大、层次多，则呈高耸结构；组织规模小、层次少，则呈扁平结构。

（五）集权与分权

集权与分权所要确定的是决策权应该放在组织的哪一层级上。集权（centralization）是指决策权在组织系统中较高层级上一定程度的集中。与此对应，分权（decentralization）是指决策权在组织系统中较低层级上一定程度的分散。分权不同于授权，但两者有着密切的联系。著名的组织管理学家亨利·L.西斯克（Henry L. Sisk）指出："权力从上级传导给下级的过程称为权力委任过程，组织始终一贯地把权力委任给下级单位的过程称为分权过程。"这表明，分权和授权都属于权力分散活动，分权是授权的一个基本方面，其含义比授权略窄，但其权力分散的程度比一般意义上的授权更大。

解决好集权与分权的关系是组织管理的关键问题之一。集权与分权是相对的，组织不可能是彻底的集权，也不可能是彻底的分权。很少有组织在所有决策都集中于某一特定的管理高层时仍能有效地运行；同理，将所有决策权都授予底层员工的组织也不会是有效的。因此，某种程度的职权分散是所有组织的共性。那么，如何把握权力集中或分散的程度呢？对这个问题的解答有许多种，其中一个较有代表性的观点认为，应根据较低管理层次的决策来确定权力的集中或分散程度。具体地说，在组织中，较低管理层次的决策数目越多，决策重要性越大，决策影响面越广，并且需要对决策进行审核的工作越少，职权的分散程度就会越大。

近年来，分权决策的趋势比较突出，这与使组织更加灵活和主动地做出反应的管理思想是一致的。在大公司中，基层管理人员更贴近生产实际，对有关问题的了解比高层管理人员更翔实。因此，他们对自己管辖内的问题的反应远远快于公司总部的高级主管，处理方式也会更得当。

（六）正规化

正规化（formalization）是指组织依靠规则和程序引导员工行为的程度。组织通过规则决定员工应该做什么、不应该做什么，通过程序规定员工先做什么、后做什么。组织中的规章制度和程序对人的约束力越大，组织的正规化程度就越高。正规化可以增进员工对工作一致性的预期，但是会影响员工灵活处理现实问题的范围选择。在不同的组织中，正规化程度有很大的差别，即便在同一组织中，正规化程度也可能不同。高度正规化的组织有非常明确的工作说明书，有复杂详细的组织规章制度，有明确的工作流程；在正规化程度较低的组织中，组织规章或程序仅做出原则性的指导，员工对问题的个人裁量权较大。

二、组织设计的权变因素

影响组织架构设计的权变因素较多，这里，我们主要考虑组织环境、组织战略、组织规模、组织技术与人员素质等方面的影响。

（一）组织环境

组织环境分为内部环境和外部环境。前者指组织内部的人力、物力、财力等状况；后者是指组织所面临的行业环境、国家宏观政策、社会文化、技术及投资等。所有的企业都在一定的环境中生存和发展，企业的行为必须顺应环境的要求。在现代经营环境快速变化的情况下，能够长寿的企业不一定是能力最强的企业，而是最能适应环境变化的企业。

环境的不确定性影响着企业对环境的信息需求和从环境中获取资源的需求，从而直接影响着企业组织架构的设计，具体表现在职位和部门、组织的分工和协作方式、控制过程以及计划和预测等方面。

1. 职位和部门

当外部环境的复杂性增加时，组织中的职位和部门也会相应增加，从而增加了内部的复杂性。当外部环境迅速变化时，组织的各部门在处理外部环境中的不确定性方面要求变得高度专业化，每一部门都要求具备专门的知识技能和行为。

2. 组织的分工和协作方式

外部环境越复杂，组织的弹性应越大，更宜采用分权式管理，以增强应变能力。分权是对于复杂性的合理反应，因为做出明智选择的必要信息连同决策权一起下放给了员工和子单元。

3. 控制过程

当外部环境较为稳定时，内部组织为了提高组织的运行效率，往往需要制定明确的规章制度、工作程序和权力层级，组织的正规化、集权化程度比较高，其组织架构的设计可以采用机械式的层级架构形式。而在环境较为不确定时，内部组织比较松散，决策权力分散并下移，权力层级不明确，组织架构设计可以采用柔性灵活的有机架构形式。随着环境不确定性的增加，组织内部趋于更具有机性。

4. 计划和预测

当环境稳定时，组织能够集中精力解决当前的经营和日常效率问题。而随着环境不确定性的增加，计划和预测变得必要。计划能够减少外部环境变化的负面影响。具有不稳定环境的组织通常建立一个计划部门，审视环境因素并分析其他组织的潜在行动和对策。

(二) 组织战略

对于战略和组织架构关系的研究由来已久。其中，最早且最著名的是美国学者阿尔弗雷德·钱德勒1962年的著作《战略与结构》。钱德勒通过对美国70多家大企业的调查研究，对环境、战略和组织结构之间的相互关系进行了论述，提出了“战略决定结构”的观点。钱德勒认为，从企业经营领域的宽窄来分，企业经营战略可区分为单一经营战略及多种经营战略，对于不同的经营领域要求不同的组织架构。单一经营战略只要求一种简单、松散的组织架构形式来执行这一战略。这时，决策可以集中在一个高层管理人员手中，组织的复杂性和正规化程度很低。当组织成长以后，它们的战略变得更有雄心，则会采取更为复杂的多种经营战略。这种复杂的战略要求一种精细、规范、分权、正规化的组织架构形式来支撑。

此外，组织的竞争战略也会影响到组织设计。例如，组织确定不同的竞争战略，就会选择相应的组织结构与之适应（见表3-4）。

表3-4　组织战略与结构方案的关系

战略	结构方案
创新战略	有机结构：结构松散，工作专门化程度低，正规化程度低，分权化
成本最小化战略	机械结构：控制严密，工作专门化程度高，正规化程度高，集权化
模仿战略	有机-机械结构：松紧适度，日常活动控制严，创新活动控制松

（三）组织规模

组织规模是组织设计必须考虑的一个重要变量。早在20世纪60年代初，英国学者琼·伍德沃德（Joan Woodward）等就对英国南部的100多个企业进行了深入的调查研究。他们发现，一个组织的组织结构设计与其本身规模的关系大体为：（1）组织规模越大，工作就越专业化；（2）组织规模越大，标准化操作程序和制度就越健全；（3）组织规模越大，分权的程度就越高。其后，很多学者的大多数研究也表明，不同规模的组织，在组织架构上具有明显的差别（见表3-5）。

表3-5　组织规模与组织架构的关系

项目	大型组织	小型组织
正规化程度	专业化与正规化程度高	专业化与正规化程度低
集权与分权	宜采用分权式管理	宜采用集权式管理
复杂性	分化程度高，纵向层级多，横向部门和工种多	分化程度低，纵向层级少，横向部门和工种少
人员比例	管理人员比例低，专业人员比例高	管理人员比例高，专业人员比例低

表3-5说明，组织规模越大，其结构就越复杂，行为越规范，专业化与正规化程度越高，越具有机械式特征，宜采用分权式管理。

（四）组织技术

在组织架构设计中，最早对技术予以关注的是琼·伍德沃德。她在20世纪60年代初期根据制造业技术的复杂程度把技术分为三种类型：第一类是单件生产（unit production），代表的是单件或小批量的生产；第二类是大批量生产（mass production），这类企业的特征是长期生产标准的产品和零部件；第三类也是技术最复杂的一类，是连续生产（process production），反映连续流程的生产。三类技术的复杂程度不同，对结构的要求也不同。采用单件或小批量生产的企业，采用有机式结构最为有效；采用大批量生产的企业，则在与机械式结构相匹配时最为有效。

查尔斯·佩罗（Charles Perrault）打破了只在制造业内研究技术与组织之间关系的局限性，把注意力从生产技术转向知识技术。佩罗提出，应从两个方面对技术进行考察：一是任务多变性，即技术在工作中遇到例外的数量；二是问题可分析性，即技术在工作过程中可被分析的难易程度。根据上述两项维度标准，佩罗将技术划分为四种不同的类型：工程技术、常规技术、工艺技术和非常规技术（见图3-16）。

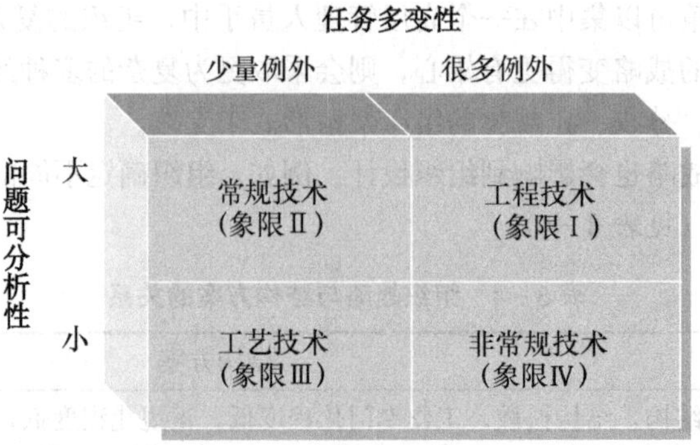

图3-16　佩罗的技术分类

工程技术（象限Ⅰ）有大量的例外，但可以用一种理性、系统的分析进行处理。桥梁建造属于这一类。常规技术（象限Ⅱ）只有少量的例外，问题易于分析。生产钢铁和汽车或提炼石油的大量生产过程就属于这一类。工艺技术（象限Ⅲ）例外较少，且可分析性较小，是一种工作必须依靠直觉、经验判断灵活处理的技术。服装设计、烹饪等技术属于这一类。非常规技术（象限Ⅳ）以诸多例外和问题难以分析为特征。许多航天业务采用这一类技术。

佩罗认为，组织的协调和控制方法应该视技术类型的不同而有所区分。技术越是常规化，组织规范化、集权化程度就越高，采用机械式组织结构的效率也就越高；反之，技术越是非常规化，组织规范化、集权化程度就越低，这时，采用柔性有机式组织结构的效率也就越高。

此外，进入21世纪以来，以信息技术为先导的高新技术迅速发展，企业技术环境表现出信息化、数字化和网络化的发展趋势。信息技术是指有关信息的收集、传递、加工、处理的技术。它以微电子技术和计算机技术为基础，包括人工智能技术、光纤通信技术、网络技术及多媒体技术等。信息技术的发展给传统的组织架构带来了极大的冲击。美国学者詹姆斯·钱皮（James Champy）和尼丁·诺利亚（Nitin Nohria）在《管理的变革》一书中提出，在全球竞争、市场变化和新技术突破的情况下，组织应该以信息为基础，在组织上分散又通过技术紧密联结，有快速敏捷的应变能力，既有创造性又有团队合作精神。信息技术对组织架构的影响主要表现在以下几个方面：

（1）组织架构市场化。信息技术的发展使顾客可以在全球范围内寻找交易伙伴，顾客主权更加突出，企业在组织架构设计上突出顾客价值创造部门的地位，加强组织架构的顾客导向。

（2）组织架构扁平化。信息技术的发展促使组织抛弃那些阻碍快速行动的官僚机制，减少上传下达的中间层次，组织架构趋向扁平化。

（3）组织架构分权化。信息技术的发展使得过去高度集中的决策中心组织转变为分散的多中心决策组织，进而使高度集权化的单一型架构被跨部门或跨职能的多功能型组织单元所取代。

（4）组织架构网络化。信息技术的发展带来了交易成本的降低和管理效率的提高，组织突破传统的界限壁垒，进行各种信息交流，共享信息资源，进而导致严格的等级制形式的命令链和界限明显的组织边界被网络化架构所取代。

（五）人员素质

组织中人员的素质包括各类员工（特别是领导层）的价值观念、思想水平、工作作风、业务知识、管理技能、工作经验以及年龄结构等。组织的运行需要人的管理和维持，不同素质的人员对组织架构有着不同的影响效果，因此，在组织架构设计中，对其应给予一定的重视。人员素质对组织架构的影响主要表现在以下几个方面①：

（1）集权与分权。如果企业中层管理人员专业水平高，管理知识全面，经验丰富，有良好的职业道德，管理权力就可较多地下放；反之，管理权力应较多地集中。

（2）管理跨度大小。如果管理者的专业水平高、领导经验多、组织能力较强，就可以适当扩大管理跨度；反之，则应缩小管理跨度，以保证管理的有效性。

（3）部门设置的形式。如实行事业部制需要具有比较全面的领导能力的人选担任事业部经理，而实行矩阵式组织架构则需要项目经理具有较高的威信和良好的人际关系，以适应这一架构模式责多权少的特点。

（4）定编人数。如果人员素质高，一人可兼多职，则可减少编制，提高效率；反之，则需要将复杂的工作分解，交付多人完成。

---

① 吴培良，郑明身，王凤彬．组织理论与设计．北京：中国人民大学出版社，1998：373.

(5) 协调机制。适当的组织架构形式和有效的联系方式固然对有效协调有着重要的作用，但人员的思想水平、工作作风和业务素质对于组织内部的协调也有着重要的影响。良好的协作风格可以在某种程度上弥补协调机制设计上的缺陷；反之，如果人员的本位主义严重，又缺乏现代管理知识的培训，缺乏从企业经营全局观察本职工作的修养，则部门间必然扯皮不断，工作效率低下。

本章小结

本章介绍了组织架构的概念与各种类型，并对组织设计的主要原理以及需要考虑的关键因素和权变因素进行了分析。

组织架构是指为了实现组织目标，全体员工进行分工协作，在职务范围、责任、权力等方面形成的架构体系。根据组织的复杂化、正规化和集权化程度，可以将企业的组织架构简单地划分为机械式组织和有机式组织两大类。此外，现实中有几种典型又实际的组织架构类型，包括直线制组织架构、职能制组织架构、直线职能制组织架构、事业部制组织架构、矩阵式组织架构、团队式组织架构、虚拟组织、无边界组织和战略联盟等。

组织设计是以组织架构安排为核心的组织系统的整体设计工作，是有效实施管理职能的前提。组织设计理论是指有关组织架构与组织关系的系统设想。它先后经历了古典组织设计理论、行为组织设计理论和现代组织设计理论三个阶段。组织设计必须遵循一定的原则，主要包括目标一致性原则、分工与协作原则、有效管理跨度原则、权责对等原则、集权与分权相结合原则、精干高效原则、稳定性与适应性相结合原则等。

组织设计需要考虑工作专门化、部门化、命令链、管理跨度、集权与分权、正规化等关键问题或因素。

关键词

组织架构（organizational structure）
组织架构图（organization chart）
机械式组织（mechanistic organization）
有机式组织（organic organization）
直线制组织架构（line structure）
职能制组织架构（functional structure）
直线职能制组织架构（line-functional structure）
事业部制组织架构（divisional structure）
矩阵式组织架构（matrix structure）
团队式组织架构（team structure）
虚拟组织（virtual organization）
无边界组织（boundaryless organization）
战略联盟（strategic alliance）
组织设计（organizational design）
直线职权（line authority）
职能职权（functional authority）
管理跨度（span of control）

管理层次（management level）
扁平结构（flat structure）
高耸结构（tall structure）

思考题

1. 什么是组织架构？它分为哪些具体类别？每个类别各有何优缺点？
2. 什么是组织设计？组织设计理论经历了哪几大发展阶段？
3. 组织设计应该遵循哪些原则？
4. 组织设计的六个关键因素是什么？请分别加以阐述。
5. 影响组织设计的权变因素有哪些？它们是如何影响组织设计的？
6. 什么是部门化？划分部门的方式有哪几种？各有什么优缺点？
7. 什么是命令链？
8. 什么是职权？职权有哪几种形式？
9. 什么是职责？它包括几种形式？请思考责权一致对组织的意义。
10. 什么是管理跨度与管理层次？什么是扁平结构和高耸结构？各有什么优缺点？
11. 什么是集权与分权？影响集权与分权的因素有哪些？

第 4 章

组织文化

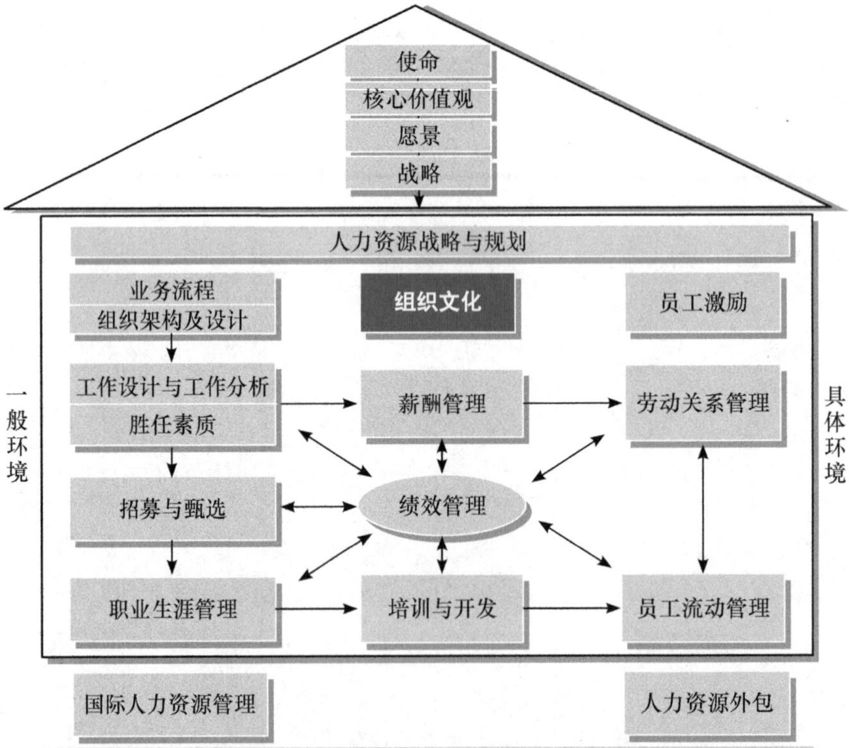
使命
核心价值观
愿景
战略
人力资源战略与规划
业务流程
组织架构及设计
组织文化
员工激励
一般环境
工作设计与工作分析
胜任素质
薪酬管理
劳动关系管理
具体环境
招募与甄选
绩效管理
职业生涯管理
培训与开发
员工流动管理
国际人力资源管理
人力资源外包
电子化人力资源管理

第1节 组织文化概述

一、组织文化的含义与类型

（一）组织文化的含义

至今，学者们对组织文化的界定尚未达成共识，组织文化的概念呈现出多元化的态势。影响比较大的观点有以下几种：

埃德加·H.沙因（Edgar H. Schein）提出："组织文化是由一套基本的假设——由一个特定的组织在学习处理对外部环境的适应和内部整合问题时所创造、发现或发展起来的，一种运行得很好且被证明是行之有效的，并被用来教育新成员正确感知、思考和感觉上述问题的基本假设。"① 他认为组织的价值观、共享的信念、团体规范等都是组织文化的反映，而不是其实质。"组织文化"的本质是一个团体的成员共同拥有的更深层次的基本假设，这些假设被人们认为是"理所当然"的，且无意识地发挥着作用，价值观只是文化的表现形式。

罗宾斯认为，组织文化是组织成员所共有的一套意义共享的体系，使组织独具特色，区别于其他组织，包含以下维度：关注细节、成果导向、员工导向、团队导向、进取性、稳定性以及对创新与风险的承受力等。

特伦斯·迪尔（Terrence Deal）和艾伦·肯尼迪（Allan Kennedy）在《企业文化》一书中将组织文化描述成一种集意义、信仰、价值观、核心价值观于一体的存在，是一个企业所信奉的价值观。

威廉·大内指出，公司文化由公司的传统风气构成，它意味着一个公司的价值观，诸如进取、保守或灵活，构成了公司员工的活动、意见和行为的规范，同时也是指导企业制定员工或顾客政策的宗旨。

中国的许多学者认为，组织文化应有广义与狭义之分。就广义而言，组织文化是组织中物质文化和精神文化的总和；从狭义上讲，组织文化是组织所创造的精神财富，包括组织传统、价值观、组织精神、道德规范、行为准则等，其中价值观是组织文化的核心。

综上所述，组织文化（organizational culture）是一个组织在长期的生产经营中形成的独特的价值观念、道德规范、风俗、传统、习俗及与此相联系的生产观念的总和及其在组织活动中的外在表现。这个概念包含以下要点：

（1）组织文化的内容及形式非常丰富，其核心是价值观；

（2）组织文化使一个组织独具特色，区别于其他组织，同时为组织的多数成员共同认可；

（3）组织文化是一个组织在长期的生存和发展过程中沉淀下来的，一旦形成便不容易发生变化，具有很强的稳定性。

组织文化是组织的本质特征之一，它揭示了组织中人们决策行事的共同心理品质，是增强组织能力强有力的武器。美国兰德公司曾用20年时间对500家大公司进行跟踪调查，结果发现，百年不衰的全球大公司的共同特点就是组织文化赋予它们不朽的生命力。

（二）组织文化的类型

与组织文化的含义一样，学界对组织文化类型的划分也呈现出多元化的特点。按照不同的分类标准，可以将组织文化划分为不同的类型。其中最有代表性的是将组织文化划分为主文化和亚文化或强文化和弱文化。

---

① 沙因．组织文化与领导．北京：中国友谊出版社，1989：11.

1. **主文化和亚文化**

组织的主文化（dominant culture）是指一个组织中为绝大多数地域、部门和员工所认同的价值观和行为方式。当我们谈到组织文化时，一般就是指组织文化的主文化。正是这种宏观层面的主文化使组织具有独特的个性。亚文化（subculture）是指某些特定地域、部门或群体的员工所共同发展并认同的、反映群体特色的价值观和行为方式。不同地域、部门或群体的员工可能会发展出不同的亚文化。

在组织中，主文化与亚文化有着各自产生和发展的轨迹，二者之间存在着相互依存和相互制约的关系。组织内的亚文化本身就是主文化的一个部分，它在主文化中孕育和成长，在遗传主文化特质的同时又不断变异，而主文化总是力图遏制亚文化的变异趋势，因此主文化和亚文化的冲突就不可避免。冲突的结果不外乎融合、并存与取代三种情形。

2. **强文化和弱文化**

虽然所有的组织都有自己的文化，但是并非所有的文化对组织成员都产生同等程度的影响。按照组织文化对其成员影响力的大小，可以将其分为强文化（strong culture）和弱文化（weak culture）。强文化是指组织的核心价值观为组织成员强烈认同并广泛共享的文化，组织成员的活动受核心价值观的指引并围绕它进行。一般来说，接受组织核心价值观的成员越多，对核心价值观的信念越坚定，组织的文化就越强。相反，弱文化的一个明显特征是处于这种文化中的组织成员分不清楚什么是重要的、什么是不重要的，因而不能就什么是核心价值观取得一致意见。对于同一个组织来说，强文化和弱文化是可以并存的。强文化会对员工的行为产生巨大影响，因为这种高度的认同感会在组织内部创造一种有力的行为控制气氛，使组织成员对组织目标及运作方式取得高度一致的看法，从而在组织中造就高度的内聚力、忠诚感和组织承诺。如果一个组织表现出弱文化的特征，就无法达到行动一致。20世纪90年代以来，把组织文化划分为强文化和弱文化的观点日趋流行，这种观点认为，强文化对组织成员行为的影响更大，并与降低组织成员的流动率有着更直接的联系，而且越来越多的证据表明，强文化与组织的绩效是紧密关联的。

此外，一些学者从不同角度对组织文化进行了分类，如库克（Cooke）和赖佛提（Lafferty）将组织文化分为建设性文化、进攻性文化和防御性文化三个类型；奎因和金·卡梅隆（Kim Cameron）把组织文化分为层级型文化、宗族型文化、市场型文化和活力型文化四个类型。

二、组织文化理论的产生与发展

组织文化理论最早始于美国的管理学者对日本企业管理实践的总结和研究，他们通过对美日两国的企业管理模式进行比较，得出了一系列有关组织文化理论和实践的研究成果。虽然“组织文化”概念中的“组织”包含了企业以外的其他所有组织，但在多数情况下，组织文化指的是“公司文化”或“企业文化”。从组织文化的产生历史来看，第二次世界大战结束时，日本在经济上远远落后于美国，它却以惊人的速度从战败的废墟中爬起来，恢复和发展本国的经济实力。特别是20世纪70年代之后，日本在电子、汽车等生产领域和传统的工业部门对美国企业长期占据的优势地位提出了挑战。到了20世纪80年代，日本在很多方面都超过了美国，这给美国企业和美国经济带来了巨大的震动，引起了世人的广泛关注。在对“日本奇迹”的探索中，美国研究人员逐渐意识到，形成日本企业巨大生产力、高质量产品和强大竞争能力的不仅仅是发达的科学技术、先进的机器设备等物质和经济因素，而且包括了更为深刻的社会历史、文化传统、心理状态等文化背景因素。正是这诸多因素的融合，使日本企业独具特色，造就了日本与众不同的企业精神。这种对日本企业成功奥秘的探究，引起了美国理论界对本国组织文化实践的深刻反思，由此拉开了组织文化理论研究的序幕。

1979年，佩蒂格鲁在《关于组织文化研究》一文中首次提出“组织文化”的概念，它犹如一根导火索，引燃了组织心理学有史以来影响最广泛的一场“运动”，随后连续出版的几本著作——威廉·大内的《Z理论》(1981)、理查德·帕斯卡尔(Richard Pascale)和安东尼·阿索斯(Anthony Athos)的《日本的管理艺术》(1981)、迪尔和肯尼迪的《企业文化》(1982)、彼得斯和沃特曼的《追求卓越》(1982)——奏响了这场“运动”的最强音，被称为组织文化的“新潮四重奏”。

威廉·大内的著作《Z理论》出版于1981年，该书对美国和日本的企业管理方式进行了比较，把美国式的领导个人决策、员工被动服从的企业称为A型组织，特点是短期雇用、专职专能；把日本式管理的组织称为J型组织，其特点是领导和员工的积极性融为一体。大内认为应该通过学习日本，革新美国的企业，建立新型的Z型组织，即强调企业与员工荣辱与共、决策采取集体研究与个人负责相结合、树立牢固的整体观念、以自我指挥代替等级指挥等。大内还指出了由A型组织转化到Z型组织的13个步骤，从案例和实际操作的角度提出“企业文化”的概念，并对他所概括的“Z型文化”作了精辟的论述。

帕斯卡尔和阿索斯合著的《日本的管理艺术》一书提出了著名的“七因素理论”，或称“7S”理论。这七个因素包括战略(strategy)、结构(structure)、制度(system)、人员(staff)、风格(style)、才能(skills)以及共同价值观(shared value)。在七个因素中，战略、结构、制度是硬性因素，其余四个是软性因素。他们认为，日本企业之所以迅速崛起，就是因为充分发挥了软因素的作用。企业的发展和战略实施需要完善的结构和制度作为保证，而实际制度又是企业精神和战略思想的具体体现；共同价值观具有导向、约束、凝聚、激励及辐射作用，可以激发全体员工的热情，统一企业成员的意志和欲望，使他们齐心协力地为实现企业的战略目标而努力；人力准备是战略实施的关键；在执行公司的战略时，需要员工掌握一定的技能。在企业发展过程中，要全面考虑企业的整体情况，只有在软硬两方面七个因素充分协调的情况下，企业才能获得成功。

迪尔和肯尼迪合著的《企业文化》一书第一次对组织文化管理的运作结构进行了探讨。他们认为，组织文化由如下要素构成：(1)企业环境。这是塑造组织文化最重要的因素。(2)价值观。它是组织文化的核心和基石，是决定公司基本特征以及使它与其他公司相区别的依据。(3)英雄人物。他们是组织文化的重要因素，是企业价值观的代表，是组织文化的浓缩和结晶，是公司价值观的一面旗帜。(4)典礼及仪式。它们是企业动态的文化，是企业价值观健全和发展不可缺少的因素。(5)沟通。它是组织文化的推行网络、流动渠道。此外，该书还对组织文化的分类、文化中的故障、象征性经验的意义、组织文化的重塑等问题进行了探讨，奠定了组织文化管理体系的基本结构。

彼得斯和沃特曼合著的《追求卓越》一书，以组织文化管理思想为武器，举起批判理性主义的旗帜，批判以泰勒为代表的科学管理学派和以马克斯·韦伯为代表的官僚集权体制的管理传统，认为美国管理只注重管理的理性层面，把管理异化成冷冰冰的东西，进而使企业变得片面褊狭、僵化呆滞，无法适应市场竞争需要。为此，他们总结了成功企业的八项管理原则：崇尚行动；贴近顾客；自主和创业精神；以人为本；领导者亲身实践，价值驱动；坚持本业；组织单纯，人员精简；宽严并济。美国45家优秀的创新型企业勇敢地实行了上述原则，取得了惊人的成就。

20世纪90年代以来，随着科学技术特别是信息技术的不断发展，以及经济全球化的日益发展，组织文化理论得到进一步发展。这主要体现为：(1)知识型组织文化的发展。组织的竞争优势越来越依赖于知识及知识管理，而且知识型员工的比例不断增加，因此需要改变僵化的缺乏生气的组织氛围，进而形成一种与知识型员工特征相一致的新兴的知识型文化。这种文化以鼓励学习、创新、信任和自主为核心，通过培育员工价值观和建立心理契约来凝聚人心，激发知识型员工的士气和潜能。(2)跨文化或多元化的发展。随着网络组织和虚拟组织等战略性动态联盟日益增多，在外国直接投资的多国公司（multinational corporations，MNC）包括合资公司和外商独资公司等的不断发展，以及企业之间的兼并日益频繁，跨文化或多元化管理成为组织文化理论发展的又一重点。对于跨文化管理的相关内容，我们将在第15章中作更为详细的介绍。

总之，组织文化研究从最初的比较研究及经验总结阶段，发展到现在的理论创新阶段，研究领域更加广泛，逻辑性更加严密，学术色彩更加浓厚，成果更加丰富与成熟。组织文化管理因此被一些学者认为是继经验管理与科学管理之后的管理学发展的又一新阶段。

三、组织文化的结构

关于组织文化的结构，国内外学者提出了许多观点，最经典的是组织文化结构二层次论——冰山模型，沙因的组织文化结构三层次论——睡莲模型，以及在此基础上形成的国内目前公认度较高的组织文化的四层次结构。

(一) 冰山模型

组织文化研究者将组织文化比喻为大海中的冰山，将其称为冰山模型（iceberg model）。如图4-1所示，冰山模型将文化的分析层次区分为显现的、可观察的层次和隐藏的、无法观察到的层次，这两个层次各自的内涵如下：

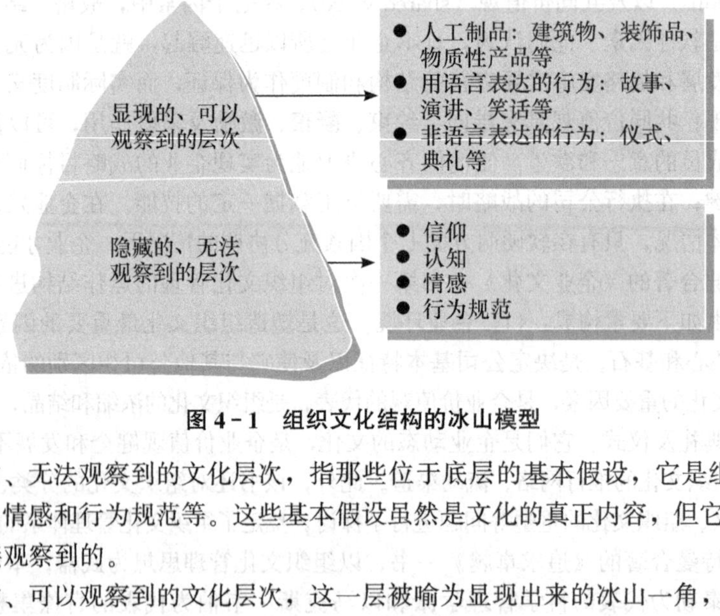

图4-1　组织文化结构的冰山模型

(1) 隐藏的、无法观察到的文化层次，指那些位于底层的基本假设，它是组织文化的本质，如信仰、认知、情感和行为规范等。这些基本假设虽然是文化的真正内容，但它们是为人们所默许且无法被直接观察到的。

(2) 显现的、可以观察到的文化层次，这一层被喻为显现出来的冰山一角，它位于总体文化的表层，主要包括团体的人工制品（如建筑物、装饰品、物质性产品等）、用语言表达的行为（如故事、演讲及笑话等）、非语言表达的行为（如互动、仪式及典礼等）。这些可观察到的文化符号都是文化基本假设的展现或表达工具，而非文化实体本身的构造要素。

(二) 睡莲模型

沙因将组织文化分为三个层次，也就是“睡莲模型”（water lily model），并进行了详尽的分析。

第一个层次如同睡莲浮在水面上的花朵和莲叶。它是组织文化的外在表露形式，是人们能接触和感知到的组织文化，包括组织的结构和各种制度、程序等。它通过组织成员的书面或口头表达的语言、公开的行为、物品摆放等直观的信息交流表现出来，人们可以通过它们形成对组织最直接的认识。

第二个层次是睡莲垂直生长在水中的枝和梗。它是组织公开倡导的价值观，这些价值观渗透在组织的使命、愿景、行为规范里面，并把“是什么”和“应当是什么”区分开来。它是组织成员在生产经营活动、人际交往活动中产生的文化，是组织文化的中间连接层次，人们或许可以透过“水面”看见这一层次，但它始终是模糊的，也是容易忽视的部分，它的健康程度直接关系到上一层次和下一层次之间的传递。

第三个层次是睡莲扎在土壤中的根系。它包括各种被视为当然的、下意识的信念、观念和知觉，是对某一特定情境中适宜行为与反映的无意识的基本假设。它是最深层次的，虽然不为人们所关注，却是组织文化中最重要的基础。这种潜在的、实际上对人的行为起指导作用的假设，告诉群体成员怎样观察、思考和感受事物。作为“根系”，它为组织文化提供了源源不断的营养和牢固的支持。

如同水面上的花朵和枝叶、水中的枝和梗以及根系构成睡莲这一有机体一样，这三个层次的要素经过整合，形成了有机统一的组织文化（见图4-2）。

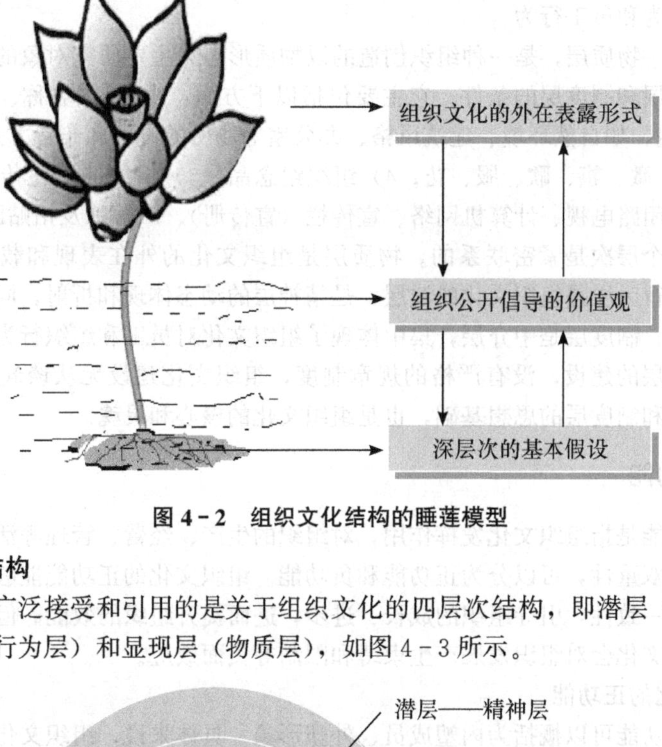

图4-2 组织文化结构的睡莲模型

（三）四层次结构

目前，国内被广泛接受和引用的是关于组织文化的四层次结构，即潜层（精神层）、中间层（制度层）、幔层（行为层）和显现层（物质层），如图4-3所示。

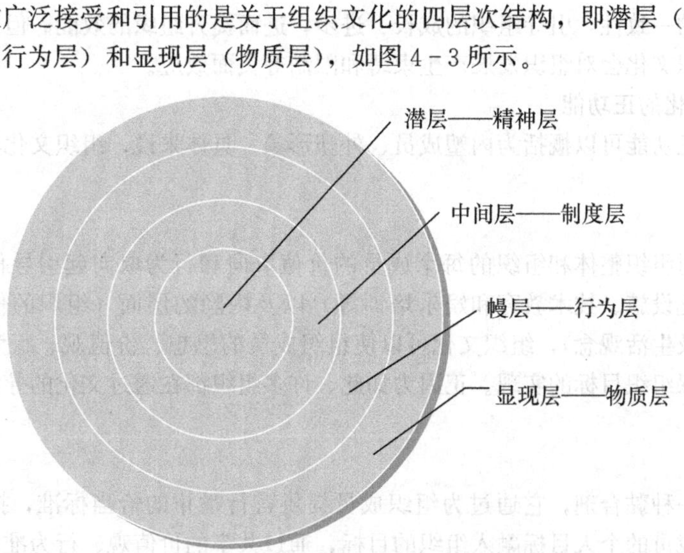

图4-3 组织文化的四层次结构

(1) 潜层——精神层，主要指组织的领导和员工共同信守的基本信念、价值标准、职业道德及精神风貌等，它是组织文化的核心和灵魂，是形成组织文化的制度层和行为层的基础和原因。组织文化中有没有精神层是衡量一个组织是否形成了自己的组织文化的主要标志和标准。它主要包括组织经营哲学、组织精神、组织风气以及组织目标等。

(2) 中间层——制度层，主要是指对组织和成员的行为产生规范性、约束性影响的部分，是具有组织特色的各种规章制度、道德规范和员工行为准则的总和。它集中体现了组织文化的物质层和精神层对组织及成员行为的要求。制度层规定了组织成员在共同的生产经营活动中应当遵守的行为准则，主要包括组织的领导体制、组织机构和管理制度三个方面。

(3) 幔层——行为层，主要指组织中员工在生产经营、学习娱乐等活动过程中产生的文化。它包括组织经营活动、公共关系活动、人际关系活动、文娱体育活动中产生的文化现象。组织行为文化是组织精神、价值观的动态体现。从组织中行为的主体来划分，组织行为又可分为领导者行为、英雄人物行为和员工行为。

(4) 显现层——物质层，是一种组织创造的以物质形态为主要研究对象的表层组织文化，是形成组织文化精神层和制度层的条件。它主要包括以下方面：1) 组织名称、标识、标准字、标准色；2) 组织外貌，如自然环境、建筑风格、办公室等场所的设计和布置方式、绿化美化情况、环境的治理等；3) 徽、旗、歌、服、花；4) 组织纪念品；5) 组织的文化传播网络，如自办的报刊、有线广播、闭路电视、计算机网络、宣传栏（宣传册）、广告牌及招贴画等。

组织文化的四个层次是紧密联系的。物质层是组织文化的外在表现和载体，是制度层和精神层的物质基础；行为层是组织文化的浅层，是精神层的动态体现和折射，同时又受制度层和物质层的影响和制约；制度层是中介层，集中体现了组织文化对员工和组织行为的要求，约束和规范着物质层及精神层的建设，没有严格的规章制度，组织文化建设无从谈起；精神文化是核心层，是形成物质层和制度层的思想基础，也是组织文化的核心和灵魂。

四、组织文化的功能

组织文化的功能是指组织文化发挥作用，对组织的生产、经营、管理等活动产生的影响。组织文化的功能具有双重性，可以分为正功能和负功能。组织文化的正功能能够提高组织承诺，增强组织成员行为的一致性，引导组织的成长、进步，进而提升组织的效能。但同时也不能忽视在特定背景下，组织文化会对组织发展产生束缚和限制等负面效应。

（一）组织文化的正功能

组织文化的正功能可以概括为内塑成员、外塑形象。具体来说，组织文化具有以下五个方面的正功能：

1. 导向功能

组织文化能对组织整体和组织的每个成员的价值取向和行为取向起引导作用。通过外显的层面（企业的文化设施、技术教育和娱乐培训等）以及内隐的层面（组织的价值标准、道德规范、行为准则以及生活观念），组织文化可以使组织成员的思想、价值观、行为与组织的目标保持一致，从而确保组织目标的实现。正因为如此，许多组织都在通过文化的导向功能来塑造新进成员的行为。

2. 凝聚功能

组织文化是一种黏合剂，它通过为组织成员提供言行举止的恰当标准，把整个组织聚合起来。组织文化把成员的个人目标融入组织的目标，通过共享的价值观、行为准则和道德规范使成员固守在组织之内，并紧密地联系在一起。一旦组织成员对组织产生了强烈的“认同感”，组织就成为一个具有共同的价值观念、精神状态和理想追求的统一体，此时成员更加忠诚，组织也具有更强的凝聚力和向心力。组织文化的凝聚功能还反映在组织文化的排他性上。对外排斥可以使个体凝聚在群体之中形成命运共同体。日本组织的竞争力就与此相关。

3. 约束功能

组织文化对组织成员的思想、心理和行为具有约束和规范作用。组织文化的约束不是一种制度化的硬约束，而是一种软约束，这种约束产生于组织的文化氛围、群体行为准则和道德规范。无形的、非正式的、非强制性的行为准则对员工会形成强大的心理约束，使员工进行自我控制，这种无形约束比有形约束的力量更强大。组织可以发挥文化的这一功能来减少那些起消极作用的"破坏分子"，从而维持组织的良好秩序。

4. 激励功能

组织文化的激励功能，是指通过以人为中心的"软性"管理，强调尊重人、相信人，发挥情感因素在企业管理中的作用，最大限度地开发人的潜能，激发组织成员的积极性和创造性。传统的激励方法本质上是依靠外在的强制力量，组织文化的激励则是使员工从内心深处自觉产生献身精神。经营大师松下幸之助曾经说过：真正激励人们百分百投入的动力，不是金钱等组织提供的外部条件，使人们忘记痛苦不断前行的，是其内在的组织信仰。组织可以发挥文化的这一功能，促使适当的组织成员充当"活性因子"，以增强组织的活力。

5. 辐射功能

组织文化塑造着组织的形象，良好的组织形象是组织成功的重要条件和标志。组织形象包括两个方面：一是内部形象，它可以激发员工对本组织的自豪感、责任感和崇尚心理；二是外部形象，它能够更深刻地反映该组织文化的特点及内涵。因此，组织文化的建立和组织形象的树立，除了对本组织产生很大影响外，还对社会公众、本地区乃至国内外组织产生一定的影响，在提高组织知名度的同时，还会构成社会文化的一部分，如可口可乐、麦当劳已经成为美国生活方式和美国文化的象征，全聚德、同仁堂则成了中国文化的一部分，因此，组织文化具有强大的辐射作用。

（二）组织文化的负功能

组织文化在一定条件下存在消极影响，即它可能成为组织变革和发展的潜在障碍。这主要体现在以下几个方面：

1. 变革的障碍

许多强势文化促成了企业的成功，但当环境发生变化，组织需要变革时，既有的组织文化就可能产生观念的惰性，阻碍变革的实施。当组织的共同价值观和进一步提高组织效率的要求不相协调的时候，这种组织文化就成了组织的束缚。当组织存在于一个变动相当剧烈的环境中时，很可能出现以下情况：以往的成功经验就是现在通往成功道路上的障碍。

2. 多样化的障碍

对于较大的组织，尤其是跨国企业，管理者希望保持组织文化上的多元化以适应外部环境的多样化。这时候，强调观念、行为规范等一致的强文化就会对员工施加较大的压力，在它的作用下，员工的适应及趋同行为可能会导致丧失多样化。

3. 兼并和收购的障碍

近年来，收购者在进行企业兼并时已经越来越多地考虑组织间文化的相容性，虽然收购对象在财务上的潜力是一个必须考虑的因素。如戴姆勒-奔驰公司和克莱斯勒公司合并后，由于两家公司文化的兼容性差，存在较大的差异和抵触，合并的结果是克莱斯勒公司的市值下降，市场份额减少，从最盈利的汽车公司变成最大的输家。

(三) 成功的组织文化的特点

成功的组织文化通常具备下列特点：

(1) 激发内在动力。成功的组织文化倡导尊重员工，给他们自主的空间，激发员工内心对于事业的激情，使其积极投入工作中，并创造性地开展工作。

(2) 重视员工发展。成功的组织文化促进员工的发展。组织设有专门的计划和程序，帮助员工发挥主动性、设定更富有挑战性的目标、更富创新精神、成为更好的领导者和管理者，使其为所在部门的成功、为组织整体的成功承担更多的责任。

(3) 为员工创造机会。成功的组织文化为能力出众的员工开辟施展才华并对组织产生重大影响的途径。如果员工想出提高生产率的好办法，就予以实施，员工也就此贡献得到表彰。

(4) 营造积极氛围。成功的组织文化创造出使员工全身心投入工作、迎接挑战并积极工作的氛围。组织调整岗位和团队的结构，从而使员工始终处在兴奋状态；帮助员工提高工作能力。对员工而言，工作使他们引以为荣。

(5) 合理回报员工。组织通过薪酬和表彰机制奖励员工的出色绩效和对组织成功做出的贡献。奖励可以是经济上的，也可以是其他形式，如记功或表彰、升职、提供使员工能力得到提高的培训和培养的机会等。

第2节 组织文化建设

一、组织文化的形成

日本学者河野丰弘通过邮寄问卷方式先对50家公司进行测试性调查，在根据试调查的结果对问卷进行修改之后，正式调查了100家公司，收到88家公司共计391份回函。经过对调查数据的分析，他提出了组织文化形成的过程（见图4-4）。河野丰弘认为，组织创始人的经营理念是组织文化的构成要素、指导原则，也是必备的核心文化。同时，组织的人力资源政策、经营策略也会对组织文化的形成产生重要影响。组织文化通常在一定的生产经营环境中，为适应和促进组织的生存和发展，由少数人倡导和实践，经过较长时间的传播和规范整合而形成。

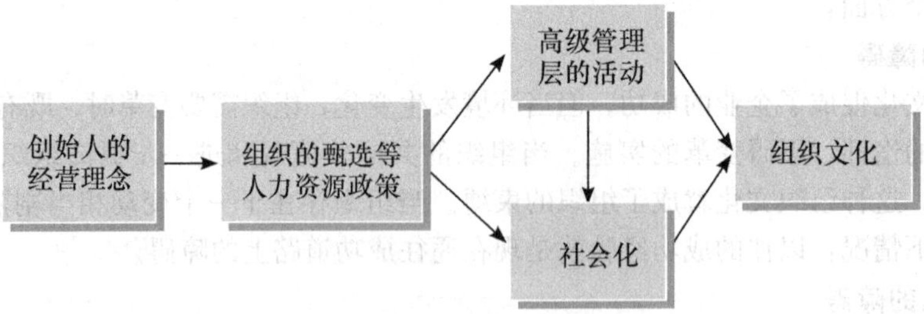

图4-4 组织文化的形成过程

资料来源：罗宾斯. 组织行为学：第10版. 北京：中国人民大学出版社，2005：583.

(一) 创始人

组织文化通常开始于创始人。因为组织发展之初，人数尚少，其创始人拥有最大的影响力。创始人主要通过以下三种途径影响组织文化的形成：首先，创始人仅仅聘用和留住那些与自己的想法和感受一致的人员；其次，创始人对成员的思维方式和感受方式进行灌输和社会化；最后，创始人把自己的行为作为角色榜样，鼓励成员认同这些信念、价值观和假设，进一步内化为他们的想法和感受。通过这三种途径，组织的早期成员耳濡目染，认同并接纳了创始人的信念和想法，后来陆续进入的成员，或是迎合创始人的想法，或是因意见不合而离开，于是组织中处处可见创始人的个人影响力，他们的整个人格特点也就根植于组织文化之中。

IBM的创始人托马斯·沃森（Thomas Watson）在公司创立之初提出的“卓越的客户服务，追求完美，尊重个人”的口号一直到现在都是IBM组织文化的核心内容。有关创始人对组织文化有着极大影响的例子还有王永庆对台塑集团的影响、亨利·福特对福特公司的影响以及松下幸之助对松下集团的影响等。

（二）制度化

组织文化的制度化（institutionalization），就是将组织先进的价值观和经营理念等转变为具有可操作性的管理制度的过程。也就是组织根据自身的发展需要，以组织文化为指导不断修正和完善管理制度，以不断创新的管理制度来保证组织文化的践行。制度化是组织文化形成的一个不可或缺的步骤，而且是较深层次的步骤。它是组织文化形成的前奏，这是因为组织在进行文化建设的过程中，必然会产生一系列的文化成果，如质量文化、服务文化等，这些成果需要以制度的方式巩固下来，而且组织创始人的价值观和信念需要制度化以便传承得更久远，也更易为组织成员所接受并内化。

当组织文化开始了制度化，组织本身就有了生命力，使它可以独立于组织的创建者和任何组织成员。在经历了持久的制度化后，组织文化就有了恒久性，通用电气、IBM、索尼和柯达等历史悠久的大公司大多如此。

（三）从制度到习惯

组织文化形成的关键在于让文化经历从理念到行动、从抽象到具体、从口头到书面的过程，得到组织成员的理解和认同，转化为组织成员的日常工作行为，形成组织成员的习惯。对于组织高层管理者来说，能否让员工认同组织文化，并转化为自己的工作行为，是组织文化成败的关键。

要使组织文化转化为组织成员的习惯，使之自觉遵守，可从以下几个方面着手：

（1）对组织成员进行培训，让他们认识和接受组织文化。专门的培训可以让员工知道什么是组织文化，组织文化有什么作用，组织为何及如何实施文化塑造与变革，新的组织文化对员工有什么新要求，认识组织现有文化状态与目标文化的差距。

（2）组织高层领导者信守组织的价值信念，并身体力行。组织的领导者是组织文化的塑造者，也可能是破坏者，高层领导者的一言一行都对组织文化的形成与变化起着重要的作用。要使组织成员相信并愿意去实践组织的文化，领导者必须身体力行，从点滴做起。

（3）树立榜样，典型引导。发挥榜样的作用是建设组织文化的一种重要而有效的方法。把组织中那些最能体现组织文化中核心价值观念的个人和集体树为典型，进行宣传并采取适当的激励方法，有利于优秀组织文化的形成和发展。

（4）让员工参与组织文化建设。一方面，要广泛征求员工的意见，让员工认同组织文化，这样才能让他们参与进来，共同探讨组织文化；另一方面，要把理念转化为行动，与员工的日常工作结合起来，进而内化为日常的工作行为习惯。

二、组织文化的维系与传承

组织文化不是在某一时刻产生的，而是组织在长期的经营和管理中连续维系和传承的产物。在维系和传承的过程中，组织文化的精髓沉淀下来，形成组织所独有的鲜明的文化传统；同时，原有文化中不合时宜的成分被抛弃以及新的适应环境的文化成分增加也使组织文化更加丰满。

（一）组织文化的维系

组织文化建立之后，组织内部就可以通过一些管理措施，如向员工提供一系列相似的经历来维系文化。组织也可以采取一些策略使聘用的员工与组织文化相适应，对那些支持和拥护组织文化的员工给予奖励，而对于反对组织文化的员工进行惩罚，从而强化组织文化。在组织文化的维系过程中，以下三个方面起到了重要作用。

1. 甄选

甄选是指选拔适合组织工作的人并加以聘用。在甄选的过程中，组织决策者会努力使所聘用的成员与组织的需要相匹配，其中包括所聘用成员的价值观与组织价值观基本一致，或至少是与组织价值观的大部分相一致。那些可能对组织的核心价值观构成威胁的候选人员很难被组织录用。另外，甄选的过程也为应聘者提供了一些组织的信息，当应聘者发现自己的价值观与招聘方的组织价值观存在冲突时，他们也会自动退出候选人之列。可见甄选是一种双向选择的过程，它可以筛选掉那些可能对组织的价值观构成攻击和威胁的人，从而起到维系组织文化的作用。

2. 最高管理层的活动

组织高层管理人员的言行举止对组织文化的维系也会产生重要的影响。他们模范的行为是一种无声的号召，对员工起着重要的示范作用。因此，要维护组织的共同价值观，高层管理人员应该率先垂范，首先使自己成为这种价值观的化身，在平时的具体工作中体现出组织的价值观及所倡导的精神风貌。

3. 社会化

就组织录用的新成员而言，为了防止他们干扰组织已有的观念和习惯，组织要帮助新成员适应组织文化，这种适应过程称为成员的社会化（socialization）。在这个过程中，最关键的阶段是新成员刚刚进入组织的时期，组织会努力把外来者塑造成符合组织要求的合格的成员。那些不服从者或反叛者往往很难在组织里生存或发展。通过社会化，新成员能够适应组织文化的要求，也会达到维系组织文化的目的。新成员的社会化过程包括三个阶段，即原有状态阶段、碰撞阶段和调整阶段。为了使新成员能够通过社会化过程更好地学习和认同组织的文化，并获得在组织中活动所必需的行为、态度、知识和技能，组织会主动设计、建立和实施特定的社会化新成员的策略。如在迪士尼公司，一旦被聘用，新员工就要经历正规化程度较高、集体性、连续性的入门社会化过程。新来者的身份并不因为他们被分配到新职位中而很快消除。他们要先接受8小时的岗前定向培训，然后是在迪士尼公园中接受大约40小时的学徒培训。

（二）组织文化的传承

组织可以通过下面几种途径来对文化进行传承：

1. 组织对文化的灌输和强化

（1）树立模范或英雄人物，进行典型引导。这种方法可以使组织成员准确把握和了解组织文化高度抽象概括的结果，实现组织文化的人格化、直观化。迪尔和肯尼迪在《企业文化》一书中将英雄楷模作为组织文化的构成要素之一，他们认为没有英雄的文化是难以维系和传承的。把组织中最能体现组织所尊崇的核心价值观的个人和集体树为典型，进行宣传、表彰，并加以适当的激励，有利于组织文化的传承。如大庆油田对王进喜的宣传，使得“铁人精神”在大庆一直传承至今。

（2）对组织文化进行反复宣传和强化。组织文化是坚持宣传、不断实践和强化的结果。组织文化实质上是一个以新的思想观念及行为战胜旧的思想观念及行为的过程，因此，新的思想观念必须经过广泛宣传、反复灌输才能逐步被员工接受。例如，日本经过几十年的宣传灌输，形成了企业员工乃至全民族的危机意识和拼命竞争的精神。

(3) 通过组织领导者的示范进行强化。组织领导者的意识、行为、工作作风以及要求本身就代表着他们对组织文化的领悟，组织领导者的言传身教是一种很好的组织文化传承方式。

(4) 健全规章制度，规范组织行为。组织应制定相应的行为规范和管理制度，在实践中不断强化，努力转变员工的思想观念及行为模式，建立起新的组织文化。

(5) 对组织成员进行教育和培训。加强培训，不断提高企业员工基本素质，是传承组织文化的基本保证。例如，要求每一个从事新职位工作的年轻人，都必须首先接受职业道德、经营思想、集体意识、自我修养的集训，进行语言、待人接物的礼节教育，考试合格后才能上岗。

(6) 设计仪式，组织群体活动。优秀的组织文化中必有一些特殊的仪式，这些仪式表达和强化了组织文化中的核心价值观。组织可以通过一些恰当的仪式或群体活动，加深组织成员对组织核心价值观的理解和认同，从而实现组织文化的传承。

2. 成员对组织文化的学习

组织文化需要组织的成员进行传承，组织成员可以通过以下途径来学习和领悟组织文化：

(1) 故事（stories）。故事大多是与组织的创业者、重大经营事件联系在一起的。适当的故事表达可以起到一般空洞的思想工作无法替代的作用，同时也可以为组织的有关措施贯彻提供一定的解释和支持。而且，故事使公司的基本价值保持长久活力，为全体员工提供了一种共享的理念。例如，沃尔玛的创始人山姆·沃尔顿（Sam Walton）平时开的是一辆保养得不错的用了多年的小货车，穿法兰绒衬衫和卡其裤，住小木屋，出差住便宜的小旅馆。虽然他当时富甲美国，可是生活依旧一如往昔。这是勤俭创始人的典型故事。

(2) 仪式（rituals）。仪式是一系列活动的重复，能够表达并强化组织的核心价值观。仪式的作用是告诉每一个人，什么目标最重要，哪些人最重要，哪些人无足轻重。许多公司都有自己的仪式，并以此强化组织成员对组织文化的理解。例如，台塑企业董事长王永庆在集团企业员工运动大会上，带领主管们长跑，有时候则表演挑米竞走。他所示范的是一种平民化的、刻苦的运动，强烈地表达了作为工业人的心态和行事风格。

(3) 物质象征（symbol）。物质象征如公司的布局、高级管理者的额外津贴、员工的衣着以及办公室的大小等，向组织的成员传递这样的信息：谁是组织的重要人物，高级管理者期望得到什么程度的公平以及哪些行为（如保守、参与、冒险、独裁等）是适当的。在某种意义上，仪式、典礼和故事也是一种象征——象征着组织更深刻的价值观。物质象征很有力量，它使组织成员注意某些具体的事物、行为及其意义。例如，加州大学伯克利分校给获得诺贝尔奖的教授颁发特别的停车证，拥有此停车证，就有了在校园内随意停车的特权。

(4) 语言。随着时间的推移，很多组织和组织内部的工作部门往往创造了自己所特有的名词，用来描绘与工作有关的设备、办公用品、关键人物和产品等。新成员在经过组织的社会化之后，开始把那些起初令他们困惑的缩略语、行话变成他们工作语言的一部分。一旦这些术语为组织成员所掌握，它们就成了组织成员所共有的特征，把特定文化或亚文化中的成员联系在一起。许多组织及其内部的工作部门把这些语言当作识别该组织文化或组织亚文化的手段。通过学习这些语言，组织成员表达了自己对该文化的认可和接纳，同时，这样做也有利于文化的维系和传承。

当郭士纳（Louis Gerstner）离开雷诺烟草公司（RJR）到IBM就职时，不得不先学会许多新词，如“果园”（IBM在纽约的总部以前曾是一个苹果园）、“大烙铁”（计算机主机）、“高能人”（潜力较大、有才能的人）、“表演者”（公司绩效评价最高的员工）、PROFS（专业办公系统，IBM的内部电子邮件系统）等。除了口头语言，还可以通过一些书面语言，如组织的公开宣言、宗旨等表达组织的核心价值观的文字，来表达、强化和传承组织文化。

组织文化从创建到形成是一个长期的过程，需要组织不断维系和传承。随着环境的改变，组织要实现可持续发展，必须适时对自己的文化进行调整，甚至变革。

三、组织文化的变革

组织文化变革是指由组织文化特质的改变所引起的组织文化整体结构的变化。组织文化变革是组织生存发展的必然要求。但是组织文化具有相对稳定和持久性，一种文化需要相当长的时间才能形成，一旦形成，它又常常成为牢固的和难以变革的，尤其是在强文化的组织里，成员已经融入这种组织。这一特性往往导致组织文化的变革遭遇相当大的阻力。

（一）组织文化变革的条件

什么样的有利条件可能促进组织文化变革？经验表明，文化变革最可能在具备如下全部或绝大部分条件的情境下发生：

（1）大规模危机出现。这可以成为动摇现状的一个“震源”，促使人们对现有文化的适应性产生怀疑。例如，发生令人震惊的财务亏损，失去一个重要的顾客，或者竞争对手的一次重大的技术突破，等等。

（2）领导职位易人。新的高层领导可能被认为对危机具有更强的反应能力，而新领导往往会给组织带来一种不同的价值观。这里，高层领导除了首席执行官，也可能包括所有的资深经理。

（3）组织新而小。新建立的组织，其文化的渗透力较弱，管理当局也更容易传播新价值观。

（4）组织文化弱。一种组织文化愈是广泛渗透并在成员中形成对总价值观的高度认同，就愈难得到改变。相反，较弱的文化比较强的文化具有更大的可变性。

（二）组织文化变革策略

如果条件适宜，管理者应当推行组织文化变革，以解冻根深蒂固的现有文化。为了使变革获得成功，组织文化变革需要有一个全面、协调的策略。

（1）重视组织文化分析与诊断。这包括进行文化审核以评估现有的文化，将现有文化与预期文化作比较，评价差距，以确定哪些文化要素特别需要变革。

（2）识别危机，因势利导。危机并不是组织的所有成员都能注意到的，因此，管理者有必要使员工更清楚地认识到组织的危机及生存威胁，并在此基础上引导所有相关员工从思想观念及行为方式等方面共同努力，适时推进组织文化变革。

（3）任命新的高层管理人员。这可能预示着一场重大的变革正在发生，新的领导人可能展现一种新的角色模式，并产生一套新的行为标准。不过，新任领导人需要尽快将新观念注入组织中，并将关键管理职位的人员调换成忠于新观念的人。例如，李·艾柯卡（Lee Iacocca）接手濒临倒闭的克莱斯勒汽车公司后进行了大刀阔斧的改革，终于获得成功，这在很大程度上归功于他能够对原公司的大批高层经理人员进行迅速调整。

（4）实施组织重组或重新设计。伴随人事调整，组织还需设立一些新部门，并将原有的某些部门合并或取消，以显示领导者将组织文化变革坚持到底、将组织引入新方向的决心。

（5）创造出新的故事和仪式。新任领导人应该尽快创造出新的故事和仪式取代原有的故事和仪式，以便更好地向员工传播组织的主体价值观。否则，新任领导者只能与原有的组织文化“为伍”，一旦两者不匹配，就会导致组织文化变革的“大门”关闭。

（6）改革绩效评价与奖励制度。这样可以对采纳组织所期望的新价值观的员工形成有力的支持。例如，奖励那些认同并遵守新价值体系与行为规范的员工，惩罚那些不认同新价值体系与行为规范的员工，有利于快速有效地确立起新的组织文化与消除旧的不利于组织发展的组织文化。

值得注意的是，组织成员并不会轻易地放弃他们已经深刻理解，并在过去使他们做出良好业绩的原有的价值观与行为习惯。因此，变革在一开始可能会很缓慢，管理者要有足够的耐心。在变革过程中，管理者必须始终如一保持警惕性，以防止组织及员工回到旧的、熟悉的实践和习惯。

组织文化变革成功的例子越来越多，像英国航空公司和通用电气公司等都获得了成功。这些成功故事中至少包含三点共同的经验：第一，组织文化变革的过程是漫长的，这些公司通常经历了7～10年的时间；第二，在每一例成功的文化变革中，其变革推动者（公司的首席执行官）基本上是外来者，他们有的从组织外部聘入，有的来自公司的非主业部门；第三，所有的首席执行官都以营造一种重大危机即将来临的氛围作为变革工作的切入点。

第3节 组织文化与人力资源管理

组织文化在很大程度上要与人力资源管理相结合，因为只有这样，才能将抽象的组织文化的核心价值观与具体的管理行为相结合，使之真正得到员工的认同，并由员工的行为传达到外界，形成在企业内外部获得广泛认同的组织文化，成功树立起组织外部形象。

一、组织文化与人力资源管理的相互作用

组织文化与人力资源管理二者相互影响，相互促进。组织文化规范和引导着人力资源管理，人力资源管理又反作用于组织文化的维系。

（一）组织文化对人力资源管理的作用

一般而言，组织文化能够围绕组织目标，对组织成员的行为动机起到明确的导向作用；对组织成员的行为方式形成内在的规范作用，对组织成员的群体发生强烈的凝聚作用，对组织成员的心理产生持久而深刻的激励作用，对组织成员的形象塑造具有良好的辐射作用。通过这些作用，能够培养组织成员对组织基本价值追求的高度忠诚，从而解决组织生存与发展中至关重要的内在精神动力问题，并且可以使人力资源管理自动化、人力资源开发深刻化，并最终由组织文化这只“无形之手”，引导和激励人力资源发挥和释放出巨大的能量，满足组织的要求。

纵观世界成功的企业，其长盛不衰的原因大致有三个：优质的产品、精明的销售和深厚的文化底蕴。而优质的产品、周到的服务往往产生于深厚的文化底蕴。如IBM始终不渝地致力于核心价值观的传播：尊重个人，重视企业内每一个成员的尊严和权利，充分调动员工的工作积极性；注重客户服务，力争百分之百的用户满意；精益求精，无论做哪一项业务都追求尽善尽美。这一切形成了IBM的企业精神，同时也使IBM与世界融为一体。正如其开拓者托马斯·沃森所说：“IBM的成功归于IBM整套信念的力量。”

此外，国内外学者从20世纪80年代开始就对组织文化与人力资源管理之间的关系进行研究，多数研究结果表明，组织文化对人力资源管理具有直接影响与促进作用。其中有代表性的研究成果包括：(1) 组织文化直接影响人力资源战略。例如，奎因、蒂奇、迪瓦纳等管理学家研究了企业文化与企业人力资源战略之间的关系，他们在划分企业文化类型的基础上，提出不同类型的企业文化应该有相应的人力资源战略与之相匹配。(2) 组织文化直接影响企业绩效。良好的组织文化有利于提高组织绩效。例如，大内、迪尔、肯尼迪、帕斯卡尔、阿索斯、彼得斯和沃特曼等管理学家研究了企业文化和企业绩效之间的关系，提出企业文化对企业绩效具有明显的正向效果。(3) 组织文化直接影响薪酬系统，即不同类型的组织文化应该具有不同的薪酬系统设计。

（二）人力资源管理活动对组织文化维系的影响

组织文化一旦形成，管理者就会采取一些措施来维系文化，其中人力资源管理是强化组织

文化的关键因素。主要表现为：第一，员工甄选维系着组织文化。组织通过选拔那些符合核心价值观要求的员工，确保新员工的价值观与组织的价值观相互融合，不会对组织文化产生冲突或抵触，以保持组织文化的稳定性。第二，员工培训维系着组织文化。组织通过培训让员工了解组织文化，促使他们在学习组织文化的基础上，将之内化于自己的日常行为中，进而维系组织文化。第三，绩效评价和薪酬管理维系着组织文化。组织通过制定相应的绩效评价和奖励标准，并在其中融入组织文化因素，以形成组织要求成员遵守的一套行为规范，从而维系组织文化。

二、基于组织文化的人力资源管理的主要职能

组织文化与人力资源管理之间存在密切的互动关系，两者无法割裂，因此，将组织文化融入人力资源管理过程是现代人力资源管理的必然要求，脱离了组织文化的人力资源管理必将失败。下面重点从人力资源管理的四大主要职能出发，分析应如何基于组织文化来开展人力资源管理活动。

（一）员工招聘

文化与价值观的认同是员工招聘的首要条件。组织在对候选人进行面试时，应有目的地考察候选人是否符合核心价值观的要求，比如通过提出有关诚信与团队精神等问题可以了解候选人的价值观取向，最终确定录用那些与组织价值观相近的候选人，淘汰那些与组织价值观不一致的候选人。招聘方也应该向应聘者简要介绍组织的基本价值观、行为规范，使应聘者能够基本了解应聘部门的目标、任务与宗旨，应聘者一旦发现自己的价值观与组织的价值观相冲突，就可以自动退出。

国外成功组织的经验表明，组织在招聘人才时应对应聘者进行三方面的测试：(1) 知识和技能（考察有无能力）；(2) 动机和态度（考察有无意愿）；(3) 工作偏好（考察价值观是否契合）。凡是通过了这几方面测试的应聘者在录用后都会有较高的业绩水平。其中第 (3) 项就是从组织文化的角度出发，选择与组织现有价值观相适应的人员。此外，一些成功组织甚至并不看重应聘者目前可以为组织做些什么，而是关注其可塑性大小，只要应聘者与组织有相同的价值观，管理者便相信其能尽快适应组织的规范，出色地完成工作任务。实践证明，这种选用标准也是成功招聘的原因之一。

（二）员工培训

员工进入一个新的组织后，只有迅速掌握该组织文化中的核心思想和价值观念，并喜欢多数人赞同的信条，才能在组织中发挥作用。因此，组织在对新进人员进行培训时，一般要进行核心价值观和组织原则等内容的灌输，帮助他们理解和掌握组织文化，增强对核心价值观的认同。除了重视新员工培训，组织还应定期开展组织文化方面的培训或研讨，让现有在职员工深化对核心价值观的认识，激发他们参与组织文化建设的积极性；对于中高层管理者，则应定期开展组织文化创新和变革方面的培训，为其主持文化变革与创新提供理论框架和技术支持。

培训实施者应该将组织文化的要求贯穿整个培训开发工作的始终，改变刻板生硬的灌输模式，采取一些灵活生动的方式，如利用非正式活动、非正式群体、管理游戏、管理竞赛等方式，将组织价值观传达给员工，潜移默化地影响员工的行为。总之，要让组织的使命、核心价值观与各种文化要素深深渗透进员工的内心，以起到统一目标、凝聚力量、规范管理的作用，进而提高人力资源培训的效率和效果。

（三）绩效管理

组织必须将绩效管理各项举措与组织文化相比较，审视二者是否协调。如果二者难以相互

匹配，就需要对绩效管理进行适当的调整和完善。因为绩效管理只有与组织文化相协调，才能得到组织成员的真正认可和有效执行。强制推行与组织文化不相协调的管理举措，不仅难以取得令人满意的管理效果，而且有可能使沉淀多年的组织文化受到严重的损害。

要与组织文化相匹配，绩效管理至少应该注意以下要点：(1) 依照组织文化开展绩效评价。例如，拥有较强合作文化的组织，绩效评价的内容也应该强调团队绩效，而非个人绩效；拥有冒险及创新文化的组织，绩效评价的重点则应放在评价创新的努力上，而不是以成败论英雄，这样才不至于降低员工创新的热情和积极性。(2) 将员工是否遵守组织核心价值观和组织原则等作为考核的要点之一。例如，如果组织文化强调诚信的重要性，就应该考核员工在取得绩效的过程中是否遵循了诚信原则。即便有些员工的“绩效”是高的，但如果是通过欺骗的手段获得的，即违背了诚信原则，也应该制止或给予惩罚。通过对员工是否遵守核心价值观与组织原则的考核，可以督促员工用正确的方式去获得业绩，从而实现组织的长期利益最大化。(3) 塑造高绩效文化。其措施具体包括：创造公平考核的环境，营造主动沟通的氛围；强调责任感与团队合作精神；重视考核结果的应用，而且做到奖惩分明；重视发展性考核，为员工提供必要的学习培训机会，使员工不断提高素质。(4) 审查绩效管理制度是否与组织文化相协调，如果两者不相容，则应重新从本组织的实际出发制定相应的制度。

(四) 薪酬管理

薪酬系统要与组织文化相匹配，具体的组织文化具有相应的薪酬系统设计及策略。美国著名咨询公司合益集团（Hay Group）将组织文化划分为四种，即职能型文化、流程型文化、时间型文化和网络型文化。每种文化要求具有相应的薪酬管理体系，由内部公平性、外部竞争性、薪酬等级、可变薪酬以及福利等加以支持。这主要体现为：(1) 在职能型文化中，职位及其内容往往是依据职能、等级性线条组织起来的，组织的管理层级分明，权力和责任的链条清晰，决策职能和执行职能被严格区分开来。这种组织非常强调个人的专业化，这种组织中的成功人士是那些专业技术人员，他们能够很好地自我约束，注重纪律和命令，对专业、保障性以及秩序看得比较重。由于职能型组织强调的是稳定性、常规性、可靠性、资源以及专业化，所以它所需要的薪酬体系必须能够达到以下几个方面的要求：能够吸引和保留员工；长期提供薪酬保障；认可在不同工作和责任之间存在的价值差距。(2) 在流程型文化中，工作是围绕履行对客户的责任以及持续不断地改进质量所需要的流程来设计的，其目的是满足客户的需要，并实现对质量的持续改进。组织战略的重点首先是客户满意度，其次是对客户承诺履行的可靠性、运作和操作水平以及灵活性。流程型文化注重客户，因此要求强调内部公平性，只有在需要吸引新人加盟时，薪酬在外部市场上的竞争性才会受到重视；而且，应该大面积地实施奖金制度来对绩效进行奖励。(3) 在时间型文化中，组织的战略重点首先是灵活性、活跃性，其次是技术和客户的需要，最后才是可靠性和质量。因为强调灵活性和速度而不是长期的关系，所以时间型文化对于内部公平性强调很少。但是它们需要在正确的时候让正确的人承担正确的角色，因此对于与外部市场的比较更敏感。此外，与流程型文化相近，时间型文化下的企业一样强调采用奖金制度，不过它所需要的奖金制度通常是短期的（一年或者更短），却是稳定存在的。而且，要求实施宽带薪酬与之相适应。(4) 在网络型文化中，组织往往是围绕新的产品、市场或者经营领域的开发设计出来的，其重点并不在于具体的工作设计或者与组织结构相适应的问题，而是人们能否有效地共同完成工作，强调联盟和冒险，因此很少关注薪酬的内部公平性，要求每一个人的报酬都取决于各自对于某一特定项目的贡献，进而将更多的注意力放在竞争性的市场工资率上，或者根据个人情况实施高浮动性的基本薪酬。此外，组织和员工之间的关系可能只维持几个星期或者几个月，因此福利无论在存在的时间还是范围上都是非常有限的。

本章小结

本章介绍了组织文化的含义、类型、结构与功能等，阐述了组织文化的形成、维系、传承与变革，进而分析了组织文化与人力资源管理的相互作用以及基于组织文化的人力资源管理的主要职能。

组织文化是战略性人力资源管理系统中最高层次的管理措施之一，是企业基业长青的关键因素之一。组织文化是一个组织在长期的生产经营中形成的独特的价值观念、道德规范、风俗、传统、习俗及与此相联系的生产观念的总和及其在组织活动中的外在表现。组织文化可划分为主文化和亚文化或强文化和弱文化。经典的组织文化结构包括二层次论——冰山模型，沙因的三层次论——睡莲模型，以及在此基础上形成的国内公认度较高的组织文化的四层次结构。组织文化的功能可以分为正功能和负功能。正功能包括导向功能、凝聚功能、约束功能、激励功能与辐射功能。负功能主要体现为变革的障碍、多样化的障碍以及兼并和收购的障碍。

组织文化通常在一定的生产经营环境中，为适应和促进组织的生存和发展，由少数人倡导和实践，经过较长时间的传播和规范整合而形成。组织文化形成之后，组织内部就可以通过一些管理措施来强化组织文化。在组织文化的维系过程中，甄选、最高管理层的活动和社会化三个因素起到了重要作用。而且，组织成员可以通过故事、仪式、物质象征、语言等途径来学习和领悟组织文化。组织文化变革是指由组织文化特质的改变所引起的组织文化整体结构的变化。它是组织生存发展的必然要求，但是组织文化具有相对稳定和持久性，这一特性往往导致组织文化的变革遭遇相当大的阻力。

组织文化与人力资源管理二者相互作用，相互影响，相互促进。组织文化规范和引导着人力资源管理，人力资源管理又反作用于组织文化的维系。

关键词

组织文化（organizational culture）
主文化（dominant culture）
亚文化（subculture）
强文化（strong culture ）
弱文化（weak culture ）
冰山模型（iceberg model）
睡莲模型（water lily model）
社会化（socialization）

思考题

1. 什么是组织文化？组织文化分为哪几种类型？
2. 描述组织文化的冰山模型、睡莲模型和四层次结构。
3. 组织文化的功能有哪些？
4. 组织文化是怎样形成、维系和传承的？
5. 在什么情况下需要对组织文化进行变革？组织文化的变革是怎样实施的？
6. 简述组织文化与人力资源管理的相互作用。

第5章

工作设计与工作分析

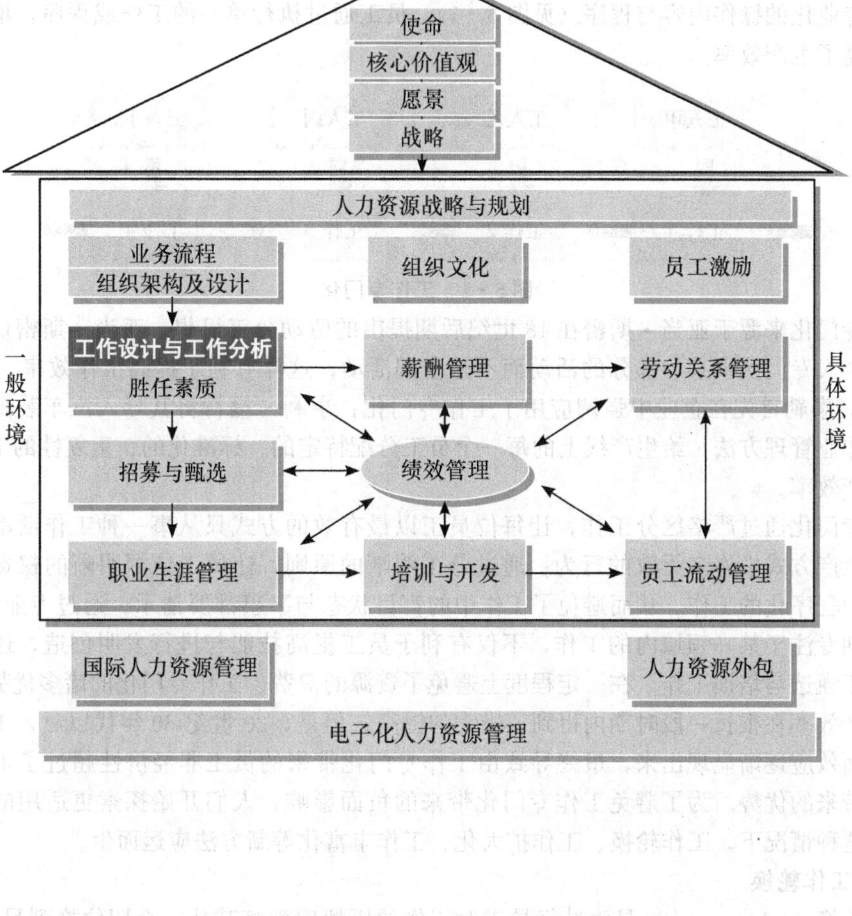

第1节 工作设计

一、工作设计的含义

工作设计（job design）是指为了达到组织目标，合理有效地处理人与工作的关系而采取的，对与满足工作者个人需要有关的工作内容、工作职能和工作关系的特别处理。它是对工作进行周密的、有目的的计划安排，既要考虑员工具体的素质、能力等方面的因素，也要考虑企业的管理方式、劳动条件、工作环境、政策机制等因素。

工作设计与工作分析不同。工作分析主要对员工当前所从事的工作进行研究，并界定成功完成工作所必须履行的职责和达到的要求，而工作设计关注对工作的精心安排，以提高组织绩效和员工满意度。20世纪初，泰勒非常重视对工作进行重新设计，从而极大地提高了工人的工作效率，可以说，工作设计是泰勒科学管理理论的核心问题之一。

二、工作设计的方法

从20世纪初至今，工作设计发展形成了一些典型的方法，包括工作专门化、工作轮换、工作扩大化和工作丰富化等。

（一）工作专门化

工作专门化（job specialization）是通过动作和时间研究，将工作分解为若干很小的单一化、标准化及专业化的操作内容与程序（见图5-1）。员工通过执行单一的工作或程序，增加了熟练程度，提高了生产效率。

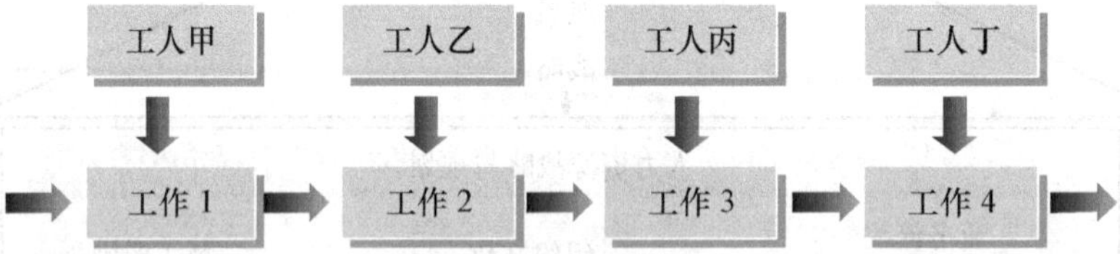

图5-1 工作专门化

工作专门化来源于亚当·斯密在18世纪后期提出的劳动分工思想。亚当·斯密认为，劳动分工是指个人专门从事某一部分的活动而不是全部活动，这样有利于提高工作效率。19世纪末20世纪初，泰勒首先在企业中强调应用了工作专门化；亨利·福特将其导入汽车装配工厂，利用生产线作业管理方法，给生产线上的每一个员工分配特定的、标准化的、重复性的工作，从而提高了生产效率。

工作专门化通过严格区分工作，让每位员工以最有效的方式只从事一种工作活动，从而避免了传统生产方式中许多无效的行为；通过分工明晰的原则，让员工依据明晰的权责利关系来从事企业中程序化的工作，从而避免了工作中的盲目状态与事事都要请示；通过专业化的分工，让员工长期专注于某一领域内的工作，不仅有利于员工提高技能与进行发明创造，还有利于组织开展员工甄选与培训工作，在一定程度上避免了资源的浪费。工作专门化的诸多优势，确实使企业的生产效率在很长一段时期内得到了极大的提高。但是，20世纪60年代以后，工作专门化带来的负面效应逐渐显现出来，最终导致由工作专门化带来的员工非经济性超过了工作专门化的经济性带来的优势。为了避免工作专门化带来的负面影响，人们开始探索更适用的工作设计方法。在这种情况下，工作轮换、工作扩大化、工作丰富化等新方法应运而生。

（二）工作轮换

工作轮换（job rotation）是为减轻员工对工作的厌烦感而将其从一个职位换到另一个职位。

工作轮换通常是指横向的轮换，即在同一水平上工作的变化（见图5-2）。轮换可依据具体情况和要求进行。比如当前的工作不再具有挑战性时，可以让员工转向另一项工作，也可以使员工一直处于轮换的状态中。许多大型组织在实施开发管理才能的规划中也使用了工作轮换的方法，这可能包括直线职位和参谋职位人员之间的轮换，通常也允许没有充分发挥潜力的员工向经验丰富的员工学习。

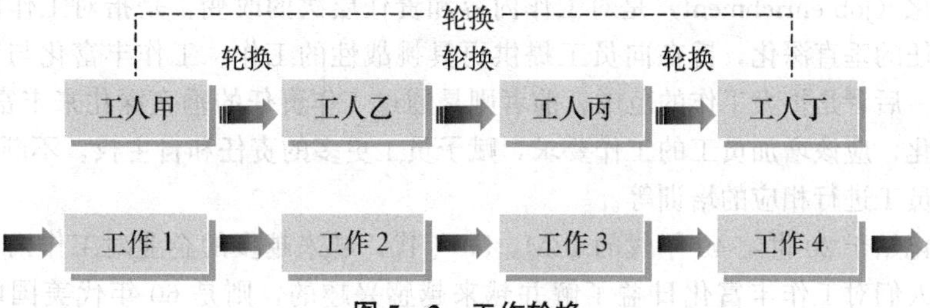

图5-2　工作轮换

工作轮换并不改变工作设计本身，只是员工定期从一个工作转到另一个工作，因此是一项成本较低的组织内部调整和变动。对员工而言，工作轮换可以使员工比日复一日地重复同样的工作更能对工作保持兴趣和新鲜感，可以使员工从原先只能做一项工作的专业人员转变为能做许多工作的多面手，增强员工的工作适应能力，进而满足他们职业选择与成长的需要，激励他们做出更大的努力。对组织而言，工作轮换可以激发组织活力，储备多样化的人才，增强部门间协作，进而促进组织发展。日本企业广泛地实行工作轮换，对于管理人员的培养发挥了很大的作用。但是，工作轮换也存在一些问题：首先，它会增加培训成本，导致生产率的临时下降；其次，轮换次数过于频繁，会导致员工工作稳定性差，不利于提高忠诚度；最后，它有赖于完善的工作轮换流程设计、绩效评价体系等，否则将难以发挥正常的效用。因此，企业在实施工作轮换时应着眼于企业的战略需要，根据实际情况灵活应用。

（三）工作扩大化

工作扩大化（job enlargement）是增加员工工作任务的数量或变化性，是工作任务的水平扩展（见图5-3）。工作扩大化扩大了工作范围，让员工有更多的工作可做，如果说过去做一道工序，现在就扩大为做多道工序。例如，一个原来只装尾灯的汽车装配线工人，后来既装尾灯，又装车尾的行李箱，工作范围就比原来扩大了。又如，原来只更换机油的一个汽车机械工现在既要更换机油，又要添加润滑油，还要更换传动液，他的工作范围也扩大了。

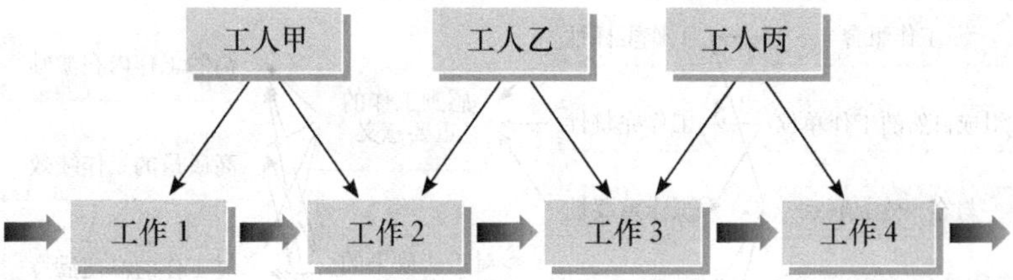

图5-3　工作扩大化

这种工作设计由于不必把产品从一个人传给另一个人而节约时间，并且通过增加某一工作内容，使员工减少从事单一工作而产生的厌倦感。员工通过学习和培训掌握更多的知识和技能，提高了工作兴趣。有研究表明，工作扩大化增加了员工的工作满意度，提高了工作质量。IBM的报告称，工作扩大化导致工资支出和设备检查的增加，但这些费用因产品质量有所改进、员工满意度提高而抵消；美国美泰克公司（Maytag）声称通过实行工作扩大化提高了产品质量，降低了劳动成本，提高了工人满意度，使生产管理变得更有灵活性。

20世纪60年代，工作扩大化盛行一时，但此后员工对只增加一些简单的工作内容仍不满足，原因在于工作内容虽然增加了，但是在“参与、控制与自主权”方面没有增加任何新东西，而且更多的工作意味着更重的工作负担，在激发员工的积极性和培养挑战意识方面没有太大意义。因此，许多企业开始积极寻求新的工作设计方法。

（四）工作丰富化

工作丰富化（job enrichment）是对工作内容和责任层次的改变，是指对工作内容的纵向扩展和对工作责任的垂直深化，旨在向员工提供更具挑战性的工作。工作丰富化与工作扩大化的根本区别在于，后者是扩大工作的范围，前者则是通过工作责任的垂直深化来丰富工作的内容。实施工作丰富化，应该增加员工的工作要求，赋予员工更多的责任和自主权，不断与员工进行沟通反馈以及对员工进行相应的培训等。

工作丰富化始于20世纪40年代的IBM。50年代，越来越多的企业对工作内容丰富化感兴趣。然而，使人们对工作丰富化日益了解并越来越感兴趣的，则是60年代美国电话电报公司（AT&T）、得州仪器公司（Texas Instruments）和帝国化学工业公司（Imperial Chemical Industries）进行的经过广泛宣传的成功实验。[①] 工作丰富化使员工在完成工作的过程中获得成就感、认同感、责任感和自身发展，它能够增强员工对工作计划、执行和评估的控制程度。工作丰富化的工作设计方法与常规性、单一性的工作设计方法相比，虽然要增加一定的培训费用、更高的工资以及完善或扩充工作设施的费用，但提高了对员工的激励和员工的工作满意度，进而提高了员工的生产效率与产品质量，并降低了员工的离职率和缺勤率等，给工作带来积极的影响。当然，工作丰富化也存在设计成本高、遭遇阻力多等缺陷，这要求企业审时度势，谨慎推行。

三、工作特征模型

工作特征模型（job characteristics model，JCM），也称五因子工作特征理论，是哈佛大学教授理查德·哈克曼（Richard Hackman）等管理学家提出并加以完善的较为流行的工作设计理论之一。工作特征模型是工作丰富化的核心，它认为，可以把一项工作按照其与核心维度的相似性或者差异性来描述，于是按照模型中的实施方法丰富化了的工作就具有高水平的核心维度，并可由此创造出高水平的心理状态和工作成果。工作特征模型提供了这样一种框架：它确定了五种工作特征，分析了它们之间的关系以及对员工生产率、工作动力和满足感的影响（见图5-4）。

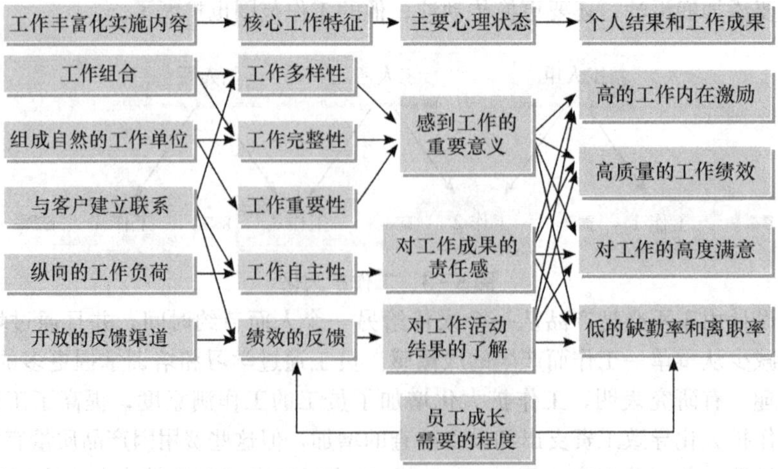

图5-4 工作特征模型

① MBA必修核心课程编译组．人力资源：组织和人事（上册）．北京：中国国际广播出版社，2000：317．

任何工作都可以从几个核心维度进行描述，称为核心工作特征。它们包括：工作多样性，指工作中要求员工使用各种技术和才能从事多种不同活动的程度；工作完整性，指工作中要求完成一项完整的和具有同一性的任务的程度；工作重要性，指工作中要求完成的具有重要意义的任务的程度；工作自主性，指工作给予任职者在安排工作进度和决定从事工作所使用的方法方面，提供实质性自由、独立和自主的程度；绩效的反馈，指个人为从事职务所要求的工作活动需要获得的关于其绩效信息的直接的清晰的程度。

其中，前三个维度（工作多样性、工作完整性和工作重要性）共同创造出有意义的工作。拥有自主性的工作则会给任职者带来一种对工作结果的个人责任感，而如果能提供绩效反馈，员工就会知道他所进行的工作效果如何。核心工作特征可以综合为一项单一的指标——激励潜力得分（MPS），其计算公式为：

$$\text{激励潜力得分(MPS)}=\frac{\text{工作多样性}+\text{工作完整性}+\text{工作重要性}}{3}\times\text{工作自主性}\times\text{绩效的反馈}$$

工作特征模型指出，工作越是具备多样性、完整性和重要性，员工的动机、绩效和满意感就越强，而旷工和辞职的可能性就越小。同时，核心工作特征与结果度量之间的关系，会受到个人成长需要强度（员工对自尊和自我实现的需要强度）的中和与调整。具有高度成长需要的员工，面对核心维度特征高的工作，会比那些低度成长需要的员工做出更为积极的反应。

工作特征模型为管理者从事工作设计提供了具体的指导，可以推导出如下建议，表明工作设计中的一些变化可能导致这五个核心工作特征的改善。

（1）工作组合。管理者应将现有的过细分割的任务组合起来，形成一项新的、内容广泛的工作，这将使技能多样性得到提高。

（2）形成自然的工作单位。管理者应当将任务设计成完整的、具有同一性的、有意义的工作，这可以使员工产生这项工作“归属于我”的感觉，鼓励员工将他们的工作视为意义重大的任务，而不是无关紧要甚至令人生厌的。

（3）建立起客户联系。顾客是员工所提供的业务或服务的使用者，如果有可能，管理者应当建立起员工与他们的客户之间的直接联系，这可增加员工的技能多样性、自主性和绩效反馈。

（4）纵向的工作负荷。纵向扩展工作可使员工产生责任感，并掌握以往保留在管理者手中的控制权，它将使一项工作的“作业”与“控制”两方面的分离得以部分结合，增大员工的自主性。

（5）开放的反馈渠道。通过增进反馈，员工不仅能了解他们所从事的工作做得如何，还能知道他们的绩效是改善了、降低了还是保持在原有水平。

第2节 工作分析概述

一、工作分析的含义

工作分析（job analysis）也叫职位分析，指研究一个组织内每一个职位所包括的具体工作内容和责任，对工作内容及有关因素做全面、系统的描述和记载，并指明承担这一职位工作的人员必须具备的知识和能力。工作分析是人力资源管理的基础，是获得有关工作信息的过程。我们可以通过工作分析界定某一职位与其他职位的差异；通过工作分析得到的信息可以用来制作工作说明书。具体来说，工作分析就是要为管理活动提供与工作有关的各种信息，这些信息可以用6

个W和2个H加以概括：

（1）Who——谁从事此项工作？包括责任人，以及所需人员的学历、知识、技能、经验等资格要求。

（2）What——做什么？包括确定工作内容与工作职责。

（3）Whom——为谁做？即顾客是谁？这里的顾客不仅指外部顾客，也指企业内部顾客，包括与从事该工作的人有直接关系的人——上级、下属、同事、客户等。

（4）Why——为什么做？包括工作对企业战略及从事者的意义。

（5）When——工作的时间安排是什么？

（6）Where——这些工作在哪里进行？

（7）How——如何从事此项工作？包括工作的程序、规范以及为从事该工作所需的权力。

（8）How much——为此项工作所需支付的报酬或费用是多少？

通过工作分析，我们要回答或者解决以下两个主要问题：

第一，“某职位应该做什么”这一问题与职位的工作活动有关，包括职位的名称、工作的职责、工作的要求、工作的场所、工作的时间以及工作的条件等一系列内容。

第二，“什么样的人来做最适合”这一问题则与从事该职位的人的资格有关，包括专业、年龄、必要的知识和能力、必备的证书、工作的经历以及心理要求等内容。

二、有关工作分析的基本术语

为了更清楚地了解工作分析的内涵，有必要解释与之相关的一些概念。

（1）行动（action）。也称工作要素，是指工作活动中不能再继续分解的最小动作单位。例如，打字员打印一份文件就包括接通电源、打开电脑、输入字符、打印、校对、修改、打印修改稿等工作要素。

（2）任务（task）。也称工作任务，是指达到某一工作目的的工作要素集合。例如，包装工人盖上瓶盖是一项任务，打字员打印一封信也是一项任务。

（3）职责（responsibility）。也称工作职责或工作责任，是指某人担负的一项或多项相互联系的任务集合。例如，打字员的职责包括打字、校对、简单维修机器等一系列任务。

（4）职位（job）。职位是指工作职责的集合。职位的种类和数量一般与组织规模成正比。从横向上看，企业中的职位一般分为领导管理类、生产制造类、技术研发类、市场销售类、职能管理类、行政事务类等。

（5）职业（occupation）。职业是指在不同时期、不同组织中，工作要求或职责相近或相当的职位集合。例如，教师、秘书、会计等都是职业。

（6）职业生涯（career）。职业生涯是指一个人在工作生活中所经历的一系列职位、工作或职业。例如，某人刚参加工作时是学校的教师，后来去政府机关担任公务员，最后又到公司担任经理，那么教师、公务员、经理就构成了这个人的职业生涯。

（7）职系（series）。职系是指工作性质大体相似，但工作责任、难易程度不同的一系列职位集合。例如，人事行政、社会管理行政、财税行政、保险行政等均属于不同的职系。职系又称为职种，每个职系都是一个职位升迁的系统。

（8）职组（group）。职组是指工作性质相近的若干职系的集合。例如，人事行政与社会行政可以合并成普通行政职组，财税行政与保险行政可以并入专业行政职组。职组又叫职群，是工作分类中的一个辅助划分，并非工作评价中不可缺少的因素。

（9）职级（class）。职级是指同一职系中职责大小、难易程度和任职资格充分相似的职位的集合。例如，中学一级的数学教师与小学高级的数学教师属于同一职级，中学的一级语文教师与一级英语教师也属同一职级。

(10) 职等（grade）。职等是指不同职系之间，职责大小、难易程度和任职资格充分相似的职位的集合。例如，讲师、工程师、实验师、会计师、经济师分别属于不同的职系，但都是中级职称，属于同一职等。

三、工作分析的作用和意义

工作分析是人力资源管理的基础，任何一项人力资源管理工作都要用到工作分析的结果。

(一) 工作分析为其他人力资源管理活动提供依据

工作分析为人力资源管理提供了一个平台，人力资源管理的其他职能活动应当说都是在此基础上进行的（见图5-5）。

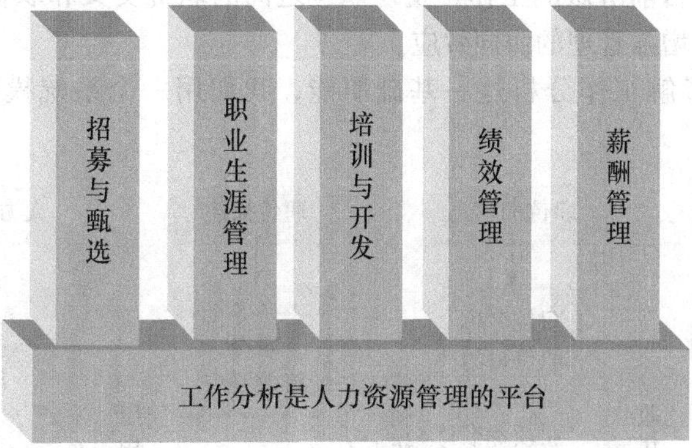

图5-5　工作分析是人力资源管理的平台

(1) 工作分析为员工招聘提供了客观的标准。企业在进行招聘时需要对拟招聘职位的职责和内容进行准确界定，也需要明确任职资格和要求，而这正是工作分析的两个主要结果。换言之，工作说明书中的职位描述与职位规范为员工招聘提供了客观的标准，减少了主观判断的成分，有利于提高招聘的质量。

(2) 工作分析为员工的培训与开发提供了明确的依据。员工培训的内容、方法应该与工作任务的内容、职位所需要的工作能力和操作技能等相关，而工作分析对各个职位的工作内容和任职资格等都进行了明确的规定，因此可以提高员工培训的针对性、员工与职位的匹配程度，进而提高培训与开发的有效性。

(3) 工作分析为制定公平合理的薪酬政策奠定了基础。企业在制定薪酬政策时必须保证公平合理，而工作分析对各个职位承担的责任、从事的活动、资格的要求等做出了具体的描述，这样企业就可以根据各个职位在企业内部相对价值的大小给予相应的报酬，从而确保薪酬的内部公平性。

(4) 工作分析为绩效评价提供了客观的评价标准。绩效评价必须有客观的标准，而工作分析对每一职位从事的工作以及所要达到的标准都有明确的界定，这就为绩效管理提供了员工工作业绩的评定标准，减少了考核的主观因素，提高了考核的科学性。

(5) 工作分析为职业生涯管理提供了基本依据。职业生涯管理必须通过促进员工的职业发展来实现员工与企业的“双赢”，而工作分析正是通过对职位之间的相互联系、每个职位所需的技能等多方面的研究与描述，为员工在组织内的发展指明了合适的职业发展路径。

(6) 工作分析为员工关系管理提供了可靠的信息。员工关系管理的一个关键内容是确保员工的劳动安全，而通过工作分析得到的关于工作的安全标准、程序和物理环境等信息，有利于保证员工的劳动安全，进而为员工关系管理提供可靠的信息。

（二）工作分析对企业的整体管理具有重要作用

工作分析除了对人力资源管理本身具有重要意义之外，还对企业的整体管理具有重要作用。

(1) 工作分析有助于实施战略管理。企业在实施战略管理的过程中，为了适应环境的变化，需要适时变更、减少或合并职位，这需要借助工作分析的信息才能得以实现。

(2) 工作分析有助于员工明确职责。工作分析能够让员工清楚了解职位的职责范围和需要完成的任务，帮助他们自觉主动地寻找工作中存在的问题，并且圆满地实现职位对企业的贡献。

(3) 工作分析有助于增强管理的协同效应。借助工作分析，企业最高经营管理者能够充分了解每一个职位上的员工目前所做的工作，发现职位之间的职责交叉和职责空缺现象，并通过科学、合理地设置职位，增强管理的协同效应。

为了更加直观地了解工作分析这一基础职能，我们用一个系统模型来表示，如图5-6所示。

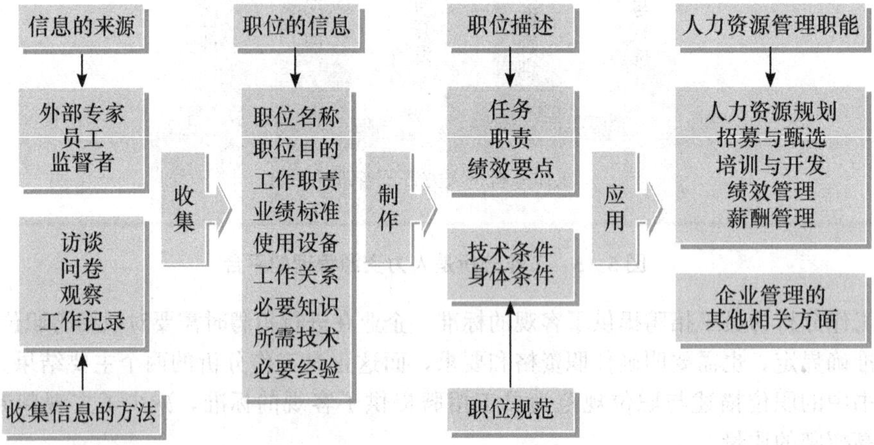

图5-6 工作分析的系统模型

四、工作分析的原则

在工作分析的过程中一般要注意以下原则：

(1) 对工作活动是分析而不是罗列。工作分析过程中需要将获得的原始信息进行加工，要“抓住主干，舍弃细枝末节”。在分析时，应当将工作分解为几个重要的组成部分，审查后将其重新组合，绝不是对任务或活动的简单列举和罗列。例如，对公司前台服务员接转电话这项职责，经过分析后应当描述为“按照公司的要求接听电话，并迅速转接到相应的人员那里”，而不应该将所有活动都罗列上去，描述为“听到电话铃响后，拿起电话，放到耳边，说出公司的名字，然后询问对方的要求，再按下转接键，转接到相应的人员那里”。

(2) 针对的对象是职位而不是人。工作分析并不关心任职者的任何情况，只关心职位的情况。目前的任职者之所以被涉及，仅仅是因为他通常最了解情况。例如，某一职位的工作本来需要本科学历的人来做，由于各种原因，现在是由一名中专生来做，那么在分析这一职位的任职资格时就要将学历要求规定为本科，而不能根据现在的状况规定为中专。

(3) 分析要以当前工作为依据。工作分析的任务是为了获取某一特定时间内的职位的情况，因此应当以工作现状为基础来进行分析，而不能把自己或别人对这一职位的工作设想加到分析中去。只有如实反映职位目前的工作状况，才能够据此进行分析判断，发现职位设置或职责分配上的问题。此外，工作说明书必须反映所分析职位的真实情况，不能掺杂主观因素或含糊不清。

第 3 节 工作分析的程序和工作说明书的编写

一、工作分析的程序

工作分析是一项技术性很强的工作，需要做周密的准备，同时还要有科学、合理的操作程序。一般来说，工作分析的整个过程包括准备、调查、分析和完成四个阶段（见图 5-7）。这几个阶段相互联系、相互衔接并相互影响。

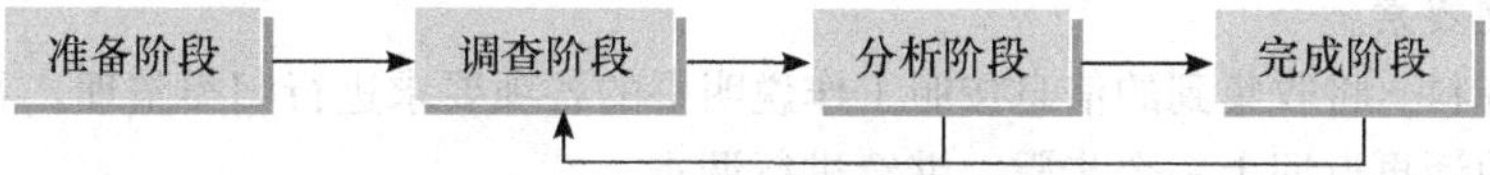

图 5-7 工作分析的程序

（一）准备阶段

这一阶段要完成的主要任务有以下几项：

(1) 确定工作分析的目的。确定工作分析的目的就是明确工作分析要解决的问题是什么，其用途是什么。工作分析的目的直接决定了工作分析的重点、需要收集的信息类别以及采用哪些方法收集信息。

(2) 成立工作分析小组。工作分析是技术性很强的工作，应由专业人士负责操作。工作分析小组一般由以下三类人员组成：一是企业的高层领导；二是工作分析人员，主要是人力资源管理专业人员和熟悉本部门情况的人员；三是外部的专家和顾问，他们具有这方面的丰富经验和专门技术，可以防止工作分析的过程出现偏差，有利于保证结果的客观性和科学性。工作分析小组一旦成立，企业就应赋予小组成员相应的活动权限，以保证分析工作的协调和顺利进行。

(3) 对工作分析人员进行培训。为了保证工作分析的效果，一般还应由外部的专家和顾问对工作分析小组成员进行业务培训。

(4) 做好其他必要的准备。工作分析涉及诸多部门及人员，因此在开展工作分析之前，还需协调好各部门及其管理者之间的关系，做好员工的心理准备工作，建立起友好的合作关系。

（二）调查阶段

这一阶段要完成的主要任务有以下几项：

(1) 设计调查方案。根据工作分析的目的，制定工作分析的时间计划进度表，并选择和确认工作分析的内容与方法等。工作分析的方法很多，我们将在下一节进行介绍。

(2) 收集工作的背景资料。背景资料包括组织架构图、工作流程图、国家的职位分类标准、国家标准职业分类、前人做过的工作分析资料以及工作说明书等。

(3) 收集需要被分析工作的相关信息。工作信息的来源包括工作执行者、管理者、顾客、工作分析专家、职业名称词典等多个渠道。在调查过程中应保持严谨客观的态度，科学地选取有代表性的样本，保证工作信息的准确性。工作分析中需要收集的信息主要包括以下几类：

1) 工作活动。包括承担工作所必须进行的与工作有关的活动与过程、活动的记录、所运用的程序以及个人在工作中的权力和责任等。

2）工作中的人的活动。包括人的行为，如身体行动以及工作中的沟通；作业方法分析中使用的基本动作；工作对人的要求，如精力的耗费、体力的耗费等。

3）在工作中所使用的机器、工具、设备以及工作辅助用品。如电话、电脑、传真机、汽车、对讲机、仪器、车床等。

4）与工作有关的有形和无形因素。包括完成工作所涉及或者需要运用的知识，工作中加工处理的材料，生产的产品或提供的服务等。

5）工作绩效的信息。包括工作标准或衡量要素等，如完成一项工作所花费的时间。

6）工作的背景条件。包括工作时间、工作地点、工作的物理条件等。

7）工作对人的要求。包括个人特征（如个性和兴趣）、所需要的教育与培训水平、工作经验等。

（三）分析阶段

这一阶段的主要任务是深入分析调查阶段所获得的信息，运用科学的方法找出各个职位的主要成分和关键要素。

（1）整理资料。将收集到的信息按照工作说明书的各项要求进行归类整理，看是否有遗漏的项目，如果有的话再返回上一个步骤，继续进行调查。

（2）审查资料。工作分析小组的成员要一起审查、核对和确认经过整理的资料，这样可以修正信息中的不准确之处，使工作信息更为准确和完善。

（3）分析资料。如果收集的资料没有遗漏，也没有错误，接下来就要对这些资料进行深入分析，也就是要归纳和总结出编写工作描述和工作规范所需要的材料和要素，要创造性地揭示出有关工作和任职者的关键信息。

（四）完成阶段

这一阶段的主要任务是根据规范和信息编制工作说明书，并对整个工作分析过程进行总结。

（1）编写工作说明书。根据分析阶段归纳和总结出的相关材料和要素，草拟工作描述和工作规范，并将之与实际工作进行对比，认真检查工作说明书，分析并评估其中所包含信息的完整性及准确性，查遗补漏，经多次讨论、反馈和修订，直至形成最终的工作说明书。

（2）总结整个工作分析过程。找出成功的经验和存在的问题，为以后的工作分析提供参考依据。

（3）将工作分析的结果运用于人力资源管理以及企业管理的相关方面。让工作分析及工作说明书真正发挥作用，而不是在这项工作结束后就将工作说明书束之高阁，不加利用，导致资金的浪费。

需要强调的是，工作分析作为人力资源管理的一项活动，是一个连续不断的动态过程。企业不能有一劳永逸的思想，不能认为做过一次工作分析，以后就可以不用再做了，而应根据企业的发展变化随时开展这项工作，要使工作说明书能够及时反映职位的变化情况。

二、工作说明书的编写

工作说明书是工作分析的最终成果之一，包括工作描述（job description）和工作规范（job specification）两方面的内容。工作描述反映了职位的工作情况，是关于职位所从事或承担的任务（task）、职责（responsibility）以及责任（duty）的目录清单，也可称作 TRD；工作规范反映了职位对承担这些工作活动的人的要求，是人们承担这些工作活动必须具备的知识（knowledge）、技能（skill）、能力（ability）和其他特征（others）的目录清单，也可称作 KSAO。

一般来说，一份内容比较完整的工作说明书包括以下项目：（1）职位标识；（2）职位概要；（3）履行职责；（4）业绩标准；（5）工作关系；（6）使用设备；（7）工作环境和工作条件；（8）任职资格；（9）其他信息。其中，第（1）～（7）项属于工作描述，第（8）项任职资格属于工作规范。下面结合这些项目来具体解释一下如何编写工作说明书。

1. 职位标识

职位标识好比职位的一个标签，让人们对职位有一个直观的印象，一般包括以下几项内容：职位编号、职位名称、所属部门、直接上级和职位薪点。

职位编号主要是为了方便职位的管理，企业可以根据自己的实际情况来决定应包含的信息。例如在某企业中，有一个职位的编号为HR-03-06，其中HR表示人力资源部，03表示主管级，06表示人力资源部全体员工的顺序编号；再比如MS-04-TS-08，其中MS表示市场销售部（market和sales的首字母缩写），04表示普通员工，TS表示职位属于技术支持类，08表示市场销售部全体员工的顺序号。

职位名称应当简洁明确，尽可能地反映职位的主要职责内容，让人一看就能够大概知道这一职位主要是干什么的；职位名称中还要反映出这一职位的职务，如销售部总经理、人力资源经理、招聘主管、培训专员等。在确定职位名称时，最好按照社会上通行的做法，这样既便于理解，也便于在薪酬调查时进行比较。

职位薪点是工作评价得到的结果，反映了这一职位在企业内部的相对重要性，是确定这一职位基本工资标准的基础。关于如何得到薪点，我们将在第11章中进行详细介绍。

2. 职位概要

职位概要就是要用一句或几句比较简练的话来说明这一职位的主要工作职责，要让一个对这一职位毫无了解的人一看职位概要就知道它大概承担了哪些职责。例如，人力资源部经理的职位概要可以这样描述："制定、实施公司的人力资源战略和年度规划，主持制定完善人力资源管理制度以及相关政策，指导解决公司人力资源管理中存在的问题，努力提高员工的绩效水平和工作满意度，塑造一支敬业、团结协作的员工队伍，为实现公司的经营目标和战略意图提供人力资源支持。"公司前台的职位概要则可以这样描述："承担公司前台服务工作，接待安排客户的来电、来访，负责员工午餐餐券以及报纸杂志的发放和管理等行政服务工作，维护公司的良好形象。"

3. 履行职责

履行职责就是职位概要的具体细化，要描述这一职位承担的职责以及每项职责的主要任务和活动。在实践过程中，这一部分是相对较难的，要经过反复实践才能准确把握。首先要将职位所有的工作活动划分为几项职责，然后再将每项职责进一步细分，分解为不同的任务，这一过程可以用图5-8表示。

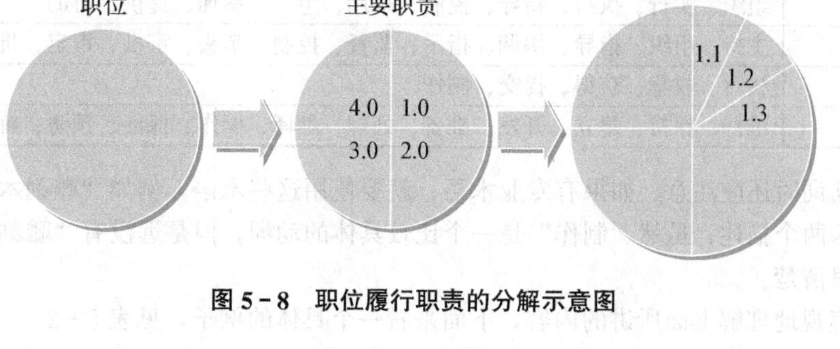

图5-8 职位履行职责的分解示意图

我们将教师看成一个职位，然后来看一下该职位的职责是如何分解的。首先，要将教师从事的活动划分成几项职责，即教学、研究、学生指导和学校服务等。然后，继续对每项职责进行细分，例如教学这项职责可以细分为课前备课、课堂讲授、课后批改作业和期末进行考试这四项任务；研究这项职责可以细分为在刊物上发表论文、编写书籍和参加学术研讨会三项任务。

将职位的活动分解完之后，就要针对每项任务进行描述。描述时一般要注意下面几个问题：

（1）要按照动宾短语的格式来描述，即按照“动词＋宾语＋目的状语”的格式进行描述。动词表明这项任务是怎么进行的；宾语表明了活动的对象，可以是人也可以是事，宾语有时也可以是双宾语；目的状语则表明了这项任务要取得什么样的结果。例如，“监督和控制部门年度预算，以保证开支符合业务计划要求”，其中，“监督和控制”是动词，“部门年度预算”是宾语，“以保证开支符合业务计划要求”是目的状语。再比如，“指导下属制订招聘计划，以保证各部门的人员需求”，其中，“指导”是动词，“下属”和“制订招聘计划”是双宾语，“以保证各部门的人员需求”是目的状语。在美国劳工部门的工作分析手册中，对这种职责描述的格式有详细的说明，在实际描述中可以作为参考。

（2）要准确使用动词。使用动宾短语进行描述时，动词的使用是最关键的部分，一定要能够准确表示出员工如何进行该项任务以及在这项任务上的权限，而不能过于笼统。

先来看几个例子。“负责公司的预算工作”“负责公司的培训工作”“负责公司的保卫工作”，这是国内大多数企业在编写工作说明书时常用的语句，虽然也使用了动宾短语的格式，但是动词的使用不准确，因此并没有清楚地揭示出任务应当如何完成。“负责”这个动词表面上看起来比较清楚，但是深究起来问题很多，拿“负责公司的培训工作”来说，什么是负责？是指导别人来完成培训叫“负责”，还是自己亲自完成培训叫“负责”？根本没有说清楚，因此要尽量避免使用“负责”这类模糊不清的动词，应根据实际情况准确地选择和使用动词。还用这个例子，如果是人力资源经理，可以描述成“制订公司的培训计划”；如果是培训的主管，则可以描述成“具体实施培训计划”。通过使用“制订”“实施”这样的动词，就清楚地表明经理和主管是如何分别完成培训这项任务的。

在工作分析中，针对不同的任务和主体，应当使用不同的动词，下面举一些例子供大家参考，见表5-1。

表5-1　工作分析中常用的动词举例

对象或主题	动词
针对计划、制度	编制、制定、拟定、起草、审定、审查、转呈、转交、提交、呈报、存档、提出意见
针对信息、资料	调查、收集、整理、分析、归纳、总结、提供、汇报、通知、发布、维护管理
思考行动	研究、分析、评估、发展、建议、参与、推荐、计划
直接行动	组织、实行、执行、指导、控制、采用、生产、参加、提供、协助
上级行为	主持、组织、指导、协调、指示、监督、控制、牵头、审批、审定、批准
下级行为	核对、收集、获得、提交、制作
其他	维持、保持、建立、开发、准备、处理、翻译、操作、保证、预防、解决

在选择动词时还应注意，如果有专业术语，就要使用这些术语，例如“雕刻木制品”和“制作木制品”这两个描述，虽然“制作”是一个比较具体的动词，但是远没有“雕刻”这个专业术语表达的意思清楚。

为了更直观地理解上面所讲的内容，下面来看一个具体的例子，见表5-2。

表5-2 履行职责描述示例

职责	任务
设备保养	1. 根据保养时间要求更换零部件以及添加润滑剂 2. 保留对机器设备所做保养的所有记录 3. 定期检查机器设备上的量器和负荷指示器，以发现可能表明设备出现问题的不正常现象 4. 根据要求完成非常规性保养任务 5. 承担对执行维护任务的操作工进行有限监督和培训的任务
设备修理	1. 对设备进行检查并提出报废或修理某一零部件的建议 2. 如果设备需要修理，则需要采取任何必要的措施来使该部件恢复正常工作。其中包括使用各种手工工具和设备来对该零部件进行部分或者全部的重组。最主要的是内燃机和水压机的全面大修以及故障排除
测试与批准	1. 确保所有要求完成的保养和维修工作均已完成，并且必须是按照设备生产商所提供的说明书进行的保养和维修 2. 批准或否决某设备已经达到在某工作中使用的条件
库存保持	1. 保持设备保养和维修所需要的库存零部件 2. 以最低的成本采购满意的零部件
其他职责	上级分配的其他临时任务

资料来源：诺伊，霍伦拜克，格哈特，等. 人力资源管理：赢得竞争优势：第3版. 北京：中国人民大学出版社，2001：146.

在履行职责部分，还有一个问题需要注意，如果某一职位是由多项职责组成的，就要将这些职责按照一定的顺序进行排列，而不能胡乱地堆砌。在排列职责时有两个原则：

(1) 按照这些职责的内在逻辑顺序进行排列。也就是说，如果某一职位的职责具有逻辑上的先后顺序，就要按照这一顺序进行排列。例如人力资源部培训主管，这一职位由拟定培训计划、实施培训计划、评估培训效果和总结培训经验等几项职责组成，这些职责在时间上有一个先后顺序，在排列时就要依次进行。

(2) 按照各项职责所占用时间的多少进行排列。有些职位的职责并没有逻辑顺序，可按照完成各项职责所用的时间比例来进行排列，当然这一时间比例并不需要非常准确，只是一个大概的估计，一般来说以5%为最小单位。

在实践中，对各项职责所占用的时间进行估计，还有助于衡量职位的工作量是否饱满。如果某一职位的大量时间都分配给了非常简单的职责，那么说明它的工作量是饱满的；相反，一些本来应该占用很多时间的职责在某一职位那里只被分配了很少的时间，那么说明这一职位的工作量有些超负荷。例如，对于人力资源的招聘主管，“拟定招聘计划”这项职责占到了全部工作时间的40%，那么说明这一职位的工作量是不饱满的，因为按照正常的情况，“拟定招聘计划”根本就用不了那么多时间。再比如，对于财务会计，“编制会计报表”这项职责只占了全部时间的10%，在其他职责的时间分配比较合理的情况下，就说明这一职位的工作量超负荷了，因为按照正常的情况，“编制会计报表”这一职责不应该只占那么少的时间，这说明分配给这一职位的其他职责太多了。通过职责占用的时间进行工作量的衡量，必须对这些职责有足够的了解。

如果逻辑顺序和时间顺序都需要考虑，在排列职责时应当优先考虑逻辑顺序，其次再考虑时间顺序。

4. 业绩标准

业绩标准就是职位上每项职责的工作业绩衡量要素和衡量标准。衡量要素是指对于每项职责，应当从哪些方面来衡量它是完成得好还是完成得不好；衡量标准则是指这些要素必须达到的最低要求，这一标准可以是具体的数字，也可以是百分比。

例如，对于销售经理这一职位，工作完成的好坏主要表现在销售收入、销售成本方面，因此它的业绩衡量要素就是销售收入和销售成本；至于收入要达到多少、成本要控制在多少就属于衡量标准的范畴了，可以规定销售收入每月100万元，销售成本每月30万元。再比如，对于人力资源的薪酬主管，衡量其工作完成的好坏主要看薪酬发放是否准确、及时，因此其业绩要素就是薪酬发放的准确率和及时性；至于准确率要达到多少、及时性如何表示就是衡量标准的范畴了，可以规定准确率要达到98%，薪酬迟发的时间最多不能超过2天。

5. 工作关系

工作关系是指某一职位在正常工作情况下，主要与企业内部哪些部门和职位发生工作关系，以及需要与企业外部哪些部门和人员发生工作关系。这个问题比较简单，需要注意的问题是，偶尔发生联系的部门和职位一般不列入工作关系的范围。

6. 使用设备

使用设备就是工作过程中需要使用的各种仪器、工具、设备等。

7. 工作环境和工作条件

这方面包括工作的时间要求、地点要求以及工作的物理环境条件等。

以上内容属于工作描述的范畴。工作描述是否清楚明了，可以用一个简单的方法来测试。编写工作描述的分析人员可以问自己："一个从来没有接触过这一职位的人看了工作描述之后，如果让他来从事这一职位的工作，他是否知道自己该干什么以及如何去干？"如果不能得到肯定的答案，说明这份工作描述还需要继续修改。

8. 任职资格

这属于工作规范的范畴。对于任职资格的具体内容，学者的看法并不一致。罗杰（Rodger）于1952年提出了七项基本内容：(1) 体貌特征（健康状况和外表等）；(2) 成就（教育、资格证书和经历）；(3) 一般智力；(4) 特殊能力（动手能力、数学运算能力和沟通能力）；(5) 兴趣（文化、体育等）；(6) 性格（友善、可靠和忍耐等）；(7) 特殊的工作环境（大量的出差等）。此外，芒罗·弗雷泽（Munro Fraser）在1958年提出了另一种工作规范的内容体系，包括五项：(1) 对他人的影响力（通过身体、外表和表达方式等）；(2) 取得的资格（教育、培训和经历等）；(3) 天赋（理解力、学习能力等）；(4) 激励水平（设定目标并达到目标的决心）；(5) 调节能力（在压力下保持稳定和与他人保持良好合作关系的能力）。

综合各方面的研究成果，一般来说，任职资格应包括以下几项内容：所学的专业、学历、资格证书、工作经验、必要的知识和能力以及身体状况。需要强调的是，不管任职资格包括什么内容，其要求都是最基本的，即承担这一职位工作的最低要求。

关于任职资格要求的规定，有些是硬性的，必须遵守国家和行业的有关规定。例如，电焊工必须持有劳动部门颁发的焊工证书；司机不能是色盲，同时还必须持有相应车型的驾驶执照。其他内容的要求，则可以根据工作的内容和绩效通过两种方法来确定：一是判断的方法，就是根据实际的情况或者主管人员的经验判断来确定任职资格要求；二是统计的方法，就是首先设定影响工作绩效的要素，然后利用统计分析的方法验证这些要素与绩效之间的关系，以此来确定任职资格要求。一般来说，与工作内容有关的要求，如专业、学历和身体状况等，应当通过第一种方法来确定；与工作绩效有关的内容，如能力、知识和素质等，应当通过第二种方法来确定。但是第二种方法比较复杂，因此在目前的实践中，与工作绩效有关的内容的要求，也大多是用第一种方法确定的，不过随着人力资源管理在我国的深入发展，使用第二种方法来确定任职资格的要求会越来越普遍。

9. **其他信息**

这属于备注的性质，如果还有其他需要说明，但又不属于工作描述和工作规范的范围，可以在其他信息中加以说明。

第4节 工作分析的方法

工作分析的目的和内容确定后，就应该选择适当的工作分析方法。工作分析方法主要有定性和定量两种。定性方法主要包括观察法、访谈法、问卷调查法、关键事件法、工作日志法、工作实践法和主管人员分析法等；定量方法主要有美国公务员委员会工作分析法、职位分析问卷法、管理职位描述问卷法、美国劳工部工作分析法、职能性工作分析法以及弗莱希曼职位分析系统法等。

一、定性方法

根据欧内斯特·麦考密克（Ernest McCormick）的观点，定性工作分析方法收集的信息以定性信息为主，叙述较多，带有较强的主观色彩。虽然定性方法存在一定的缺陷，但由于许多工作任务和活动很难全部定量化，也不容易有绝对客观的标准，因此该类方法仍得到了广泛的应用。下面介绍几种常用的定性方法。

（一）观察法

观察法是指在工作现场直接观察员工工作的过程、行为、内容、工具等，并进行记录、分析和归纳总结的方法。观察法是最早使用的工作分析方法之一，也是最简单的一种方法。观察法应该包括观察设计和观察实施两个步骤：设计阶段要确定观察内容，观察内容要准确反映工作分析的目的，而且应该是可以观察到的项目，此外应根据观察内容制定观察提纲（见表5-3），以确保观察准确、高效；实施阶段要根据事先确定的观察内容及提纲，对工作人员的工作过程进行认真观察，深入了解工作程序、环境、体力消耗与工作中所使用的工具设备等，并将观察到的结果适时记录下来。在现场观察时，观察人员应尽量不引起被观察者的注意，更不应该干扰被观察者的工作，以保证观察的真实性与有效性。

表5-3 工作分析观察提纲示例

年　　月　　日	
被观察者姓名：	观察者姓名：
工作部门：	工作类型：
观察内容：	
1. 工作准备时间从______ 到______	
2. 什么时间正式开始工作？______	
3. 上午工作多少小时？______	
4. 上午休息几次？______	
第一次休息时间从______ 到______	
第二次休息时间从______ 到______	
5. 上午完成多少件产品？______	

续表

6. 上午上过几次厕所？______
7. 与哪些同事交谈？______
8. 交谈的主要内容是什么？______
9. 与同事交谈几次？______；每次交谈几分钟？______
10. 室内温度______；湿度______
11. 工作时间喝了多少水？______
12. 什么时候开始午休？______

观察法的主要优点：直观、全面，所获信息比较客观准确，既能掌握工作的现场景象，又能注意到工作的气氛和情境。它适用于大量标准化的、周期较短的、以体力活动为主的工作，比如装配线工人、保安等。观察法的主要缺点：不适用于工作周期长且以脑力劳动为主的工作（例如律师、教师等），以及紧急而又偶然的工作（例如急救站的护士等）。

（二）访谈法

访谈法是与任职者或相关人员一起讨论被分析职位的特点和要求，从而取得相关信息的方法。访谈法是目前国内企业运用较广泛，而且相对更加成熟有效的方法。它一般有三种类型：对任职者进行个别访谈；对做同种工作的任职者进行群体访谈；对了解被分析工作的主管人员进行访谈。运用访谈法要注意几个关键点：一是培训访谈人员。培训内容包括访谈的目的、内容、安排与技巧等。二是选择访谈对象。访谈对象必须有代表性，尽量选择那些最了解工作内容、最能客观描述职责的员工。三是确定访谈提纲。经验表明，事先熟悉甚至背诵访谈提纲，将帮助访谈者掌握主动权，将精力集中到倾听、观察、思考、追问和记录上。四是注意运用访谈技巧。例如，尽量营造轻松、愉快、畅所欲言的气氛；善于温和地驾驭谈话，纠正跑题；发现遗漏或含糊之处，要请对方补充或澄清；重视非言语交流，观察对方的行为、表情等，以便综合评估访谈信息。

访谈提纲主要包含以下问题：

（1）你平时需要做哪些工作？

（2）主要的职责有哪些？

（3）如何去完成它们？

（4）在哪些地点工作？

（5）工作需要怎样的学历、经验、技能或专业资质？

（6）基本的绩效标准是什么？

（7）工作有哪些环境和条件？

（8）工作有哪些生理要求和情绪及感情上的要求？

（9）工作的安全和卫生状况如何？

访谈法的主要优点：能够迅速地收集大量信息；由任职者亲口讲出工作内容，具体而准确；便于双方沟通，消除受访者的疑虑；适用范围广，可以对各类工作信息进行访谈。访谈法的主要不足：费时、费力、成本高；对访谈技巧要求较高；会占用员工较多的工作时间；被访谈者往往夸大其承担的责任和工作的难度，容易导致工作分析资料的失真和扭曲。

（三）问卷调查法

问卷调查法是让任职者或相关人员以填写问卷的方式回答被分析职位问题的方法。问卷调查法是一种应用非常普遍的方法，其基本过程是将现有的工作设计问卷分发给选定的员工，要求在一定的期间内填写，然后收回问卷以获取相关信息。这种方法成败的关键在于问卷设计的质量，在一定程度上，一份周详的问卷可以将回答者误差减至最小。

问卷调查法的优点：调查的样本量可以很大，适用于需要对很多工作者进行调查的情况；节省时间和人力，实施费用一般比其他方法低；调查的资料可以量化，由计算机进行数据处理。问卷调查法的缺点：设计理想的问卷调查表要花费很多的时间、人力和物力，设计费用比较高；不能面对面地交流，不容易了解被调查对象的态度和动机等较深层次的信息；被调查者可能不积极配合，不认真填写，从而影响调查的质量。表5-4是调查问卷的一个示例。

表5-4　调查问卷示例

调查问卷	
姓名：	职位名称：
部门：	职位编号：
上级职位：	
1. 任务综述。请用自己的语言简要叙述你的主要工作任务。如果你还负责写报告或做记录，请同时完成第8项的内容。	
2. 特定资格要求。请列举为完成由你的职位所承担的那些任务，需要哪些证书或许可证。	
3. 设备。请列举为了完成该职位的工作，你通常使用的设备、机器和工具。	
4. 常规工作任务。请用概括的语言描述你的常规工作任务，根据各项任务的重要性以及每个月每项任务所花费的时间百分比从高到低排列。	
5. 工作关系。你所从事的工作要求你与其他部门或人员、其他公司或机构有所接触吗？如果是，请列出要求与他人接触的工作任务，并说明频繁程度。	
6. 监督。你的职位有监督职责吗？如果有，需要监督哪些职位？如果你的职位对其他人的工作还负有责任但不是监督责任，请加以解释。	
7. 决策。你在完成常规工作的过程中需要做出的决策有哪些？如果你的判断或决定质量不高，采取的行为不恰当，可能带来的后果是什么？	

续表

8. 文件记录责任。请列出需要由你准备的报告或保存的文件资料有哪些，并指出每份报告需要递交给谁。
9. 监督的频率。为进行决策或决定采取其他正确的行动程序，你必须以一种怎样的频率与你的主管或其他人协商？ 经常（　） 偶尔（　） 很少（　） 从不（　）
10. 工作条件。请描述你是在什么条件下进行工作的，包括内部条件、外部条件等，请一定将所有令人不满意或非常规的工作条件记录下来。
11. 资历要求。请指出为令人满意地完成本职位的工作，工作承担者需要达到的最低要求： (a) 教育 最低学历： 专业或专长： (b) 工作经验 工作经验的类型： 工作经验的年限： (c) 特殊培训 类型： 年限： (d) 特殊技能：
12. 其他信息。请提供前面给定项目中未包括，但你认为对你的职位来说非常重要的其他信息。
员工签名： 日期：

（四）关键事件法

关键事件法（critical incidents technique，CIT）是要求管理人员、员工以及其他熟悉工作职务的人员记录工作行为中对他们的工作绩效来说比较关键的工作特征和事件，从而获得工作分析资料的方法。关键事件法是一种常用的行为定向方法，它需要认定员工与职位有关的行为，并选择其中最重要、最关键的部分来评定其结果。这种方法对每一事件的描述内容包括以下方面：导致事件发生的原因和背景；员工特别有效或多余的行为；关键行为的后果；员工自己能否支配或控制上述后果。在大量收集这些“关键事件”以后，就可以对它们做出分类，并总结出职位的关键特征和行为要求。

关键事件法的优点：既能获得有关职位的静态信息，也可以了解职位的动态特点；能直接描述工作中的具体活动，因此建立的行为标准比较准确。关键事件法的缺点：一是费时，需要花大量时间去收集那些关键事件，并加以概括和分类；二是只关注那些对工作绩效有效或无效的事件，这就遗漏了平均绩效水平，即难以涉及中等绩效的员工，进而会影响到工作分析信息的全面性。

（五）工作日志法

工作日志法就是让员工以日记的形式按时间顺序记录工作过程，然后经过归纳提炼，获得所需工作信息的方法（见表5-5）。这种方法有以下要求：(1) 及时。在一天工作开始之前，员工必须将工作日志放在手边，边做边记，切忌一天结束之后补记。(2) 具体。其检验的标准是，一个对工作完全不了解的人，仅凭记录就能看明白任职者在做什么。(3) 真实。不能弄虚作假，日志关注的焦点是“工作”本身，不是对任职者的评价。(4) 完整。若因工作原因中途外出，要在出发前记下离开的时间，并在回来后的第一时间予以补记。

表 5－5 工作日志表示例 (空表)

工作日志

姓名：
职位：
所属部门：
直接上级：
从事本业务工龄：
填写日期：自　　年　月　日至　　年　月　日
说明：
1. 在每天工作开始前将工作日志放在手边，按工作活动发生的顺序及时填写，切勿在一天结束后一并填写。
2. 严格按照表格要求填写，不要遗漏任何细小的工作活动。
3. 请您提供真实的信息，以免损害您的利益。
4. 请您注意保管，防止遗失。

日期		工作开始时间		工作结束时间	
序号	工作活动名称	工作活动内容	工作活动结果	时间消耗	备注

工作日志法的优点：信息的可靠性很高，所需费用也低，适用于确定有关工作职责、工作内容、工作关系、劳动强度等方面的信息。工作日志法的缺点：归纳工作烦琐，信息整理量大；在一定程度上影响正常工作，加大了员工的工作负担，员工不乐意接受；使用范围小，只适用于工作循环周期短、工作状态稳定的职位。

(六) 工作实践法

工作实践法又称参与法，是指工作分析人员亲自参与工作活动、体验工作的过程，从中获得工作分析的第一手资料的方法。这种方法的优点是可以准确了解工作的实际任务及对任职者的要求，适用于短期内可以掌握的工作，比如餐厅服务员。缺点是应用范围不广，花费的代价也较高，不适用于操作技术难、需要大量训练以及有危险性的工作。

(七) 主管人员分析法

主管人员分析法是指由主管人员通过日常的管理活动来记录和分析所管辖人员的工作任务、责任与要求等因素，从而完成工作分析。主管人员一般对自己主管的工作较为熟悉，许多主管人员以前也曾做过这些工作，对被分析的工作的理解较为深刻，对职位所要求的工作技能很了解。但主管人员的分析中也许会存在一些偏见，尤其是那些只干过其中部分工作而不了解所有情况的人，往往偏重他曾经做过的那部分工作。这种方法与工作日志法相结合将有利于消除偏差。

二、定量方法

为了提高工作分析结果的科学性与准确性，针对定性方法存在的问题，在这些方法的基础上又发展出了一些新型的定量工作分析方法。下面来介绍几种应用比较普遍的定量方法。

(一) 美国公务员委员会工作分析法

美国公务员委员会 (U. S. Civil Service Commission) 为了制定一套能够对不同的工作进行比

较和分类的标准程序而专门设计了一种工作分析方法，即美国公务员委员会工作分析程序(U. S. Civil Service Commission Procedure)。

对于美国公务员而言，任何一项特定工作，其工作信息及分析结构均按照下列方式记录：

（1）工作（职务）识别。

（2）工作内容摘要：主要任务和职责。

（3）工作任务说明：

1）知识要求（如员工为完成工作任务必须熟悉的事实或原则等）；

2）技术要求（如要求员工具备操纵机器或开汽车的技能等）；

3）能力要求（如对员工数学能力、推理能力和人际交往能力等的要求）；

4）工作中所包含的身体活动（如推、拉或者扛等）；

5）工作的特定环境条件（如工作空间狭窄、吵闹、通风不足等）；

6）典型工作事件（如在紧急状态的压力下工作，与既不是发出指令的人也不是接受指令的人一起工作，或者进行重复性的工作等）；

7）对员工兴趣的要求（如员工对于“事物和物体”“资料交流”“和人打交道”等活动的倾向或兴趣等）。

在这种工作分析中，所有工作信息都被编排在一张工作分析记录单（见表5-6）上。在这张工作分析记录单的完成过程中，工作分析者可通过表单了解工作，收集工作信息。

表5-6　工作分析记录单示例（节选）

工作识别信息：	
任职者姓名：	
组织名称：福利署	记录时间：
职位名称：福利资格审核官	记录者：
工作简述： 面谈、审核申请、确定申请人的福利享受资格； 向社区民众提供食品券计划方面的信息； 向无资格获得食品券的人推荐其他可以求助的社区服务机构	
工作任务	
1. 根据福利管理政策，确定申请人是否具有申请食品券的资格，确保只有合格的福利申请人才能领到食品券	
所要求的知识： 了解标准化申请表格中的内容以及表格中各项目的含义； 了解社会健康服务食品券管理政策； 了解与社会健康服务食品券计划有关的其他知识	
所要求的技术： 无	
所要求的能力： 阅读和理解比较复杂的工作指导书的能力； 阅读和理解各种程序性指导书，并将书面或口头的指导转化为适当行为的能力； 运用简单数学知识的能力； 将申请要求用简单易懂的方式表达出来的能力	
身体活动： 需久坐，少活动	

续表

特殊环境条件： 无
典型工作事件： 与那些既不是发出指令的人也不是接受指令的人打交道
兴趣要求： 信息交流的兴趣； 与人保持工作接触的兴趣
2. 为了帮助申请人从其他社区机构获得服务，运用对其他社区机构的了解以及对申请人所提要求的了解，确定申请人应该求助于哪家机构并向申请人进行说明和解释
所要求的知识： 有关各种求助机构功能的知识； 有关社区机构及其地址的知识； 求助程序方面的知识
所要求的技能： 无
所要求的能力： 从口头谈话中总结（推理）出申请人需要的能力； 对申请人进行简单的口头和书面指导的能力
特殊环境条件： 无
典型工作事件： 和那些既不是发出指令的人也不是接受指令的人打交道
兴趣要求： 信息交流的兴趣； 与人保持工作接触的兴趣； 抽象地创造性解决问题的兴趣； 为别人的可能利益工作的兴趣

资料来源：Gary Dessler，Human Resource Management（7th edition），Prentice Hall，1997：87-88.

说明：这一工作任务比较典型地包括了多项具体的工作任务，对于每一项任务都分别列出知识、技术、能力、身体活动、环境条件、典型工作事件以及兴趣要求等要素，表中省略了其他几项任务的具体内容。

事实上，任何工作都是由单项的工作任务组合而成的，而每一个任务又都可以根据所要求的知识、技能等来进行分析。美国公务员委员会工作分析程序就是提供了一种对不同的工作进行对比和分类的标准的工作分析方法。

（二）职位分析问卷法

职位分析问卷（position analysis questionnaire，PAQ）法是心理学家麦考密克耗时10年设计的一种利用清单的方式来确定工作要素的方法。该问卷是一份包括194个问项的标准化工作分析问卷。这些问项代表了能够从各种不同的职位中概括和提炼出来的各种工作行为、工作条件以及工作本身的特点，可以划分为六个方面：

（1）信息投入——任职者从哪里以及如何获得完成工作所必需的信息。

（2）脑力运用——在执行工作任务时需要完成的推理、决策、计划以及信息处理活动。

（3）体力活动——任职者在执行工作任务时所发生的身体活动以及所使用的工具、设施等。

（4）与他人的关系——在执行工作任务时需要与其他人发生的关系。

（5）工作环境——执行工作任务时所处的物质以及社会环境或背景。

(6) 其他特点——上面描述过内容之外的与该职位有关的各种活动、条件以及特征。

在对某项工作进行分析时，工作分析人员首先要确定每一个问项是否适用于被分析的工作；然后根据六个维度（信息适用范围、时间长短、对工作的重要性、发生的可能性、适用性和特殊计分）对这些问题问项进行评价；最后需要将评价结果提交到职位分析问卷总部，依靠那里的计算机程序得出报告，说明某种工作在各个维度上的得分情况。

PAQ法的优点：内容比较丰富，不仅涵盖了工作的环境和背景因素，还涵盖了投入、产出以及工作流程等因素；获得的工作信息有利于不同类型职位之间的比较。PAQ法的缺点：不能提供特定工作内容的完整描述，只能起到辅助作用。

（三）管理职位描述问卷法

管理职位描述问卷（management position description questionnaire，MPDQ）是专门针对管理性工作而设计的一种结构化的职位分析问卷。该问卷由沃尔特·W. 托尔诺（Walter W. Tornow）和帕特里克·R. 平托（Patrick R. Pinto）编制。MPDQ在调查方法和信息收集格式上与PAQ相近，如要求工作分析者检查每一项工作。它分析的内容包括与管理者的主要职责密切相关的208项工作因素，这208项可以精简为13个基本工作因素：

(1) 产品、市场和财务计划。是指结合实际情况制订计划以实现业务的长期增长和公司稳定发展的目标。

(2) 与其他组织及员工之间的关系协调。是指管理人员对自己没有直接控制权的员工个人和团队活动的协调。

(3) 内部事务控制。是指检查与控制公司的财务、人力以及其他资源。

(4) 产品和服务责任。是指控制产品和服务的技术，以保证生产的及时性与生产质量。

(5) 公众和顾客关系。是指通过与人们直接接触的办法来维护和树立公司在用户和公众中间的良好形象与声誉。

(6) 高级咨询。是指发挥技术水平解决企业中出现的特殊问题。

(7) 行动自主权。是指在几乎没有直接监督的情况下开展工作活动。

(8) 财务承诺许可。是指批准企业大额的资金流动。

(9) 员工服务。是指为忠诚的员工提供服务。

(10) 监督。是指通过与下属面对面的交流来计划、组织和控制这些人。

(11) 复杂性及压力。是指在很大压力下保持工作，在规定时间内完成所要求的任务。

(12) 高级财务职责。是指制定对公司绩效构成直接影响的大规模的财务投资决策和其他财务决策。

(13) 广泛的人力资源职责。是指公司中人力资源管理和影响员工的其他政策等具有重大责任的活动。

MPDQ法弥补了PAQ法难以对管理职位进行分析的不足，进而能够区别处理组织内不同职能或层次的管理工作，并为不同组织及职能间的管理工作提供了分析比较的依据。它的主要缺点是在分析技术类职位时显得不够具体，灵活性差，费时，而且效率偏低。

（四）美国劳工部工作分析法

美国劳工部（U. S. Department of Labor，DOL）工作分析法的主要目的在于寻找一种能够对不同工作进行量化等级划分，以及对分类比较实施标准化的方法，其核心是对每一项工作都按照任职者和数据（信息）、人（person）、事务（task）三者之间的关系来进行等级划分（见表5-7）。这三个对象所进行的活动可区分为若干不同的功能，每一特定对象的活动功能会有层次之分，高层次功能可以包括低层次功能，但是低层次功能不包含高层次功能。表5-7中用数字大小表示不同层次，数字越大表明所处的层次越高。

表5-7　任职者的功能量表

	信息	人	事务
基本活动	0　综合	0　辅导	0　创立
	1　整理	1　谈判	1　精密加工
	2　分析	2　指示	2　操纵/控制
	3　汇编	3　监督	3　驾驶/操作
	4　计算	4　取悦	4　处理
	5　复制	5　说服	5　照料
	6　比较	6　交谈/示意	6　进料/卸料
		7　服务	7　搬运
		8　接受指令、帮助	

资料来源：德斯勒．人力资源管理：第12版．北京：中国人民大学出版社，2012：139.

DOL工作分析法的基本程序：(1) 清理出任职者在信息、人、事情这三个维度上有哪些基本活动，并予以归纳总结；(2) 根据目标职位的任职者在理论上需要哪个层次的活动，并赋予相应的分数；(3) 这三项得分的总和就成为此项工作等级划分的基础。例如，薪酬专员职位在三个职能上的难度等级分别是5、6、7，然后再对每种职能赋予一定时间百分比，其总和为100%，在信息方面的时间占50%，在人方面的时间占40%，在事务方面的时间占10%。这种方法的结果主要用于职位描述，但无法确定任职资格条件。

(五) 职能性工作分析法

职能性工作分析（functional job analysis，FJA）法又称功能性工作分析法，是美国培训与就业服务中心（U. S. Training and Employment Service）开发的一种以工作为中心的工作分析方法。它以员工所需发挥的功能与应尽的职责为核心，列出需要收集与分析的信息类别，并使用标准化的陈述和术语来描述工作内容。

FJA法与上述第四种方法的主要区别有两个方面。第一，FJA法不仅仅是依据数据、人员、事务三个方面对工作进行分类，它对工作的分类还考虑以下四个因素：在执行工作时需要得到多大程度的指导；执行工作时需要运用的推理和判断能力应达到什么程度；完成工作所要求具备的数学能力有多高；执行工作时所要求的口头及评议表达能力如何。第二，FJA法还能确定工作的绩效标准以及工作对任职者的培训要求。表5-8是一张已经完成的平路机操作工的工作分析明细表。

FJA法的优点是对工作内容提供一种非常彻底的描述，对培训的评估极其有用。但是它对每项职位都要求做详细分析，因而执行起来相当耗费精力和时间。

表5-8　职能性工作分析表示例

任务代号：GR-08

工作承担者的功能及定位						需要的指导	总体教育开发		
物	%	数据	%	人	%		逻辑推理	数学	语言
3	65	3	25	1	10	3	2	1	3
目标：操作平路机						工作中心：覆土、翻松路面、铺平、构筑防火隔离带、维修运输路面、清除路面积雪			

续表

<table>
<tr><td colspan="2">任务：为了完成平路机的日常工作任务，如回填土方、路面维修、路面积雪清除等，操纵平路机的控制系统，将定位轮和机片置于正确的角度，前后、上下、左右移动机片；按照工作程序，借助知识和经验，监督设备的运行。根据情况的变化不断地做出调整，时刻注意其他工人和设备的位置及安全</td></tr>
<tr><td colspan="2">（所要完成的任务）</td></tr>
<tr><td>绩效标准</td><td>培训内容</td></tr>
<tr><td>描述性标准：
● 正确操作设备
● 警觉、留意
数据性标准：
● 所有工作都符合程序的要求
● 没有出现因技术上误操作而造成的事故或者损害</td><td>功能性培训：
● 如何操作平路机
● 如何完成常规的平路机工作
特殊培训：
● 特定的平路机知识
● 工作要求方面的知识
● 特殊的工作场位知识（如土层、土壤状况、环境等）</td></tr>
<tr><td>（所要达到的绩效标准）→</td><td>（工人需要的培训）</td></tr>
</table>

资料来源：德斯勒．人力资源管理．北京：中国人民大学出版社，1999：93.

（六）弗莱希曼职位分析系统法

弗莱希曼职位分析系统（Fleishman job analysis system，FJAS）法是建立在一种能力分类法基础之上的，它把能力定义为导致个体之间出现绩效差异的一些持久性的个人特征，并提出了52种能力维度（见表5-9）。

表5-9 功能性工作分析表

1. 口头理解能力	14. 规范灵活性	27. 手-臂稳定性	40. 耐力
2. 书面理解能力	15. 终止速度	28. 双手灵巧	41. 近距视觉
3. 口头表达能力	16. 终止灵活性	29. 手指灵活性	42. 远距视觉
4. 书面表达能力	17. 空间定位能力	30. 手腕-手指速度	43. 视觉色彩区分力
5. 思维敏捷性	18. 目测能力	31. 四肢运动速度	44. 夜间视觉
6. 创新性	19. 知觉速度	32. 静态力量	45. 外围视觉
7. 记忆力	20. 选择性注意力	33. 爆发力	46. 景深视觉
8. 问题敏感度	21. 分时能力	34. 动态力量	47. 闪光敏感性
9. 数学推理能力	22. 控制精度	35. 躯干力量	48. 听觉敏感性
10. 数字熟练性	23. 多方面协调能力	36. 伸展灵活性	49. 听觉注意力
11. 演绎推理能力	24. 反应调整能力	37. 动态灵活性	50. 声音定位能力
12. 归纳推理能力	25. 速率控制	38. 总体身体协调性	51. 语音识别能力
13. 信息处理能力	26. 反应时间	39. 总体身体均衡性	52. 语音清晰性

在实际操作中，首先对能力进行描述，然后沿一条7分尺度图对每一种能力维度的各种不同

能力水平列举一个行为基准的例子（见图 5-9）。

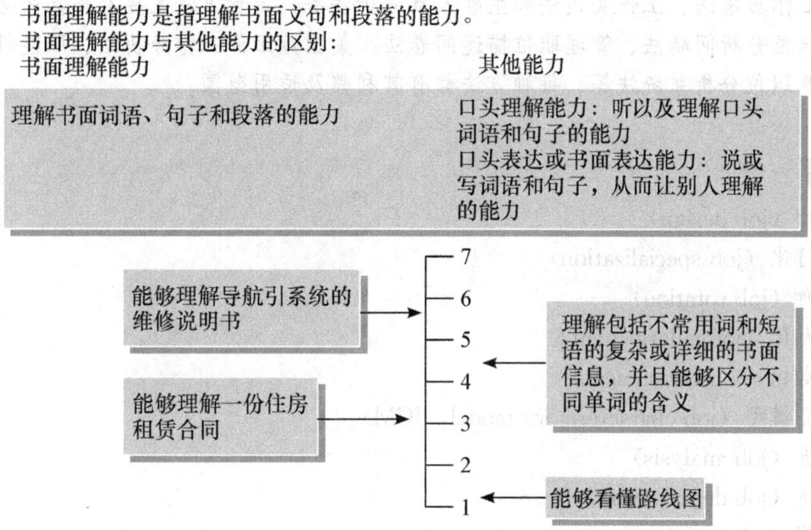

图 5-9 书面理解能力的解释

应用这种方法时，需要把这 52 个维度都展示给专家，由专家指出每一尺度图中哪一个点数能够最恰当地代表某一特定工作所要求的能力水平。这些等级评价能够给某种工作的能力要求提供一个精确而全面的依据，因而对于甄选、培训和职业生涯设计等具有重要的价值。

上述多种工作分析方法，每一种都有所不同，各有所长，在实践中，工作分析者可根据工作分析目的、现有和所需要信息以及环境条件等具体情况来确定究竟采用哪种工作分析方法及组合。例如，可先通过问卷法让被研究职位的当前任职者填写有关的工作信息，以了解职位的概况；然后通过面谈法深入了解有关信息；最后，用 MPDQ 法或 FJA 法让任职者及其主管进一步明确并核实所收集到的工作信息。

本章小结

本章介绍了工作设计的含义与方法，阐述了工作分析的概念、作用、意义、原则、程序、方法以及工作说明书的编写方法等。

工作设计是指为了达到组织目标，合理有效地处理人与工作的关系而采取的，对与满足工作者个人需要有关的工作内容、工作职能和工作关系的特别处理。工作设计发展形成了工作专门化、工作轮换、工作扩大化和工作丰富化等一些典型的方法。工作特征模型是工作丰富化的核心，本章确定了五种工作特征，分析了它们之间的关系以及对员工生产率、工作动力和满足感的影响。

工作分析也叫职位分析，指研究一个组织内每一个职位包括的具体工作内容和责任，对工作内容及有关因素做全面、系统的描述和记载，并指明担任这一职位工作的人员必须具备的知识和能力。通过工作分析，我们要回答或者解决"某职位应该做什么"和"什么样的人来做最适合"两个主要问题。工作分析是人力资源管理的基础，几乎任何一项人力资源管理工作都要用到工作分析的结果。

工作分析过程中要遵循一些基本原则，其过程包括准备、调查、分析和完成四个阶段。工作说明书是工作分析的最终成果之一，包括工作描述和工作规范两方面的内容。

工作分析方法主要有定性和定量两种，其中定性方法包括观察法、访谈法、问卷调查法、关键事件法、工作日志法、工作实践法和主管人员分析法等，定量方法主要有美国公务员委员会工作分析法、职位分析问卷法、管理职位描述问卷法、美国劳工部工作分析法、职能性工作分析法以及弗莱希曼职位分析系统法等。每种方法都有其利弊及适用范围。

关键词

工作设计（job design）
工作专门化（job specialization）
工作轮换（job rotation）
工作扩大化（job enlargement）
工作丰富化（job enrichment）
工作特征模型（job characteristics model，JCM）
工作分析（job analysis）
工作描述（job description）
工作规范（job specification）
关键事件法（critical incidents technique，CIT）
美国公务员委员会工作分析程序（U. S. Civil Service Commission Procedure）
职位分析问卷（position analysis questionnaire，PAQ）
管理职位描述问卷（management position description questionnaire，MPDQ）
职能性工作分析（functional job analysis，FJA）
弗莱希曼职位分析系统（Fleishman job analysis system，FJAS）

思考题

1. 什么是工作设计？它包含哪些方法？每种方法的优缺点是什么？
2. 阐述工作特征模型。
3. 什么是工作分析？工作分析的意义是什么？
4. 工作分析应遵循哪些基本原则？
5. 工作分析的过程包含哪几大阶段？每个阶段需要完成哪些任务？
6. 什么是工作说明书？它包含哪些基本内容？如何编写工作说明书？
7. 工作分析的定性方法有哪些？请分别阐述。
8. 工作分析的定量方法有哪些？请分别阐述。

第 6 章

胜任素质

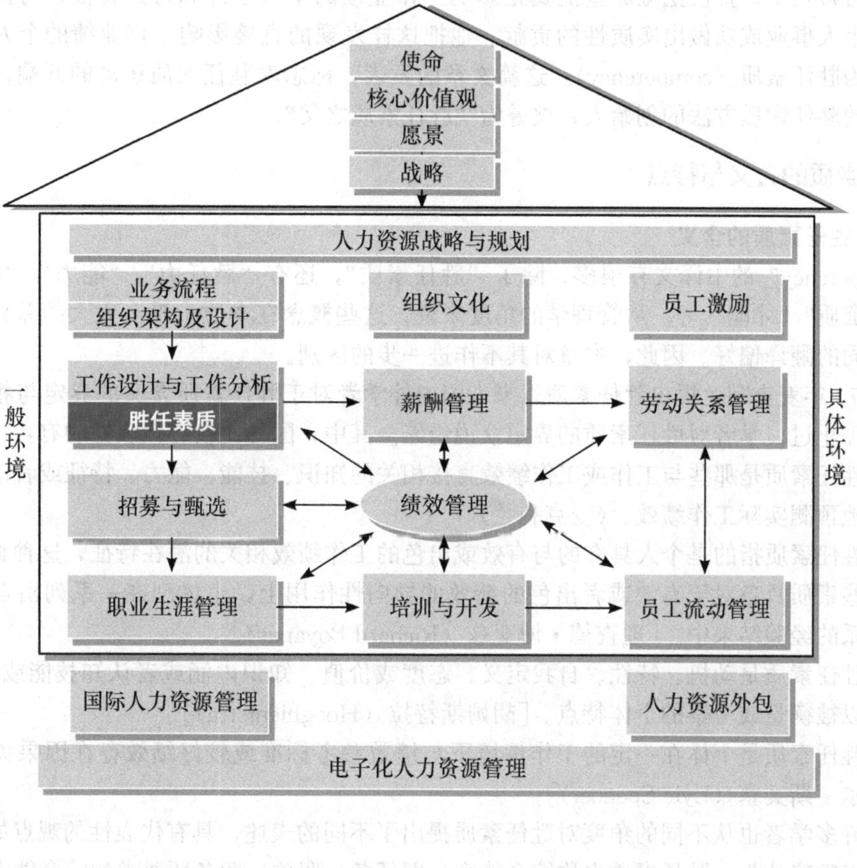

使命
核心价值观
愿景
战略
人力资源战略与规划
业务流程
组织架构及设计
组织文化
员工激励
工作设计与工作分析
胜任素质
薪酬管理
劳动关系管理
一般环境
具体环境
招募与甄选
绩效管理
职业生涯管理
培训与开发
员工流动管理
国际人力资源管理
人力资源外包
电子化人力资源管理

第1节 胜任素质概述

一、胜任素质的起源

胜任素质（competency）的应用起源于20世纪50年代美国国务院对外交官的选拔。当时，美国国务院感到以智力因素为基础选拔外交官的效果不理想。许多看上去很优秀的人才，在实际工作中的表现却令人非常失望。在这种情况下，著名的心理学家、哈佛大学教授大卫·麦克利兰（David McClelland）应邀帮助美国国务院设计一种能够有效预测实际工作业绩的人员选拔方法。在项目实施过程中，麦克利兰应用了奠定胜任素质方法基础的一些关键性的理论和技术，例如抛弃对人才条件的预设前提，从第一手材料出发，通过对工作表现优秀与一般的外交官的具体行为特征的比较分析，识别能够真正区分工作业绩的个人条件。

在总结项目研究及实践成果的基础上，麦克利兰于1973年在《美国心理学家》（*American Psychologist*）上发表了一篇文章——《测量胜任素质而非智力》（Testing for Competency Rather Than Intelligence）。在文中，他指出了滥用智力测验来判断个人能力的不合理性，并进一步说明，人们主观上认为能够决定工作成绩的一些人格、智力、价值观等方面因素，在现实中并没有表现出预期的效果。因此，他强调抛弃被实践证明无法成立的理论假设和主观判断，回归现实，从第一手材料入手，直接挖掘那些能真正影响工作业绩的个人条件和行为特征，为提高组织效率和促进个人事业成功做出实质性的贡献。他把这样发现的直接影响工作业绩的个人条件和行为特征称为胜任素质（competency）。这篇文章的发表，标志着胜任素质运动的开端。麦克利兰成为公认的胜任素质方法的创始人，被誉为“胜任素质之父”。

二、胜任素质的含义与特点

（一）胜任素质的含义

“competency”的中译文有很多，除了“胜任素质”，还有“胜任力”“能力”“胜任特征”“素质”“资质”“才能”等。从管理学的角度来说，这些概念在本质上没有太大的差异，只是缘于译者不同的翻译偏好。因此，本章对其不作进一步的区别。

自1973年麦克利兰提出胜任素质以来，国内外学者对于胜任素质含义的界定与相关研究从来就没有停止过，学者对胜任素质的界定众说纷纭。其中，国外比较有代表性的有：

（1）胜任素质是那些与工作或工作绩效直接相关的知识、技能、能力、特征或者动机等，能够比较好地预测实际工作绩效。（麦克利兰）

（2）胜任素质指的是个人具有的与有效或出色的工作绩效相关的潜在特征，这种相关性，既体现在这些素质具备对于有效或者出色的绩效的导向性作用上，也体现在一系列由自变量到因变量的关系的经验结果中。[理查德·博亚兹（Richard Boyatzis）]

（3）胜任素质是动机、特性、自我定义、态度或价值、知识内涵或者认知技能或行为技能，是任何可以被衡量或考察的个体特点。[胡姆斯特拉（Hooghiemstra）]

（4）胜任素质是个体在一定的工作情境下与绩效参考标准或较好绩效存在因果关系的潜在特征［莱尔·斯宾塞（Lyle Spencer）］。

国内许多学者也从不同的角度对胜任素质提出了不同的表述，具有代表性的观点如下：

（1）王重鸣认为，胜任素质也称综合能力，即任务、职位、职务所要求的综合能力。

（2）时勘认为，胜任特征是能把某职位中表现优异者和表现平平者区别开来的个体潜在的、较为持久的行为特征。这些特征可以是认知的、意志的、态度的、情感的、动力的或倾向性的等。

(3) 彭剑锋认为，胜任素质是指驱动员工产生优秀工作绩效的各种个性特征的集合，它反映的是可以通过不同方式表现出员工的知识、技能、个性与内驱力等。素质是用以判断一个人能否胜任某项工作的起点，是决定并区别绩效差异的个人特征。

(4) 陈为认为，胜任素质是帮助企业从实现组织目标、提高业绩的角度出发，提高人员选拔、培养、调用、提升等方面工作效率的先进工具。

根据以上界定，我们认为，胜任素质是指那些从组织发展战略的需要出发，可以预测与提高员工实际工作绩效的显性或隐性的关键知识、技能、能力、特质、态度、动机等特征的总称。胜任素质是判断一个人能否胜任某项工作的起点，是决定并区别绩效差异的个人特征。

(二) 胜任素质的特点

胜任素质具有以下显著特点：

(1) 胜任素质与工作绩效密切相关。胜任素质并不是所有知识、技能、能力等特征的总和，而是特指那些能够引导员工获得卓越绩效的关键性的知识、技能与能力等。而且，胜任素质是造成绩效优异者和绩效平平者之间差异的最显著的那部分特征。正因为如此，胜任素质指标是区别绩效优异者和绩效平平者的有效尺度。

(2) 胜任素质与任务情境相联系，而且具有动态性。胜任素质是在特定的情境里发挥作用的，具有一定的适用范围。如果工作任务和环境发生了改变，胜任素质的结构也会相应地发生变化，唯有这样，才能实现"人-职位-组织"的相互匹配。因此，胜任素质与相应的组织环境及职位要求相依存，无法被其他组织及职位全盘照搬。此外，胜任素质是会改变的。博亚兹直接或间接地了解了过去30年间超过800个不同的管理人员以及专业人员的胜任素质模型，发现每个管理者的胜任素质都在变。胜任素质会随着人们的年龄、职位层级、所处环境等的不同而有所不同。

(3) 胜任素质是可以衡量与习得的。胜任素质是可以衡量的，它对于预定目标的影响也是可以衡量的。胜任素质的可衡量性可用来评价员工目前在胜任素质方面存在的差距以及未来需要改进的方向和程度。此外，胜任素质并不一定是与生俱来的，可以通过学习和强化而逐渐发展。研究发现，胜任素质模型的构建非常费时，不过一旦确定，组织就可以通过培训等方式促使其员工进行学习，以内化为员工的实际工作行为，进而提高实际业绩。

三、胜任素质的结构与类型

(一) 胜任素质的结构

1. 麦克利兰的素质冰山模型

1973年，麦克利兰提出了著名的素质冰山模型 (iceberg model)，该模型将素质划分为表象的和潜在的素质，表象部分包括技能与知识，潜在部分包括社会角色、自我概念、特质和动机等因素。在冰山模型中，越往深层次的素质越重要，越难发现和培养。决定一个人成功的关键素质往往隐藏在冰山下面，而不是显现在冰山表面。由于20世纪70年代初由麦克利兰在美国波士顿创办的著名的人力资源管理咨询公司——MCBER公司后来被合益集团收购，成为合益集团的下属公司，麦克利兰当初的一些研究及实践成果进而成为合益集团知识产权的一部分，该模型有时也被称为"合益集团素质冰山模型"(见图6-1)。

麦克利兰认为，知识、技能、社会角色、自我概念、特质和动机六个方面的内容形成了一个有机的层次体系。知识和技能是胜任素质最表层的内容，社会角色、自我概念、特质和动机则是胜任素质中比较深层的内容。各种素质的含义如下：

知识 (knowledge) 是指一个人在某一特定领域中所掌握的各种有用信息。

技能 (skill) 是指从事某一活动的熟练程度。

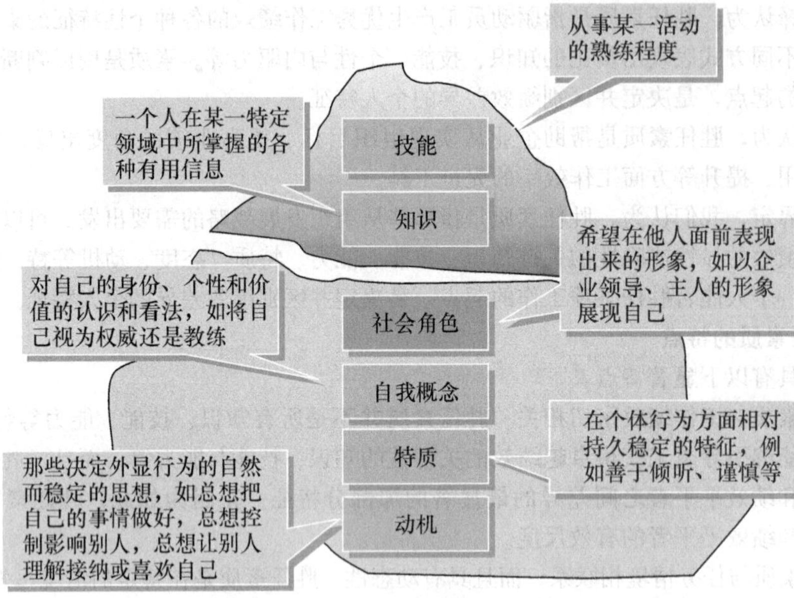

图6-1 合益集团的素质冰山模型

社会角色（social role）是指希望在他人面前表现出来的形象，如以企业领导、主人的形象展现自己。

自我概念（self-image）是指对自己的身份、个性和价值的认识和看法，如将自己视为权威还是教练。

特质（trait）是指在个体行为方面相对持久稳定的特征，如善于倾听、谨慎等。

动机（motives）则是指那些决定外显行为的自然而稳定的思想，如总想把自己的事情做好，总想控制影响别人，总想让别人理解接纳或喜欢自己。

2. 斯宾塞等人的洋葱模型

斯宾塞等人对麦克利兰的冰山模型进行了变形，提出了洋葱模型（onion model）。洋葱模型保留了之前划分的六个层次，并将它们重新划分为三大类。洋葱表面包括知识和技能，比较容易发展；洋葱中间包括社会角色或价值观和自我概念；洋葱里面包括特质和动机，不容易发展，难以后天习得和评价（见图6-2）。

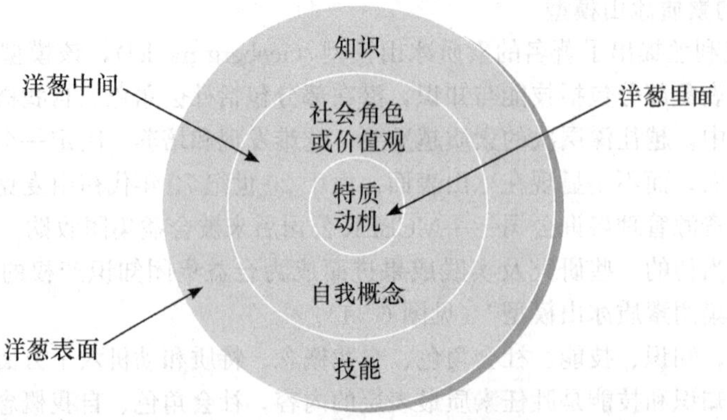

图6-2 斯宾塞等人的洋葱模型

（二）胜任素质的类型

胜任素质分类是建立与运用素质模型的基本出发点。按照不同的标准，胜任素质可划分为不同的类型。最常用的分类有下列几种：

第一，根据胜任素质水平状况，可以把胜任素质分为基础胜任素质和鉴别胜任素质。基础胜任素质是指一般的基础知识与基本技能，是完成工作所需的最低标准，但不足以区别和解释普通员工与绩效优秀员工之间的差异。鉴别胜任素质指的是那些能够区别普通员工与绩效优秀员工的素质。例如，在确定目标的过程中，有人更倾向于将目标定得比那些仅仅满足企业要求的人的目标高，这种胜任素质就是区别高绩效与一般绩效的关键。也有学者把它们称为基础胜任素质与特殊胜任素质。

第二，根据组织所需的核心专业与技能可分为通用胜任素质、可迁移胜任素质与专业胜任素质（见图6-3）。通用胜任素质是一个组织核心价值观、文化等的反映，为全体员工所有。由于它是公司核心价值观的反映，因此应在全体员工身上表现出来，主要指的是那些与企业核心价值观、企业文化等相匹配的素质和能力要求。例如，生产型的工厂，由于生产线上下游之间的配合、协作十分重要，那么团队合作精神就是与该企业文化相关的一项胜任素质要求。可迁移胜任素质是指某些职位的通用胜任素质，如管理者胜任素质。专业胜任素质是指从事某一专业工作的胜任素质，员工为完成其职责所需具备的素质通常包括技术、研发、生产作业、营销、人力资源管理、财务、采购、IT等。例如，营销类专业胜任素质主要涉及影响力、成就导向、人际理解力、客户导向等，技术类专业胜任素质则包括成就导向、归纳演绎能力、团队合作等。

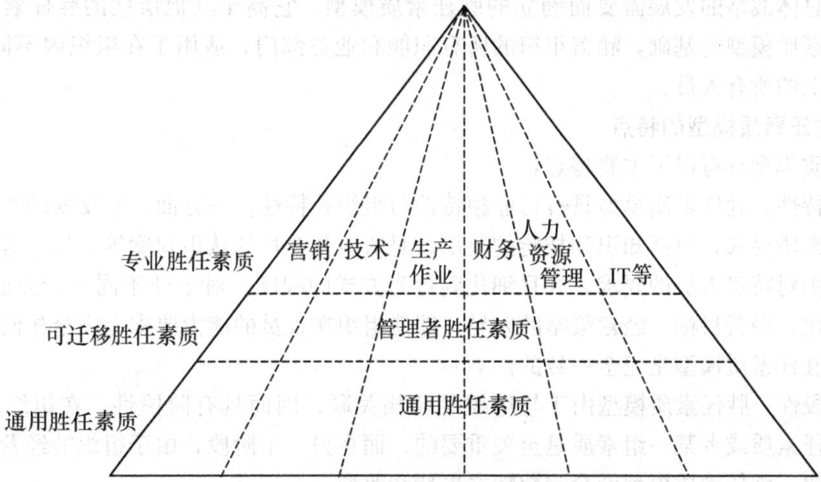

图6-3 胜任素质的类型

第2节 胜任素质模型概述

一、胜任素质模型的概念、特点与要素

（一）胜任素质模型的概念

在胜任素质研究与应用中，胜任素质概念是通过胜任素质模型（competency model）来表现的。胜任素质模型是指为了完成某种工作，达成某一绩效目标，要求任职者具备的一系列不同素质要素的组合，其中包括不同的动机表现、个性与品质要求、自我形象与社会角色特征以及知识与技能水平等。胜任素质模型是绩优者所具有的素质集合，它清楚地表明了组织的需要和设想，表明了员工行为、知识和动机等要素中哪些对于组织发展是非常重要的。因此，胜任素质模型可

以判断并发现导致绩效好坏差异的关键驱动因素，从而成为改进与提高绩效的基点。

根据不同的工作性质和特点以及不同的构建目标需求，素质模型一般可分为以下四种层级性模式：

(1) 职位型胜任素质模型。这是胜任素质模型中范围最狭窄的一种模型，仅适用于一般的职位，如起重机械操作工、酒店客房服务员、仓库保管员、人事劳资员、财务出纳员等职位的胜任素质模型。它适用于操作性、服务性职位人员的招募、选拔、培训、考评等人力资源管理活动。

(2) 功能型胜任素质模型。这是根据某职能部门中专业性非常强的某类人员的成功实践总结归纳出来的，如市场营销、技术研发、财务管理、物流管理、工业工程管理、质量控制、人力资源管理等人员的胜任素质模型。

(3) 角色型胜任素质模型。这是从组织中员工个人所扮演的角色出发，通过深入比较研究总结概括出来的一种胜任素质模型。它跨越了某类人员的专业性和单一性，是对功能性胜任素质模型的进一步提升，如企业家的胜任素质模型、职业经理的胜任素质模型乃至各级主管人员的胜任素质模型。例如，主管胜任素质模型是对人事主管、财务主管、销售主管、技术主管以及生产主管等功能性胜任素质模型的高度概括。这种模型涵盖了各个具体的管理功能，更适用于以团队为基础的组织核心胜任素质模型的设计。

(4) 组织型胜任素质模型。这是从组织发展愿景和目标出发，与组织的经营理念紧密结合，为满足组织总体战略的发展需要而确立的胜任素质模型。它高于其他层次的胜任素质模型，以角色型胜任素质模型为基础，涵盖组织的所有职能和业务部门，适用于在组织内不同工作领域、层次和职位上的所有人员。

(二) 胜任素质模型的特点

胜任素质模型具有以下主要特点：

(1) 独特性。胜任素质模型具有行业独特性与组织独特性。一方面，它反映的是某类行业对人员的整体素质要求，包括知识和技能的范围，对所服务客户的认识程度等。另一方面，它反映的是单个组织对特定人员的要求，并且细化到行为方式的程度。对于处于同一行业的两个组织，由于组织文化、经营目标、经营策略的差异，即使组织在人员的能力要求上完全相同，也很少有两个组织的胜任素质模型是完全一致的。

(2) 阶段性。胜任素质模型由于与组织经营相关联，因而具有阶段性。在组织的特定时期内，某项胜任素质或者某一组素质是至关重要的，而在另一个阶段，由于组织的经营目标或经营策略发生变化，胜任素质模型就会定期随之更新和改变。

(3) 适应性。胜任素质模型是从组织发展愿景和目标出发，为满足组织总体战略的发展需要而确立起来的，因此具有战略适应性。此外，胜任素质模型的构建、应用与发展都需要高度关注组织文化因素，必须与组织文化相匹配，因此具有文化适应性。

(三) 胜任素质模型的要素

胜任素质模型包括三个基本要素，即胜任素质名称、胜任素质定义（界定胜任素质的关键性特征）和行为指标等级（反映胜任素质行为表现的差异）。

(1) 胜任素质名称是对提取的素质进行概念性名称定义。如成就感欲望、积极主动性、信息收集度、人际关系理解、以客户为中心、影响力、组织理解力、人际关系、指挥力、团队协作、团队领导力、分析力、责任心、学习创新以及控制力等。素质指标名称的提取，可以参照胜任素质特征词典，通用胜任素质特征分级词典在许多文献资料中均可查到。

(2) 胜任素质定义是对提取的胜任素质进行界定。比如领导能力，胜任素质的定义是“担任团队领导、带领团队完成团队目标的能力”。

(3) 行为指标等级是指胜任素质行为表现的分级标准。比如对某些胜任素质按以下简单方案分级:"了解"表示只知道所列知识的一部分或只知道一些大纲性的知识;"掌握"表示知道所列知识的大部分或全部,并对其中的主要细节有较好的把握,能加以运用;"精通"表示知道所列知识的几乎全部内容,并对其中的几乎所有细节了如指掌,能透彻理解这些知识并熟练、有效地加以运用。

二、胜任素质模型研究及实践概况

(一) 胜任素质模型研究概况

国外对于胜任素质模型研究具有开创性贡献的还是麦克利兰。20世纪50年代,他在对美国国务院甄选外交官的过程进行的研究中发现,传统能力测验预测效率低会导致不公平,便采用了行为事件访谈法(behavioral event interview,BEI)收集第一手资料,在此基础上提出外交官应该具有三种核心胜任素质,即跨文化的人际敏感性、对他人的积极期望和快速进入当地政治网络。1989年,麦克利兰领导的研究小组开始对200多项工作所涉及的素质进行研究,即通过观察从事某些工作的绩优人员的行为及结果,发掘导致其绩优的明显特征,并由此建立了一个由286类不同领域相同工作所需要的素质构成的数据库,其中包括政府部门、教育机构、医院、宗教组织、企业、军队等组织中所需要的企业家、领导人、市场类人员及技术类人员的素质。与这一数据库相对应,研究小组还归纳了一系列行为方式,并记录了大约760种行为特征。其中,与360种行为特征相关的21项素质,能够解释每个领域工作中80%以上的行为及结果,其余400种行为特征则对应着一些不太常见的素质。经过逐步发展与完善,提炼并形成了21项通用素质要项,如获取信息的技能、分析思考的技能、概念思考的技能、策略思考的技能、人际理解和判断的技能、服务导向的技能、影响他人的技能、发展下属的技能、团队工作技能、领导技能等,由此构成了胜任素质词典(competency dictionary)的基本内容。

国外一些著名的管理咨询公司也积极进行胜任素质模型的相关研究,并取得了比较有影响的成果。以下是较有代表性的研究及成果:(1) 合益集团针对管理者应该具有的素质以及与之对应的行为标准,编制了迄今为止最好的素质词典,该词典的通用素质模型包括成就导向、归纳思维、收集信息、献身组织、合作精神等18个素质,所有素质已得到严格的测试,并在世界范围内一些杰出者身上进行过有效验证。(2) 德勤咨询公司提出,胜任素质由两个层面组成,即核心素质(专业技能素质)与一般素质(通用素质),并认为只有相应的素质得到发展,员工的能力才能不断提升。(3) 盖洛普公司在对美国近600家大中小型企业进行调查后得出结论:正直、勤奋、与人相处的能力、献身精神、能通过别人把工作干好等素质,是大型企业中有效管理者最重要的素质。在中小型企业中,与他人相处的能力列在第一位,接下来是正直、勤奋、业务知识、智力、领导能力和所受的教育。

此外,胜任素质模型研究还在国外公共教育和政府行政等其他领域中取得了富有影响的成果。例如,自1986年起,英国的管理认证机构(MCI)通过广泛的胜任素质研究工作,逐步在数百个行业内成功设置千余种职业标准,产生了广泛影响,并促成了著名的英国国家职业资格体系的诞生;美国劳工部主持开展的领导效率工程是迄今为止最大的政府胜任素质研究项目,已对美国联邦政府主管的培训与开发产生了深远的影响;美国管理协会对921名管理人员的管理技能和管理素质进行了调查,在此基础上将管理素质分为概念技能、沟通技能、效率技能和人际技能四个维度。

在国内,胜任素质模型的发展是从20世纪90年代开始的,主要研究对象为企业的中高层管理者,研究的重点主要是对已有的胜任素质模型的验证性研究以及在企业建立胜任素质模型的初步探索。下面列举一些具有代表性的研究及成果:(1) 1998年,北京大学的王垒等人在对中国管理者的特质结构研究中,将与管理者的绩效相关的特质概括为人格、动机、认知、情绪、社会等几个方面，并将这些方面分解为与工作成就相关的23个因子，部分因子（如良好的生活作风、家庭责任感等）与中国传统文化、政治经济体制具有较为密切的关系。（2）1999年，时勘、王继承、李超平等人对我国通信业管理干部的胜任特征进行了实证研究。结果表明，我国通信业管理干部的胜任力模型包括10项胜任特征：影响力、组织承诺、信息寻求、成就欲、团队领导、人际洞察能力、主动性、客户服务意识、自信和发展他人。（3）2003年，王重鸣、苗青借助结构方程建构软件AMOS，通过编制《管理综合素质关键行为评价量表》，指出管理者胜任素质模型由管理素质和管理技能两个维度构成，但不同层次的管理者具有不同的结构要素。此外，鉴于不同行业不同职位对胜任素质模型有不同的要求，与行业紧密结合的胜任素质模型运动在国内也逐步开展起来。胜任素质模型作为一种新的管理工具，成为我国人力资源管理中的热点问题之一。胜任素质模型的研究，有助于确定员工高效完成工作任务所需要的资格条件，便于员工选聘、培训、考核及职业发展指导等，这对处于转轨时期的国内企事业单位及政府机构的人力资源管理理念、制度建设及实践，都具有非常重要的意义。

（二）胜任素质模型实践概况

胜任素质模型在国外先进企业得到普遍接受和广泛运用，《财富》500强企业中已经有超过半数的公司应用胜任素质模型。国外的公共部门也非常青睐胜任素质模型，将之用于公务员的选拔配置、培训开发等诸多领域，其中以美国、澳大利亚、加拿大以及英国等最为成功。例如，美国政府为了加强高级公务员的管理，开发了高级公务员核心胜任素质模型。现行的核心胜任素质模型包括六个模块，认为要在每一项素质模块获得成功，需要具备一些基础胜任素质。具体内容如下：（1）变革领导能力（leading change），包括创造力和创新性、外部知觉性、灵活性、压力承受能力、战略思考能力、愿景规划与实现能力等；（2）人员领导能力（leading people），包括冲突管理能力、多元化平衡能力、员工开发能力、团队建设能力；（3）结果驱动力（results driven），包括责任心、客户服务能力、决策能力、风险承担能力、问题解决能力、技术可靠性等；（4）经营敏锐性（business acumen），包括财务管理能力、人力资本管理能力、技术管理能力等；（5）联盟能力（building coalitions），包括合作关系建设能力、政治悟性、影响力/谈判能力等；（6）基础胜任素质（fundamental competencies），包括人际关系能力、口头沟通能力、诚实/正直、书面沟通能力、持续学习以及公共服务动机等。

国内胜任素质模型的实践，主要应归功于外国的跨国咨询公司（比如合益集团）研究人员的热情推荐和跨国公司在中国企业的本土化努力。摩托罗拉、爱立信、IBM、高露洁等企业进入中国后，把以胜任素质模型为基础的人力资源管理体系带入中国，推动了中国现代人力资源管理的发展。在我国企业中，华为公司于2001年首先探索建立胜任素质模型，随后海尔、联想、中兴通讯、平安保险公司等也都积极探索建立适合自己的胜任素质模型。目前，越来越多的中国大中型企业开始针对关键职位着手建立“领导力素质模型”与“基于胜任素质模型的管理培训体系”。可以说，应用胜任素质模型技术和导入基于胜任素质的人力资源管理体系，以建立和发展组织的核心素质与提高组织的核心竞争力，已经成为我国人力资源管理的一个发展趋势。从这个意义来说，现代人力资源管理正逐渐从基于职位的人力资源管理阶段向基于胜任素质的人力资源管理阶段发展。毋庸置疑，这将夯实我国人力资源管理实践基础，拓宽我国人力资源管理实践发展道路。

三、胜任素质词典

前文提到，麦克利兰对200多项工作所涉及的胜任素质进行研究，通过观察从事某项工作的人员的行为及结果，发掘导致其绩优的明显特征，经过逐步发展与完善，总共提炼并形成21项通用胜任素质要项，构成了胜任素质词典的基本内容。这21项胜任素质要项主要概括了任职者在日常工作与行为中，特别是从事某些关键事件时所表现出来的动机、个性特征、自我形象、社会角色、知识与技能等特点。该词典的出现，成为后来同类研究遵循的典范。

在胜任素质词典中，所有的胜任素质要素都被转换成行为指标。大部分的胜任素质要素包含 50～150 项指标。为了区别一般员工与绩优员工在胜任素质方面的核心差异与解释这种差异的内在原因，确定了描述胜任素质定义与级别的几个基本维度：

(1) 行动的强度和完整性。这是描述胜任素质定义与级别的核心维度。它展现了胜任素质对于驱动绩效目标实现的强度，以及为实现绩效目标而采取的行动的完整性，在胜任素质词典中通常用“A”表示。

(2) 影响范围的大小。影响范围表示受该胜任素质影响的人的数量与层级以及规模的大小。例如，“影响力”胜任素质可能会涉及一个人、一个工作团队、部门和整个组织。因此，影响范围的大小也是描述素质的关键维度，在胜任素质词典中通常记为“B”。

(3) 主动程度。包括行动的复杂程度与行为人在主观方面的努力程度，即为达到某一目标而花费的人力、物力、信息资源以及投入额外的精力或时间的多少等。

具体到实践中，在运用上述三个基本维度描述胜任素质时，通常表现为几个维度不同级别的组合，且以某一维度主导，其他维度作辅助参照。基于此，胜任素质词典中对于胜任素质要项的分类描述也是按照“群/族”的概念进行的。这种分类不仅标示出一种行为受到多个胜任素质综合影响的特点，而且能解释同种行为产生不同结果的原因。

依据胜任素质的三个基本维度，麦克利兰将 21 项通用胜任素质要项划分为 6 个基本的胜任素质族，在这 6 个胜任素质族中又依据每个胜任素质族中对行为与绩效差异产生影响的显著程度划分为 2～5 项具体的胜任素质，而相对于每一项具体的胜任素质都有一个具体的释义与至少 1～5 级的级别说明，用以区分与解释因胜任素质的级别差异而导致的相似行为及不同结果（见图 6－4)。

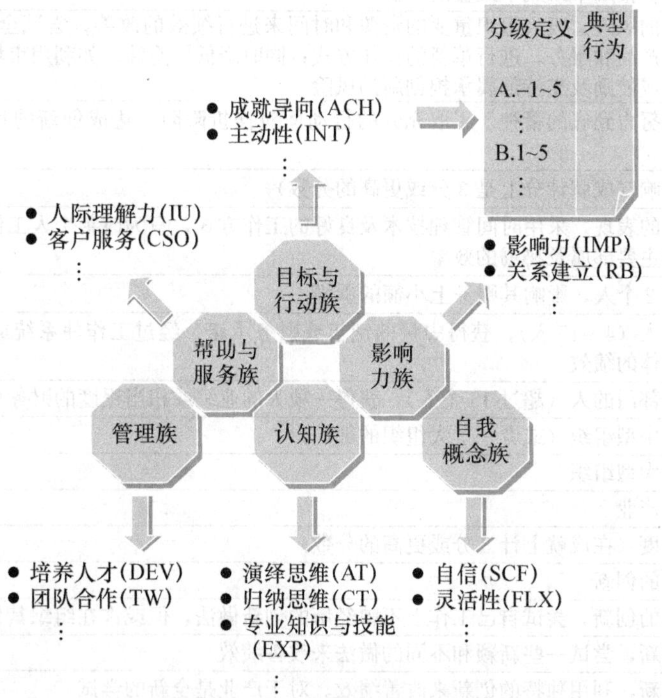

图 6－4 胜任素质词典的结构

资料来源：彭剑锋．人力资源管理概论．上海：复旦大学出版社，2003：219.

对于有些胜任素质要素而言，可具有负值，代表那些通常会出现在一般绩效人员身上，而绩优人员很少有的行为，并说明这些行为对于产生高绩效的不利影响，为基于员工胜任素质而开展的人力资源管理其他各环节提供指导。表6-1是胜任素质词典的成就导向级别的一个列表。

表6-1　成就导向的级别定义

等级	行为描述
A	行动的强度与完整性
A. -1	不符合工作标准。在工作上漫不经心，只符合基本的要求（却很关心工作以外的事，如社交生活、地位、兴趣、家庭、运动和朋友关系）。在访谈过程中，受访者无法生动地描述有关的工作细节，却热衷于谈论一些工作以外的活动
A. 0	只专注于工作。虽然努力工作，却没有证据显示达到杰出的产出标准
A. 1	想要把工作做好。想要努力工作以符合工作上要求的标准，尝试想要把工作做好与做对。偶尔对于浪费与无效率表现出沮丧（如抱怨时间浪费和想要做得更好），但实际上没有进步
A. 2	工作符合其他人的标准。工作符合管理上的标准（如预算的管理、符合销售的业绩、品质的要求）
A. 3	设立自己衡量优异的标准。使用自己特定的方法（而不是一套来自上面管理要求的优异的标准）来衡量产出，如费用、考绩、时间管理、淘汰率、打击竞争者等。或者设立的目标达不到A.5设立的程度，都归纳在这个部分
A. 4	持续不断地改善绩效。改变系统上和工作上的方法，以改进绩效（如成本降低、品质改善、顾客满意、业绩提升、收益增加等），而没有设定任何特别的目标
A. 5	设定挑战性的目标。设定及完成挑战性的目标（如在6个月内将销售/品质/生产率提高15%），"挑战性"意味着有一半的达成可能性，虽然目标难度高，但不是不可能达成。开始设定及执行挑战性的目标就可以计分，即使目标没有达成也给予计分。设定所谓安全目标不具备挑战性，就不予计分
A. 6	成本效益分析。依照投入与产出的衡量来做决策，设立优先顺序或选择目标，明确进行潜在的利润、投资报酬率或成本效益的分析
A. 7	评估企业的风险。投入组织重要的资源和时间来进行绩效的改善，尝试全新而有挑战的目标，如开发新产品和服务，进行革新的操作方式；同时降低风险性，如利用市场调查，预先分析顾客的需求或鼓励及支持部属承担创新的风险
A. 8	坚持创新努力到底的精神。采取充分的行动面对挫折险阻，达成创新的目标；或成功地完成创新
B	成就的影响（成就计分上是3分或更高的分数）
B. 1	只管个人的表现，采用时间管理技术及良好的工作方式，只为改善个人工作的效率，或只影响单个人如主要部属及秘书的效率
B. 2	影响1至2个人，影响其财务上小额的承诺
B. 3	影响一群人（4～15人），获得中量的销售或财务承诺。经过工作使系统或其他人更有效率地去改善群体的绩效
B. 4	影响一个部门的人（超过15个人），获得一项大的业绩或相当程度的财务承诺
B. 5	影响一个中型组织（或者一个大组织的部门）
B. 6	影响一个大型组织
B. 7	影响整个产业
C	创新的程度（在成就上计3分或更高的分数）
C. 0	没有任何的创新
C. 1	单位工作的创新，尝试自己工作上不曾经历的创新做法，但或许在组织其他部门有此经验
C. 2	组织的创新，尝试一些新颖和不同的做法来改善绩效
C. 3	产业的创新，利用独特的创新来改善绩效，对于产业是全新的尝试
C. 4	整个改革，对于产业全新而有效率的改革。如苹果电脑对个人电脑的变革

资料来源：SPENCER L M，SPENCER S M. 才能评鉴法. 汕头：汕头大学出版社，2003：34-35.

第3节 胜任素质模型的建立

胜任素质模型建立的基本原理是辨别优秀员工与一般员工在知识、技能、社会角色、自我认知、特质及动机等方面的差异，通过收集和分析数据，并对数据进行科学的整合，从而建立某职位胜任素质框架，以形成相应的可操作性强的人力资源管理体系。

一、胜任素质模型建立的原则

一般而言，胜任素质模型的建立要遵循以下原则：

(1) 以战略为导向。组织建立的胜任素质模型必须体现组织发展战略的需要，以及组织在长远可持续发展中对人才素质的需求。

(2) 以职位的客观要求为依据。胜任素质模型的建立必须从职位的实际出发，以完成职位的工作任务为目标。确定对实现组织战略及发展规划具有关键作用的核心职位，再依据这些职位的实际要求建立针对性强的胜任素质模型。

(3) 考虑组织的业务性质及特点。行业不同，胜任素质模型必然不同，即使是处于同一行业的两个组织，由于经营目标、组织文化及经营策略等方面存在差异，它们对员工胜任素质的要求也是不一样的。另外，胜任素质模型反映的是某个组织对特定人员的要求，并细化到具体行为方式的程度，具有较强的行业性与特殊性。因此，组织的业务性质及特点是建立胜任素质模型，特别是专业型胜任素质模型需要重点考虑的因素。

(4) 与组织文化相适应。胜任素质模型的建立应该考虑到组织文化的兼容性，以促进组织形成符合战略需要的文化。

二、胜任素质模型建立的流程

胜任素质模型的建立通常有五个关键步骤，如图6-5所示。

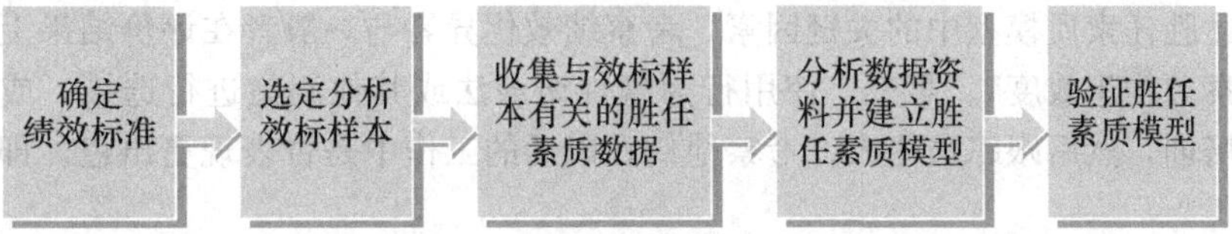

图6-5 胜任素质模型建立的流程

(一) 确定绩效标准

建立胜任素质模型的第一个程序就是确定规则和尺度，以确定将被研究的工作中优秀的、有效的工作状况。绩效标准简单地说就是能够鉴别工作表现优秀的员工的指标或者规定，一般采用工作分析法和专家小组讨论法来确定。前者是采用工作分析的各种专用工具与方法，明确职位的具体要求，提炼出鉴别绩效优秀的员工与绩效一般的员工的标准。专家小组讨论法则是由优秀的领导者、人力资源管理者和研究人员组成的专家小组，就此职位的任务、责任和绩效标准以及期望优秀的素质特征行为和特点进行讨论，得出最终的结论。

如果客观绩效指标不容易获得或经费不允许，可以简单地采用“上级提名”的方法。这种由上级领导直接给出的工作绩效标准的方法虽然比较主观，但对于优秀的领导者也是一种简便可行的方法。组织应根据自身的规模、目标、资源等条件选择合适的绩效标准定义方法。为一项工作确定正确的、有效率的标准是极为重要的，如果运用了错误的标准，模型就会确定错误的素质要素。

（二）选定分析效标样本

根据绩效标准与员工的实际考核结果，在从事某职位的员工中，分别从绩效优秀和绩效普通的员工中随机抽取一定数量的员工进行调查。分为相互对照的两个组：一组为具备胜任素质但业绩不够突出的人；另一组为绩优人员。为了保证所确定的优秀工作者是正确的，最好的方法是同时运用几种标准和选择方案，一般来说，只有那些在所有标准中都能取得高分的员工才是最优秀的。

（三）收集与效标样本有关的胜任素质数据

收集与效标样本有关的胜任素质数据，可采用行为事件访谈法（BEI）、专家小组法（expert panel）、问卷调查法（survey）等方法，但一般以行为事件访谈法为主。行为事件访谈法采用问卷与面谈相结合的方式。访谈者会有一个提问的提纲用来把握面谈的方向与节奏。访谈者在访谈时应尽量让访谈对象用自己的话详尽地描述工作中成功或不成功的关键事例及原因，包括整个事件的起因、过程、结果、时间、相关人物、涉及的范围以及影响层面等。因为访谈的时间较长，一般需要1～3小时，访谈者应在征得被访者同意后运用录音设备把内容记录下来，以便整理出详尽的有统一格式的访谈报告。行为事件访谈法对访谈技巧要求较高，要求访谈者能够引导被访谈者自然而然地说出他们真实的想法与感受，因此在实施行为访谈以前，应当预先对访谈者进行系统深入的相关培训，以提高访谈质量。

（四）分析数据资料并建立胜任素质模型

对行为事件访谈报告进行内容分析，记录各种胜任素质在报告中出现的频次。然后，对优秀组和普通组的要素指标发生频次和相关的程度统计指标进行比较，找出两组的共性与差异特征。根据不同的主题进行特征归类，并根据频次的集中程度，估计各类特征组的大致权重。

（五）验证胜任素质模型

一般可采用三种方法来验证胜任素质模型。第一，选取第二个效标样本，再次用行为事件访谈法来收集数据，分析建立的胜任素质模型能否区分第二个效标样本。分析员事先并不知道谁是优秀组或普通组，即考察“交叉效度”。第二，根据胜任素质模型编制评价工具，来评价第二个样本在上述胜任素质模型中的关键因素，考察绩效优异者与一般者在评价结果上是否有显著差异，即考察“构想效度”。第三，使用行为事件访谈法或其他测验进行选拔，或运用胜任素质模型进行培训，然后跟踪这些人，考察他们在以后的工作中是否表现更出色，即考察“预测效度”。

三、胜任素质模型建立的方法

建立胜任素质模型的基本方法较多，其中最经典的方法是行为事件访谈法，其他相对简便的方法有观察法与访谈法、德尔菲法、工作分析法、问卷调查法等。

（一）行为事件访谈法

行为事件访谈法由麦克利兰开发，是通过对绩优员工和一般员工的访谈，获取与高绩效相关的素质信息的一种方法。关键行为事件的意义在于，通过访谈者对其职业生涯中的某些关键事件的详尽描述，揭示与挖掘当事人的素质，特别是隐藏在冰山下的潜能部分，用以对当事人未来的行为及绩效产生预期，并发挥指导作用。因此，访谈者对于关键事件的描述必须至少包括以下内容：这项工作是什么？谁参与了这项工作？被访者是如何做的？为什么这样做？这样做的结果怎样？

1. 行为事件访谈法的基本操作

（1）行为事件访谈准备。借助工作分析与工作说明书等手段与工具，预先了解将要进行访谈的对象，了解被访者的背景情况，包括姓名、职务及机构状况，通常访谈者不必了解被访者的绩效高低，以避免先入为主影响访谈过程。另外，应提前准备访谈提纲，安排地点并配置相关的录音设备等。

(2) 访谈内容介绍说明。在访谈前，要进行自我介绍，并对访谈进行解释。目的是在访谈者与被访者之间建立相互信任及友好的感觉，从而使整个访谈过程轻松愉快，保证信息的全面真实。特别要对被访者强调访谈的目的与形式、访谈信息的用途、使用者以及保密承诺等。该步骤的访谈内容主要集中于被访者的工作经历方面，重点通常放在目前的工作上，以探求被访者个人职业生涯目标以及在进行职业选择时具体行为方面的信息等。

(3) 梳理工作职责。了解被访职位的实际工作内容，包括关键的工作行为与其他职位的工作关系等，可以参照该职位的说明书获得相关信息。该步骤可以引导被访者将重点锁定在特定的工作行为上，集中、清楚地描述一些具体的事例。

(4) 访谈行为事件。行为事件访谈法的核心目的是了解被访者对关键事件的全面详尽的描述，事件的数量以4～6个为宜。该步骤在整个访谈中占据的时间比例最大，相应地在整理与分析方面花费的时间也最多。在这一步骤中，要注意访谈应该从正面事件开始。被访者一旦体会到成功事件所带来的满足感，就会更有信心，并乐意继续往下谈。

(5) 提炼与描述工作所需的胜任素质特征。这一步骤有两个主要目的：一是对之前的关键事件进行补充，获得一些与胜任素质相关的其他关键事件的信息；二是直接询问被访者本人，通过对其从事工作所需素质的理解与认识，使其因为受到尊重而倍感自信。

(6) 结束访谈并整理资料。访谈结束时，首先要感谢被访者花费时间提供了有价值的信息，并表示认同。接下来，要立刻总结访谈资料，记录整个访谈内容，并通过回放录音获得新的线索，包括对被访者个性的简要描述，对还不清楚的问题做出说明，以便在此之后的访谈中可以进一步的调查与确认。通常需要整理的资料如下：

第一，职位及职责描述。包括被访者的姓名、职务等。以提纲形式列出工作职责，并附上各项职责的实例，所有内容均应使用第一人称，就像被访者自己在叙述一样。

第二，行为事件描述。总结访谈记录及录音中被访者在各种典型情境中的行为及结果、人际关系的处理、动机与感受等。

第三，任职需要的胜任素质。以提纲形式列出任职者应具备的胜任素质，并附上各项胜任素质的实例，尽可能使用被访者的语言，特别要记住由胜任素质引出的其他关键行为事件及两者之间的对应关系。

第四，总结和分析。对各方面的观察进行总结，包括访谈主题、个人印象、观点及初步结论，特别是对被访者关于沟通、倾听与影响力等方面的胜任素质，对开展工作的影响做出评价。这些记录都是在分析行为事件，以获得胜任素质结论的关键内容与依据。例如，被访者的访谈方式、频繁使用的词语、与人相处的方式、对他人的评价等。

2. 行为事件访谈法的优点和缺点

行为事件访谈法的优点：(1) 不仅描述了当事人行为的结果，而且说明了产生行为的动机、个性特征、自我认知、态度等潜在方面的特征，可以准确详细地反映被访者处理具体工作任务与问题的过程，告诉人们应该做什么和不应该做什么，哪些工作行为是有效的，哪些是无效的，因此对于如何实现与获得高绩效具有指引作用。(2) 还可以提供与工作有关的具体事件全景，这些情境可以发展成组织实施面试招聘、模拟培训的有效工具和角色扮演蓝本。特别是绩优员工提供的关于具体事件的描述正好成为员工可参照的职业发展途径，并用以总结绩优员工何时何地、采用什么方法获得目前及未来工作的关键能力。

行为事件访谈法虽然比较严谨、有效，但也存在一些缺陷或不足：（1）一次有效的行为事件访谈需要花费1～3小时，另外需要几小时的准备，从时间和费用的投入上都是一笔不小的成本；（2）访谈人员必须经过相关的专业培训才能胜任访谈任务，他们要学会如何把握访谈的节奏与时间、控制被访者的情绪、有效引导访谈内容不偏离访谈目标、调整访谈方式、对被访者进行有效反馈等，必要时还要在专家的指导下才能通过访谈获得有用的信息；（3）它通常专注于具有决定性意义的关键事件及个人胜任素质，因此可能会忽视一些不太重要但仍与工作有关的信息与行为特征。由于时间、成本及必要的专家支持等因素，行为事件访谈法无法大规模推广，只能在小范围内展开，主要应用于关键职位的信息获得。

（二）观察法与访谈法

胜任素质模型建立的方法一般是，研究绩效出众的员工，找出他们有别于一般员工的特点和行为。观察法是指在绩效出众员工与一般员工工作时紧随他们进行观察，对活动作详细的观察记录，这样就能找出他们的行为差别。还有一种常用的方法是访谈法。把管理人员和绩效出众的员工组成中心小组，围绕以下方面向他们提一些问题：在这个职位上取得成功需要具备哪些条件？为什么人们在这个职位上会失败？绩效出众者有别于一般员工的特点是什么？也可以给他们列出一系列不同的能力，然后让他们按照这些能力对职位的重要性排序，从而找出对员工绩效影响比较大的胜任素质特征。

（三）德尔菲法

德尔菲法又称“专家小组法”，是对传统的专家会议法的改进和发展。它采用匿名发表意见的方式，即专家之间不得互相讨论，不发生横向联系，只与调查人员联系，通过多轮次调查专家对问卷所提问题的看法，经过反复征询、归纳、修改，最后汇总成专家基本一致的看法，作为预测的结果。这种方法具有广泛的代表性，比较可靠。在建立胜任素质模型时，可以把有关专家组织起来，直接利用专家积累的丰富知识、经验和能力，采用问卷调查、访谈、头脑风暴等多种方式集中开发、评估和确认胜任素质模型。这种方法花费的时间短，适合面向较少职位的胜任素质模型开发。关于德尔菲法更为详细的介绍，请参见第2章第3节的有关内容。

（四）工作分析法

工作分析法是人事管理的一项重要工具。工作分析是对与某项工作有关的内容、责任的资料，给予汇集及研究、分析的过程。组织为了确保在科学的基础上雇用工作人员，就必须对工作人员的素质先行订立标准，而为了建立人员的素质标准，就必须对工作的职务与责任加以研究，目的是分析从事某一职位工作需要具备哪些素质条件，履行职责与完成工作任务应该用什么指标来评价，同时提出这些素质条件与评价指标中哪些更重要、哪些相对不重要，等等。其具体应用步骤如下：

第一步，根据素质测评的目的，确定需要进行调查的职位范围，制定调查的提纲与计划。

第二步，采用一定的方法广泛收集有关某一职位任职者主要素质条件与绩效指标的素材。

第三步，通过一些相关定性分析方法筛选形成内容全面的素质调查表。

第四步，在更大的范围内进行调查，要求被调查者对调查表上的内容进行评价与补充，并对调查结果进行统计分析，形成职位素质测评指标体系。

第五步，对所制定的素质测评标准体系进行测试并修改。

（五）问卷调查法

问卷调查法是指通过文献回顾、访谈等方法获取有关职位特征信息后编制研究问卷，在大样本调查的基础上通过探索性因子分析，提炼出胜任素质的构成要素。通过描述行为表现来揭示个体的胜任素质水平被学者们公认为是揭示胜任素质要素最有效的方法之一。在通过问卷调查法构建胜任素质模型时，问卷往往用若干行为描述题项从不同角度反映某一项胜任素质要素的内涵，这样每一个题项能够测度出个体在该项胜任素质要素上的胜任程度，这些反映胜任素质水平的题项组合起来构成了胜任素质的测评工具。

第4节 胜任素质模型的应用

一、将胜任素质模型导入战略性人力资源管理系统

一旦建立胜任素质模型，就应该将其导入战略性人力资源管理系统，并予以“激活”，使其成为组织发展强有力的引擎，并将组织战略转化为实际成果的助推器（见图6-6）。

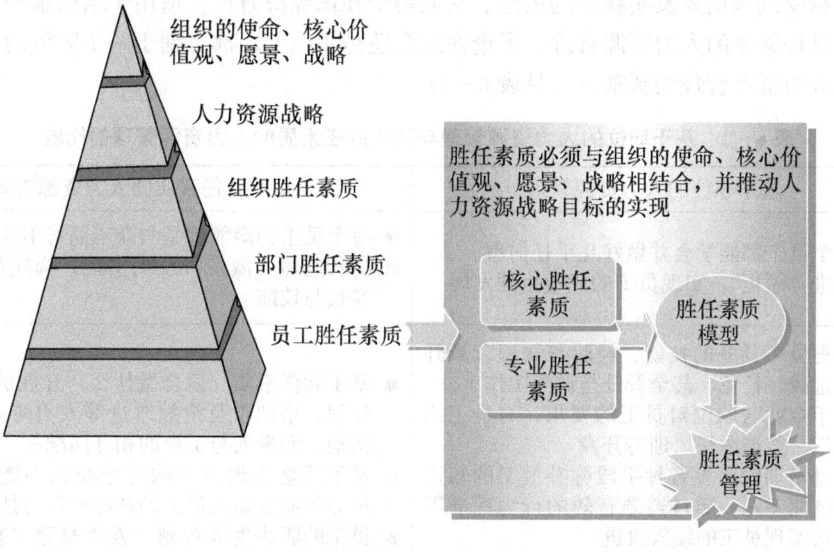

图6-6　将胜任素质模型导入战略性人力资源管理系统

（1）组织战略决定胜任素质模型。根据组织的使命、核心价值观、愿景以及战略目标，并以由此导出的人力资源战略和组织结构为基础，设计、应用胜任素质模型。这样才能确保员工具备的胜任素质与组织的核心竞争力相一致，并直接为组织战略服务，确保员工能够满足组织发展的真正长期需要，而不只是为了填补某个职位的空缺。

（2）胜任素质模型明确定义既定方面各个层次的行为表现，提供一个统一的衡量标准。在胜任素质模型中，对于每个级别的胜任素质要求都有具体的行为表现描述。当一个员工的行为表现与其相符时，认为该员工已经达到了相应的能力素质要求或掌握了相关的胜任素质。因此，在利用胜任素质模型进行员工的招聘、考核等工作时，就有了一个统一的、可衡量的标准来确保公平性和合理性。

（3）胜任素质模型将人力资源战略和组织战略紧密结合。胜任素质模型产生于组织的整体战略和人力资源战略，体现了组织在战略层面上对个体的能力需求。同时，胜任素质模型又贯穿整个人力资源管理的日常活动。因此，通过运用胜任素质模型，能确保组织的人力资源战略与整体战略紧紧相扣，使人力资源战略为组织整体发展战略目标的实现提供更好的服务。

（4）胜任素质模型作为一个基础建设支持各项人力资源管理活动。胜任素质模型可以应用在人力资源管理的几乎所有的工作中，通过应用胜任素质模型，可以实现人力资源的集成化管理。

接下来将对这个问题作进一步的分析。

二、基于胜任素质的人力资源管理

（一）基于胜任素质的人力资源管理与基于职位的人力资源管理的比较

人力资源管理的核心是解决人与职位之间的动态匹配关系，于是相应地衍生出了基于职位的人力资源管理与基于胜任素质的人力资源管理两种思路。前者是人力资源管理的传统路径，产生于工业经济时代，到目前为止已经形成了较为完整的方法与流程，包括信息收集方法、数据处理工具、工作说明书生成等，但由于过分关注工作本身，使工作分析、人员选拔、绩效评价、团队激励等难以有机整合。而随着人日益成为管理的核心，对人的内在素质，包括知识、技能、行为、个性趋向、内驱力等因素与工作绩效之间的联系的研究日益深入，基于胜任素质的人力资源管理越来越受到理论界及实践界的关注。它应用于知识经济时代，适用于结构扁平化、知识型组织。基于胜任素质的人力资源管理，无论在理念还是实践上，都有别于基于职位的人力资源管理，是现代人力资源管理的新基点（见表6-2）。

表6-2　基于职位的人力资源管理与基于胜任素质的人力资源管理的比较

	基于职位的人力资源管理	基于胜任素质的人力资源管理
假设前提	● 每个员工都能学会并做好几乎任何事 ● 改进“短板”，实现员工的职业生涯发展	● 每个员工的潜能都是与众不同且不易改变的 ● 扬长避短，激发员工的潜能，构建员工的核心专长与技能
管理实践	● 根据员工具备的技能、经验与知识背景开展选拔、任免，甚至晋升与调配工作 ● 基于企业与职位对员工的要求，对员工的知识、技能进行培训与开发 ● 通过培训轮岗等各种手段弥补员工的知识与技能差距；通过遵循有效的行为标准等方式实现员工的绩效改进 ● 员工的职业生涯设计与发展是建立在改进个人知识与技能“短板”基础之上的	● 基于胜任素质（适合做什么）开展员工的选拔、任用、培训以及绩效改进等人力资源管理实践活动，实现人与工作的相互匹配 ● 基于战略实现以及构建企业核心能力的要求，培养各业务系统员工的核心专长与技能 ● 员工的职业生涯规划与发展是建立在有效开发与利用个人的优势与潜能基础之上的

基于职位的人力资源管理的优点在于对各项职位要素有明确、清晰的规定，从而构成能有效联系人力资源管理各职能模块的纽带，为整个人力资源管理体系提供了理性基础。但这种体系讲究的基本上是“以职定人”，忽视了人的能动性，是一种刚性的管理模式，缺乏灵活性。基于胜任素质的人力资源管理的最大优势则在于，能适合组织动态发展性的要求，组织可以根据结构的调整、工作活动的安排，对员工工作进行灵活的调整，充分体现出“以人为本”的管理思想。

较之基于职位的人力资源管理，基于胜任素质的人力资源管理具有以下诸多优势：(1) 与组织经营目标和战略紧密联系，强调与组织的长期匹配，而不是与职位的长期匹配，能够有效服务于组织战略；(2) 更加着眼于优秀绩效，注重提升组织的整体绩效水平，而不是着眼于员工达到工作资格要求；(3) 强调优秀员工的关键特征，注重怎样完成任务，而不是完成什么任务；(4) 除了寻求职位之间在胜任素质要求上的差异外，更注重寻找职位、职务系列之间在胜任素质要求上的相似点；(5) 更易被任职者接受，即它是从优秀员工的关键行为出发来确认职位要求，把员工的行为、精神体现在胜任素质要求的描述上，这样使得员工能够在胜任素质要求描述中看到自己与其他员工的现状和差距，进而接受有针对性的培训，合理规划职业生涯。

可以说，基于胜任素质的人力资源管理是基于职位的人力资源管理的升华。但是，从目前来看，前者还不能代替后者，两者之间尚需要相互补充、相互借鉴与相互促进，这样才能达到更好的管理效果。

(二) 基于胜任素质的人力资源管理的意义

随着组织所处内外环境的变化，目前被各种组织采用的基于职位的人力资源管理模式固有的缺陷逐渐显现出来，迫切需要构建新的人力资源管理模式。胜任素质理论及其模型体系的提出为构建基于胜任素质的人力资源管理模式提供了全新的视角。

基于胜任素质的人力资源管理体系将胜任素质模型视为一个基础平台，通过对员工胜任素质资源进行管理，合理利用并有效开发，最终运用到人力资源管理的其他环节。

从组织的角度来看，首先，通过建立胜任素质模型可以实现对人力资源的盘点，明晰当前组织的能力储备与未来要求之间的差距；其次，通过建立胜任素质模型，可以帮助组织更好地选拔、培养、激励那些能为组织核心竞争优势构建做出贡献的员工，进而推进组织核心能力的建设和组织变革；再次，通过建立胜任素质体系能为员工提供个性化的培训方案，进而搭建有效的职业发展路径；最后，胜任素质模型在人力资源管理活动中起着基础性、决定性的作用，它通过建立一套标杆参照体系，分别为组织的工作分析、人员招聘、人员考核、人员培训以及人员激励等提供强有力的依据，从而优化人力资源管理的各个流程，为组织发展提供更好的人力资源支持。

从员工角度来看，胜任素质模型为员工指明了努力的方向，使员工明白做事方法与做事内容同样重要；鼓励员工向专业纵深领域发展，帮助员工更好地提高个人绩效，进而实现组织的战略目标。

基于胜任素质的人力资源管理强调的是组织战略规划和组织文化对员工的要求与引导作用。在这种体系下，人力资源管理不再是单纯处理一些事务性的工作，更多地起到了组织战略的传导系统的作用。借助胜任素质模型，能把组织的使命、核心价值观、战略目标等层层传递给员工，使其成为员工的自觉行为。在21世纪的今天，应用和发展基于胜任素质的人力资源管理可以显著提高人力资源的质量，增强组织的竞争力，促进组织发展目标的实现。

(三) 基于胜任素质的人力资源管理的主要职能

将胜任素质模型导入人力资源管理体系，进而连接起员工招募与选拔、培训与开发、绩效管理、薪酬管理、职业生涯管理等人力资源管理模块，构建起基于胜任素质的现代人力资源管理体系，其中的各项职能都不同程度地具有新的意义、特点与举措。

1. 基于胜任素质的工作分析

工作分析是人力资源管理的基础，传统的工作分析比较注重工作的组成要素，随着信息技术的发展与组织变革的不断进行，传统的工作导向分析法已经不能满足动态人力资源管理的需要，其地位正在下降，而人员导向型工作分析方法的地位正在上升。基于胜任素质的工作分析以胜任素质为框架，通过分析优秀员工的关键特征和组织环境来确定职位胜任要求和组织的核心胜任素质。通过这种方法确定的工作要求，一方面能够满足组织当前职位的要求，另一方面把组织经营目标与战略紧密联系起来，也适应了组织发展的需要。而且，基于胜任素质的工作分析，研究与工作绩效优异的员工的突出及优异表现相关联的特征及行为，结合这些人的特征和行为定义这一职位的职责内容，具有更强的工作绩效预测性，能够更有效地为员工选拔、培训以及奖励、薪酬、职业生涯规划等设计提供参考依据。

2. 基于胜任素质的招募选拔

传统的招募选拔一般比较重视考察候选人的知识、技能等外显特征，不考察难以测量的核心的动机和特质。但是，如果挑选的员工不具备该职位需要的深层次的胜任素质，要想改变这种状况，就不是简单的培训可以解决的，这对于组织来说是一个重大的失误与损失。相反，基于胜任素质的招募选拔帮助组织找到具有核心动机和特质的员工，既避免了招募选拔失误带来的不良影响，也减少了组织的培训支出。尤其是为工作要求较为复杂的职位选拔候选人，如选拔高层技术或管理人员，在应聘者基本条件相似的情况下，能预测优秀绩效的一些胜任素质远比与任务相关的技能、智力或学业等级分数等显得更为重要。基于胜任素质的招募选拔系统，紧紧围绕应聘职位的关键胜任素质，有针对性地开发结构化的面试题库，设置有效的问题，在面试中考察应聘者是否具备职位胜任素质所要求的关键行为，从而提高招募选拔的成功率。同时，胜任素质评价的结果还可用于对现有员工的调整，实现人职匹配。

3．基于胜任素质的职业生涯管理

指导员工进行职业生涯规划，帮助下属实现职业发展，这是现代人力资源开发的一个基本理念，也是人本管理的一项基本要求。人本管理就其本质而言，就是企业用系统的观点看待自己的目标与使命，尊重和平衡处理各利益相关者的关系（包含员工、顾客、股东、供应商、社会等），用人性化和个性化的方式领导和激励员工，把促进发展、实现其合理的愿望和梦想作为管理的出发点，在尊重、真诚、信任和支持的环境中实现组织和员工的共同发展，让员工对自己的未来充满憧憬和信心，在工作中感受到生命的价值与意义。胜任素质模型能够帮助员工理解组织需求，明确高绩效的标准，为员工提供清晰的通向成功的路径。基于胜任素质模型的评价体系，为组织评价员工潜力提供了一致的框架和标准。依据胜任素质模型的要求，对员工进行评价，能够使员工了解个人特质与工作行为特点及发展需要，帮助员工设计符合个人特征的职业发展规划，并在实施发展规划的过程中对员工提供支持和辅导。这不仅能帮助员工实现自身的发展目标及职业潜能，也促使员工努力开发有助于提高组织绩效的关键技能和行为，从而实现个人计划和目标与组织经营战略之间的一致性，让员工和组织共同成长和发展。

4．基于胜任素质的培训与开发

培训的目的与要求就是帮助员工弥补不足，从而达到职位的要求。培训所遵循的原则就是投入最小化、收益最大化。通过评估员工胜任素质，可以明确组织成员的培训需求，找出培训的具体目标和实施培训的关键，大幅提高培训工作的效果，降低培训成本，提高培训收益；根据职位的胜任素质要求设置各种培训课程，能够使员工学到的知识与技能在实际工作中真正发挥作用，提高培训的有效性；根据胜任素质模型中的行为范例，可以有效评估员工的工作行为，并建立良好的培训后续跟踪机制，便于进行培训效果评估。基于胜任素质的培训与开发是一个系统的过程。组织要根据发展战略确定所需要的核心胜任素质，分析差距对绩效的影响，从而确定培训内容。由于不同职位、行业、文化环境中的胜任素质模型是不一样的，组织中不同层次及类别员工的培训也应该有所侧重，要尽可能确保受训者掌握职位技能，并使这些技能真正促进工作的开展，主要是对员工进行特定职位的关键胜任素质的培养，培训的目的是增强员工取得高绩效的能力，使他们具备适应未来环境的发展潜能。

5．基于胜任素质的绩效管理

传统的绩效评价往往关注的是工作结果即绩效水平，基于胜任素质的绩效管理则更关注员工的胜任素质，它代表了员工的潜在能力，关注的是行为过程，预示了未来员工的能力和绩效、员工能否适应未来的工作需要，为优秀员工如何将组织使命、价值观、愿景及组织所期望的行为融入日常工作指明了方向。建立胜任素质模型的前提就是找到区分优秀绩效与普通绩效的标准，以它为基础确立的绩效评价指标，往往是经过科学论证并且系统化的考核体系，这正体现了绩效评价的精髓，真实地反映了员工的综合工作表现。在绩效评价中增加胜任素质考核指标，能够充分了解员工的能力状态，分析妨碍员工获得更好绩效的障碍，以及员工的事业目标和他们的愿望，帮助员工制定绩效目标和能力发展目标及行动步骤，在工作中不断改变自身的行为，取得个人和组织期望的绩效成果。同时，胜任素质模型建立了工作行为范例，可以比较客观地评价员工在各方面的工作行为表现是否达到预定的目标，增加了胜任素质考核的可操作性。

将胜任素质模型应用于绩效管理，需要建立公正的、具有发展导向的战略性的绩效管理体系。这样一个绩效管理体系主要应包括以下几个方面的内容：第一，绩效目标建立在认同和信任的基础上，员工参与绩效目标的制定，并通过管理沟通形成绩效承诺；第二，在整个绩效管理过程中，管理者应针对下属胜任素质的特点，给予相应的指导、支持和授权，不断提高下属的工作自主权，推动员工与组织共同成长；第三，绩效评价应做到公平、公正，绩效沟通应着眼于胜任素质发展与绩效提高；第四，绩效管理不能局限于员工个人的绩效，应注意胜任素质中人际技能和团队协作能力的培养与发挥，合理设计工作群体，努力提高群体绩效。

6. 基于胜任素质的薪酬管理

传统的薪酬管理体系，主要根据职位的价值来确定员工的薪酬水平，这样容易导致员工为了得到更高的薪酬而盲目追求职位等级的上升和工作职责及权限的扩大。将胜任素质模型导入绩效管理，为以能力为依据的薪酬模式提供了新的操作思路，即通过对员工所具备的与工作相关的知识、技能、经验、行为和态度等胜任素质来评价其为组织创造的价值，进而确定其薪酬水平。基于胜任素质的薪酬管理，在考虑职位价值体现对员工激励的同时，更重视素质拓展与管理过程。这样可以打破传统的薪酬管理体系的“官本位”的特点，更有利于员工提高综合素质，吸引与保留高素质人才，促进组织和员工核心能力的形成。同时，它的立足点是个人与组织未来发展及持续的价值创造，因此具有更大的战略意义。此外，基于胜任素质的薪酬管理更符合知识经济时代知识密集型工作及知识型员工的特点，因此具有更强的现实意义与更好的管理效果。构建基于胜任素质的薪酬管理体系，要为员工设置多条晋升渠道，并通过提高工资水平与提供职业发展机会等多种激励手段，促使员工通过强化胜任素质与为组织创造价值而实现职业发展。

本章小结

本章介绍了胜任素质的起源、含义、特点，阐述了胜任素质模型的概念、特点、要素、发展、建立以及应用等。

胜任素质是指那些从组织发展战略的需要出发，可以预测与提高员工实际工作绩效的显性或隐性的关键知识、技能、能力、特质、态度、动机等特征的总称。胜任素质是判断一个人能否胜任某项工作的起点，是决定并区别绩效差异的个人特征。胜任素质的结构模型中最具代表性的是麦克利兰的素质冰山模型，该模型将素质划分为表象的和潜在的素质，表象部分包括技能与知识，潜在部分包括社会角色、自我概念、特质和动机等因素。在冰山模型中，越往深层次的素质越重要，越难发现和培养。决定一个人成功的关键素质往往隐藏在冰山下面，而不是显现在冰山表面。

胜任素质概念是通过胜任素质模型来表现的。胜任素质模型是指为了完成某种工作，达成某一绩效目标，要求任职者具备的一系列不同素质要素的组合，其中包括不同的动机表现、个性与品质要求、自我形象与社会角色特征以及知识与技能水平等。胜任素质模型可以判断并发现导致绩效好坏差异的关键驱动因素，成为改进与提高绩效的基点。胜任素质模型包括三个基本要素，即胜任素质名称、胜任素质定义和行为指标等级。导入基于胜任素质的人力资源管理体系，以建立和发展组织的核心素质与提高组织的核心竞争力，已经成为我国人力资源管理的一个发展趋势。

胜任素质模型的建立有五个关键步骤：确定绩效标准；选定分析效标样本；收集与效标样本有关的胜任素质数据；分析数据资料并建立胜任素质模型；验证胜任素质模型。建立胜任素质模型的基本方法较多，最经典的方法是行为事件访谈法，其他相对简便的方法有观察法与访谈法、德尔菲法、工作分析法、问卷调查法等。

一旦建立胜任素质模型，就应该将其导入战略性人力资源管理系统，并予以“激活”，使其成为组织发展强有力的引擎，并将组织战略转化为实际成果的助推器。基于胜任素质的人力资源管理，无论在理念还是实践上，都有别于基于职位的人力资源管理，是现代人力资源管理的新基点。

关键词

胜任素质（competency）
素质冰山模型（iceberg model）
洋葱模型（onion model）
胜任素质模型（competency model）
行为事件访谈法（behavioral event interview，BEI）
胜任素质词典（competency dictionary）
专家小组法（expert panel）

思考题

1. 什么是胜任素质？它具有哪些特点？分为哪些类型？
2. 阐述麦克利兰的素质冰山模型和斯宾塞等人的洋葱模型。
3. 什么是胜任素质模型？它具有哪些特点？包含哪些基本要素？
4. 什么是胜任素质词典？它具有哪些特点？
5. 胜任素质模型建立的步骤有哪些？请分别加以阐述。
6. 什么是行为事件访谈法？它有什么优缺点？
7. 行为事件访谈法的操作分为哪些步骤？
8. 基于胜任素质的人力资源管理具有哪些优势？它有何重要意义？
9. 基于胜任素质的人力资源管理的各主要职能有何特点？

第7章

招募与甄选

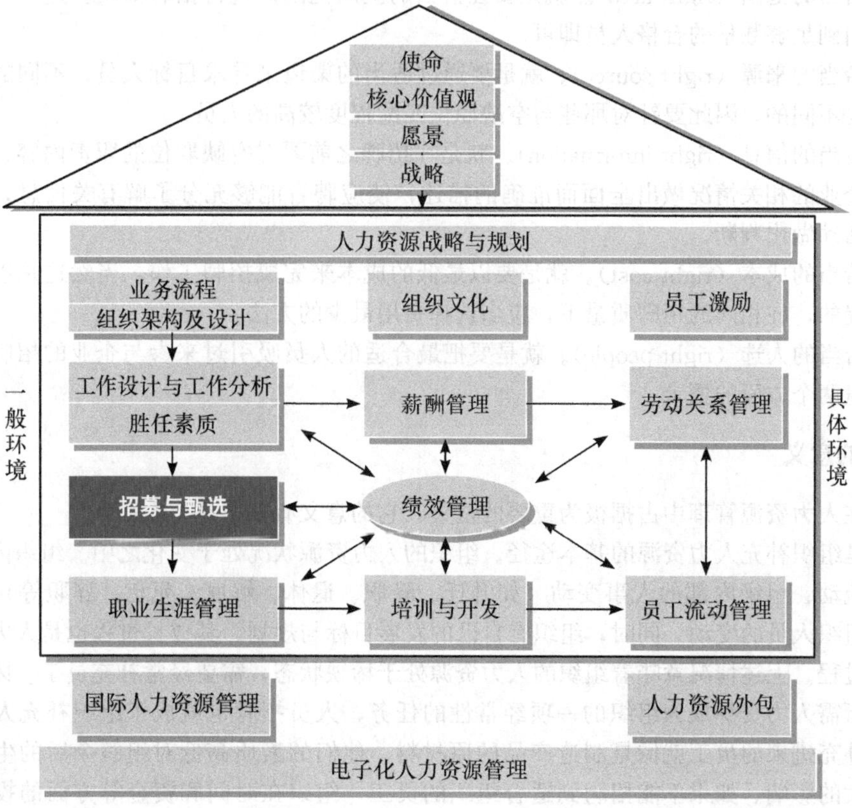

使命
核心价值观
愿景
战略
人力资源战略与规划
业务流程
组织架构及设计
组织文化
员工激励
工作设计与工作分析
胜任素质
薪酬管理
劳动关系管理
一般环境
具体环境
招募与甄选
绩效管理
职业生涯管理
培训与开发
员工流动管理
国际人力资源管理
人力资源外包
电子化人力资源管理

第1节 员工招聘概述

一、招聘的含义与目标

招聘是招募、甄选与录用（聘用）的总称。其中，招募（recruitment）是组织采取多种措施吸引候选人来填补组织职位空缺的活动；甄选（selection）是从某一职位的所有候选人中挑选最合适人选的活动；录用是对经挑选合适的候选人进行录用决策、初始安置、试用、正式录用等过程。招聘的目标是及时满足组织发展的需要，弥补职位的空缺，其最直接的目的是获得组织所需要的人。

一般情况下，企业招聘工作源于以下几种人员需求：（1）缺员的补充；（2）突发的人员需求；（3）确保组织所需的专门人员；（4）确保新规划事业的人员；（5）企业的管理阶层需要扩充；（6）预先安排调动企业的经营者；（7）企业的其他机构有所调整；（8）为了使企业更具有活力而必须引入外来的经营者。总之，人力资源部门需要不断吸收新生力量，为组织不断适应市场和发展需要提供可靠的人力资源保障。

良好的招聘活动必须达到6R的基本目标：

（1）恰当的时间（right time）。就是要在适当的时间完成招聘工作，以及时补充企业所需的人员，这也是对招聘活动最基本的要求。

（2）恰当的范围（right area）。就是要在恰当的空间范围内进行招聘活动，这一空间范围只要能够吸引到足够数量的合格人员即可。

（3）恰当的来源（right source）。就是要通过适当的渠道来寻求目标人员，不同的职位对人员的要求是不同的，因此要针对那些与空缺职位匹配程度较高的人员。

（4）恰当的信息（right information）。就是在招聘之前要对空缺职位的职责内容、任职资格要求以及企业的相关情况做出全面而准确的描述，使应聘者能够充分了解有关信息，以便对自己的应聘活动做出判断。

（5）恰当的成本（right cost）。就是要以最低的成本来完成招聘工作，当然这是以保证招聘质量为前提的，在相同的招聘质量下，应当选择费用最少的方法。

（6）恰当的人选（right people）。就是要把最合适的人员吸引过来参与企业的招聘，这包括数量和质量两个方面的要求。

二、招聘的意义

招聘在人力资源管理中占据极为重要的位置，它的意义有如下几个方面：

（1）是组织补充人力资源的基本途径。组织的人力资源状况处于变化之中。组织内人力资源向社会的流动、组织内部的人事变动（如升迁、降职、退休、解雇、死亡、辞职等）等多种因素，导致组织人员的变动。同时，组织有自己的发展目标与规划，其成长过程也是人力资源拥有量的扩张过程。上述情况意味着组织的人力资源处于稀缺状态，需要经常补充员工。因此，通过市场获取所需人力资源成为组织的一项经常性的任务，人员招聘也就成了组织补充人员的基本途径。新补充进来的员工就像是制造产品的原材料，他们的素质高低对组织今后的生产经营活动会有很大的影响。如果不能招聘到适合组织的员工，组织在时间和资金等方面的投入都会有很大的浪费，并且可能影响组织员工的士气。

（2）有助于创造组织的竞争优势。现代市场竞争归根到底是人才的竞争。一个组织拥有什么样的员工，在一定意义上决定了它在激烈的市场竞争中处于何种地位——是立于不败之地，还是最终面临被淘汰的命运。对人才的获取是通过人员招聘这一环节来实现的。因此，招聘工作能否有效地完成，对提高组织的竞争力、绩效及实现发展目标，均有至关重要的影响。从这个角度说，人员招聘是组织创造竞争优势的基础环节。

(3) 有助于树立组织形象。经验表明，人员招聘既是吸引、招聘人才的过程，又是向外界宣传组织形象、提高组织影响力和知名度的一个窗口。招聘过程是组织代表与应聘者直接接触的过程，负责招聘的人员的工作能力、招聘中对组织的介绍、面试的程序以及录用、拒绝什么样的人等都会成为应聘者评价组织的依据。这个过程既可能帮助组织树立良好的形象、吸引更多的应聘者，也可能损害组织形象、使应聘者失望。尽管招聘不是以树立组织形象为目的，但客观上具有这样的功能，这是组织不可忽视的一个方面。

(4) 有助于组织文化建设。有效的招聘能使组织获取那些认可组织价值观，在组织中能找到适合自己兴趣、能力的职位的员工，这有利于提高员工对组织的忠诚度，营造组织内的良好气氛，进而可以增强组织的凝聚力，提高士气。

三、招聘的原则

招聘除了要为组织招聘到符合标准的人员外，还是一项经济活动，同时也是社会性、政策性较强的一项工作。基于此，招聘必须遵循以下原则：

(1) 公开招聘的原则。组织应把招聘信息与方法等公之于众。这样做不仅可以将招聘工作置于公开监督之下，防止不正之风，还可以吸引大批应聘者，有利于招到一流的人才。

(2) 平等竞争的原则。组织应对所有报考者一视同仁，不得人为制造不平等的限制或条件（如性别歧视）和优惠政策，努力为社会上的有志之士提供平等竞争的机会，不拘一格地甄选、录用各方面的优秀人才。

(3) 效率优先的原则。招聘应该以尽可能少的成本录用到合适的人员，通过选择最合适的招聘渠道、考核手段，在保证任职人员质量的基础上节约招聘费用，避免长期职位空缺造成的损失。

(4) 德才兼备的原则。德才兼备是我国许多组织历来的用人标准。司马光说过：德才兼备者重用，有才无德者慎用，无德无才者不用。通用电气公司前总裁韦尔奇曾提出，无德无才的人没有市场和力量，并不可怕，唯独那些有才无德的人是最有迷惑力和破坏力的，许多组织失败都与错用这种人有关。为此，在招募及甄选工作中，组织应该对有才无德的人保持高度警觉。

(5) 双向选择的原则。组织根据工作说明书自主选择需要的员工，同时劳动者根据自己的条件自主地选择职业。这是人力资源配置的基本原则。在招聘过程中，招聘者不能把自己的主观意愿强加给应聘者，而要考虑所需人员的需求，创造吸引他们的条件，使他们愿意为组织工作。

四、招聘与人力资源管理其他职能活动的关系

招聘作为人力资源管理的一项基本职能活动，是人力资源进入组织或者具体职位的重要入口，它的有效实施是整个战略性人力资源管理系统正常运转的前提。招聘工作与人力资源管理其他职能活动之间的关系主要体现在以下几个方面：

(1) 与工作分析的关系。工作分析的结果即工作说明书，是制作招聘广告的基础依据，可以说，招聘广告就是简化了的工作说明书。此外，工作说明书中的职位描述与职位规范为员工招聘提供了客观的标准，减少了主观判断的成分，有利于提高招聘的质量。

(2) 与人力资源规划的关系。一方面，招聘工作的完善能够实现人力资源规划所制定的关于所需人员数量和质量的目标；另一方面，人力资源规划是招聘工作的前提之一，人力资源规划规定了所需人员的数量和质量结构，这些信息为招聘提供了科学的依据。

(3) 与员工培训的关系。招聘为员工培训与开发提供了有关信息，组织所录用的新员工的素

质状况是新员工培训设计的主要依据，而培训与开发机会的多少为招聘工作提供了有力支持，更有利于吸引优秀人才。

（4）与绩效管理的关系。招聘质量的高低直接影响到员工乃至组织的绩效水平。如果招聘质量高，所录用的都是组织需要的优秀人才，无疑能够提高员工与组织两方面的绩效，反之则反是。此外，绩效管理也直接影响到招聘工作。例如，绩效评价的结果会影响到招聘的结果，也就是说，通过绩效评价，发现员工在能力、态度等方面还存在哪些不足，就可以在下一次的招聘中甄选那些能够弥补现有员工素质不足的新员工。

（5）与薪酬管理的关系。招聘的员工素质及业绩的高低直接影响到员工的报酬水平，而具有竞争力的报酬水平是招聘工作强有力的支持，更有利于吸引与招到优秀的人才。

总之，招聘工作与人力资源管理其他职能活动存在着相互影响、相互促进、相互制约的关系，需要与其他职能相互配合，才能发挥正常的作用。

五、招聘的程序

招聘工作有两个前提：一是从人力资源规划分析中得到人力资源净需求预测，确定预计需要招聘的职位空缺、部门、人员数量、时限、类型等内容；二是工作分析提供的工作说明书为人员的选择和录用提供了主要的参考依据，也为应聘者提供了与该工作相关的详细信息。

招聘的程序则是指从出现职位空缺到候选人正式进入组织工作的整个过程。这个过程通常包括根据人力资源规划和工作说明书确定招聘计划、招募、甄选、录用、评估等一系列环节（见图7-1）。

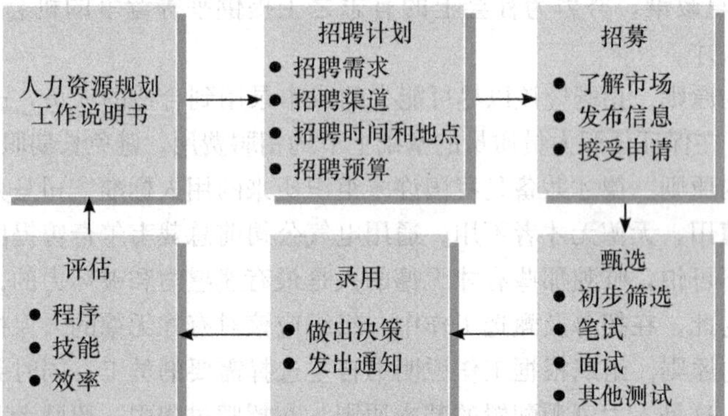

图7-1 招聘的程序

（一）确定招聘计划

这个阶段的主要任务是在分析招聘需求的基础上制定招聘计划及具体的实施策略。

1. 分析招聘需求

由各部门提出所缺职位人员的信息，包括人数、层次、职位要求等，正式向人力资源部提出招聘需求申请。人力资源部则会同各有关部门，根据企业的人力资源规划，共同识别并认定这些职位是否确实需要招聘员工。有些缺员并不一定需要通过对外招聘途径来解决，人力资源部将与各用人部门沟通，通过员工调剂、加班、雇临时工等方法予以解决；对于确实需要招聘的缺员职位，则予以初步认定，并经由上级主管部门及领导审核与批准，最终确定招聘需求。

2. 制定招聘计划及实施策略

招聘需求明晰之后，人力资源部会同用人单位及相关部门共同制定招聘计划及具体策略。其内容主要包括以下几点：招聘目的；人员需求清单（包括招聘的职位名称、人数、任职资格要求等内容)；招聘的时间和新员工上岗时间；招聘的渠道和方法选择；招聘的规模；招聘的地点选择；招聘及面试小组成员；招聘经费预算；招聘宣传策略。

其中，关于招聘的渠道和方法，我们将在下一节作较为详细的介绍。这里重点阐述招聘的时间、地点、规模、经费预算和宣传策略。

(1) 招聘的时间。这是指为保证新聘人员准时上岗，在什么时间开始招聘工作最合适。一般来说，招聘日期的具体计算公式为：

招聘日期＝用人日期－准备周期＝用人日期－培训周期－招聘周期

式中，培训周期是指新员工进行上岗培训的时间；招聘周期指从开始报名、确定候选人名单、面试直到最后录用的全部时间。

(2) 招聘的地点。为了节省费用，企业应将其招聘的地理位置限制在最能产生效果的劳动力市场上。一般来说，高级管理人员倾向于在全国范围内招聘，中级管理人员和专业技术人员通常在跨地区的劳动力市场上招聘，操作工人和办事人员常常在企业所在地的劳动力市场上招聘。企业之所以在这样的地理范围内进行招聘，是因为不同范围内的市场提供的劳动力素质是不同的。

(3) 招聘的规模。它是指企业准备通过招聘活动吸引多少应聘者。一般来说，企业是通过招募录用的金字塔模型来确定招聘规模的，也就是将整个招募录用过程分为若干阶段，以每个阶段通过的人数和参加人数的比例来确定招聘的规模（见图 7－2）。

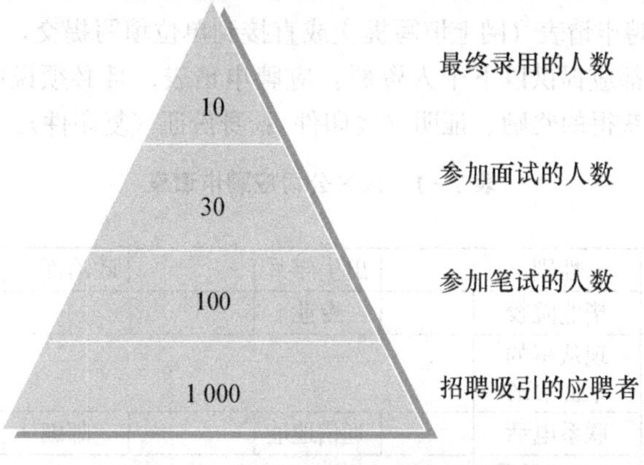

图 7－2　招募与甄选的金字塔模型

在使用金字塔模型确定招聘规模时，一般是按照从上到下的顺序来进行的。例如在图 7－2 中，企业的职位空缺为 10 个，面试与录用的比例为 3∶1，就需要 30 人来参加面试；而笔试与面试的比例为 10∶3，因此就需要 100 人来参加笔试；应聘者与参加笔试的比例为 10∶1，因此企业需要吸引 1 000 名应聘者，招聘的规模相应就是 1 000 人。

使用这一模型确定的招聘规模，取决于两个因素：一是企业招聘录用的环节，环节越多，招聘的规模相应就越大；二是各个阶段通过的比例，这一比例的确定需要参考企业以往的历史数据和同类企业的经验，每一阶段的比例越高，招聘的规模就越大。

(4) 招聘的经费预算。招聘的经费主要由两部分组成：一是人工费用，即招聘人员的工资、福利、差旅费、生活补助和加班费等；二是业务费用，包括通信费、广告费、资料费和办公用品费等。在计算招聘费用时，应当仔细分析各种费用的来源，把它们归入相应的类别中，以避免出现遗漏或重复计算。

(5) 招聘的宣传策略。企业应该利用招聘过程进行积极的形象或者声誉的宣传活动，不仅提供包括职位薪水、工作类型、工作安全感、晋升机会等与职位相关的信息，还要让应聘者了解企业文化、管理方式、工作条件、同事、工作时间等信息。只有准确、有效地传达了这些信息，应聘者才会在评价自身的基础上思考自己是否适合这样的工作，从而在企业甄选之前由应聘者自己完成一个自我甄选的过程。

（二）员工招募

招募主要是指利用各种传播工具发布职位信息，鼓励和吸引人员参加应聘。它主要包括发布招聘信息和接受应聘者申请两项工作。

1．发布招聘信息

组织在发布招聘信息时应注意信息发布的范围、时间及招聘对象的层次。

（1）信息发布的范围。信息发布的范围取决于招聘对象的范围，发布信息的面越广，接收招聘信息的人就越多，应聘者也就越多，组织招聘到合适人选的概率就越大，但费用支出相应也会增加。

（2）信息发布的时间。在条件、时间允许的情况下，招聘信息应尽早发布，以缩短招聘进程，同时也有利于更多的人获取信息参加应聘。

（3）招聘对象的层次性。组织要招聘的特定对象往往集中于社会的某个层次，因而要根据应聘职务的要求和特点，向特定层次的人员发布招聘信息，比如招聘计算机方面的专业人才，可以在有关的计算机专业杂志上发布招聘信息。

2．接受应聘者申请

应聘者在获取招聘信息后，向招聘单位提出应聘申请。应聘申请常有两种：一是信函式；二是直接填写招聘单位应聘申请表（网上填写提交或直接到单位填写提交，申请表格式见表7－1）。无论哪种方式，应聘者都应提供以下个人资料：应聘申请表，且必须说明应聘的职位；个人简历、学历有关证明包括获得的奖励、证明（复印件）；身份证（复印件）。

表7－1　××公司应聘申请表

应聘职位：

<table>
<tr><td>姓名</td><td></td><td>性别</td><td></td><td>出生年月</td><td></td><td>政治面貌</td><td></td><td rowspan="5">照片</td></tr>
<tr><td>学历</td><td></td><td>毕业院校</td><td></td><td>专业</td><td colspan="3"></td></tr>
<tr><td>职称</td><td></td><td>现从事的
专业/工作</td><td colspan="5"></td></tr>
<tr><td>现工作单位</td><td></td><td>联系电话</td><td></td><td>通信地址</td><td></td><td>邮编</td><td></td></tr>
<tr><td>家庭地址</td><td></td><td>身份证号码</td><td colspan="5"></td></tr>
<tr><td>掌握何种外语</td><td></td><td>程度如何
有无证书</td><td colspan="6"></td></tr>
<tr><td>技能与特长</td><td></td><td>技能等级</td><td colspan="6"></td></tr>
<tr><td>个人兴趣</td><td></td><td>身高</td><td>米</td><td>体重</td><td>千克</td><td>健康状况</td><td colspan="2"></td></tr>
<tr><td>个人简历</td><td colspan="8"></td></tr>
<tr><td colspan="3">欲离开原单位的主要原因</td><td colspan="2"></td><td colspan="2">现在的工资</td><td colspan="2"></td></tr>
<tr><td colspan="3">欲加入本单位的主要原因</td><td colspan="6"></td></tr>
<tr><td colspan="3">收入期望</td><td colspan="2">元/年</td><td colspan="2">可开始工作的日期</td><td colspan="2"></td></tr>
<tr><td colspan="3">晋升期望（职位、时间）</td><td colspan="6"></td></tr>
<tr><td colspan="3">培训期望（内容、日期、时间）</td><td colspan="6"></td></tr>
<tr><td colspan="3">其他期望</td><td colspan="6"></td></tr>
<tr><td colspan="3">家庭成员情况</td><td colspan="2"></td><td colspan="2"></td><td colspan="2"></td></tr>
<tr><td>备注</td><td colspan="8">自愿保证：本人保证表内所填写内容真实，如有虚假，愿受解职处分。</td></tr>
<tr><td colspan="4">申请人签名：</td><td colspan="5">日期：</td></tr>
</table>

招聘人员在接受应聘者的申请及回收应聘资料的过程中，并不是被动地收取，还应当进行初步筛选，剔除那些明显不符合要求的人员，以减少甄选录用的工作量。许多单位还专门建立招聘信息库，以供将来继续招聘时使用和挑选到合适的人才。

（三）员工甄选

员工甄选是员工招聘中最关键的一步，也是技术性最强的一步，其目的是将不合乎职位要求的应聘者排除掉，最终甄选出最符合企业要求的人员。工作说明书是甄选的基础，也就是说，以工作说明书中所要求的知识、技术和能力来判断候选人的资格。关于员工甄选的内容，我们将在本章第3节作更详细的介绍。

（四）员工录用

这个阶段主要涉及对经甄选合格的应聘者进行录用决策、通知被录用者、初始安置、试用和正式录用等过程。

1. 录用决策

录用决策是依据客观事实，避免主观武断和不正之风的干扰，把甄选阶段的各种测评结果组合起来，进行综合评价，从中择优确定录用名单。录用决策是员工录用中最关键的环节。

2. 通知被录用者

通知被录用者可以通过电话或信函进行联系，联系时要讲清企业向被录用者提供的职位、工作职责和月薪等，并讲清楚报到时间、报到地点以及报到应注意的事项等。

3. 初始安置

组织对新录用的员工要进行初始安排，明确其工作职责和权限。同时，按照相关法律法规的要求，办理录用手续，签订劳动合同。此后，组织还应该开展新员工培训工作，帮助他们了解组织的历史、现状和未来发展计划，以及他们所在部门的情况、组织的规章制度、工作职责、工作流程、组织文化，并让他们熟悉同事等。

4. 试用和正式录用

对决定录用的人员，在签订劳动合同后，还要根据劳动合同法的规定，有一定的试用期，如果试用合格，试用期满便按劳动合同规定办理正式录用手续（“转正”），使他们享有正式员工的权利。

（五）招聘评估

这是招聘的最后一项工作。研究表明，通过不同的招聘渠道和方法，产生的招聘效果大不相同。用不同的方法招聘进来的员工也可能表现出不同的工作绩效、不同的流失率、不同的缺勤率。如果对招聘工作进行及时评估，就可以找到招聘工作中可能存在的问题，从而适时对招聘工作进行调整，提高下一轮的招聘工作质量。对招聘效果进行评估，一般从以下几方面来进行：

1. 招聘成本评估

对招聘中的费用进行调查、核实，对照预算进行评价，主要指标是人均招聘费用。

$$人均招聘费用=\frac{招聘总费用}{录用总人数}$$

$$招聘总费用=招聘费用+考评费用+录用费用+安置费用$$

2. 录用人员评估

根据招聘计划对录用人员的质量和数量进行评价，主要指标是应聘率、录用率、完成率和到位率。

$$应聘率=\frac{应聘人数}{计划招聘人数}\times 100\%$$

$$录用率=\frac{录用人数}{应聘人数}\times 100\%$$

$$完成率=\frac{录用人数}{计划招聘人数}\times 100\%$$

$$到位率=\frac{到职人数}{录用人数}\times 100\%$$

3. 综合评估

综合评估是指对招聘过程中的招聘来源、方法、过程等诸多方面进行评估。综合评估的指标体系如表 7－2 所示。

表 7－2　招聘综合评估的指标体系

一般评估指标	1. 补充空缺的数量或百分比 2. 及时补充空缺的数量或百分比 3. 平均每位新员工的招聘成本 4. 业绩优良的新员工的数量或百分比 5. 留职至少一年的新员工的数量或百分比 6. 对新工作满意的新员工的数量或百分比
基于招聘人员的评估指标	1. 面试的数量 2. 应聘者对面试质量的评级 3. 职业前景介绍的数量和质量等级 4. 推荐的候选人中被录用的比例 5. 推荐的候选人中被录用而且业绩突出的员工的比例 6. 平均每次面试的成本
基于招聘方法的评估指标	1. 引发的申请数量 2. 引发的合格申请的数量 3. 平均每个申请的成本 4. 从方法实施到接到申请的时间 5. 平均每个被录用员工的招聘成本 6. 所录用员工的质量（绩效、出勤等）

资料来源：李燕萍．人力资源管理．武汉：武汉大学出版社，2002：191.

六、招聘的执行部门与职责划分

传统的招聘工作完全由人事部门负责，用人部门只负责接受人事部门所录用的人员，因而完全处于被动地位，而在现代人力资源招聘工作中，招聘工作通常由人力资源部门与用人部门共同执行，但是两者的分工有所不同。人力资源部门一般侧重原则性和事务性的工作，如确定工作分析的内容与招聘人员的任职资格、刊登广告、寻找中介、组织面试与笔试、组织录用和评估工作等。用人部门则侧重于专业性和技术性的工作，如出任测试考官、设计各类问卷和试题、修改和完善职位要求，以及筛选入围人员和最终确定录用者。人力资源部门与用人部门的具体职责划分如表 7－3 所示。表 7－3 明确了人力资源部门与用人部门的分工和各自的职责重点，这样的合理分工与配合，有利于协调两部门的工作，提高招聘工作的效率，使招聘工作能够顺利、高效地进行，从而使人员招聘活动的意义得到充分体现。

表7-3　现代招聘工作中用人部门与人力资源部门的工作职责分工

用人部门	人力资源部门
1. 招聘计划的制订与审批 3. 招聘职位的工作说明书及录用标准的提出 4. 初选应聘者，确定参加面试的人员名单 7. 负责面试、考试工作 9. 录用人员的名单、工作安排及试用期间待遇的确定 12. 正式录用决策 14. 员工培训决策 16. 录用员工的招聘评估和绩效评价 17. 人力资源规划修订	2. 招聘信息的发布 3. 应聘者申请登记，资格审查 5. 通知参加面试的人员 6. 面试、考试工作的组织 8. 个人资料的核实、人员体检 10. 试用合同的签订 11. 试用人员报到及生活方面的安置 13. 正式合同的签订 15. 员工培训服务 16. 录用员工的招聘评估与绩效评价 17. 人力资源规划修订

说明：表中各数字表示招聘工作各环节的顺序号，若两栏数字相同，表示两部门可同时推进相应的招聘活动。

第2节　员工招募的渠道与方法

员工招募的渠道总的来说有两种，即内部招募和外部招募。这两种渠道相辅相成，对组织人力资源的获取具有同等重要的地位。

一、内部招募的渠道与方法

内部招募是指从组织内部发掘、获取组织所需要的各种人才，填补组织的职位空缺。

（一）内部招募的渠道

内部招募的渠道主要有内部晋升、工作轮换和返聘等。

1. 内部晋升

从组织内部提拔合适的人选到空缺的职位上去，是常见的一种内部招募渠道。内部晋升的主要优点：省时、省力、省费用；为员工提供了发展的机会，能够激励员工奋发向上，并有利于组织建立稳定的核心团队与加强组织文化建设。内部晋升的缺点：由于人员选择范围小，可能因招不到最优秀的员工而造成“近亲繁殖”，而且有可能使没有获得晋升的优秀员工对组织产生不满而离开，导致人才流失。

2. 工作轮换

工作轮换是指职务等级不变，而职位发生变化。工作轮换为员工提供从事组织内多种工作的机会，使他们在学会多种工作技能的同时，培养更广阔的工作视角，为今后的发展或提升做好准备。不过，工作轮换有可能导致员工进入工作角色慢、培训开支增加等。

3. 返聘

组织经常会将被解雇、提前退休、已退休或下岗待业的员工再召回组织来工作。由于这部分老员工对组织非常了解，能很快进入工作角色，为此可以节省大量的培训费用；同时又能以较小的代价获得有效的激励，使组织具有凝聚力，促使组织与员工个人共同发展。

（二）内部招募的方法

1. 工作公告法

这是最常用的一种内部招募办法，它是通过向员工通告现有的工作空缺，从而吸引相关人员来申请这些空缺职位。公告中应包括空缺职位的各种信息，如工作内容、资格要求、工作时间以及薪酬等级等（见表7-4）。

表7-4　工作公告示例

工作公告
公告日期：______ 结束日期：______ 在________部门中有一全日制职位________可供申请。此职位对/不对外部候选人开放。 薪酬水平：最低________中间值________最高________ 职责：（参见所附工作说明书） 所要求的技能和能力：（候选人必须具备此职位所要求的所有技能和能力，否则不予考虑） 1. 在现在/过去的职位上表现出良好的绩效，其中包括： ——有能力准确、完整地完成任务 ——能够及时地完成工作并坚持到底 ——有同其他人合作共事的良好能力 ——能进行有效的沟通 ——可靠、良好的出勤率 ——较强的组织能力 ——解决问题的态度和方法 ——积极的工作态度：热心、自信、开放、乐于助人和献身精神 2. 可优先考虑的技术和能力： （这些技术和能力使候选人更具竞争力） 员工申请程序如下： 1. 电话申请可拨打电话________，每天下午3：00之前，________除外。 2. 确保在同一天将已经填好的内部工作申请表与截至目前的简历一同寄至________。 对于所有的申请人将首先根据上面的资格要求进行审查。 筛选工作由________负责。 机会对每个人来说都是平等的！

资料来源：德斯勒. 人力资源管理：第6版. 北京：中国人民大学出版社，1999：121.

工作公告法能够提高士气，可以为员工提供转换工作的机会，使员工的技术和需求更好地匹配，而且能以比较低的开支填补职位空缺，因此通常对组织大有益处。但是，公告法也存在明显不足。例如，填补职位空缺所需的时间比较长；如果反馈得不到及时小心的处理，落选者的士气会受到影响；等等。

2. 档案记录法

另一个内部招募的方法是利用员工的人事档案。企业人力资源部门都有员工的人事档案资料，从中可以了解员工的各种信息，用以帮助用人部门或人力资源部门寻找合适的人员补充空缺的职位。尤其是建立了人力资源管理信息系统（HRMS）的企业，在挑选员工方面更为便捷、迅速，并可以在更大的范围内进行挑选。档案记录法只限于员工的客观或实际信息，如员工所在职位、受教育程度、技能、教育培训经历、绩效等信息，而对主观的信息如人际技能、判断能力、人品等难以确认，但对很多工作而言，这些能力是非常重要的。

二、外部招募的渠道与方法

外部招募是指从组织外部吸收申请人，有多种渠道与方法。普遍采用的方法有推荐招募、广告招募、网络招募、校园招募、借助职业介绍机构招募、通过猎头公司猎取人才等。

1. 推荐招募

推荐招募是指通过企业的员工、客户或合作伙伴的推荐来进行招募的一种方法。它包括员工或熟人推荐和毛遂自荐。推荐招募对招募专业人才比较有效。其优点是成本低廉，招募效率高，应聘人员素质高，可靠性高；缺点是随机性大，甄选的范围有限。资料表明，美国微软公司40%的员工是通过员工推荐方式获得的。国外有的企业采用“有计划的机会主义”，把这种熟人推荐和毛遂自荐办法纳入企业的人事制度框架，鼓励员工推荐合适人选，并规定如果所荐员工被录用且工作出色，推荐人可得到一笔可观的推荐费用，这已成为一个非正式的人才推荐制度。

2. 广告招募

广告招募是企业进行外部招募时最常用的方法，它是指通过广播、报纸、电视和行业出版物等传统媒介向公众传递企业的人员需求信息。使用该方法时，要考虑广告媒体的形式和广告内容的构思，以便吸引到企业需要的目标群体。企业在设计招聘广告时，首先要回答两个非常重要的问题：我们需要说些什么？我们要对谁说？就第一个问题来说，许多公司没有回答好，导致空缺职位的细节内容没有有效地传递出去。在理想的情况下，看到招聘广告的人应当能够获得足够的信息来对工作和职位要求做出评价，从而判断自己是否符合招聘广告中的资格要求。

为了使广告达到预期的目的，广告的设计要遵循AIDA原则：

第一个A，即attention，广告要引起人们的注意；

I，即interest，广告要激起人们对空缺职位的兴趣；

D，即desire，广告要唤起人们应聘的愿望；

第二个A，即action，广告要唤起人们采取行动。

在报纸、杂志、电视和广播等媒介上刊登或播放招募信息受众面广，收效快，过程简单，一般会收到较多的应聘资料，同时也对企业具有一定的宣传作用。但是，通过广告招来的人在素质方面往往比直接来公司求职的人和被推荐来的人要差一些，招募成本通常也更高一些。即便如此，广告招募仍然是最常用的招募方式之一。

3. 网络招募

网络招募是随着互联网发展起来的一种新型的招募方式。企业可以利用互联网发布招聘信息，求职人员也可以利用网络进行求职相关搜索。网络招募已经成为很多企业使用的一种手段，同时也有越来越多的应聘者上网搜寻就业机会。

企业可用两种方式通过网络来进行招募。一种方式是在企业网站上建立一个招募渠道，由企业自己进行应聘者资料的获取和筛选；另一种方式是委托专业的招聘网站进行招募，最后再进行验证测试。目前我国虽然有一些优秀的招聘网站（如表7-5所示），但是与国外相比还存在很大的差距。在招募业务上，网络还面临与传统媒体的强大竞争。与利用传统媒介招聘相比，利用网络招聘需要的前期投入更大。目前我国网络招聘已得到广泛的应用，不仅限于有上网条件的大型企事业单位和政府机构、外资企业、高新技术企业及计算机通信领域招收中高级人才等。

表7-5 我国常见的招聘网站

前程无忧网	www.51job.com
智联招聘网	www.zhaopin.com
中华英才网	www.chinahr.com
中国国家人才网	www.newjobs.com.cn
北方人才网	www.tjrc.com.cn
中国人才热线	www.cjol.com
北京人才网	www.bjrc.com
上海人才网	www.shrc.com.cn

事实上，网络在很大程度上可以与报纸、杂志、广播、电视等一起构成广告招聘媒介，这些

媒介有着各自的优点和缺点，企业应当根据具体情况来挑选最合适的媒介。表7-6是对各种广告媒介的一个简单比较。

表7-6　各种广告媒介的比较

媒介类型	优点	缺点	适用范围
报纸	成本低；版面大小可以灵活选择；发行广泛；分类广告便于查找	制作质量比较差；对象没有针对性；容易出现招聘竞争；容易被忽视	潜在的应聘者集中在某一地区并且通常阅读报纸找工作
杂志	印刷质量好；保存时间长；针对性比较强；版面大小也可以灵活选择	发行时间较长；发行地域太广；见效期较长	招聘的职位比较专业；招聘的时间没有限制；招聘的范围比较广
广播电视	容易引起注意；灵活性强；传递信息更直接和主动	费用高；传递的信息简短；持续时间短；不能选择特定的应聘者	需要迅速引起人们的注意；无法使用印刷广告；某一地区有多种类型的潜在应聘者
互联网	费用低；速度快；传播范围广；信息容量大	信息过多，容易被忽略；有些人不具备上网条件；容易出现竞争	全球范围的招聘
印刷品	容易引起应聘者的兴趣，并引发他们的行动	宣传力度有限，有些印刷品可能被人丢弃	在特殊场合比较适用，如展示会、招聘会等

4. 校园招募

校园招募针对的主要是在校的毕业生群体。大学校园是潜在专业人员、技术人员及管理人员的重要来源，中等专业学校、技工学校和普通中学则是基层员工的重要来源。社会上有经验的员工数量有限，且获取这些人才的成本往往比较高，因此越来越多的企业选择进入校园进行招募，以发掘潜在的人才，同时借此机会树立企业形象。

校园招募的优点：企业可以找到足够数量的高素质人才，而且新毕业学生的学习愿望和能力都较强，可塑性也很强；与具有多年工作经验的人相比，新毕业学生的薪酬较低。但校园招募也存在不足：学生没有工作经验，需要进行一定的培训；他们往往有过于理想化的期待，对自身能力也有不现实的估计，容易对工作和企业产生不满，进而导致较高的流失率；校园招募需要经过系统的策划，企业要付出较大的努力。

为了提高校园招募的质量和效率，企业要做好以下几方面工作：第一，根据企业空缺职位情况选择学校及学生群体；第二，与学校学生就业工作部门建立长期联系，为宣传企业，可以组织学生到企业实践，尽早相互了解，在毕业时将本企业作为首选目标；第三，为优秀人才设立奖学金，设立的奖学金一般要针对企业所要获得的目标人才群体；第四，让企业形象经常出现在校园里，让学生知道企业、了解企业，如赠送一些带有企业标识的纪念品，建设一些公共设施；第五，一旦决定录用就与学生签署协议，协议要明确双方的责任，尤其是违约的责任，以约束学生随意变更就业单位的行为。

5. 借助职业介绍机构招募

职业介绍机构（employment agency）是指帮助企业招募员工，同时又尽力帮助个人找到工作的一种组织。职业介绍机构一般有公共和私营之分。在国外，公共职业介绍机构主要为蓝领工人服务，有时兼管失业救济金的发放；私营职业介绍机构针对的则主要是办公室职员、白领员工和管理人员。我国的私营职业介绍机构产生得较晚，经营上还不够规范，通常企业只是在招募临时员工时才会利用私营职业介绍机构。相比较而言，我国的公共就业服务机构发达得多。由于在计划经济体制下存在着劳动局和人事局的传统分割，目前的公共就业服务机构分化为劳动力市场和人才市场，企业一般在劳动力市场上招募蓝领员工，在人才市场上招募白领员工。

职业介绍机构是用人单位和求职者之间的桥梁，为用人单位推荐用人，为求职者推荐工作，同时也举办各种形式的人才交流会、洽谈会等。一般看来，企业在以下三种情况下会愿意借助职业介绍机构的力量来完成招募工作：一是企业没有自己的人力资源管理部门，不能较快地进行人员招募活动；二是某一特定职位需要立即有人填补；三是如果企业发现自己去招募有困难，比如招募对象是目前仍在别的组织中工作的人，他们可能不太方便直接与当前企业的竞争对手接触，就可以通过职业介绍机构来解决人员招募问题。

通过职业介绍机构招募的优点：招募时间短，应聘者众多，不易在企业内部形成裙带关系。它的缺点：招募费用较高，而且招募方对应聘者情况不够了解，应聘者鱼龙混杂，不一定有合适人选。因此，企业要选择信誉较高的机构，同时要对应聘者再进行一次测试。为了保障测试的可靠性和有效性，企业还应该让职业介绍机构提供较为详细的应聘者资料。

6. 通过猎头公司猎取人才

猎头公司（head hunter）是一种专门为企业寻找和推荐高级管理人才和专业技术人才的服务机构，它与职业介绍机构类似，但由于其运作方式和服务对象具有特殊性，经常被看作一种独特的招募渠道。因为人才短缺，人才主动求职的愿望相对较低，并且人才已经有了很好的工作，所以运用公开的招募方法难以吸引他们。猎头公司拥有自己的人才数据库，经常主动去发现和寻找人才，还能够在整个搜寻和甄选过程中为企业保守秘密。因此，很多大公司在招募急需的高级管理和技术人才时，都会考虑与猎头公司合作。

广泛的资源和专业的招募服务使得猎头公司的招募成功率很高，被录用的“空降兵”有时能大幅提升企业竞争力，快速打败竞争对手，使公司面貌焕然一新，效果显著。但是，这类机构的中介费用不菲，一般是该职位年薪的30%～40%，而且无论招募成功与否，客户企业都必须支付。企业在确定与猎头公司合作时，应该注意以下几个问题：一是要对其资质进行考察，与背景和声望好的猎头公司合作；二是要在开始时约定双方的责任和义务，并就容易发生争议的问题达成共识，包括费用、时限、保证期承诺、后续责任等；三是要让猎头公司充分了解企业对候选人的要求。

三、内部招募与外部招募的比较

内部招募和外部招募各有利弊，如表7-7所示。具体选用哪种渠道要根据企业的战略计划、经营环境、招募职位以及员工上岗速度等综合考虑。

表7-7　内部招募与外部招募的优缺点比较

	内部招募	外部招募
优点	● 了解全面，准确性高 ● 可鼓舞士气，激励员工进取 ● 应聘者可更快适应工作 ● 使企业培训投资得到回报 ● 选择费用低	● 人员来源广，选择余地大，有利于招到一流人才 ● 新员工能带来新技术、新思想、新方法 ● 当内部有多人竞争而难以做出决策时，向外部招募可在一定程度上平息或缓和内部竞争者之间的矛盾 ● 人才现成，节省培训费用
缺点	● 局限于企业内部，水平有限 ● 容易造成“近亲繁殖”，出现思维和行为定式 ● 可能会因操作不公或员工心理原因造成内部矛盾	● 不了解企业情况，进入角色慢，较难融入企业文化 ● 对应聘者了解少，可能招错人 ● 内部员工得不到机会，积极性可能受到影响

在内部招募与外部招募二者如何有效结合的问题上，许多管理学者认为，倘若在内部员工中找不到足以胜任职位的人选，则一定要借助外部招募；倘若内部员工可以胜任空缺职位，也应保留一部分职位供外部招募。研究表明，至少应保留10%的中上层职位供外部招募。这样，既可以给内部员工更多的发展机会，也可以输入外部新鲜血液，产生“鲶鱼效应”。总之，企业要综合分析各种招募渠道的优劣，确定适合不同招募对象的招募渠道及方法。

四、影响招募工作的因素

组织的招募活动要受到组织内外多种因素的影响，总体上看包括组织外部因素、组织内部因素、应聘者因素、招募渠道和方法等四方面的因素。

（一）组织外部因素

1. 国家的政策法规

国家的相关政策和法律法规规范着组织的招聘活动，界定了组织招聘对象的选择。例如，《中华人民共和国劳动法》（以下简称《劳动法》）规定了劳动者平等就业的权利和选择职业的权利，规定凡是具有劳动能力和劳动愿望的劳动者，不分民族、性别、宗教信仰等，享有平等的就业权；劳动者有权根据自己的意愿选择适合自己的职业，并依法自愿协商劳动合同。《劳动法》还对劳动者年龄、劳动合同订立等诸多方面做出了规定。

2. 人才市场的状况

市场的供求状况对组织招聘的效果影响较大。当应聘者处于供大于求的状况，组织在招聘时选择的余地就会比较大。因此，组织在进行招聘之前，要认真分析所招人才的市场供求情况，制定适当的招聘政策。人才市场的发展情况对招聘也有很大影响。一般而言，人才市场越发达，市场对人才的配置作用越强，组织外部招聘成功的可能性就越大。

3. 竞争对手的招聘政策

竞争对手的招聘政策是组织在招聘时需要考虑的一个重要因素。应聘者在求职时，通常会比较多家规模和行业相似的单位，在权衡了待遇、发展前景、组织文化等因素后才做出最终决策。如果竞争对手的招聘政策更具竞争力，则会在客观上增大招聘的难度，影响招聘的效果。

4. 社会文化和技术进步的状况

社会观念对职业的评价会影响应聘者的职业价值观和对职业的选择。过去人们“学而优则仕”，择业首选公务员，不愿意从商，而现在人们的观念已经有了很大改变。技术进步引起招聘职位分布变化，对应聘者的素质不断提出新的要求。

（二）组织内部因素

1. 组织的形象和实力

良好的组织形象能够对应聘者产生积极的影响，激发他们对空缺职位的兴趣。实力较强的组织能够给员工提供较好的物质待遇和完善的福利保障，以及培训学习的机会和良好的发展空间，吸引人才应聘。

2. 组织的关注重点

有些企业注重员工的能力，认为能力比专业知识更重要，不拘一格录用人才。有些企业强调员工的价值观，认为只有和企业价值观一致的人才才能真正融入企业。这会直接影响组织对人才的招募。

3. 组织的招募预算

招募的预算直接影响招募的效果。如果组织的预算很充足，发布招聘信息时就可以选择影响力更强大的媒体，扩大招募的范围；相反，有限的招募资金会使招募渠道和方法的选择大大减少，从而影响招募的效果。

（三）应聘者因素

1. 应聘者的寻职强度

应聘者的寻职强度是指应聘者寻找职位的努力程度。它受到个人的背景、经历和财务状况的影响。当应聘者具有良好的教育和工作背景时，其对职位的要求一般高于没有受过良好教育和缺乏工作背景的应聘者，表现出的寻职强度低于后者。当应聘者的个人财务状况较好时，其对工作的渴求程度一般低于其财务状况不好的时候。

2. 应聘者的偏好

应聘者的偏好引导其更愿意从事某类工作，如一些人愿意选择工作时间自主性较强的工作，有的年轻人喜欢有机会到各地去旅行的工作等。应聘者的偏好既受到应聘者对职业评价的影响，又受到某个职业竞争因素的影响。职业竞争因素包括某项职业的需求量、应聘者的竞争能力、谋求同一职业的应聘者数量等。

3. 应聘者的职业锚

职业锚是每个人根据自己的天资、能力、动机、态度和价值观等在持续不断的职业生涯规划过程中，逐渐形成的较为明晰的、与职业有关的自我概念。本书将在第 8 章详细讨论职业锚问题。

（四）招募渠道和方法

招募渠道和方法对应聘者的范围、层次、针对性，以及招募成本和效率等方面都有较大的影响。

第3节 员工甄选测评的方法与技术

员工甄选测评活动涉及企业具体如何选择组成人员，进而影响到企业的生存能力、适应能力和发展能力。可以说，优秀的企业都对员工的甄选及测评工作予以高度重视。员工甄选测评的方法与技术主要有面试、心理测验与评价中心技术。此外，还包括工作申请表及简历、笔试、工作样本技术、履历分析、笔迹分析、背景调查以及体检等操作相对简单的方法与技术。

一、员工甄选方法应该达到的标准

任何员工甄选过程都必须遵循几个通用的标准。雷蒙德·A. 诺伊、约翰·R. 霍伦拜克（John R. Hollenbeck）、巴里·格哈特（Barry Gerhart）和帕特里克·赖特认为评价员工甄选方法主要有以下五个方面的标准：信度、效度、普遍适用性、效用、合法性。前四项标准是相对一体的，从顺序上说，前一项是后一项的必要而非充分条件；“合法性”与前四项之间不存在这种关系，不过全面理解前四项标准有助于我们理解许多合法性标准的理性基础。

1. 信度

信度（reliability）是指测量的一致性，即一种甄选工具所得结果的前后一致性程度。一个信度高的甄选工具，其多次测试的结果应保持一致，否则就不可信。假如某人在周一的智力测试中得 90 分，在周二的重复测试中得 130 分，那这个测试的信度就很低，不能被接受。对于任何一个甄选手段而言，信度都是必须严格满足的非常关键的标准。估计测验信度的方法很多，主要有重测信度、复本信度和分半信度。

（1）重测信度（test-retest reliability）。用同样一个工具对同样的群体先进行测验，一段时间后再重复施测，两次结果之间的相关度即为重测信度。这种方法很有效，但两次试题的重复量不能太大。

（2）复本信度（parallel-form reliability）。复本信度是指使用两个同质性工具（一个为另一个的复本）对同一群体施测，即对同一应聘者先后进行两次内容相当的测试，计算其相关度，以确定测试的信度。

（3）分半信度（split-half reliability）。分半信度是指将测验按一定规则分成相等的两半，对同一应聘者进行测试，计算两部分结果的相关度。

2．效度

效度（validity）又称有效性。对于员工甄选的测试，效度通常是指正式测试结果与未来工作绩效相关的程度，也就是说，有效的测试结果应该能够准确地预测应聘者未来的工作绩效，即甄选结果与以后的工作绩效考评得分是密切相关的，两者之间相关度越高，说明测试越有效。在员工甄选过程中，证明测试效度的方法主要有内容效度、效标关联效度、构念效度。

（1）内容效度（content validity）。内容效度通常是指一项测试是否代表了工作内容的某些重要因素。其基本程序是，从对工作绩效十分关键的工作行为角度界定工作内容，然后随机挑选一些任务和工作行为作为测试中的行为样本。例如，打字测试是用来甄选打字员的工具，对于打字员的工作，打字测试具备良好的内容效度（打字测试中的题目广泛代表了打字员日常工作的内容），而对于甄选推销员就没有什么效度了。

（2）效标关联效度（criterion-related validity）。效标关联效度是指通过测试分数（预测因子）与工作绩效（效标）的相关性来证明测试有效性的一种效度类型。效标关联效度要证明那些测试中得分高的应聘者在工作中的绩效评价得分也高，测试分数低的应聘者在实际工作中的绩效评价结果也差。若测试分数高的人工作绩效也高，则测验有效度。效标关联效度在很大程度上是依靠对测试结果与工作绩效评价得分之间的关系来确定的，这种关系的确定，应建立在统计分析的基础上。当进行数量上的测量比较困难或者不太适合（如需要衡量完成工作所需的知识、技能和能力）时，就需要使用内容效度。

（3）构念效度（construct validity）。构念效度是指确定一项测试能否衡量出对完成某项工作十分重要的特点或特性的有效性的测试方法。例如，如果工作要求高度的团队协作，测试可能会被用来衡量应聘者在团队中有效工作的能力，如团队协作、领导能力、计划或组织能力等特质，首先必须通过工作分析仔细辨别出来。

3．普遍适用性

普遍适用性是指在特定背景下建立的员工甄选方法的效度同样适用于其他情况的程度。对于某个具体的企业来说，要去检验一个甄选方案的效度是非常困难的，在这种情况下，效度的普遍适用性就成为效标的一种替代手段。例如，某家小保险公司拟用“乐观性测试”方法甄选保险推销员，但无法验证效标关联效度。于是，这家保险公司来到曾经验证过此项甄选方案有效性（用“乐观性测试”方法甄选保险推销员是有效的）的另一家大保险公司，将两者的甄选结果进行比较，作为验证。用一种技术或方法，针对同样的职位要求，根据效度普遍适用性原理，这家保险公司可以合法地以此对保险推销员候选人进行甄选。通常情况下可以概括出三种不同的背景：不同的处境、不同的人员样本以及不同的时间段。

4．效用

效用是指甄选方法所提供的信息对于企业的基本有效性进行强化的程度，即甄选方式的成本与企业收益的相对大小。

5. 合法性

最后，甄选方式必须满足合法性的要求，不应涉及候选人的隐私问题，目前我国在这方面的立法不太完善，企业应避免甄选工具的使用引起不必要的法律纠纷。

二、面试

面试（interview）是指面试者与应聘者直接见面，通过对话、提问等方式，了解应聘者的个性特征、能力状况以及求职动机等方面信息的一种员工甄选测评技术。面试是使用最为普遍的一种甄选测评方法，几乎所有的员工甄选过程都会使用面试，而且在一个招募甄选测评程序中不止一次地使用。对用人单位而言，面试突破了笔试的局限，可以更多地了解应聘者的信息或资料，以提高员工甄选的准确性。这些信息或资料包括应聘者的口头表达能力、为人处世能力、实际操作能力、独立处理问题能力，以及道德品质、言行举止、兴趣爱好、脾气秉性等。对应聘者来说，面试是一个充分展示自己，进一步了解用人单位的良好机会。

(一) 面试的种类

根据不同的划分标准，面试可以分为多种类型。

(1) 根据面试的标准化程度，面试可分为结构化面试（structured interview）、非结构化面试（unstructured interview）和半结构化面试（semi-structured interview）。结构化面试又称规范化面试，是指依照预先确定的题目、程序和评分标准进行面试，要求做到程序的结构化、题目的结构化和评分标准的结构化；非结构化面试指的是根据面试中的具体情况随机进行提问的面试；半结构化面试是介于结构化面试与非结构化面试之间的一种面试形式。企业在面试工作中，往往会根据不同的情况选择合适的面试方式。例如，对于工作程序较强的职位，一般用结构化面试；对于较重要或灵活的职位，则采用非结构化面试。

(2) 根据面试实施的方式，面试可分为单独面试（individual interview）与小组面试（panel interview）。单独面试是指面试考官与每一位应聘者单独交谈的面试形式；小组面试是指面试考官同时对若干应聘者（应聘者小组）进行面试的形式。

(3) 根据面试题目的内容，面试可分为情境面试（situational interview）和以行为为基础的面试（behavior based interview）。在情境面试中，面试题目主要是一些情境性的问题，即给定一个情境，看应聘者在特定的情境中是如何反应的；在以行为为基础的面试中，主要提一些与应聘者过去的工作经验有关的问题。

(4) 根据面试的气氛，面试可分为压力性面试（stress interview）和非压力性面试（non-stress interview）。压力性面试是将应聘者置于一种人为的紧张气氛中，考官以“压力发问”方式让应聘者接受诸如挑衅性的、刁难性的刺激，以考察其应变能力、压力承受能力以及情绪稳定性等；非压力性面试是在没有压力的情境下考察应聘者有关方面的素质。

(5) 根据面试的进程，面试可分为一次性面试与分阶段面试。一次性面试是指用人单位将应聘者集中在一起一次性完成的面试；分阶段面试是指用人单位分几次对应聘者进行面试。

(6) 根据面试的功能，面试可分为鉴别性面试、评价性面试和预测性面试。鉴别性面试是依据面试结果把应聘者按相关素质水平进行区分的面试；评价性面试则是对应聘者的素质做出客观评价的面试；而预测性面试是指对应聘者的发展潜力和未来成就等方面进行预测的面试。

(二) 面试的实施

1. 面试的准备

(1) 明确面试的目的。面试之前要明确面试的真实目的，除了考察应聘者是否具备成为企业员工的基本个人素质外，还要考虑是否想通过面试掌握应聘者以前工作的行业或企业信息，或者宣传本企业的诸多优势，使对方了解本企业和工作，等等。

（2）成立面试小组并实施相关培训。面试小组成员一般由以下三方人士组成：一是用人部门代表；二是人事部门招募专员；三是独立评选人。独立评选人应与该职位的工作有密切的工作关系。面试小组一旦成立，就应该对面试考官进行相关内容的培训。

（3）阅读应聘者简历。面试之前要仔细阅读应聘者的应聘简历。这样不仅能够熟悉应聘者的背景、经验和资格并将其与职位要求和工作职责相对照，对应聘者的胜任程度做出初步判断，还能够发现应聘者简历中的一些问题，供面试时使用及讨论。

（4）制定面试评分表。面试评分表能够使面试者把精力集中到某一职位的具体要求上，进而根据这些要求对每个应聘者进行测评并做出评判（打分）。面试评分表的内容必须按照工作说明书的要求进行设计，根据重要性加以排序，并分别赋予权重。这样可以明确需要测评应聘者哪些方面的素质，有利于有效客观地评估应聘者（见表7-8）。

表7-8　××公司行政经理职位的面试评分表

应聘者	相关工作经验（20%）	领导才能（15%）	人际关系能力（15%）	处理矛盾和冲突的能力（15%）	进取心（10%）	语言表达能力（10%）	学历（10%）	举止仪表（5%）	总分
甲									
乙									
丙									
丁									

（5）确定面试时间和场所。面试双方事先必须约定好合适的面试时间，以便可以全身心地投入其中。此外，面试环境应该安静、舒适、整洁，物品的摆放要合理，以免干扰应聘者水平的发挥，影响面试的效果；面试地点也可以突出招聘企业的特点，这样更有利于双方的交流。

2. 面试的过程及技巧

面试的过程一般包括四个阶段：预备阶段、引入阶段、正题阶段、收尾阶段。每个阶段都有各自不同的主要任务，而且适用的面试题目类型也有所不同。

（1）预备阶段。在开始正式面试前，面试官应该努力营造一种轻松、友好的氛围，使双方都能够消除紧张感，这有利于更加有效的沟通。通常的方式是讨论一些与工作无关的问题，如天气、交通等。这部分大致占整个面试2%的比重，通常不采用基于关键胜任素质的行为性面试题目，主要采用简短的直接性问题。

（2）引入阶段。在此阶段，面试官要问一些应聘者有所准备而且比较熟悉的题目，如让应聘者介绍一下自己及过去的工作情况等。这部分占面试的比重一般是8%，以开放式问题为主。这样的问题不仅为应聘者提供了谈话的素材，也使双方关系趋于和谐，有利于逐渐进入角色及状态。

（3）正题阶段。此时，面试双方都应该知道面试已经进入最重要的核心阶段。在此阶段，面试官应该引导应聘者讲述一些关于核心胜任素质的事例来收集应聘者的关键信息，并对这些信息做出基本的判断和评价。该阶段占整个面试的比重为80%，面试官要灵活运用直接式、开放式以及自我评价式的问题和其他的面试技巧与应聘者进行交流，控制面试的节奏，有效获得应聘者有关胜任素质的信息。

（4）收尾阶段。当面试接近尾声时，面试官应该检查是否有遗漏的问题和不能确认的信息需要在最后的阶段加以追问。该阶段大概占整个面试的比重为10%，在这个阶段，如果面试官已经初步认定应聘者合适，那么可以向他介绍该单位及空缺职位的一些基本情况，增加应聘者对应聘职位的兴趣，以利于录用工作；如果还无法确定应聘者是不是企业所需要的人，就要用一些感谢的话来表明对对方的友好和尊重。

在面试过程中，面试官必须注意提问的技巧，主要注意以下几点：

第一，不要问带有提问者本人倾向的问题，例如，以“你一定……”或“你没……”开头的问题。

第二，避免提出引导性的问题，例如，“当你接受一项很难完成的任务时，会感到害怕吗?”“你不介意加班，是吗?”提出的问题应该尽量能让应聘者用其过去的言行实例来回答。提问应由浅到深、由易到难、循序渐进，使应聘者进入最佳状态。

第三，要把握好面试的节奏和进度，不要在细枝末节的问题上纠缠。

第四，努力营造和谐的谈话气氛，以便应聘者能够将真实的信息自然地流露出来。

在面试过程中，面试小组成员应填写面试记录表，表明对应聘者的评语及结论。在全部面试结束后，面试小组成员应讨论对各应聘者的意见，当小组成员无法达成一致意见时，由用人部门代表拍板决定。评价结果应填写在面试结果推荐书上，送达用人部门主管及人事部门备案。人事部门向入选者发出录用通知，同时将面试结果通知落选者。

三、心理测验

心理测验（psychological test）是指通过一系列的科学方法测试个体的智力水平和个性差异的一种科学方法。心理测验可以帮助用人单位预测和测量应聘者的工作绩效，也是选拔合格人才，做到人尽其才的重要手段。

在员工甄选工作中，常用的心理测验主要对人员的认知能力、兴趣与人格进行测量。研究发现，这几种心理特征与工作的关系最为密切。

（一）认知能力测验

认知能力是心理测验最早尝试测量的问题之一。不同学派对测验这个问题进行了种种实验。最早的认知能力测验是阿尔弗雷德·比奈（Alfred Binet）等人提出的，他们试图用测验的方法识别学校中儿童的心理缺陷。现行的认知能力测验已不再是早期的模型，而是涵盖了广泛的领域，这些测验以实践中的绩效为效度标准选择项目，建构量表，大大地提高了测验的预测能力。可供选择的认知能力测验主要包括以下几类：

1. 机械能力

从事各种机械工作的人员需要具备一定知觉性质的认知能力，这些知觉能力处理物体间的空间关系，把这种关系转换为视觉形象；在转换过程中的知觉速度和知觉准确性也很重要。例如，要求操作人员会制图、识图，会根据机械蓝图加工、组装机械零件。还有一些机械能力测验偏重于测量人员的机械原理的知识和经验。构成机械能力量表的项目侧重于知觉特性的能力，而不一定是普遍意义上的智力，因为它们要预测的主要是从事机械工作的绩效。因此，各个测验间的相关度不高，各自测量一种较为独立的机械能力。研究发现，机械能力的得分与普通智力测验的得分间的相关系数较低，这说明，机械能力的测量与一般的智力测验在内容上要有所区别。

2. 心理运动能力和身体能力

弗莱希曼等人对工作需要的心理运动能力和身体能力进行了广泛的调查和分类，提出了52种能力维度，其中包括如下19种基本能力及其测量：（1）反应调整能力；（2）反应时间；（3）四肢运动速度；（4）手腕-手指速度；（5）多方面协调能力；（6）手指灵活性；（7）双手灵巧；（8）手-臂稳定性；（9）速率控制；（10）控制精度；（11）动态力量；（12）躯干力量；（13）静态力量；

(14) 爆发力；(15) 伸展灵活性；(16) 动态灵活性；(17) 总体身体协调性；(18) 总体身体均衡性；(19) 耐力。其中，第 (1) ～ (10) 项属于心理运动能力，第 (11) ～ (19) 项属于身体能力，需要的话，可以将心理运动能力和身体能力的测验与其他测验结合起来使用，其效度不会降低。

3. 视觉能力

视觉能力是完成许多工作必备的条件，这方面的测试过程主要由眼科专家执行，由主持员工选拔的部门制定相应的标准，彼此配合。视觉能力的测试主要包括如下几个方面：视敏度、深度知觉、辨色能力、视线偏斜倾向等。职业不同，所需的视觉能力也不同。

4. 信息处理能力

有些工作不是和机械打交道，而是处理信息，因此对于人们的信息处理能力也有必要加以测量。近年来，这方面的测验已不局限于管理人员和文书人员的选拔。这种测验主要从人类处理信息的特征出发，分析机械自动化、信息化是如何替代人类智力活动的，以及在人-机交互过程中工作人员需要的能力条件，并以之作为选拔的标准。

(二) 兴趣与人格测验

心理学家已设计出大量的人格与兴趣的测量工具，比如约翰·霍兰德（John Holland）设计的“职业偏好问卷量表”。这些测量工具适用于许多领域的工作，它们的基本假设有两点：

(1) 在维持一定动机的条件下，人格或兴趣的因素会影响到职业适应性与工作绩效，有些人可能更适应某种职业，并可能从工作本身获取更大的职业满足感。从职业辅导的角度看，帮助人们选择适合自己个性和兴趣的工作，有助于他们的职业生涯设计，如果再具备一定的能力，就更有可能取得成就。

(2) 从工作的角度看，某些职业确实需要特定的人去从事，这些人的人格或兴趣的特征不同于其他人，而某些人格或兴趣的特征对完成某些工作会有直接的影响。这对于提高工作效率是至关重要的。

从这两个假设出发，研究人员提出许多测量人格及兴趣的方法，主要可以归结为两大类：

(1) 自陈式测试。就是向被试提出一组有关个人行为、态度方面的问题，被试根据自己的实际情况回答，测试者将被试的回答和标准进行比较，从而判断他们的性格，常用的方法有卡特16种人格因素量表（16PF）、明尼苏达多项人格量表（MMPI）、加州心理调查表（CPI）和爱德华个人爱好量表（EPPS）。

(2) 投射式测试。就是向被试提供刺激物或设置刺激情境，让他们在不受限制的条件下自由地做出反应，测试者通过分析反应的结果，判断被试的性格。罗夏（Rorschach）墨迹测试和主题统觉测试（thematic apperception test，TAT）是两种常用的投射测试方法。

四、评价中心技术

评价中心技术（assessment center）是指通过把候选人置于相对隔离的一系列模拟情境中，采用一定的测评技术和方法，观察和分析候选人在模拟情境压力下的心理、行为、表现以及工作绩效，以测量候选人的管理技术、管理能力和潜能等的一个综合、全面的测评系统。评价中心技术是在工作情境模拟的基础上发展起来的，以测评管理者素质为中心的一组标准化的评价活动。它是一种测评方式，不是一个单位，也不是一个地方。

评价中心始于第一次世界大战，并在第二次世界大战期间的美国部队中得到较多应用，当时主要通过评价中心的方法来选拔情报人员。第二次世界大战结束后，这一技术在企业中开始应用。在美国，有近2 000家企业建立了自己的评价中心，其中包括美国电话电报公司、IBM、通用电气、福特汽车和柯达等著名企业。在企业中最早应用评价中心的是美国电话电报公司。

1956年，该公司开发了“管理发展研究项目”，采用评价中心的方法对刚被提升到初级管理职位的几百人进行了评估。公司将当时的评估报告封存，8年以后，把这几百名管理人员的绩效和升迁情况与当时的评估报告进行比较，发现对被提升到中级管理职位的人员所做的评估鉴定中，有80%是正确的，而当时预测发展潜力较小的人员中，90%没有得到提拔。多项数据表明，评价中心的预测效度达到76%，而由企业领导随意选拔管理人员的预测力只有15%，经过各级经理提名推荐的预测力为35%。这些结果显示，如果运用得当，评价中心是非常有效的评价管理人员的手段。

评价中心通常采用的测评技术和方法包括无领导小组讨论、公文筐测验、演讲、管理游戏、角色扮演等。

1. 无领导小组讨论

无领导小组讨论（leaderless group discussion，LGD）就是将几个应聘者组成一组（一般为5~8人），给他们提供一个议题，事先不指定主持人，让他们通过小组讨论的方式在限定的时间内给出一个决策，评委则在旁边观察所有应聘者的行为表现并做出评价。通过这种方法，可以对应聘者的语言表达能力、分析归纳能力、说服能力、协调组织能力以及集体意识等做出判断。

无领导小组讨论的优点：充分展示应聘者的真实特点；能够依据应聘者的行为特征来对其进行更加全面、合理的评价；能够在同一时间对竞争同一职位的应聘者的表现进行横向比较；测评效率高；应用范围广。它的缺点：题目的质量影响测评的质量；对评价者和测评标准的要求较高；应聘者表现易受同组其他成员影响。

实施无领导小组讨论，需要注意如下问题：准确界定测评的内容；确立统一的评定标准，要具有可操作性；适当控制小组的人数，一般以5～8人为宜；保持洁静、明亮、轻松而不失测评气氛的环境，就座以圆桌会议式为最佳，不要让应聘者明显感觉到自己处于被观察和被评价的地位。

2. 公文筐测验

公文筐测验（in-basket test）是评价中心最常用的核心技术之一。它首先假设应聘者已经从事了某一职位的工作，然后给他提供事先准备好的资料，这些资料是该企业发生的实际业务和管理环境信息，如备忘录、信件、电报、电话记录、报告等，让其在规定的时间和条件下进行处理，做出报告，并说明理由和原因。通过这种方法，可以对应聘者的规划能力、决策能力以及分析判断能力等做出评价。

公文筐测验的优点：适合对管理人员、行政人员进行评价；操作简便，灵活性强，可以根据需要设计问题；公文筐中的成绩与实际工作表现有很大的相关性，对应聘者的未来工作绩效有很好的预测能力；每个应聘者在平等的条件和机会下接受测试。该测验的缺点：费时较长，一般需2～3小时；编制公文筐的成本很高；评分主观性强；应聘者单独作答，很难看出与人交往的能力。

3. 演讲

演讲（presentation）是应聘者按照给定的材料组织并表达自己观点和理由的过程。通常，应聘者拿到演讲题目后稍做准备，然后进行5～10分钟的正式演讲，演讲完毕后主考官还会针对演讲内容进行提问。这种方法着重考察应聘者的敏捷性、系统性、条理性、创造性、说服能力以及自信心等。这种方法操作简单，成本较低，但仅仅通过演讲反映个人特质有一定局限性，往往与其他形式结合使用。

4. 管理游戏

管理游戏（managerial game）是指给每位应聘者分配一定的任务，这些任务一般必须合作才能较好地完成，主考官还会引入一些竞争因素，通过应聘者在完成任务过程中表现出来的行为来测评他们的素质。例如，“小溪任务”这种游戏就是给一组应聘者提供滑轮、铁管、木板、绳索，要求他们把一根粗大的圆木和一块较大的岩石移到小溪的另一端。这个任务只有应聘者努力协作才能完成。主考官可以在客观的环境下，有效地观察应聘者的领导特征、能力特征、智慧特征和关系特征等。管理游戏的优点是能够突破实际工作情境、时间与空间的限制，模拟内容真实感强，且富有竞争性与趣味性；缺点是组织起来难度较大，活动成本较高。

5. 角色扮演

角色扮演（role playing）是一种比较复杂的测评方法，它要求多个应聘者共同参加一个管理性质的活动，每人扮演一定的角色，模拟实际工作中的一系列活动。例如，要求多个应聘者合作完成一种新产品的销售工作，这一活动要求经历前期策划、宣传、销售等一系列环节。小组成员间实行分工合作，有时可以在同一时间安排几个小组对类似产品展开销售竞争活动。角色扮演能够有效考察应聘者的实际工作能力、团队合作能力、创造性、组织协调能力等，并且效度较高；缺点是操作复杂，成本较高。

五、其他甄选测评方法与技术

1. 工作申请表及简历

工作申请表（job application form）及简历（resume）的筛选一般作为甄选工作的开始。通过工作申请表和简历等相关材料，企业可以对应聘者的教育背景、工作偏好、工作经验等有一个初步的了解。其中，工作申请表是由用人单位设计的，简历则是由应聘者设计的。两者都是包含了职位所需要的基本信息，并用标准化的格式表示出来的初级筛选表。用人单位通过审核工作申请表或简历，可以比较快速、准确地筛选出那些背景和潜质与职位规范所要求的条件相当的候选人，并让他们参加后续的选拔。但是，工作申请表和简历反映的信息不够全面，仅凭此筛选有一定的盲目性，会产生漏选现象，因此，在费用和时间允许的情况下，应尽可能让更多的人员参加复试。

2. 笔试

笔试（written examination）是对应聘者的基本知识、专业知识、管理知识以及综合分析能力、文字表达能力的一种测试。笔试是使用频率较高的一种员工甄选方法，它对衡量应聘者的知识、技能等具有一定的效度和信度，但不能用于考察应聘者的全面素质，因此常作为初步筛选的方法，是其他甄选方式的补充。

3. 工作样本技术

工作样本技术（work sampling technique）是要求应聘者完成职位中的一项或若干项工作任务，根据任务的完成情况对其做出评价。这种方法可直接测量应聘者的工作绩效，具有较高的预测效度。工作样本技术的优点是它测量的是实际工作任务，应聘者很难伪装，或给出假答案；缺点是需要对每个应聘者进行单独测试，实施成本较高，不适用于那些完成周期比较长的任务。

实施工作样本技术，首先要选出职位中的关键任务；然后让应聘者来完成这些任务，同时由测试者对其表现进行监测并记录下任务的执行情况；最后由测试者对应聘者的表现和工作完成情况做出评价。

4. 履历分析

履历分析（seniority analysis）又称资历评价技术，是通过对评价者的个人背景、工作与生活经历进行分析，来判断其对未来职位适应性的一种员工甄选方法。近年来这一方式越来越受到人力资源部门的重视，广泛地用于员工选拔等人力资源管理活动中。履历分析对申请人今后的工作表现有一定的预测效果，个体的过去总是能从某种程度上表明他的未来。这种方法用于员工测评的优点是较为客观，而且成本较低，但也存在一些问题，比如：履历填写的真实性问题；履历分析的预测效度随着时间的推进会越来越低；履历项目分数的设计是纯实证性的，除了统计数字外，缺乏合乎逻辑的解释原理。

应用履历分析，用人单位可以根据与工作要求相关性的高低，事先确定履历中各项内容的权重，把申请人各项得分相加得总分，根据总分进行录用决策。用于履历分析的加权履历表通常由以下三个方面的项目构成：(1) 个人基本情况。主要包括姓名、性别、出生年月、民族、受教育程度、政治面貌、宗教信仰、主要家庭成员、主要社会关系、婚姻状况、本人健康状况等。(2) 个人经历。这是履历表的重点部分，主要包括工作经历情况的说明、证明人姓名、职业和联系方式等。(3) 个人道德品质及表现情况。

5. 笔迹分析

随着笔迹分析（handwriting analysis）越来越被人们所了解和重视，这项已在一些国家广泛使用的甄选方法，在我国人力资源招聘中也开始得到认同和应用。笔迹分析是以分析书写字迹作为预测未来绩效的一种方法。它要求按照一套严格的规定测定字迹的大小、倾斜度、页面安排、字体宽度和书写力度。笔迹分析必须通过多方面的综合分析、高度概括，才能得出比较符合应聘者实际情况的较为准确的鉴定。

6. 背景调查

背景调查（background survey）是对应聘者的与工作有关的一些背景信息进行查证，以确定其任职资格。背景调查主要包括以下内容：(1) 学历学位。主要是审查应聘者学历学位的真实性。(2) 过去的工作经历。主要通过向应聘者过去的雇主、同事或客户了解情况，以获得应聘者有关受聘时间、职位和职责、离职原因、薪酬等方面的信息。(3) 过去的不良记录。主要调查应聘者过去是否有违法犯罪或者违纪等不良行为。

在进行背景调查时要注意从各个不同的信息渠道验证信息，不要听信一个被调查者或者一个渠道来源的信息，必要时可以委托专业的调查机构进行调查。通过背景调查，可以发现应聘者过去是否有不良记录，也可以对应聘者的诚信进行考察。

7. 体检

体检（physical examination）一般是在应聘者其他条件完全符合空缺职位的要求的前提下进行的，如果体检完全合格，企业可初步吸收应聘者为组织成员，并在试用期进一步考察。体检的主要目的：一是确定应聘者的身体状况是否适合职位及环境的要求；二是为后续的健康检查提供基础，也为未来的保险或员工赔偿服务；三是及时发现应聘者本人可能不知道的传染疾病。体检要注意合法性，不能对应聘者有疾病歧视。

本章小结

本章介绍了招聘的含义、目标、意义、原则、程序、渠道与方法等，阐述了员工甄选测评的方法与技术。

招聘是招募、甄选与录用（聘用）的总称。招聘必须遵循公开招聘的原则、平等竞争的原则、效率优先的原则、德才兼备的原则和双向选择的原则。

招聘的过程通常包括根据人力资源规划和工作说明书确定招聘计划、招募、甄选、录用、评估等一系列环节。员工招募的渠道总的来说有两种，即内部招募和外部招募，这两种渠道相辅相成，对组织人力资源的获取具有同等重要的地位，各有利弊。内部招募的渠道主要有内部晋升、工作轮换和返聘等，内部招募的方法包括工作公告法、档案记录法等。外部招募的渠道与方法包括推荐招募、广告招募、网络招募、校园招募、借助职业介绍机构招募、通过猎头公司猎取人才等。影响招募工作的因素包括组织外部因素、组织内部因素、应聘者因素、招募渠道和方法等。

员工甄选测评的方法与技术主要有面试、心理测验与评价中心技术等。此外，还包括工作申请表及简历、笔试、工作样本技术、履历分析、笔迹分析、背景调查以及体检等。

关键词

招募（recruitment）
甄选（selection）
职业介绍机构（employment agency）
猎头公司（head hunter）
面试（interview）
结构化面试（structured interview）
非结构化面试（unstructured interview）
半结构化面试（semi-structured interview）
单独面试（individual interview）
小组面试（panel interview）
情境面试（situational interview）
以行为为基础的面试（behavior based interview）
压力性面试（stress interview）
非压力性面试（non-stress interview）
心理测验（psychological test）
评价中心技术（assessment center）
无领导小组讨论（leaderless group discussion，LGD）
公文筐测验（in-basket test）
管理游戏（managerial game）
角色扮演（role playing）
工作申请表（job application form）
简历（resume）
笔试（written examination）
工作样本技术（work sampling technique）
履历分析（seniority analysis）
笔迹分析（handwriting analysis）
背景调查（background survey）
体检（physical examination）

思考题

1. 什么是招聘？它的目标是什么？
2. 招聘的意义是什么？它与人力资源管理其他职能具有什么样的关系？
3. 招聘包含哪些步骤？每个步骤应该完成哪些任务？
4. 招聘应该遵循哪些原则？

5. 如何进行招聘评估？
6. 招募的渠道与方法有哪些？简述每种渠道及方法的优缺点。
7. 影响招募工作的因素有哪些？
8. 员工甄选测评的方法与技术有哪些？
9. 面试分为哪些类型？如何实施面试？
10. 什么是心理测验？常见的心理测验类型有哪些？
11. 什么是评价中心技术？它包含哪些技术及方法？
12. 什么是无领导小组讨论？它有何优缺点？
13. 什么是公文筐测验？它有何优缺点？

第8章

职业生涯管理

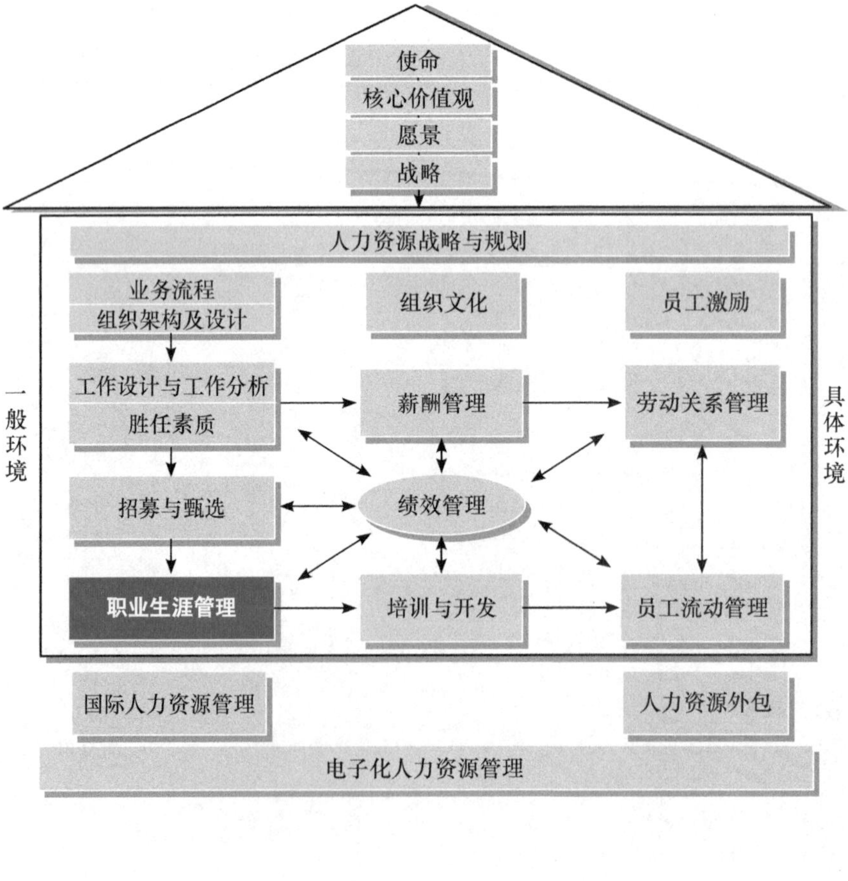

使命
核心价值观
愿景
战略
人力资源战略与规划
业务流程
组织架构及设计
组织文化
员工激励
一般环境
工作设计与工作分析
胜任素质
薪酬管理
劳动关系管理
具体环境
招募与甄选
绩效管理
职业生涯管理
培训与开发
员工流动管理
国际人力资源管理
人力资源外包
电子化人力资源管理

第1节 职业生涯管理概述

一、职业与职业生涯

(一) 职业的含义与分类

职业（occupation）是参与社会分工，利用专门的知识和技能，为社会创造物质财富和精神财富，同时获取合理报酬，作为物质生活来源，并满足精神需要的工作的统称。很显然，职业不同于工作，工作只是职业的组成部分，是短期的、片面的，而职业是长期的、全面的。此外，职业也有别于事业，事业一般是人们所从事的，具有一定目标、规模和系统而且对社会发展有影响的经常活动。从活动的目的来看，职业的目的一般是求取生活来源，其成就感主要体现于物质层面，为了一定的物质需求，不得不从事某一固定的活动；事业则具有目标性、经常性、持续性和长期性，需要积极主动地坚持去做，其前提自然是对这项活动很有兴趣，感觉到它非常有意义和有价值，其成就感主要体现于精神层面。从职业生涯管理的角度来看，事业的层次高于职业，职业的层次则高于工作，因此往往提倡组织与员工要追求事业的成功，而不只是职业的成功。

职业是人类文明进步、经济发展以及社会劳动分工的结果。随着社会的发展，职业分类越来越细，种类越来越多。对于职业的分类，各国国情不同，其划分标准也有所不同。我国于1999年出版的第一部对社会职业进行划分和归类的权威文献——《中华人民共和国职业分类大典》将我国的职业划分为8个大类、66个中类、413个小类和1 838个职业。《中华人民共和国职业分类大典（2015年版）》基于1999年版进行了修订，将我国的职业划分为8个大类、75个中类、434个小类1 481个职业，并列出了2 670个工种，标注了127个绿色职业。其中8个大类分别如下：(1) 国家机关、党群组织、企业、事业单位负责人；(2) 专业技术人员；(3) 办事人员和有关人员；(4) 社会生产服务和生活服务人员；(5) 农、林、牧、渔业生产及辅助人员；(6) 生产、运输设备操作人员及有关人员；(7) 军人；(8) 不便分类的其他从业人员。

(二) 职业生涯的含义与特点

一个人从出生到死亡的整个人生经历中，存在着不同的生命周期（生涯），如生物生命周期、社会生命周期、家庭生命周期和职业生命周期等。其中在人生中最重要的起决定作用的是职业生命周期（职业生涯），因为它是人生存和发展的前提。

职业生涯（career）就是指个体一生的工作经历，包括从事的职业、职位的变动及职业发展目标实现的整个过程。职业生涯具有以下主要特点：

(1) 差异性。每个人从事的职业不同，职业生涯也就存在很大差异。由于多年所从事的专业职位的历练，每个人无论在生理、心理、习惯还是行为模式上，都会烙上这个职业的“印迹”，从而形成不同的职业生涯状态。正是这种差异性的存在，决定了员工的职业生涯设计是个性化的。因此，对职业生涯的差异性认识得越充分，职业生涯设计就越有针对性。

(2) 发展性。职业生涯是一个人一生连续不断的发展过程，是不可逆转的。随着时间的推移，每个人都会不同程度地在这个过程中获得成长与发展，这是不以人的意志为转移的客观规律。发展性在职业生涯中的表现是多方面的。比如，员工可以通过持续不断地加强修养，使自己逐渐成长起来，还可以通过实现一个个的职业目标来促进个人价值的提升，去扮演越来越重要的社会角色。

(3) 阶段性。与人的自然生长规律相一致，职业生涯的发展具有阶段性。这种阶段性一般以工作年限为主要表现形式，而且每个阶段都会表现出不同的职业特点。各阶段之间并不是并列关系，而是一种递进关系，即前一阶段的状态是后一阶段的基础，前一阶段的状态越好，后一阶段的状态才可能越好。

（4）可规划性。每个人由于所处的环境不同，加之个体之间的差异，职业生涯的发展过程会受到诸多偶然因素的影响。正因为如此，在许多时候，人们常常会以为是机会或“命运”等偶然因素在左右前程。事实上，从长远来看，偶然存在于必然之中，偶然因素的背后一定有必然的规律在起作用，而规律是可以认识与预测的，因此，职业生涯是可以规划的。职业生涯规划的目的，不是预言职业生涯发展过程中的每个具体细节，而是提供总体的职业生涯发展状态的指导，对职业生涯发展方向进行战略性的把握。职业生涯的可规划性正是表现在对职业生涯发展过程中许多偶然因素的把握上，以克服在职业生涯发展的过程中偶然因素导致的盲目性。

二、职业生涯管理的含义与意义

（一）职业生涯管理的含义

职业生涯管理（career management）是指组织和员工对职业生涯进行设计、规划、执行、评估和反馈的一项综合性工作。它是人力资源管理的重要职能之一，分为组织职业生涯管理（organizational career management）和员工职业生涯管理（individual career management）。组织职业生涯管理是组织将个人发展与组织目标相结合，对决定员工职业生涯的主客观因素进行分析、测定和总结，并通过规划、设计、执行、评估和反馈，使每位员工的职业生涯目标与公司发展的战略目标相一致的过程；员工职业生涯管理是以实现员工个人发展的成就最大化为目的，通过对个人兴趣、能力和个人发展目标的有效管理实现员工发展愿望的过程。

职业生涯管理一般包括职业生涯规划、职业生涯发展、职业生涯管理三个层面的内容。职业生涯规划（career planning）主要是确定员工个人的发展目标和发展道路，这种发展目标和发展道路不仅是员工个人的需要，也是企业组织的需要。职业生涯发展（career development）就是职业生涯规划的实施，是通过组织和个人的共同努力，实现员工个人人生目标或理想。职业生涯管理是针对企业组织而言的，即企业组织帮助全体员工制定其生涯规划以及帮助其生涯发展的一系列活动。职业生涯管理的关键环节是职业生涯规划。缺少职业生涯规划或职业生涯设计失误，必将导致职业生涯管理的失败。

（二）职业生涯管理的意义

职业生涯管理无论对组织还是员工，都具有重要的意义。

1. 职业生涯管理对组织的意义

（1）促使员工发展目标与企业发展目标相一致。职业生涯管理可以帮助企业了解其员工的情况，如性格、兴趣、特长、情绪、价值观等，也可以帮助员工了解和掌握企业的有关信息，如企业的发展战略、经营理念、职位的空缺和晋升情况等，进而协调员工个人职业理想与企业现实需要之间的矛盾，使员工的职业生涯目标与企业发展目标相一致。

（2）有利于企业保持长盛不衰。任何成功的企业，其成功的根本原因都是拥有并利用高质量的优秀人才。职业生涯管理由于针对企业和员工的特点“量身定做”，与一般奖惩激励措施相比具有更强的独特性和排他性，能够更加合理有效地激励与利用人力资源；同时，为员工提供施展才华的舞台，帮助员工实现自我价值，满足他们的尊重需要和自我实现的需要，从而留住人才、凝聚人才，有利于企业保持长盛不衰。

（3）有利于人才的选拔、使用和培养。人力资源配置的标准就是合适的人在合适的时间处于合适的位置。职业生涯管理是在充分了解员工能力、兴趣、特长、性格等因素的基础上，与员工一起设计其职业发展规划，并纳入组织的目标，可以随时根据组织的需要进行有针对性的培养和使用。

2．职业生涯管理对员工的意义

（1）能够增强员工把握职业的能力，提高其竞争力。职业生涯管理及所开展的职业生涯规划等方面的工作，不仅可以使员工了解自身的长处和短处，养成对环境和工作目标进行分析的习惯，还可以使员工合理规划、安排时间和精力开展学习与培训，以胜任本职工作、提高职业技能。这些活动的开展都有利于增强员工对职业环境的把握能力和对职业困境的控制能力。而且，员工通过职业生涯管理，可以在组织中获取各种有价值的知识与技能，从而提高自身的竞争力。

（2）能够为员工提供公平的就业和发展机会。职业生涯管理考虑了员工不同的特点和需要，并据此设计不同的职业发展通道，以利于不同类型员工在职业生涯中扬长避短。在职业生涯管理中，对员工年龄、学历、性别、性格等的差异，不是采取歧视态度，而是根据这些差异帮助员工确定不同的职业发展方向和途径，这就为员工在组织中提供了更为公平的就业和发展机会。因此，职业生涯管理的深入实施，有利于组织人力资源水平的稳定和提高，对于促进组织的持续发展具有至关重要的作用。

（3）能够协调和统筹员工职业与生活的关系。有效的职业生涯管理和职业生涯规划可以帮助员工综合地考虑职业与个人追求、家庭目标等生活目标的平衡，避免陷入顾此失彼、左右为难的窘境；同时，员工可以从更高的角度看待职业中的各种问题和选择，将相互矛盾的事件结合在一起，使之联系起来，共同服务于职业目标，使职业生活更加充实和富有成效。

三、职业生涯管理的原则

1．互动性原则

职业生涯管理应是由组织和员工共同完成的，是组织和员工协调匹配的过程。对员工而言，要根据自身的性格、兴趣、意愿和能力等规划自己期望的职业生涯；对组织而言，要按照发展战略和可能提供的机会为员工设计职业生涯。在这个过程中，双方应换位思考，经常沟通，做到和谐互动、利益一致、稳步发展。

2．长期性原则

员工的职业生涯发展规划要贯穿员工职业生涯的始终，并长期坚持，才能取得良好的效果，避免成为组织管理的权宜之计。

3．公平性原则

职业生涯管理同时也是全员性的管理，不能厚此薄彼。组织应该公开、公平、公正地开展职业生涯管理活动，给员工均等的机会，在提供教育培训与选拔任用等发展机会时，应该公开其条件、标准，保持高度透明。

4．期限性原则

对企业职业生涯开发活动中的每一个事件都应标记两个时间，即开始执行行动方案的时间和目标实现的时间。职业规划和职业发展应该在这个期限内完成。没有明确的时间规定的开发活动，将失去意义。

5．动态原则

职业生涯管理应该根据组织的发展战略、组织架构的变化与员工不同时期的发展需求进行相应的调整。

6．创新原则

职业生涯管理应提倡制定有挑战性的目标，并努力采取新的方法、新的思路发现和解决问题；要让员工发现、发挥和发展自己的潜能，以获得创造性的成果。

第2节 职业生涯管理理论

一、职业选择理论

（一）帕森斯的人职匹配理论

1909年，美国波士顿大学教授、“职业指导之父”弗兰克·帕森斯（Frank Parsons）在其《选择一个职业》一书中提出了人与职业相匹配是职业选择的焦点的观点。他认为，每个人都有自己独特的人格模式，每种人格模式都有与其相适应的职业类型。帕森斯的人职匹配理论又称特质因素理论（trait-factor theory），是最早的职业辅导理论。

特质是指个人的人格特征，包括能力倾向、兴趣、价值观和人格等，这些都可以通过心理测试工具来加以评估；因素则是指在工作上要取得成功必须具备的条件或资格，这可以通过工作分析来了解。帕森斯提出了选择职业的“三步范式”。

第一步，评价应聘者的生理和心理特点（特性）。通过心理测试及其他测评手段，获得有关应聘者的身体状况、能力倾向、兴趣爱好、气质与性格等方面的个人资料，并通过会谈、调查等方法获得有关应聘者的家庭背景、学业成绩、工作经历等情况，并对这些资料进行评价。

第二步，分析各种职业对人的要求，并向应聘者提供有关的职业信息：职业的性质、工资待遇、工作条件以及晋升的可能性；求职的最低条件，诸如学历要求、所需的专业训练、身体要求、年龄、各种能力以及其他心理特点的要求；为准备就业而设置的教育课程计划，以及提供这种训练的教育机构、学习年限、入学资格和费用等；就业机会。

第三步，人与职业的匹配。指导人员在了解应聘者的特性和职业的各项指标的基础上，帮助应聘者进行比较分析，以便选择一种适合其个人特点又有可能得到并能在职业上取得成功的职业。

帕森斯的人职匹配理论首次提出在职业决策中进行人职匹配的思想，重视人才测评的作用，该理论奠定了人才测评的理论基础，推动了人才测评在职业选拔与指导中的运用和发展。

（二）霍兰德的职业倾向理论

美国霍普金斯大学心理学教授、著名职业指导专家约翰·霍兰德在帕森斯的人职匹配理论的基础上，于1959年提出了著名的职业倾向理论（occupational orientation theory），发现了六种基本的职业倾向或人格类型。

（1）实际型。这一类型的人愿意使用工具从事操作性工作，动手能力强，做事灵活，动作协调；偏好具体任务，不善言辞，做事保守，较为谦虚；缺乏社交能力，通常喜欢独立做事。他们喜欢使用工具、机器，需要基本操作技能的工作，比如技术性职业（计算机硬件人员、摄影师、制图员、机械装配工）与技能性职业（木匠、厨师、技工、修理工、农民）。

（2）研究型。这一类型的人属于思想家而非实干家，抽象思维能力强，求知欲强，肯动脑，善思考，不愿动手；喜欢独立和富有创造性的工作；知识渊博，有学识才能，不善于领导他人；考虑问题理性，做事喜欢精确，喜欢逻辑分析和推理，不断探讨未知的领域。他们喜欢智力的、抽象的、分析的、独立的工作，比如科学研究人员、教师、工程师、电脑编程人员、医生、系统分析员等。

（3）艺术型。这一类型的人有创造力，乐于创造新颖、与众不同的成果，渴望表现自己的个性，实现自身的价值；做事理想化，追求完美，不重实际，具有一定的艺术才能和个性；善于表达，怀旧，心态较为复杂。他们喜欢要求艺术修养、创造力、表达力和直觉，并将其用于对语言、行为、声音、颜色和形式的审美、思索和感受等工作，比如，艺术方面（演员、导演、艺术设计师、雕刻家、建筑师、摄影家、广告制作人），音乐方面（歌唱家、作曲家、乐队指挥），文学方面（小说家、诗人、剧作家）。

(4) 社会型。这一类型的人友好，善解人意，乐于助人，好交际，热情，有能力，值得信赖。他们喜欢与人打交道的工作，如教育工作者（教师、教育行政人员）与社会工作者（咨询人员、公关人员等）。

(5) 企业型。这一类型的人乐于追求权力、权威和物质财富，具有领导才能；喜欢竞争，敢冒风险，有野心或抱负；为人务实，习惯以利益得失、权力、地位、金钱等来衡量做事的价值，做事有较强的目的性。他们喜欢要求具备经营、管理、劝服、监督和领导才能，以实现政治及经济目标的工作，比如项目经理、销售人员、营销管理人员、政府官员、企业领导、法官、律师等。

(6) 传统型。这一类型的人尊重权威和规章制度，喜欢按计划办事，细心、有条理，习惯接受他人的指挥和领导，自己不谋求领导职务；喜欢关注实际和细节情况，通常较为谨慎和保守，缺乏创造性，不喜欢冒险和竞争，富有自我牺牲精神。他们喜欢要求注意细节、精确度、有系统有条理，具有记录、归档、根据特定要求或程序组织数据和文字信息的职业，比如秘书、办公室人员、记事员、会计、行政助理、图书管理员、出纳员、打字员、投资分析员等。

上述六种类型及其关系可用一个六角形进行说明（见图8-1）。

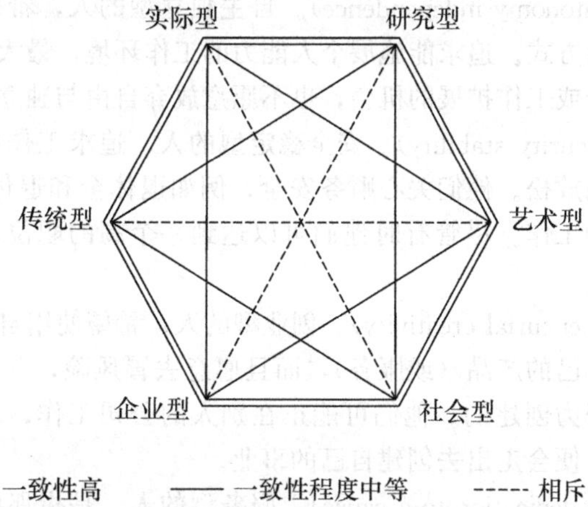

图8-1 霍兰德的职业倾向类型

霍兰德的职业倾向理论认为，多数人可被纳入六种类型中的一种，但人们具有广泛的适应能力，其职业倾向在某种程度上与另外两种类型相近，并且能适应另外两种类型的工作。而且，每一类型都有一种相斥的类型，如实际型与社会型。"相斥关系"说明类型间没有共同之处，如果一个人在与其人格类型相斥的职业环境中工作，将不会感到快乐，也无法胜任工作。霍兰德的职业倾向理论为人们的职业选择提供了最基本的指导原则——人职匹配的原则。该理论简单易懂，应用广泛。

(三) 沙因的职业锚理论

职业锚理论是由著名的职业指导专家埃德加·H. 沙因教授领导的专门研究小组在对斯隆管理学院毕业生的职业生涯研究中演绎而成的。斯隆管理学院的44名MBA毕业生自愿形成一个小组，接受沙因教授长达12年的职业生涯研究，包括面谈、跟踪调查、公司调查、人才测评、问卷等多种方式，最终分析总结出了职业锚（career anchors）理论。

沙因认为，职业生涯规划实际上是一个持续不断的探索过程。在此过程中，每个人都根据自己的天资、能力、动机、态度和价值观等，逐渐形成较为明晰的、与职业有关的自我概念。随着个体对自己越来越了解，就会越来越明显地形成一个占主导地位的职业锚（或职业定位）。

职业锚就是一个人即使在不得不做出某些职业选择时也不会放弃的至关重要的东西或价值观。其实，职业锚就是人们选择和发展自己的职业时所围绕的中心。一个人的职业锚是不断发展变化的，是一个不断探索而产生的动态的结果。

1978年，沙因教授提出了五类型职业锚理论，即技术职能型、管理型、自主独立型、安全稳定型与创业型。到20世纪90年代，又提出了三种类型的职业锚，即服务型、挑战型和生活型。因此，沙因提出八种职业锚类型，并开发了职业锚测试量表。

（1）技术职能型（technical functional competence）。技术职能型的人，追求在技术职能领域的成长和技能的不断提高，以及应用这种技术职能的机会。他们对自己的认可来自其专业水平；喜欢面对来自专业领域的挑战，不喜欢从事一般的管理工作，因为这会降低在技术职能领域的成就。

（2）管理型（general managerial competence）。管理型的人，追求并致力于工作晋升，倾心于全面管理，独自负责一个部分，可以跨部门整合其他人的努力成果。他们想去承担整个部分的责任，并将公司的成功与否看成是自己的工作。具体的技术或职能工作仅仅被看作通向更高、更全面管理层的必经之路。

（3）自主独立型（autonomy independence）。自主独立型的人，希望随心所欲安排自己的工作方式、工作习惯和生活方式。追求能施展个人能力的工作环境，最大限度地摆脱组织的限制和制约。他们宁可放弃提升或工作扩展的机会，也不愿意放弃自由与独立。

（4）安全稳定型（security stability）。安全稳定型的人，追求工作中的安全与稳定感，可以预测将来的成功从而感到放松。他们关心财务安全，例如退休金和退休计划。稳定感包括诚信、忠诚以及完成老板交代的工作。尽管有时他们可以达到一个高的职位，但并不关心具体的职位和具体的工作内容。

（5）创业型（entrepreneurial creativity）。创业型的人，希望使用自己的能力去创建属于自己的公司或创建完全属于自己的产品（或服务），而且愿意去冒风险，并克服面临的障碍，想向世界证明公司是靠自己的努力创建的。他们可能正在别人的公司工作，却在学习并评估将来的机会；一旦感觉时机到了，便会走出去创建自己的事业。

（6）服务型（service dedication to a cause）。服务型的人，是指那些一直追求他们认可的核心价值的人，例如帮助他人、改善人们的安全、通过新的产品治疗疾病等。他们一直追寻这种机会，即使经常更换工作单位，也在所不惜。

（7）挑战型（pure challenge）。挑战型的人，喜欢解决看似无法解决的问题，战胜强大的对手，克服无法克服的困难。对他们而言，参加工作或从事某项职业的原因是有机会去战胜各种不可能。体验新奇、变化和乐于解决难题是他们孜孜以求的终极目标。如果工作比较容易，则会感到厌倦或无趣。

（8）生活型（lifestyle）。生活型的人，喜欢能够有效平衡个人、家庭及职业三者需要的工作环境，希望将人生的各个主要方面整合为一个整体。正因为如此，他们追求拥有足够弹性的职业环境，以实现和谐的人生目标；他们认为成功的内涵是丰富的，而不仅仅是职业上的成功；而且他们感觉自己在哪里居住、如何处理家庭事务以及在组织中的发展道路等方面是与众不同的。

经过几十年的发展，职业锚已成为个人职业生涯规划的必选工具和公司人力资源管理的重要工具。个人在进行职业规划和定位时，可以运用职业锚思考自己具有的能力，确定自己的发展方向，审视自己的价值观是否与当前的工作相匹配。只有个人的定位与要从事的职业相匹配，才能在工作中发挥自己的长处，实现自己的价值。对于组织而言，通过员工在不同工作之间的轮换，了解员工的职业兴趣爱好、技能和价值观，将他们放到最合适的职业轨道上，才能实现组织和个人发展的双赢。

（四）职业选择的影响因素

职业选择受到多种因素的影响，这些因素总体上可归纳为内在因素和外在因素两大类。内在因素是个人自身与自我意识密切关联的因素，包括个性、兴趣、能力、人生经历、就业经验、价值取向、人生阶段等，往往是决定职业选择的主要因素。外在因素是指职业选择中的环境因素，在职业选择中发挥制约和平衡的作用，包括经济发展水平、社会文化环境、政治制度和氛围、社会价值观念等社会环境因素，学校、家庭、朋友、同龄群体等周边环境因素，企业文化、企业发展状况、管理制度、领导者素质和价值观等企业环境因素。

约翰·克朗伯兹（John Krumboltz）提出的生涯决定社会学习论把影响生涯决策的因素归纳为以下四类①：

（1）遗传因素和特殊能力。个人的遗传因素在某种程度上限制了个人对职业或学校教育选择的自由，这些因素包括民族、性别、外在的仪表和特征等。某些人的特殊能力也会影响其在环境中的学习经验，伴随这些学习经验而来的兴趣和技能，与个人未来的职业选择将有相当密切的关系。个人的特殊能力包括智力、音乐能力、美术能力、动作协调能力等。

（2）环境状况和事件。在影响教育和职业选择的因素中，有许多因素来自外部环境，而非个人所能控制。这些环境状况和事件可能来源于人类活动，也可能来自自然力量。这些因素包括工作机会的数量和性质、训练机会的多少和性质等。

（3）学习经验。每个人独特的学习经验，在决定其生涯道路时扮演重要的角色。

（4）工作取向的技能。个人所习得的各种认知和表现的能力，可以应用于生涯决策中。工作取向的技能对个人来说随着环境变化，能用来解释这种变化与自我观察及世界观之间的关系，以及预测未来变化的方向。

上述各种因素，如遗传因素、特殊能力以及不同的学习经验等，会以一种交互影响的方式使个人形成特有的工作取向技能，这些工作取向技能包括解决问题的能力、工作习惯、工作标准与价值、情绪反应、知觉和认知的历程等。

二、职业发展理论

职业发展思想在我国古代早已有之。我国古代大思想家、大教育家孔子根据自己的亲身经历，将人生大致以10年为一个阶段，提出了人生七阶段发展模式，指出“十有五而志于学，三十而立，四十而不惑，五十而知天命，六十而耳顺，七十从心所欲，不逾矩”。这是我国乃至世界上最早的关于职业生涯发展的论述。孔子也因此成为世界上提出职业发展思想的第一人。具体言之，孔子关于职业发展的主要观点如下：

（1）从学前期（15岁以下）。人必须开始并专注于学习。

（2）立志与学习期（15～30岁）。与前期相比，此时的学习应与志向相结合。

（3）自立时期（30～40岁）。明白事情的道理，工作上能够独当一面，稳立于社会。

（4）不惑时期（40～50岁）。不被外界事物所迷惑，办事不犹豫。

（5）知天命时期（50～60岁）。认识自然客观规律，知道自己的人生使命。

① 王兰云．人力资源管理：理论与实务．北京：电子工业出版社，2017：158-159。

（6）耳顺时期（60～70岁）。冷静地倾听他人的意见，能够明辨是非。

（7）从心所欲，不逾矩时期（70岁以上）。享受自由，自觉遵循客观规律和道德规范。

现代职业发展理论诞生并盛行于美国，主要包括萨柏的职业发展理论、格林豪斯的职业发展理论和沙因的职业发展理论。

（一）萨柏的职业发展理论

美国职业发展大师唐纳德·萨柏（Donald Super）是职业研究领域的一位里程碑式的大师。他的最重要贡献是提出了职业生涯发展理论，这一理论得到了职业学家的普遍支持，并成为职业生涯研究领域的理论基础。萨柏于1953年将人生职业生涯发展划分为成长、探索、建立、维持和衰退等五个阶段。

1. 成长阶段（0～14岁）

成长阶段属于认知阶段。在这个阶段，孩童开始发展自我概念，学习以各种不同的方式来表达自己的需要，且通过对现实世界的不断尝试，修饰自己的角色。这个阶段发展的任务是发展自我形象，发展对工作世界的正确态度，并了解工作的意义。这个阶段共包括三个时期：

（1）幻想期（4～10岁）。它以“需要”为主要考虑因素，在这个时期，幻想中的角色扮演很重要。

（2）兴趣期（11～12岁）。它以“喜好”为主要考虑因素，喜好是个体抱负与活动的主要决定因素。

（3）能力期（13～14岁）。它以“能力”为主要考虑因素，能力逐渐具有重要作用。

2. 探索阶段（14～25岁）

探索阶段属于学习打基础的阶段。该阶段的青少年，通过学校的活动、社团休闲活动、兼职实习等机会，对自我能力及角色、职业作了一番探索，在选择职业时有较大的弹性。这个阶段发展的任务是使职业偏好逐渐具体化、特定化并实现职业偏好。这个阶段也包括三个时期：

（1）试探期（15～17岁）。考虑需要、兴趣、能力及机会，做出暂时的决定，并在幻想、讨论、课业及工作中加以尝试。

（2）过渡期（18～21岁）。进入就业市场或接受专业训练，更重视现实，并力图实现自我观念，将一般性的选择转为特定的选择。

（3）试验承诺期（22～24岁）。生涯初步确定并试验其成为长期职业生活的可能性，若不适合则可能再经历上述各时期以确定方向。

3. 建立阶段（25～44岁）

建立阶段属于选择、安置阶段。经过上一阶段的尝试，不合适者会谋求变迁或作其他探索，因此该阶段较能确定在整个事业生涯中属于自己的职位，并在31～40岁开始考虑如何保住该职位并固定下来。这个阶段发展的任务是统整、稳固并求上进。这个阶段又可细分为两个时期：

（1）尝试期（25～30岁）。个体寻求安定，也可能因生活或工作上的若干变动而尚未感到满意。

（2）稳定期（31～44岁）。个体致力于工作上的稳固，大部分人处于最具创意时期，由于资深，往往业绩优良。

4. 维持阶段（45～65岁）

维持阶段属于升迁和专精阶段。个体仍希望继续维持属于他的工作职位，同时会面对新人的挑战。这一阶段发展的任务是维持既有成就与地位。

5. 衰退阶段（65岁以上）

衰退阶段属于退休阶段。由于生理及心理机能日渐衰退，个体不得不面对现实从积极参与到隐退。这一阶段往往注重发展新的角色，寻求不同方式以替代和满足需求。

（二）格林豪斯的职业发展理论

美国心理学博士杰弗里·格林豪斯（Jeffrey Greenhouse）的研究侧重于不同年龄段职业生涯所面临的主要任务，并以此为依据将职业生涯划分为五个阶段：职业准备阶段、进入组织阶段、职业生涯初期、职业生涯中期和职业生涯后期。

（1）职业准备阶段（0～18岁）。该阶段的主要任务：发展职业想象力，对职业进行评估和选择，接受必需的职业教育。

（2）进入组织阶段（18～25岁）。该阶段的主要任务：在一个理想的组织中获得一份工作，在获取足量信息的基础上，尽量选择一种合适的、较为满意的职业。

（3）职业生涯初期（25～40岁）。该阶段的主要任务：学习职业技术，提高工作能力；了解和学习组织纪律和规范，逐步适应职业工作，适应和融入组织；为未来的职业成功做好准备。

（4）职业生涯中期（40～55岁）。该阶段的主要任务：对早期职业生涯重新评估，强化或改变自己的职业理想；选定职业，努力工作，有所成就。

（5）职业生涯后期（从55岁直至退休）。该阶段的主要任务：继续保持已有的职业成就，维护尊严，准备引退。

（三）沙因的职业发展理论

沙因立足于人生不同年龄段面临的问题和职业工作主要任务，将职业生涯分为九个阶段。

（1）成长、幻想、探索阶段（0～21岁）。这一阶段的主要任务如下：第一，发展和发现自己的需要和兴趣，发展和发现自己的能力和才干，为进行实际的职业选择打好基础；第二，学习职业方面的知识，寻找现实的角色模式，获取丰富信息，发展和发现自己的价值观、动机和抱负，做出合理的受教育决策，将幼年的职业幻想变为可操作的现实；第三，接受教育和培训，开发工作世界中所需的基本习惯和技能。在这一阶段，个人充当的角色是学生、职业工作的候选人及申请者。

（2）进入工作阶段（16～25岁）。在这一阶段，人们开始进入劳动力市场，谋取可能成为一种职业基础的第一份工作，而且个人与雇主之间达成正式可行的契约，个人成为一个组织或一种职业的成员。此阶段个人充当的角色是应聘者和新学员。

（3）基础培训阶段（16～25岁）。这一阶段与上一阶段不同，个人要担当实习生、新手的角色，即已经迈进职业或组织的大门。这一阶段的主要任务如下：一是了解、熟悉组织，接受组织文化，融入工作群体，尽快取得组织成员资格，成为一名正式的成员；二是适应日常的操作程序，应对工作。

（4）早期职业的正式成员资格获取阶段（17～30岁）。在这一阶段，个人取得组织新的正式成员资格，面临的主要任务如下：承担责任，成功地履行与第一次工作分配有关的任务；发展和展示自己的技能和专长，为提升或进入其他领域的横向职业成长打基础；根据自身才干和价值观，根据组织中的机会和约束，重估当初追求的职业，决定是否留在这个组织或职业中，或者在自己的需要、组织约束和机会之间寻找一种更好的配合。

（5）职业中期阶段（25岁以上）。在这一阶段，个人成为职业中期的正式成员，主要任务如下：选定一项专业或进入管理部门；保持技术竞争力，在自己选择的专业或管理领域内继续学习，力争成为一名专家或职业能手；承担较大责任，确立自己的地位；开发个人的长期职业计划。

（6）职业中期危险阶段（35～45岁）。这一阶段的主要任务如下：现实地评估自己的进步、职业抱负及个人前途；就接受现状或者争取看得见的前途做出具体选择；建立与他人的良师关系。

(7) 职业后期阶段（40岁以后）。这一阶段的主要任务如下：成为一名良师，学会发挥影响力，指导、指挥别人，对他人承担责任；扩大、发展、深化技能，或者增强才干，以担负更大范围、更重大的责任；如果求安稳，就此停滞，则要接受和正视自己影响力和挑战能力的下降。

(8) 衰退和离职阶段（40岁之后到退休）。不同的人会在不同的年龄面临职业上的衰退或离职。这一阶段的主要任务如下：学会接受权力、责任、地位的下降；基于竞争力和进取心下降，要学会接受和发展新的角色；评估自己的职业生涯，准备退休。

(9) 离开组织或退休阶段。个人在失去工作或组织角色后，会面临两大问题或任务：一是保持一种认同感，适应角色、生活方式和生活标准的急剧变化；二是保持一种自我价值观，运用自己积累的经验和智慧，以各种资源角色进行传帮带。

需要指出的是，沙因虽然基本依照年龄由小到大顺序划分职业发展阶段，但并未囿于此，其阶段划分更多的是根据职业状态、任务、职业行为的重要性，因此，他只给出了大致的年龄跨度，所划分的职业阶段有所交叉。

通过以上对职业发展理论的分析，至少可以得到以下重要的启示意义：第一，事业的成功绝不是一朝一夕就能实现的，有赖于终身的职业追求；第二，组织与个体必须主动积极地对职业生涯发展进行规划；第三，个体必须清醒地认识到自己目前处于哪个职业发展阶段，进而思考当前的职业任务与下一步的事业发展方向；第四，每个阶段都有相应的职业任务，提前或适时地完成这些任务，是事业成功与人生幸福的关键。

第3节 职业生涯规划与管理

一、员工职业生涯规划

员工职业生涯规划主要是在组织的支持与帮助下，员工充分认识自己、客观分析环境、正确选择职业、科学树立目标，并运用适当的方法与采取有效的措施，克服职业生涯发展的困阻，以获得事业的成功。员工职业生涯规划通常包括自我剖析、环境与机会评估、职业定位、目标设定、策略实施、评估与校正六个步骤（见图8-2）。

图8-2 员工职业生涯规划的程序

1. 自我剖析

有效的职业生涯规划，必须在充分正确认识自身条件的基础上进行，因此员工职业生涯规划的第一步是全面分析和认识自己。对自我剖析越透彻，越能做好职业规划。自我剖析是指员工全面、深入、客观地分析和了解自己，弄清自己为人处世所遵循的价值观念，明确自己的价值目标，熟悉自己掌握的知识与技能，剖析自己的人格特征、兴趣、性格等多方面的情况，以便了解自己的优势和不足，进而对自己形成一个客观、全面的认识和定位。

2. 环境与机会评估

职业生涯规划的第二步是评估职业环境与机会，主要是评估各种环境因素对自己职业生涯发展的影响。每个人都处在一定的环境中，离开了这个环境，便无法生存与成长，因此在制定个人的职业生涯规划时，要分析环境条件的特点、环境的发展变化情况、自己与环境的关系、自己在这个环境中的地位、环境对自己提出的要求以及环境对自己有利与不利的条件等。在这个过程中，员工要多思考以下问题：社会需要什么样的人？什么样的行业、职业具有良好的发展前景？我理想的职业需要具备什么能力与素质？等等。只有充分了解职业环境因素与发展机会，才能做到在复杂的环境中趋利避害，为确立职业发展方向和路径奠定基础，并使自己的职业生涯规划具有实际意义。

以上两步实际上是对客观自我和环境做了一个SWOT分析，即优势、劣势、机会、威胁分析。具体来讲，就是要明白这样几个问题：我自身有什么优势和劣势？周围环境对我有什么优势和劣势？会给我带来哪些机会？又会对我产生哪些威胁？弄清这些问题，就为职业定位与选择奠定了基础。

3. 职业定位

通过自我剖析和环境与机会评估，员工在“知己”与“知彼”的基础上，便可进行下一步的工作，即职业定位。职业定位就是为员工的职业目标、自身潜能以及主客观条件谋求最佳匹配。职业定位或选择正确与否，直接关系到人生事业的成功与失败。员工可以充分利用职业选择理论与职业发展理论来指导自己的职业定位或职业选择。例如，根据霍兰德的职业倾向理论，员工所追求或从事的最佳职业应该与霍兰德的职业六角形模型中的一个顶点重合，否则，就应选择与之相邻的两个顶点之一的职业。

良好的职业定位是以员工的最佳才能、最优性格、最大兴趣、最有利的环境等信息为依据的。职业定位过程中应该重点考虑性格与职业的匹配、特长与职业的匹配、专业与职业的匹配等，需要特别注意以下问题：(1) 依据客观现实，考虑个人与社会、单位的联系，以便从总体上把握自己的发展空间和发展机会；(2) 对比职业的条件、要求、性质与自身条件的匹配情况，选择符合本人特长、自己更感兴趣，而且经过努力很快就能胜任的、有发展前途的职业；(3) 扬长避短，不要追求十全十美的职业；(4) 审时度势，根据情况变化适时动态调整职业选择与发展目标，不能有一成不变、固执己见的思想。

4. 目标设定

职业生涯目标的设定是职业生涯规划的核心。一个人事业的成败，很大程度上取决于有无正确适当的目标。没有目标就如同驶入大海的孤舟，没有方向，不知道该走向何方。只有树立了目标，才能明确奋斗方向。目标犹如灯塔，引导你避开暗礁险滩，走向成功。职业生涯目标通常分为短期目标、中期目标、长期目标和人生目标。短期目标一般为1～2年，中期目标一般为3～5年，长期目标一般为5～10年，人生目标是终生为之奋斗的长远目标。

在设定目标时，应根据主客观条件进行设计，要保证目标适中，不可过高或过低；要把长远目标和短期目标结合起来，通过不断实现短期目标以最终实现长远目标。目标设定一般应遵循以下三个准则：(1) 择己所爱。员工要选择在自己钟爱的职业方向发展，要将自己的兴趣爱好与事业发展有机地结合起来，这样就会给自己的一生带来无穷的乐趣、无上的荣誉和无尽的财富。(2) 择己所长。员工应尽可能地将职业与自己的长处或优点结合起来，这样才有助于取得更好的成绩。(3) 择世所需。员工要将社会的需要、所在组织的目标和个人的利益有机地整合起来，这样才有施展才华的广阔舞台。

5. 策略实施

在确定了职业生涯目标后，下一步便是目标实现策略的实施。职业生涯策略是指实现职业生涯目标的行动计划，一般都是具体的、可行性较强的。没有行动，目标就难以实现。这里的行动主要是指落实目标的具体措施，主要包括员工在工作中的表现及业绩、教育与培训、构建人际关系网以及为平衡职业目标和其他目标而付出的努力等。例如，员工为了达到目标，在工作方面，计划采取什么措施提高工作效率？在业务素质方面，计划学习哪些知识、掌握哪些技能以提高业务能力？在潜能开发方面，采取什么措施开发潜能？

6. **评估与校正**

职业生涯规划制定好后，员工将沿着设计的发展通道不断地从一个职位转移到另一个职位，从较低层次上升到较高层次，直到实现职业生涯目标。在这个过程中，伴随着职位和层次的变化，员工必须不断提高自身素质，改善素质结构，同时组织仍需加强对员工职业生涯规划实施跟踪和指导，定期或不定期地进行评估、反馈与校正。其内容包括职业的重新选择、职业生涯路线的选择、人生目标的修正、实施措施与计划的变更等。评估和校正可以纠正职业生涯规划各个分阶段中出现的偏差，可以极大地增强员工实现目标的信心。

二、组织职业生涯管理

组织职业生涯管理不仅要帮助员工制定并实施职业生涯规划，同时还包括以下管理要点。

（一）职业生涯发展阶段管理

组织进行职业生涯管理，应该找出员工职业生涯不同阶段的管理重点，帮助员工获得职业的成功，同时培养员工的忠诚和奉献精神。

员工在组织中的职业生涯大致可分为进入组织阶段、职业生涯初期、职业生涯中期和职业生涯后期。在各个阶段，员工的职业工作任务、任职状态、职业行为等都有所不同，呈现出不同的特征。组织要根据不同职业生涯时期的个人职业行为与特征，确定每个阶段的具体管理任务。

1. **进入组织阶段**

管理员工的职业生涯是一个长期动态的过程，从新员工进入组织起就应该开始。在进入组织阶段，个体根据自己掌握的信息量、面临的机遇和各方面的支持，决定是否进入职业生涯周期，同时根据自己的爱好、兴趣和意向等选择第一份工作，个体间的心理特质差异使他们面临截然不同的职业选择。因此，组织要做好招募、甄选和配备工作，根据组织发展的目标和现状，向应聘者提供准确的职业和发展信息，以供他们决策参考。其中，重点是将组织的基本理念和文化观念传达给应聘者，使他们能够真实地了解组织；组织也要尽可能全面地了解应聘者，包括他们的能力倾向、个性特征、身体素质、受教育程度和工作经历等，以便为空缺职位配备合格的人选，并为新员工未来的职业发展奠定良好的基础。

2. **职业生涯初期**

个体进入组织后成为新员工，便开始了职业生涯。他们通过尝试和磨合实现对自我和环境的认知，通过经验、他人的反馈意见以及自我需求和环境的要求来确定职业生涯发展的目标。因此，组织应该通过试用和新工作的挑战，发现员工的才能，帮助员工明确职业定位、确定长期贡献区。具体管理任务如下：第一，了解员工的职业兴趣、技能，把他们放到最适合的职业轨道上去；第二，进行岗前培训，引导新员工，帮助他们熟悉环境，减少焦虑感，增加归属感和认同感；第三，培训新员工的主管，使主管成为新员工的良师益友，发挥“皮格马利翁效应”，激励新员工干好工作与平稳度过“磨合期”；第四，分配给新员工第一项工作，对其工作表现和潜能进行考察和测试，并及时进行初期绩效反馈，使他们了解自己做得如何，学会如何工作；第五，协助员工做好职业规划，比如举行职业咨询会议等确认他们应在哪些方面开展职业开发活动。

3. **职业生涯中期**

这一阶段，员工事业发展趋向定型与达到顶峰，自我发展的需要仍很强烈，但又意识到职业机会随着年龄增长越来越受到限制，会产生职业危机感。面对这一复杂的人生阶段，组织一方面要通过各种方法，帮助员工解决诸多实际问题，激励他们继续奋斗，以获得更大的成就，另一方面要通过各种方式，针对不同人的不同情况，为其指明和开辟事业发展的新通道。

4. 职业生涯后期

到职业生涯后期，员工的退休问题必然提上议事日程。大量事实表明，退休会对员工产生很大冲击，对组织的工作也会产生影响。组织有责任帮助员工认识并接受这一客观事实，帮助每一个即将退休的员工制订具体的退休计划，尽可能地把退休生活安排得丰富多彩。同时，多数退休员工的贡献能力不会随着正式退休而完结，组织可采取兼职、顾问或其他方式继续聘用，让他们把知识和经验传授给年轻人，延长他们的职业生涯，使他们有机会继续为组织发挥余热。

(二）职业生涯发展通道设计与管理

职业生涯发展通道设计，即根据组织业务、人员的实际情况，设置若干员工职业发展通道，使具有不同能力素质、职业兴趣的员工都可以找到适合自己的发展路径。根据不同的目的及标准，职业发展通道有不同的设置模式。

(1）根据不同职系的晋升阶梯，可设置管理通道、专业技术通道、技能通道。管理通道是为管理人员设置的上升阶梯，在此阶梯上升意味着拥有更多制定决策的权力，同时要承担更多的责任；专业技术通道是为专业技术人员设置的、与行政职务同等重要的能力阶梯，在此阶梯上升意味着具有更强的独立性，同时拥有更多从事专业活动的资源；技能通道是为技术工人设置的上升阶梯，在此阶梯上升意味着资深的经历与较高的地位。

(2）根据员工流动的方向，可设置横向通道与纵向通道。横向通道是指员工在同一个管理层次或技术、技能等级上不同职位或不同工种之间的变动通道，它实际上是要解决在哪些职位或工种之间转换，多长时间或什么时候转换，在转换前组织和个人应做好哪些知识、技能与能力准备。横向通道的发展有助于员工找准职业生涯定位，拓宽职业生涯发展通道，满足人们不同的职业需要，扩大视野，培养全面能力，缓解晋升压力。纵向通道是对员工在管理、技术、技能和薪酬等级上下变动的次序的设计。它包括上升通道和下降通道两种情况，但一般情况下是指上升通道，实际上是要解决员工的晋升问题。

(3）根据晋升的机会，可设置单一职业通道、双重职业通道和多重职业通道。单一职业通道只提供一条晋升阶梯，它只适合在性质比较单一的组织中实行。双重职业通道提供两条平等或平行的晋升阶梯，比如一条是管理通道，一条是技术通道。在两条职业生涯路径中，员工薪酬水平相近，发展机会也较为相似，员工可以选择一种符合自己职业兴趣和能力的发展通道，进而保证组织既能聘到具有高技能的管理者，又能雇用到具有高技能的专业技术人员。它适合在拥有较多的专业技术人才和管理人才的组织中采用。多重职业通道提供三条或三条以上平等或平行的晋升阶梯。它为员工提供了更多的职业发展机会，便于员工找到与自己兴趣相符、真正适合自己的工作，实现自己的职业目标，也增加了组织的应变性。这样，当组织战略发生转移或环境发生变化时，能够顺利实现人员转岗安排，保持组织的稳定性。它适用于较大规模的组织和集团公司，尤其是高新科技企业。

除了科学设计职业生涯通道，组织还应该加强对职业生涯通道的总体管理：

(1）建设多通道，拓宽发展空间。传统的职业发展通道是单一的官本位式的上升渠道，形成所有员工都紧紧盯住管理职位、“千军万马挤独木桥”的现象。现代职业生涯管理应大力倡导建立多元化的职业生涯通道，形成多渠道、多层次的职业发展体系，实现组织与员工个人职业生涯的同步发展。例如，华为公司对人力资源进行分层分类管理，提供各种通道，有的可走管理通道，有的可走技术专家、项目经理的通道，使各类人才都能找到自己发展的机会和平台；海尔集团实行星级技术能手制和员工职级动态转换制；IBM为员工提供“双向前程”，员工可根据自己的个性和兴趣选择管理路线或者专业路线。

（2）帮助员工确定职业生涯发展路线，即选择职业后怎样实现自己的职业目标。组织需要帮助员工确定是走专业技术发展道路，还是走行政管理发展道路。这样促使员工了解自己晋升的方式与机会，进而为他们指明发展方向。

（3）排除障碍，疏通职业通道。职业通路设置后，员工在行进过程中可能会遇到许多障碍，扫除通道上的障碍，是职业发展管理的重要任务。员工职业发展的障碍，既来自员工职业工作本身，又来自家庭，还产生于个人的生物与社会周期。因此，组织有必要寻找障碍源，有针对性地解决问题、排除障碍，以使员工职业发展通道更加畅通。

（三）加强职业指导与素质测评

职业生涯管理是一项非常专业的工作，组织应该加强职业指导与素质测评，为员工职业发展提供相关专业指导及服务。事实上，许多大中型组织，都在组织内设立了职业生涯评估指导中心或能力测评中心，对员工进行评估指导。例如，通用电气、IBM、松下电器等均有辅导专家，协助员工解决生涯发展问题。职业评估指导中心的重要任务：（1）发布组织职位需求信息，增进员工对组织发展的了解；（2）了解员工的愿望、要求和想法；（3）帮助员工认识、评估个人特质、能力、兴趣爱好，帮助员工分析和选择自己的适宜职业及职位；（4）职业匹配定位。

素质测评是进行职业指导的基础，因此组织应该加强员工素质测评。员工素质测评主要是通过个性、智力水平、职业倾向、气质、管理能力等方面的测评，全面了解员工的基本情况，以将其安排到合适的职位，并针对其不足，提供相应的指导和培训。员工素质测评的内容及方法主要如下：（1）卡特尔16种人格因素测验，测验员工的内向或外向、聪明或迟钝、激进或保守、负责或敷衍、冒险或胆小、顾全大局或矛盾冲突、情绪激动或情绪稳定等方面的个性特征；（2）智力测验，测验人的逻辑推理、言语理解、数字计算等方面的基本能力；（3）霍兰德的职业倾向测验，测验员工个性类型和职业类型匹配情况；（4）气质测验，测验员工的感受性、耐受性、反应的敏捷性、可塑性、情绪兴奋性和指向性等特性，以区分多血质、胆汁质、黏液质和抑郁质的性格特点；（5）管理能力测验，测验员工的战略规划能力、沟通能力、组织能力与口头表达能力等；（6）一般能力倾向测验，测验员工的图形识别、空间想象、计算的速度与准确性、言语理解、词语组合等方面的能力倾向。

（四）实施职业培训

组织应结合员工职业发展目标，建立与职业生涯管理相配套的培训与开发体系，帮助员工不断提高业务素质和专业技能，在各自的职位序列中快速成长。首先，通过向员工介绍本组织职业生涯管理政策等信息，让员工目标与组织目标达到一致。其次，根据员工现有技能水平与任职要求存在的差距，有针对性地提供业务学习机会。特别是对于那些在职业生涯诊断中出现问题的员工，更应对其进行新技能、价值观等反馈支持性的培训，缩小与职业目标之间的距离。最后，开展职业资格培训，不断完善从初级职位到高级职位（如初级工、中级工、高级工、技师、高级技师）的职业资格培训体系和职业技能鉴定体系。

（五）建立职业生涯管理评价系统

为了判断职业生涯管理战略实施的进度和职业生涯管理的有效性，组织必须建立一套行之有效的职业生涯管理评价系统。职业生涯管理评价系统不同于绩效评价系统，前者以评价职业生涯管理为目的，衡量职业生涯管理与员工职业生涯目标之间的差距，并在此基础上协调职业生涯管理的战略措施；后者则以评价员工的工作行为和结果为主要目的。建立职业生涯管理评价系统的目的有两个：一是对组织现状进行合乎实际的理性评估，确定组织发展的阶段和变革方向，适时调整职位规划，并结合经营状况，控制职位的薪酬总量；二是对员工的业绩、素质、技能等进行有针对性的局部评价，把握整个人力资源的主要状况及特点，保持员工职业生涯设计时的组织绩效导向。

（六）完善人力资源管理体系

实施职业生涯管理，必须完善人力资源管理体系。组织应特别重视研究人与工作的关系，做好职位分析、职位编制计划等人力资源管理的基础性工作，为职业生涯管理整套方案的运行提供管理基础与平台。缺乏人力资源管理体系这个基础和平台，职业生涯管理就缺乏标准，进而会造成工作职责不清、员工流动混乱以及晋升道路不畅等弊病。进而言之，不踏踏实实地做好人力资源管理的基础性工作，职业生涯管理就会成为无本之木、无源之水。因此，组织应该搭建好人力资源管理平台，将职业生涯管理融入人力资源管理活动，这样才能切实做好职业生涯管理，实现组织与员工的共同成长。

本章小结

本章介绍了职业、职业生涯、职业生涯管理的含义，阐述了职业生涯管理的意义、原则、理论基础以及程序等。

职业是参与社会分工，利用专门的知识和技能，为社会创造物质财富和精神财富，同时获取合理报酬，作为物质生活来源，并满足精神需要的工作的统称。职业生涯是指个体一生的工作经历，包括从事的职业、职位的变动及职业发展目标实现的整个过程。职业生涯管理是指组织和员工对职业生涯进行设计、规划、执行、评估和反馈的一项综合性工作。它应该遵循互动性原则、长期性原则、公平性原则、期限性原则、动态原则与创新原则。

职业生涯管理理论包括职业选择理论和职业发展理论。职业选择理论主要包括帕森斯的人职匹配理论、霍兰德的职业倾向理论与沙因的职业锚理论。职业选择的影响因素理论主要是克朗伯兹的生涯决定社会学习论。职业发展理论主要包括萨柏的职业发展理论、格林豪斯的职业发展理论与沙因的职业发展理论等。

员工职业生涯规划主要是在组织的支持与帮助下，员工充分认识自己、客观分析环境、正确选择职业、科学树立目标，并运用适当的方法与采取有效的措施，克服职业生涯发展的困阻，以获得事业的成功。它通常包括自我剖析、环境与机会评估、职业定位、目标设定、策略实施、评估与校正等六个步骤。组织职业生涯管理不仅要帮助员工制定并实施职业生涯规划，同时还必须进行职业发展阶段管理、职业发展通道设计与管理等。

关键词

职业生涯（career）
职业生涯管理（career management）
组织职业生涯管理（organizational career management）
员工职业生涯管理（individual career management）
职业生涯规划（career planning）
职业生涯发展（career development）
人职匹配理论（特质因素理论）（trait-factor theory）
职业倾向理论（occupational orientation theory）
职业锚（career anchors）

思考题

1. 什么是职业、职业生涯、职业生涯管理？职业生涯的特点是什么？
2. 职业生涯管理包含哪几个层面的内容？
3. 职业生涯管理的意义是什么？它应该遵循哪些原则？
4. 职业生涯管理有哪些理论基础？
5. 简述霍兰德的职业倾向理论与沙因的职业锚理论。
6. 员工职业生涯规划包含哪些步骤？
7. 谈谈组织如何开展职业生涯发展阶段管理与职业生涯发展通道管理。

第9章

培训与开发

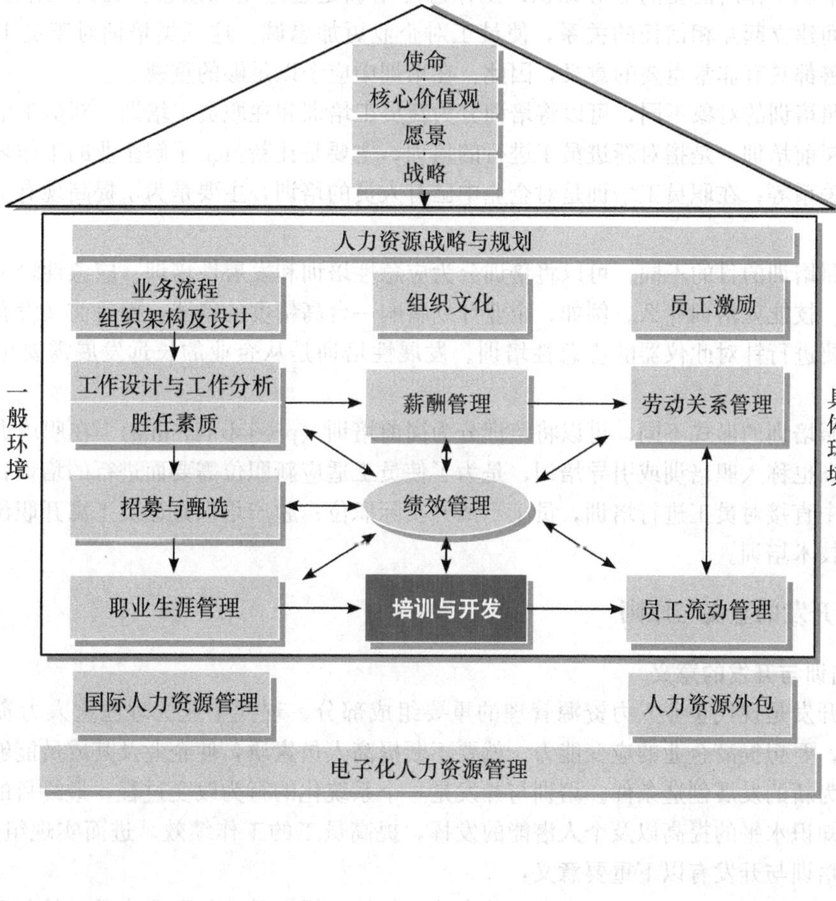

使命
核心价值观
愿景
战略
人力资源战略与规划
业务流程
组织架构及设计
组织文化
员工激励
一般环境
工作设计与工作分析
胜任素质
薪酬管理
劳动关系管理
具体环境
招募与甄选
绩效管理
职业生涯管理
培训与开发
员工流动管理
国际人力资源管理
人力资源外包
电子化人力资源管理

第1节 培训与开发概述

一、培训与开发的含义与类型

培训与开发是企业通过相应的项目改进员工能力水平和组织业绩的一种有计划的、连续性的工作。其中，培训（training）的主要目的是使员工获得目前工作所需的知识和能力，帮助员工完成好当前的工作；开发（development）的主要目的是使员工获得未来工作所需的知识和能力，帮助员工胜任企业中其他职位的工作需要，并且通过提高他们的能力来使他们能够承担起一种目前可能尚不存在的工作。开发是以未来为导向的，因此在开发过程中所学习的东西并不一定与员工当前所从事的工作有关。随着培训与开发的战略地位日益凸显，其作用越来越重要，两者间的界限也日益模糊。在实际工作中，培训与开发也是很难截然分开的，因为培训中使用的技术与开发中使用的技术通常是相同的，而且二者在许多时候都要注重员工与企业当前和未来发展的需要。

培训与开发从不同的角度可以划分为不同的类型，常见的类型主要有以下几种：

（1）按照培训的内容不同，可以将培训分为基本技能培训、专业知识培训和工作态度培训。基本技能培训是通过培训使员工掌握从事职务工作必备的技能；专业知识培训是通过培训使员工掌握完成本职工作所需要的业务知识；工作态度培训是通过培训改善员工的工作态度，让员工与企业之间建立起互相信任的关系，使员工对企业更加忠诚。这三类培训对于员工个人和组织绩效的改善都具有非常重要的意义，因此，在培训中应予以足够的重视。

（2）按照培训的对象不同，可以将培训分为新员工培训和在职员工培训。新员工培训又称向导性培训或岗前培训，是指对新进员工进行的培训，主要是让新员工了解企业的工作环境、工作程序、人际关系等；在职员工培训是对企业中已有人员的培训，主要是为了提高现有员工的工作绩效。

（3）按照培训的目的不同，可以将培训分为应急性培训和发展性培训。应急性培训是企业急需什么知识、技能就培训什么。例如，企业计划新购一台高精度的仪器，而目前又没有员工能够操作，就需要进行针对此仪器的应急性培训。发展性培训是从企业的长远发展需要出发而进行的培训。

（4）按照培训的形式不同，可以将培训分为岗前培训（pre-job training）、在职培训、脱产培训。岗前培训也称入职培训或引导培训，是为了使员工适应新职位需要而进行的培训；在职培训就是在工作中直接对员工进行培训，员工不离开实际职位；脱产培训是让员工离开职位，进行专门的业务和技术培训。

二、培训与开发的意义与原则

（一）培训与开发的意义

培训与开发是现代企业人力资源管理的重要组成部分。现代企业管理注重人力资源的合理使用和培养，要想提高企业的应变能力，就要不断提高人员素质，使企业及其成员能够适应外界的变化，并为新的发展创造条件。培训与开发是一个系统化的行为改变过程，最终目的就是通过工作能力、知识水平的提高以及个人潜能的发挥，提高员工的工作绩效，进而实现组织的目标。具体而言，培训与开发有以下重要意义：

（1）提高员工的职业素质。员工培训的直接目的就是提高员工的职业素质，使其更好地胜任现在的日常工作及未来的工作任务。有效的培训与开发能够帮助员工提高知识、技能，改变态度，增进他们对组织战略、经营目标、规章制度、工作标准等的理解，从而促进员工职业素质全面提高，有利于员工增强应对当前及未来工作变化的能力。此外，现代社会职业竞争性和流动性的增强也使员工认识到充电的重要性，继而将培训作为增长知识、技能和就业能力的一个重要途径。

(2) 调动员工的工作积极性。培训可以提高员工的职业素质，这不仅为员工取得好的工作绩效提供了可能，也为员工提供了更多晋升和获得较高收入的机会，进而调动员工的工作积极性。此外，培训还能够满足员工对知识的渴望，满足其日益增长的文化生活需求，进而从精神上促使他们安心并努力工作。

(3) 增强企业的竞争优势。企业之间的竞争主要是人才的竞争。尤其是在以知识经济资源和信息资源为重要依托的新时代，智力资本已成为获取生产力、竞争力和经济成就的关键因素，即企业的竞争不再依靠自然资源、廉价的劳动力、精良的机器和雄厚的财力，而主要依靠知识密集型的人力资本。企业必须不断培训与开发高素质的人才，以获得竞争优势。正如彼得·圣吉(Peter Senge)所说："未来唯一持久的优势，是有能力比你的竞争对手学习得更快。"通过培训与开发，一方面可以使员工及时掌握新的知识、技术，确保企业拥有高素质的人才队伍；另一方面也可以营造出鼓励学习的良好氛围，提高组织的学习能力，建设学习型组织，进而增强组织的竞争优势。

(4) 培育优秀的组织文化。实践证明，优秀的组织文化对员工具有强大的凝聚、规范、导向和激励作用。因此，组织文化建设得到越来越多组织的青睐，进而成为员工培训的重要内容。作为组织成员共有的价值观和道德准则，组织文化必须得到全体员工的认可，这就需要不断向员工进行宣传教育，而培训与开发就是一种非常有效的手段。

(二) 培训与开发的原则

企业为了实现培训目标，完成培训任务，在实施培训的过程中必须遵循以下基本原则：

(1) 战略原则。培训与开发需要高瞻远瞩，运用战略性思维，以前瞻性的视角探讨企业的培训需求，明确企业中长期的培训目标，进而制订详细的培训计划，变被动为主动，保证培训工作的循序渐进、井然有序，促使培训与组织发展战略相适应，与技能要求接轨，与组织文化相协同。企业应构建并实施战略性培训与开发，从组织战略及人力资源管理战略出发，用全局、系统的观点设计培训与开发的目标和内容等，将其置于组织使命及战略之下来通盘考虑，增强培训与开发的整体性、协调性与有效性，从而实现组织战略目标。

(2) 理论联系实际原则。培训与开发同普通教育的根本区别在于，它特别重视与实践相结合，强调针对性与实践性。企业发展需要什么、员工缺什么就培训什么，克服培训脱离实际、朝学历教育靠拢的倾向，不搞形式主义，讲求实效，学以致用。此外，培训与开发应该根据企业经营和发展状况以及企业员工的特点来进行，既讲授专业技能知识和一般原理，提高受训者的理论水平和认识能力，又解决企业在经营管理中存在的实际问题，以提高企业的整体效益和管理水平。

(3) 因材施教原则。企业不仅职位繁多，员工水平参差不齐，而且员工在人格、智力、兴趣、经验和技能方面均存在差异。因此，培训与开发工作应因人而异，不能采用普通教育"齐步走"的方式。也就是说，要根据不同的对象选择不同的培训与开发的内容和方式，有的甚至要针对个人制订独特的发展计划。培训部门应该加大研究力度，深层次挖掘培训与开发需求，开展深度咨询辅导，满足员工的个性化要求，将培训与开发向深度拓展、向细节延伸。

(4) 主动参与原则。培训与开发要重视员工的参与和合作，充分调动他们的主动性、积极性与创造性，使员工在整个过程中能够自发地体验到学习与创造的乐趣，实现从"要我学"向

“我要学”的转变。如果受训者只保持一种静止的消极状态，培训与开发是不可能达到预期效果的。日本的许多企业非常重视落实培训与开发的主动参与原则，这些企业在培训与开发上一般采用“自我申请”制度：首先，员工定期填写申请表，主要反映员工过去5年内的能力提高及发挥情况和今后5年的发展方向及对个人能力发展的自我设计；其次，上级针对员工申请表与员工面谈，互相沟通思想、统一看法；最后，上级在员工申请表上填写意见后，报人事部门存入人事信息库，作为以后制订员工培训计划的依据。这种“自我申请”的培训与开发制度可以有效地调动员工接受培训的积极性，并有很重要的心理作用，使员工意识到个人对工作的“自主性”和在企业中的主人翁地位，疏通了上下级之间交流的渠道，更有利于促进集体协作和配合。

(5) 灵活性原则。企业里不同的职位有着不同的工作特性，因此培训与开发的形式及方法也应该灵活多样。除采用课堂讲授外，还应适当应用参观考察、网络培训、案例研讨、员工自学、导师制等方式，使学员开阔思路和眼界，增长实际才干。

(6) 效益原则。从经济学的角度来讲，培训与开发是企业的一种投资行为，属于人力资本投资。因此，和其他投资一样，培训与开发投资也要从投入产出的角度考虑效益大小及远期效益、近期效益问题。企业应该努力提高干部培训与开发的质量和效果，使之真正成为提高企业持续竞争力的“发动机”，为企业创造经济效益与社会效益；提高培训与开发的投入产出比，实现培训与开发工作效益的最大化。

三、培训与开发的基本学习原理

培训与开发从本质上讲是一种学习过程。因此，进行培训与开发，有必要了解学习的基本原理。

（一）学习的含义

人们普遍认为学习（learning）是指由于经验而发生的相对持久的行为改变。理解学习的含义，需要注意几个方面的问题：第一，学习包含变化。从组织的角度来看，这一点有利有弊。人们可以学习好的行为，也可以学习不好的行为，如持有偏见。培训的目的是使员工的行为向好的方面改进。第二，这种变化应该是相对持久的。暂时的变化可能只是反射的结果，而不是学习的结果。因此，在学习方面需要把那些由于疲劳或暂时的适应性而导致的行为改变排除在外。第三，学习关注的是行为，只有行为活动出现了变化，学习才会发生。如果个体仅仅在思维或态度上发生了变化，而行为未发生相应变化，则不能称为学习。第四，学习必须包含某种类型的经验。学习可以通过观察或直接经验得到，也可以通过间接经验得到。其中关键的问题在于这种经验是否导致了相对持久的行为变化。如果是，我们就可以说学习发生了。总之，行为的变化表明学习的发生，学习是行为的改变。

（二）学习的理论

了解学习理论是成功实施培训与开发的基础。最具有代表性的学习理论包括行为主义学习理论（learning theory of behaviorism）、认知主义学习理论（learning theory of cognitivism）、人本主义学习理论（learning theory of humanism）与建构主义学习理论（learning theory of constructivism）。

1. 行为主义学习理论

行为主义学习理论将学习定义为在刺激和反应之间建立联结的过程。行为主义学习理论中较有代表性的主要是社会学习理论和操作条件反射学习理论。

(1) 社会学习理论（social learning theory）。社会学习理论是20世纪60年代兴起的一种理论，其创始人是美国行为主义心理学家、斯坦福大学教授艾伯特·班杜拉（Albert Bandura）。班杜拉认为，行为的习得或形成可以通过反应的结果进行学习，也可以通过榜样的示范进行学习；人类可以通过对榜样的观察进行学习，而且，人类的大部分行为是通过观察榜样的行为得到的。因此，我们在培训中要注意给学生树立良好的榜样；在文化知识教学和操作及运动技能的培养和训练中，培训者更要做好示范，并根据观察学习过程的特点，突出知识和技能的主要特征，以吸引受训者的注意。在受训者运用知识或具体操作过程中，培训者要及时进行指导，纠正和改进受训者的错误学习，并调动受训者的学习主动性和自主性，使其通过自我调节来改进自己的学习。

（2）操作条件反射学习理论。美国当代著名的心理学家伯尔赫斯·斯金纳（Burrhus Skinner）是行为主义的代表人物之一，是操作性条件反射（operant conditioning）的创始人。他认为条件反射有两种，即巴甫洛夫的经典条件反射和操作性条件反射。操作性条件反射与经典条件反射有一些重要区别，即前者没有条件刺激，也不是靠条件刺激与无条件刺激相结合而形成条件反射，它的形成源于动物的一种随意活动，而且是欲求行为（appetitive behavior）的结果。欲求行为是在动物生理需求驱动下的一种行为表现，如饥饿驱使动物到处觅食，性欲驱使动物积极向异性求偶等。另外，在操作性条件反射的建立过程中，刺激和反应都必须先于报偿（reward），即先接受刺激，再做出行为反应，最后才得到报偿。斯金纳认为，一切行为都是由反射构成的，反射有两种，行为也必然有两种，即应答性行为和操作性行为。因此，学习也分为两种，即反射学习和操作学习。斯金纳更重视操作学习，他认为操作行为更能代表人在实际中的学习情况，认为人的学习几乎都是操作学习。斯金纳提出了编制程序教学的五项基本原则（原理）：小步子原则、积极反应原则、及时强化（反馈）原则、自定步调原则、低的错误率原则。在程序学习中，强调学习上的循序渐进，学习者的积极反应、及时反馈等原则，体现了学习的一般规律和要求。

2. 认知主义学习理论

20世纪50年代中期之后，杰罗姆·布鲁纳（Jerome Bruner）、戴维·奥苏伯尔（David Ausubel）等一批认知心理学家开展了大量创造性的工作，更加强调认知过程的重要性，使认知主义学习理论在学习理论的研究中开始占据主导地位。认知主义心理学家认为学习的实质并非形成刺激-反应的联结，而在于形成或改变认知结构。但不同的心理学家对认知结构的认识存在很大差异。布鲁纳认为认知结构是指个体过去对外界事物进行感知、概括的一般方式或经验所组成的观念结构，其主要成分是“一套感知的类别”；学习的结果是形成与发展认知结构，即形成各学科领域的类别编码系统。奥苏伯尔所说的认知结构是指个体头脑中已形成的，按层次组织起来的，能使新知识获得意义的概念系统；通过学习者亲自发现或者接受的方式获得新知识，并将新知识与头脑中已有的认知结构进行积极的相互作用，使新知识获得心理意义，已有的认知结构得到扩充或改变。认知主义学习理论主要关注课堂情境中知识技能的获得、概念的形成和问题解决等内容的学习。认知主义学习理论承认在刺激与反应间存在着中介心理过程，看到了学习者的能动性，因此适用于解释人类较为高级的认知学习现象。

3. 人本主义学习理论

人本主义学习理论是20世纪50年代末60年代初兴起的，从某种程度上说是独立于行为主义和认知主义理论的。其主要代表人物是亚伯拉罕·马斯洛（Abraham Maslow）和卡尔·罗杰斯（Carl Rogers）。该理论主要是以马斯洛的学说为基础来重新认识学习。人本主义学习理论主张从人的直接经验和内部感受来了解人的心理，强调人的本性、尊严、理想和兴趣，认为人的自我实现和为自我实现而进行的创造才是人的行为的决定性力量；学习的实质是个人潜能的充分发展、人格的发展、自我的发展。该理论反对行为主义对学习实质的看法，认为学习不是刺激与反应间的机械联结，而是一个有意义的心理过程，学习的实质在于意义学习，当然这种意义学习与奥苏伯尔提出的意义学习不同，它包含了价值、情绪的色彩，涉及的不仅仅是认知成分的参与，而且是整个人，是认知与情感的融合，强调学习过程中个体的积极参与和投入。人本主义学习理论强调学习的结果是使学生成为一个完善、有用、整体人格得到发展的人。

4. 建构主义学习理论

建构主义是当代最重要的学习理论之一，兴起于20世纪80年代末。该理论最早的提出者可追溯至瑞士的琼·皮亚杰（Jean Piaget），他是认知发展领域最有影响力的心理学家。建构主义学习理论认为，学习的实质是个体主动建构自己知识的过程。它更加强调学习者的主体作用，强调学习的主动性、社会性和情境性；认为学习的过程就是一个自我建构的过程，每个人进行的信息加工活动都是独特的、与他人不同的。学习的结果是围绕关键概念而建构起自己的网络结构知识。

从行为主义、认知主义、人本主义再到建构主义，其学习主张演变表现出了一些显著特点，即越来越重视学生的自主学习、合作学习与发现学习。进而言之，学生不是被动地接受已有的知识和经验，而是亲自去发现；学习过程是学生主动建构的过程，教师在教学中仅起指导者的作用，把学习的自主权交给学生，把课堂交给学生，由学生来决定学习什么以及怎样学习。此外，每种学习理论对员工的培训与开发都具有非常重要的指导意义与应用价值。[①]

（三）成人学习的特点

成人不同于在校的学生，在培训学习中表现出如下特点：

（1）成人需要在了解学习的目的和原因之后才会去学。

（2）成人在感觉有现实或迫切的需要时才会更愿意去学，而且他们对感兴趣的内容也会自发地、愉快地学习。

（3）成人对学习内容的实用性和结果尤为关注，他们常说："学习之后能有什么用？"

（4）成人对与现实联系较为密切的知识或信息比较关注。他们重视应用技能，要求即学即用，对理论性、学术性、抽象性的知识不感兴趣。

（5）成人渴望拥有成就感，喜欢在培训过程中有表达个人意见和见解的机会，感觉到其存在的价值。

（6）成人拥有丰富的经验，喜欢将新的知识与旧的经验作比较；年纪越大，对新生事物的接受态度就越审慎。

（7）成人喜欢受到尊重和重视，在轻松、愉悦和友爱的环境下学习，效果会更好。

（8）成人喜欢按照自己的学习方式和进度来学习，期望了解学习的结果。

（9）年纪越大，对于复杂动作的协调性就越差。年纪大的人学习操作技能如操作复杂的机器、驾驶汽车等，要花费更长的时间。

（10）成人比小孩的自尊心更强，更讲"面子"，在众人面前喜欢听到积极和肯定的评价。如果当众遭到贬低或轻视，他们会选择逃避或者对抗的态度。

（11）成人喜欢在学习过程中有一定的独立性。他们喜欢在培训过程中有一定的独立思考、独立操作的时间，喜欢自己找到答案和结果。

企业在开展培训和开发工作时应特别注意根据成人学习的特点，提高效益。[②]

① 刘吉林．各学习理论流派对学习实质的认识及教学主张的演变．当代教育科学，2005（21）：6-8．

② 李长江．人力资源管理理论、实务与艺术．2版．北京：北京大学出版社，2017：176-178．

四、培训与开发跟人力资源管理其他职能的关系

培训与开发作为战略性人力资源管理体系的一个重要组成部分，必须为组织战略的需要服务，而且应与人力资源管理的其他职能活动相协调，以获得协同效应。

1. 与工作分析的关系

工作分析是培训与开发活动的重要基础之一，通过工作分析形成各个职位的工作描述与任职资格，不仅是培训与开发的一个主要内容，而且是培训与开发需求分析必须考虑的一个重要因素。此外，培训与开发为企业进行组织架构和工作的重新设计奠定了基础。

2. 与人力资源规划的关系

一方面，人力资源规划包含培训与开发业务规划，是培训与开发的前提之一，指导着培训与开发的有效实施；另一方面，培训与开发是人力资源规划得以顺利实现的重要保证，例如员工配置计划、接替计划与继任计划等，都要以培训与开发为前提。

3. 与招募和甄选的关系

招募和甄选的质量影响着培训与开发工作。招募和甄选的质量高，人员与职位的匹配程度高，培训与开发的任务相对就比较轻，否则就会比较重。此外，培训与开发也会影响到招募和甄选。如果企业重视培训与开发，提供的培训与开发机会越多，对应聘者的吸引力就越大，招募和甄选的效果就会越好。

4. 与绩效管理的关系

绩效评价结果是培训与开发需求分析的一个基本依据，使之更具针对性。而培训与开发工作可以改善员工的工作业绩，有助于更好地达到绩效管理的目的。

5. 与薪酬管理的关系

培训与开发能够提高员工的知识与技能，改善工作绩效，从而带动员工报酬的增加，间接地对员工产生激励作用，提高他们的工作满意度。从另外一个角度讲，培训与开发已经成为企业的一种福利形式，是员工报酬体系的一个组成部分。

6. 与员工关系管理的关系

培训与开发可以促进良好员工关系的形成：使员工认同组织文化，增强员工对企业的归属感，强化组织的凝聚力和向心力，进而优化与协调员工关系；还可以使员工掌握人际关系处理的技巧，培养团队意识，以减少员工之间的摩擦，建立和谐的人际关系。

第2节 培训与开发的程序

要想有效地做好培训工作，应该把培训视为一项系统工程，即采用一种系统设计的方法，使培训活动能符合企业的目标，同时让其中的每一环节都能实现员工个人、工作及组织本身三方面的优化。如图9-1所示的人力资源培训与开发程序便显示了这样一个系统，它代表了由五个环节构成主链的一个循环过程。

这五个环节（步骤）构成了一个完整的培训系统模型，也为企业实际的培训工作提供了指导，可以保证培训工作科学、有序、规范地进行，从而取得预期的良好效果。下面分别对这五个环节进行分析。

一、分析培训需求

分析培训需求是增强培训效果的重要基础。只有明确了培训需求，才能保证培训内容和培

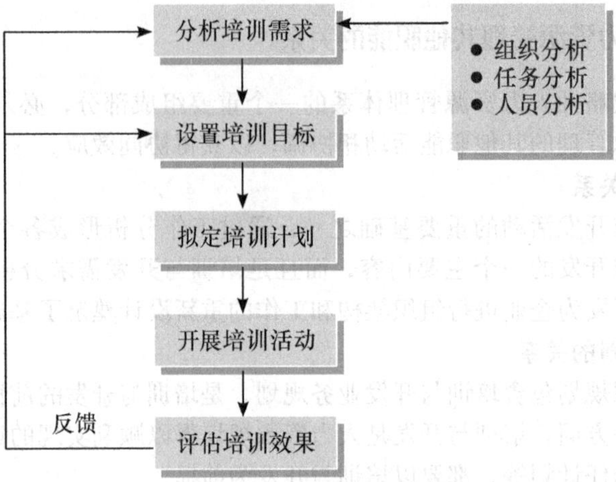

图9-1　人力资源培训与开发的程序

训方法的针对性，达到培训目的。然而，有关调查表明，大多数企业的培训内容缺乏科学依据，多凭主观判断，没有经过科学的培训需求分析。

对于培训需求分析，具有代表性的观点是麦吉（McGehee）和塞耶（Thayer）于1961年提出的组织分析、任务分析和人员分析的三要素分析法。

1. 组织分析

组织分析主要根据组织战略、组织绩效、组织环境、组织资源、组织文化、工作设计、招聘新员工、生产新产品等因素确定本组织对人力资源素质的要求。下面主要分析组织战略与组织绩效对培训需求的影响及要求。

(1) 组织战略。企业的经营战略会产生培训需求，表9-1显示出不同的经营战略会影响培训实践并产生不同的培训要求。

表9-1　不同经营战略产生的相关培训需求

战略	重点	达成途径	关键点	培训内容
集中战略	● 增加市场份额 ● 降低运作成本 ● 建立和维护市场地位	● 改善产品质量 ● 提高生产率或技术流程创新 ● 产品和服务的客户化	● 技能的先进性 ● 现有劳动力队伍的开发	● 团队建设 ● 跨职能培训 ● 专业化的培训计划 ● 人际关系培训 ● 在职培训
内部成长战略	● 市场开发 ● 产品开发 ● 创新 ● 合资	● 现有产品的营销或者增加分销渠道 ● 全球市场扩展 ● 修正现有的产品 ● 创造新的产品或者不同的产品 ● 通过合资进行扩张	● 创造新的工作和任务 ● 创新	● 支持或者促进高质量的产品价值沟通 ● 文化培训 ● 帮助建立一种鼓励创造性地思考和分析问题的组织文化 ● 工作中的技术能力 ● 反馈与沟通方面的管理者培训 ● 冲突谈判技能

续表

战略	重点	达成途径	关键点	培训内容
外部成长战略（兼并）	● 横向一体化 ● 纵向一体化 ● 集中多元化	● 兼并在产品市场链条上与本企业处在相同阶段的企业 ● 兼并能够为本企业供应原料或购买本企业产品的企业 ● 兼并与本企业毫无关系的其他企业	● 一体化 ● 人员富余 ● 重组	● 确定被兼并企业中的员工能力 ● 使两家企业的培训系统一体化 ● 兼并后企业中的各种办事方法和程序 ● 团队培训
收回投资战略	● 精简规模 ● 转向 ● 剥离 ● 清算	● 降低成本 ● 缩小资产规模 ● 获取收入 ● 重新确定目标 ● 出售所有资产	● 效率	● 激励、目标设定、时间管理、压力管理、跨职能培训 ● 领导能力培训 ● 人际沟通培训 ● 重新求职帮助 ● 工作搜寻技巧培训

资料来源：诺伊，霍伦拜克，格哈特，等．人力资源管理：赢得竞争优势：第3版．北京：中国人民大学出版社，2001：267.

从表9-1中可以看出，企业的发展战略和经营重点不同，培训的重点与方向也会有所不同。

（2）组织绩效。组织分析的一个重要源泉是组织绩效的各种运行标准。对人力资源数据进行连续、详细的分析，能够找到培训的薄弱环节，进而提炼出现实的培训需求。例如，可以看看哪个部门的员工流动率高、缺勤率高、绩效低或有其他缺点，据此确定培训需求。组织需要分析的特定信息和运行标准来源包括委屈不平事件、事故记录、观察、辞职会见、顾客的投诉、装备使用数据、废物/废料/质量控制数据等。从整个组织的角度对组织绩效进行评价的指标有数量、质量、时间、成本、态度和行为等。

2．任务分析

任务分析主要是确定工作的具体内容，即描述工作由哪些任务组成，完成这些任务需要做哪些具体的工作活动以及所需的知识、技能或能力等。这里所说的任务分析并不等同于工作分析，主要研究怎样具体完成各自所承担的职责和任务，即研究具体任职人的工作行为与期望的行为标准，找出其间的差距，从而确定培训内容。任务分析通常按以下四个步骤来进行：

首先，选择有效的方法，列出一个职位所要履行的工作任务的初步清单。

其次，对所列出的任务清单进行确认，这需要回答以下几个问题：任务的执行频率如何？完成每项任务所花费的时间是多少？成功完成这些任务的重要性和意义是什么？完成这些任务的难度有多大？

再次，对每项任务需要达到的标准做出准确的界定，尽量用可以量化的标准来表述，例如“每小时生产20个”。

最后，确定完成每项工作任务的KSA，K（knowledge）是知识，S（skill）是技能，A（attitude）是态度。

3．人员分析

人员分析可以确定企业中哪些人员需要接受培训以及需要接受什么样的培训，主要通过分析员工目前绩效水平与预期工作绩效水平来判断是否有对其进行培训的必要。这需要首先设定绩效评价的指标和标准，然后将员工目前的工作绩效与预先设定的目标或者以前的绩效水平进行比较，当绩效水平下降或者低于标准时，就形成了培训需求的压力点，但是这个压力点并不意味着必须立即对员工进行培训，企业还要对员工绩效不佳的原因进行分析，以提炼出培训需求。影响员工绩效的因素有很多，比如，个人的知识、技能或能力、态度和动机，设备、时间、预算等资源方面的支持，来自上级、同事的反馈和强化，薪酬激励，等等。如果员工不具备工作所需的知识、技能或能力，则需要对他们进行培训；如果是其他方面的问题，则不是培训能够解决的。人员分析的另一个方面与职位变动有关，比如，管理人员的继任计划或一般的工作轮换都会产生培训需求。

在人力资源管理实践中，组织分析、任务分析与人员分析之间没有一定的先后顺序，但因为组织分析关注的是培训是否与企业的战略目标相匹配，解决的主要是企业层面的问题，所以通常是先进行组织分析，然后进行任务分析与人员分析。

二、设置培训目标

设置培训目标将为培训计划提供明确的方向和遵循的构架。有了目标，才能确定培训对象、内容、时间、教师、方法等具体内容，并可在培训之后对照目标进行效果评估。目标可以针对每一培训阶段设置，也可以面向整个培训计划来设定。确定培训目标具有以下作用：结合受训者、管理者、企业各方面的需要，满足受训者方面的需要；帮助受训者理解其为什么需要培训；将培训的目标与企业目标协调一致，使培训目标服从企业目标；使培训结果的评价有一个基准；有助于明确培训成果的类型；指导培训政策及其实施过程；为培训的组织者确立必须完成的任务。正是由于培训目标具有如此重要的作用，其设置应该成为整个培训与开发过程中的一个相对独立的步骤。

培训目标的设置要符合企业的发展目标，而且让每项任务均有一项工作表现目标，让受训者了解受训后要达到的要求，进而让目标明确，具有可操作性。在设置具体的培训目标时，应当包括三个构成要素：一是内容要素，即企业期望员工做什么事情；二是标准要素，即企业期望员工以什么样的标准来做这件事情；三是条件要素，即要在什么条件下达到这样的标准。例如，在对商店售货员进行的顾客服务培训中，培训目标应当这样设置：培训结束之后，员工应当能够在不求助他人或者不借助资料的情况下（条件要素），在半分钟到一分钟的时间内（标准要素），向顾客解释清楚产品的主要特点（内容要素）。

培训目标的内容要素主要分为三大类：一是知识的传授，通过培训使员工具备完成工作所必需的基本业务知识，了解企业的基本情况，如公司的发展战略、经营方针、规章制度等；二是技能的培养，通过培训使员工掌握完成工作所必需的技术和能力，如谈判技术、操作技术、应变能力、沟通能力、分析能力等；三是态度的转变，通过培训使员工具备完成工作所要求的工作态度，如合作性、积极性、自律性和服务意识等。

三、拟定培训计划

拟定培训计划实际上就是培训目标的具体操作化，即根据既定目标，具体确定以下一些内容：培训对象、培训项目、培训者、培训时间与地点、培训方式与方法、培训预算、学制、课程设置方案、课程大纲、教材与参考书、考核方法、辅助器材设施等。拟定正确的培训计划必须兼顾具体的情境因素，权衡培训计划的现实性、可操作性和经济性。下面分别来谈谈在拟定培训计划时，如何选择或确定培训对象、培训立项、培训者、培训时间、培训地点、培训设施、培训的方式与方法以及培训预算等。

（1）培训对象与培训立项的确定。培训对象的确定是培训需求分析的自然结果。以人员分析为例，那些不具备工作所需知识、技能或能力的员工，就被确定为培训对象。培训对象直接影响到培训项目的立项，培训对象的数量与质量决定培训项目是否可以立项及相关内容的选择。此外，培训项目的立项还需得到受训者的直接上级主管的认可与支持，这是培训得以成功的关键。由于培训涉及预算，组织中的多个培训项目必须排出优先次序，通常情况下，应在组织目标的基础上划分层次。

(2) 培训者的确定。培训能否获得成功，很大程度上取决于培训者的素质与能力，因此组织要特别重视培训者的甄选和训练工作，将之纳入培训计划。一般来说，培训者选择首先从企业内部开始，如果没有合适的资源再转向企业外部。比较而言，内部培训者和外部培训者各有优缺点。内部培训者对企业较为了解，沟通容易，费用低廉，缺点是培训经验欠缺，创新能力差，员工接受度低；外部培训者经验丰富，创新能力强，有新思路、新观念，员工接受度高，缺点是费用高，针对性差，责任心不强。企业应视培训对象、培训内容等具体情况选择合适的培训者。

(3) 培训时间、地点与设施的确定。培训时间安排要考虑培训需求与受训人员（如工作任务的紧张程度）等因素。在培训需求不紧迫，员工工作又特别繁忙时，最好不安排培训；其他情况下，可根据时间合理安排培训。培训地点的选择与培训规模、培训成本、培训方法等有关。例如，如果培训人数多，应选择在一个比较宽敞的地方进行培训；如果采用课堂授课法，则应在教室进行。此外，在培训计划中，还应当清楚地列出培训所需的设备，如桌椅、音响、投影机、屏幕、黑板、文具等，准备好相应的设备也是培训顺利实施的重要保证。

(4) 培训方式与方法的确定。培训要想收到满意的效果，还必须根据具体情况，因时、因地、因人而异采用各种不同期限、不同要求的培训方式与方法。没有哪一种方式与方法能适应所有的培训要求，因此培训方式与方法的选择应以如何有效地实现培训目标，并满足个人需要为基础。

(5) 培训预算的确定。培训经费一般是有限的，这就需要事先编制培训经费预算，将培训直接发生的费用，如场租费、设备费、教材费与培训者酬金等详细地列清楚，以保证培训计划的顺利实施，并为培训评估做好准备。

四、开展培训活动

培训计划的实施与培训目标的实现要依靠精心的组织和实施，培训活动的开展需要组织者、培训者和受训者三方的密切配合。一般而言，在培训开展阶段，又分为准备、具体培训及培训迁移三个过程。

(1) 准备过程。培训的准备过程主要是事先落实培训计划中的一些工作及事项，以确保具体培训的正常进行。主要工作如下：通知培训者及受训者在规定时间到规定地点报到；报到地点、培训地点的标志、桌椅、黑板、多媒体教学用具的准备；各种训练教材及教材以外的必读资料的准备；编排课程表、学员名册、考勤登记表；各种证书及有关考评训练成绩用的考评表及试题的准备；等等。

(2) 具体培训过程。在具体培训过程中，培训者或培训组织者应介绍培训的主题、要求、内容及日程安排等。这个过程中最关键的是培训者要选用科学、合适的培训方式方法对学员进行知识、技能或能力以及态度等方面的培训，增强培训效果。培训组织者要注意培训者和学员表现，以便及时沟通协调；培训结束时，应该向培训者致谢，并组织填写培训反馈表，发放结业证，以及清理检查设备；等等。整个培训过程需要通过人工方式、录音或摄像设备等做好记录，以便存档备查。

(3) 培训迁移过程。企业要让学员将在具体培训过程中学到的内容运用到实际工作中，这样培训才具有现实意义，否则就有违培训的初衷，对企业来说是一种极大的浪费。培训迁移主要有三种理论，见表9-2。

表9-2　培训迁移的三种理论

理论	强调重点	适用条件
同因素理论	培训环境与工作环境完全相同	工作环境的特点可预测并且稳定，如设备使用培训
推广理论	一般原则运用于多种不同的工作环境	工作环境的特点不可预测并且变化剧烈，如谈判培训
认知转化理论	有意义的材料可加强培训内容的存储和回忆	各种内容的培训与环境

资料来源：诺伊．雇员培训与开发．北京：中国人民大学出版社，2001：92.

此外，培训效果的有效迁移，与一些基本条件也有着非常密切的关系，这些条件主要包括良好的氛围、上级的支持、同事的支持、良好的信息技术支持系统与自我管理等。

五、评估培训效果

评估培训效果是培训与开发系统流程的最后一个程序，这一步骤主要是对培训的效果进行一次总结性的评估或检查，找出受训者究竟有哪些收获与提高。它不仅是这次培训的收尾环节，还可借此找出培训的不足，总结经验与教训，发现新的培训需要，因此又是下一轮培训的重要依据，可使培训活动不断循环。

在对培训效果进行评估时，需要研究以下问题：培训后员工的工作行为是否发生了变化？这些变化是不是培训引起的？这些变化是否有助于实现企业的目标？下一批受训者在完成相同的培训后是否会发生相同的行为变化？只有当企业能在培训与工作绩效间建立联系时，才能确保培训是成功的。一个完整的培训效果评估的过程如图9-2所示。

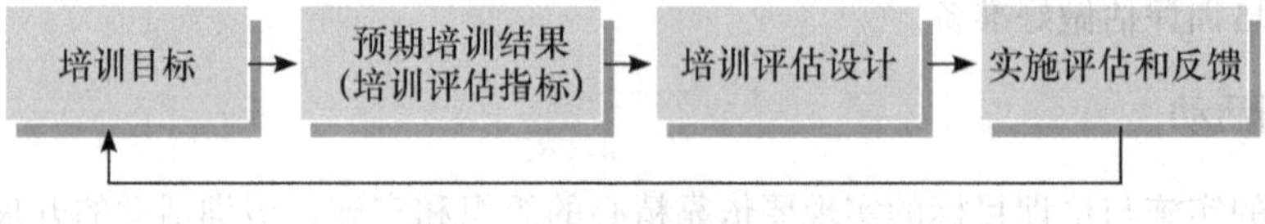

图9-2　培训效果评估的过程

从图9-2中可以看出，培训效果评估主要包括两个方面的内容：一是培训效果评估的标准，即评估的具体内容；二是培训效果评估的设计，即评估的具体技术及方法。下面分别对这两者进行分析。

1．培训效果评估的标准

培训效果评估的标准也可以说是培训效果评估的内容。这方面最有代表性的观点是美国人力资源管理专家唐纳·柯克帕特里克（Donner Kirkpatrick）的四层次评估模型。这一模型将培训效果评估的标准分为四个层次的内容：

（1）反应。测定受训者对培训项目的反应，主要是了解培训对象对整个培训项目和项目的某些方面的意见和看法，包括培训项目是否反映了培训需求，项目所含各项内容是否合理和适用等。可以通过面谈、问卷调查的方法搜集评价意见。但应该注意，这种意见可能带有主观性和片面性，即使这些意见是客观的，也仅仅是看法而不是事实，不足以说明培训的实际效果和效益。可以将这些信息作为改进培训内容、培训方式、教学进度等方面的建议，或综合评估的参考，但不能作为评估的结果。

（2）学习。测试受训者对所学的原理、技能、态度的理解和掌握程度。这项指标可以用培训后的考试、实际操作测试来考察。如果在培训前和培训后对培训对象都进行过同样的测试，通过比较两次测试的结果，更容易了解培训的效果。如果受训者没有掌握应该掌握的东西，说明培训是失败的。如果受训者只是书面掌握了所学的知识和技能，但不能把所学的东西运用到实际工作中，培训仍然不能算成功。

(3) 行为。测定受训者经过培训后在实际工作中行为的改变，以判断所学知识、技能对实际工作的影响。这是考察培训效果最重要的指标。由于这种行为的变化受多种因素的影响，如工作经验的逐步丰富、有效的激励、严格的监督等因素都可能对员工的行为产生影响，因此可采用控制实验法进行测量，即将员工分为实验组和控制组。实验组为受训员工，控制组为不参加培训的员工，同时对这两组人员进行事先测试和事后测试，将两组人员的测试结果进行比较，以此对培训效果做出评估。

(4) 成果。测定培训对企业经营成果具有何种具体而直接的贡献，如生产率的提高、质量的改进、离职率的下降和事故的减少等有多少是由培训引起等。这可以用统计方法、成本收益分析法来测量。

2. 培训效果评估的方法

培训效果评估的具体方法有两类：定性的方法和定量的方法。目前定性的方法应用很广泛，比如培训结束后企业组织培训学员座谈交流学习情况、组织问卷调查和相关测试、专家访谈、案例分析等。定性的方法运用得好，可以比较客观地反映培训的效果。但是定性的方法有其局限性，如果使用不当，会有较大的随意性。定量的方法运用统计学、数学、经济学的方法进行分析，常见的如成本收益分析、机会成本分析、边际成本分析、统计假设检验等。定量的方法很严谨，具有说服力，但是现实中的情况千差万别，定量的方法往往不能完全准确地模拟现实中的情况。将定性方法与定量方法结合使用，可以弥补彼此的弱点，强化各自的优势，是最优的选择。

具体而言，常用的培训效果评估方法有目标评价法、绩效评价法、关键人物评价法、收益评价法等。

(1) 目标评价法。目标评价法要求在拟定培训计划时，将受训人员完成培训计划后应学到的知识、技能，应改进的工作态度及行为，应达到的工作绩效标准等目标列入其中。培训课程结束后，应将受训者的测试成绩和实际工作表现与既定培训目标相比较，得出培训结果，作为衡量培训效果的根本依据。目标评价法操作成功的关键在于确定培训目标，因此在培训实施之前企业应制定具有可确定性、可检验性和可衡量性的培训目标。

(2) 绩效评价法。绩效评价法是由绩效分析法衍生而来的。它主要用于评估受训者行为的改善和绩效的提高。绩效评价法要求企业建立系统完整的绩效评价体系。在这个体系中，要有受训者培训前的绩效记录。在培训结束3个月或半年后，对受训者再进行绩效评价时，只有对照以前的绩效记录，企业才能明确地看出培训效果。

(3) 关键人物评价法。关键人物（key people）是指与受训者在工作上接触较为密切的人，可以是上级、同事，也可以是下级或者顾客等。有研究发现，在这些关键人物中，同级最熟悉受训者的工作状况，因此，可采用同级评价法，向受训者的同级了解其培训后的改变。这样的调查容易操作，可行性强，能够提供很多有用信息。同其他培训效果评估方法一样，同级评价法也有缺陷，尽管同级间相互很了解，但由于存在竞争，有时会导致评估结果失真。而让上级来评估培训效果同样避免不了局限性，因为有的上级不太了解全面情况，还有可能会主观臆断。因此，有学者设计了一种360度评价法——由上级、下级、顾客、同事，甚至培训管理者等从不同角度来评估受训者的变化。这种方法对了解工作态度或受训者培训后行为的改变比较有效。

(4) 收益评价法。企业的经济性特征迫使企业必须关注培训的成本和收益。培训收益评价法就是从经济角度综合评价培训项目的好坏，计算出培训为企业带来的经济收益。有的培训项目能直接计算其经济收益，尤其是操作性和技能性强的培训项目。但并不是所有的培训项目都可以直接计算出收益。

第3节 培训与开发的主要方法

培训与开发根据不同的标准可划分为不同的类型，常用的方式可以划分为两大类：在职培训和脱产培训。每一类别的培训都有其相应的常用培训方法。下面重点介绍几种常用的培训与开发方法。

一、在职培训

在职培训（on the job training，OJT）就是在工作中直接对员工进行培训，员工不离开实际职位。在职培训比较经济，不需要另外安排场所、添置设备，有时也不需要专职教员，可以利用现有的人力、物力来实施培训。同时，培训对象在学习期间不脱离岗位，继续从事本职工作，可以不影响生产。但这种培训方法往往缺乏良好的组织。如就技术培训来说，机器设备、工作场所只能有限制地供培训使用，有些昂贵的仪器设备不宜让学员操作，因而会影响培训效果。在职培训主要包括导师制、工作轮换、自学与实习培训等方法。

1. 导师制

导师制（mental）是指为学员有针对性地指定一位导师，这位导师通过正式与非正式的途径将自己的知识或技能传授给学员，使学员能够在新的工作岗位上更好地适应和发展。导师一般由企业里富有经验的资深员工担任，他有培养和指导别人的责任和义务。导师制类似于以前"传帮带"的师傅和徒弟的关系，但又与传统意义上的"学徒制"不同，真正的导师应该引导学员自主思考与分析情况、解决问题，而非单纯地给出问题的答案。IBM、戴尔、诺基亚、西门子、UT斯达康等著名的跨国企业是有效实施导师制培训的典范。例如，在IBM，导师制是一个传统，对于初进公司的新员工，公司会为他指定一名导师，一年以后员工可以自己选择导师；戴尔公司也推行老员工带新员工的实战型培训，新的销售人员进入戴尔公司，在正式上岗后，公司不会马上让他挑起大梁，而是会安排一位老员工继续对其在工作或者生活上进行指导。

导师制的主要优点：导师对学员实施一对一的指导，能够做到因材施教，使学员很快适应工作要求；导师不仅在工作上对员工进行指导，而且在生活上给员工很好的建议，因此有利于实施人性化管理，进而激发员工的工作积极性与稳定员工队伍。导师制的主要缺点：导师的甄选难度较大，导师素质难以长期得到保障；若缺乏有效的评估与监控，导师制常常流于形式，缺乏实效。

2. 工作轮换

工作轮换（job rotation）是指让受训者在预定时期内（通常为一两年）变换职位，使其获得不同职位的工作经验的培训方法。目前，很多企业采用工作轮换方法来培养新进入企业的年轻的管理人员或有管理潜能的管理人员。例如，摩托罗拉公司普遍实行工作轮换制度，使新员工能够得到多方面的锻炼，提高跨专业解决问题的能力，另外也便于新员工发现最适合自己的工作岗位。虽然工作轮换有诸多优点，但也容易走入培养"通才"的误区；而且，员工被鼓励到各个职位工作，他们需要花费时间熟悉和学习新的技能。工作轮换虽然能让员工掌握更多的技能，却不能专于某一方面。因此，工作轮换常常被认为适用于培训管理人员，而非职能专家。

3. 自学

自学（self-learning）比较适合一般理念性知识的学习，由于成人学习具有偏重经验与理解的特性，让具有一定学习能力与自觉力的学员自学是既经济又实用的方法，但此方法也存在可监督性差、自学者容易感到乏味等明显缺陷。

4. 实习培训

实习培训（internship）是让受训者亲自去做，在实地操作的过程中学习新事物，边做边学，然后由技术熟练的工人及主管提出评价及建议，使受训者从中获益。一方面，实习培训为受训者提供了接触真实工作情境的机会，使他们能够较近地了解企业，进而丰富社会阅历与实际工作经历；另一方面，企业也会因受训者具有创新的理念与思维、旺盛的精力而产生新的活力，并可顺带考察受训者的各个方面是否符合企业的需要，如果符合需要则将之招入麾下，节省招聘费用。

二、脱产培训

脱产培训（off the job training，OFF JT）是让员工离开岗位，在专门的培训现场接受履行职务所必要的知识、技能和态度的培训。脱产培训的主要优点是时间与精力集中，受训者有较充足的时间来学习理论，思考深层次的问题，总结经验，学习效果较好；主要缺点是可能会耽误工作，以及培训成本较高等。脱产培训的方法很多，主要包括讲授法、案例研究法、情境模拟法、角色扮演法、素质拓展训练、视听法、网络培训法、团队培训等。

1. 讲授法

讲授法（lecture）是指教师通过语言表达，系统地向受训者传授知识，期望受训者能记住其中的特定知识和重要观念。讲授法的主要优点：操作方便，只要教材选得恰当、讲授主次分明，培训者就可以在短时间内将大量的知识系统地传授给受训者。但是，该方法也存在一些明显的缺点：单向信息传递，反馈效果差，而且往往只讲授理论知识，不能提供实践的机会，难以保证培训效果。讲授法适合面向群体学员或进行理论性知识的培训，比如对企业某种新政策或新制度的介绍，以及新设备或技术的普及讲座等内容的培训。讲授法是最普遍、最基本的一种培训方法，其他方法难以取代，但由于它具有局限性，最好与其他方法配合使用，才能进一步强化培训成果。

2. 案例研究法

案例研究法（case study）起源于美国哈佛大学的案例教学法，是指围绕一定的培训目的，将真实的情境进行典型化处理，形成供受训者思考分析和决断的案例，让受训者根据人、环境和规则等来对案例进行分析，并与其他受训者一起讨论，从而提出解决问题的办法。案例教学在世界各国高等教育和官员培训中普遍受到重视和欢迎。该方法不是要教给受训者“正确”的解决方法，而是通过分析实际问题，培养受训者分析问题和解决问题的能力。案例研究法的主要优点：提供了一个系统的思考模式，在案例研究的过程中，使受训者可得到一些有关管理方面的知识与原则；为受训者提供了参与解决企业实际问题的机会，进而有利于锻炼能力与获得有益经验；通过对具体、直观案例的研讨和相互交流，受训者不仅可以激发灵感、打开思路，完善思维模式，还可以培养向他人学习的品质。它的主要缺点：案例过于概念化，并带有明显的倾向性，难以获得预期的效果；案例的来源往往不能满足培训的需要；耗时较长，对受训者和培训者要求较高。案例研究法适用于培训中高层管理人员及开发高级智力技能，如分析能力、综合能力、评价能力与决策能力等。

3. 情境模拟法

情境模拟法（simulation）又称仿真模拟法，是指利用受训者在工作过程中实际使用的设备或者模拟设备，以及实际面临的环境来对他们进行培训的一种方法。情境模拟法能让受训者看到自己的决策在一种人工的、没有风险的环境中可能产生的影响，因而常用来传授生产和加工技能及管理和人际关系技能。该培训方法有效的关键在于，模拟环境必须与实际的工作环境有相同的构成要素。模拟环境可以通过模拟器仿真模拟出来，模拟器是员工在工作中所使用的实际设备的复制品。

有时在真实的设备上培训员工既不切合实际又不明智。情境模拟法最典型的实例便是培训员工操作飞机、航空器，或其他价格昂贵的高科技设备。情境模拟注重设备的真实性，并以最低的成本、最安全的手段进行操作。例如CAE电子公司与波音公司合作，在波音公司开发波音777型飞机的同时，设计出飞行模拟设备。波音公司也为其他飞机开发了飞行模拟设备培训飞行员。

最近出现的模拟现实技术已开始运用于情境模拟领域，即虚拟现实。它为受训者提供三维学习方式的计算机技术，即通过使用专业设备和观看计算机屏幕上的虚拟模型，让受训者感受模拟环境并与虚拟的要素进行沟通，同时利用技术来刺激受训者的多重知觉。在虚拟现实中，受训者获得的知觉信息的数量、对环境传感器的控制力以及受训者对环境的调试能力都会使其产生身临其境的感觉。虚拟现实适用于工作任务较为复杂或需要广泛运用视觉提示的员工培训。

情境模拟法的优点：能成功地使受训者通过模拟器进行简单练习，以增强信心，使其能够顺利地在自动化生产环境下工作；能使员工在没有危险的情况下进行危险性操作。不足之处：模拟器开发成本高昂，工作环境信息的变化也需要经常更新，因此培训成本较高。

4. 角色扮演法

角色扮演（role playing）是设计一个接近真实情况的场景，指定受训者扮演特定的角色，借助角色的演练来体验该角色，从而提高解决此类问题的能力。在特定场景下，受训者不受任何限制地即兴表演，“剧情”随着参与者的表现而自由转换，直到培训者要求终止或者受训者完成这一任务。表演结束，培训者和其他受训者都可对表演给予评价和建议，表演者也可参加到讨论中，信息得到及时反馈，表演者从中认识到处理问题的得失。

角色扮演最突出的特点就是人与人之间的直接交流，这对培养人际关系方面的技能很有帮助，因此，在培训公关人员、销售人员时常常采用这种方法。角色扮演还让参与者有机会处理工作中可能出现的情况，提供难得的实践机会。它的不足之处在于需要的时间较长，表演效果可能受限于学员的过度羞怯或过深的自我意识。

5. 素质拓展训练

素质拓展训练（quality development training）起源于西方国家，原意为一艘小船离开安全的港湾，驶向波涛汹涌的大海，迎接一系列挑战。它包括“魔鬼训练”“拓展训练”“都市减压班”“自我突破营”等许多种类。目前，这种培训方法风靡全球。它要求受训者离开舒适的办公室，走进大自然的怀抱，去接受“空中断桥”“无舟漂渡”“攀岩”“过电网”等野外场地或水上训练，磨炼受训者克服困难的信心和毅力，培养健康的心理素质和勇于开拓的进取精神，增强团结合作的团队意识。

6. 视听法

视听法（audio video method）是利用幻灯、电影、录像、录音等视听教材进行培训。这种方法利用人体感觉（视觉、听觉等）去体会，给人的印象比单纯讲授更深刻。观看录像是最常用的培训方法之一，广泛运用于提高员工沟通技能、面谈技能、客户服务技能等方面。电影与录像相似，也是一种事先制作好的视觉教材，受训者通过看电影接受培训。视听法的主要优点：能够调动人的多重感官，易引起受训者的兴趣，印象深刻；视听教材可反复使用，能更好地适应受训者的个体差异和不同水平的要求。它的主要缺点：受训者处在消极的地位，无机会进行实际操作，缺乏反馈或强化；视听材料制作和购买的成本高，内容容易过时。在实际培训过程中，视听法一般很少单独使用，通常作为辅助手段向受训者展示相关实际经验和例子。

7. **网络培训法**

网络培训法（e-training）指通过互联网或企业内部网来传递、通过浏览器来展示培训内容的一种培训方法。互联网上的培训复杂程度各不相同，分为六个层次，从最简单的层次到最高级的层次依次如下：培训者和受训者之间沟通；在线学习；测试评价；计算机辅助培训；声音、自动控制以及图像等多媒体培训；受训者与互联网上的其他资源相结合进行培训传递，知识共享。

网络培训法一个常见的应用是远程培训，通常被一些地域上较为分散的企业用来向员工提供关于新产品、企业政策或程序、技能培训以及专家讲座等方面的信息。远程培训的方式主要包括电话会议、电视会议、电子文件会议，以及利用个人电脑进行培训。培训课程的教材和讲解可通过互联网或者一张可读光盘分发给受训者。受训者与培训者可利用电子邮件、电子留言板或电子会议系统进行交互联系。

网络培训法的主要优点：突破了传统培训中面对面的固有模式，打破了培训的时间和空间限制，能够让分散在不同地点的员工获得专家培训机会，同时为企业节省一大笔差旅费；可以为其他培训方式提供支持，培训内容可与其他资源结合，并与其他受训者和培训者共享信息，进行有效的沟通；信息量大，传递新知识、新观念的优势明显，适合成人学习。由于具有诸多优势，网络培训法尤其为实力雄厚的企业青睐，也是培训发展的一个必然趋势。不过，网络培训法也有不足之处：受训者难以实现面对面交流，而且受训者往往沉迷于网上“冲浪”，会影响实际培训效果。

8. **团队培训**

团队培训（team training）是通过协调在一起工作的不同个人的绩效从而实现共同目标的方法。团队培训的内容主要是知识、态度和行为。团队培训方法多种多样，可以利用讲座或录像向受训者传授沟通技能，也可通过角色扮演或仿真模拟给受训者提供讲座中强调的沟通性技能的实践机会。团队培训的方式有交叉培训、协作培训与团队领导技能培训。交叉培训是指让团队成员熟悉并实践所有人的工作，以便某一团队成员离开团队后其他成员容易承担其工作；协作培训是指对团队进行如何确保信息共享和承担决策责任的培训，以实现团队绩效的最大化；团队领导技能培训是指团队管理者或辅助人员接受的培训，包括培训管理者如何解决团队内部冲突，帮助团队协调各项活动或其他技能。研究表明，受过有效培训的团队能设计一套程序，做到能发现和改正错误、协调收集信息及相互鼓舞士气。不过由于团队培训组织起来难度较大，对组织者或培训者的能力要求较高，所以一般只被一些有条件的大公司所采用。

第4节 管理人员培训与开发

一、管理人员培训与开发概述

管理人员培训与开发是指一切通过传授知识、转变观念或提高技能来改善当前或未来管理工作绩效的活动。它包括企业内的培训与开发计划，如授课、辅导和工作轮换；企业外的专业教学计划，如管理协会研修班、大学开设的经营管理人员MBA教学计划等。

管理人员的关键在于发展。在过去的10年中，各类企业的人才争夺日趋激烈，管理发展日显重要，组织发展与战略革新均需要天才的领导者、经理和主管。管理发展正是为经理们提供取得成功所需技能的一项工具。管理人员开发之所以重要，有几个原因，其中一个重要原因就是内部提升已成为管理人才的主要来源。一项对84家公司的调查表明，约有90%的主管人员，73%的中层管理人员，51%的高层管理人员是从内部提升的。反过来说，事实上这些管理人员都需要经过某种开发活动，以具备承担新工作或未来可能工作的能力。同样，通过帮助现任管理人员顺利胜任更高职务，管理人员培训与开发可增强组织的连续性；通过让接受管理培训的人树立为本企业工作的正确价值观和态度，可以帮助这些人完成社会化过程。

管理人员培训与开发的目的主要有以下几点：（1）让未受过正规管理学习的管理人员掌握必要的管理技能；（2）让管理人员学习新的管理知识和先进的管理技能；（3）帮助管理人员建立正确的心态，以利于更好地领导、管理下属；（4）建立积极向上的企业文化；（5）提高企业的效益。

管理人员培训与开发的内容相当多，除一些职能部门特定的培训与开发项目外，主要有以下一些项目：追求卓越心态、领导技能、人际关系技能、聆听技能、团队建设、时间管理、解决问题技能、决策技能、开会技能、信息沟通、授权、管理变化、员工指导、员工激励、公共演讲技能、目标管理、多元化管理、谈判技巧、计划、战略管理、愿景规划、员工道德、阅读技巧、组织发展、企业再造等。

二、管理人员培训与开发的主要方法

虽然许多非管理层员工培训与开发的方法同样适用于管理人员，但仍然有许多方法是专门用于管理人员的。与一般员工培训相比，管理人员培训与开发的方法在采用的学习原则和传授知识、技能、能力的途径上有所不同。管理人员培训与开发中有一些专门的项目是针对自我意识和管理及领导技能的提高的。其中，提高自我意识的培训方法主要是敏感性训练，提高管理技能的培训方法则有案例研究、角色扮演、商业游戏与基于胜任素质模型的技术等。其中一些方法已在前面作了介绍，下面主要分析敏感性训练、商业游戏与基于胜任素质模型的技术三种方法。

1. 敏感性训练

敏感性训练（sensitive training）也称T小组讨论，主要用来培养管理人员的自我认识和与人相处的能力。它原为心理学家的一种设想，20世纪40年代由美国行为科学家利兰·布雷福德（Leland Bradford）等人首创，之后因其有效性逐渐发展成为普遍性的培训方法，并成为组织发展的基本手段。该方法的假设前提是，接受敏感训练而变得敏感的员工会觉得比较容易作为一个小组的成员和其他组员和睦相处、协调工作。其目的是通过受训者在共同学习环境中的相互影响，提高受训者对自己的感情和情绪、自己在企业中扮演的角色以及自己与别人的相互影响关系的敏感性，进而改变个人和团体的行为，达到提高工作效率和满足个人需求的目标。这种培训方法在20世纪60—70年代十分流行，80年代后更多地应用于培养管理人员的跨文化意识和文化敏感性。

敏感性训练的主要做法是由不同单位、不同级别、互不相识的管理人员组成不超过15人的小组，进行1～2周的训练。在培训过程中，参与人员自由地讨论自己感兴趣的问题并发表意见，分析自己的行为和感情，并接受对自己行为的反馈意见（批评或其他意见），从而提高对各种问题的敏感性。在正式进行训练前，有以下几项准备工作：确立训练目标、设立训练实验室、编制日程表、聘请培训者。之后正式实施的活动分为四个阶段：(1) 开始阶段。学员在没有领导者及正式议程的安排下，开始进行互动，培训者仅作开场白，不讲其他的话，让学员围成圆圈进行交谈。(2) 训练阶段。培训者在大家讨论的过程中以一种非权威的态度介入，以引导讨论的方向。也就是说，从无组织的主题团体逐渐转成有组织的团体，并且由自然产生的领导者带领大家一起讨论。(3) 人际关系发展阶段。经过相当长的一段时间后，受训人员彼此较为熟悉，因此可以舍弃原来防卫、固守的态度和价值，开始了解自我和他人，并发展出一种坦然相对、本性流露、积极互动的群体关系。(4) 建立团体精神与产生共同结论阶段。在大家逐渐形成共识后，受训人员强化了自己与他人的能力和相处的知觉，因而达成训练的目标。

敏感性训练的特点：无严密组织，无指定主持人，无议题和议程；培训者仅从旁协作，为学习过程提供方便，其任务是观察、记录、解释，有时加以诱导，扮演一种不引人注目的领导角色。训练一开始往往呈现一种让受训人员不知所措的局面。这时，有的人可能不耐烦，有的充满疑虑，有的思索，有的提出各种问题，渐渐地展开了讨论，酝酿问题，交换意见，逐渐促成彼此间的认识和了解。敏感性训练可以明显提高管理人员的人际关系技能，促进他们的成长与发展。其局限性在于，所需时间较长，有造成受训人员心理伤害的可能，而且对培训者的水平要求很高，否则很难把培训效果转移到工作情境中去。

2. 商业游戏

商业游戏（business game）是案例研究与角色扮演法的混合形式，要求受训者模仿一个真实的动态的情境。它是一项具有合作及竞争特性的活动，受训者必须遵守游戏规则，彼此互相合作或竞争，以达到游戏所设定的目标。企业所需的商业游戏一般可依据其培训目的自行设计。商业游戏法可以使培训课程生动有趣，易于引起受训者的兴趣和参与，受训者很容易融入所设计的情境中，发挥其积极性与主动性。受训者积极参与游戏可以学习到有关的人际交往技巧、将理论应用于实践的方法、解决问题的方法等。研究也证明游戏法特别适用于培训如何解决问题、如何作决策，开发专业人员的系统学习能力。游戏法在企业培训中的应用越来越广泛。但是由于设计费用昂贵，租用场地的费用也较高，限制了它的推广。

3. 基于胜任素质模型的技术

胜任素质就是将有效完成工作所需要具备的知识、技能、态度和个人特质等用外化的行为方式描述出来，这些行为应该是可指导的、可观察的、可衡量的，而且是对个人发展和企业成功极其重要的。它与我们通常所说的“能力”有所区别，后者更多是指显性的知识和技能，前者则囊括了包括态度、动机、个人特质在内的诸多隐性要素。在企业经营战略明确的情况下，企业所需要的核心价值观与核心竞争力就成为推动企业战略实现的关键因素，相应地也对企业人员的素质与结构提出了要求，企业根据这些要求建立起胜任素质体系后，人力资源的各项工作就围绕着企业的人员胜任素质体系展开，包括人才吸引计划、激励计划、保留计划、发展计划等。

胜任素质最重要的作用就在于培养和发展。为了达到这一目的，企业要做的就是确认特定于企业的管理者胜任素质，然后对现有人员的能力进行准确评估（评估主体可以包括本人、上下级、同事、团队、专家、直接客户等），对评估结果进行沟通以达成共识并制订具体的培训开发行动计划（包括系统地设计培训课程和设定每一职业发展阶段所需要的职业技能培训和专业培训）。其中对现有任职人员的胜任素质进行准确评估是整个过程的关键环节，通过评估和比较可以发现个体的能力优势和弱势，找到企业整体素质的“短板”，然后有针对性地制订素质培养发展计划，以各种培养手段提高个体乃至组织整体的专业素质。关于胜任素质的详细介绍，请参见第6章。

三、培训方法的比较

综上所述，培训与开发的方法多种多样，每种方法都具有各自的特点与利弊，如表9-3所示。培训实施者要根据培训的需要及具体的条件，合理地采用适当的培训方法。

表9-3 各种培训方法的比较

培训方法	比较内容				
	培训时间	培训成本	师资要求	交互性	培训效果
导师制	长	低	高	好	好
工作轮换	长	低	低	好	好
自学	长	低	低	差	差
实习培训	长	低	低	好	好
讲授法	可长可短	低	高	一般	一般
案例研究法	长	高	高	好	好
情境模拟法	长	高	低	好	好
角色扮演法	长	低	低	好	好
素质拓展训练	可长可短	一般	高	好	一般
视听法	可长可短	低	低	差	差
网络培训法	可长可短	一般	低	差	一般
团队培训	长	高	高	好	好
敏感性训练	长	高	高	好	好
商业游戏	可长可短	高	低	好	好
基于胜任素质模型的技术	可长可短	高	高	好	好

四、继任计划

继任计划（succession planning）又称接班人计划，是指组织确定和持续追踪关键职位的高潜质人才，并对这些高潜质人才进行开发的过程。高潜质人才是指那些组织相信他们具有胜任高层管理职位潜力的人。继任计划是高层培训的一种重要形式，其目的是为首席执行官、副总裁、职能部门和业务部门的高层经理等职位寻找并确认具有胜任能力的人员，是为组织储备核心的人力资本。每个高层管理人员的管理生涯都是有限的，组织必须在关键领导职位在任者管理生涯结束之前的一段时间开展继任计划工作，连续地准备后继领导人才，这样才能真正实现可持续发展。

继任计划通常包括三个阶段：

（1）挑选高潜质人才。将那些学业上取得优异成绩或者工作上有突出业绩表现的人挑选出来。在这一阶段，最初可能会有一大批员工被视为高潜质人才，但随着时间的流逝，会因为流动、绩效或个人努力方面的原因而逐渐减少。

（2）进行相关的开发。这一阶段通常会为这些候选人制定合适的职业生涯发展规划，并对其进行相应的开发，包括在职或脱岗的培训与开发，调他们到其他地方去任职，承担具有挑战性的关键任务或重点项目等。在这一阶段，高潜质员工与公司文化氛围相适应，并显露出能够代表公司形象的个性特征，达到高层管理者期望的被开发人员将有可能进入高级管理层。

（3）与高层管理者的频繁接触。在这一阶段，高层管理者在开发这些候选人方面起着举足轻重的作用，频繁接触使其对领导风格与公司文化有进一步的了解。当然，能否继任，最后还要视职位空缺的可能性及现任任职者的情况而定。

实施继任计划必须注意以下几个问题：

第一，确定组织所需人才的能力。确定组织所需人才的能力是制订实施企业继任计划的第一步。企业战略是组织的关键能力来源，企业未来的领导人则是战略实施的组织者与领导者，因此所具备的能力必须符合企业的战略要求。

第二，注意运用评估工具对潜在候选人进行评估。对潜在的候选人进行评估时要注意运用评估工具，常用的评估工具包括绩效评价的数据，还可运用在招募甄选中惯用的个性和心理测试、角色扮演、评价中心等方式。候选人能否入围，要以某段时间内的绩效水平、改进程度及工作中表现出来的能力与潜质等为依据。

第三，为企业接班人提供量身定做的职业生涯发展规划。接班人选经过前一阶段的评估，将获得有关其绩效及能力评估的详细反馈。企业要根据未来职位的素质模型确定对接班人的培训需求，从而使其具备适合组织发展需要及胜任未来职位所需要的各种专业知识和能力。为接班人量身定做职业生涯发展规划，为其分配具有挑战性的关键任务，这样，双重的压力及动力使真正优秀的未来领导人能够脱颖而出。

第四，关注职位空缺及候选人的接班人发展状况。继任计划的最终目标是保证组织在适当的时候能为职位找到合适的人选。它关注与管理的对象是职位与接班人两个方面，协同把握职位空缺及候选人发展的动态情况。

第五，继任并非选择组织领导人的终点。继任计划并不以找到组织未来的领导人为终点，它延伸至新的任职者真正接任工作、行使职权的那一刻。

本章小结

本章介绍了培训与开发的含义、意义、原则、地位、程序与方法等，阐述了管理人员培训与开发及主要方法。

培训与开发是企业通过相应的项目改进员工能力水平和组织业绩的一种有计划的、连续性的工作。企业为了实现培训目标和完成培训任务，在实施培训的过程中，必须遵循战略原则、理论联系实际原则、因材施教原则、主动参与原则、灵活性原则、效益原则等原则。培训与开发从本质上讲是一种学习过程。因此，员工培训与开发必须了解学习理论。最具有代表性的学习理论是行为主义学习理论、认知主义学习理论、人本主义学习理论与建构主义学习理论。培训与开发方案的设计和实施要注意适应成人学习的特点。

培训与开发的程序包括分析培训需求、设置培训目标、拟定培训计划、开展培训活动，以及评估培训效果。培训有在职培训和脱产培训两种方式。在职培训有导师制、工作轮换、自学与实习培训等方法；脱产培训有讲授法、案例研究法、情境模拟法、角色扮演法、素质拓展训练、视听法、网络培训法、团队培训等方法。

管理人员培训与开发是指一切通过传授知识、转变观念或提高技能来改善当前或未来管理工作绩效的活动。它包括企业内的培训与开发计划，如授课、辅导和工作轮换；企业外的专业教学计划，如管理协会研修班、大学开设的经营管理人员MBA教学计划等。管理人员培训与开发的主要方法有敏感性训练、商业游戏与基于胜任素质模型的技术。继任计划又称接班人计划，是指组织确定和持续追踪关键职位的高潜质人才，并对这些高潜质人才进行开发的过程。继任计划通常包括三个阶段及实施步骤，即挑选高潜质人才、进行相关的开发、与高层管理者的频繁接触。

关键词

培训（training）
开发（development）
岗前培训（pre-job training）
在职培训（on the job training，OJT）
脱产培训（off the job training，OFF JT）
操作性条件反射（operant conditioning）
导师制（mental）
实习培训（internship）
素质拓展训练（quality development training）
网络培训法（e-training）
团队培训（team training）
敏感性训练（sensitive training）
商业游戏（business game）
继任计划（succession planning）

思考题

1. 什么是培训与开发？它分为哪些类型？
2. 培训与开发的意义是什么？它应遵循哪些原则？
3. 培训与开发同人力资源管理其他职能具有什么样的关系？
4. 简述跟培训与开发密切相关的几种学习理论的主要观点。
5. 培训与开发包括哪些程序？每个程序应该完成哪些任务？
6. 简述培训需求的三要素分析法。
7. 如何评估培训效果？
8. 培训与开发常用的方法有哪些？各有何优缺点？
9. 什么是管理人员培训与开发？它的主要方法有哪些？各有何特点？
10. 什么是继任计划？它包含哪些实施步骤？

第 10 章

绩效管理

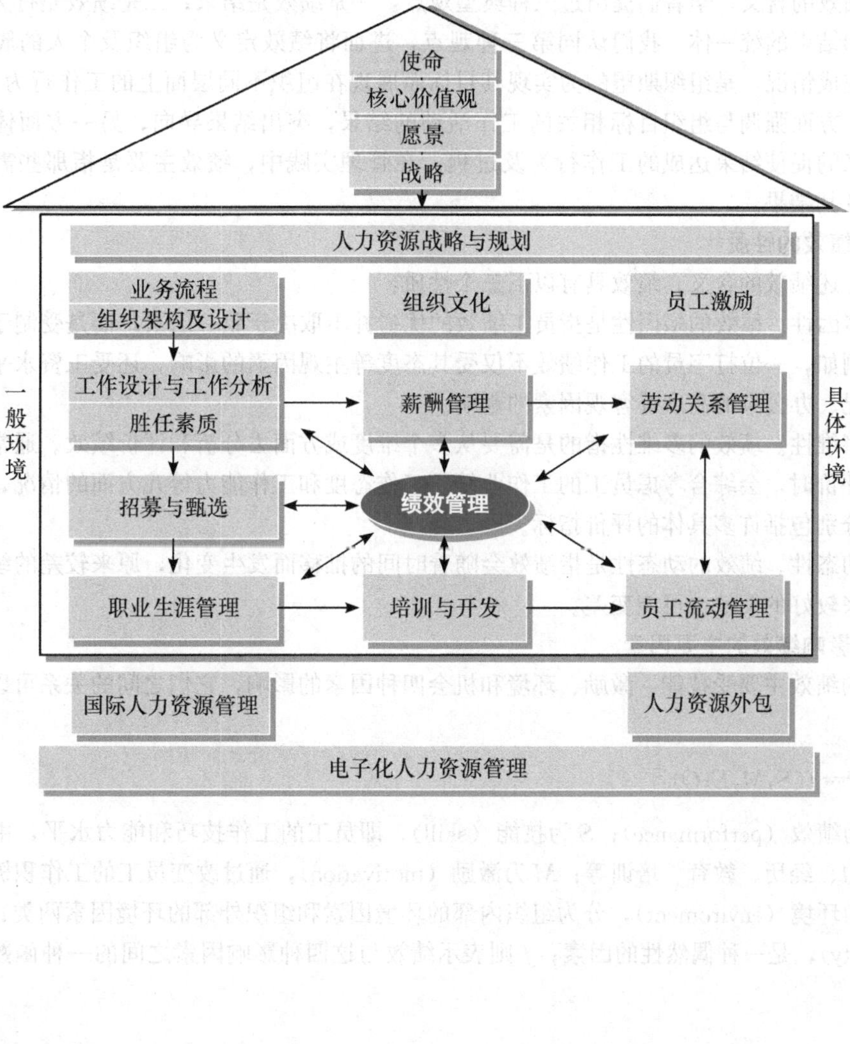

使命
核心价值观
愿景
战略
人力资源战略与规划
业务流程
组织架构及设计
组织文化
员工激励
一般环境
工作设计与工作分析
胜任素质
薪酬管理
劳动关系管理
具体环境
招募与甄选
绩效管理
职业生涯管理
培训与开发
员工流动管理
国际人力资源管理
人力资源外包
电子化人力资源管理

第1节 绩效管理概述

一、绩效的含义与性质

（一）绩效的含义

绩效（performance）是组织的使命、核心价值观、愿景和战略的重要表现形式，也是决定组织竞争成败和可持续发展的关键因素。一般意义上，绩效指的是活动的结果和效率水平。对应于英文的performance，中文词汇除了“绩效”，相近的还有“业绩”“实绩”“效绩”等。不过，这几个概念大多强调行为活动的结果，忽视了行为活动的过程，因此意思表达不够完整、准确。“绩效”这个概念不仅强调了工作活动的结果，也体现了导致结果的工作活动过程，因此得到人们的普遍接受。

绩效是分层次的。按照衡量的主体，绩效可以从宏观、中观和微观的角度划分为组织绩效、群体绩效和个人绩效三个层次。这三个层次密切相关：组织绩效、群体绩效是通过个人绩效实现的，离开了个人绩效，也就无所谓组织绩效和群体绩效；从绩效评价的角度看，脱离了组织绩效、群体绩效的个人绩效评价是毫无意义的，个人绩效需要通过组织绩效、群体绩效来体现。因此，组织绩效管理的最终落脚点在于对员工个人绩效的管理。

对于绩效的含义，学者们提出过三种典型观点：一是绩效是结果；二是绩效是行为；三是绩效是行为和结果的统一体。我们认同第三种观点，进而将绩效定义为组织及个人的履职表现和工作任务完成情况，是组织期望的为实现其目标而展现在组织不同层面上的工作行为及其结果。这个定义一方面强调与组织目标相关的工作活动的结果，突出结果导向，另一方面体现了员工所表现出来的促使结果达成的工作行为及过程。在管理实践中，绩效主要是指那些需要评价的工作行为及其结果。

（二）绩效的性质

根据上述绩效的含义，绩效具有以下三个性质：

（1）多因性。绩效的多因性是指员工绩效的优劣并不取决于单一因素，而是受制于主客观多种因素。例如，一位打字员的工作绩效不仅受其态度等主观因素的影响，还受工资水平、打字机的工作状况、办公桌的高度等客观因素的影响。

（2）多维性。绩效的多维性指的是需要从多个维度或方面去分析和评价绩效。通常，企业在进行绩效评价时，会综合考虑员工的工作业绩、工作态度和工作能力等几方面的情况，而且这几个维度又分别包括许多具体的评价指标。

（3）动态性。绩效的动态性是指绩效会随着时间的推移而发生变化，原来较差的绩效有可能好转，原来较好的绩效也可能变差。

（三）影响绩效的主要因素

员工的绩效主要受技能、激励、环境和机会四种因素的影响，它们之间的关系可以用公式表示为：

$$P=f(S,M,E,O)$$

式中，P为绩效（performance）；S为技能（skill），即员工的工作技巧和能力水平，主要体现为天赋、智力、经历、教育、培训等；M为激励（motivation），通过改变员工的工作积极性来发挥作用；E为环境（enviroment），分为组织内部的环境因素和组织外部的环境因素两类；O为机会（opportunity），是一种偶然性的因素；f则表示绩效与这四种影响因素之间的一种函数关系，如

图 10-1 所示。

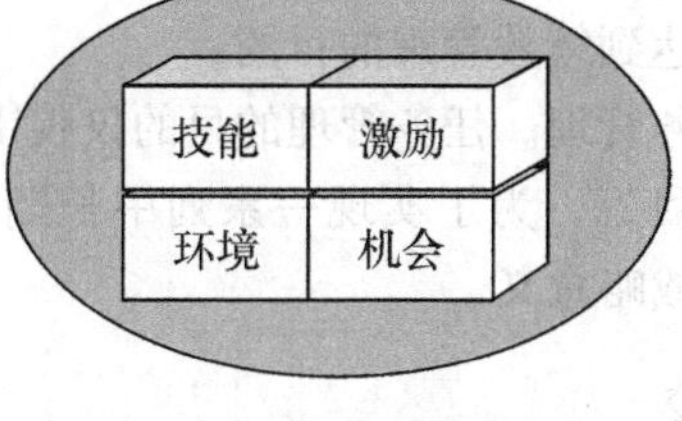

绩效=f(技能，激励，环境，机会)

图 10-1　绩效的影响因素

二、绩效管理的含义与特征

组织的绩效是通过系统的管理活动实现的。因此，组织、管理和绩效是三个密不可分的概念。组织是管理活动及其绩效的载体，管理是组织借以创造绩效的手段，绩效是组织实施管理的目的。纵观百年管理思想史，不论是各类组织中管理者的实践摸索，还是管理学界对管理工作的理论研究，都是围绕绩效展开的。不同时期的不同管理学派虽然具有不同的研究假设以及不同的观察和分析问题视角，但基本都是以改善组织绩效为探索的出发点，始终致力于提升绩效水平。从这个意义上讲，管理学发展的历史就是绩效管理探索的历史。

作为绩效改进的一种探索和方法，绩效评价的概念先于绩效管理提出，但是在实践过程中，绩效评价逐步显露出各种弊端，陷入困境。在这一背景下，20 世纪 70 年代后期，学者们在总结绩效评价局限性的基础上，进一步丰富了绩效的内涵，并提出了绩效管理（performance management，PM）的概念，特别是 20 世纪 80 年代后期和 90 年代，出现了关于绩效管理含义的不同观点，主要有以下三种：

第一种观点，将绩效理解为组织绩效，即“绩效管理是管理组织绩效的系统”，强调通过对组织架构、生产工艺、业务流程等方面的调整实施组织的战略目标，员工虽然会受到这些调整的影响，但并不是绩效的重点考虑对象。

第二种观点，将绩效理解为单纯的员工绩效，即“绩效管理是管理员工绩效的系统”，强调以员工为核心的绩效管理概念。

第三种观点，将绩效理解为组织绩效与员工绩效的总和，即“绩效管理是综合管理组织和员工绩效的系统”，强调绩效管理的中心目标是挖掘员工的潜力，提高他们的绩效，并通过将员工的个人目标与企业战略结合在一起来提高组织的绩效。

我们认同第三种观点，因此将绩效管理定义为人力资源管理体系的一个模块，是通过管理者与员工之间达成的关于目标、标准和所需能力的协议，在双方相互理解的基础上使组织、群体和个人取得较好工作结果的一种管理过程。简言之，绩效管理指的是管理者用来确保员工的工作活动和工作产出与组织目标保持一致的手段及过程。

根据绩效管理的含义及相关实践，可归纳出绩效管理的一些基本特征：

(1) 绩效管理是防止员工绩效不佳和提高工作绩效的有力工具。这是绩效管理最主要的目的。

(2) 绩效管理特别强调沟通辅导及员工能力的提高。绩效管理强调通过沟通辅导的过程以达到它的开发目的。绩效管理不是强迫员工工作的棍棒，也不是权力的炫耀。事实上，各种方式的沟通辅导贯穿整个绩效管理系统。

(3) 绩效管理是一个过程，是一个包括若干环节的系统。绩效管理不仅强调绩效的结果，而且重视达成绩效目标的过程。它不是一年一次的填表工作，而是通过最后的评价，强调控制整个绩效周期中的员工的绩效情况来达到绩效管理的目的。

(4) 绩效管理不是简单的任务管理。任务管理的目的仅仅围绕实现当期的某个任务目标；绩效管理则是根据整个组织的战略目标，为了实现一系列中长期的组织目标而对员工绩效进行管理。因此，绩效管理具有重要的战略意义。

三、绩效管理与绩效评价的比较

与绩效管理相近且容易引起混淆的一个概念是绩效评价，有必要对这两个概念进行辨析。

绩效评价（performance appraisal，PA）通常又称绩效考核、绩效评估等，就是评定和估价员工个人工作绩效的过程。绩效评价是人力资源管理过程中一个非常重要的环节，绩效评价的结果往往作为薪酬变动、职位提升、职位转换和员工辞退等各种人力资源管理决策的依据。

绩效管理和绩效评价既有区别，又相互联系。两者的区别主要体现在：绩效管理是一个完整的管理过程，侧重于信息沟通和绩效的持续提高，强调事先沟通与承诺，贯穿人力资源管理活动的全过程；绩效评价只是绩效管理的一个局部环节，侧重于判断和评价，强调事后评价，仅在特定工作阶段出现（见表10-1）。

表10-1　绩效管理与绩效评价的比较

区别点	过程完整性	侧重点	出现阶段
绩效管理	一个完整的管理过程	侧重于信息沟通和绩效提高，强调实现沟通与承诺	人力资源管理的核心内容，贯穿始终
绩效评价	绩效管理过程中的局部环节和手段	侧重于判断和评价，强调事后的评价	绩效管理关键环节，只出现在特定工作阶段

此外，绩效管理和绩效评价又有着密切的联系：一是绩效评价是绩效管理过程中非常重要和关键的一个环节，组织只有通过这个环节，才能将客观的绩效水平转变成完整的绩效信息，进而为改进个人和组织绩效提供管理决策依据；二是绩效管理的关键决策都围绕绩效评价展开，包括评价什么内容、多长时间评价一次、由谁来评价、如何进行评价以及评价结果如何应用等，这些决策贯穿绩效管理过程的不同环节，但都是围绕绩效评价进行的。

综上所述，绩效管理绝不仅限于绩效评价，绩效评价只是绩效管理的一个环节。绩效管理离不开绩效评价，组织只有将绩效评价纳入绩效管理之中，才能够对绩效进行有效的监控和管理，进而实现绩效管理的目标。

四、绩效管理同人力资源管理其他职能的关系

绩效管理在人力资源管理系统中处于核心地位，它与企业人力资源管理系统中的其他职能存在非常密切的关系，其中，有一些是单向关系，但更多的是双向关系。

1. 同工作设计和工作分析的关系

一方面，工作设计和工作分析的结果是设计绩效管理系统的重要依据。例如，在设计绩效评价指标时，首先应根据工作设计和工作分析的结果对各个评价涉及的职位进行分类，设计出指标体系框架，然后根据每个职位所具有的与组织的战略成功密切相关的核心职能或工作职责，将已有的指标体系框架具体化，从而设计出个性化的绩效评价指标。另一方面，绩效管理也会对工作设计和工作分析产生影响。绩效管理的结果可能反映出工作设计中存在的种种问题，是验

证工作设计合理与否的一种手段。

2. 同招聘的关系

绩效评价的结果可能会促使企业做出招聘的决定。企业通过分析员工绩效评价的结果，当发现员工的态度和能力有所欠缺，而培训又无法满足需要时，就要考虑招聘新员工。此外，招聘成功与否直接影响到绩效。如果招来的员工素质较高，而且与职位相匹配，则能够提高绩效水平；反之，会导致绩效下降。

3. 同培训与开发的关系

绩效管理同培训与开发之间的关系也是双向的。不论是培训与开发还是绩效管理，都是一种对员工的行为进行引导的机制，只是这两种机制发生作用的方式和时机不同。绩效管理的目的中包括开发的目的，绩效评价的结果可用于分析人员培训和开发的需要。管理者通过与员工就绩效管理的结果进行绩效面谈，帮助员工了解自身存在的问题，从而对员工的自我开发形成一种外部的激励和引导。培训与开发也会对绩效管理产生影响。通过培训，员工素质得到提高，无疑能够提高绩效水平，进而有利于实现绩效管理目标。

4. 同薪酬管理的关系

绩效管理与薪酬管理的关系是最直接的，员工薪酬的构成中一般都要包含一部分绩效薪酬，这部分薪酬与员工绩效评价的结果直接挂钩，这样可以调动员工的工作积极性，使其通过努力可以获得更多的回报，同时达到提高组织绩效的目的。因此，绩效是决定薪酬水平的一个重要因素。此外，薪酬与薪酬管理水平的高低也直接影响员工绩效水平。例如，如果员工获得了公平的薪酬及待遇，会增强工作的积极性与主动性，进而提高工作绩效，否则工作积极性会降低，绩效水平也会随之下降。

5. 同职位变动及解雇退休的关系

绩效管理的结果会影响职位变动和解雇退休方面的决策。例如，如果绩效评价的结果说明某些员工无法胜任现有的职位，就需要查明原因并果断地进行职位调换，将他从现有职位上换下来，安排到其他能够胜任的职位上；同时，通过绩效评价还可以发现优秀的、有发展潜力的员工。对于在潜力测评中表现出特殊管理才能的员工，可以进行积极的培养和大胆的提拔。总之，绩效管理的结果是职位变动或解雇退休的依据之一。

第2节 战略性绩效管理

一、战略性绩效管理系统模型

战略性绩效管理（strategic performance management，SPM）是指组织及其管理者在组织的使命、核心价值观的指引下，为达成愿景和战略目标而进行的绩效计划、绩效监控、绩效评价以及绩效反馈的循环过程，其目的是确保组织成员的工作行为和工作结果与组织期望的目标保持一致，通过持续提升个人、部门以及组织的绩效水平，最终实现组织的战略目标。

一个完整的战略性绩效管理系统由三个目的、四个环节和五个关键决策构成，如图10－2所示。具体而言，绩效管理是组织为实现其战略目的、管理目的和开发目的而建立的一个完整系统，由绩效计划、绩效监控、绩效评价和绩效反馈四个环节形成一个闭合循环，评价内容、评价主体、评价方法、评价周期和结果应用这五个关键决策通常贯穿上述四个环节，对绩效管理的实施效果起着决定性的作用。

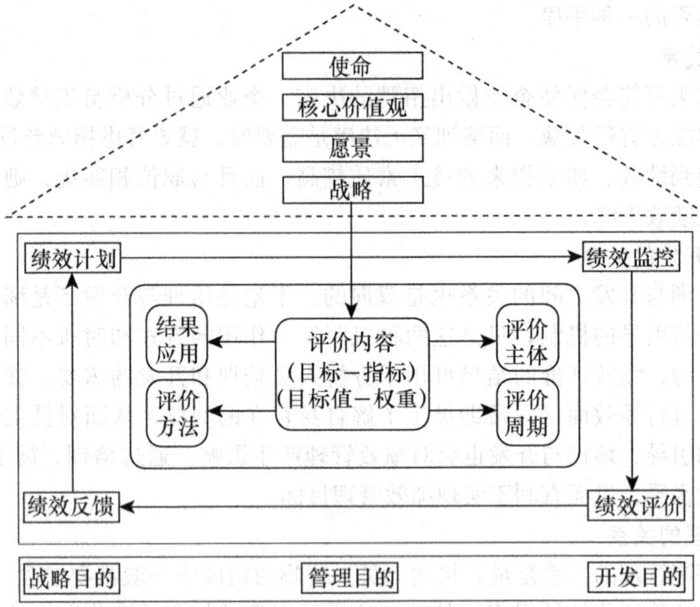

图10－2　战略性绩效管理系统模型

（一）绩效管理的三个目的

绩效管理的目的在模型中处于中心位置，即一切绩效管理工作都是围绕目的展开的，偏离了目的，绩效管理就失去了存在的价值和意义。归纳起来，绩效管理的目的有以下三个。

1．战略目的

绩效管理系统将员工的工作活动与组织的战略目标联系在一起。在绩效管理系统的作用下，组织通过提高员工的个人绩效来提高组织的整体绩效，从而实现组织的战略目标。

2．管理目的

组织在多项管理决策中都要使用到绩效管理信息（尤其是绩效评价的信息）。绩效管理中绩效评价的结果是企业进行薪酬管理决策、晋升决策、保留或解雇决策等重要人力资源管理决策的重要依据。

3．开发目的

绩效管理的过程能够让组织发现员工中存在的不足之处，以便对他们进行有针对性的培训，这样才能够更有效地提高员工的知识、技能和素质，促进员工个人发展，实现绩效管理的开发目的。

（二）绩效管理的四个环节

一个完整有效的绩效管理系统必须具备绩效计划、绩效监控、绩效评价和绩效反馈四个环节。

1．绩效计划

绩效计划是绩效管理过程的起点。在新的绩效周期开始时，管理者与员工经过充分的沟通，明确为了实现组织经营计划与管理目标，员工在绩效周期内应该做什么以及做到什么程度，并对为什么做、应何时做完、员工的决策权限等相关问题进行讨论，促进相互理解并达成协议。

2．绩效监控

在绩效计划制订完毕后，员工就开始按照计划开展工作。在工作过程中，管理者要对员工进行指导和监督，及时解决问题，并根据实际情况及时对绩效计划进行调整。

3. **绩效评价**

绩效评价通过在绩效监控期间收集到的能够说明被评价者绩效表现的事实和数据，判断员工的绩效是否达到绩效目标要求。绩效评价是绩效管理过程的核心环节，也是技术性最强的一个环节。

4. **绩效反馈**

绩效反馈是指绩效周期结束时，管理者与员工进行绩效评价面谈，使员工充分了解和接受绩效评价的结果，并由管理者指导员工在下一周期改进绩效的过程。

(三) 绩效管理的五个关键决策

为了达到三个目的，组织在实施战略性绩效管理的四个环节中，必须把握好五个关键决策：

1. **评价内容**

也就是指如何确定员工个人的绩效评价指标、指标权重及目标值。

2. **评价主体**

在确定评价主体时，应重点考虑评价的内容，评价主体应该与评价内容相匹配。评价主体对被评价者及其工作内容都应有所了解，只有这样，评价才能有助于达到一定的管理目的。

3. **评价方法**

绩效评价方法是指评价主体评价绩效所使用的具体方法。具体采用何种评价方法，要根据评价对象的特点进行选择，并考虑设计和实施的成本。

4. **评价周期**

也就是多长时间评价一次。评价周期与评价指标、职位等密切相关，其设置应尽量合理，不宜过长，也不能过短。

5. **结果应用**

绩效评价结果主要用于两个方面：一是用于绩效诊断、制订绩效改进计划；二是将绩效评价结果作为招聘、晋升、培训与开发、薪酬福利等其他管理决策的依据。

二、绩效管理工具

(一) 绩效管理工具概述

1. **绩效管理工具的演变与特点**

从 19 世纪末 20 世纪初至今，伴随着管理思想及理论的发展，绩效管理发展成为人力资源管理理论研究的重点，绩效管理工具也不断发展完善，并在 20 世纪 50—70 年代发生了革命性的创新。在 20 世纪 50 年代以前，不论是绩效管理的理论还是工具都非常单一，主要是表现性评价。在 50 年代以及此后的几十年中，研究者们先后提出了目标管理、目标与关键成果、标杆管理、关键绩效指标、平衡计分卡等绩效管理的理论、工具与技术。纵观绩效管理理论的发展，一方面，其评价范围不断扩展，从单纯的财务指标扩展到全面地考察企业；另一方面，绩效管理在关注经营功能方面，从单纯的人事测评工具发展为承接组织战略的战略性绩效管理工具（见图 10－3）。

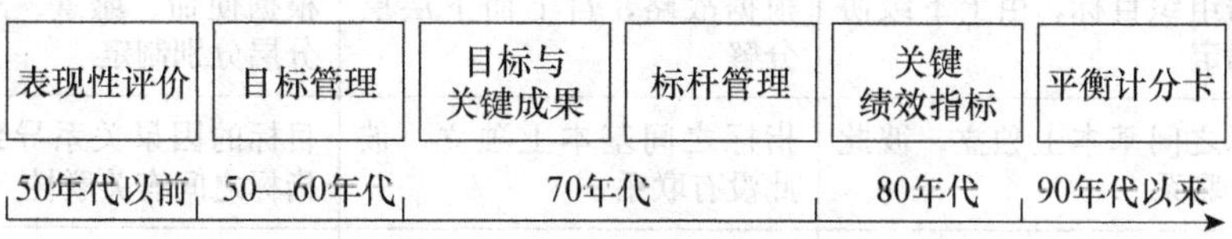

图 10－3　绩效管理工具的演变

其中，表现性评价主要是由主管根据绩效周期内的工作表现对下属做出评价的绩效管理模式。与现代绩效管理工具相比，它最大的缺陷在于没有很好地与整个组织的战略相承接并成为组织绩效管理的战略工具，只是一种纯粹的人事评价工具。具体表现在以下几个方面：一是在评价内容上，缺乏战略指导和系统思维，评价内容局限于部门和具体职位，结果是不能有效地完成组织的战略目标。二是在评价主体上，表现性绩效评价的评价主体往往局限于员工的直线领导，并且大多采取直线垂直下行分派任务、确定目标和打分评价的方式，缺乏上下级之间双向的沟通和对员工多维的绩效信息反馈。三是在评价客体上，由于评价内容未能有效地承接组织战略，对部门和员工的评价指标不是基于组织的战略目标，导致评价的结果针对的往往是被评价的员工个人，而不是其工作绩效，更不是能促进组织战略目标实现的工作绩效。因此，适应管理实践的需要，从理论上总结和开发适应绩效管理的战略性工具，就成了历史发展的必然。

此外，绩效管理工具与绩效评价方法（如本章第 4 节谈到的排序法和强制分布法等）不能混为一谈，两者有着本质区别：绩效管理工具主要是提供一种系统的思维，以便将组织战略或高层目标转化为部门、个人的绩效目标或指标，其目的在于构建绩效管理系统；而绩效评价方法主要是提供一种技术手段，以便对特定指标的绩效做出评价，其目的在于衡量绩效。

2. 绩效管理工具的比较

目标管理、关键绩效指标、平衡计分卡等绩效管理工具，都是现代管理实践和理论的产物。有的是管理学家在长期研究管理实践的基础上创造并为实践所检验的，比如目标管理和平衡计分卡；有的则是在管理实践中取得成功并上升为普遍适用的理论方法的，比如标杆管理和关键绩效指标。这些工具在产生时间上有先后，各有优缺点。事实上，各种工具在现代管理中日益呈现出一种综合应用的趋势。表 10－2 对目标管理、关键绩效指标与平衡计分卡三种工具进行了比较。

表 10－2　三种绩效管理工具的比较

项目	目标管理	关键绩效指标	平衡计分卡
时代	20 世纪 50—70 年代	20 世纪 80 年代	20 世纪 90 年代以后
性质	管理思想：重视工作与人的结合	指标分解的工具与方法，将战略与考核指标结合	集大成的理论体系，将战略管理与绩效管理有机结合
对象	个人	组织、群体、个人	组织、群体、个人
特征	员工参与管理，体现“我想做”，自我管理与自我控制	战略导向，指标承接与分解，指标层层分解、层层支撑	战略导向，目标承接与分解；因果关系，强调平衡、协同
关注	管理、考核（关注结果）	考核、管理（关注结果）	管理、考核（关注过程和结果）
要素	目标，指标，目标值	战略，关键成功领域；关键绩效要素；关键绩效指标	使命，核心价值观，愿景，战略；客户价值主张，四个层面；目标，指标，目标值，行动方案
指标·设计	根据组织目标，由上下级协商确定	根据战略，自上而下层层分解	根据使命、愿景、战略依据目标分层分别制定
指标·关系	指标之间基本上独立，彼此没有联系	指标之间基本上独立，彼此没有联系	目标的因果关系导致四个层面的指标之间有关联性
指标·类型	侧重定量指标	无前置指标和滞后指标之分，客观指标	有前置指标和滞后指标之分，客观指标、主观判断指标

(二) 目标管理

目标管理(management by objectives,MBO)是1954年由美国管理学家彼得·德鲁克在《管理的实践》一书中提出的。德鲁克认为,古典管理学派偏重于以工作为中心,忽视人性的一面;行为科学又偏重于以人为中心,忽视了与工作相结合。目标管理则综合了对工作的兴趣和人的价值,在工作中满足其社会需求,企业的目标也能同时实现,这样就可以把工作和人的需要两者统一起来。德鲁克提出,企业目标只有通过分解成一组更小的目标后才能够实现。现实中经常是组织有一个清晰的战略目标,但是对如何实现目标并不清楚,员工更不清楚他们的工作与组织的战略目标有何关系,进而不知道努力的方向,往往无所适从。解决这一问题的答案在于将目标管理与自我控制结合起来。

1. 目标管理的含义与程序

目标管理是指一种程序或过程,它使组织中的上下级一起协商,根据组织的使命确定一定时期内组织的总目标,由此决定上下级的责任和分目标,并把这些目标作为组织经营、评价和奖励的标准。目标管理是一种以员工为中心、以人性为本位的管理方法,它的本质就是以"民主"代替"集权",以"沟通"代替"命令",使组织成员充分切实地参与决策,并采用自我控制、自我指导的方式,进而把个人目标与组织目标结合起来。

目标管理主要有以下四个步骤:(1)计划目标。通过目标分解,由评价者与被评价者共同制定建立每位被评价者所应达到的目标。(2)实施目标。对计划实施监控,掌握计划进度,及时发现问题并采取适当的矫正行动。(3)评价结果。将实际达到的目标与预先设定的目标相比较,使评价者能够找出未能达到目标,或实际达到的目标远远超出预先设定的目标的原因。(4)反馈。管理者与员工一起回顾整个周期,对预期目标的达成和进度进行讨论,为制定与达成新的目标作准备。

2. 目标管理的优点与不足

与传统的表现性评价相比,目标管理取得了长足的进步。它重视人的因素,通过让下属参与、由上级和下属协商共同确定绩效目标,来激发员工的工作兴趣;而且,以目标制定为起点,以目标完成情况评价为终点,工作结果是评价工作绩效最主要的依据,因此在实施目标管理的过程中,监督的成分较少,控制目标实现的能力却很强。诸多显著优势使得目标管理在第二次世界大战之后风靡全球。

目标管理也存在一些不足:忽视了组织中的本位主义及员工的惰性,对人性的假设过于乐观,使目标管理的效果在实施过程中大打折扣;过分强调量化目标和产出,往往难以操作;使员工在制定目标时,倾向于选择短期目标,即可以在考核周期内加以衡量的目标,从而导致企业内部人员为了达到短期目标而牺牲长期利益。

(三) 目标与关键成果

目标与关键成果(objectives and key results,OKR)是目标管理的延伸和扩展。安迪·格鲁夫(Andy Grove)在担任英特尔公司执行副总裁期间引入了目标管理,并把它发展成为包括目标及其关键成果的目标管理体系。1999年,谷歌的投资人约翰·杜尔(John Doerr,曾任职英特尔)把英特尔的目标管理体系介绍给谷歌的两位创始人,该管理工具在谷歌被称为OKR并沿用至今。[①] 现在,全球已经有很多企业采用OKR,其中包括领英、甲骨文、推特等一些硅谷的知名企业。保罗·R.尼文(Paul R. Niven)和本·拉莫尔特(Ben Lamorte)在2017年出版的《OKR:源于英特尔和谷歌的目标管理利器》总结了OKR在企业中应用的经验,并就OKR的实

---

① 陈德金. OKR,追求卓越的管理工具. 清华管理评论,2015(12):78-83.

施提出了建议。

1. 目标与关键成果的含义

保罗·R.尼文和本·拉莫尔特认为，目标与关键成果（OKR）是一套严密的思考框架和持续的纪律要求，旨在确保员工紧密协作，把精力聚焦在能促进组织成长的、可衡量的贡献上。该定义包括六个要点：

（1）严密的思考框架。OKR意在提升绩效，当检查OKR结果时，真正挑战的是如何才能超越那些数字本身。应该深入思考它们意味着什么，从而能发掘出振奋人心的问题，帮助找到未来的突破口。

（2）持续的纪律要求。OKR代表了一种时间和精力上的承诺。要防止把目标设定后就束之高阁的现象。要想从OKR方法中受益，必须遵从这个模型的要求。

（3）确保员工紧密协作。OKR必须被设计用于最大化协作和促进整个组织协同一致，这可以通过OKR本身所固有的透明性来做到。由于OKR对每一个人都充分共享，组织内从上至下都可以看到OKR及其达成情况。

（4）精力聚焦。OKR不是也不应被当成是一张待完成的任务清单。OKR的主要目的是用于识别最关键的业务目标，并通过量化的关键成果去衡量目标达成情况。

（5）做出可衡量的贡献。关键成果（key results，KR）通常（几乎完全）是定量的，这是它的一个自然属性。任何时候，如有可能，都应当尽量避免主观描述KR，KR要能精确地指出它的达成对业务究竟有多大的促进作用。

（6）促进组织成长。判断OKR成功与否的最终标准，还是要用结果说话，看目标所取得的实际成果如何。

目标与关键成果的两大构成要素是目标及其关键成果。所谓目标，是对驱动组织朝期望方向前进的定性追求的一种简洁描述。它主要回答的问题是“我们想做什么？”关键成果是一种定量描述，用于衡量指定目标的达成情况。关键成果要回答的是“我们如何知道自己是否达成了目标的要求”。

企业开展OKR有几个层次：公司层次的OKR、部门或业务单元层次的OKR、业务项目的OKR、个人层次的OKR等。OKR有如下功能：促进战略执行；更快地执行业务，提升快速应对变化的能力；把精力聚焦在最重要的事情上；通过公开透明促进跨部门间的横向一致性；促进沟通并提升敬业度；促进前瞻性思考。OKR的终极目标，是要在激烈竞争的商业环境中，通过识别出目标与关键成果并频繁更新，提升行动的敏捷性，从而最终提升企业的经营业绩。

2. 目标与关键成果的实施步骤

这里以公司层面实施OKR为例来说明OKR的实施步骤。

（1）确立公司的使命、愿景和战略。OKR应当源于战略，能驱动愿景的达成，并同整体使命保持一致。这是OKR能否成功的关键保障。

（2）创建公司层面的OKR。可以通过小型团队集中创建；通过调查问卷收集员工的反馈，并用于后续专项研讨；通过高管访谈创建；通过在研讨会中直接起草目标等方式创建。

（3）在公司范围内讲解OKR。可以采用电子邮件等多种媒体进行宣传，但最重要的还是要和大家面对面交流（例如员工大会），这样可以促成一次关于为什么选择这些OKR以及它们是什么的对话沟通。

（4）跟踪OKR。OKR制定后应当在季度中间（或者其他规定的节奏）对它进行跟踪和审视。OKR制定后，要在季度中间随时保持对进度的评估，以便根据进展情况做出安排。

（5）季度末汇报成果。给OKR打分并在整个组织内交流结果达成情况。

3. 目标与关键成果的制定

（1）目标与关键成果的制定要求。创建目标时，应把握好目标的标准：鼓舞人心、可达到、明确时间周期（如以季度为周期）、在团队可控范围之内、有商业价值、定性。

制定关键成果时必须遵循的标准：定量、有挑战性、具体、自主制定、基于进度、上下左右协同一致、驱动正确的行为表现。

图10-4是一家教育软件公司公司层面的OKR示例。公司层面创建了三个目标，每个目标下制定了2～3个关键成果。

目标： 实现1季度财务目标。 关键成果： 1季度实现7.5亿美元营业收入。 1季度实现1.5亿美元净利润。
目标： 在全球范围内对教师群体的影响力显著提升。 关键成果： 1季度结束时月均活跃教师数达到100万。 北美以外1季度新增教师用户2万。 教师净推荐值1季度最后一个月提升至50。
目标： 有效运营业务。 关键成果： 1季度将每个员工贡献给公司的收入提升至25万美元（去年为21.5万美元）。 内部员工推荐的应聘通过人数占1季度总应聘人数的50%。

图10-4 公司层面的OKR示例

资料来源：尼文，拉莫尔特. OKR：源于英特尔和谷歌的目标管理利器. 北京：机械工业出版社，2017：11.

在制定OKR时，应当平衡好KR的达成难度和潜力激发两者间的关系。一方面要让KR具有足够挑战性，以促成更多的智力贡献；另一方面又不至于让KR高不可攀，乃至降低团队的士气。

（2）目标与关键成果制定的周期。制定OKR要根据业务节奏来确定，默认频度是季度，也可以是其他周期。

（3）目标与关键成果制定的流程。这个流程包括创建（create）、精炼（refine）、协同（align）、定稿（finalize）、发布（transmit）等环节，可用英文缩写“CRAFT”来表示。下面以创建团队OKR为例来说明这个流程：

创建环节以小团队方式运作，生成2～3个目标，每个目标包含1～3个关键成果。精炼环节把OKR草案提交给整个团队，通过研讨会进行刷新，确定KR评分方法。协同环节识别依赖关系，联合定义KR，同其他团队面对面讨论并就依赖关系达成一致，据此刷新KR。定稿环节把OKR提交上级批准，在上级审核时讲明OKR协同过程及其输出。发布环节是沟通并发布OKR，把OKR上传到一个软件系统，或者任何适合长期进行结果跟踪的产品中；把OKR放在人流集中位置，在全员大会以及团队会议上沟通OKR。

（4）联结OKR。联结OKR是指在公司内创建一组OKR集合，并将其同最高层级的OKR协同一致，从而突出企业内从团队到个人的独特贡献。公司层面的OKR制定好后，每个业务单元的OKR至少应当和公司的某一OKR建立联结，以表明业务单元可以帮助推进该项OKR。

OKR并不需要一对一无缝联结，但要确保整个企业覆盖了公司层面的目标。绝大多数OKR联结过程都应当自下而上地进行，让它们展示该团队的独特贡献。同上级OKR联结的过程是一个沟通协商的过程。团队OKR也按照这样的方式与业务单元OKR建立联结，直至建立员工个人OKR。众筹法是联结OKR的一种高效方法，它一次性把所有团队聚集在一起去联结OKR。每个业务单元选择2～4名代表参加会议，通过领导者简述OKR旅程、OKR知识复习、演示公司的OKR、起草业务单元OKR、业务单元发表OKR、横向交流、业务单元OKR返工、业务单元再次发表OKR等环节开展OKR联结。研讨会之后，应当跟进每个业务单元使其OKR定稿。在联结OKR过程中，不仅要确保垂直协同，还要通过确认依赖关系来确保水平协同。

4．用OKR进行日常管理

制定OKR后必须有规律地定期审视OKR执行结果，具体安排包括周例会、季度中期审视和季度评估。

召开周例会的目的是评估进度、在问题爆发前识别潜在风险、确定工作优先级以确保团队持续聚焦。周例会不是对结果的正式检查，重点应该放在如何分享信息和促成更有价值的讨论上。

与周例会相比，季度中期审视中对进度评估比较正式，更多关注执行状态。需要根据收集上来的信息调整期望值，以确保在余下的六周里落实重点采取的行动。可能由于外界环境的变化，某一目标已经变得不切实际，从而必须放弃；或者出现一些需要引起关注的问题，需要中途刷新OKR。

季度评估会议最重要的两部分内容是要弄清"做到什么程度"和"怎么做到这个程度"。"做到什么程度"是指需要对每一个KR进行评级或打分。KR的评分等级分为四个：1.0表示一个非常有野心的结果，几乎不可能实现；0.7表示虽然很难，但最终是可以达成的；0.3表示可以通过正常努力，只需很少甚至不需要帮助就可以达成的绩效标准；0.0表示没有任何进展。基于当季度的实际绩效表现，每个团队（甚至每个人）都需要给出他们的最终得分，以及这些得分的理由。得分和理由会面向同事和上级公开。"怎么做到这个程度"是要弄清楚是什么最终促成了OKR的成功，以及组织执行能力有哪些提升。在进行结果评估时要尽可能征求每个人的反馈意见。

在季度结束时刷新OKR。OKR的创建机制是每年年初创建公司层面的OKR（可能包含年度OKR和更偏战术性的季度OKR），然后下层组织（包括业务单元、团队甚至个人）创建OKR以展示他们对公司整体战略的贡献。公司层面的OKR为其下层组织进行OKR联结提供了重要的背景信息。在每个季度结束时，需对该季度的OKR进行评分，并制定下一个季度的OKR。

OKR在发展过程中汲取了目标管理的目标引导、促进员工参与和沟通的思想，关键绩效指标的关键指标设定、聚焦的思想，平衡计分卡的战略管理和组织协同的思想。通过对目标管理、关键绩效指标和平衡计分卡三种绩效管理工具部分要素的提取和融合，OKR具有促进战略执行、组织协同和提升员工敬业度等重要作用。但需要注意的是，目前运用OKR的多数企业没有把OKR与绩效评价和薪酬奖励挂钩，它们担心如果这样做将严重削弱OKR潜能的发挥，因此，不建议将OKR与绩效评价流程关联在一起。

（四）标杆管理

标杆管理（benchmarking）又称基准管理，产生于20世纪70年代末80年代初。首开标杆管理先河的是施乐公司，后经美国生产力与质量中心系统化和规范化。研究表明，1996年世界500强企业中有近90%的企业在日常管理活动中应用了标杆管理，其中包括柯达、福特、IBM、施乐、美国电话电报公司等。

1. **标杆管理的含义与意义**

标杆管理就是不断寻找和研究同行一流公司的最佳实践，并以此为基准对本企业进行比较、分析、判断，使本企业不断得到改进，进入或赶超一流公司，创造优秀业绩的良性循环过程。其核心是向业内或业外最优秀的企业学习。通过学习，企业重新思考和改进经营实践，创造自己的最佳实践。根据学习的内容，标杆管理可以分为四类，即内部标杆管理、竞争标杆管理、职能标杆管理和流程标杆管理。每种标杆管理都有其优缺点和适用范围。标杆管理具有以下重要意义：

(1) 标杆管理是一种绩效管理工具。通过辨识行业内外最佳企业的绩效及其实践，企业可以制订并实施相应的绩效评价与改进计划。

(2) 有助于建立学习型组织。标杆管理有助于企业发现在产品、服务、生产流程以及管理模式方面存在的不足，学习标杆企业的成功之处，再结合实际将其充分运用到自己的企业当中。

(3) 有助于企业的长远发展。标杆管理是企业挖掘增长潜力的工具，经过一段时间的运作，任何企业都有可能将注意力集中于寻求增长的内在潜力，形成固定的企业文化，并且通过对各类标杆企业的比较，不断追踪把握外部环境的发展变化，促进长远发展。

2. **标杆管理的程序**

标杆管理的实施有一整套逻辑严密的程序，大体可分为以下五步：

第一步，确认标杆管理的目标。在实施标杆管理的过程中，要坚持系统优化的思想，不是追求企业某个局部的优化，而是着眼于企业整体的最优。而且，要制定有效的实践准则，以避免实施中的盲目性。

第二步，确定比较目标组织。比较目标组织就是能够为企业提供值得借鉴信息的组织或部门。比较目标的规模和性质不一定与企业相似，但应在特定方面为组织提供良好的借鉴作用。

第三步，收集与分析数据，确定标杆。分析最佳实践和寻找标杆为企业找到了改进的目标，标杆的寻找包括实地调查、数据收集、数据分析、与自身实践比较找出差距、确定标杆指标等环节。

第四步，系统学习和改进。这是实施标杆管理的关键。标杆管理的精髓在于创造一种环境，使组织中的人员在愿景、战略下工作，自觉学习和变革，创造出一系列有效的计划和行动，以实现组织的目标。

第五步，评价与提高。实施标杆管理不能一蹴而就，而是一个长期渐进的过程。每一轮完成之后都有一项重要的后续工作，就是重新检查和审视标杆研究的假设、标杆管理的目标和实际达到的效果，分析差距，找出原因，为下一轮改进打下基础。

3. **标杆管理的应用及不足**

标杆管理在企业发展中的重要作用已经逐渐被企业认同，其使用范围也从最初衡量制造部门的绩效发展到不同的业务职能部门，包括客户满意度、物流和产品配送等方面。标杆管理也被应用于一些战略目的，如衡量一个企业在创造长期股东价值方面与产业内其他公司的差距等。它已经成为改善企业经营绩效、提高全球竞争优势的非常有用的一种管理工具，甚至很多非营利组织也开始采用这一工具。不过，标杆管理也存在一些明显的不足：一是标杆主体选择缺陷，即难以寻找到合适的比较目标。二是标杆瞄准缺陷。标杆瞄准是指系统地界定优秀的经营管理机制与制度、优秀的运作流程与程序以及卓越的经营管理实践的活动。最佳实践往往隐藏在员工头脑、企业制度、组织架构甚至企业文化中，一般难以获取。

(五) 关键绩效指标

进入20世纪80年代，关键绩效指标（key performance indicators，KPI）应运而生。关键绩效指标是指衡量企业战略实施效果的关键指标，它是企业战略目标经过层层分解产生的可量化的或具有可操作性的指标体系。其目的是建立一种机制，将企业战略转化为内部过程和活动，不断增强企业的核心竞争力，使企业能够持续发展。

关键绩效指标体系通常是采用基于战略的成功关键因素分析法来建立的。成功关键因素分析法的基本思想是分析企业获得成功或取得市场领先的关键成功领域（key result areas，KRA）；再把关键成功领域层层分解为关键绩效要素（key performance factors，KPF）；为了便于对这些要素进行量化考核和分析，必须将要素细分为各项指标，即关键绩效指标。

关键绩效指标体系作为一种系统化的指标体系，包括三个层面的指标：一是企业级关键绩效指标，是通过对企业的关键成功领域和关键绩效要素分析得来的；二是部门级关键绩效指标，是根据企业级关键绩效指标进行承接或分解得来的；三是个人关键绩效指标，是根据部门级关键绩效指标确定的。这三个层面的指标共同构成企业的关键绩效指标体系。

根据指标性质的不同可以将关键绩效指标分为财务指标、经营指标、服务指标和管理指标。其中，财务指标侧重衡量组织创造的经济价值；经营指标侧重衡量组织经营运作流程的绩效；服务指标侧重衡量利益相关者对组织及其所提供的产品和服务的态度；管理指标侧重衡量组织日常管理的效率和效果。这种分类方式的目标、范例和作用如表10-3所示。

表10-3　关键绩效指标分类

类别	目标	关键绩效指标范例	作用
财务指标	侧重与公司会计职责一致的价值创造	公司投资资本回报 业务单元损益	确保创造财务价值
经营指标	侧重在日常经营运作流程以及跨职能/跨业务辅助流程中创造价值	新品收入占总收入的份额 细分市场的份额 新渠道的收入份额	确保近期和远期的侧重点
服务指标	提供客户对公司经营注意度/满意度的看法	客户满意度指数，例如服务质量、购买价值、公司形象	确保近期和远期的侧重点
管理指标	培养与保留人才	员工满意度指数 关键人才流失率 员工培训与开发	包括对公司业绩的内部和外部评判

虽然关键绩效指标根据不同的分类方式可以分为不同的类型，但是在实际构建以关键绩效指标为基础的绩效管理系统的时候，通常以组织关键绩效指标、部门关键绩效指标和个人关键绩效指标为主体，其他分类方式为补充。在管理实践中，关键绩效指标不是绩效指标的全部，还有一类绩效指标来源于部门或个人的工作职责，体现了组织各层次具体工作职责的基础要求，通常被称为一般绩效指标（performance indicator，PI）。在设计基于关键绩效指标的绩效管理体系的时候，通常组织层面的绩效指标都是关键绩效指标（KPI），而部门层面的绩效指标和个人层面的绩效指标则由关键绩效指标和一般绩效指标共同构成，如图10-5所示。但是，不同部门所承担两类指标的构成不同，有的部门承担的关键绩效指标多，有的部门承担的关键绩效指标少，有的部门甚至不承担关键绩效指标。比如，对于一些支持性部门（如办公室、财务部、人力资源部等）而言，它们的绩效指标更多的是来自部门的职能或职责，而不是源于组织战略的分解，因此这类部门的一般绩效指标所占比重较大，而关键绩效指标所占比重相对较小。个人层面的绩效指标构成也是由关键绩效指标和一般绩效指标构成。

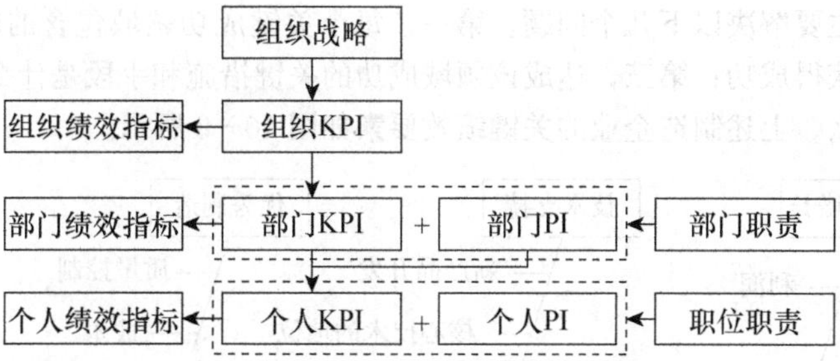

图 10 - 5 基于 KPI 的绩效指标体系

1. 关键绩效指标体系的实施

关键绩效指标体系通常是采用画鱼骨图的方法来建立的。其基本思路是通过对组织战略的分析，找出组织获得成功的关键成功领域，再把关键成功领域层层分解为关键绩效要素；为了便于对这些要素进行量化考核和分析，须将要素细分为各项指标，即关键绩效指标。设计一个完整的基于关键绩效指标的绩效管理系统通常包含如下六个步骤：确定关键成功领域、确定关键绩效要素、确定关键绩效指标、构建组织关键绩效指标库、确定部门 KPI 和 PI 以及确定个人 KPI 和 PI（如图 10 - 6 所示）。其中，组织 KPI 的制定涉及关键绩效指标体系建立的前四步，这四步是设计关键绩效指标体系的关键和核心内容。

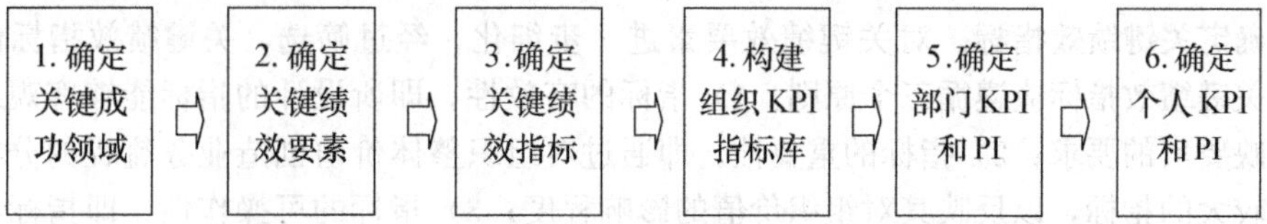

图 10 - 6 基于 KPI 的绩效指标体系的建立步骤

（1）确定关键成功领域。通过鱼骨图分析，寻找使组织实现战略目标或保持竞争优势所必需的关键成功领域。为此，必须明确三个方面的问题：一是这个组织为什么会取得成功，成功依靠的是什么；二是在过去那些成功因素中，哪些能够使组织在未来持续获得成功，哪些会成为组织成功的障碍；三是组织未来追求的目标是什么，未来成功的关键因素是什么。这实质上是对组织的战略制定和规划过程进行审视，对所形成的战略目标进行反思，并以此为基础对组织的竞争优势进行剖析。某制造企业通过访谈和头脑风暴法，寻找并确定了该企业能够有效驱动战略目标的关键成功领域：优秀制造、市场领先、技术支持、客户服务、利润与增长和人力资源（如图 10 - 7 所示）。

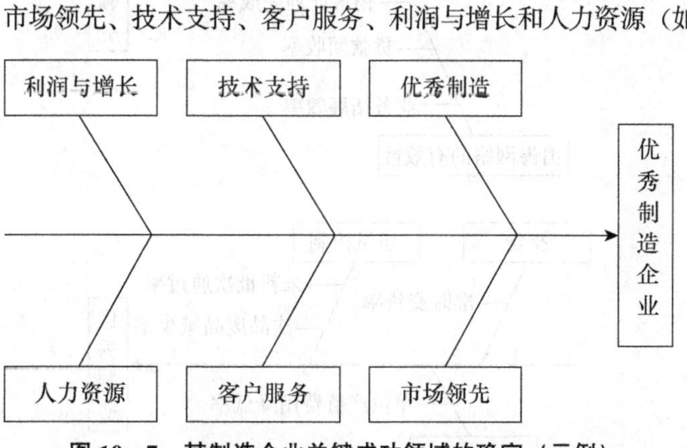

图 10 - 7 某制造企业关键成功领域的确定（示例）

（2）确定关键绩效要素。关键绩效要素提供了一种描述性的工作要求，是对关键成功领域进行的解析和细化。主要解决以下几个问题：第一，每个关键成功领域包含的内容是什么；第二，如何保证在该领域获得成功；第三，达成该领域成功的关键措施和手段是什么；第四，达成该领域成功的标准是什么。上述制造企业的关键绩效要素如图10-8所示。

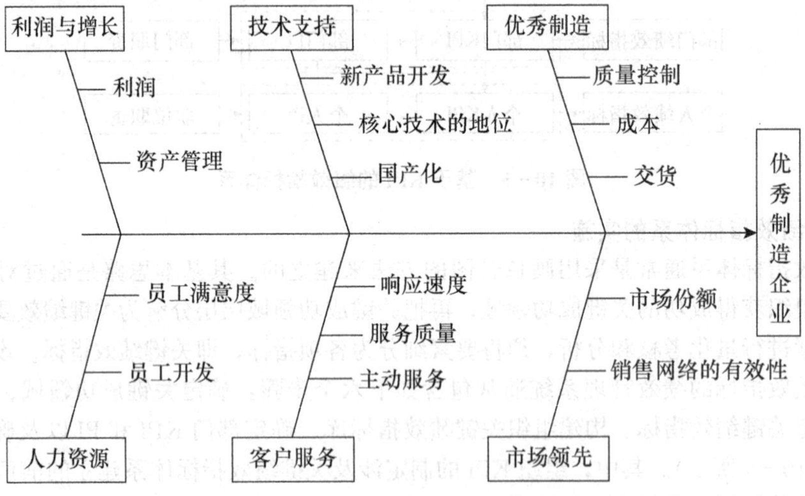

图10-8　某制造企业关键绩效要素的确定（示例）

（3）确定关键绩效指标。对关键绩效要素进一步细化，经过筛选，关键绩效指标便得以确定。选择关键绩效指标应遵循三个原则：1）指标的有效性，即所设计的指标能够客观地、最为集中地反映要素的要求；2）指标的重要性，即通过对组织整体价值创造业务流程的分析，找出对其影响较大的指标，以反映其对组织价值的影响程度；3）指标的可操作性，即指标必须有明确的定义和计算方法，容易取得可靠和公正的初始数据，尽量避免凭感觉主观判断的影响。以优秀制造和市场领先为例，该企业确定的关键绩效指标如图10-9所示。

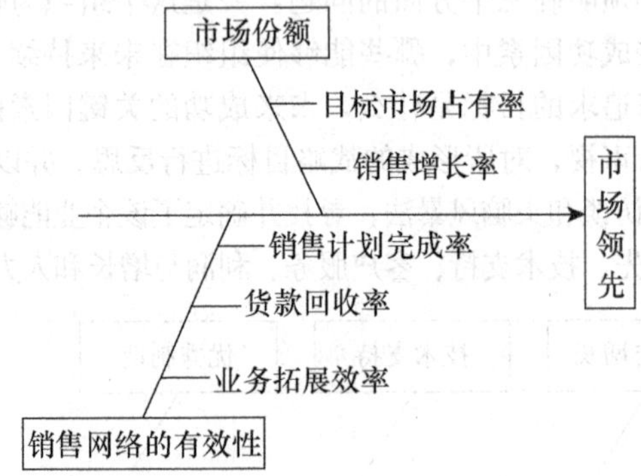

图10-9　某制造企业关键绩效指标的确定（示例）

(4) 构建组织KPI指标库。在确定了组织关键绩效指标之后，就需要按照关键成功领域、关键绩效要素和关键绩效指标三个维度对组织的关键绩效指标进行汇总，建立一个完整的组织KPI指标库，作为整个组织进行绩效管理的依据。上述制造企业汇总后的组织KPI指标库如表10-4所示。

表10-4 某制造企业的关键绩效指标汇总表（示例）

关键成功领域	关键绩效要素	关键绩效指标
优秀制造	质量控制	来料批次通过率
		次品废品减少率
	成本	单位产值费用降低率
	交货	准时交货率
市场领先	市场份额	目标市场占有率
		销售增长率
	销售网络的有效性	销售计划完成率
		货款回收率
		业务拓展效率
技术支持	新产品开发	新产品开发计划完成率
		新产品立项数
	核心技术的地位	设备维修平均时间
		与竞争对手产品对比分析
	国产化	国产化的费用节约率
		国产化率
客户服务	响应速度	服务态度
		问题及时答复率
	主动服务	客户拜访计划完成率
		客户拜访效率
		产品售后调查及时性
	服务质量	质量问题处理及时性
利润与增长	资产管理	资产负债率
		应收账款周转率
		存货周转率
		净资产收益率
	利润	销售利润率
		成本费用利润率
		销售毛利率
人力资源	员工满意度	员工满意度综合指数
	员工开发	优秀员工流动性
		绩效改进计划完成率
		员工培训满意度

(5) 确定部门KPI和PI。部门绩效指标一般由关键绩效指标和一般绩效指标构成。关键绩效指标绝大部分来自对组织关键绩效指标的承接或分解，也有一部分是部门独有的指标。一般绩效指标通常来源于流程、制度或部门职能。在一般情况下，组织关键绩效指标需要全部落实到具体的部门，否则必然会导致重要工作遭到忽视。

（6）确定个人 KPI 和 PI。个人关键绩效指标的确定方式同部门关键绩效指标的设计思路一样，主要是通过对部门关键绩效指标的分解或承接来获得。个人绩效指标体系同样包括关键绩效指标和一般绩效指标两类指标。其中一般绩效指标通常来源于员工所承担职位的职责，也有部分来自对部门一般绩效指标的承接和分解。

2．**指标权重与员工责任**

一个岗位的关键绩效指标的数量一般应该控制在5～10个之间。指标过少可能导致重要工作遭到忽略；指标过多可能出现指标重复现象，并且可能分散员工的注意力。每个指标权重一般不高于30%，也不能低于5%。指标权重过高可能导致员工"抓大放小"，忽视其他与工作质量密切的相关指标；而且权重过高可能造成绩效评价的风险过于集中，万一该指标不能完成，则整个绩效周期的奖金薪酬都会受到影响。指标权重太低则对评价结果影响力小，容易产生无法突出重点工作的现象。为了便于计算，指标权重一般取5的倍数，得分也一般使用线性变化计算比例。下面对每种类型的关键绩效指标的权重分配都举一个例子进行说明，如表10-5所示。

表10-5　关键绩效指标类别（示例）

指标类型	关键绩效指标	单位	权重	目标值	完成情况	最后得分
财务指标	业务收入	亿元	25%			
	⋮	⋮	⋮			
经营指标	网络资源利用率	%	5%			
	⋮	⋮	⋮			
服务指标	服务对象满意度	%	5%			
	⋮	⋮	⋮			
管理指标	关键人员流失率	%	5%			
	⋮	⋮	⋮			

对于处在不同层次和担任不同角色的员工而言，反映其工作绩效结果和行为过程的关键绩效指标所占的比重是不一样的。因此，在设置关键绩效指标权重时，就要考虑员工所处的不同层级。高层管理者对组织的整体经营管理负责，因此对财务指标负有更大的责任，也就是说，在其评价指标中财务指标所占的权重较大。中层管理者的经营、服务指标的权重应该更大，如图10-10所示。

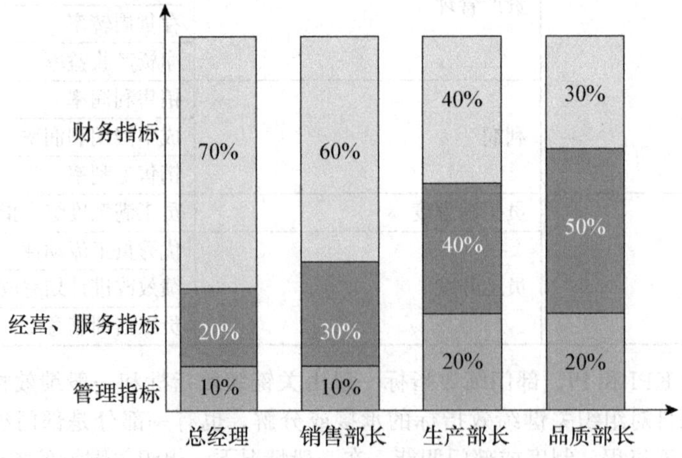

图10-10　关键绩效指标权重在不同层级员工中的分配

在一个企业中，履行不同职能的员工对企业绩效所发挥的作用是不同的，由此决定了其对关键绩效指标的责任有所不同：企业前端部门（销售等）比后端部门（生产等）的财务指标权重大；职能部门一般情况下财务指标权重偏小，经营、服务指标权重偏大，如图 10-11 所示。

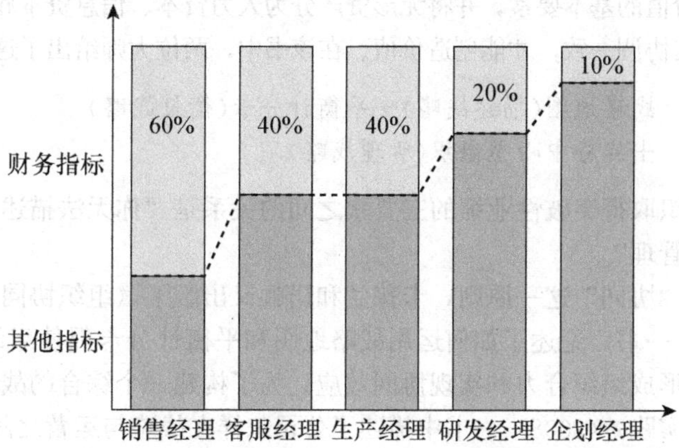

图 10-11　关键绩效指标权重在不同职能员工中的分配

关键绩效指标的主要优点：强调战略性，推行基于关键绩效指标的绩效管理，有利于组织绩效与个人绩效的协调一致，有助于抓住关键工作。其不足之处：没有关注组织的使命、核心价值观和愿景，战略导向不够全面，也缺乏战略检验和调整的根本标准，各个关键成功领域之间缺少明确的逻辑关系，而且关注结果，忽视了对过程的监控。

（六）平衡计分卡

平衡计分卡（balanced scorecard，BSC）是由哈佛商学院的教授罗伯特·S. 卡普兰（Robert S. Kaplan）和复兴全球战略集团的创始人兼总裁戴维·P. 诺顿（David P. Norton）在《平衡计分卡：良好绩效的评价体系》一文中提出的一种新的绩效评价体系。平衡计分卡自诞生之日起就显现出了强大的生命力，《财富》1 000 强公司中，有 70%的公司使用了平衡计分卡系统，《哈佛商业评论》更是将平衡计分卡评为 75 年来最具影响力的战略管理工具。

1. 平衡计分卡的产生和发展

20 世纪 90 年代以来，知识资本的地位日益凸显。信息技术的出现和全球市场的开放改变了现代企业经营的基本前提。价值创造模式已经从依靠有形资产向依靠无形资产转变，对绩效评价系统具有重要的影响。关注无形资产价值创造机制的新经济要求建立新的绩效评价系统，以辨认、描述、监控和反馈那些驱动企业组织成功的各种无形资产的能力。在这种背景下，1990 年，卡普兰和诺顿带领一个研究小组对 12 家公司进行了为期一年的研究，以寻求一种新的绩效评价方法。他们讨论了多种可能的替代方法，最后决定采用平衡计分卡。当时，平衡计分卡从客户、内部业务流程以及学习与成长三个层面丰富和拓展了绩效测评的指标，弥补了传统财务指标的不足，促使企业在了解财务结果的同时，对自己在增强未来发展能力方面取得的进展进行监督。

平衡计分卡自提出以来，不断完善和发展，这在卡普兰和诺顿出版的五本平衡计分卡系列著作中得到充分体现。两位大师出版的第一本专著——《平衡计分卡：化战略为行动》（1996）主要把平衡计分卡视作一个包括财务、客户、内部业务流程和学习与成长四个层面的指标体系，用来进行绩效评价。随后，大量组织采用平衡计分卡并取得了立竿见影的效果。卡普兰和诺顿发现这些组织不仅用平衡计分卡使财务评价指标与未来绩效动因相结合，而且通过平衡计分卡进行战略沟通及实施，于是出版了《战略中心型组织：如何利用平衡计分卡使企业在新的商业环境中保持繁荣》（2000）一书，介绍了早期实施平衡计分卡的公司如何将平衡计分卡运用到战略管理系统中，并提出“五项管理原则”，即“动员”“转化”“协同”“激励”“管控”。随着实践的推动，卡普兰和诺顿又认识到可以通过平衡计分卡四个层面目标之间的因果关系来描述战略并使之直观化，这就是战略地图，因而在《战略地图：化无形资产为有形成果》（2003）一书中描述了内部业务流程、学习与成长流程中创造价值的基本要素，并将无形资产分为人力资本、信息资本和组织资本三大类，提出无形资产只有与战略协调一致，才能创造价值。在该书中，两位大师给出了这样的等式：

突破性成果＝战略地图（描述战略）＋平衡计分卡（衡量战略）
＋战略中心型组织（管理战略）

该等式表明，组织取得突破性业绩的三要素之间的关系是“你无法描述的，就无法衡量；你无法衡量的，就无法管理”。

为了进一步拓展“协同”这一原则，卡普兰和诺顿又出版了《组织协同：运用平衡计分卡创造企业合力》（2006）一书，论述了如何运用战略地图和平衡计分卡促使组织单元与公司员工等协同公司整体战略，形成组织合力和实现协同效应。为了构建一个综合的战略管理体系，他们又在《平衡计分卡战略实践》（2008）一书中描述了公司怎样在战略与运营之间建立强有力的链接，使得员工的日常工作能够支持战略目标。该书提出了由“开发战略”“诠释战略”“组织协同”“规划运营”“监控与学习”“检验与调整”六个阶段组成的综合战略管理体系。至此，平衡计分卡形成了一套能够将战略与运营有效联系起来的独立的、全面的管理体系。

2. 平衡计分卡的框架及四个层面

组织的使命、核心价值观、愿景和战略构成了有效平衡计分卡的组成部分。平衡计分卡通过四个层面中每个层面的目标、指标及行动方案，将组织的使命、核心价值观、愿景和战略转化为现实。因此，在确定平衡计分卡的目标和指标时，必须对照组织的使命、核心价值观、愿景和战略，确保目标和指标的协调一致。在明确了组织的使命、核心价值观、愿景和战略后，平衡计分卡战略地图提供了一个简要的框架，用于说明战略如何将无形资产与价值创造流程联系起来（见图10－12）。

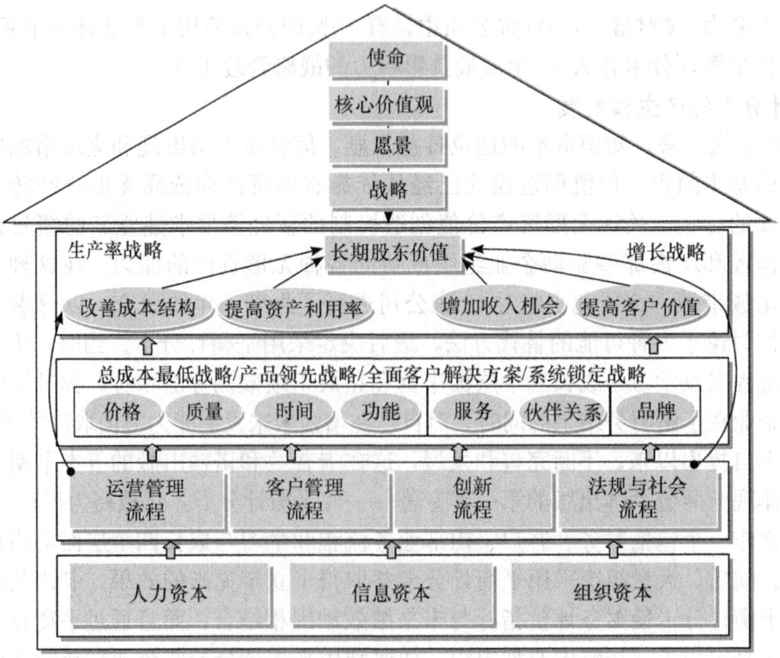

图10－12　平衡计分卡的简要框架

平衡计分卡是 20 世纪 90 年代出现的集大成的理论体系，它不仅是一个绩效评价系统与战略管理系统，还是一种沟通工具，而且着重强调四个层面目标因果关系的重要性，强调财务指标与非财务指标、组织内部要素与外部要素、前置指标与滞后指标、长期目标与短期目标的平衡。平衡计分卡之所以具有这些优势或特点，一个主要原因是它具有驱动与衡量战略绩效的四个层面，即财务层面（financial perspective）、客户层面（customer perspective）、内部业务流程层面（internal process perspective）和学习与成长层面（learning and growth perspective）（见图 10－13）。

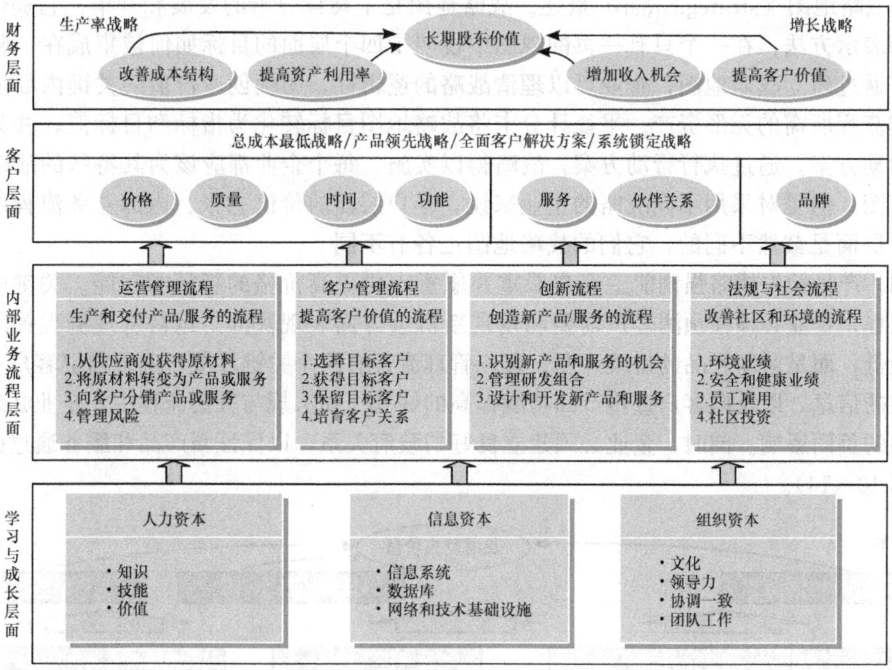

图 10－13　平衡计分卡的四个层面

（1）财务层面。平衡计分卡财务层面的最终目标是利润最大化。企业的财务业绩通过两种基本方式来得到改善：收入增长和生产率改进。收入增长可以通过两种途径实现：一种途径是提高客户价值，即加深与现有客户的关系，销售更多的产品和服务；另一种途径是增加收入机会，企业通过销售新产品或发展新客户实现收入增长。生产率改进也可以通过两种方式实现：一种方式是通过降低直接或间接成本来改善成本结构，这可以使企业生产同样数量的产品却消耗更少的人力和物力；另一种方式是提高资产利用率，通过更有效地利用财务和实物资产，企业可以减少支持既定业务量水平所必需的营运和固定资本。

（2）客户层面。客户层面包括衡量客户成功的滞后指标，如客户满意度、客户保持率、客户获得率、客户获利率、市场份额、客户份额等。但是，仅仅使客户满意并保留客户几乎不可能实现战略，收入增长需要特殊的客户价值主张（customer value proposition）。企业应当确定特殊的细分客户，即为企业带来收入增长和盈利的目标客户。卡普兰和诺顿总结了四种通用的价值主张或竞争战略：总成本最低战略、产品领先战略、全面客户解决方案、系统锁定战略。

（3）内部业务流程层面。客户层面的目标描述了战略-目标客户和价值主张，财务层面的目标描述了成功战略（收入增长和生产率改进）的结果。内部业务流程有利于实现两个关键的战略要素：向客户生产和传递价值主张；降低并改善成本以实现生产率改进。内部业务流程可以分为四类：运营管理流程、客户管理流程、创新流程以及法规与社会流程。

（4）学习与成长层面。学习与成长层面描述了组织的无形资产及其在战略中的作用。无形资产可以被描述为“存在于组织内，用于创造不同优势的知识”，或“组织员工满足客户需要的能力”，包括专利、版权、员工知识、领导力、信息系统和工艺流程等。这些无形资产的价值来自它们帮助企业实施战略的能力，不能被个别或独立地衡量出来。无形资产一般分为人力资本、信息资本与组织资本三大类。

3．利用战略地图规划战略

（1）战略地图（strategic map）概述。战略地图是平衡计分卡的发展和升华，它提供了一个可视化的表示方法：在一个只有一页的视图中说明了四个层面的目标如何被集成在一起用于描述战略。通过建立战略地图，企业可以理清战略的逻辑性，明确创造价值的关键内部流程以及支持关键流程所需的无形资产。平衡计分卡将战略地图目标转化为指标和目标值，并为每一目标制定行动方案。通过执行行动方案，战略得以实施。每个企业都应该为其特殊的战略目标制定战略地图。但是对采用不同战略的企业来说，客户层面的价值主张、内部业务流程层面、学习与成长层面是截然不同的，它们的战略地图也各有不同。

例如，产品领先战略强调前卫客户看重并愿意支付更高价格的特征和功能。关键内部流程是创新流程，企业必须在预测客户需要和发现新机会方面表现优异。运营管理流程关注的不再是成本最低，而是对新产品的持续开发。客户管理流程有两个关键环节：确定前卫客户并获得关于新思想的信息，以及向客户宣传产品功能提高的好处。在法规与社会流程中，企业必须努力避免新产品的负面影响。同时，企业必须建立良好的政府关系，以保证新产品和服务通过必需的审批（见图10－14）。

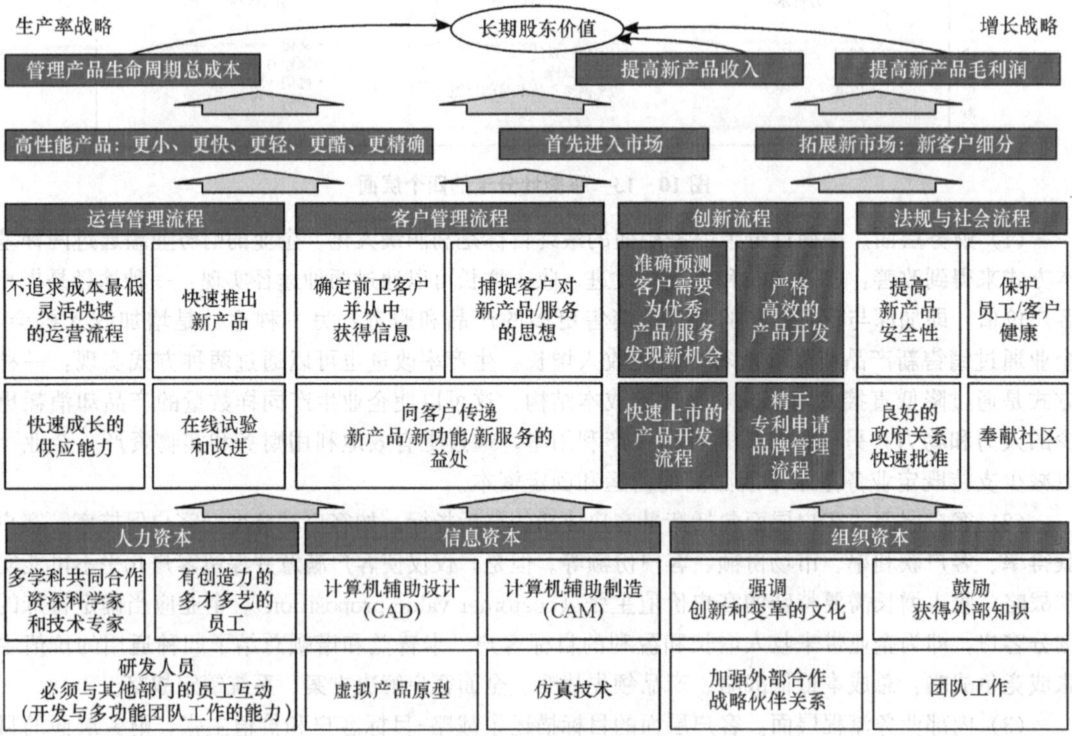

图10－14　产品领先战略地图模板

(2) 利用战略地图规划战略的步骤。卡普兰和诺顿基于战略地图的因果关系开发了规划战略的六步骤流程：

第一步，确定利益相关者的价值差距。设定挑战性目标值和必须缩小的差距，主要包括：确定高层的财务（或使命）目标或指标；确定目标值和价值差距；把价值差距分配到增长和生产率目标上。

第二步，调整客户价值主张。确定能提供客户新价值来源的目标客户群和价值主张，主要包括：阐明目标细分客户；阐明客户价值主张；选择指标；使客户目标和财务增长目标协调。成本和生产率改善计划相对容易确定和计划，比较困难的是如何实现收入增长目标。收入增长要求明确关注目标客户群，包括向现有客户销售更多产品和向全新客户销售产品。企业必须明确目标客户以及如何为目标客户创造差异化、可持续的价值。

第三步，确定价值提升时间表。在规划范围内说明如何缩小价值差距，主要包括：确定实现成果的时间表；把价值差距分配给不同的主题。财务目标本身很难内在化和产生激励作用。只有当财务目标值被分解为内部流程和战略主题的目标值，并与具体的时间框架相联系时，总目标的可行性才能在企业内部得到认同。

第四步，确定战略主题。把价值差距分配到各个战略主题，主要包括：确定影响最大的少数关键流程（战略主题）、设定指标和目标值。

第五步，提升战略资产准备度。这一步主要包括：确定支持战略流程所要求的人力、信息和组织资本；评估支持战略的资产准备度；确定指标和目标值。管理团队可以针对第四步中确定的价值创造内部流程提出以下问题：哪些工作组群对这一流程是关键的？哪些信息系统对改进这一流程是关键的？什么样的组织资本对改进这一流程是关键的？对这些问题的思考确定了需要开发的人力、信息和组织资本并使它们与战略协调一致。

第六步，确定战略行动方案并安排预算。这一步主要包括：确定支持流程和开发无形资产的具体行动方案；阐明和保障预算需求。战略地图描述了战略的逻辑，清楚地显示了创造价值的关键流程及支持关键流程的无形资产。平衡计分卡为战略地图的每一个目标确定了指标和目标值。对于平衡计分卡的每个指标，管理者必须确定实现目标值所需的战略行动方案，并为每个方案提供资源（员工、资金和能力）。行动方案是缩小目标业绩与当前业绩之间差距所必需的行动，它们是变革的最终驱动要素。

4. 平衡计分卡在政府及企业应用案例

(1) 平衡计分卡在某（县级）市环保局的应用设计。根据平衡计分卡及战略地图的相关原理，在主持某一项目的过程中，我们对某（县级）市环保局的战略地图和平衡计分卡进行了应用设计，并加以指导落实。

首先，通过与环保局领导班子及主管部门领导的多次访谈与沟通，确定了环保局的使命、核心价值观和愿景：使命陈述是"保护环境，确保生态系统的良性循环"；核心价值观陈述是"廉洁、勤政、公正、务实"；愿景陈述是"到2015年建设成为某省最优秀的县级环保局"。

其次，根据组织的使命、愿景及实际情况，分别确定了利益相关者、财务、内部业务流程、学习与成长四个层面的目标，其中，内部业务流程分成"污染预防""环境整治"两个战略主题，每个主题都有相应的目标。

此外，环保局属于公共组织，公共组织与私有企业的价值创造框架大体相似，但两者之间也存在根本区别：私有企业的最终目的是追求财务上的成功，而公共组织成功的最终目的是实现公共利益最大化。因此，我们在设计该环保局的平衡计分卡时，对卡普兰和诺顿针对企业提出的平衡计分卡模式（见图10-12）进行了微调：适当调整四个层面的摆放顺序，将财务层面与利益相关者层面并列放在同一个层面上，其他层面顺序保持不变。

在上述基础之上，我们得到该环保局的战略地图，如图10-15所示。

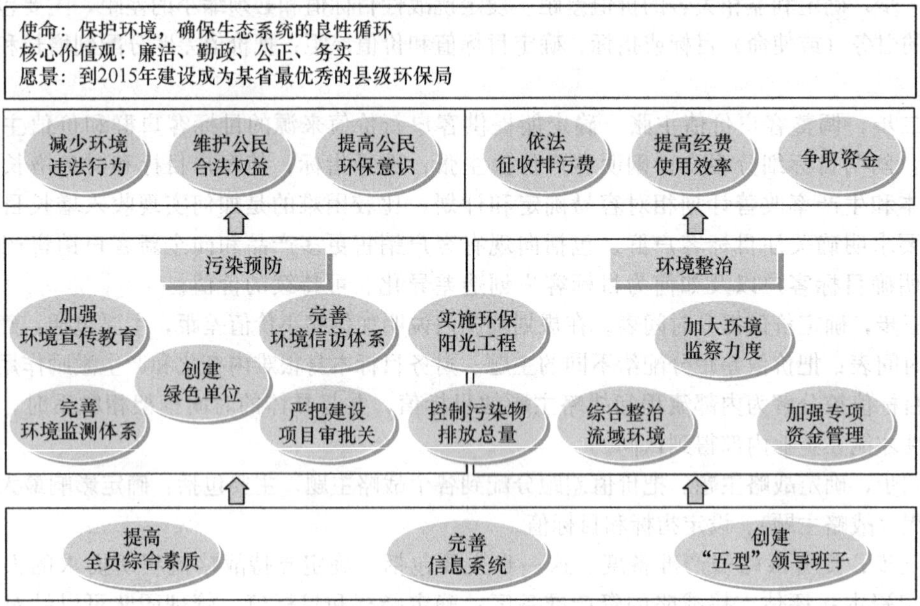

图10-15 某（县级）市环保局的战略地图

根据该战略地图及每个层面的目标，再经过多轮访谈、沟通与修正，依次确定每个目标的指标、目标值和行动方案，最终得到与图10-15相配套的平衡计分卡（见表10-6）。

表10-6 某（县级）市环保局的平衡计分卡

层面	目标	指标	目标值	行动方案
利益相关者	减少环境违法行为	环境违法案件发生数	×××	×××
	维护公民合法权益	环保工作群众满意度	×××	×××
	提高公民环保意识	环保意识评估等级	×××	×××
财务	依法征收排污费	排污费征收额	×××	×××
		排污费征收率	×××	×××
	提高经费使用效率	业务经费占总经费的百分比	×××	×××
	争取资金	上级投入资金额	×××	×××
内部业务流程	加强环境宣传教育	环境保护知识普及率	×××	×××
		开展大型环境宣传教育活动次数	×××	×××
	完善环境监测体系	在用监测设备检定合格率	×××	×××
		监测数据完成率	×××	×××
		监测设备配备率	×××	×××
	创建绿色单位	绿色单位创建数	×××	×××
	完善环境信访体系	信访案件结案率	×××	×××

续表

<table>
<tr><th colspan="2">层面</th><th>目标</th><th colspan="2">指标</th><th>目标值</th><th>行动方案</th></tr>
<tr><td colspan="2" rowspan="16">内部业务流程</td><td rowspan="3">严把建设项目审批关</td><td colspan="2">新建项目审批率</td><td>×××</td><td>×××</td></tr>
<tr><td colspan="2">竣工项目验收率</td><td>×××</td><td>×××</td></tr>
<tr><td colspan="2">违规审批发生数</td><td>×××</td><td>×××</td></tr>
<tr><td>实施环保阳光工程</td><td colspan="2">7 项制度执行率</td><td>×××</td><td>×××</td></tr>
<tr><td rowspan="5">控制污染物排放总量</td><td rowspan="5">污染物排放总量削减量</td><td>烟尘</td><td>×××</td><td>×××</td></tr>
<tr><td>二氧化硫</td><td>×××</td><td>×××</td></tr>
<tr><td>粉尘</td><td>×××</td><td>×××</td></tr>
<tr><td>化学需氧量（COD）</td><td>×××</td><td>×××</td></tr>
<tr><td>氨氮</td><td>×××</td><td>×××</td></tr>
<tr><td rowspan="4">加大环境监察力度</td><td colspan="2">工业污染源治理率</td><td>×××</td><td>×××</td></tr>
<tr><td colspan="2">污染物排放达标率</td><td>×××</td><td>×××</td></tr>
<tr><td colspan="2">重点污染源现场监察覆盖率</td><td>×××</td><td>×××</td></tr>
<tr><td colspan="2">“三同时”制度执行率</td><td>×××</td><td>×××</td></tr>
<tr><td rowspan="2">综合整治流域环境</td><td colspan="2">饮用水源地水质达标率</td><td>×××</td><td>×××</td></tr>
<tr><td colspan="2">莲花湖自然保护区环境指标达标率</td><td>×××</td><td>×××</td></tr>
<tr><td>加强专项资金管理</td><td colspan="2">违规使用专项资金额</td><td>×××</td><td>×××</td></tr>
<tr><td rowspan="4">学习与成长</td><td>人力资本</td><td>提高全员综合素质</td><td colspan="2">综合测试合格率</td><td>×××</td><td>×××</td></tr>
<tr><td rowspan="2">信息资本</td><td rowspan="2">完善信息系统</td><td colspan="2">排污收费电子化</td><td>×××</td><td>×××</td></tr>
<tr><td colspan="2">完善环境基础数据库</td><td>×××</td><td>×××</td></tr>
<tr><td>组织资本</td><td>创建“五型”领导班子</td><td colspan="2">市级“四型”领导班子</td><td>×××</td><td>×××</td></tr>
</table>

说明：目标值和行动方案的具体内容从略。

(2) 平衡计分卡在某制造企业的应用设计。以某家居集团公司下属的子公司为例。某制造企业是某家居集团公司下属的子公司，主要致力于高档木门的生产与销售。依据集团公司的使命、核心价值观和愿景等基础，我们确定了该子公司的使命、核心价值观和愿景，并据此制定了每个层面的目标，得到如图 10－16 所示的战略地图。

根据平衡计分卡的组织协同原则，不仅每个层面的目标相互之间具有一定的因果关系，而且该子公司与集团公司的目标及其他子公司的目标在集团公司使命与愿景的指引下应该实现战略协同，以产生协同效应。基于此，该子公司目标分为三类：一是集团和子公司之间需要协同的

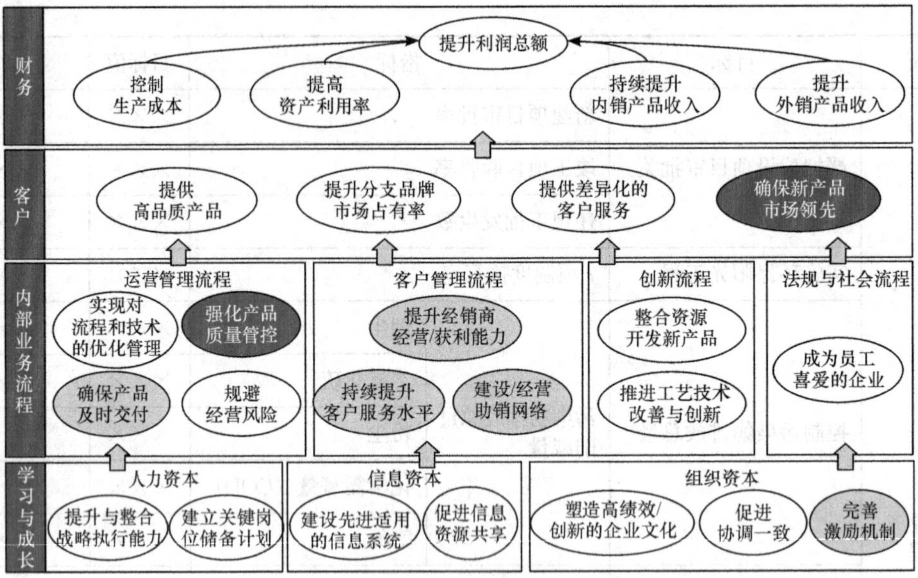

图 10-16　某制造企业的战略地图

目标，主要通过纵向的承接或分解来实现；二是各子公司之间需要协同的目标，主要通过横向的共享或分享来实现；三是该子公司独有的目标。

此外，该子公司实施的是产品领先的客户价值主张，因此在客户层面强调高品质的产品与确保新产品市场领先等，在内部业务流程层面则强调产品质量监控、开发新产品以及推进工艺技术改善与创新等，而不仅仅是成本最低。

根据公司战略地图及每个层面的目标，经过多轮沟通，依次确定每个目标的指标、目标值和行动方案，得到与图 10-16 相配套的子公司平衡计分卡（见表 10-7）。

表 10-7　某制造企业的平衡计分卡

层面	目标		指标	目标值	行动方案
财务	提升利润总额		利润增长率	×××	
	控制生产成本		材料成本降低率	×××	
			制造费用降低率	×××	
			期间费用降低率	×××	
	提高资产利用率		流动资产周转率	×××	
	持续提升内销产品收入	提升新产品收入	新产品销售额	×××	
		提升现有产品收入	现有产品销售额	×××	
	提升外销产品收入		外销产品销售额	×××	

续表

层面	目标	指标	目标值	行动方案
客户	提供高品质产品	无缺陷订单交付率	×××	×××
	提升分支品牌市场占有率	目标市场覆盖率	×××	×××
	提供差异化的客户服务	客户满意度	×××	×××
	确保新产品市场领先	新产品上市提前期	×××	×××
		新产品铺货率	×××	×××
内部业务流程	实现对流程和技术的优化管理	优化的流程数量	×××	×××
		技术标准化目标达成率	×××	×××
	强化产品质量管控	完工产品合格率	×××	×××
		内部故障成本损失率	×××	×××
		外部故障成本损失率	×××	×××
	确保产品及时交付	订单履约率	×××	×××
	规避经营风险	应收账款按期回收率	×××	×××
	提升经销商经营/获利能力	战略性市场销售目标达成率	×××	×××
		经销商平均销售额增长率	×××	×××
		业绩提升的经销商比率	×××	×××
	持续提升客户服务水平	客服信息及时处置率	×××	×××
		客服项目达标率	×××	×××
	建设/经营助销网络	来自助销网络的订单金额	×××	×××
		有效助销网络覆盖率	×××	×××
	整合资源开发新产品	开发的新产品数量	×××	×××
		新增专利数量	×××	×××
	推进工艺技术改善与创新	创新成果数量	×××	×××
	成为员工喜爱的企业	员工满意度	×××	×××
学习与成长	提升与整合战略执行能力	人力资本准备度	×××	×××
	建立关键岗位储备计划	已储备人员的岗位比率	×××	×××
	建设先进适用的信息系统	信息资本准备度	×××	×××
		综合评价指数	×××	×××
	促进信息资源共享	信息共享项目数量	×××	×××
	塑造高绩效/创新的企业文化	文化认知度	×××	×××
	促进协调一致	部门协作满意度	×××	×××
	完善激励机制	激励政策覆盖率	×××	×××

说明：企业平衡计分卡财务层面的目标没有行动方案。此外，目标值和行动方案等具体内容从略。

从总公司到子公司、子公司各部门及个人，从上到下层层分解或承接目标，再通过多次与相关部门管理者及员工沟通，得到子公司各部门平衡计分卡、各部门管理者及员工个人平衡计分卡。这里以技术研发部门平衡计分卡及主管个人平衡计分卡为例加以说明，如表 10-8、表 10-9 所示。

表 10-8　某制造企业技术研发部的平衡计分卡

<table>
<tr><td colspan="2">部门名称</td><td>技术研发部</td><td>部门编号</td><td colspan="2">×××</td></tr>
<tr><td colspan="2">部门主管</td><td>×××</td><td>所属公司</td><td colspan="2">某制造企业</td></tr>
<tr><td>层面</td><td colspan="2">目标</td><td>指标</td><td>目标值</td><td>行动方案</td></tr>
<tr><td rowspan="3">财务</td><td colspan="2">控制产品研发成本</td><td>产品研发周期成本</td><td>×××</td><td></td></tr>
<tr><td colspan="2">降低产品成本</td><td>技改收益</td><td>×××</td><td></td></tr>
<tr><td colspan="2">提升新产品收入</td><td>新产品销售额</td><td>×××</td><td></td></tr>
<tr><td rowspan="3">客户</td><td colspan="2" rowspan="2">确保新产品市场领先</td><td>新产品上市提前期</td><td>×××</td><td>×××</td></tr>
<tr><td>新产品铺货率</td><td>×××</td><td>×××</td></tr>
<tr><td colspan="2">提供良好技术指导与服务</td><td>相关部门满意度</td><td>×××</td><td>×××</td></tr>
<tr><td rowspan="12">内部业务流程</td><td colspan="2" rowspan="2">整合资源开发新产品</td><td>开发的新产品数量</td><td>×××</td><td>×××</td></tr>
<tr><td>新增专利数量</td><td>×××</td><td>×××</td></tr>
<tr><td colspan="2" rowspan="2">实现对流程和技术的优化管理</td><td>技术标准化目标达成率</td><td>×××</td><td>×××</td></tr>
<tr><td>研发流程是否优化</td><td>×××</td><td>×××</td></tr>
<tr><td colspan="2" rowspan="2">确保产品设计质量</td><td>设计差错率</td><td>×××</td><td>×××</td></tr>
<tr><td>工艺技术文件规范性</td><td>×××</td><td>×××</td></tr>
<tr><td colspan="2">开展技术指导与检查</td><td>工艺纪律检查次数</td><td>×××</td><td>×××</td></tr>
<tr><td colspan="2">推进工艺技术改善与创新</td><td>创新成果数量</td><td>×××</td><td>×××</td></tr>
<tr><td colspan="2">加强技术资料管理</td><td>技术资料的完好性</td><td>×××</td><td>×××</td></tr>
<tr><td colspan="2" rowspan="2">提升国内外大项目技术支持</td><td>技术支持的及时性</td><td>×××</td><td>×××</td></tr>
<tr><td>报价的及时准确性</td><td>×××</td><td>×××</td></tr>
<tr><td rowspan="6">学习与成长</td><td colspan="2" rowspan="2">提升与整合战略执行能力</td><td>员工胜任度</td><td>×××</td><td>×××</td></tr>
<tr><td>组织培训的次数</td><td>×××</td><td>×××</td></tr>
<tr><td colspan="2">建设先进适用的信息系统</td><td>综合评价指数</td><td>×××</td><td>×××</td></tr>
<tr><td colspan="2">促进信息资源共享</td><td>信息共享项目个数</td><td>×××</td><td>×××</td></tr>
<tr><td colspan="2">塑造高绩效/创新的企业文化</td><td>文化认知度</td><td>×××</td><td>×××</td></tr>
<tr><td colspan="2">促进协调一致</td><td>部门内部协作满意度</td><td>×××</td><td>×××</td></tr>
<tr><td colspan="2">主管签字</td><td>×××</td><td>上级签字</td><td colspan="2">×××</td></tr>
<tr><td colspan="2">行政人事部盖章</td><td>×××</td><td>签字日期</td><td colspan="2">×××</td></tr>
</table>

表10-9　某制造企业技术研发部技术主管的平衡计分卡

职位名称	技术主管	职位编号	×××	
姓名	×××	所属部门	技术研发部	
层面	目标	指标	目标值	行动方案
财务	控制产品研发成本	产品研发周期成本	×××	
	降低产品成本	技改收益	×××	
	提升新产品收入	新产品销售额	×××	
客户	确保新产品市场领先	新产品上市提前期	×××	×××
		新产品铺货率	×××	×××
	提供良好技术指导与服务	相关部门满意度	×××	×××
内部业务流程	整合资源开发新产品	开发的新产品数量	×××	×××
		新增专利数量	×××	×××
	实现对流程和技术的优化管理	技术标准化目标达成率	×××	×××
		研发流程是否优化	×××	×××
	确保产品设计质量	设计差错率	×××	×××
		工艺技术文件规范性	×××	×××
		工艺纪律检查次数	×××	×××
	开展技术指导与检查	创新成果数量	×××	×××
	推进工艺技术改善与创新	技术资料的完好性	×××	×××
	加强技术资料管理	技术支持的及时性	×××	×××
	提升国内外大项目技术支持	报价的及时准确性	×××	×××
学习与成长	提升与整合战略执行能力	员工胜任度	×××	×××
		参加培训的次数	×××	×××
	建设先进适用的信息系统	综合评价指数	×××	×××
	促进信息资源共享	信息共享项目数量	×××	×××
	塑造高绩效/创新的企业文化	文化认知度	×××	×××
	促进协调一致	伙伴需求响应及时性	×××	×××
本人签字	×××	上级签字	×××	
行政人事部盖章	×××	签字日期	×××	

此外，为了便于认识与沟通指标，平衡计分卡的每个指标都应该有一张对应的指标卡，指标卡通常包含指标名称、责任部门、衡量目标、计算公式、指标衡量、行动方案等内容，如表10-10所示。

表10－10　指标卡示例

<table>
<tr><td colspan="6">指标描述</td></tr>
<tr><td>指标名称</td><td colspan="2">新产品上市提前期</td><td>责任部门/人</td><td colspan="2">技术研发部</td></tr>
<tr><td>所在层面</td><td colspan="2">客户层面</td><td>衡量目标</td><td colspan="2">确保新产品市场领先</td></tr>
<tr><td>指标解释</td><td colspan="5">评价期内新产品上市时间相对于主要竞争对手同类产品的提前天数</td></tr>
<tr><td>计算公式</td><td colspan="5">无</td></tr>
<tr><td colspan="6">指标衡量</td></tr>
<tr><td>评价周期</td><td>年度</td><td>评价主体</td><td>技术主管</td><td>数据来源</td><td>营销管理部</td></tr>
<tr><td>基数</td><td>80</td><td>目标值</td><td>90～120</td><td>单位</td><td>天</td></tr>
<tr><td rowspan="6">评分标准</td><td colspan="3">等级描述</td><td colspan="2">分值（100分为满分）</td></tr>
<tr><td colspan="3">S：120天以上</td><td colspan="2">90分以上</td></tr>
<tr><td colspan="3">A：90～120天</td><td colspan="2">80～89分</td></tr>
<tr><td colspan="3">B：60～90天</td><td colspan="2">70～79分</td></tr>
<tr><td colspan="3">C：30～60天</td><td colspan="2">60～69分</td></tr>
<tr><td colspan="3">D：30天以下</td><td colspan="2">59分以下</td></tr>
<tr><td>备注</td><td colspan="5">在每一个绩效等级内，绩效区间和分值区间按级差平均分配并对应</td></tr>
<tr><td colspan="6">行动方案</td></tr>
<tr><td colspan="6">1. 开展市场调研和竞争对手情报分析</td></tr>
<tr><td colspan="6">2. 召开新产品市场分析会议</td></tr>
<tr><td colspan="6">3. 编制新产品开发计划并按计划组织实施</td></tr>
</table>

从公司平衡计分卡到部门平衡计分卡，再到个人平衡计分卡，其目标之间呈现出一种非常明显的逻辑关系：

其一，部门的目标有些是直接承接公司的目标，个人的目标则大多是承担部门的目标，也就是说，部门所承担的目标最终都要落实到每位员工头上，以实现战略落地。例如，技术研发部财务层面的目标“提升新产品收入”是由公司财务层面的目标直接承接过来的，而内部业务流程层面的目标“整合资源开发新产品”“实现对流程和技术的优化管理”“推进工艺技术改善与创新”也都是从公司内部业务流程层面直接承接来的。又如，技术主管的个人目标基本都是直接承接技术研发部门的目标而来的。

其二，部门的目标有些是由公司目标分解而来的。例如，技术研发部内部业务流程层面的目标“确保产品设计质量”是由公司内部业务流程层面的目标“强化产品质量管控”分解而来的。为了实现公司层面的“强化产品质量管控”这个整体目标，技术研发部门必须实现“保证产品设计质量”这个分解目标，其他部门也必须在各自领域为“强化产品质量管控”这个整体目标做出贡献。这样，各个部门齐心协力，以促进公司整体目标的顺利实现。

此外，因为指标跟着目标走，进而确定目标值，而行动方案也主要针对目标而非指标加以确定，所以伴随目标的承接或分解，指标、目标值与行动方案等也要视情况进行相应的承接或拆分。

第 3 节 绩效管理的环节

一、绩效计划

（一）绩效计划概述

1. 绩效计划的含义与特征

绩效计划（performance plan）是整个绩效管理过程的起点，是绩效管理成功的首要一步。在新的绩效周期开始时，各级管理者与员工一起，就员工在该绩效周期内要做什么、为什么做、需做到什么程度、应何时做完等问题进行讨论，促进相互理解并达成协议。这份协议以及达成协议的过程，就是绩效计划。简言之，绩效计划是管理者和员工就工作目标和标准达成一致意见，形成契约的过程。

绩效计划的主要特征：第一，绩效计划是管理者与员工双向沟通的过程。绩效计划不同于传统的只由最高管理者制定并分解目标的单向的目标制定过程，而是强调通过互动式的沟通，使管理者与员工双方在制定评价周期内的绩效目标及如何实现预期绩效的问题上形成一致意见。第二，绩效计划是关于工作目标和标准的契约。经过绩效计划这一过程后，管理者和员工应该能够就本绩效周期的工作内容、工作职责、工作标准、工作权限、工作效果等问题达成共识，并签订绩效承诺协议。第三，绩效计划是全员参与的过程。绩效计划不同于传统的只由最高管理层向下级分派任务的单向信息流动过程，而是重视吸纳组织内的所有人都参与到绩效计划的过程中，信息双向传递。员工参与是绩效计划有效实施的重要保证。

绩效计划有两个关键点：一是必须与组织战略相承接，就是要将企业的战略目标清晰、明确地转化为部门直至每个员工个人的绩效目标，使每个员工的工作行为、方式和结果都能够有效促进组织绩效的改进；二是承诺，就是要通过沟通，管理者和员工对绩效目标达成共识，签订正式的绩效计划，让员工对自己的绩效计划内容做出公开承诺，促使他们履行。

2. 绩效计划的步骤

在战略性绩效管理系统中，需要对绩效计划的步骤和方式做出明确的规定，围绕组织的战略制订绩效计划，以确保计划引导员工沿着实现组织战略目标的方向前进。一般而言，绩效计划按照以下三个步骤进行：

（1）准备阶段。在新的绩效周期开始之前，由高层管理者组成的一个战略委员会开始对新的组织战略和具体的目标进行规划。当这些新的战略及目标形成时，新一轮的绩效周期也拉开了序幕，实际上这时已经进入绩效计划的准备阶段。这一阶段主要的工作是交流信息和动员员工。其内容包括：一是让员工了解"大目标"，即企业的总体战略、近几年的发展目标、年度计划及其所在部门的战略、经营目标和经营计划等。员工拥有的"大目标"信息越多，就越能将个人目标与企业和部门的需要结合起来。二是让员工了解与其个人相关的一些信息，包括所在职位的工作分析和前一绩效周期的情况反馈。三是动员和教育员工，让员工了解绩效管理的目的，使全体员工积极投身到绩效管理中。

（2）沟通阶段。沟通阶段是绩效计划的关键。在正式沟通前，管理者首先应当为员工界定其关键业务绩效领域。接下来就是正式的沟通阶段。在此阶段，召开绩效计划会议是最主要的方式。在会议上，管理者和员工需要确定有效的目标，并就资源分配、权限、协调等可能遇到的困难进行讨论。

（3）制订计划阶段。在经过周密的准备，并且与员工进行多次沟通之后，绩效计划初步形成，再通过认真的审定，形成一个经过双方协商讨论的绩效目标协议书，管理者和员工双方签字，绩效计划的工作就算成功完成了。

（二）绩效目标的制定

确定各个职位在评价周期的绩效标准和该职位上每个员工的绩效目标，是绩效计划的核心工作。

1. 制定绩效目标的 SMART 原则

在制定绩效目标时应遵循以下五条原则，通常我们将之简称为 SMART 原则。这五条原则分别如下：

（1）绩效目标应该是明确具体的。“S”（specific）指的是绩效目标应该尽可能地细化、具体化。组织绩效目标和部门绩效目标必须细化和具体化到每个人的绩效目标上，即必须落实到具体的岗位和人员，或能对应到具体的个人。比如，某客户经理的绩效目标为“3 天内解决客户的投诉”，而不是“尽快解决客户投诉问题”；人力资源部培训主管的绩效目标是“第一季度 20%的时间用于培训新员工”，而不是“要利用淡季进行员工培训”等。

（2）绩效目标应该是可衡量的。“M”（measurable）是指将员工实际的绩效表现与绩效目标相比较，亦即绩效目标应该提供一种可供比较的标准。目标必须可以衡量，才能为人们的行为提供及时有效的反馈，在绩效评价的时候才能进行量化。比如，客户经理的绩效目标为“提高客户满意度”，衡量该目标的绩效指标之一是“回复客户投诉率”，绩效标准则是“24 小时内答复投诉问题”。不过，可衡量并不一定要绝对量化。

（3）绩效目标应该是可达到的。“A”（attainable）是指在绩效目标制定过程中，管理者和下属需要充分沟通，共同制定具有很强可行性的绩效目标。过高的目标会使员工失去信心和动力，而目标太低则无法使员工发挥应有的水平。切实可行是在两者之间找到一个最佳的平衡点，即一个员工通过努力可以达到的可行的绩效水平。

（4）绩效目标应该与战略有关联。“R”（relevant）指个人绩效目标要与组织绩效目标和部门绩效目标相关联。与战略相关联原则要求在制定绩效目标时，应对组织战略有清晰明确的界定，同时在分解和承接过程中，要避免错误推理而制造出看似漂亮，但对组织战略无贡献甚至适得其反的绩效目标。

（5）绩效目标应该有时限性。“T”（time-based）是指完成目标需要有时间限制。这种时间限制实际上是对目标实现方式的一种引导，要求根据工作任务的权重、事情的轻重缓急，确定完成绩效目标的最后期限，并确定项目进度安排，并据此对绩效目标进行有效的监控，以便在出现问题的时候，能及时对下属进行绩效辅导。比如，上半年实现大客户增长率 5%，这个目标的确定的时间限制就是 6 月 30 日。绩效目标的时间限制通常是与绩效周期联系在一起的，不同的绩效目标完成的绩效周期不一样。

2. 制定绩效目标应注意的几个问题

（1）不要混淆需要达到的目标和切实可行的目标。管理者提出的绩效目标可能会超越员工的能力与资源的限制。由于员工没有最后的决定权，他们最终将面对这样的绩效目标。这种超越能力限制的目标可能会给员工带来挫折感，从而降低其工作的努力程度。

（2）必须使员工能够有机会参与到确定绩效目标的过程中。只要把员工纳入确定绩效目标的进程中，他们履行承诺的程度就会有所增加。

（3）目标应该是动态的。绩效目标是根据每个绩效周期的现状确定的，而现实情况处在不断的变化中，因此，管理者应注意及时对目标进行动态调整。

（三）绩效评价指标体系设计

绩效计划的一个核心工作就是，根据组织的战略及实际情况设计科学的绩效评价指标体系。

绩效评价指标体系的设计是绩效管理中技术性较强的工作之一。

1. **绩效评价指标的含义及类型**

评价指标就是评价因子或评价项目。只有通过评价指标，评价工作才具有可操作性。绩效评价指标有多种分类方式，常见的分类有两种：

(1) 根据绩效评价的内容，分为工作业绩评价指标和工作态度评价指标。其中，业绩指标通常表现为完成工作的数量指标、质量指标、工作效率指标以及成本费用指标。态度指标通常用来引导鼓励员工改善工作态度，而这恰恰是影响员工业绩的重要因素。

(2) 根据绩效评价的量化程度，可分为客观指标和主观判断指标。其中，客观指标是那些以统计数据为基础，把统计数据作为主要评价信息，以数学手段求得的评价结果，并以数量表示评价结果的评价指标；主观判断指标是指主要通过人的主观评价方能得出评价结果的指标。两种指标各有优劣，组织往往不是单纯使用其中的一种进行评价，而是将两种指标加以综合应用，以弥补各自的不足。

2. **绩效评价指标的构成**

绩效评价指标一般包括四个构成要素：

(1) 指标名称。指标名称是对评价指标的内容做出的总体概括。

(2) 指标定义。指标定义是指标内容的操作性定义，用于揭示评价指标的关键可变特征。

(3) 绩效等级。评价的结果通常表现为将某种行为、结果或特征划归若干等级的其中之一。评价指标中用于区分各个级别的特征规定就是绩效评价指标的等级。

(4) 等级描述。等级描述用于对绩效等级所规定的各个等级包含的范围做出规定，或者说，等级描述是用于揭示各等级之间差异的规定。表10-11是一个简单的例子。

表10-11　评价指标示例

指标名称	协作性				
指标定义	在与同事一起工作时表现出来的合作态度				
绩效等级	S	A	B	C	D
等级描述	合作愉快	肯合作	尚能合作	偶尔合作	我行我素

从上面这个例子可以看到，绩效评价指标的等级及其描述是一一对应的。等级及其描述好比一把尺子上的刻度和规定刻度的标准，因此常常将二者统称为绩效评价中的评价尺度（“尺”即绩效等级，“度”即等级描述）。评价尺度通常分为下列四种：

(1) 量词式的评价尺度。这种评价尺度采用带有程度差异的形容词、副词、名词等词组表示不同的等级水平。例如，“较好”“好”“一般”“差”“较差”。

(2) 等级式的评价尺度。这种评价尺度使用一些能够体现等级顺序的字词、字母或数字表示不同的评价等级。例如，“优”“良”“中”“差”，“甲等”“乙等”“丙等”“丁等”，以及“1”“2”“3”等。

(3) 数量式的评价尺度。数量式的评价尺度是用具有量的意义的数字表示不同的等级水平。数量式的评价尺度包括离散型和连续型两种。下面的两个表（见表10-12、表10-13）分别是离散型的评价尺度和连续型的评价尺度的例子。其中，表10-13中的例子是连续型的评价尺度与量词式的评价尺度混用的做法。

表 10－12　离散型的评价尺度示例

评价指标	指标定义	等级（尺度）				
计划能力	能否有计划、有步骤地完成领导交给的工作，使本业务领域的工作能与整个部门或所在工作团队的工作目标相匹配	0分	3分	6分	9分	12分

表 10－13　连续型的评价尺度示例

评价指标	等级（尺度）				
	5分以上	5～4.5分	4.4～4分	3.9～3.5分	3.4～3分
协作性	很好	尚可	一般	较差	极差

（4）定义式的评价尺度。如果指标的评价尺度中规定了定义式的描述，我们就将这种评价指标的尺度称为定义式的评价尺度。相对于前面三种评价尺度而言，定义式的评价尺度比较复杂。在前面的三种情况中，有的指标也规定了定义式的描述，但往往是非常简单的定义，而且在各个不同的指标之间通用（可能是量词式描述）。在定义式的评价尺度中，设计者针对每一个评价指标的不同绩效等级设定了相应的描述。这种评价尺度的评价标准更加具体，更有针对性。

3．绩效评价指标的选择

绩效评价指标的选择应遵循以下三条原则：（1）目标一致性原则。绩效评价指标应与绩效评价的目的和评价对象的系统运行目标保持一致。（2）独立性与差异性原则。独立性原则指的是评价指标之间的界限应清楚明晰，不会发生含义上的重复。差异性原则指的是评价指标之间的内容具有可比性，能明确分清它们的不同之处，在内涵上有明显的差异。评价指标名称的措辞要讲究，使每一个指标的内容界限清楚，避免产生歧义。（3）可测性原则。为了使评价能够产生不同的结果，评价指标必须是可以测量的。

绩效评价指标的选择依据包括：（1）绩效评价的目的。评价指标必须忠实于绩效评价的目的，不可贪求面面俱到。（2）评价对象所承担的工作内容和绩效标准。绩效评价指标应体现评价对象所从事工作的内容和标准，从数量、质量、时间上赋予评价指标一定的内涵，使绩效评价指标的名称和定义与工作内容相符，指标的等级描述与绩效标准相符。（3）获取评价所需信息的便利程度。绩效评价所需信息的来源必须稳定可靠，获取信息的方式应简单可行。

常见的选择绩效评价指标的方法有工作分析法、个案研究法、问卷调查法、专题访谈法与经验总结法等。

4．构建绩效评价指标体系的步骤

（1）设计绩效评价指标库。企业应建立一个适合战略需要和特点的绩效评价指标库。这个指标库并不一定能够完全涵盖最终确定的每个职位的绩效评价指标，因为许多指标往往是在下一个步骤中通过不同的操作方法逐一产生并补充到这个指标库中的。

（2）针对不同职位的特点选择不同的绩效评价指标。企业应实施“分层分类的绩效评价体系”，即根据职位种类在横向上的分类与职位等级在纵向上的层次，使用不同的绩效评价指标。例如，图10－17就是这样一个分类图，在横向上有生产人员、销售人员、研发人员与职能管理人员四种职位类型，纵向上有经理、部长、主管、主办和操作工五个职位等级，这样一共有20类不同的人员。对于这20类人员来说，由于职位类型和职位等级的不同，他们承担着不同的工作内容和管理职能。在评价他们的工作绩效时，必须考虑到这一点进行个性化的指标设计，从而在组织中形成一个与组织职位结构相对应的绩效评价指标体系。

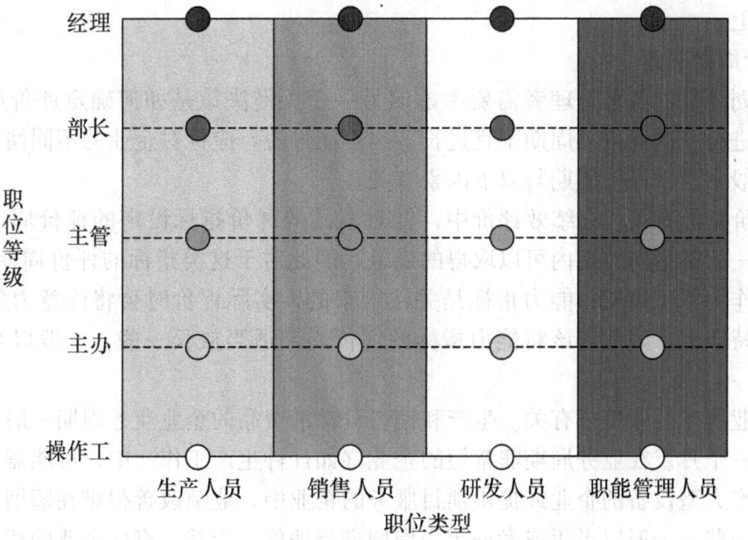

图 10-17　职位类型-职位等级矩阵图

表 10-14 是一张用于进行分级分类评价的绩效评价指标汇总表。这些评价指标的选择体现了分级分类的观点。

表 10-14　分级分类评价的绩效评价指标汇总表

评价指标		人员类别											
		生产人员			销售人员			研发人员			职能管理人员		
		经理	主管	主办	经理	主管	主办	经理	主管	主办	经理	主管	主办
工作业绩	工作数量		●	●									●
	工作质量	●	●	●				●	●	●			
	工作效率	●	●	●	●	●	●				●	●	●
	目标完成程度	●	●	●	●	●	●	●	●	●	●	●	●
工作态度	全局意识	●			●			●			●		
	责任感	●	●	●	●	●	●	●	●	●	●	●	●
	纪律性			●			●			●			●
	积极性			●			●			●			●
	培育下属意识	●	●					●	●		●	●	
	自我开发意识			●			●			●			●

说明：●表示相关评价指标对应的人员。

（3）确定不同指标的权重。决定各个评价指标权重的因素主要包括三个：一是评价的目的；二是评价对象的特征；三是企业文化的要求。其中，最重要的因素是绩效评价的目的，不同的评价目的要求对绩效评价中各个评价指标赋予不同的权重。评价对象的特征决定了某个评价指标对于该对象整体工作绩效的影响程度，而企业文化倡导的行为或特征也会反映在绩效评价指标的选择和权重上。

（四）评价周期决策

在绩效计划环节，各级管理者需要考虑的另一个关键决策是如何确定评价周期。评价周期是指多长时间进行一次评价。周期不宜过长，也不能过短，应针对企业的不同情况和职位采用不同的周期。一般来说，评价周期与以下因素有关：

（1）与评价指标有关。在绩效评价中，针对不同的评价指标设定的评价周期也不一样。例如，业绩指标一般都指向短期内可以取得的成果，因此对于这类指标的评价周期可以适当缩短，可以将一个月作为评价周期；能力指标是关注未来的，实际评价时会将注意力集中在短期内难以改变的人的特质上，因此应该将能力指标的评价周期适当放长一些，一般以半年或者一年以上为宜。

（2）与企业所在行业特征有关。生产和销售日常消费品的企业业务周期一般比较短，可以将评价周期定为一个月。在业务周期非常短的企业（如计件生产工作）中，可能需要每天对业绩进行检查。在生产大型设备的企业或提供项目服务的企业中，业绩改善很难在短期内见到效果，评价周期应当长一些，一般以半年或者一年为周期进行评价。当然，有些企业的产品生产周期长于一年，比如有的项目可能会持续几年，在这种情况下，评价周期还可以适当延长。在美国，很多专业化服务机构的合伙人认为一年一度的评价过于频繁，例如林肯电气公司（Lincoln Electric）每两年进行一次评价。

（3）与职位职能类型有关。这又分为几种情况：1）对高层管理者的评价过程实际上就是对整个企业经营与管理的状况进行全面、系统评价的过程，而这些战略实施和改进计划都不是短期内就会取得成果的。因此，管理人员的评价周期必然要适当放长，可以采取半年或一年评价一次的做法，并且随着层级的提高，评价周期一般会逐渐延长。2）市场、销售、生产和服务人员一般都属于带有生产性质的人员，应当尽量缩短评价周期，及时对他们的工作进行认可和反馈。一般情况下，进行月度评价比较合理，部分稳定发展的企业可以进行季度评价。3）研发人员的评价周期相对较为复杂，可按照项目阶段、时间周期及不同科研人员和团队等因素来确定。例如，对研发人员的绩效评价可以安排在每个项目阶段结束后、下一个项目阶段开始前进行；又如，对连续评为优秀的个人和群体，可适当延长其评价周期。4）人力资源、财务、计划、秘书等对公司的业务起支撑和辅助作用的行政职能人员的考评标准不像业务人员那样有容易量化的指标，对行政职能人员的评价结果通常也会由于缺乏数据支持而变得没有说服力。因此，对行政职能人员的评价应侧重于过程而非结果。大多数企业都采用随时监督的方式，并以季度或者月度评价为主。

（4）与绩效管理实施时间有关。绩效管理系统的完善不是一蹴而就的，需要经过几个绩效周期的经验积累，不断从前面绩效周期的管理中吸取教训并总结经验。因此，刚开始实施绩效管理时，评价周期不能过长。因为如果绩效周期过长，绩效管理系统中的问题需要很长时间才能暴露出来，就会影响绩效管理系统的有效性和稳定性。随着绩效管理实施时间的推进，实施绩效管理的经验越来越丰富，绩效管理系统越来越完善，这时考核周期越短越好。

二、绩效监控

绩效监控（performance monitoring）是绩效管理的第二个环节，是连接绩效计划和绩效评价的中间环节，也是耗时最长的一个环节。在整个绩效周期内，管理者采取恰当的领导风格，积极指导下属工作，与下属进行持续的绩效沟通，预防或解决绩效周期内可能发生的各种问题，以期达到更好地完成绩效计划的目的，这就是绩效监控。绩效监控为任务的分配者和执行者提供了一个定期交流的机会，使双方有机会讨论各自有何期待以及这些期待目前的实现状况。

（一）绩效监控的目的和内容

传统观念认为，员工在了解绩效计划之后就能够正确地执行计划，应该等到绩效周期结束后再进行绩效评价。这种观点是错误的。事实上，在整个绩效周期内，管理者必须实施有效的绩效监控。绩效监控的目的主要有两个：一是通过持续不断的沟通对员工的工作给予支持，并修正工作任务与目标之间的偏差；二是记录工作过程中的关键事件或绩效数据，为绩效评价提供信息。

按照绩效监控的目的，绩效监控的内容一般是在确定的绩效周期内员工对绩效计划的实施和完成情况，以及这一过程中的态度和行为，具体包括绩效计划环节中确定的评价要素、评价指标和绩效目标等，监控过程中得到的信息也正是绩效周期结束时评价阶段所需要的。对不同性质的组织、不同类型的部门、不同特点的职位、不同层级的管理者而言，绩效监控的具体内容并非固定统一的，而要根据实际工作情况具体确定。

（二）绩效管理者的领导风格

只有管理者知道怎样有效地领导员工，员工的绩效才有可能最大限度地提高。缺乏有效的领导，员工就很难将他们的活动与组织当前的需求有机结合起来。领导权变理论认为，领导的有效性依赖于情境因素，这些情境因素可以分离出来，作为影响领导者行为和业绩结果的中间变量。经常使用的中间变量包括领导者-成员的关系、下属的成熟度以及下属的工作士气等。最具有代表性的领导权变理论是领导情境理论。

保罗·赫塞（Paul Hersey）和肯·布兰查德（Ken Blanchard）在 1969 年提出的领导情境理论是影响比较大的领导权变理论，也称领导生命周期理论。领导情境理论把领导划分为任务行为和关系行为两个维度，并根据两个维度组合成四种不同的领导风格：指示、推销、参与和授权（见图 10-18）。

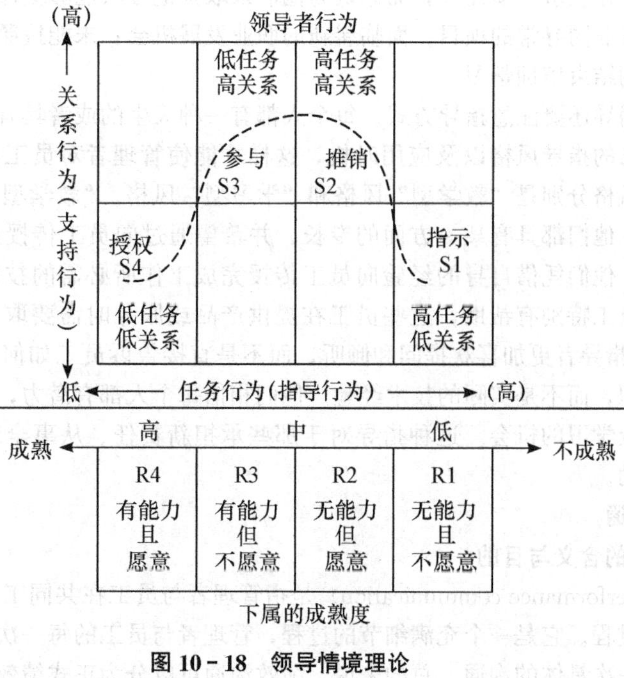

图 10-18 领导情境理论

指示（S1）：高任务-低关系领导风格。

推销（S2）：高任务-高关系领导风格。

参与（S3）：低任务-高关系领导风格。

授权（S4）：低任务-低关系领导风格。

领导情境理论比较重视下属的成熟度，这实际上隐含了一个假设：领导者的领导力大小实际上取决于下属的接纳程度和能力大小。根据下属的成熟度，也就是员工完成任务的能力和意愿程度，可以将下属分成四种：

R1：下属既无能力又不愿意完成某项任务，这时是低度成熟阶段。

R2：下属缺乏完成某项任务的能力，但是愿意去从事这项任务。

R3：下属有能力但不愿意去从事某项任务。

R4：下属既有能力又愿意完成某项任务，这时是高度成熟阶段。

领导情境理论的核心就是将四种基本的领导风格与员工的四种成熟度阶段相匹配的过程，对管理者根据员工的不同绩效表现做出适当回应提供了帮助。随着下属成熟度水平的提高，领导者不但可以减少对工作任务的控制，而且可以减少关系行为。具体来讲，就是在 R1 阶段，采用给予下属明确指导的指示型风格；在 R2 阶段，领导者需要高任务-高关系的推销风格；到了 R3 阶段，参与风格的领导最有效；当下属的成熟度达到 R4 阶段时，领导者无须做太多的事情，只需授权即可。

（三）绩效辅导

绩效辅导（performance coaching）就是在绩效监控过程中，管理者根据绩效计划，采取恰当的领导风格，对下属进行持续的指导，确保员工工作不偏离组织战略目标，并提高其绩效周期内的绩效水平。对员工进行指导关注的基本问题是帮助员工学会发展自己：通过监控员工的工作过程，发现员工存在的问题，及时对员工进行指导，培养其工作中所需的技巧和能力。

绩效辅导要把握好指导时机。一般来说，在以下时间对员工进行指导会获得较好的效果：正在学习新技能；正在从事一项任务，而你认为他们采取其他方法能够更加有效地完成任务；被安排参与一项大的或非同寻常的项目；面临崭新的职业发展机会；未能按照标准完成任务；弄不清工作的重要性；刚结束培训学习。

此外，绩效辅导还要注意指导方式。每个人都有一种天生的或者具有倾向性的指导风格，管理者需要了解自己的指导风格以及应用时机，这样才能使管理者对员工的指导更加有效。两种较为极端的指导风格分别是“教学型”风格和“学习型”风格。“教学型”指导者喜欢直接告诉员工该如何去做。他们都具有某一方面的专长，并希望通过向员工传授这些专长使其能够完成一项具体的工作。他们凭借自身的经验向员工传授完成工作所必需的技能和知识。这种指导对于在一线工作的员工特别有帮助，这些员工在提供产品或服务时需要取得连续性的、可预见的结果。“学习型”指导者更加喜欢提问和倾听，而不是直接告诉员工如何做。这种指导者传授的是广博的专业知识，而不是实际的技术经验。他们相信每个人都有潜力，为员工提供各种迎接挑战和施展才能以及学习的机会。这种指导对于那些承担新责任、从事全新或非常规项目的员工来说，非常有帮助。

（四）绩效沟通

1. 绩效沟通的含义与目的

绩效沟通（performance communication）是指管理者与员工在共同工作的过程中分享各类与绩效有关信息的过程。它是一个充满细节的过程，管理者与员工的每一次交流（不论是书面的还是口头的）都是一次具体的沟通。总的来说，绩效沟通可以分为正式绩效沟通和非正式绩效沟通两大类。正式绩效沟通通常是企业管理制度规定的各种定期实施的沟通，有正式的书面报告和管理者与员工之间的定期会面；非正式绩效沟通则是员工与管理者在工作过程中的信息交流过程。

绩效沟通的目的就是保证在任何时候，每个人都能够获得改善工作绩效需要的各类信息。为了进行有效的绩效沟通，管理者首先要确定双方之间应沟通的内容，具体包括工作进展、绩效目标的修正、工作改进情况、工作中出现的问题及对策等。

2. 绩效沟通的技巧——建设性沟通

绩效沟通是发生在管理者和员工之间的就绩效问题进行的沟通，这种沟通应该是一种建设性沟通，即一种在不损害、最好能够改善和巩固人际关系的前提下进行的，旨在解决特定问题的沟通。建设性沟通是实现组织绩效管理目标的关键，每一名管理者都应该努力掌握建设性沟通的技巧。

（1）建设性沟通中的原则。一方面，建设性沟通强调沟通信息的完全性原则和对称性原则。其中，完全性原则是指发出者应该在沟通中注意是否提供了全部的必要信息，是否根据听者的反馈回答了全部问题，是否为了实现沟通的目的提供了必要的额外信息。对称性原则是指提供的信息对沟通双方来说应该是准确对称的。实现对称性原则有两个基本要求：一是对于沟通双方来说，信息来源都应该是准确可靠的；二是沟通者要采取沟通双方都能接受的表达方式，包括能够理解的媒介手段和恰当的语言表达方式。

另一方面，建设性沟通具有三个合理定位原则：一是对事不对人原则，要求沟通双方针对问题本身提出看法，充分维护他人的自尊，不要轻易对人下结论，要从解决问题的目的出发进行沟通；二是责任导向原则，即引导对方承担责任的沟通模式；三是事实导向的原则，表现为以描述事实为主要内容的沟通方式，避免人身攻击及由此引起的双方关系的破坏。

（2）建设性沟通中的积极倾听技巧。在建设性沟通中，沟通中的任何一方都应该具备积极倾听的技巧，以充分获取信息，使整个沟通过程得以顺利进行。积极倾听的技巧一般分为以下五种：

一是解释，即倾听者用自己的词汇解释讲话者所讲的内容，检验自己是否理解了。

二是向对方表达认同，即当有人表达某种情感或很情绪化时，对对方的感受表示认同能够帮助对方进一步表达他的想法。

三是简要概括对方表达的内容，即把对方所说的内容进行简要的概括，表明确实了解了对方所要表达的内容，并促使对方进一步说明他的观点，使谈话更加深入。

四是综合对方表达的内容，得出一个结论，即听话者不仅可以总结概括对方的观点，还可以形成一个总结性的观点，以使话题能够进一步展开。

五是站在对方角度进行大胆的设想。

（3）建设性沟通中的非语言沟通。沟通并不是一个简单的语言传递的过程。在沟通过程中，沟通双方往往需要通过非语言的信息传递各自的想法，这是影响建设性沟通成败的一个重要因素。非语言沟通的一个主要形式是肢体语言。肢体语言必须与具体的沟通环境相联系，否则就是空洞的、没有意义的。

（五）绩效信息的收集

在绩效监控阶段，管理者必须持续不断地收集信息，特别是记录员工在实现绩效目标过程中的关键事件。这样是为了保证绩效评价有明确的依据，避免出现传统的绩效评价中根据主观臆断或对绩效表现的回忆来评价员工绩效的现象，确保评价结果的公正及其信度。更重要的是，通过持续地收集信息，记录关键事件，有助于诊断员工的绩效，进而通过绩效监控、绩效评价和绩效反馈过程中的有效沟通达到改进绩效的目的。

收集什么样的信息，主要取决于组织的目标，而且强调的是与绩效管理有关的信息。主要包括目标完成情况、证明绩效水平的具体证据、对解决问题有帮助的一些数据、关键事件的具体描述等方面的信息。管理者可以通过不同的信息渠道获得信息，主要的渠道有主管、员工、下级、同事以及相关外部人员等。

三、绩效评价

（一）绩效评价概述

1. 绩效评价的含义与特点

绩效评价（performance appraisal，PA）是指评定和估价组织和员工工作绩效的过程和方法。它分为两个层次，即组织绩效评价与员工绩效评价，尤其以后者为主。掌握这个概念，还必须理解其主要特点：

（1）绩效评价是绩效管理系统中最重要的一个环节。为了达到绩效管理的目的，绩效管理系统应能够从企业经营目标和战略出发，对员工的绩效情况进行评价，通过对员工行为的引导，使之有助于实现组织的发展目标。

（2）绩效评价系统是人力资源管理职能系统的组成部分，是人力资源管理职能系统的核心，也是技术性最强的环节之一。绩效评价体系运作的结果可以运用于人力资源管理职能的许多环节。

（3）绩效评价包含五个关键决策，即评价内容（评价什么）、评价主体（由谁来评价）、评价方法（如何评价）、评价周期（在何时评价）、评价应用（如何使用评价结果）。

2. 绩效评价的程序

绩效评价就是一个收集信息、整合信息、做出判断的过程，主要包括以下五个步骤（见图10-19）：

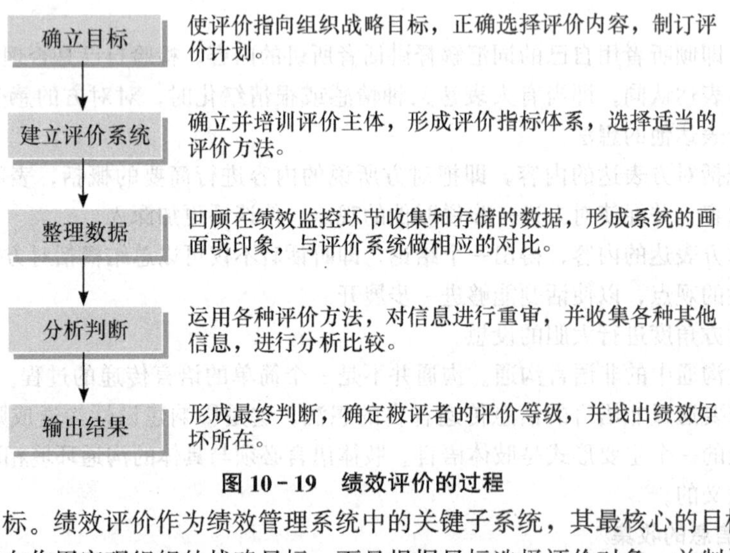

图10-19　绩效评价的过程

（1）确立目标。绩效评价作为绩效管理系统中的关键子系统，其最核心的目标就是通过它的选择、预测和导向作用实现组织的战略目标，而且根据目标选择评价对象，并制订评价计划。

（2）建立评价系统。就是确立合理的评价指标和评价标准，选择适当的评价主体与评价方法等。

（3）整理数据。就是将绩效监控阶段收集的零散的数据整理成系统的体系。

（4）分析判断。就是应用评价方法确定评价对象评价结果的过程。

（5）输出结果。就是使用适当的评价方法对评价对象进行评价后，得出一个具体的评价结果。

3. 组织绩效评价系统

了解组织绩效评价系统的构成，能够帮助我们更好地站在实现组织战略目标的高度，设计员工绩效评价指标体系。组织绩效评价系统的构成如图 10－20 所示。

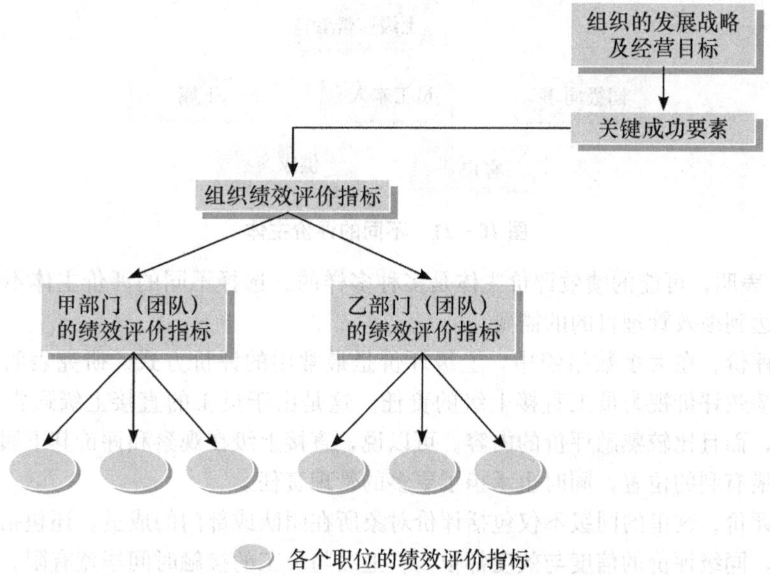

图 10－20　组织绩效评价系统的构成示意图

图 10－20 表明，组织的发展战略及经营目标是决定整个绩效评价系统指标体系和价值取向的核心因素。在组织发展战略明确的前提下，组织绩效评价指标、部门绩效评价指标和个人绩效评价指标构成了一个金字塔形的指标体系。该评价指标体系构成了整个组织绩效评价系统的核心内容。

由于整个组织绩效评价系统是企业控制系统的一部分，组织绩效评价系统必然要根据企业战略规划、组织架构以及信息的流向与流量进行设计。其关键在于从确定组织的战略规划入手，通过对关键成功要素的层层分解，找出各层次的评价标准和评价指标，进而确定整个绩效评价体系。要充分认识并发挥绩效评价主体、评价周期、评价标准、评价指标等对员工行为的引导作用，促使员工的行为与企业的发展目标保持一致。

4. 绩效评价的内容

绩效评价的内容可分为业绩评价和行为评价两类。这两个方面并不是孤立存在的，它们相互联系，为实现特定的管理目的而形成绩效评价系统。

（1）业绩评价。业绩是员工职务行为的直接结果。业绩评价就是对员工职务行为直接结果进行评价的过程。业绩评价的过程不仅要说明各级员工的工作完成情况，更重要的是，通过这些评价指导员工有计划地改进工作，达到组织发展的要求。业绩评价一般从数量、质量、时间、成本四个方面来进行。

（2）行为评价。工作行为是工作能力向工作业绩转换过程中的重要调节变量，因此通过对工作行为的评价引导员工改善工作态度，是促进员工达成绩效目标的重要手段。行为评价一般采用过程评价的方式进行，它不管员工职位高低和能力大小，只评价员工是否努力认真地工作，工作中是否有干劲、有热情，是否遵守各种规章制度等。

（二）绩效评价主体

绩效评价主体是指对被评价者做出评价的人。绩效评价主体既可以是组织内部的人员，也可以是组织外部的人员。组织内部的评价主体主要有四种，即上级监督者、同级同事、员工本人以及下属。组织外部的评价主体主要有两种，即客户和供应商。图10－21展示了一般情况下绩效评价系统中可能的评价主体。

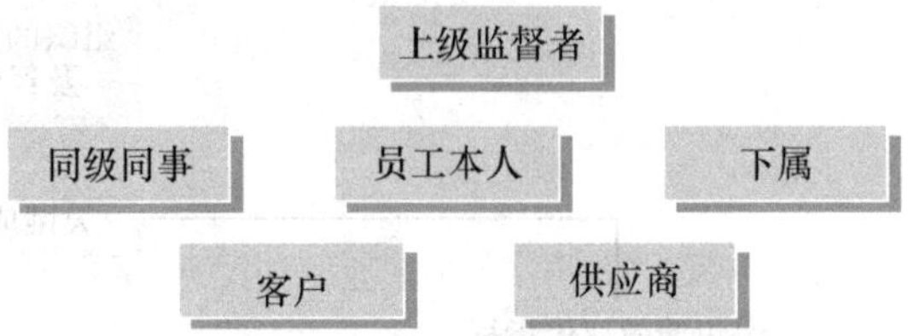

图10－21　不同的评价主体

图10－21表明，可能的绩效评价主体是多种多样的。选择不同的评价主体不仅是绩效评价的需要，也是达到绩效管理目的的需要。

（1）上级评价。在大多数组织中，上级评价是最常用的评价方式。研究表明，目前大约有98%的组织将绩效评价视为员工直接上级的责任。这是由于员工的直接上级通常是最熟悉下属工作情况的人，而且比较熟悉评价的内容。可以说，直接上级在观察和评价其下属人员的工作绩效方面占据着最有利的位置，同时也承担了更多的管理责任。

（2）同级评价。这里的同级不仅包括评价对象所在团队或部门的成员，还包括其他部门的成员。研究表明，同级评价的信度与效度都很高。上级与员工的接触时间毕竟有限，而同级同事总能看到员工真实的表现，这是同级评价最有意义的地方。但是，同级评价也存在一些不足，主要表现为，同级之间会产生某种利益上的冲突，从而影响到良好的工作氛围及对对方的评价，而且同级之间较易相互标榜，也容易做出与事实不符的评价。

（3）本人评价（自我评价）。本人评价有利于员工参与管理和开发，激励员工在自我技能开发方面变得更加积极和主动。但是多数研究表明，员工对自己的工作绩效做出的评价一般比主管或同事对他们做出的绩效评价等级要高。通常只有不到1%或2%的人将自己列入低绩效等级范围，那些总是将自己列入高绩效等级的员工，在很多时候其绩效往往是低于一般绩效水平的。

（4）下属评价。下属评价这种自下而上的绩效反馈更多的是基于管理者提高管理技能的考虑。但是，由于下属不承担管理工作，很难对“事”进行评价，其评价结果的信度通常会很低。此外，由于下属评价与传统的自上而下的管理方式相悖，同时担心下属评价会削弱管理者的权力，真正采用这种评价方式的组织不多。

（5）客户和供应商评价。客户和供应商评价作为组织外部人员评价的主要方式，是为了了解那些只有特定外部成员才能掌握的绩效情况，或通过引入特殊的评价主体引导评价对象的行为。

通过以上分析可知，各种评价主体并不是孤立、相互排斥的，同时使用多种评价主体是可行的。使用多种评价主体进行绩效评价必然具有单一主体进行绩效评价所不具备的许多优点。不过在选择评价主体时，一定要确保评价主体对所评价的内容、所评职位的工作有一定的了解，否则评价结果肯定是不准确的。此外，最好要有利于管理者了解并控制员工的绩效表现，更好地整合所有员工的工作，从而更好地实现团队或部门的整体工作目标。

（三）评价者培训

评价者就是评价主体。绩效评价的效果不仅取决于评价系统本身的科学性，还取决于评价者的评价能力。评价者的主观失误或对评价指标和评价标准的认识误差，都会在很大程度上影响评价的准确性，进而影响人力资源管理其他环节的有效性。因此，一个完整的绩效评价制度不能缺少评价者培训这一重要的环节。

评价者培训要达到以下目的：(1) 使评价者认识到绩效评价在人力资源管理中的地位和作用，认识到自身在绩效评价过程中的作用；(2) 统一各个评价者对于评价指标和评价标准的理解；(3) 使评价者理解具体的评价方法，熟悉绩效评价中使用的各种表格，并了解具体的评价程序；(4) 使评价者了解如何尽可能地消除误差与偏见；(5) 帮助管理者学习如何进行绩效反馈和绩效指导。

1. 评价者误区

评价者误区是在介绍评价者培训时涉及的一个新的概念。它特指在评价过程中，由于评价者的主观原因而导致的各类常见的误差。评价者培训的一个重要目的就是要避免评价者误区的发生。常见的评价者误区有以下九种。

(1) 晕轮效应 (halo effect)。当我们以个体的某一种特征形成对个体的一个总体印象时，就会受到晕轮效应的影响。晕轮效应具体就是指由于个别特性评价而影响整体印象的倾向。例如，某位管理者对下属的某一绩效要素（如口头表达能力）的评价较高，导致该管理者对这位员工其他所有绩效要素的评价也较高。

(2) 逻辑误差 (logic error)。逻辑误差指的是评价者在对某些有逻辑关系的评价要素进行评价时，使用简单的推理而造成的误差。在绩效评价中产生逻辑误差的原因是由于两个评价要素之间的高相关性。例如，很多人认为"社交能力与谈判能力之间有很密切的逻辑关系"。于是，他们在进行绩效评价时，往往会依据"既然社交能力强，谈判能力当然也强"而对某员工做出评价。晕轮效应与逻辑误差的本质区别如下：晕轮效应只在同一个人的各个特点之间发生作用，在绩效评价中是在对同一个人的各个评价指标进行评价时出现的；逻辑误差则与评价对象的个人因素无关，是由于评价者认为评价要素之间存在一致的逻辑关系而产生的。

(3) 宽大化倾向 (leniency tendency)。宽大化倾向是最常见的评价误差行为。受这种行为倾向的影响，评价者对评价对象所作的评价往往高于其实际成绩。产生这种现象的主要原因包括：第一，评价者为了保护下属，避免留下不良绩效的书面记录，不愿意严格地评价下属；第二，评价者希望本部门员工的成绩优于其他部门员工的成绩；第三，评价者对评价工作缺乏自信心，尽量避免引起评价争议；第四，评价要素的评价标准不明确。

(4) 严格化倾向 (strictness tendency)。严格化倾向是与宽大化倾向相对应的另一种可能的评价者行为倾向，是指评价者对员工工作业绩的评价过分严格的倾向。现实中，有些评价者在评价其下属员工时，喜欢采用比企业制定的标准更加苛刻的标准。产生严格化倾向的主要原因如下：第一，评价者对各种评价因素缺乏足够的了解；第二，惩罚顽固的或难以对付的员工；第三，促使有问题的员工主动辞职；第四，为有计划的裁员提供证据；第五，减少凭业绩提薪的下属人数。

(5) 中心化倾向 (central tendency)。中心化倾向是指评价者对一组评价对象做出的评价结果相差不多，或者都集中在评价尺度的中心附近，导致评价成绩拉不开差距。例如，在图示量表法中，设计者规定了从第一等级到第五等级的五个评价等级。管理者很可能会避开较高的等级（第五等级）和较低的等级（第一等级），而将他们的大多数下属都评定在二、三、四这三个等级上。产生中心化倾向的主要原因如下：第一，人们往往不愿意做出"极好""极差"之类的极端评价；第二，对评价对象不甚了解，难以做出准确的评价；第三，评价者对评价工作缺乏自信心；第四，评价要素的说明不完整，评价方法不明确；第五，有些组织要求评价者对过高或过低的评价写出书面鉴定，以免引起争议。

(6) 首因效应 (primacy effect)。首因效应亦称第一印象误差，是指员工在绩效评价初期的绩效表现对评价者评价其以后的绩效表现会产生延续性影响。例如，有一名员工在刚刚进入某个部门时工作热情很高，一下子达到了很好的业绩，给他的上级留下了深刻的印象。实际上他在整个绩效评价期间的工作绩效并不是很好，但上级还是根据最初的印象给了他较高的评价。首因效应会给评价工作带来消极的影响，评价结果不能正确反映评价对象的真实情况。

（7）近因效应（recency effect）。近因效应是指评价者只凭员工的近期行为表现，即员工在绩效评价期间的最后阶段绩效表现的好坏进行评价，导致评价者对其在整个评价期间的业绩表现得出相同的结论。

（8）评价者个人偏见（bias）。偏见是指评价者在进行各种评价时，可能在员工的个人特征，如种族、民族、性别、年龄、性格、爱好等方面存在偏见，或者偏爱与自己的行为或人格相近的人，造成人为的不公平。评价者个人偏见可能表现在如下方面：对与自己关系不错、脾气相投的人会给予较高的评价；对女性、老年人等持有偏见，给予较低的评价等。

（9）溢出效应（spillover effect）。溢出效应是指因评价对象在评价期之前的绩效失误而降低其评价等级。例如，一名生产线上的员工在上一绩效评价周期出现了生产事故，影响了他上一期的工作业绩。在本评价期间他并没有再犯类似的错误，但评价者可能会由于他上一评价期间的表现不佳而在本期的评价中给出较低的评价等级。

2. 避免评价者误区的方法

避免上述评价者误区最好的方法就是通过培训使评价者认识到各种评价误区，避免进入这些误区。具体来说，为了避免上述评价者误区，可以采用以下方法。

（1）清晰界定绩效评价指标。在评价指标界定清晰的情况下，评价者能够根据所要评价的指标的含义有针对性地做出评价，从而避免晕轮效应、逻辑误差以及各种错误倾向的发生。

（2）通过培训，使评价者正确认识绩效评价的目的，了解评价系统的科学性和重要性，加强对评价对象的了解以及增强信心。这样有利于避免宽大化倾向、严格化倾向和中心化倾向。

（3）通过培训，使评价者学会如何收集资料作为评价依据，以避免首因效应、近因效应和溢出效应。上述三类误差都是由于作为评价依据的事实依据不充分或不准确。应该通过培训使评价者学会科学地收集评价中使用的事实依据，以避免这三类误差的发生。

此外，人力资源管理部门还应该通过各种宣讲和培训的方式，要求评价者从组织发展的大局出发，抛弃个人偏见，进行公正的评价，避免严格化倾向和评价者个人偏见的不良影响，确保整个绩效评价制度得到所有员工的认同。

3. 评价者培训的主要内容与时间安排

评价者培训主要包括以下六个方面的内容：（1）评价者误区培训；（2）关于绩效信息收集方法的培训；（3）绩效评价指标培训；（4）关于如何确定绩效标准的培训；（5）评价方法培训；（6）绩效反馈培训。评价者培训的主要内容根据组织不同的情况确定，并没有统一的模式，培训可以针对不同的问题来进行。

评价者培训有下面四种可能的时间：（1）管理者刚到任时；（2）进行绩效评价之前；（3）修改绩效评价办法之后；（4）日常管理技能培训的同时。

四、绩效反馈

绩效反馈（performance feedback）就是使员工了解自身绩效水平的各种管理手段。心理学家发现，反馈是使人产生优秀表现的最重要的条件之一。如果没有及时、具体的反馈，人们往往会表现得越来越差。因为没有反馈，人们无从对自己的行为进行修正，从而无法逐步提高，甚至可能丧失继续努力的愿望。

(一) 几种常见的绩效反馈方法

反馈包括反馈信息、反馈源和反馈接受者三个要素。在绩效反馈中，上级为反馈源，员工为反馈接受者，而整个绩效周期内的工作绩效和绩效评价结果就是绩效反馈的反馈信息。一般根据绩效反馈信息的内容以及反馈源态度的不同，将绩效反馈分为三类：负面反馈、中立反馈和正面反馈。其中，中立反馈和负面反馈都是针对错误的行为进行的反馈，正面反馈则是针对正确行为进行的反馈。

1. 对错误行为进行反馈的方法

管理者对员工错误行为进行反馈的目的，是通过让员工了解自身存在的问题引导其纠正错误。对错误行为进行的反馈就是人们通常所说的批评。在多数人的印象中，批评往往是消极的，实际上批评应该是积极的和建设性的。美国心理学家亨德里·温辛格（Hendry Wensinger）提出了能够促成建设性批评的七个要素：

(1) 建设性的批评是战略性的，即有计划地对错误的行为进行反馈。

(2) 建设性的批评是维护对方自尊的。实际上要做到维护员工的自尊，最简单的方法就是在批评对方之前进行换位思考。

(3) 建设性的批评发生在恰当的环境中。绩效反馈应当选择合适的环境因素，充分考虑沟通的时间、地点以及周围环境，寻找最佳时机，以保证员工能够接受这种批评。

(4) 建设性的批评是以进步为导向的。批评不是最终目的，批评的目的是促使员工取得进步；绩效反馈应着眼于未来，而不应抓住过去的错误不放。

(5) 建设性的批评是互动的。管理者应当通过有效的引导让员工提出自己的看法和建议。

(6) 建设性的批评是灵活的。管理者在批评时应当根据不同的对象和不同的情况采用不同的方式，并在批评的过程中根据对方的反应进行调整。

(7) 建设性的批评能够传递帮助信息。管理者应该让员工感受到对他们的关注以及信心，并使员工相信自己能够得到管理者的充分帮助。

2. 对正确的行为进行反馈的方法

对正确行为的反馈与对错误行为的反馈同等重要，两者的最终目的都是提高员工的绩效。对错误行为的反馈将注意力集中于减少不好的行为，而针对正确行为的反馈是为了强化这种正确行为，合理有效地运用两者能够提高员工的绩效水平。管理者在进行正面反馈时应遵循四个原则：

(1) 用正面的肯定来认同员工的进步，例如应针对“成功率的提高”而不是“失败率的降低”。

(2) 明确地指出受称赞的行为。

(3) 当员工的行为有进步时，应给予及时的反馈。

(4) 正面的反馈中应包含这种行为对团队、部门乃至整个组织的效益。

3. 有效的自我反馈机制

自我反馈是一种特殊的绩效反馈方式，是管理者进行绩效反馈的重要补充。自我反馈机制的首要前提是制定一套员工反馈时使用的绩效标准，然后建立一套机制或办法，使员工能够自觉地根据这一标准对自己的工作情况进行自我检视。很显然，这种自我反馈的方法在高重复性或例行的工作上比较容易实施。对于创新型工作而言，这种机制同样也是十分重要的，因为管理者不可能每时每刻都注意员工的行为。

4. 360 度反馈计划

现今，在各类工作组织中，人们越来越倾向于向各类相关者征求关于员工个人的意见，评价主体可能是管理者、同事、组织内部和外部的客户及其他人。这种在绩效管理中进行全面的信息反馈的做法称作360度反馈计划（360-degree feedback）。具体来说，360度反馈计划是指帮助一个组织的成员（主要是管理人员）从与自己发生工作关系的所有主体那里获得关于本人信息反馈的过程。

与传统的单一直线式的反馈相比，360度反馈计划具有以下优点：第一，360度反馈强调组织关心人们付出的行动甚于他们达到的结果。因此，采用这种形式的反馈，一方面可以避免对量化绩效指标的过分依赖，另一方面也避免了只重视评价双方意见的危险做法。360度反馈能帮助人们通过各种"软性"的尺度对绩效做出评价，这一点相当具有吸引力。第二，如果360度反馈出自对被评价人有帮助的人，就能向评价对象提供全面且有价值的信息，从而起到积极的作用。与只有上级和员工两人介入的方法相比，这种方式更有可能发现问题或员工的优点。第三，360度反馈计划有利于提高员工对反馈信息的认同程度。在传统的反馈方法中，只有管理者评价，员工有可能对反馈的信息持怀疑态度，认为它可能带有个人的偏见。但是在360度反馈计划中，如果员工从上级、同事和客户等渠道都得到同样的信息，那么这个信息是很难让人怀疑的。

当然，这种反馈方式还存在一些缺陷。如果过分地依赖360度反馈，将会削弱绩效目标的意义，人们会更加习惯于"不是你做了什么，而是你做的方式"的说法。另外，我们知道，360度反馈涉及的信息比单渠道反馈要多得多。这个优点本身就可能是个问题，因为收集和处理信息的成本很高。同时，由于有大量的信息要汇总，这种方法有可能使反馈的过程变得机械化（填写大量标准化的表格），使人们只注重文字材料——从两人的直接沟通演变成表格和印刷材料的沟通。

360度反馈最重要的价值在于开发，而不是评价。大多数专家都认同，用360度评价法的结论来决定提升或薪酬是一种冒险的做法。如果组织采用360度反馈，谨慎的做法是将它作为一种为员工提供绩效信息的方法，而不是据此做出最后的管理决策。360度反馈计划虽已广泛采用，使用时仍要格外小心。要记住任何方法（包括360度反馈计划）的成败都是由人而不是由技术来决定的。从这种方法得到的并不主要取决于各方所填写的那些表格，而是取决于通过这些信息发现员工的长处和不足，以帮助员工提高绩效。

（二）绩效反馈面谈

在绩效评价之后进行的绩效反馈面谈是一种正式的绩效沟通。绩效反馈面谈是管理者就上一绩效周期中员工的表现和绩效评价结果与员工进行正式面谈的过程。在许多企业中，绩效反馈面谈并没有得到足够的重视，他们往往将填写评价表格、计算评价结果视为绩效评价乃至绩效管理的全部。实际上，如果缺少了将评价结果和管理者的期望传达给被评价者的绩效反馈面谈这个环节，就无法实现绩效评价和绩效管理的最终目的。

绩效反馈面谈主要有四个目的：(1) 使员工认识到自己在本阶段工作中取得的进步和存在的缺点，了解主管对自己工作的看法，促进员工改善绩效；(2) 对绩效评价的结果达成共识，分析原因，找出需要改进的方面；(3) 制订绩效改进计划，共同协商确定下一个绩效管理周期的绩效目标和绩效计划；(4) 为员工的职业规划和发展提供信息。

做好绩效反馈面谈工作，应从以下几个方面入手。

1. 绩效反馈面谈的前期准备

(1) 选择合适的面谈时间。管理者应该根据工作安排确定一个面谈双方都有空闲的时间，尽量不要安排在临近上下班的时间，时间的长短要适宜，而且一定要征求员工的意见，共同确定面谈的时间。

(2) 选择合适的面谈地点和环境。绩效反馈面谈的地点一般要远离电话与传真等，以免被干扰，可以选在办公室、会议室等地方进行，其中，小型会议室或接待室是最理想的场所。此外，还要注意安排好双方在面谈时的空间距离和位置。图 10－22 显示了办公环境下常见的面谈距离和位置关系及其适合营造的面谈氛围。

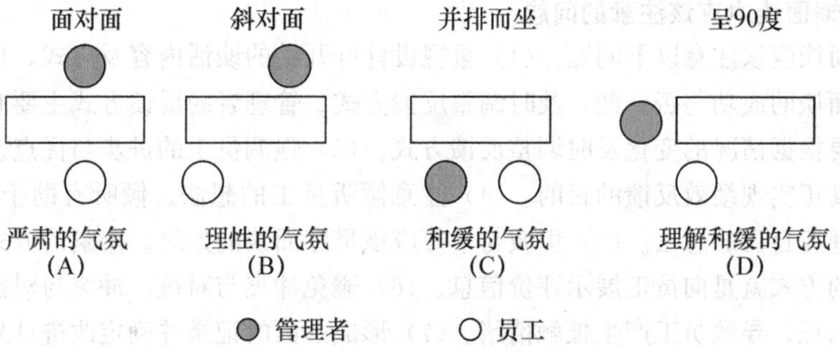

图 10－22　绩效面谈的距离与位置

面谈双方的距离要适当，距离太远会影响信息传递的效果，距离太近又会使交谈双方有压抑感。图 10－22（B）的这个距离就会由于过远造成缺乏亲密感的不良结果。与图 10－22（B）相对应的是图 10－22（C），这种距离可能拉近双方的心理距离，在和缓的气氛中谈论个人的工作问题，但是有相当一部分人不能接受这种过于亲密的方式，这种气氛会令他们感到不自在。从位置上来讲，图 10－22（A）中那种面对面的方式效果最不好，因为面谈的双方相互直视，容易给员工造成心理压力，这种严肃的气氛不适合绩效反馈这样沟通式的面谈。后三幅图中所显示的位置就避免了双方总是直视的尴尬局面。在图 10－22（B）中，双方是斜对面坐的，他们可以根据情况选择互相对视，或者调整视线。但是，图 10－22（C）的情况是图 10－22（A）的反例，这种位置不利于观察对方的表情。各种位置中，图 10－22（D）表示的双方位置和距离最适用于绩效反馈面谈。管理者和员工呈一定的角度（在方桌的情况下即呈 90 度）而坐，能够避免目光的直视，缓和心理紧张，同时也有利于观察和接受对方表达的信息，营造出理性和缓的氛围。

(3) 收集、整理面谈所需要的信息资料。这些资料主要包括绩效评价表格、员工日常工作情况的记录和总结、该绩效评价周期的绩效计划以及对员工的绩效评价结果（包括各评价主体对员工的评价和经过加权处理的各个绩效评价标准的评价结果）等。

2. 设计面谈的过程

前面谈到，人力资源管理部门可能会提供一个面谈提纲，但是具体进行面谈的管理人员要在面谈提纲的基础上对面谈的内容进行详细计划。设计面谈过程计划时可从以下几方面入手：

(1) 设计好开场白。管理者可以从一个轻松的话题入手，帮助员工放松心情，以使员工在下面的面谈中更好地阐明自己的看法。如果员工能够很好地了解面谈的目的，并已经为面谈做好了充分的准备，就可以采用开门见山的方式。

(2) 明确面谈目的与预期效果。管理者事先要清楚面谈要达到什么样的效果。

(3) 确定面谈顺序。管理者需要确定先谈什么、再谈什么。一般而言，首先要列出被评价者的所有关键工作要项；然后，分别根据重要性、有效性以及员工的初步评价结果对这些工作要项进行排列；最后，综合以上因素确定面谈顺序。

3. 分析和诊断绩效问题并确定解决方法

在绩效面谈过程中，管理者要获取导致员工最终绩效的真正原因，在此基础上寻求解决问题的办法，以纠正错误、改进绩效。例如，如果是由于员工缺乏知识与技能导致的不良绩效，可以通过培训或让员工自学的方式使员工掌握工作所必需的知识与技能；对于像流程不合理、资源匮乏所导致的绩效问题，就需要尽量合理地规划流程与资源的分配，或者进行必要的职位调整。

4. 绩效反馈面谈中应该注意的问题

绩效反馈面谈应该注意以下问题：(1) 重视设计好开始的谈话内容及方式，最初的几分钟谈话往往决定了面谈的成功与否。(2) 及时调整反馈方式。管理者的反馈方式主要有指示型、指导型和授权型，要根据情况的变化及时调整反馈方式。(3) 强调员工的进步与优点。只有充分地激励员工，才能真正实现绩效反馈的目的。(4) 注意倾听员工的想法。倾听有助于全面了解情况，印证或改变管理者自己的想法。(5) 坦诚与平等应该贯穿面谈的始终。隐瞒的方式并不能解决任何问题，最好的方式就是向员工展示评价信息。(6) 避免冲突与对抗。冲突与对抗可能彻底摧毁员工对主管的信任，导致员工产生抵触情绪。(7) 形成书面的记录并确定改进计划。这样不仅能让员工感到管理者对他们的看法是重视的，还可以避免遗忘带来的问题。面谈结束后，员工应当根据面谈的内容制订绩效改进计划和个人发展计划。

(三) 绩效评价结果的运用

绩效管理是人力资源管理职能系统的核心环节，而绩效评价结果能否被有效利用关系到整个绩效管理系统的成败。如果绩效评价结果没有有效利用，就会出现绩效管理与人力资源管理其他环节（晋升调动、培训、薪酬等）脱节的情况，产生绩效管理“空转”现象。久而久之，员工就会认为评价只是例行公事，对自己没有什么影响，绩效管理就失去了应有的作用。在企业管理实践中，绩效评价结果主要运用于两个方面：一是绩效改进；二是人力资源管理决策。

1. 绩效评价与绩效改进

绩效改进是指采取一系列行动提高员工的绩效。通常，它的步骤是先分析员工的绩效评价结果，找出员工绩效不佳的原因，然后针对存在的问题制订合理的绩效改进计划。绩效改进计划是针对员工的绩效表现和评价结果，着眼于改进其绩效而制订的一系列具体的行动计划，是绩效计划的有力补充，以促使绩效管理实现开发的目的。绩效改进的主要过程如下：

(1) 绩效诊断和分析。绩效诊断和分析是绩效改进过程的第一步，也是绩效改进最基本的环节。诊断绩效问题通常有两种思路：一是“四因素法”，即主要从知识、技能、态度和环境四个方面分析绩效不佳的原因；二是“三因素法”，即主要从员工、主管和环境三个方面分析绩效问题。

(2) 绩效改进计划的制订。制订绩效改进计划一般有以下三个步骤：一是选择绩效改进要点，最好能选择一项重要且容易做的率先进行；二是考虑解决问题的途径，包括向他人学习、参加企业内外的有关培训，以及改善工作环境和条件等；三是制订绩效改进计划，即在管理者和员工充分沟通的基础上，就计划的时间、需要改进的问题及原因与所要达到的目标等相关内容进行比较具体的阐述与约定。

(3) 绩效改进计划的实施和评价。在制订了绩效改进计划后，管理者应该通过绩效监控和沟通，实现对绩效改进计划实施过程的控制。管理者应该督促员工实现绩效改进计划的目标，并且主动与员工沟通，了解员工在改进过程中遇到了哪些困难，需要提供什么样的帮助等。此外，绩效改进计划作为绩效计划的补充，同样需要加强评价和反馈。

2. 绩效评价结果在人力资源管理其他主要职能中的运用

绩效评价的结果可以作为人力资源管理系统中的工作分析、招募与甄选、培训与开发、职位变动与解雇退休以及薪酬福利等决策依据。这方面的具体分析请参考本章第1节的相关内容，这里不再赘述。

第 4 节　绩效评价的方法

绩效评价中运用的评价标准主要可以分为两类：一类是绝对标准，另一类是相对标准。与此相对应，绩效评价分为绝对评价和相对评价。绝对评价是根据统一的标准尺度衡量相同职位的员工，即按绝对标准评价他们的绩效。这是绩效评价发展的趋势。绝对评价的标准有时很难确定，因此人们提出了一种相对简单的替代方法，即相对评价法。相对评价法又称比较法，是以前国有企业的各类评比工作中最常用的评价方式，这种方法不是事先制定统一的评价标准，而是通过在部门或团队内对人员进行相互比较做出评价。此外，还有一种比较特殊的绩效评价方法，即描述法。描述法，又称事实记录法或叙述法、鉴定法等，顾名思义，就是指评价者用描述性的文字对评价对象的态度、业绩、优缺点、发展的可能性、需要加以指导的事项和关键性事件等做出评价，由此得到对评价对象的综合评价。通常，这种方法会作为其他评价方法的辅助方法。我们可以用图 10－23 表示绩效评价方法的分类。

绩效评价方法
- 绝对评价——量表法(人与客观标准相比较)
- 相对评价法——比较法(人与人相比较)
- 描述法

图 10－23　绩效评价方法的分类

一、比较法

比较法是极其方便的评价方法，评价结果一目了然，作为各类管理决策的依据时也十分方便，因此得到了广泛的运用。但是采用相对评价法得出的评价结果无法在不同被评价者之间进行横向比较，而且很难找出充分的理由说明最终评价结果的合理性，因此往往很难让员工接受评价结果，也很难为奖金分配决策提供令人信服的依据。另外，相对评价法最致命的缺点在于无法找出绩效差距的原因，因而也就很难缩小绩效差距。因此，我们一般不能单独使用相对评价的评价方式，在实践中，比较法往往与后面介绍的描述法和绝对评价法结合使用。

常见的比较法主要有以下四种：排序法、配对比较法、人物比较法和强制分布法。

1. 排序法

排序法（ranking method）亦称排列法、排队法、排名法。这种方法有些类似于学校里使用的“学生成绩排名”，即将员工按工作绩效从好到坏的顺序进行排列，从而得出评价结论的方法。

排序法是使用比较早的一种方法，这种方法有几个优点。首先，排序法的设计和应用成本都很低，设计和使用都很简单。其次，排序法能够有效地避免宽大化倾向、中心化倾向以及严格化倾向。但是排序法也有许多缺点：评价过程的主观性和随意性使评价结果容易引发争议，评价结果难以应用在各种人力资源管理决策之中。而且，当几个人的绩效水平相近时，难以进行排列，容易发生晕轮效应。

常见的排序法主要有以下两种类型：直接排序法和交替排序法。

（1）直接排序法。直接排序法是最简单的排序法。评价者经过通盘考虑后，以自己对评价对象工作绩效的整体印象为依据进行评价，将本部门或一定范围内需要评价的所有员工从绩效最高者到绩效最低者排出一个顺序来。表 10－15 是直接排序法的一个简单例子。

表 10－15　直接排序法示例

顺序	等级	员工姓名
1	最好	王东
2	较好	钱丽
3	一般	赵凯
4	较差	张涛
5	最差	李华

（2）交替排序法。交替排序法也是根据某些评价要素将员工从绩效最好的到绩效最差的进行排序，但是具体的操作方法与直接排序法略有不同：交替排序法是将要评价的所有人员的名单列出，并将不熟悉的评价对象画掉，评价者经过通盘考虑后，从余下的所有评价对象中选出最好的和最差的，再在剩下的员工中选出最好的和最差的，依此类推，直至将全部人员的顺序排定。交替排序法适用于评价一些无法用量化指标表达的工作质量和效率。当需要拉开被评价者绩效档次的时候，这种方法简单实用，尤其在需要评价的人数不多时。表 10－16 是使用交替排序法进行评价时所使用的评价表格。

表 10－16　交替排序法示例

评价所依据的要素：______

顺序	等级	员工姓名
1	最好	王东
2	较好	钱丽
3	一般	赵凯
3	差	张涛
2	较差	李华
1	最差	胡金

2. 配对比较法

配对比较法（paired comparison method）亦称平行比较法、一一对比法、成对比较法，是由排序法衍生而来的。其具体操作程序如下：将每一个评价对象按照所有的评价要素与其他评价对象一一进行比较，根据比较结果排出名次，即两两比较，然后排序。这种比较方式比排序法的简单排序方式更为科学、可靠。

例如，我们要对 5 名员工进行绩效评价。在运用配对比较法时，我们应先设计出如表 10－17 所示的表格，标明要评价的绩效要素并列出需要评价的员工的名单。然后将所有员工根据表中标明的要素进行配对比较，将比较结果填入两个比较对象相交的单元格中，用“0”表示两者绩效水平一致，“＋”表示 A 栏上的人比 B 栏上的人绩效水平高，“－”的含义与“＋”的相反。最后，将 A 栏每一名员工得到的“＋”的次数纵向相加。得到的“＋”越多，该员工的绩效评价得分越高。

表 10-17 配对比较法示例

评价要素：______

A / B	赵凯	钱丽	孙月	李华	王东
赵凯	0	＋	＋	－	－
钱丽	－	0	－	－	－
孙月	－	＋	0	＋	－
李华	＋	＋	－	0	＋
王东	＋	＋	＋	－	0

3. 人物比较法

人物比较法亦称标准人物比较法，是一种特殊的比较法。这种方法的评价标准与前两种比较法不同：前面两种比较法都是人与人相互比较，这种比较法则是所有的人与一个特定的人即“标准人物”进行比较，在一定程度上能够使评价的依据更客观。

人物比较法的实施方法：在评价之前，先选出一位员工，以他的各方面表现为标准，将其他员工与之相比较，从而得出评价的结果。人物比较法可以使用如表 10-18 所示的表格。

表 10-18 人物比较法示例

评价项目：业务知识　　标准人物：孙月

被评价员工姓名	A非常优秀	B比较优秀	C相同	D比较差	E非常差
赵凯					
钱丽					
李华					
王东					

人物比较法能够有效地避免宽大化倾向、中心化倾向以及严格化倾向，该方法设计和使用容易，成本很低，比其他方法更能提高员工的工作积极性。同时，它也存在一些难以克服的问题：标准人物的挑选困难，无法与组织的战略目标联系，很难发现问题存在的领域，不便于提供反馈和指导，容易产生晕轮效应。

4. 强制分布法

强制分布法（forced distribution method）的基础是一个有争议的假设——凡是有人的地方，就有左、中、右之分，人总是可以分成最好、较好、中等、较差、最差这样几类。强制分布法就是按事先确定的比例，将评价对象分别分配到各个绩效等级上。有时我们还将强制分布法称为硬性分布法。比如可以规定如下的比例原则来确定员工的绩效结果分布：绩效最好的，5%；绩效较好的，25%；绩效一般的，45%；绩效较差的，15%；绩效很差的，10%。

最简单的强制分布法就是由评价者通过主观判断将评价对象归为特定的等级。但是在实际应用中，强制分布法往往不是单独使用，而是与其他绩效评价方法结合使用。一般都是先使用某种评价方法根据每种评价要素，对每位评价对象进行评价，然后将评价结果综合计算，按强制分布法确定的比例分配到相应的绩效等级上。

二、量表法

量表法就是将一定的分数或比重分配到各个绩效评价指标上，使每项评价标准都有一个权重，然后由评价者根据评价对象在各个评价指标上的表现情况，按照等级描述的标准对评价对象做出判断并打分，最后汇总计算出总分，得到最终绩效评价结果。

作为一种绝对评价法，量表法所采用的评价标准一般都是客观的职位职能标准，因此，评价结果更为客观、准确，并且可以在不同员工之间进行横向比较。用量表法得出的评价结果能够直接有效地运用于各类人力资源管理决策（如晋升、薪酬等）。但量表法的设计要耗费大量的时间和精力，并且由于评价指标和权重的设计专业性很强，通常需要专家的协助。另外，如果对评价指标解释不一致，就会出现主观误差。

按照评价尺度，量表法的分类如表10－19所示。

表10－19　量表法归类表

所使用评价尺度的类型		绩效评价方法名称（量表法）
非定义式的评价尺度 （包括量词式、等级式、数量式的评价尺度）		图尺度量表法 等级择一法
定义式的评价尺度	行为导向型量表法	行为锚定量表法 混合标准量表法
	结果导向型量表法	（无单纯运用此法的量表）
	综合运用以上两者	综合尺度量表法
其他		行为对照表法 行为观察量表法

下面重点介绍图尺度量表法、行为锚定法、综合尺度量表法与行为观察量表法四种常用的方法。

1．图尺度量表法

图尺度量表法（graphic rating scale，GRS）是最简单且应用最广泛的绩效评价技术之一，它在图尺度的基础上使用非定义式的评价。表10－20是典型的图尺度量表。该表列举了一些绩效评价要素，规定了从S（极优）到D（差）的绩效等级，对每个等级都进行了说明并规定了不同的得分。另外，不同的评价指标被赋予了不同的权重。评价者在熟悉了评价量表及各个评价要素的含义后，根据标准结合员工的日常表现给出每个评价要素的得分。另外，图表中还留有空白，供评价者填写评价结果和一般说明。

表10－20　图尺度量表法样表

评价要素	评价尺度	权重	得分	事实依据及评语
专业知识：经验以及工作中的信息知识	30　24　18　12　6 S　A√　B　C　D	30%	a	（略）
计划能力：对要完成工作的有效设计	15　8　6　4　3 S　A　B√　C　D	15%	b	（略）
沟通能力：以书面和口头方式清晰、明确地表达思想、观念或者事实的能力	10　8　6　4　2 S　A√　B　C　D	10%	a	（略）
⋮	⋮	⋮	⋮	⋮
S：极优 A：优 B：良 C：中 D：差	最终得分：62分 最终档次：S A B√ C D	档次划分		S：80分以上 A：65～79分 B：49～64分 C：33～48分 D：16～32分

2. 行为锚定量表法

行为锚定量表法（behaviorally anchored rating scale，BARS）是由美国学者帕特里夏·史密斯（Patricia Smith）和洛恩·肯德尔（Lorne Kendall）于1963年在美国护士联合会的资助下研究提出的。它由传统的绩效评定表（图尺度量表法等）演变而来，是图尺度量表法与关键事件法的结合，是行为导向型量表法最典型的代表（见表10-21）。在这种评价方法中，每一水平的绩效均用某一标准行为来加以界定，这种方法克服了其他评价方法的弱点。

表10-21 行为锚定量表法示例：对宿舍老师的评价

员工姓名：　　　　工作部门：　　　　评价者：　　　　评价日期：

评价指标：关心学生		
指标定义：积极结识住宿学生，发现他们的需要，真诚对待他们的需要并做出反应		
评价等级	（1）最好	当学生面有难色时，上前询问是否有问题需要一起商量
	（2）较好	为住宿学生提供一些关于所修课程的学习方法上的建议
	（3）一般	看到住宿学生时上前打招呼
	（4）较差	友好地对待住宿学生，与他们讨论困难，但不能跟踪解决困难
	（5）最差	批评住宿学生不能解决自己遇到的困难
评价结果：		

行为锚定量表法通常按照以下五个步骤进行：

第一步，寻找关键事件。让一组对工作内容较为了解的人（员工本人或其直接上级）找出一些代表各个等级绩效水平的关键事件并进行描述。

第二步，初步定义绩效评价指标。由这些人将获取的关键事件合并为几个（通常是5～10个）绩效评价指标，并给出指标的定义。

第三步，重新分配关键事件，确定相应的绩效评价指标。让另外一组同样熟悉工作内容的人对关键事件进行重新排列，将这些关键事件分别归入他们认为合适的绩效要素中。如果第二组中一定比例的人（通常是50%～80%）将某一关键事件归入的评价要素与前一组相同，就能够确认这一关键事件应归入的评价要素。

第四步，确定各关键事件的评价等级。后一组的人评定各关键事件的等级（一般是7点或9点的尺度，可能是连续尺度的，也可能是非连续尺度的），这样就确定了每个评价要素的“锚定物”。

第五步，建立最终的行为锚定评价体系。

表10-21是应用行为锚定量表法的一个示例。

行为锚定量表法的主要优点如下：各个评价指标具有较强的独立性和连贯性；评价尺度更加精确；具有良好的反馈功能；适合用来为分配奖金提供依据。它的缺点如下：设计和实施锚定标准比较复杂、成本高；实际评价中标准不好把握，常常只根据结果而非锚定事件进行评价。

3. 综合尺度量表法

综合尺度量表法是将结果导向量表法与行为导向量表法相结合的一种评价方法。在该方法中，评价指标的等级描述规定采用了行为与结果相结合的方式。这种方式既能够有效地引导员工的行为，又能够对结果进行直接控制。运用综合尺度量表法最大的困难在于如何设计与职位相关的指标尺度，因此，使用这种评价方法需要较高的设计成本。

表10-22是一个将综合尺度量表法用于评价工作态度指标的例子。

表10-22　综合尺度量表法示例

要素名称：协作性		
职位等级：中层管理人员		
职位类别：职能管理		
要素定义：在工作中能否充分认识本部门在工作流程中所扮演的角色，考虑他人的处境，主动承担责任，协助上级、同事做好工作		
等级	定义	评分
S	正确认识本部门在流程中所扮演的角色，合作性很强，自发、主动地配合其他部门的工作，积极推动公司总体工作的顺利进行	20
A	愿意与其他部门合作，在其他部门需要的时候，能够尽量配合工作，从而保证公司总体工作的正常进行	16
B	大体上能够按规定配合其他部门的工作，基本上能够保证公司总体工作的正常进行	12
C	有时候有不配合其他部门工作的现象，存在部门本位主义倾向，导致公司的总体工作有时会遇到困难	8
D	根本不与其他部门沟通和协调，部门本位主义倾向明显，在工作中经常与其他部门发生冲突，导致公司总体工作陷入僵局	4

4. 行为观察量表法

行为观察量表法（behavioral observation scale，BOS）通过区分各个评价项目给出一系列有关的有效行为。在使用行为观察量表时，评价者通过指出员工表现各种行为的频率来评价其工作绩效。如下面的例子所示，一个5分的量表被分为从“几乎没有”到“几乎总是”五个等级。通过将员工在每一种行为上的得分相加，得到各个评价项目上的得分，最后根据各个项目的权重得出员工的总得分。行为观察量表法实际上是图尺度量表法和行为导向型量表法的结合。在行为观察量表法中，我们只需要找出有效行为，就可通过有效行为的发生频率对评价对象的绩效做出评价。

评价项目：工作的可靠性。

(1) 有效地管理工作时间。

几乎没有　1　2　3　4　5　几乎总是

(2) 能够符合项目的截止期限要求。

几乎没有　1　2　3　4　5　几乎总是

(3) 必要时帮助其他员工工作，以符合项目的期限要求。

几乎没有　1　2　3　4　5　几乎总是

(4) 必要时情愿推迟下班和周末加班工作。

几乎没有　1　2　3　4　5　几乎总是

(5) 预测并试图解决可能阻碍项目按期完成的问题。

几乎没有　1　2　3　4　5　几乎总是

评分说明：根据总分评价。

5～13分，很差；14～16分，差；17～19分，一般；20～22分，好；23～25分，很好。

行为观察量表法能够将组织发展战略与它所期望的行为结合起来，因此能够向员工提供有效的信息反馈，指导员工得到高的绩效评分。管理人员也可以利用量表中的信息有效地监控员工的行为，并使用具体的行为描述提供绩效反馈。但是，这种方法也存在一些缺陷：开发成本高；只适用于行为比较稳定、不太复杂的工作；不同的评价者对“几乎没有……几乎总是……”的理解有差异，影响绩效评价结果的准确性。

三、描述法

描述法（essay method）作为其他绩效评价方法的必要补充，被视为另一类特殊的绩效评价方法。描述法在设计和使用上比较容易，实用性很强，适用于对任何人的单独评价。但是，描述法没有统一的标准，难以对多个评价对象进行客观、公正的比较，而且与评价者的文字写作水平关系较大，因而不适用于考核性评价，较适用于发展性评价。根据所记录事实的不同内容，描述法可以分为工作业绩记录法、态度记录法、指导记录法、等级鉴定法和关键事件法。

1. 工作业绩记录法

工作业绩记录法要求评价者填写工作业绩记录卡，观察并记录评价对象在工作过程中的各种事实，分阶段记录所达到的工作业绩。另外，还可以用该表记录该员工在遵守某些规章制度方面的表现。表 10－23 给出了一个单纯用于记录工作业绩的样表。

表 10－23　工作业绩记录卡示例

员工姓名：　　　　　　所属部门：　　　　　　职位名称：
观察期间：　　　　　　记录人：

任务内容	进度	结果
任务一：	1 月： 2 月： ⋮	
任务二：		
⋮		
缺勤记录		
迟到或早退情况		

2. 态度记录法

态度记录法就是由评价者通过对评价对象日常工作情况的观察，将其在工作中表现出来的工作态度记录下来的绩效评价方法。在记录过程中，记录者应该注意，不仅要将评价对象在所评价态度方面表现出来的优点和长处记录下来，而且应有针对性地将评价对象的不足之处同时记录下来。这样的态度记录能够更好地运用于对员工的绩效进行指导。表 10－24 是工作态度观察记录卡的一个样本。

表 10－24　工作态度观察记录卡示例

员工姓名：　　　　　　所属部门：　　　　　　职位名称：
观察期间：　　　　　　记录人：

项目	具体事实	
	长处	短处
积极性		
服务意识		
责任意识		
自我开发意识		
⋮		

另外，在运用态度记录法时，我们还可以让记录者记录对于评价对象的一些综合性的评语或指导意见。在记录表中还可以添加一栏，用于评价对象在评价结束之后表明自己是否认可所记录的内容。我们可以采用如表10－25所示的表格形式。

表10－25　态度记录法的补充示例

指导意见	
评价对象意见栏	你是否同意上述记录及对你的评价？为什么？
	若无其他意见，请在相应位置签字表示认可。 被评价人：　　　　日期：

3. **指导记录法**

指导记录法要求上级将其对员工的日常指导记录下来。这种方法多用于发展性评价。指导记录法可以与各种评价方法结合使用。表10－26给出了一个样表。

表10－26　指导记录表示例

员工姓名：　　　　所属部门：　　　　职位名称：

指导期间：　　　　直接上级：

时间	地点	相关事实	指导意见	改进目标

4. **等级鉴定法**

等级鉴定法是一种历史最悠久也是应用最广泛的员工绩效评价方法。在应用这种评价方法时，组织必须先为员工确定绩效评价的标准，一般分为几个等级选项，比如“优、良、称职、不称职”等。评价者根据被评价者的实际工作表现，对其完成工作的情况进行评估，总成绩便为该员工的评价成绩。表10－27是一个等级鉴定法的样表。

表10－27　等级鉴定表示例

员工姓名		所属部门	
职位名称		评价期间	
本人总结 员工签名： 年　月　日			
部门意见 评价成绩（优，良，称职，不称职） 盖章 年　月　日			

等级鉴定法的优点是简便易行、适应性强，可以避免趋中、偏紧或偏松的评价误差，而且成

本较低。但是，它的缺陷也很明显，主要表现在以下方面：一般都是评价者根据自己的主观感受来确定，带有一定的随意性、主观性，这样就不可避免地带来一定程度的评价错误；在被评价者提出异议的情况下，评价者很难为自己的评价结论提供有力的证据，对被评者提供反馈和指导的效果不佳；为奖金分配等方面提供依据的作用有限。

5. 关键事件法

关键事件法（critical incidents method）是由美国学者弗拉纳根（Flanagan）和巴拉斯（Baras）创立的。关键事件是指那些会对部门的整体工作绩效产生积极或消极的重大影响的事件。关键事件一般分为有效行为和无效行为。关键事件法要求评价者通过平时观察，及时记录员工的各种有效行为和无效行为，是一种最常见的典型的描述法。美国通用汽车公司在1955年运用这种方法获得了成功。通用汽车公司一位一线领班对他的部下杰克的工作“协作性”的记录如下：

其一，有效行为。

虽然今天没轮到杰克加班，但他还是主动留下加班到深夜，协助其他同事完成了一份计划书，使公司在第二天能顺利地与客户签订合同。

其二，无效行为。

总经理今天来视察，杰克为了表现自己，当众指出了约翰和查理的错误，致使同事之间的关系紧张。

关键事件法的优点如下：能够将企业战略和它所期望的行为结合起来；能够向员工提供指导和信息反馈，提供改进依据；设计成本很低；大多以工作分析为基础，所衡量的行为有效；员工参与性强，容易被接受。其缺点如下：不适合复杂的工作，要记录评价期间所有的关键事件是不现实的；无法在员工之间进行横向比较，无法为员工的奖金分配提供依据；容易造成上级对下级的过分监视，导致关系紧张；评价报告是非结构化的，容易发生评价误差。关键事件法一般不单独使用，而是对其他评价方法，特别是各种量表法的补充。

四、绩效评价方法的比较

不同的绩效评价方法具有不同的特点，适用于不同的组织以及不同的评价对象。表10-28对几种常见的绩效评价方法进行了简单的比较。

表10-28　几种常见绩效评价方法的比较

绩效评价方法	评价标准			
	成本最小化	员工开发（提供反馈指导）	分配奖金和发展机会	有效性（避免评价错误）
描述法	一般	不确定	差	不确定
排序法	好	差	差/一般	一般
强制分布法	好	差	差/一般	一般
等级鉴定法	一般	不确定	差	不确定
行为锚定量表法	一般	好	好	好

通过比较表明，不同的绩效评价方法各有长处。在实现管理决策的问题上，一些简单的量表法比目标管理法更有效，并能够节约开发成本。一些较为复杂的量表法开发成本较高，但能够更有效地对员工的实际绩效情况进行评价。因此，管理者应综合考虑各种绩效方法的特点与企业

的规模、不同发展时期、管理规范化程度、组织文化、不同职位等因素选择合适有效的绩效评价方法。

本章小结

本章介绍了绩效的含义与性质，绩效管理的含义、特征等，阐述了战略性绩效管理系统模型、工具以及绩效评价的常用方法。

绩效是指员工表现出来的能够被评价的与组织及群体目标相关的工作行为及其结果。绩效具有多因性、多维性、动态性等性质，它受技能、激励、环境和机会等因素的影响。绩效管理指的是管理者用来确保员工的工作活动和工作产出与组织的目标保持一致的手段及过程。绩效管理不仅限于绩效评价，绩效评价只是绩效管理的一个环节。

战略性绩效管理是战略性人力资源管理的核心职能，它是组织为实现其战略目的、管理目的和开发目的而建立的一个完整系统，由绩效计划、绩效监控、绩效评价和绩效反馈四个环节形成一个闭合循环，评价内容、评价主体、评价方法、评价周期和结果应用五个关键决策通常贯穿四个环节，对绩效管理的实施效果发挥着决定性的作用。

伴随管理思想及理论的发展，绩效管理工具也不断发展完善，从20世纪50年代以前单调的表现性评价，到50年代之后至今经历的组织效能评价标准、目标管理、标杆管理、关键绩效指标、平衡计分卡等。绩效管理在纵向上也不断提升，从单纯的人事测评工具上升到承接组织战略的战略性绩效管理工具。

本章用大量篇幅介绍了绩效管理的四个环节——绩效计划、绩效监控、绩效评价和绩效反馈的含义、特点、步骤与方法等，提供了较为详细的绩效管理操作流程。本章最后对绩效评价的常用方法进行了分析和比较。

关键词

绩效管理（performance management，PM）
战略性绩效管理（strategic performance management，SPM）
目标管理（management by objectives，MBO）
目标与关键成果（objectives and key results，OKR）
标杆管理（benchmarking）
关键绩效指标（key performance indicators，KPI）
关键成功领域（key result areas，KRA）
关键绩效要素（key performance factors，KPF）
平衡计分卡（balanced scorecard，BSC）
战略地图（strategic map）
绩效计划（performance plan）
绩效监控（performance monitoring）
绩效辅导（performance coaching）
绩效沟通（performance communication）
绩效评价（performance appraisal，PA）
绩效反馈（performance feedback）
360度反馈计划（360-degree feedback）

排序法（ranking method）
配对比较法（paired comparison method）
强制分布法（forced distribution method）
图尺度量表法（graphic rating scale，GRS）
行为锚定量表法（behaviorally anchored rating scale，BARS）
行为观察量表法（behavioral observation scale，BOS）
关键事件法（critical incidents method）

思考题

1. 什么是绩效？它具有哪些性质？影响绩效的主要因素有哪些？
2. 什么是绩效管理？它具有哪些特征？它与人力资源管理其他职能有什么样的关系？
3. 什么是绩效评价？绩效管理与绩效评价有何异同？
4. 什么是战略性绩效管理？简述战略性绩效管理系统模型。
5. 什么是目标管理？它的优缺点是什么？它的操作程序有哪些？
6. 什么是目标与关键成果？它的操作程序有哪些？
7. 什么是标杆管理？它的优缺点是什么？它的操作程序有哪些？
8. 什么是关键绩效指标？举例说明它的操作程序。
9. 什么是平衡计分卡？它有何意义？简述平衡计分卡理论的产生与发展。
10. 什么是战略地图？请阐述如何利用战略地图来规划战略。
11. 阐述绩效管理四个环节的含义、目的与操作步骤。
12. 评价者的误区有哪些？如何避免评价者误区？
13. 绩效反馈面谈的目的是什么？如何实施绩效反馈面谈？
14. 绩效评价有哪些常用方法？阐述每种方法的含义及特点。

第 11 章

薪酬管理

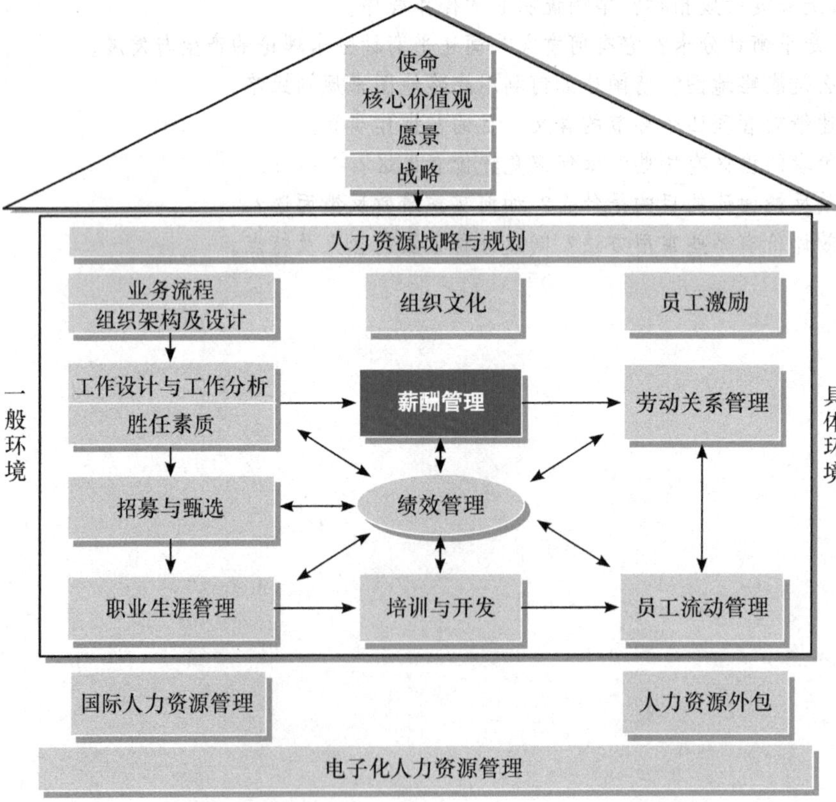

使命
核心价值观
愿景
战略
人力资源战略与规划
业务流程
组织架构及设计
组织文化
员工激励
一般环境
工作设计与工作分析
胜任素质
薪酬管理
劳动关系管理
具体环境
招募与甄选
绩效管理
职业生涯管理
培训与开发
员工流动管理
国际人力资源管理
人力资源外包
电子化人力资源管理

第 1 节 薪酬管理概述

一、薪酬的含义与功能

（一）薪酬的含义

在了解薪酬（compensation）之前，首先介绍一下报酬的概念。报酬（rewards）是指员工从企业那里得到的作为个人贡献回报的他认为有价值的各种东西，一般分为内在报酬（intrinsic rewards）和外在报酬（extrinsic rewards）。内在报酬通常指员工从工作本身获得的心理满足和心理收益，如参与决策、工作自由度、工作兴趣、更多责任、活动的多样性以及发展机会等。外在报酬通常指员工所得到的各种货币收入和实物，包括财务报酬（financial rewards）和非财务报酬（non-financial rewards）两种类型。非财务报酬包括宽敞的办公室、动听的头衔以及专属停车位等。财务报酬又可以分为两类：一是直接报酬（direct rewards），如基本薪酬、加班费、绩效奖金、股票期权和利润分享等；二是间接报酬（indirect rewards），如保险、带薪休假和住房补贴等福利（见图 11-1）。

薪酬是报酬体系的一部分。薪酬概念的界定常见的有两种：一种对应直接报酬，即员工因为雇佣关系的存在而从雇主那里获得的各种形式的货币报酬。这种薪酬概念仅仅包括货币性劳动报酬，它是基本薪酬和可变（或浮动）薪酬的总和，但福利不包括在内。另一种薪酬概念对应财务报酬，是指员工从企业那里得到的各种直接和间接的经济收入。这种界定口径宽一些。美国薪酬管理专家乔治·T. 米尔科维奇（George T. Milkovich）采用该口径将薪酬定义为：薪酬是指员工作为雇佣关系中的一方，因为工作和劳动，而从雇主那里得到的各种货币收入以及各种特定的服务和福利之和。这种包容性更强的薪酬概念更好地体现了企业为员工劳动所提供的经济补偿或回报。这种薪酬概念的内涵与 20 世纪 90 年代开始流行的总薪酬（total compensation）的内涵是一致的。20 世纪 90 年代以来，为了吸引、激励和保留人才，企业给员工的回报就从传统的直接货币薪酬扩展到福利这种间接的经济激励手段，探索如何综合利用货币薪酬和福利来打赢人才争夺战。因此，总薪酬这一概念的提出，实际上是为了强调作为报酬一种独特的组成部分的福利的作用，它代表企业能够为员工提供的全部经济报酬，而不是只有直接报酬。

本书采用第二种薪酬定义，即认为薪酬不仅仅包括各种形式的货币性报酬，也包括各种福利。薪酬一般分为基本薪酬、绩效薪酬以及福利三种类型。其中，基本薪酬又分为职位薪酬和能力薪酬（含技能薪酬）；绩效薪酬分为个人绩效薪酬与群体绩效薪酬；福利包括保险、各种津贴、带薪休假等。

（二）薪酬的功能

薪酬具有以下主要功能：

（1）补偿功能。员工作为企业的劳动力资源，通过劳动取得的薪酬来补偿在劳动过程中的脑力与体力的消耗，以恢复劳动能力，使劳动得以继续。同时，员工还可以将部分薪酬用于自我教育开发，以增强劳动能力，提高自身素质，实现劳动力的增值再生产。另外，员工大多还承担着抚养孩子和赡养老人的责任，薪酬还用于家庭的开支。

（2）激励功能。在当前情况下，劳动是人们主要的谋生手段，物质利益仍然是人们所追求的。薪酬的高低决定了人们物质文化生活水平的高低；同时薪酬的高低也表示一个人的社会地位，是全面满足员工多种需要的经济基础。因此，薪酬公平与否，直接影响到员工的积极性。正常合理的薪酬分配，有助于调动员工的积极性；反之，则势必影响员工积极性的发挥，薪酬的激励作用也将丧失。

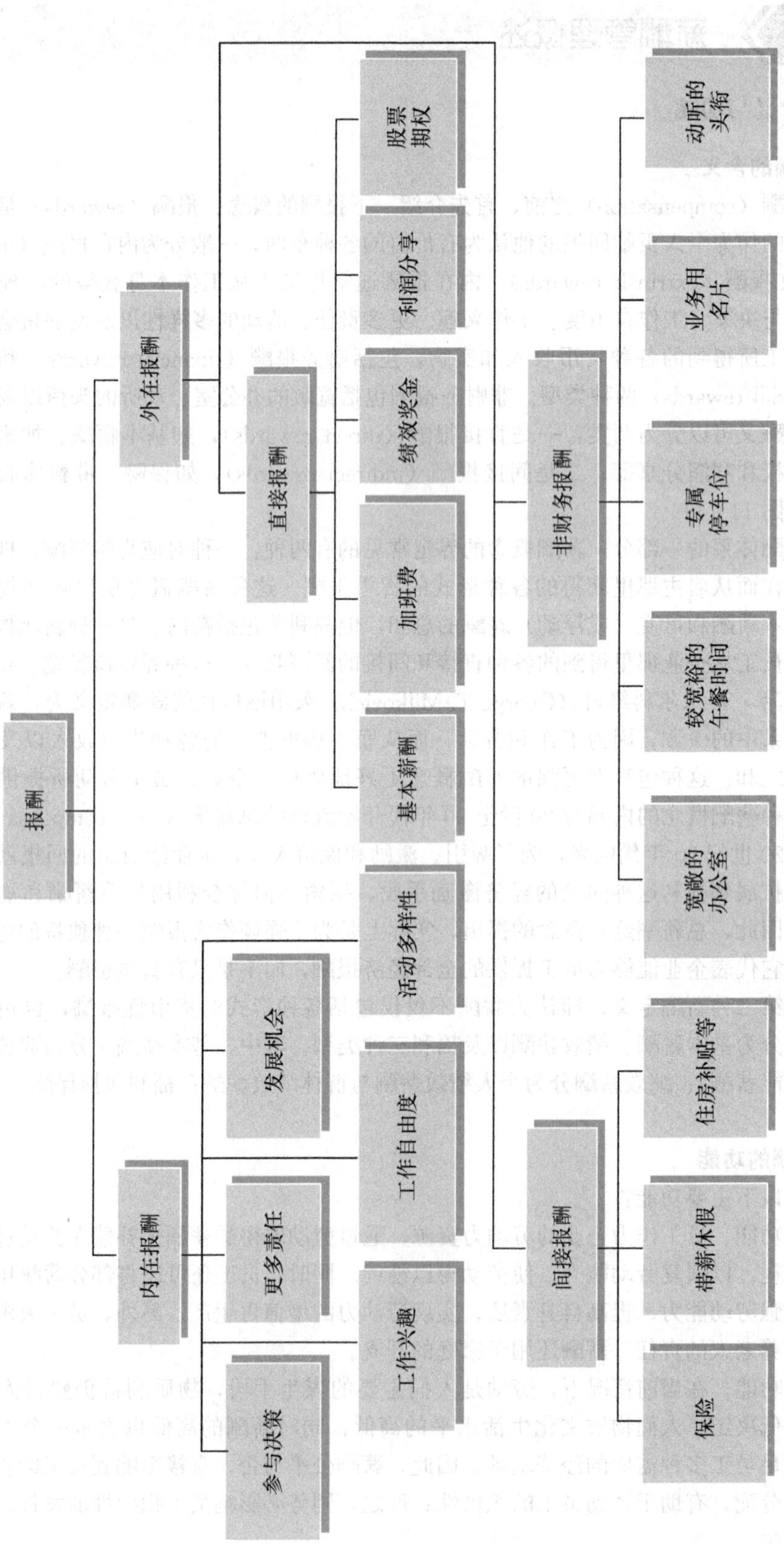
报酬
外在报酬
内在报酬
直接报酬
非财务报酬
间接报酬
股票期权
利润分享
绩效奖金
加班费
基本薪酬
活动多样性
工作自由度
工作兴趣
发展机会
更多责任
参与决策
动听的头衔
业务用名片
专属停车位
较宽裕的午餐时间
宽敞的办公室
住房补贴等
带薪休假
保险

图 11-1　报酬的构成

(3) 调节功能。薪酬的差异可以促进人力资源的合理流动和配置。目前我国客观上还存在地区之间、部门之间、企业之间、职业之间在工作环境、劳动强度、劳动难易程度，以及收入多少等方面的差别，也存在劳动力稀缺程度的差别。人们在物质利益的驱动下总是愿意到薪酬高、环境好的地方（地区、部门、企业）就业。因此，国家可以通过调节薪酬的方法，引导劳动者向合理的方向流动，从而达到劳动力资源的合理配置。对于企业来说，一方面可以通过调整内部薪酬水平来引导内部的人员流动；另一方面，对外则可以利用薪酬的差异来吸引急需的人力资源。

(4) 信息传递功能。薪酬水平的变动，可以将企业的组织目标、发展战略以及管理者的意图等及时有效地传递给员工。比如，工资的提升意味着公司对员工业绩的肯定；采用绩效工资制度，或提高绩效工资（或奖金）的比重，意味着公司鼓励员工或部门之间的竞争；采用年功工资制度意味着公司希望员工长期在本企业效劳，希望减少员工的流动。薪酬管理可以作为一个辅助手段，多方位地向员工传递各种信息。

二、薪酬管理的含义与意义

薪酬管理（compensation management）是指企业在综合考虑内外部各种因素的影响的情况下，根据企业的经营战略和发展规划，针对所有员工提供的服务来确定他们应当得到的薪酬总额以及薪酬结构和薪酬形式的一个过程。在这一过程中，企业必须就薪酬水平、薪酬体系、薪酬结构以及特殊员工群体的薪酬等做出决策，同时，作为一种持续的组织过程，企业还要持续不断地制订薪酬计划、拟定薪酬预算、就薪酬管理问题与员工进行沟通，并对薪酬系统本身的有效性做出评价，不断予以完善。

全面理解薪酬管理的含义，需要注意以下几个问题：

(1) 薪酬管理要在企业的经营战略和发展规划的指导下进行，必须服从和服务于企业的经营战略和发展规划，为战略的实现提供有力的支持。

(2) 薪酬管理的目的不仅是让员工获得一定的经济收入，使他们能够维持并不断提高自身的生活水平，还要能引导员工的工作行为、激发员工的工作热情，不断提高他们的工作绩效，这是薪酬管理更为重要的目的。

(3) 薪酬管理的内容不仅是及时准确地给员工发放薪酬，还包括必须做出一系列决策，是一项非常复杂的活动。

作为人力资源管理的一项主要职能活动，薪酬管理具有非常重要的意义，主要表现在以下几个方面。

(1) 有效的薪酬管理有助于吸引和保留优秀的员工。这是薪酬管理最基本的作用。企业支付的薪酬，是员工最主要的经济来源，是他们生存的重要保证。薪酬管理的有效实施，能够为员工提供可靠的经济保障，从而有助于吸引和保留优秀员工。

(2) 有效的薪酬管理有助于激发员工的工作积极性。根据马斯洛的需要层次理论，人存在五个层次的需要，有效的薪酬管理能够不同程度地满足这些需要，从而可以实现对员工的激励。员工获得的薪酬，是他们满足生存需要的直接来源；没有一定的经济收入，员工就不可能有安全感，也不可能有与他人交往的物质基础。此外，薪酬水平的高低也是员工绩效水平的一个反映，较高的薪酬表明员工具有较好的绩效，这可以在一定程度上满足他们尊重和自我实现的需要。

(3) 有效的薪酬管理有助于改善企业的绩效。薪酬管理的有效实施，能够对员工产生较强的激励作用，提高他们的工作绩效，而每个员工个人绩效的改善将使企业整体的绩效得到提升。此外，薪酬管理对企业绩效的影响还表现在成本方面，对于任何企业来说，薪酬都是一项非常重要的成本开支，通过有效的薪酬管理，企业可以在一定程度上降低总成本，从而提升企业的经营绩效。

（4）有效的薪酬管理有助于塑造良好的企业文化。良好的企业文化对于企业的正常运转具有重要的作用，有效的薪酬管理有助于企业文化的塑造。经济性薪酬为企业文化的建设提供了基本的物质基础，而非经济性薪酬本身就含有大量企业文化的成分。更为重要的是，合理的薪酬制度可以作为构建企业文化的制度性基础，对企业文化的发展方向具有重要的引导作用。

三、影响薪酬管理的主要因素

影响薪酬管理的因素很多，概括起来主要有以下三类：企业外部因素、企业内部因素、员工个人因素（见表11-1）。

表11-1　影响薪酬水平的因素

企业外部因素	企业内部因素	员工个人因素
● 国家政策和法律法规 ● 劳动力市场状况 ● 物价水平 ● 企业所处行业特点	● 企业的经营战略 ● 企业的规模 ● 企业的发展阶段 ● 企业的财务状况 ● 企业文化	● 员工的职位 ● 员工的绩效表现 ● 员工的工作年限 ● 员工的学历

（一）企业外部因素

（1）国家政策和法律法规。在市场经济条件下，政府对企业薪酬水平的干预，主要通过政策和法律法规来进行。如规定员工的最低工资、工资的税收、工资的分配原则、节假日加班工资等，来间接影响企业的薪酬水平。企业确定薪酬必须遵守政府的有关政策法规。

（2）劳动力市场状况。劳动力市场供求状况的变化，会引发员工薪酬水平的变化。当市场上对企业产品的需求增加时，导致企业扩大生产规模，劳动力需求增加，此时企业为招到数量足够、质量合格的劳动力，将提高工资水平；当产品需求下降时，会使劳动力需求减少，在其他条件不变情况下，企业将以降低工资的办法停止招聘新员工，甚至对原有员工进行裁减。

（3）物价水平。物价水平，尤其是员工生活费用水平的变动，对员工薪酬水平具有重大影响。当名义工资保持不变，或其上涨幅度小于物价上涨幅度时，物价上涨将导致员工实际工资的下降。为了保证员工实际生活水平不受或少受物价影响，企业会采取必要措施给予补助。

（4）企业所处行业特点。由于历史、自然和竞争的原因，在同一行业的劳动力市场上，会有一个平均的薪酬水平。企业在确定薪酬水平时，必须参照这个行业薪酬水平，否则，高于这个水平会增加企业的劳动力成本，低于这个水平则会招不到企业所需要的员工。当其他行业或本行业其他企业的薪酬水平上升时，会导致本行业、本企业劳动供给数量的减少，本企业为招聘到一定数量、质量的劳动力，将会提高薪酬水平；反之，将会降低本企业员工的薪酬水平。

此外，当地居民生活水平、社会劳动生产率变化情况等其他因素也对薪酬管理及薪酬水平具有明显影响。例如，较高的居民生活水平会导致员工对薪酬水平期望的提高，同时也意味着物价指数的上涨。为了保证员工实际生活水平不受或少受物价影响，企业往往不得不适当提高薪酬水平。

（二）企业内部因素

（1）企业的经营战略。企业在确定员工薪酬水平时，必须以企业的发展目标为根本出发点，确保企业发展目标的实现。因此，对于实现企业目标所需要的各类高素质的人力资源，必须在薪酬水平和薪酬政策上有所倾斜，从而保证企业能够吸引并留住这些人力资源，使他们为实现企业发展目标做出贡献。例如，采用成本领先经营战略的企业，薪酬管理必须将重点放在与竞争对手的成本比较上，提高薪酬体系中激励部分的比重，并强调劳动生产率；采用产品领先经营战略的企业，薪酬管理的重点则是奖励在产品以及生产技术方面的创新，并实施以市场为基准的薪酬政策。

（2）企业的规模。研究表明，在其他因素不变的情况下，大型组织所支付的薪酬水平往往要比中小型组织支付的薪酬水平高，而且，其员工随着工作经验的积累，薪酬上升的速度也会更快。

（3）企业的发展阶段。企业处于不同的发展阶段，薪酬体系也会有所差别。因此，企业应根据自己所处的发展阶段，设计适合本阶段发展的相应的薪酬体系（见表11-2）。

表11-2　企业不同发展阶段的薪酬体系

		企业发展阶段				
		初创期	快速成长期	成熟稳定期	衰退期	再造期
薪酬竞争性		强	较强	一般	较强	较强
薪酬刚性		小	较大	大	较大	小
薪酬构成	基本工资	低	较高	高	较高	较低
	绩效奖金	较高	高	较高	低较	高
	福利	低	较高	高	高	低
	长期薪酬	高	较高	高	低	较高

资料来源：方振邦，陈建辉．不同发展阶段的企业薪酬战略．中国人力资源开发，2004（1）：56-59.

（4）企业的财务状况。生产经营处于上升期、利润丰厚、资本雄厚的企业，薪酬水平往往比较高；否则薪酬水平就比较低。总之，企业在确定薪酬水平时，必须根据自己的经济实力，量入为出，适当控制劳动力成本，使产品具有竞争力，改善生产经营状况，从而增强企业的经济实力，这反过来又为企业提高薪酬水平提供物质基础。

（5）企业文化。不同的企业文化会直接影响到薪酬的方方面面，其中包括组织对内部公平性、外部竞争性、薪酬等级、可变薪酬甚至福利和服务等的不同看法。例如，美国著名咨询公司合益集团将组织文化划分为四种，即职能型文化、流程型文化、时间型文化和网络型文化。职能型文化要求薪酬体系能够吸引和保留员工，长期提供薪酬保障，而且认可在不同工作和不同责任之间存在的价值差距；流程型文化要求薪酬管理强调内部公平性，而且大面积地实施奖金制度来对绩效进行奖励。

（三）员工个人因素

（1）员工的职位。这主要表现为员工所从事的职位在工作繁简、难易、责任轻重、危险性以及劳动环境等方面的差异。工作繁、难、责任大、环境艰苦的，薪酬应高些；反之，薪酬应低些。

（2）员工的绩效表现。员工的绩效表现，即对组织贡献大小会影响到其薪酬水平。工作质量高、成果多或劳动时间长，其薪酬水平就高；反之，薪酬水平就低。

（3）员工的工作年限。员工工作年限越长，意味着资历越深，经验越丰富，其薪酬水平相对也越高；反之，则会较低。

（4）员工的学历。学历高者，智力投资相对多，工作潜力大，薪酬相应就高些；反之就低些。一般情况下，高学历获得高薪酬是合理的，因为这样既能补偿其智力投资，又有利于鼓励员工学习科学文化知识，提高素质，促进企业发展。

四、战略性薪酬管理

传统的薪酬管理在企业内属于较低层次的常规管理，与企业战略之间缺乏内在联系，因而存在很多问题：难以使员工的行为、业绩与组织发展的目标达到一致；缺乏弹性和适应性；灵活性与激励性差；不能适应组织扁平化；不能加强团队合作与组织文化建设。传统的薪酬管理存在诸多局限，已经跟不上当今经济发展的步伐，而现代组织需要的是一个能够将组织的战略、目标转化为实际行动，并促使组织内部形成协调一致的薪酬体系，由此，战略性薪酬管理应运而生。

（一）战略性薪酬管理的含义与特征

战略性薪酬管理（strategic compensation management）是企业战略管理和战略性人力资源管理的组成部分，指将薪酬管理与企业经营战略及人力资源管理的其他活动结合起来，充分发挥薪酬管理功能的管理过程。战略性薪酬管理实质上就是采用一种崭新的理念，即战略的观点看待薪酬管理，并做出一系列战略性薪酬决策。战略性薪酬管理具有以下显著特征：

（1）战略性。战略性薪酬管理着眼于可能影响企业绩效的薪酬的方方面面，它根据组织的经营战略和组织文化制定具有较强综合性的薪酬战略，目的是最大限度地发挥薪酬对企业战略的支持作用。因此，战略性薪酬管理可以看作企业经营战略的一种延伸。

（2）激励性。战略性薪酬管理关注企业的经营、组织价值观和绩效期望，通常采取多种奖励计划，以对员工个人及员工群体的绩效给予报偿。员工薪酬的升降取决于其个人的绩效、所在团队或群体的绩效及整个组织的绩效，这样，就把竞争性的薪酬与相关绩效结果直接联系在一起。

（3）灵活性。战略性薪酬管理不仅要求把注意力集中在组织目标上，还要求必须保持一定的弹性，强调薪酬系统的灵活性，以便在组织需要变革时，能够快速地做出反应。它要求组织能够根据不同的要求设计出不同的薪酬应对方案，以帮助组织适应不断变化的环境和客户的需求。

（4）沟通性。薪酬是企业与员工之间的一个关键沟通要素，薪酬为组织向员工清晰、积极地传达信息提供了一种重要的沟通机会，具有战略导向功能。战略薪酬管理能够将组织的使命、价值观、经营战略及未来期望传递给员工，促使员工个人行为与组织行为相融合。

（二）战略性薪酬管理体系设计

米尔科维奇认为，战略性薪酬管理体系应该能够支持公司的经营战略，可以承受来自社会、政策法规及组织内部等各方面的压力，通过有效的薪酬管理系统把员工、管理者和组织结成利益共同体，有力地激励和约束人们的态度和行为，在满足组织和员工的双向需求的同时，促进组织的事业发展和战略目标的实现，进而保持或增强企业的竞争优势。战略性薪酬管理体系设计的基本步骤如图11-2所示。

图11-2表明：（1）企业薪酬战略的设计必须基于组织的战略来展开。组织战略可分为两个层面：一个是公司层战略，包括公司的战略目标和战略前景等；另一个是建立在整个公司战略基础之上的业务单元的战略。（2）在确立企业公司层战略和业务单元战略的基础上，需要根据这两个层面的战略来安排企业的人力资源战略，即思考人力资源在企业战略规划中的作用，以及企业通过什么样的人力资源系统来支撑企业的战略与目标。而且，薪酬战略属于人力资源战略的一个组成部分，是建立在人力资源战略基础之上的、支撑整个人力资源战略的子系统。（3）确定薪酬战略，并将薪酬战略转化为具体的薪酬制度和薪酬管理流程，以有效地引导和改变员工的工作态度和行为方式，形成自己的竞争优势。对应于企业不同的经营战略，企业要采取不同的更具体的薪酬方案。例如，创新战略强调冒险，其方式是不再过多重视评价和强调各种技能或职位，而是将重点放在激励工资上，以此鼓励员工大胆创新，缩短从产品设计到顾客购买之间的时间差。成本领先战略以效率为中心，注意控制劳动成本，强调少用人、多办事，其方式是降低成本、鼓励提高生产率，详细而精确地规定工作量。以顾客为核心的战略将顾客的满意度作为员工业绩的评价指标，提出按顾客满意度来给员工支付薪酬。

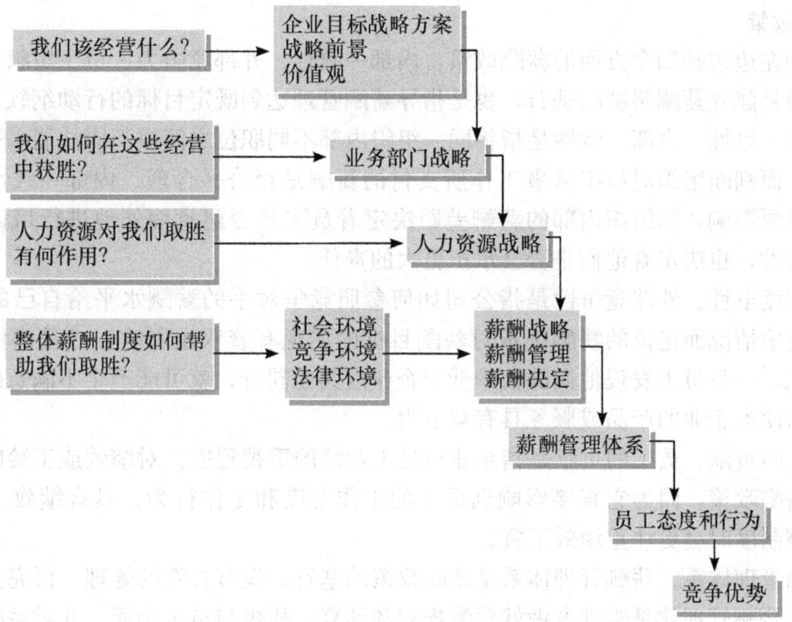

图 11-2 战略性薪酬管理体系的设计

资料来源：MILKOVICH G T，NEWMAN J M. Compensation . 6th ed. USA：Irwin/McGraw-Hill，1999：27.

五、薪酬管理的模型与决策

（一）薪酬管理的模型

米尔科维奇提出了一个系统的薪酬管理模型，该模型由三部分组成：(1) 薪酬政策；(2) 薪酬技巧；(3) 薪酬目标（见图 11-3）。

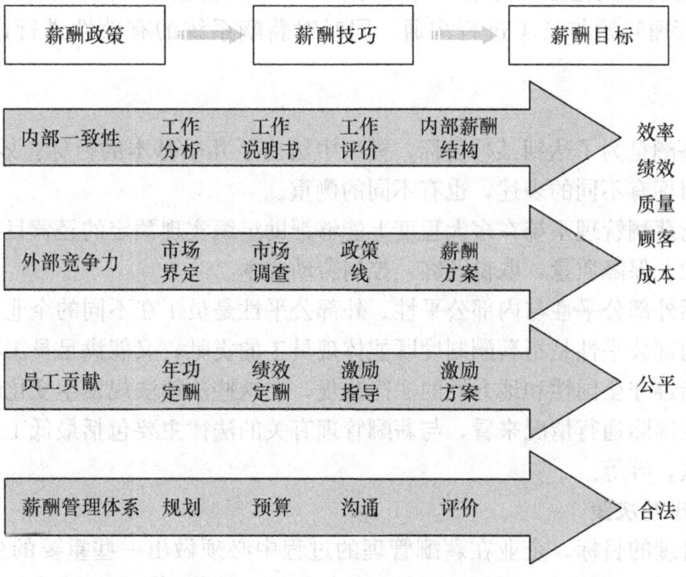

图 11-3 薪酬管理模型

资料来源：米尔科维奇，纽曼. 薪酬管理：第 6 版. 北京：中国人民大学出版社，2002：9.

1．薪酬政策

在模型的左边包括四个方面的薪酬政策：内部一致性、外部竞争力、员工贡献和薪酬管理体系。这些政策是建立薪酬制度的基石，也是指导薪酬管理达到既定目标的行动纲领。

（1）内部一致性。内部一致性是指将同一组织内部不同职位之间或不同技能水平之间的薪酬进行对比，从而判断组织对员工从事工作所支付的薪酬是否公平合理。内部一致性对薪酬目标的实现具有重要影响，如组织内部的薪酬差距决定着员工是否愿意额外地进行培训投资以使自己更具有适应性，也决定着他们是否会承担更大的责任。

（2）外部竞争性。外部竞争性是指公司如何参照竞争对手的薪酬水平给自己的薪酬水平定位。视外部竞争情况而定位的薪酬决策对薪酬目标的实现有着双重影响：一是确保薪酬足够吸纳和维系员工，一旦员工发现他们的薪酬低于企业内其他同行，就可能产生不满意感；二是控制劳动成本，以使本企业的产品或服务具有竞争力。

（3）员工的贡献。员工的贡献是指企业对员工业绩的重视程度。对绩效或工龄的重视程度是一项重要的薪酬政策，因为它直接影响到员工的工作态度和工作行为。具有绩效工资政策的公司在制定薪酬制度时会更注重绩效工资。

（4）薪酬管理体系。薪酬管理体系是薪酬政策的基石，没有有效的管理，再完美的薪酬制度也毫无用处。薪酬管理就是管理者做好薪酬规划和预算，积极与员工沟通，并对薪酬管理能否达到目标做出准确的判断。

2．薪酬技巧

薪酬技巧把四种薪酬政策和薪酬目标联系起来。内部一致性政策的建立往往从工作分析开始，把有关某人、某职位的信息收集组织起来并进行评价，在能力评价或工作评价的基础上，设计薪酬框架。外部竞争力是通过参照同行给类似职位所定的薪酬建立起来的，确定薪酬水平要经过几个步骤：首先，界定一个竞争的劳动力市场；其次，组织调查，弄清其他企业支付多少薪酬；最后，利用以上信息和企业的决策确定一个薪酬框架。重视员工贡献的基础是以绩效工资、激励方案、股票期权和其他业绩为基础的工资形式。薪酬管理体系需要制订薪酬计划、拟定薪酬预算、就薪酬管理问题与员工进行沟通，同时对薪酬系统的有效性进行评价，并不断加以完善。

3．薪酬目标

设计和管理薪酬是为了达到某种目标，模型中给出了几个基本的目标：效率、公平和合法。不同公司对薪酬目标有不同的表述，也有不同的侧重。

（1）效率是指薪酬管理系统在多大程度上能够帮助组织实现预定的经营目标。该目标可进一步细化：提高绩效，保障质量，取悦顾客，控制劳动成本。

（2）公平包括外部公平性与内部公平性。外部公平性是员工在不同的企业做同样的事，工作收益基本相同；内部公平性是指薪酬制度既能体现员工的贡献，又能满足员工心理上的需求。

（3）合法是指遵守全国性和地方性的法律法规，在这些法律法规发生变化时薪酬制度也会做出相应的调整。从国际通行情况来看，与薪酬管理有关的法律主要包括最低工资立法、同工同酬立法或反歧视立法，等等。

（二）薪酬管理的决策

为达到薪酬管理的目标，企业在薪酬管理的过程中必须做出一些重要的决策。主要包括薪酬设计的导向、薪酬的外部竞争性、薪酬的内部公平性、薪酬的构成、薪酬的等级结构等决策。

1．薪酬设计的导向

薪酬设计的导向有两种：以工作为导向的基本薪酬设计和以员工能力为导向的基本薪酬设

计。以工作为导向的基本薪酬设计称为职位薪酬体系，即员工的薪酬是按照员工在组织中所占据的特定职位来发放的。员工薪酬的高低取决于职位的价值。组织内各职位相对价值的大小由职位评价来确定。以员工能力为导向的基本薪酬设计称为能力薪酬体系，即员工的基本薪酬是根据对员工与工作相关的能力评价的结果来确定的。在一个组织中，这两种薪酬体系可以单独使用，也可以混合使用。

2. 薪酬的外部竞争性

薪酬的外部竞争性是指企业中各职位的薪酬水平与同行业或地区中企业支付给相近职位的薪酬水平相比较后的定位。对企业薪酬的外部竞争性决策产生影响的主要因素包括企业的支付能力和薪酬战略、社会生活成本指数，以及在集体谈判情况下的工会薪酬政策等。薪酬的外部竞争性政策包括领先市场水平、追随市场水平和低于市场水平三种。企业可以混合使用三种政策，如对少数关键核心职位采取领先市场水平的政策，对一般性职位采取追随市场水平政策甚至低于市场水平的政策。

3. 薪酬的内部公平性

薪酬的内部公平性关注的是一家企业内部不同职位或员工之间的薪酬对比问题，也称为内部一致性。为确保薪酬的内部公平性，在采用职位薪酬体系的情况下，企业往往通过职位评价来区分不同职位的相对价值，以确定不同职位的薪酬水平；在能力薪酬体系中，企业要通过建立能力等级评价体系来确保合理评价员工的能力，并据此确定员工的基本薪酬。

4. 薪酬的构成

薪酬的构成是指员工和企业的总体薪酬由哪几部分构成，即不同类型的薪酬组合方式。薪酬通常情况下由基本工资、绩效工资、奖金（奖励）和福利（服务）等部分组成。基本工资反映职位的相对价值或能力的相对价值，是相对静止的部分。绩效工资是事后承认工资，是与员工绩效挂钩的薪酬，是相对动态的。奖金（奖励）是与企业的经营业绩挂钩的薪酬，年终奖是常见的短期奖励，长期奖励有股票期权计划等。福利（服务）是以非货币形式提供给员工的薪酬，一般不以员工的劳动情况作为支付依据。

5. 薪酬的等级结构

薪酬的等级结构指的是同一组织内部的薪酬等级数量以及不同薪酬等级之间的薪酬差距大小。典型的两种薪酬结构的设计是窄带薪酬和宽带薪酬。窄带薪酬等级多，每一个等级的薪酬幅度相对较小，员工往往只能通过职位的提升来增加薪酬；宽带薪酬等级少，每一个等级的薪酬幅度大，员工不需要为了薪酬的增长而去斤斤计较职位的晋升，只要注意发展企业所需要的技术和能力就可以获得相应的薪酬。

六、薪酬管理与人力资源管理其他职能的关系

1. 与工作设计及工作分析的关系

随着工作设计的推广应用，员工工作内容日益丰富化、责任与任务越来越多，从而需要具备更多和更高的技能，这就要求企业薪酬体系适应和支持这种发展趋势，对员工的工作行为加以引导。如果工作设计不合理，就会给薪酬管理带来麻烦。比如，职位划分过细必然导致企业的薪酬等级划分过细，进而使员工在不同职位之间的轮换变得很困难，同时员工会紧盯着职位的等级而不是绩效和能力。此外，工作分析是基本薪酬实现内部公平性的一个重要基础，工作说明书是进行职位评价确定薪酬等级的依据，职位评价的信息大都来自工作说明书。在技能薪酬体系或能力薪酬体系中，工作分析仍然具有重要的意义，因为评价员工所具备的技能或能力，仍然要以他们从事的工作为基础来进行。

2. 与人力资源规划的关系

薪酬管理与人力资源规划的关系体现在人力资源供需平衡方面。薪酬政策的变动是改变内部人力资源供给的重要手段，例如提高加班工资的额度，可以使员工增加加班时间，从而增加人力资源的供给量，当然这需要对正常工作时间的工作严格加以控制。

3. 与招募与甄选的关系

薪酬管理同招募与甄选的关系是双向的，企业的薪酬体系会对招募与甄选工作的速度以及所获得员工的数量、质量、人格特征等产生影响。比如较高的薪酬水平有利于吸引大量的应聘者，从而提高招聘的效果。此外，招募录用也会对薪酬管理产生影响，录用人员的数量和结构是决定企业薪酬总额增加的主要因素。

4. 与员工培训与开发的关系

当前，员工培训与开发以及职业生涯设计已经成为企业核心竞争力的重要源泉，企业现在也普遍朝着学习型组织的方向发展，但只有设计出与学习型组织相适应的薪酬体系与薪酬制度，对员工的学习行为尤其是学习后应用结果给予反馈和奖励，才能更好地促进员工培训与开发，进而支持学习型组织的建设。此外，薪酬体系的合理设计有助于引导员工主动接受培训、努力进行技能开发、不断巩固和提升自身业务素质，从而增强员工适应工作的能力，帮助组织获得更大的灵活性。

5. 与绩效管理的关系

薪酬管理和绩效管理之间是一种互动的关系。一方面，绩效管理是薪酬管理的基础之一，激励薪酬的实施需要对员工的绩效做出准确的评价；另一方面，针对员工的绩效表现及时地给予他们不同的奖励薪酬，也有助于增强激励的效果，确保绩效管理的约束性。

6. 与员工关系管理的关系

在企业的劳动关系中，薪酬是最主要的问题之一，劳动争议也往往是由它引起的，因此有效的薪酬管理能够减少劳动纠纷，建立和谐的劳动关系。此外，薪酬管理也有助于塑造良好的企业文化，促使员工与企业文化所倡导的价值观与行为方式保持一致。

七、薪酬沟通

（一）薪酬沟通的重要性

所谓薪酬沟通，是指有计划、有目的地就本企业的薪酬战略、薪酬设计思路、薪酬制度、薪酬政策以及其他员工关心的相关薪酬信息与员工进行公开而坦诚的沟通和交流，促使他们正确地理解企业的薪酬体系所要传达的信息以及鼓励的行为、态度和绩效结果，同时提高员工的薪酬满意度。

薪酬沟通的重要性之一在于它对员工的公平感有着显著的影响。薪酬管理的目的之一就是激励员工，如果他们认为组织提供的薪酬是不公平的，他们将很难受到激励。由于员工的公平感建立在他们的感知基础之上，组织可以通过做一些工作来影响员工得到的信息，进而影响他们的感知。比如，如果企业通过薪酬水平研究发现，支付的薪酬已经相当丰厚，它就应当与员工进行沟通，因为如果员工不了解实际情况，他们很有可能会对自己的薪酬得出完全不同的结论。

在薪酬管理的很多方面，沟通都至关重要。如在制订和实施奖励性薪酬计划时，与员工进行沟通，不仅有助于向员工展示奖励性薪酬计划的公平性，还会促使员工表现出组织期望的那些行为。而一旦需要改变奖励性薪酬计划，与员工的沟通就更为重要。因为员工常常会对此类变化感到担忧，所以在需要对奖励性薪酬计划做任何改变时，人力资源部门应该首先确定，采用哪些方法来就变革的原因向员工做好解释工作。

随着企业对人才的争夺越来越激烈和互联网的普及，不主动与员工进行薪酬沟通的代价会越来越大。首先，由于薪酬的重要性，在缺乏沟通的情况下，薪酬问题往往成为流言蜚语的主题，员工经常会基于不完整的信息来做出种种假设，而这些假设往往会对他们的工作动机以及工作结果产生极大的影响。其次，在制定和执行薪酬方案时，如果薪酬方案不能获得员工和其他管理人员的理解和支持，就无法获得预期的效果。最后，互联网的发展也强化了企业的薪酬沟通需求。员工可以通过登录官方或私营机构的薪酬信息发布网站获得与自己有关的薪酬数据。这样，组织就必须主动地就薪酬问题与员工进行沟通，对自己的薪酬政策做出解释。

因此，企业必须意识到精心设计的薪酬体系要借助良好的沟通才能真正发挥有效激励员工以及提高组织绩效的作用。

(二) 薪酬沟通的步骤

(1) 确定沟通目标。企业需要确定就什么进行沟通以及通过沟通达到怎样的目的。薪酬沟通目标可以概括为三个：一是确保员工完全理解新的薪酬体系；二是改变员工对自身薪酬决定方式的既有看法；三是鼓励员工在新的薪酬体系之下做出最大的努力。企业可以根据实际情况，设计出更为具体的沟通目标。

(2) 收集薪酬相关信息。收集管理者和普通员工对薪酬体系的有关看法，既包括对现有体系的评价，也包括对未来变革的设想和期望。

(3) 制定沟通策略。沟通策略包括市场策略和技术策略。市场策略的措施包括调查员工对薪酬体系的反馈、准确告知员工现有薪酬制度的优势和不足、对组织最新的薪酬举措进行宣传等。技术策略不太重视薪酬政策本身的质量或优缺点，而是着眼于向员工提供尽可能多的技术细节，包括组织的薪酬等级、特定薪酬等级的上限和下限、加薪的相关政策等。通过这种做法，可以加深目标员工和管理者对薪酬体系本身的认识和理解，更好地实现沟通的目的。

(4) 选择沟通媒介。沟通媒介可以划分为四大类：视听媒介、印刷媒介、人际媒介以及电子媒介。它们在技术复杂程度上有所差异，沟通效果也有着显著的不同。要综合考虑沟通效果和相应的研发成本来确定沟通媒介。所选媒介应该能够给沟通双方提供大量面对面的互动机会，同时传达充分个人化的信息，切实满足单个员工或是团队的个别需要。

(5) 举行薪酬沟通会议。一般在薪酬沟通流程的末期举行正式沟通会议，就整个薪酬方案进行解释和推销，包括职位评价、市场数据调查和分析、薪酬等级的确定、奖金方案的制定、绩效评价体系以及薪酬管理方面的问题。

(6) 评价薪酬沟通结果。评价的最佳时期是举行正式会议之后的4～6个月。评价涉及的问题包括企业内部成员对于薪酬方案的理解达到怎样的程度、管理者和员工之间的沟通状况是否让人满意、决策层传达的信息和他们采取的做法是否一致、员工是否认为绩效与薪酬体系之间存在联系等。

第2节 基本薪酬体系

在企业的薪酬体系中，基本薪酬是最基础的部分，对于大多数员工来说，这也是他们所获得的薪酬中最主要的部分。基本薪酬的设计，通常要考虑两个因素：一是内部公平性，这是通过职位评价实现的；二是外部公平性，这是通过薪酬调查实现的。基本薪酬体系主要包括职位薪酬体系、技能薪酬体系与能力薪酬体系等类型。

一、职位薪酬体系

（一）职位薪酬体系概述

在薪酬体系中，职位薪酬（pay for job）体系是基本薪酬体系中最重要的形式之一，也是薪酬结构中最基本的组成部分。职位薪酬体系就是首先对职位本身的价值做出客观的评价，然后根据这种评价的结果来赋予承担这一职位的人与该职位的价值相当的薪酬的一种基本薪酬决定制度。职位薪酬体系是一种传统的确定员工基本薪酬的制度。目前从世界范围来看，使用最多的也是职位薪酬体系。

职位薪酬体系的最大特点是对岗不对人，即每个职位的工资高低完全由工作本身的价值决定，不受个人技能与业绩水平的影响，反映的是以工作为中心来构建薪酬体系。职位薪酬体系的主要优点：(1) 实现了职位一致性与真正意义上的同岗同酬，有利于内部公平性的建立；(2) 按照职位系列进行薪酬管理，操作比较简单、管理成本较低；(3) 可以有效激励员工为获取更高级别的职位而努力工作。

职位薪酬体系的主要缺点：(1) 无法反映个人业绩的差异。由于职位薪酬体系具有以工作为中心、对岗不对人的特点，在相同职位的员工出现技能差异与业绩差异时，无法提供具有针对性的薪酬。(2) 可能会造成员工消极怠工或离职的现象。由于员工收入主要基于职位，如果员工在组织中长期得不到晋升或者晋升无望，也没有机会获得较大幅度的工资增长，其工作积极性必然会受挫，进而出现消极怠工或者离职的现象。(3) 不利于组织核心竞争力的提升。职位薪酬体系不鼓励员工拥有跨职位的其他技能，这会抑制员工的学习意愿，降低组织的学习能力，并最终影响到组织核心竞争力的提升。

（二）职位薪酬体系设计的流程

职位薪酬体系设计流程如图 11-4 所示。

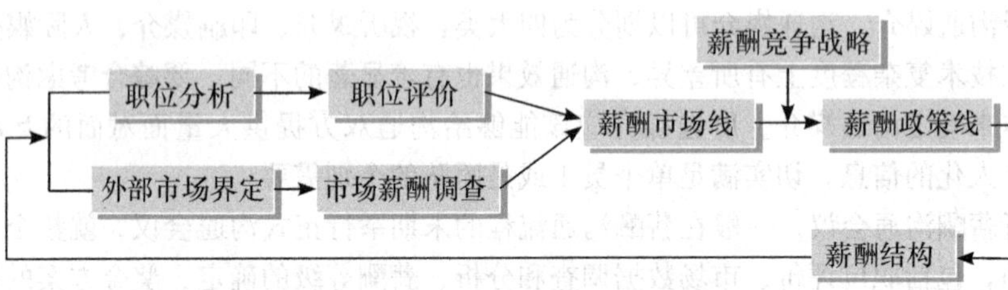

图 11-4 职位薪酬体系设计的流程

(1) 通过对职位的工作分析形成工作说明书。工作说明书包括该职位的主要工作职责、工作特征、业绩标准、任职资格要求等。

(2) 在工作分析的基础上进行职位评价。职位评价是建立职位薪酬的主要基础和前提，重点在于解决薪酬的内部公平性问题。它是通过采用一整套系统化的评价指标体系，对组织内部各职位的价值进行评价，得到各职位的评价点值，并以其作为该职位薪酬水平的主要依据。

(3) 在准确界定外部劳动力市场的基础上进行市场薪酬调查。通过对外部市场尤其是竞争者薪酬水平进行调查，进而依据调查结果，组织就可以制定反映各职位平均市场价值的市场薪酬线。薪酬调查重点在于解决薪酬的外部竞争性问题。

(4) 确定组织的薪酬竞争战略。企业是否完全按照市场薪酬线来确定实际的薪酬水平，取决于企业的薪酬竞争战略。主要包括领先型、匹配型、拖后型与混合型。根据薪酬战略和薪酬政策，企业对得到的市场薪酬线进行修正，得出企业的薪酬政策线。

(5) 建立薪酬结构。前述步骤只是确定了每个职位的平均价值以及基准薪酬，企业还必须根据自己的实际情况，为每个职位确定一个薪酬区间（也称为带宽），它包括中点工资、最高工资和最低工资，也就是设计出适合自己的薪酬结构，以形成职位的实际薪酬标准。

（6）薪酬体系的建立、实施与调整。薪酬结构设计完成后，还要设计薪酬与绩效的对接、奖金和福利的分配以及对不同员工的薪酬分配等分配制度，以形成薪酬管理体系，同时在具体的方案实施中发现问题，调整与企业发展不适应之处。

以上六个步骤中，工作分析已在第 5 章作了详细分析，这里不再赘述。下面重点介绍职位评价、薪酬调查、确定薪酬市场线与薪酬政策线、确定薪酬结构四个步骤的具体操作方法。

（三）职位评价

职位评价（job evaluation）是指借助一定的方法，确定企业内部各职位相对价值大小的过程。职位评价的对象是职位而不是员工，要让员工积极参与到职位评价工作中来，这样容易让他们对职位评价的结果产生认同，而且评价结果要公开。

职位评价具有以下作用：使员工之间、管理者和员工之间对薪酬的看法趋于一致和满意，各类工作与其对应的薪酬相适应；使企业内部建立连续性的等级，这些等级可以引导员工朝更高的工作效率发展；在企业内部职位与职位之间建立起一种联系，这种联系可以组成企业薪酬支付系统；当出现新的职位设置时，可以找到该职位较为恰当的薪酬标准。

职位评价的方法一般有四种：排序法、归类法、要素计点法和要素比较法（见表 11－3）。在实践中，最常用、最复杂但相对更科学的方法是要素计点法。

表 11－3　职位评价的方法

评价时的参照系	评价方法	
	非量化的方法	量化的方法
其他的职位	排序法	要素比较法
既定的尺度	归类法	要素计点法

1. 排序法

排序法（ranking method）是最简单的一种职位评价方法，从总体上来判断各个职位价值的相对大小。排序法又可分成三种类型：直接排序法、交替排序法和配对比较法。

直接排序法是指根据职位的价值大小从高到低或从低到高对职位进行总体排序。交替排序法是指首先从待评职位中找出价值最高和价值最低的职位，然后从剩余的职位中找出价值最高和最低的职位，如此循环，直到把所有的职位都排列完毕为止。配对比较法是指将待评的职位进行两两比较，以最终比较的结果对职位做出排序。表 11－4 是配对比较法的一个例子。

表 11－4　配对比较法示例

	A	B	C	D	E	F	总计
A		+	+	+	0	+	4
B	−		+	0	+	0	1
C	−	−		+	−	−	−3
D	−	0	−		−	−	−4
E	0	−	+	+		−	0
F	−	0	+	+	+		2

运用配对比较法时，首先将职位按照同样的顺序在横向和纵向进行排列；然后以横向为准进行比较，当比其他职位价值大时就在对应的方框中记“+”，与其他职位价值相等时记“0”，

比其他职位价值小时就记"－"；最后统计出净"＋"的个数，依此对职位做出排序。在表 11－4 中，职位 A 是价值最高的，其次是职位 F，价值最低的是职位 D。

排序法的步骤：第一，获取职位信息；第二，选择报酬要素并对职位进行分类；第三，对职位进行排序；第四，综合排序结果。排序法的优点是简单，费用也比较低，而且能很快地为建立合理的薪酬结构提供一个能接受的基础，容易与员工进行沟通。但是这种方法的缺点也非常明显：评价没有客观的尺度，缺乏一定的评价标准，尤其在职位较复杂的情况下，难免受主观因素的影响，因此评价的结果不够准确。一般来说，排序法适合那些规模小、结构简单、职位较少的企业。

2．归类法

归类法（job classification）是指按照一定的标准将职位归入事先确定好的职位等级中的职位评价方法。这种方法最早是由美国联邦政府开始使用的，其主要特征是能够快速地对大量的职位进行评价。

在使用这种方法时，首先要确定职位等级的数量，这要根据企业的具体情况做出决策。一般来说，企业的职位数量越多、职位类型越多，划分的职位等级相应也越多。其次，选择报酬要素，根据报酬要素界定各个职位等级的定义。例如，在美国联邦政府的分类体系中，报酬要素包括工作的复杂度和灵活度、接受和实施的监督、所需的判断能力、要求的创造力、责任、经验以及知识水平，其通用 1 级的定义如表 11－5 所示。最后，根据各个职位的工作说明书，对照确定好的标准，将职位归入与等级定义相同或相近的职位等级中去。

表 11－5　美国联邦政府职位归类法通用职位方案说明书示例

等级	定义
通用 1 级	所包含的工作职责等级： 在直接监督下（很少有独立判断的自由）开展如下工作： （1）在办公室、商业或财政部门最简单的常规工作 （2）在专业性、科学性或技术性领域内一名低层技术人员的基础工作

资料来源：米尔科维奇，纽曼．薪酬管理：第 6 版．北京：中国人民大学出版社，2002：108.

归类法的优点是简单，费用低，易于理解，不会花费很多的时间，也不需要技术上的帮助。它的缺点是不能清楚地定义等级，只能靠主观判断，而且对组织变革的反应也不太敏感，难以说明不同等级工作之间的价值差距到底有多大。

3．要素计点法

要素计点法（point method）是在实践中最常用的一种量化的职位评价方法，是根据各个职位在报酬要素上的得分来确定其价值的相对大小。要素计点法的操作一般按照下面的步骤来进行。

（1）确定报酬要素。报酬要素（compensable factors）是指一个组织认为在多种不同的职位中都包含的一些对其有价值的特征，这些特征有助于组织战略的实现以及组织目标的达成。简单地说，报酬要素就是组织中用来决定职位相对价值的标准。实际操作中最常见的报酬要素主要是责任、技能、能力与工作条件及其相关子因素。报酬要素的确定要按以下标准进行：以组织战略和价值观为基础；以工作为基础；能够被利益相关者接受；能够有效区分各种职位；相互独立，不能出现交叉和重叠；能够被清晰界定和衡量。

（2）将每个报酬要素划分成不同的等级并且对各个等级的含义做出清晰的界定。等级的划分取决于企业内部各个职位在该要素上的差异程度，差异越大，划分的等级就越多。表 11－6 显示的是"指导监督责任"这个报酬要素的等级划分及含义界定。

表 11-6 指导监督责任的等级划分及含义界定

要素编号：A03 要素名称：指导监督责任 要素类别：工作责任 要素定义：指任职者在正常的权力范围内所承担的正式指导、监督、评价等方面的责任。责任的大小根据任职者直接指导和监督的人数及层次来划分	
等级	等级说明
1	不监督任何人，只对自己的工作负责
2	指导、监督 4 名以下第 1 级别人员（含 2 名）
3	指导、监督 5～10 名第 1 级别人员，或 1～3 名第 2 级别人员
4	指导、监督 4～6 名第 2 级别人员，或 1～3 名第 3 级别人员
5	指导、监督 4～6 名第 3 级别人员，或 1～3 名第 4 级别人员

(3) 确定各个报酬要素及其内部各等级的点值。首先要确定总的评价点数，一般来说，需要评价的职位越多，总点数就越大，这样才能清楚地反映出各职位之间的差异。然后根据各个报酬要素在总体中所占的权重对总点数进行分配，权重可以通过经验或者统计的方法得出。接着要将各个报酬要素的点数再分配到内部的各个等级去。为了保证评价的客观性，一般要按照一定的规律来分配点数。表 11-7 是点数分配的一个例子。

表 11-7 点数分配表示例

要素名称	权重（%）	点数	等级划分	等级点数
战略实现责任	25	125	1 2 3 4 5	25 50 75 100 125
风险控制责任	20	100	1 2 3 4	25 50 75 100
指导监督责任	15	75	1 2 3 4 5	15 30 45 60 75
沟通协调责任	20	100	1 2 3 4	25 50 75 100
工作伤害	10	50	1 2 3	18 34 50
工作环境舒适性	10	50	1 2 3 4	14 26 38 50
合计	100	500		

（4）评价待评职位。上述步骤其实都是在确定评价的尺度，最后一步是对照工作说明书，按照已经制定好的标准，确定待评职位在各报酬要素上所处的等级，将等级对应的点数加总，就可以得到该职位的最终评价点数。比较所有职位的最终评价点数，就可以确定它们相对价值的大小。表11-8是对某职位进行评价的例子。

表11-8　职位评价表示例

要素名称	所处的等级	对应的点数
战略实现责任	5	125
风险控制责任	4	100
指导监督责任	4	60
沟通协调责任	3	75
工作伤害	1	18
工作环境舒适性	2	26
点数合计		404

理论上讲，只有应用要素计点法对组织内所有职位进行评价，职位之间的相对价值才是可信的。但是这样做的成本会比较高。实践中，通常是选择各类职位的典型职位进行评价，然后通过比较其他职位与典型职位，来确定所有职位的相对价值。要素计点法的优点是，作为一种量化方法，可以准确衡量出各职位之间的价值差距；缺点是操作起来费时费力，成本较高，而且不能完全杜绝主观因素的影响，比如要素选择、权重和点数分配都会受到主观判断的影响。

4．要素比较法

要素比较法（factor comparison）是排序法的延伸，不过它不再单纯地比较职位相对价值的大小，而是考虑到报酬要素，并使用可以量化的评价技术。要素比较法是根据不同的薪酬要素对典型职位进行多次排序，以确定典型职位之间的相对价值，然后通过比较其他职位与典型职位的差异，来确定所有职位相对价值的一种方法。

要素比较法的具体步骤和方法如下：

第一步，确定报酬要素。这与要素计点法的第一步基本一致。这里选择心理要求、身体要求、技术要求、职责和工作条件五个要素。

第二步，选择基准职位（benchmark jobs）。应用要素比较法不可能对所有职位都进行比较，因此要选出基准职位进行评价，其他职位的价值可以在与基准职位的报酬要素比较后加总得出。基准职位的选取标准：（1）工作内容是众所周知的，长期相对稳定而且被员工认可；（2）对于多数员工来说是很普通的职位；（3）代表被评价的所有职位；（4）通常被劳动力市场用来确定工资水平的职位。

第三步，按照每一个报酬要素，对基准职位进行多次排序，有几种报酬要素，相应地就要进行几次排序。表11-9是对四个基准职位排序的结果。

表11-9　基准职位的报酬要素排序示例

	心理要求	身体要求	技术要求	职责	工作条件
职位A	1	4	1	1	2
职位B	3	1	3	4	4
职位C	2	3	2	2	3
职位D	4	2	4	3	1

说明：1为最高分，4为最低分。

第四步，确定每一基准职位各报酬要素的工资率，并且依此对基准职位再次进行排序。首先，确定每一典型职位各报酬要素的工资率，并且依此对典型职位再次进行排列。先要确定每一报酬要素在该职位总体价值中所占的比重，比重可以通过经验或者统计的方法得出。然后按照比重将该职位的薪酬分配到各个报酬要素上去。典型职位薪酬水平的确定，一般要通过薪酬调查取得。例如对于职位 D，心理要求的权重为 30%，身体要求的权重为 35%，技术要求和职责的权重各为 10%，工作条件的权重为 15%；职位 D 的小时工资率为 4 元，因此各报酬要素的工资率就分别为 1.2 元、1.4 元、0.4 元、0.4 元和 0.6 元。最后，按照典型职位在各报酬要素上的工资率对它们再进行一次排列（见表 11－10）。

表 11－10　典型职位的工资率排序示例　　单位：元

	小时工资	心理要求	身体要求	技术要求	职责	工作条件
职位 A	9.8	4.0（1）	0.4（4）	3.0（1）	2.0（1）	0.4（2）
职位 B	5.6	1.4（3）	2.0（1）	1.8（3）	0.2（4）	0.2（4）
职位 C	6.0	1.6（2）	1.3（3）	2.0（2）	0.8（2）	0.3（3）
职位 D	4.0	1.2（4）	1.4（2）	0.4（4）	0.4（3）	0.6（1）

第五步，剔除不合理的典型职位。将第三步和第四步得到的结果进行比较，从理论上讲，对于每一报酬要素来说，两种比较得到的排列顺序应当是一样的。如果不一样，说明这一职位不能作为典型职位使用，应当剔除，再重新选择典型职位进行比较排序。

第六步，确定其他职位的薪酬水平。典型职位确定以后，将其他非典型职位的报酬要素与典型职位进行比较，分别确定各报酬要素的工资率，然后加总，就可以得出该职位的薪酬。在实践中，一般要先根据典型职位的排序建立要素比较等级表（见表 11－11），然后将非典型职位与典型职位进行比较，以确定其薪酬水平。

表 11－11　要素比较等级表示例

小时工资（元）	心理要求	身体要求	技术要求	职责	工作条件
0.1					
0.2				职位 B	职位 B
0.3					职位 C
0.4		职位 A	职位 D	职位 D	职位 A
0.5					
0.6					职位 D
0.7					（职位 E）
0.8				职位 C （职位 E）	
0.9					
1.0					
1.1					
1.2	职位 D	（职位 E）			
1.3		职位 C			

续表

小时工资（元）	心理要求	身体要求	技术要求	职责	工作条件
1.4	职位B	职位D			
1.5	（职位E）				
1.6	职位C				
1.7					
1.8			职位B		
1.9					
2.0		职位B	职位C	职位A	
2.2					
2.4			（职位E）		
2.6					
2.8					
3.0			职位A		
3.2					
3.4					
3.6					
3.8					
4.0	职位A				
4.2					
4.4					

例如，对于某非基准职位E，将其各个报酬要素与典型职位进行比较，可以确定出小时工资率分别是1.5元、1.2元、2.4元、0.8元和0.7元，那么职位E的小时工资率就是6.6元（1.5+1.2+2.4+0.8+0.7）。

要素比较法是一种相对比较准确、系统、量化的工作评价方法，它将工作价值评价具体到每一报酬要素，而且每一个步骤的操作都有详细的说明，这样不仅有助于评价人员做出正确的判断，而且易于向员工解释并得到员工的认可。要素比较法的不足：评价过程比较复杂，报酬要素的选取比较困难；在确定报酬因素的价值时可能会掺杂评价者的主观偏见。

5. 四种职位评价方法的比较

综合对上述四种职位评价方法的介绍，可以对这四种评价方法进行简明扼要的比较，如表11-12所示。

表11-12　四种职位评价方法的比较

方法	是否量化	评价对象	比较方法	优点	缺点
排序法	否	职位整体	职位与职位之间比较	简单，操作容易	主观性强，无法准确确定相对价值
归类法	否	职位整体	职位与特定级别标准之间比较	灵活性高，可以用于大型组织	对职位等级的划分和界定有一定的难度，无法确定相对价值

续表

方法	是否量化	评价对象	比较方法	优点	缺点
要素计点法	是	报酬要素	职位与特定级别标准之间比较	可以较准确确定相对价值，适用于多类型职位	工作量大，费时费力
要素比较法	是	报酬要素	职位与职位之间比较	可以准确确定相对价值	要素的选择较困难，市场工资随时在变化

（四）薪酬调查

薪酬调查（compensation survey）是企业通过各种渠道获得相关企业各个职位的薪酬水平及相关信息的过程。薪酬调查的目的是保证薪酬设计的内部公平性和外部竞争性，进而吸引和留住人才。根据薪酬调查的结果，结合职位评价的结果和企业自身的薪酬战略，就可以确定出各职位具体的薪酬水平。在发达国家，企业定期的薪酬调查已经相当普及。数据表明，美国93%的大型企业都会运用薪酬市场调查的资料指导自身的薪酬体系设计及薪酬管理。

薪酬调查主要按以下步骤进行：

第一步，确定薪酬调查的职位。此环节最重要的任务在于确定基准职位，即选择那些具有代表性的职位进行调查。

第二步，确定薪酬调查的对象及范围。在选择薪酬调查的对象时，要坚持可比性原则，最好选择与本企业有竞争关系或者同行业的类似企业，重点考察员工的流失去向和招聘来源，企业薪酬增长状况，不同职位不同级别的薪酬水平、奖金和福利状况，长期激励措施以及未来薪酬的发展趋势等。

第三步，确定薪酬调查的渠道和方式。薪酬调查的渠道通常有企业之间的互相调查、委托专业机构进行调查、从公开的信息中了解等。普遍采用的具体调查方式是问卷法和座谈法（也称面谈法），此外还可使用电话调查和网络调查等作为补充手段。

第四步，设计薪酬调查表并开展实际调查。无论采取何种薪酬调查方式，都要采用一个薪酬调查表记录所获取的信息。薪酬调查表应包括以下内容：调查职位的基本信息（包括职位名称和基本工作特征），调查对象的组织信息（包括规模、行业、地域、企业性质等），调查职位的职位描述（包括工作职责和内容），调查职位的任职者的个人信息（包括性别、年龄、学历、专业和资历等），调查职位的总体薪酬构成和薪酬水平（包括基本薪酬、奖金和福利等）。

第五步，分析薪酬调查结果。在结束薪酬调查之后，就需要分析薪酬调查的结果，形成薪酬调查报告。分析薪酬调查的结果主要是针对薪酬的统计数据进行分析，一般包括频度分析、居中趋势分析、离散趋势分析以及回归分析等。

（五）确定薪酬市场线与薪酬政策线

薪酬调查获得的数据，可以用来确定薪酬市场线与薪酬政策线。薪酬市场线实际上是职位评价点数与职位市场薪酬水平的线性回归结果。薪酬市场线回归方程为：

$$Y=\alpha+\beta X$$

式中，Y 为典型职位的市场薪酬水平，这类数据是通过薪酬调查获得的；X 为典型职位的评价点数，这类数据是通过职位评价获得的；α 和 β 为所要估计的参数，分别代表方程的截距项和斜率。通过代入相关数据，并运用最小二乘法进行拟合，就可以得到 α 和 β 的值。

企业可以将其他职位的点数代入方程，进而得到这些职位的薪酬市场水平的估计值。图11-5给出了薪酬市场线的一个例子。

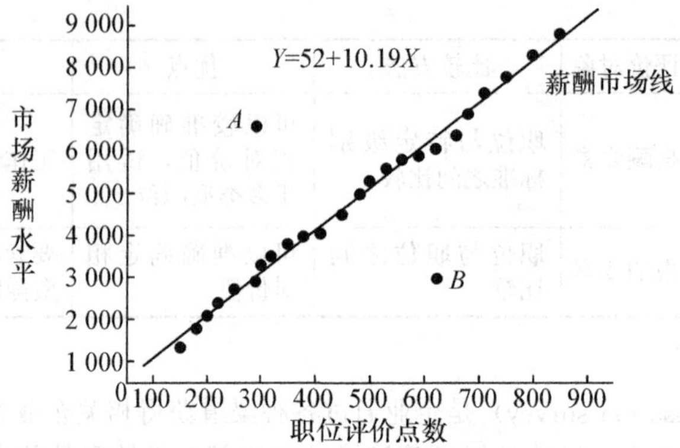

图 11-5　薪酬市场线（线性函数）

图 11-5 中的直线就是一条线性拟合方程，也就是薪酬市场线。

$$Y=52+10.19X$$

拟合方程揭示了职位等级与薪酬市场水平之间的某种联系。这种联系是否可靠，更多地取决于薪酬管理人员在职位评价和薪酬调查中的努力。像点 A 和点 B 这种严重偏离拟合直线的点，应找到合理的解释。在薪酬市场线的基础上，企业可以结合自己的薪酬战略，制定企业薪酬政策线，确定企业内各个职位的实际薪酬水平。图 11-6 提供了企业薪酬政策线的一个例子。

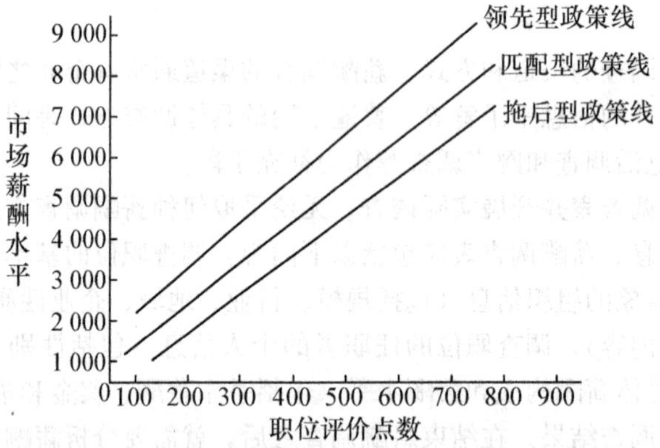

图 11-6　不同的薪酬竞争战略对应的薪酬政策线

这里所说的薪酬政策就是企业在薪酬问题上的市场定位。一般包括四种：（1）领先型政策，即企业的薪酬水平高于市场平均薪酬水平的政策。在这种政策指导下，企业薪酬政策线要高于薪酬市场线。（2）匹配型政策，即企业的薪酬水平与市场平均薪酬水平大致相当。这种薪酬政策线与薪酬市场线重合。（3）拖后型政策，即企业的薪酬水平落后于市场平均薪酬水平。采用这种政策的企业，其薪酬政策线要低于薪酬市场线。（4）混合型政策。目前大多数企业实施的是混合型政策，即同一个组织同时实施领先型、匹配型及拖后型政策中的三者或两者。比如一些高科技企业对核心研发人员实施的是领先型政策，而对辅助性员工实施的是匹配型政策或拖后型政策。

（六）确定薪酬结构

理论上讲，在确定了薪酬政策线后，薪酬管理工作就可以告一段落了，因为到这一步企业内各职位的实际薪酬水平已经确定。但在实践中，这种做法是不现实的。尤其是当企业内职位较多时，为每一个职位设定一个薪酬水平，后续的薪酬管理工作将会很麻烦，管理成本也会很高。因此，在实际工作中，还需要建立薪酬结构以简化管理工作。

薪酬结构包括针对每一职位或者职位等级的薪酬范围，包括中点工资、最高工资、最低工资和工资范围系数。它使得企业能够建立起对工资进行管理的结构，并使企业能够针对从事相同工作但拥有不同能力水平和工作绩效的员工设计不同的薪酬。确定薪酬结构主要包括以下三方面的工作：

1. 划分薪等

当组织中存在许多种职位时，需要划分薪等（grade）。一个薪等包含价值相同或相似的若干职位。薪等数目应该适中。一般来说，在其他条件既定的情况下，企业的职位越多，薪等就越多。

2. 确定每等对应的薪酬区间

职位评价的结果相同或者相近并不意味着在该职位上工作的员工对公司的贡献和价值相同或者相近。因此，在确定企业的薪等之后，还应该为每个薪等设定一个合理的薪酬区间(range)，以恰当地反映这些客观差距。薪酬区间是指针对每一职位等级的最低薪酬到最高薪酬之间的变动范围，也就是同一职位等级的不同人员获得不同薪酬的范围。薪酬区间的确定具体有以下几步：一是确定薪酬区间的中点。中点由市场的薪酬水平和公司的薪酬战略决定，反映受到良好培训的员工在其工作达到规定的标准时应该得到的薪酬。二是决定薪等的上限和下限。薪等的上限和下限分别代表企业愿意支付给该等职位的最低薪酬和最高薪酬。由上限和下限所决定的区间为该等的薪酬区间。

下面的几个公式可用来推算具体职位的薪酬变动范围（薪酬区间）与薪酬变动比率：

$$\text{薪酬变动范围(薪酬区间)}=\text{最高薪酬}-\text{最低薪酬}$$

$$\text{中间值}=\frac{\text{最高值}+\text{最低值}}{2}$$

$$\text{薪酬变动比率(以最低值为基础)}=\frac{\text{最高值}-\text{最低值}}{\text{最低值}}$$

3. 确定相邻薪等之间的交叉重叠

从内部公平性来看，在设计薪酬结构时，必须考虑到这样一种普遍存在的情况：从资历和业绩的差异来看，处于较低薪酬等级职位上的员工不一定就比处于较高薪酬等级职位上的员工表现差，在很多情况下，前者的表现甚至优于后者。为了使在低一等级职位上的员工也能够由于表现优异而得到较高的工资水平，组织往往采用薪酬区间的交叉重叠（overlap）来解决这一问题。当然也有的组织不采取交叉重叠的政策。因此，相邻薪酬等级之间的交叉重叠关系一般来说有这样几种形态：

一是相邻薪酬等级之间无交叉重叠。这种情况又分为衔接式和非衔接式两种。衔接式是指上一个薪酬等级的薪酬区间下限与下一个薪酬等级的薪酬区间上限处于同一条水平线上，等级与等级之间表现为相互衔接的关系，如图11-7（a）所示；非衔接式则是指两个相邻薪酬等级的上一薪酬等级的区间下限高于下一薪酬等级区间的上限，如图11-7（b）所示。

二是两个相邻薪酬等级之间有交叉重叠。实践中，多数组织倾向于将薪酬结构设计成交叉重叠式的，如图11-7（c）所示。

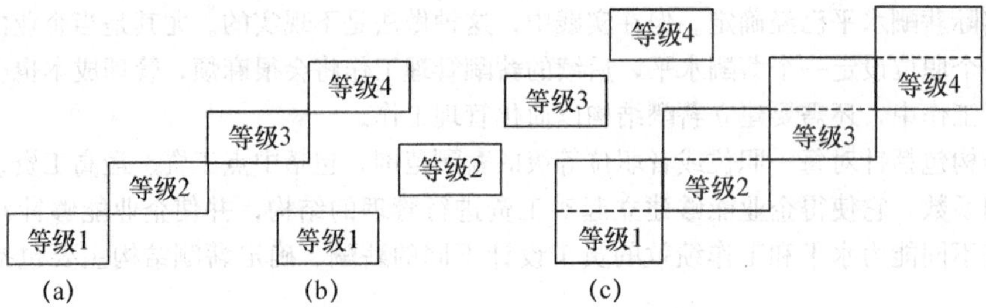

图11-7　薪酬区间的三种交叉重叠形式

薪酬交叉重叠的程度由以下两个因素决定：

第一，企业所期望的员工分布。希望通过晋升使某等的员工人数增多，则要减少该等与下一等的重叠，甚至没有重叠，形成缺口。

第二，企业的管理倾向。为了鼓励员工晋升到某职位，缺口必须足够大，引导员工去寻求并接受机会或接受所需的必要培训。图11-8是一个薪酬结构的例子。

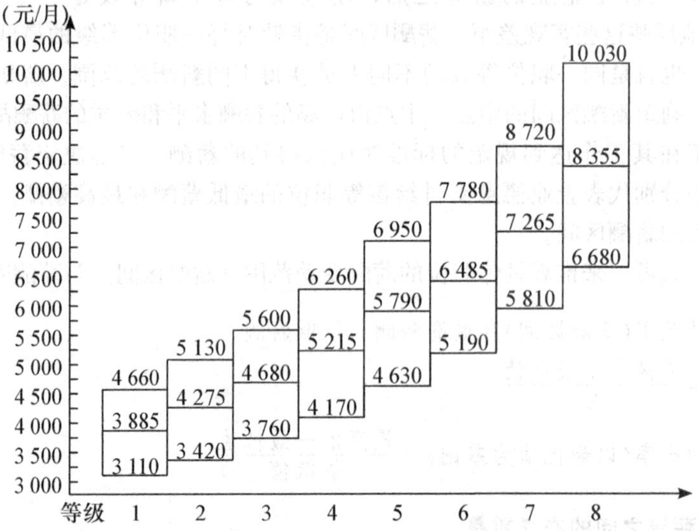

图11-8　薪酬结构的模型

资料来源：刘昕．薪酬管理．2版．北京：中国人民大学出版社，2007：246.

二、技能薪酬体系

（一）技能薪酬体系概述

技能薪酬体系是组织根据员工所掌握的与工作有关的技能和知识的深度和广度支付基本薪酬的一种薪酬制度。技能薪酬体系反映的是以人为中心构建起来的薪酬体系，员工所获得的薪酬是与知识、一种或多种技能而不是职位联系在一起的。换言之，组织更多的是依据员工所拥有的工作相关技能而不是其承担的具体职位的价值来对他们支付薪酬。相应地，技能薪酬体系有两种表现形式：知识薪酬（pay for knowledge）与技能薪酬（pay for skill）。前者主要针对白领的专业人士；后者主要适用于蓝领技术工人。

在发达国家的企业里，技能薪酬计划备受推崇。根据20世纪90年代的一项调查，全球500家大型企业有50%以上的公司至少对一部分员工实施了技能薪酬制度。

技能薪酬体系的主要优点：(1) 能有效激励员工不断开发新的知识和技能；(2) 能够鼓励优秀专业人才安心本职工作，而不是谋求薪酬尽管很高却并不擅长的管理职位；(3) 能够提高员工配置的灵活性，掌握多种技能的员工可以扩大和丰富自己的工作内容，职位间的交流更加容易。

技能薪酬体系的主要缺点：(1) 难以控制成本。这主要表现为培训成本高，而且员工一旦提高了技能，工资就应该随之上涨，难以预算与控制工资的增长总额。(2) 加大了管理难度。技能薪酬管理要比职位薪酬管理复杂得多，主要体现在技能的设计、评价、培训与认证等方面难度较大。

(二) 技能薪酬体系设计的流程

如同职位导向的薪酬结构的确定从工作评价开始一样，技能导向的薪酬结构确定将从技能分析开始。技能分析是指系统地采集完成工作所需要的知识和技能方面的信息的方法。在技能分析中，首先需要确定技能模块和技能水平。

技能模块 (skill block) 指的是完成工作所需要的不同类型技能的一个集合，技能模块是由特定深度、宽度和垂度范围内的技能构成的组合。技能深度是指员工掌握的特定技能的专业水平高低。技能宽度是指员工掌握的与某项具体工作相关的技能种类。技能垂度是指员工自我管理的能力和限度。图 11－9 是一个技能模块的例子。

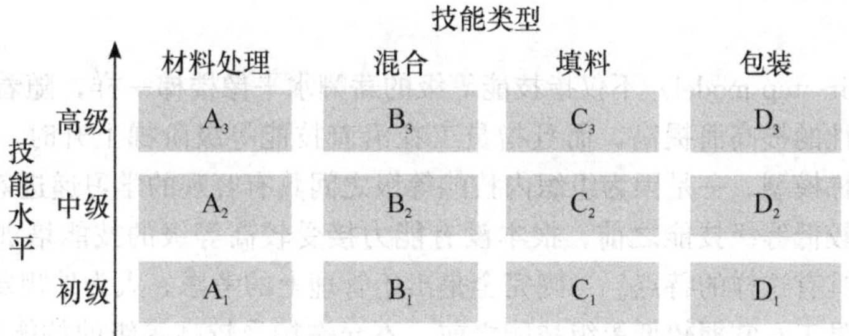

图 11－9　技能模块图示

技能模块具备以下三个特征：第一，技能模块必须是从所要完成的工作中提炼出来的；第二，技能模块的根本目的是提高员工队伍的灵活性；第三，这些模块必须能够被企业的利益相关者理解和接受。在每一个技能模块内部，又可划分为不同的等级，这就是技能水平。

确定技能导向的薪酬结构的一种典型做法是针对一种职位所需要的所有技能都进行列举，在此基础上将其划分成三种模块，包括基础技能块、核心技能块和选择技能块。其中，基础技能块是企业对这种职位员工的最低要求，不计算分数。核心技能块中每一种技能都对应一个分数，员工已经掌握的核心技能块中所有技能各项分数的总分可衡量员工在核心技能块上的水平。选择技能块的项目也不计算分数，而是直接按照种类计算。这样，企业就可以将这种职位划分为若干个级别，各个级别除了都要求掌握的全部基础技能外，还要确定相应的按照分数计算的核心技能块的水平和按照种类计算的选择技能块的水平。对员工来说，获得技能的主要途径是参加培训课程的学习，因而技能等级又可以表示为一组课程组合。随着技能级别的提高，核心技能块的最低要求分数在不断上升，选择技能块的最低要求种类也在不断上升，企业就根据技能水平结构来确定相应的薪酬结构。这种以技能为导向的薪酬结构的确定方法，在国外中小型企业中已广泛采用 (见图 11－10)。

(三) 技能薪酬结构模型

不同的组织对技能等级内的基础技能、核心技能和选择技能的具体要求各不相同，从而也形成了内涵不同的技能薪酬结构模型。主要有四种形式：

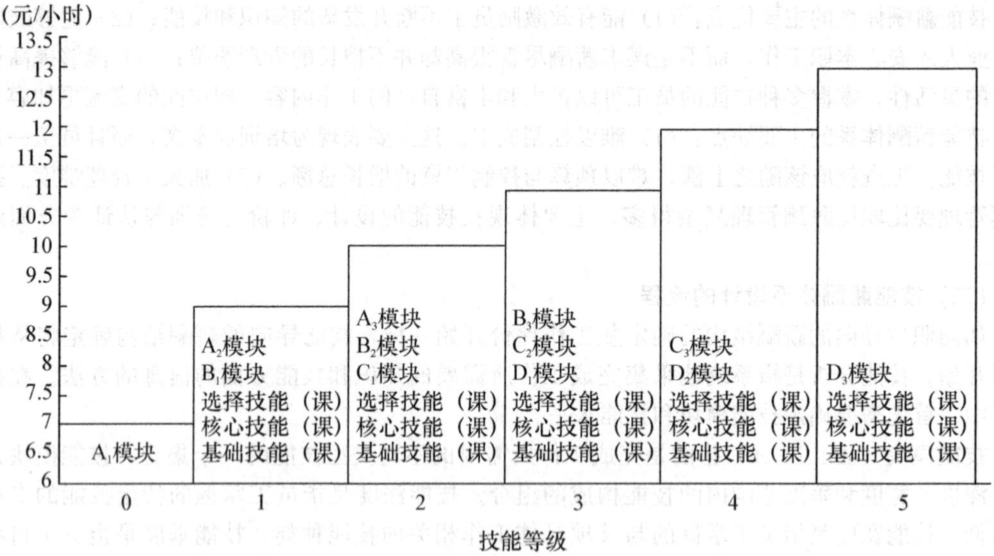

图 11-10　技能模块及技能水平图示

1. 阶梯模型

阶梯模型（stair-step model）不仅指技能等级的薪酬水平像楼梯一样，随着技能等级所包含技能的难度、复杂性的提高而提高，而且指员工在沿着技能等级阶梯上升时，不许出现跳级现象。之所以采用阶梯模型，一是因为组织内技能等级之间具有客观的学习递进效果。学习递进效果是指员工在掌握较低等级技能之前，根本没有能力接受较高等级的技能培训，不得不循序渐进。多数深度技能具有这样的特点。二则完全是出于管理上的考虑，人为地规定技能等级之间的学习递进效果，即员工在掌握较低等级技能之前，不允许接受较高等级的技能培训和技能鉴定。无论是出于何种情况，阶梯模型基本上保证了员工中的技能分布与组织任务之间的匹配，因而与职位薪酬结构最为接近。图 11-11 是阶梯模型的一个例子。

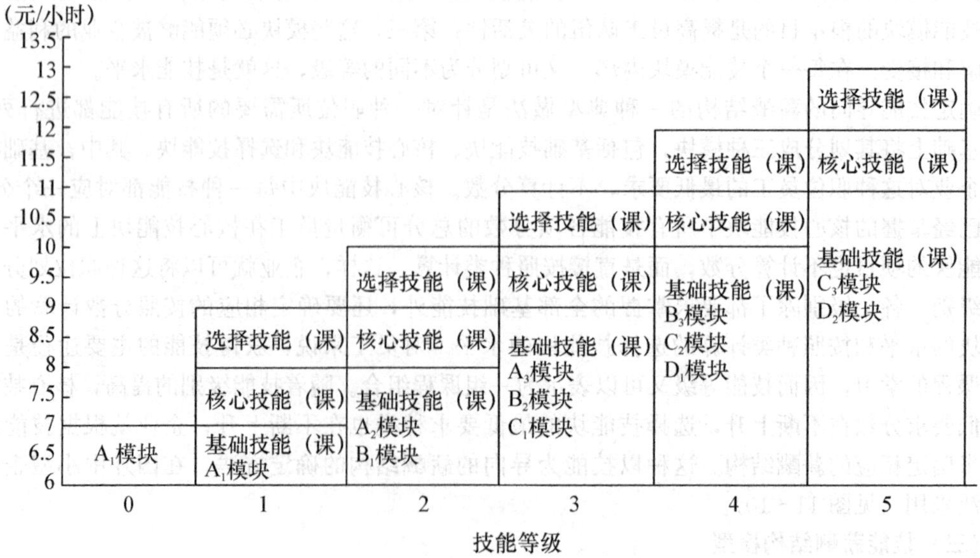

图 11-11　技能薪酬结构——阶梯模型

从图 11 - 11 可以看出，尽管每一技能等级都包括基础技能、核心技能和选择技能，但是较高技能等级的基础技能通常包括较低技能等级的全部技能要求，并在此基础上规定了本等级相应的核心技能和选择技能。例如，第 1 等级包括 A_2模块和 B_1模块，其基础技能包括 A_1模块的全部技能，核心技能和选择技能为 A_2模块和 B_1模块的核心技能和选择技能。同样，第 2 等级包括 A_3模块、B_2模块和 C_1模块，其基础技能为 A_2模块和 B_1模块的全部技能，核心技能和选择技能为 A_3模块、B_2模块和 C_1模块的核心技能和选择技能。这样，员工只有在参加较低等级的课程培训，并通过相应的技能鉴定后，才能参加更高等级的课程培训。

2. 技能模块模型

技能模块模型（skill block model）是指员工在掌握入门技能后，就可以根据自己的实际情况选择技能等级，参加相应的培训和技能鉴定。因而与阶梯模型不同，技能模块模型允许员工跳级。图 11 - 12 是技能模块模型的一个例子。

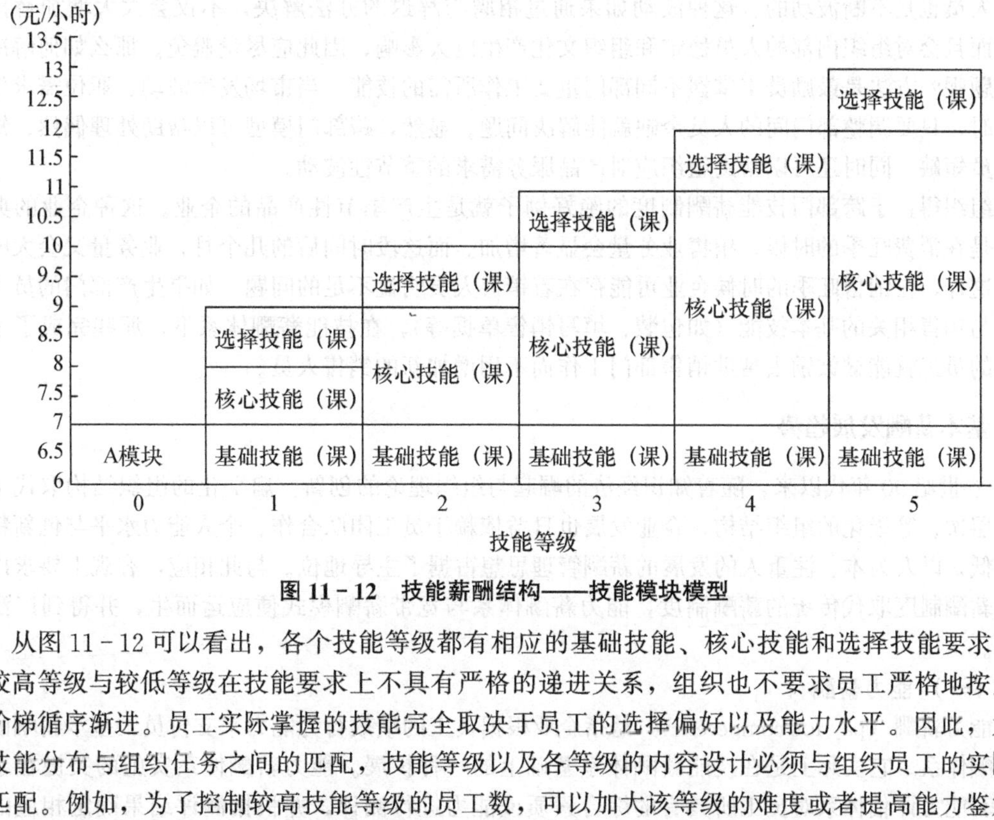

图 11 - 12　技能薪酬结构——技能模块模型

从图 11 - 12 可以看出，各个技能等级都有相应的基础技能、核心技能和选择技能要求，但是较高等级与较低等级在技能要求上不具有严格的递进关系，组织也不要求员工严格地按照等级阶梯循序渐进。员工实际掌握的技能完全取决于员工的选择偏好以及能力水平。因此，为保证技能分布与组织任务之间的匹配，技能等级以及各等级的内容设计必须与组织员工的实际能力匹配。例如，为了控制较高技能等级的员工数，可以加大该等级的难度或者提高能力鉴定的标准。如果组织内员工能力素质普遍较高，组织还可以通过技能竞赛的方式，按比赛成绩的顺序筛选适当数量的员工进入某一技能等级。与阶梯模型相比，技能模块模型更能体现员工的能力水平，也更有利于激发员工的学习技能的积极性，但是在组织运行的稳定方面表现相对较差。

3. 工作积分累计模型

工作积分累计模型（job-point accrual model）是一种鼓励员工提高技术和掌握完成不同工作族的技能薪酬结构模型。在技能薪酬计划中，有可能存在的弊端就是员工为了获取更高的薪酬而不断去学习新的课程。这看起来是组织希望的行为，然而有可能产生另外一种负面影响：员工学习的课程过多，面广不精，增加组织成本，而且对组织竞争力的培育是有害的。因此，组织必须考虑对员工学习的工作技能种类加以限制，鼓励他们朝着技术熟练的方向发展。

工作积分累计模型的基本做法是对组织需要的技能所涉及的课程按照对组织核心能力重要性程度进行分类，重要性程度越高的课程，员工掌握后获取的分值越高。员工累积的分数越高，相应的技能薪酬也会越高。在这样一种制度下，员工就被鼓励集中掌握组织需要的核心技能及重要技能，结果会有利于实现技能薪酬体系对组织战略的支持。

4. 跨部门模型

跨部门模型（cross department model）和工作积分累计模型有些类似，但它们的目的有所不同。工作积分累计模型鼓励员工学习可以直接增强公司竞争优势的技术和知识，而跨部门模型是鼓励员工掌握完成其他部门重要工作的相应技能的一种技能薪酬模型，目的是增强员工职位配置的弹性。

对于组织来说，特别是企业组织，市场上的需求状况是不断变化的，因此与此相关的职位需要的人员也是不断波动的。这种波动如果通过招聘与辞退的办法解决，不仅会大大增加替换成本，而且会对组织内部的人员稳定和组织文化产生巨大影响，因此应尽量避免。那么如何解决这一问题呢？方法是鼓励员工掌握不同部门重要工作所需的技能，当市场发生波动、职位需求发生变化时，只要调整部门间的人员余缺就能解决问题。显然，跨部门模型可以帮助处理偶然、短期的人员短缺，同时还可以帮助组织应对产品服务需求的季节性波动。

组织得益于跨部门技能薪酬制度的绝好例子就是生产季节性产品的企业。这种企业的典型特点是在消费旺季的时候，销售业务量会显著增加。而这段时间后的几个月，业务量又会大幅降低。这样，在销售旺季的时候企业可能存在着销售人员明显不足的问题。如果生产部门的员工掌握了与销售相关的基本技能（如包装、填写销售单据等），在技能薪酬体系下，那些完成了生产任务的员工就能被鼓励去帮助销售部门工作而不用增加新的销售人员。

三、基本薪酬发展趋势

20世纪90年代以来，随着知识经济的崛起与组织理论的创新，扁平化的组织结构取代了传统多层次、等级化的组织结构，企业发展也日益依赖于员工团队合作、个人能力水平与创新精神的高低，以人为本、注重人的发展的薪酬管理思想占据了主导地位。与此相应，客观上要求以新型的薪酬制度取代传统的薪酬制度，能力薪酬体系与宽带薪酬模式便应运而生，并得到广泛的应用。

（一）能力薪酬

能力薪酬（pay for competency）是指企业根据员工的绩效行为能力来支付员工基本薪酬的一种薪酬体系。它实际上是在技能薪酬体系基础上的一种扩展。能力薪酬体系实施的关键在于建立一套能力评估体系对员工所具有的综合素质或能力进行测评，并根据测评结果确定相应的薪酬等级，当员工的能力水平发生变化时，其薪酬等级也相应发生变化。近年在美国和欧洲进行的一项调查表明，在参加调查的700多家美国公司中，有16%的公司采用了这种薪酬体系，同时，78%的公司表示将考虑采用该体系；欧洲大约有20%的公司采用了这种体系，一半以上的企业将其作为薪酬机制改革的首选方案。

胜任素质模型的提出为能力薪酬体系提供了理论基础。能力通常分为基础能力和战略性能力。其中，基础能力是与职能标准相对应的、履行某个职位职责应具备的能力；战略性能力则指的是较前者更难以获得的、能够影响组织竞争优势的能力。越来越多的人认为，能力高的员工能够在未来取得较高的绩效水平，从而应该得到较高的薪酬。但是，要将这一理念付诸实施，就需要根据各类职位设计出相应的素质模型，在此基础上进行绩效评价指标的设计，以更好地预测员工的未来绩效，并将绩效评价的结果与薪酬相挂钩。很显然，按员工“可能的业绩表现”提供薪酬比按员工“已有的业绩表现”提供薪酬更复杂。因此，这种薪酬制度的实施对管理者的要求较高。

能力薪酬体系的设计可按照以下步骤进行：

第一步，构建胜任素质模型。企业可通过行为事件访谈法和工作分析法等构建胜任素质模型。第6章已对胜任素质模型进行了专门的分析，这里不再赘述。

第二步，进行能力素质定价。能力素质定价就是对每种能力素质及其组合进行定价。定价的基本方法有两种：一种是基于市场的定价，就是根据相同素质在其他企业所能获得的薪酬来确定能力素质的价格；另外一种是基于绩效的定价，就是根据每项能力素质与绩效的相关性来确定能力素质的价格。

第三步，建立基于能力素质的薪酬结构。基于能力素质的薪酬结构多数采用宽带薪酬结构。建立的基本步骤如下：一是确定宽带的个数；二是根据每个宽带的平均能力素质水平，结合能力素质定价水平，确定该宽带的中点值；三是确定每个宽带的上限和下限；四是确定每一水平能力素质的薪酬。

第四步，评估与认证员工能力素质，确定其薪酬水平。使用评价中心技术或基于胜任素质的360度反馈等方式对员工的能力进行评估，以充分了解员工的能力状态，与其所任职位的能力素质等级进行相应匹配，从而确定该员工的薪酬水平。

能力薪酬体系注重员工能力的培养和潜能的挖掘，它将员工从硬性的职位描述、严格的薪酬等级制度中解放出来，鼓励员工发展自身的能力，并将之应用到实际工作中。但是，能力薪酬体系的运用成功与否，一个重要的前提就是所采用的胜任素质模型是否科学，而建立一套既全面又精练、既科学又合理的胜任素质模型是比较困难的。其次，对员工所具有的能力素质进行评定也是一个复杂且耗时耗力的过程。因此，实施能力薪酬体系的难度较大，管理成本较高。

（二）宽带薪酬

宽带薪酬（broadbanding compensation）始于20世纪90年代，是作为一种与企业组织扁平化、流程再造、团队导向、能力导向等新的管理战略和理念相配套的新型薪酬结构而出现的。它是对传统上那种带有大量等级层次的垂直型薪酬结构的一种改进或替代。根据美国薪酬管理学会的定义，宽带薪酬结构就是指对多个薪酬等级以及薪酬变动范围进行重新组合，从而变成只有相对较少的薪酬等级以及相应的较宽薪酬变动范围。一般来说，每个薪酬等级的最高值与最低值之间的区间变动比率要达到100%或以上。一种典型的宽带薪酬结构可能只有不超过4个等级的薪酬级别，每个薪酬等级的最高值与最低值之间的薪酬变动比率则可能达到200%～300%。在传统薪酬结构中，这种薪酬区间的变动比率通常只有40%～50%。例如，IBM在20世纪90年代以前的薪酬等级一共有24个，后来合并为10个范围更大的等级。

宽带薪酬最大的特点是压缩级别，将原来十几个甚至二三十个级别压缩成几个级别，将每个级别对应的薪酬范围拉大，形成一个新的薪酬管理系统及操作流程，以适应新的竞争环境和业务发展需要（见图11-13）。

与传统的薪酬结构相比，宽带薪酬的特征及优势如下：

(1) 支持扁平型组织结构。宽带薪酬打破了传统薪酬结构所维护和强化的等级观念，减少了工作之间的等级差别，有助于企业组织结构向扁平化发展，同时有利于企业提高效率以及创造学习型的企业文化，促使企业保持自身组织结构的灵活性和提高适应外部环境的能力。

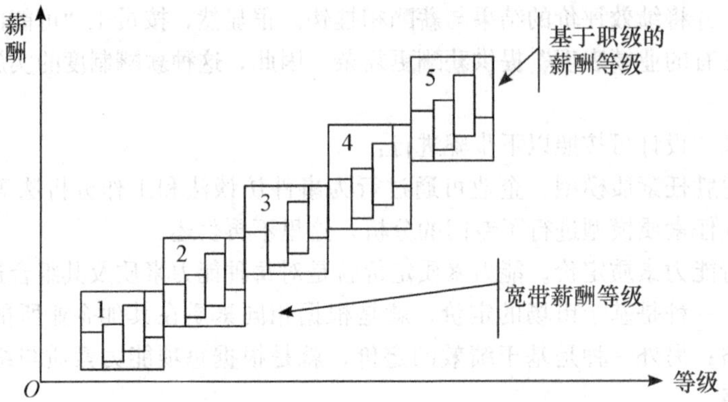

图11－13　宽带薪酬结构示意图

(2) 引导员工重视个人技能的增长和能力的提高。在传统等级薪酬结构中，员工即使能力达到了较高的水平，但只要企业没有出现职位的空缺，就无法获得较高的薪酬；在宽带薪酬体系下，即使在同一个薪酬宽带内，企业为员工所提供的薪酬变动范围增大，员工只要注意培养企业所需要的技术和能力，并在本职职位上不断提高绩效，就可以获得较高的薪酬，这样有利于引导员工将注意力从一味地追求职位晋升转向提高能力。

(3) 有利于工作轮换和培育员工在组织中跨职能成长的能力。在传统等级薪酬结构中，员工的薪酬水平与其所担任的职位严格挂钩，同一职位级别的变动并不能带来薪酬水平的变化，但是这种变化又使得员工不得不学习新的东西，从而使工作难度增加、辛苦程度增大，因此，员工往往不愿意接受职位的同级轮换。在宽带薪酬体系下，薪酬的高低不是由职位来决定的，因此员工乐意通过相关职能领域的职务轮换来提升自己的能力，以此获得更大的回报。

(4) 能够密切配合劳动力市场的供求变化。宽带薪酬结构以市场为导向，使企业员工从注重内部公平转向更加注重个人发展及自身在外部劳动力市场中的价值，这就使得薪酬设计与市场变化有着更为密切的联系。因为薪酬水平是以市场薪酬调查的数据以及企业薪酬定位为基础确定的，薪酬水平的定期审查与调整是企业把握其在市场上的竞争力的保证，同时也使企业能在市场的运作过程中做好薪酬成本控制。

(5) 有利于提升企业的核心竞争优势和企业的整体绩效。在宽带薪酬中，上级对下级员工的薪酬有更大的决策权，从而可以增强组织的灵活性和创新性，有利于提高企业适应外部环境的能力。同时，宽带薪酬通过将薪酬变化与员工的能力和绩效表现挂钩，向员工传递一种弱化头衔与等级而以绩效和能力为导向的企业文化，引导员工之间的合作和知识共享，以此来培育积极的团队绩效文化，从而大大提升企业的凝聚力和竞争力。

尽管宽带薪酬具有很多优点，但也存在一些缺陷：

(1) 导致员工晋升困难。传统薪酬制度下的职位级别多，员工比较容易得到晋升，宽带薪酬制度下的职位级别少，员工很可能始终在一个职级里面移动，也可能在长时间内只有薪酬的变化而没有职位的晋升。在我国，职位晋升对员工来说也是一种相当重要的激励手段，尤其对于知识型员工或薪酬达到一定水平的员工来说更是如此，晋升机会减少可能导致员工士气低落从而失去进取热情。

(2) 导致公司成本上升。实施宽带薪酬首先要求企业夯实和完善基础管理，这需要大量先行的设计和分析，而且要根据市场同质人力资源薪酬水平以及本企业的薪酬战略来确定薪酬水平和结构，也是一项复杂的系统工程，所有这些都必须以一定数量的人力、物力、财力消耗为支撑才能完成。此外，薪酬的刚性特征，加上宽带薪酬结构在同一职级支持涨薪的导向性而丧失了传统薪酬结构中的自动遏止机制，使得实施宽带薪酬会大幅提升人工成本。

(3) 增加绩效管理压力。实施宽带薪酬，组织从对职位的评价转向对人的评价，因此绩效成为确定员工薪酬水平的重要因素。但是，如果绩效管理不能有效、公正、合理地评价员工的业绩，就会伤害员工的工作积极性，打击员工的士气，降低员工对组织的忠诚感和归属感等。

(4) 不适用于所有类型的组织。研究发现，宽带薪酬只适用于那些创新型、技术型的高科技企业和外贸企业。这些类型组织所要强调的不仅仅是一种行为或价值观，它们不仅要适应变革以保持生产率，而且要通过变革来获取竞争优势，因此希望通过一种更具有综合性的方法，将薪酬与新技能的掌握、能力的提高与最终的绩效联系起来，同时还要有利于员工的成长和多种职业生涯的开发。宽带薪酬的思想恰恰与这类组织的需求相吻合。劳动密集型企业不宜采用该方法。

为了克服宽带薪酬存在的不足，组织在实施宽带薪酬时，应该注意以下问题：

一是完善绩效管理系统。宽带薪酬主要以员工能力的高低和贡献大小为依据，而员工绩效水平的信息是否合理直接由企业绩效管理水平决定。若绩效管理不到位，必然影响员工绩效评价的公正性、公平性、合理性，在这种情况下实施宽带薪酬，一方面会造成企业内人际关系的紧张，另一方面会大大影响宽带薪酬的实施效果。

二是重视沟通。引入宽带薪酬制度，需要管理层和员工进行及时全面的沟通，让全体员工能清晰地理解企业的薪酬决定因素以及企业发展战略，激励员工重视个人与企业发展的一致性，并让员工认识到自己在企业中的发展前途。而且，人力资源管理者不仅要协调好各部门的薪酬调整工作，还要注重向员工解释相关薪酬的发放标准，解答员工的疑难问题，妥善处理部门间的冲突。

三是注重团队奖励。为了促进团队成员之间的合作，同时防止上下级之间由于工作差距过大而导致的下层人员的心理不平衡，有必要重视对团队的奖励。

四是建立一支高素质的薪酬管理队伍。推行宽带薪酬制度需要人力资源部薪酬管理人员与各部门进行更加密切的合作，以提供优质服务的态度、以专业顾问的角色去为其他部门服务，根据员工业绩确定员工的加薪、了解市场薪酬信息及协助制订薪酬计划等。引入宽带薪酬需要企业建立一支高素质的薪酬管理队伍，否则很难发挥宽带薪酬的优势。

第 3 节　绩效薪酬体系

绩效薪酬（pay for performance）体系是将员工的收入与员工、团队或者组织的绩效水平相挂钩的一种薪酬体系。它是企业激励计划（incentive plans）的重要组成部分。绩效薪酬体系的目的在于，通过将员工的薪酬水平与绩效水平挂钩，鼓励员工像考虑个人利益一样考虑企业的战略目标，从而促进企业战略目标的实现。

科学管理理论与激励理论是绩效薪酬的两大理论基础。“科学管理之父”泰勒认为，员工作为单纯追求经济利益的“经济人”，会为经济收入最大化而竞争，因此提出金钱是激励员工的主要因素，主张从组织的角度建立一种薪酬体系，使员工的经济收入随个人产出的不同而有所差异。这些思想是早期薪酬管理的理论基础。之后，随着行为科学被引入人力资源管理实践，激励理论备受关注，强调员工与雇主协同合作、对员工的行为管理和内在激励等新的管理理念进而成为薪酬管理的主线，促进了绩效薪酬计划的复兴。

绩效薪酬体系的主要优点：(1) 能够把员工的努力集中在组织认为重要的目标上，有利于组织通过灵活调整员工的工作行为来达成组织目标；(2) 减轻了不变薪酬增长方面的压力，有利于组织根据自身的经营状况灵活调整自己的薪酬支付水平，避免了因为成本的压力而陷入困境；(3) 能够奖励那些高绩效员工，有利于组织总体绩效水平的改善。

另外，绩效薪酬也存在一些明显不足：(1) 由于绩效评价难度很大，其结果无法保持足够的准确和公正，会导致绩效薪酬流于形式；(2) 对绩效及其标准的过度重视，会导致过度的竞争，并弱化心理契约，进而会加剧员工之间、团队之间、管理者与员工之间的冲突，而这种冲突可能不利于组织的总体利益。

绩效薪酬有很多种类型，常用的分类方法是按照激励对象分为个体绩效薪酬和群体绩效薪酬。下面对这两种绩效薪酬类型进行分析与比较。

一、个体绩效薪酬

个体绩效薪酬即根据个体绩效水平给予劳动回报，它强调奖励个人的工作绩效，给予差别化的薪酬。个体绩效薪酬有利于吸引和留住优秀人才，也有助于给员工带来强烈的个人公平和成就感，但是由于更加倡导个人竞争而不是合作行为，更不利于团队和组织建设。个体绩效薪酬的形式主要有计件工资制、标准工时制、绩效工资和绩效调薪。

（一）计件工资制

最早也最常见的绩效薪酬形式是适用于生产工人的计件工资制。计件工资制（piecework）指的是企业通过确定每件产品的计件工资率，将生产工人的收入与产量直接挂钩。计件工资制适用于那些生产的产品品质单纯、易于控制、变化少的生产工人。计件工资制以工作的实际业绩计酬，计算简便，能够有效地激发员工的生产效率，从泰勒时代一直使用到今天。

为了建立有效的计件工资制，企业必须进行科学的工作评价。工作分析的过程能够帮助企业确定每小时工资率。此外，为了确定计件工资率，还需要明确产量标准。产量标准通常需要通过工业工程设计确定，一般可以用单位产品的标准耗时或每小时的标准产量来表示产量标准。例如，某生产线工人的小时工资为5元，产量标准为每小时生产20件产品，可以得知计件工资率应为5/20=0.25元。

计件工资制主要有两种形式：一是直线计件工资制（straight piecework plan）；二是有保障的计件工资制（guaranteed piecework plan）。在实施直线计件工资制的企业中，生产工人的全部收入取决于其所生产的产品数量。不论员工的产量达到何种水平，有保障的计件工资制都能够保障员工获得一定数量的基本收入。企业采用有保障的计件工资制确保员工的收入不低于规定的最低工资标准。

另外，为了突出计件工资制的激励效果，有些企业还采用根据产量水平的不同确定不同的计件工资率的做法，以体现企业与员工共同分享生产率提高的收益。如果员工的产量高于标准产量，超出部分使用的计件工资率会高于一般的标准。

国外常见的计件工资制形式包括：

(1) 直线计件工资制：$Y=P\times WP$。式中，Y为收入，P为产量（在此不考虑品质系数，仅指正品的产量），WP为计件工资率。

(2) 泰勒式的计件工资制：当产量位于标准产量以下时，$Y=P\times WP_1$；当产量位于标准产量以上时，$Y=P\times WP_2$。式中，WP_1为较低的计件工资率，WP_2为较高的计件工资率。

(3) 有保障的计件工资制：$Y=Y_0+P\times WP$。式中，Y_0为不论产量如何，员工均能够得到的基本工资。

(4) 美瑞克计件工资制 (D. V. Merrick piecework)。这种计件工资制与一般计件工资制的不同之处在于，强调鼓励新员工尽快提高产量水平。对于新员工产量增加的部分给予不同的计件工资率 WP_3。

(二) 标准工时制

标准工时制 (standard hour plan) 与计件工资制非常相似，是计件工资制的一种变形。二者的主要不同之处在于，计件工资制依据产品的计件工资率确定工人的薪酬，标准工时制则依据工人生产效率高于标准水平的百分比付给工人同等比例的奖金。在这里，生产效率体现为生产单位产品所需的标准工作时间与实际所需工作时间相比较的结果。

在标准工时制中，由于使用效率标准替代计件工资制中的产量标准，计算员工绩效收入时使用的计算基础采用时间单位而不是货币单位。在这种情况下，调整小时工资标准后需要进行的变动比计件工资制来得简单、易行。但是，计件工资制的其他弱点也是标准工时制所不能避免的。

(三) 绩效工资与绩效调薪

与前面介绍的适用于生产工人的绩效薪酬制度相比，绩效工资 (merit pay)、绩效调薪以及后面将要介绍的利润分享计划、收益分享计划与员工持股计划等能够更广泛地运用于组织中的各类员工及管理者。

绩效工资与绩效调薪都是与工资相联系的制度。这两种薪酬制度在实施方法上存在许多类似的地方。它们最本质的区别在于，绩效工资是根据每个评价周期的绩效评价结果进行的一次性加薪或减薪，绩效调薪则是根据评价结果累计式地对基本工资进行调整。由于这两种制度之间存在许多相似之处，下面要谈到的许多绩效工资实施方法都能够在一定程度上运用于绩效调薪制度的设计。

1. 绩效工资的计算方法

在实施绩效工资计划的企业中，年工资的增长通常与绩效评价等级联系在一起。在这里，工资的增长一般取决于两个方面的因素：一是由个人的（有时还包括组织或集体的）绩效评价等级决定的绩效评价系数（见表 11-13）；二是由职位等级决定的计算基数。在后一个因素中，每个企业的具体做法往往并不相同：有的企业根据职位的级别确定一个最高奖励比例，以现有基本工资或年度薪酬总额和与职位相对应的最高绩效工资比例的乘积为计算基数；有的企业则根据现有基本工资所处的等级确定一个绩效工资的基数，甚至直接以原基本工资为计算基数。

表 11-13　员工绩效评价等级及绩效评价系数表

绩效评价等级	S	A	B	C	D
绩效评价系数	2	1.5	1	0.5	0.2

下面是最简单的绩效工资计算公式：

员工本期应得绩效工资额＝现有基本工资额×员工个人的绩效评价系数

表 11-14 是某公司员工基本工资标准一览表之一。在这个例子中，企业根据职位级别的不同设定了不同的职位基本工资的基数，这个基数也构成了绩效工资最初的计算基数。在调薪后，绩效工资的计算基数会随之发生变化。

表 11-14　员工基本工资标准一览表示例（一）

工资等级	职位等级								级差	基本工资基数（元）
1										600
2										630
3	办事员								纵向级差 5%	662
4										695
5		业务助理								729
6										766
7										804
8			业务主办							876
9										955
10										1 041
11				业务主管					纵向级差 9%	1 135
12										1 237
13					部门副经理					1 348
14						部门经理				1 470
15										1 691
16										1 944
17							副总经理			2 236
18									纵向级差 15%	2 571
19										2 957
20								总经理		3 400

假设某员工是某部门的业务主管人员，他的基本工资位于10级，基数为1 041元。本期他的绩效评价等级为A等。根据上面的公式，本期该员工应得的绩效工资额为：

员工本期应得绩效工资额＝现有基本工资额×员工个人的绩效评价系数
＝1 041×1.5
＝1 561.5(元)

一些企业在确定绩效评价系数时，不仅考虑了员工个人的绩效评价结果，同时还考虑了组织的绩效评价结果。这一因素可以用矩阵的形式表示。根据计算基数的不同情况，表中的数字会落在不同的区间。在表11-15所示的这个例子中，企业以现有工资额或总薪酬收入与最高绩效工资比率的乘积为计算基数，表11-15中的数字处于0～1的范围内。

表 11-15 绩效工资确定矩阵示例

个人绩效（权重=0.5）	组织绩效（权重=0.5）				
	杰出（1.00）	极好（0.80）	较好（0.60）	可接受（0.40）	不可接受（0）
杰出（1.00）	1.00	0.90	0.80	0.70	0.50
极好（0.80）	0.90	0.80	0.70	0.60	0.40
较好（0.60）	0.80	0.70	0.60	0.50	0.30
可接受（0.40）	—	—	—	—	—
不可接受（0）	—	—	—	—	—

说明：确定每位员工绩效工资额的步骤如下：（1）将员工的直接工资或薪酬的年度总额乘以最高的绩效工资比率；（2）将步骤（1）中的计算结果与上表中相应的数相乘。例如，某员工的年度薪酬总额为 20 000 美元，其最高绩效工资比例为 7%，他的绩效和组织的绩效都是"极好"，则该员工的绩效工资额将是 1 120 美元（20 000×0.07×0.80）。

资料来源：德斯勒．人力资源管理：第 6 版．北京：中国人民大学出版社，1999：471.

绩效工资的计算方法基本的决定因素无非上面提到的两方面。一般可以认为，绩效工资设计中最关键的问题就是基数的确定。绩效工资的增加额不是以累进的形式出现，从而强调了基数（也就是通常所说的"底薪"）的重要性。管理者应该尽可能地消除"底薪"的不公平性，使之得到广泛的认同。只有在这种情况下，绩效工资才有可能得到员工的认可与接受。另外，基数的选择在一定程度上决定了与评价等级相对应的评价系数的形式。

2. 控制绩效工资总额的方法

从前面的例子来看，绩效工资制度似乎并不复杂。但在实践中，考虑到企业的支付能力，绩效工资制度中总是包含着各种用来控制全公司绩效工资总额的手段。避免突破绩效工资总额的方法一般有以下两种：

（1）指导性或强制性分布法。如果大部分员工处于"杰出"类的最高评价等级，企业应支付的工资总额可能很快就会超出企业能够承受的范围。为了避免这种情况的出现，有的企业实行带有一定程度强制规定的绩效评价方法，对于应有多大比例的员工落入某一绩效评价等级提供一个指导性的规定。这些指导性规定的强制力各不相同，有的是真正的强制分布评价法，有的并不具备强制性，只是一种指导性的规定。

（2）平均单价分配法。前面介绍的指导性或强制性分布法很大程度上是为了拉开员工之间绩效评价的差距，避免评价中的主观倾向。因此，这种方法往往不能准确地将绩效工资总额控制在预定的范围内。平均单价分配法则是一种能够在明确应分配绩效工资总额的基础上确定员工或部门应得绩效工资额的方法。

下面用一个例子来说明平均单价分配法的原理及常见的操作方法。

第一步，各部门季度绩效工资总额的确定。

企业季度绩效工资总额首先在各部门之间分配，分配依据是各部门的季度绩效评价结果。具体计算公式如下：

$$\text{部门间季度绩效工资平均单价}=\frac{\text{企业季度绩效工资总额}}{\sum\left(\begin{matrix}\text{部门季度绩效}\\\text{工资基数总额}\end{matrix}\times\begin{matrix}\text{部门季度绩}\\\text{效评价系数}\end{matrix}\right)}$$

$$\begin{matrix}\text{各部门季度应发}\\\text{绩效工资总额}\end{matrix}=\begin{matrix}\text{部门季度绩效}\\\text{工资基数总额}\end{matrix}\times\begin{matrix}\text{本部门季度绩效}\\\text{评价系数}\end{matrix}\times\begin{matrix}\text{部门间季度绩效}\\\text{工资平均单价}\end{matrix}$$

第二步，员工个人绩效工资的计算。

各部门应发绩效工资总额在部门内分配时，根据员工在该季度中的工作业绩和具体表现提供区别性奖励，员工个人应得季度绩效工资与个人的季度绩效评价等级挂钩，具体计算公式如下：

$$\text{部门内季度应发绩效工资平均单价}=\frac{\text{本部门季度应发绩效工资总额}}{\sum\left(\begin{matrix}\text{员工个人季度}\\\text{绩效工资基数}\end{matrix}\times\begin{matrix}\text{个人绩效}\\\text{评价系数}\end{matrix}\right)}$$

$$\begin{matrix}\text{个人季度实得}\\\text{绩效工资}\end{matrix}=\begin{matrix}\text{员工个人季度}\\\text{绩效工资基数}\end{matrix}\times\begin{matrix}\text{个人季度绩效}\\\text{评价系数}\end{matrix}\times\begin{matrix}\text{部门内季度应发绩效}\\\text{工资平均单价}\end{matrix}$$

3. 绩效调薪

调薪是指对基本工资的调整。这种调整是对工资基数的调整，是一种累计性的调整。决定调薪的基本因素一般包括市场因素（包括市场薪资水平变动、物价变动等）、员工绩效因素、企业绩效因素等。根据调薪依据的不同，调薪一般分为普通调薪和绩效调薪两类。普通调薪是指企业根据经营发展情况、市场工资水平变动和物价变动情况，以年为周期对员工的月基本工资进行调整。绩效调薪是绩效薪酬制度的一种。企业根据员工的年度绩效评价等级，每年分别确定不同的调薪比例。与绩效评价相关的调薪就是绩效调薪。与绩效工资的情况类似，绩效调薪也有一些不同的具体实施方式。

例如，某公司对于绩效调薪的比例做出如表 11－16 所示的规定。

表 11－16　绩效调薪的比例示例（%）

绩效评价等级	S	A	B	C	D
部长级	8	4	2	0	－10
主管级	9	5	3	0	－10
普通员工级	10	6	4	0	－10

因为绩效调薪将对基本工资产生长期性的重要影响，所以绩效调薪的力度显得格外引人注目。调薪的范围就是每个职位等级对应的工资浮动范围。在谈到绩效工资时，我们曾给出了表 11－14。表 11－17 仍然是一个员工基本工资标准一览表，但除了给出基本工资基数外，还给出了两种调薪幅度下员工基本工资调节的上下限。

表 11－17　员工基本工资标准一览表示例（二）

工资等级	职位等级								级差	调薪幅度±30%（元）		
										最低	基数	最高
1										420	600	780
2	办									441	630	819
3	事								纵向	463	662	860
4	员	业							级差	486	695	903
5		务							5%	511	729	948
6		助	业务							536	766	995
7		理	主办							563	804	1 045

续表

工资等级	职位等级								级差	调薪幅度±30%（元）		
										最低	基数	最高
8									纵向级差 9%	613	876	1 139
9			业务主办							669	955	1 242
10				业务主管						729	1 041	1 354
11					部门副经理					794	1 135	1 475
12										866	1 237	1 608
13						副经理				944	1 348	1 753
14										1 029	1 470	1 911
15									纵向级差 15%	1 183	1 691	2 198
16										1 361	1 944	2 572
17							副总经理			1 565	2 236	2 906
18										1 800	2 571	3 342
19								总经理		2 070	2 957	3 844
20										2 380	3 400	4 420

如表 11－17 所示，这两种绩效调薪的幅度为±30%。绩效调薪不仅要依据前面给出的调薪比例，还应该受到调薪幅度的限制。

二、群体绩效薪酬

群体绩效薪酬即根据群体绩效水平给予劳动回报，它强调奖励群体的工作绩效。群体绩效薪酬能够有效克服个人薪酬固有的不足，它有利于促进合作，培养团队精神，促使个人绩效与组织使命密切联系，进而达到"双赢"的目的。群体绩效薪酬常用的形式主要包括班组激励计划、利润分享计划、收益分享计划与员工持股计划。其中，班组激励计划主要适用于工人群体，后三种类型适用于各类员工及管理者群体。

1. 班组激励计划

班组激励计划是对计件工资制和标准工时制的改造形式。在这种薪酬制度中，用于计算生产工人绩效收入的依据由前面两种制度中使用的员工个人的工作业绩转变为班组的团队业绩。班组激励计划中用于衡量团队业绩的指标可以是产量系数，也可以是效率系数。

一般存在以下三种形式的班组激励计划：第一种形式要求管理者确定团队中各个成员的工作标准和实际产出水平，然后按照员工绩效水平的高低计算每名员工应得的绩效收入；第二种形式是根据团队的整体业绩水平确定一个整体的工作标准，每名员工再根据各自的实际工作情况和既定的计件工资率计算应得的绩效收入；第三种形式是最简化的班组激励计划，这种形式不需要确定团队或员工的工作标准，而是依据某个团队能够控制的绩效指标的变化情况，确定团队能够共同获得的绩效奖金。

使用班组激励计划能够有效地提高班组成员的团队意识，但是由于不是根据员工本人的绩效确定他的收入，员工无法明确地看到个人努力能够带来的收益；而且，可能存在"搭便车"的行为，管理上容易出现问题。

2．利润分享计划

利润分享计划（profit-sharing plans）是根据代表企业绩效的某种衡量标准（通常为利润或回报）来确定员工薪酬的计划。它需要确定可用于分享的利润总额和每个员工的利润分享额，然后进行分配。该计划通常包括三种支付形式：一是现金现付制（cash or current payment plan），就是以现金方式及时兑付员工应得的利润份额；二是延期支付制（deferred plan），就是将员工应得的利润份额存入员工账户，留待将来支付；三是混合制（combined plan），是前两种形式的结合。

该计划能够激发员工更多地考虑如何提高组织绩效。受益于利润分享计划的员工能够像企业所有者一样去思考企业的经营问题，从而有效降低代理成本，增强员工的合作精神。利润分享计划不涉及员工的基本工资，因此当企业的经营发生困难时，企业无须依据利润分享计划支出或过多地支出员工的薪酬，也就无须在很大程度上依靠解雇员工来解决问题，有利于实施长期性的雇佣。

但是在利润分享计划下，员工所获得的利润分享收入的多寡并不能体现他们的工作绩效。并不是所有的员工都能够控制企业利润的多寡，对于普通员工来说，影响企业的利润水平更是一件遥不可及的事情。一般员工无法通过自己的行为控制组织的绩效，期望值很低，甚至为零，因此利润分享计划并不能起到很好的激励作用。

3．收益分享计划

收益分享计划（gain-sharing plan）实际上是将由于节约成本带来的收益在员工和企业间进行分摊的一种形式。收益分享实际上是成本节省分享，它包括斯坎伦计划（Scanlon plan）和拉克计划（Rucher plan）两种形式。

斯坎伦计划是指以成本节约的一定比例来给员工发放奖金。表11－18是斯坎伦计划中的一个月报表。

表11－18　收益分享计划（斯坎伦计划）月报表示例　　单位：美元

1．销售额	1 100 000
2．减：销售退回、补贴、折扣	25 000
3．净销售额	1 075 000
4．加：库存增加（根据成本价或销售价）	125 000
5．产品价值	1 200 000
6．允许的人工成本（产品价值的20%）	240 000
7．实际人工成本	210 000
8．奖金总额	30 000
9．公司应得部分（50%）	15 000
小计	15 000
10．为赤字月份预存（25%）	3 750
11．员工应得部分——立即发放	11 250

资料来源：诺伊，霍伦贝克，格哈特，等．人力资源管理：赢得竞争优势：第5版．北京：中国人民大学出版社，2005：567．

斯坎伦计划中规定，如果工厂的劳动力成本占产品销售额的比率低于某一特定的标准，员工和组织将获得货币奖励。在上面的例子中，标准劳动力成本为24万美元（见项目6），而实际的劳动力成本为21万美元（见项目7），节约了3万美元。工厂获得成本节约的50%，而员工获得成本节约的另外50%。另外，员工份额的25%被储备起来，以预防下个月出现实际劳动力成本超出标准劳动力成本的情况。

拉克计划在原理上与斯坎伦计划类似，但是计算的方式要复杂许多。它需要确定一个比率反映总工资中每一单位货币生产的价值。当总工资确定后，乘以确定的比率，得到预期的生产价值，将预期的生产价值与实际的生产价值相比较，余额再根据比率分配给员工。可见，拉克计划将激励与各种节省联系起来（不像斯坎伦计划只关注劳动力成本的节省），这使得拉克计划可以更好地与个人激励计划结合在一起。

收益分享计划鼓励员工通过共同努力来提高和改善组织的绩效，可以发挥员工的潜能，增强员工的主人翁意识，以及提高员工的参与度和忠诚度。但是，如果管理者不能准确把握收益分享计划的本质及应用，以及如果基本薪酬管理体系不善，那么仅依靠金钱及物质激励，公司显然难以形成参与、分享的文化，最终只会导致收益分享计划实施效果适得其反。

4. **员工持股计划**

前面讲到的激励工资是个人短期的激励薪酬，长期激励计划把目光放到员工多年努力的成果上，也就是说，长期激励计划关注的是超过一年的绩效周期内员工的绩效，并对这个长期的绩效进行考核和奖励。最常见的长期激励计划是员工持股计划。除了员工持股计划外，还有很多长期激励形式。表11-19中列出了其他一些长期激励计划的形式。

表11-19 长期激励计划示例

溢价股票期权	股票的预购价格高于发行时的市场价值，其目的在于比标准股权产生更强的激励作用
长期股权	将股权期限延长到10年以上，使授予期限比传统授予期限长3～4年，目的是将公司高层管理人员长期留在公司
指数化股权	股票的预购价格按照一种股指上下变动，激励绩优股的产生
外部标准的长期激励	分期授予基于外部标准而不是内部的预算或目标。推动本公司与其他大公司进行业绩比较，尤其是同行业的大型公司。只有业绩继续高于这些公司，才能获得风险收益
职业津贴	在员工退休以前，股票不得全额兑现。这种方法适用于对公司核心员工的激励和约束。延长核心员工在组织的工作时间

资料来源：米尔科维奇，纽曼．薪酬管理：第6版．北京：中国人民大学出版社，2002：295.

员工持股计划（employee stock ownership plan，ESOP）是资本持有者、知识所有者等全体员工分享企业所有权和未来收益权的一种制度安排。员工持股计划基于自愿行为，企业所有者自愿有计划地将企业的部分所有权和未来收益权转让给员工，员工也自愿认购或受赠企业的股权。企业通过员工持股计划实现知识资本化，使劳动、知识以及经营者的管理和风险的累计贡献得到体现和回报，从而使企业竞争优势的经验曲线得到不断延伸。从现代企业管理的角度看，员工持股计划是企业在由传统的简单契约向复杂契约转变的过程中，为了解决各种资本（资金、土地、劳动、技术、知识产权等）所有方的权利与利益分配问题，在资本所有者之间建立利益共同体和命运共同体的具体措施。

员工持股计划应用得越来越广泛：美国实行全员持股的公司有17 000多家，其中至少有1 000家企业的大股东是全体员工；在超过1/4的500强企业中，员工持有10%以上的股份。继美国之后，德、法、英、日等发达国家也把员工持股计划作为重新安排产权的一项重要措施加以实施。

日本在20世纪60年代后期开始建立员工持股计划，在上市公司及非上市公司中普遍实行。目前91%的在本国证券市场上市的日本公司都提供了员工持股计划。

员工持股计划使员工具有雇员和股东双重身份，除领取劳动报酬外，还分享资本收益，使得个人利益与企业效益更紧密地联系起来，真正实现了个人利益与企业效益共同发展。而且，员工持股计划也有利于吸引和稳定人才。因为它往往带有附带条件，如离职时必须将股票返还给公司，或规定认股权需满足在公司服务的年限、利润增长、市场扩大、股价增长等标准以后才能行使，所以它又是一种延期支付的福利，增加了员工跳槽的机会成本，使员工不敢轻易辞职。但是，员工持股计划也明显存在一些不足，包括强制化、平均化、比例和范围不好把握、资金来源存在风险，以及投资收益不稳定、转让困难等。

5. **各种绩效薪酬制度的比较**

上述绩效薪酬制度具有不同的特征，并适用于不同类型的员工。表11-20对这些绩效薪酬制度进行了对比。

表11-20　各种绩效薪酬制度比较表

项目		绩效工资制度	绩效调薪制度	员工持股计划	利润分享计划	收益分享计划	班组激励计划
方案特征	支付形式	一次结清的工资	累进式的调整工资	产权（收益权）	奖金	奖金	奖金
	支付频率	每季度或每年	每年	出售股票或分红时	每半年或一年	每月或每季度	每月或每季度
	需评价的绩效	员工个人绩效	员工个人绩效	股票价值	利润	分公司或工厂绩效	团队绩效
	覆盖面	全体员工	全体员工	全体或部分员工	全体员工	全体员工	全体员工，通常为生产工人
实施效果	激励效果	收入与绩效之间的联系密切	收入与绩效之间的联系密切	收入与个人绩效之间联系非常少	收入与个人绩效之间联系较少	在较小的组织单位中能够起一定的激励作用	在团队与团队的竞争中起激励作用
	吸引力	有利于留住高绩效员工	有利于留住高绩效员工	有利于留住员工	有利于吸引所有员工	有利于吸引所有员工	有利于吸引所有员工
实施结果	文化影响	鼓励个人竞争	鼓励个人竞争	关注组织绩效	关注组织绩效	团队合作	团队合作
	成本影响	需要完善的个人绩效评级系统	需要完善的个人绩效评级系统	不易明确成本	将支付能力与成本挂钩	将支付能力与成本挂钩	将支付能力与成本挂钩
适用条件	组织架构	适用于大多数企业	适用于大多数企业	适用于股份制企业	适用于大多数企业	适用于较小的独立工作单位	适用于较小的独立工作单位
	管理风格	员工参与	员工参与	员工参与	员工参与	员工参与	员工参与
	工作类型	适用于易于衡量绩效的工作	适用于易于衡量绩效的工作	适用于各类工作	适用于各类工作	适用于各类工作	适用于各类工作

实际中应用这些绩效薪酬制度时，应该注意以下几个方面的问题：第一，薪酬战略应该与企

业的发展战略保持一致；第二，确保绩效与薪酬之间具有高度的相关性和一致性；第三，整合各类绩效薪酬计划，以形成一个完整的绩效薪酬实施方案；第四，重视绩效薪酬制度的灵活性，即根据企业的发展状况对绩效薪酬制度进行适时合理的调整。

第 4 节 员工福利管理

员工福利（benefit）是企业支付给员工的间接薪酬。福利与直接薪酬不同，一般不以员工的劳动情况作为支付依据，而以组织成员的身份为支付依据，并且可以采取实物支付和延期支付的方式。

根据弗雷德里克·赫茨伯格（Frederick Herzberg）的双因素理论，福利属于保健因素，不具有激励功能。但是福利具有一些独特的优势：(1) 有利于组织文化建设，可以传递企业对员工的关怀，创造一个大家庭式的工作氛围和组织环境；(2) 能够满足员工多方面的需求，有利于留住员工，保持员工队伍的稳定；(3) 可以让员工和企业合理避税，进而在相同的支付成本下提高员工的实际收益。

但是，福利也存在一些问题：(1) 福利具有普遍性，与员工个人的绩效没有太大的直接联系，因此在提高员工工作绩效方面的效果不如直接薪酬那么明显；(2) 福利具有刚性，一旦为员工提供了某种福利，就很难取消，这会导致福利的不断膨胀，增加企业的负担。

一、员工福利的内容

现代社会福利内容丰富，形式繁多，国外已经设计和使用的就不下百种。一般而言，根据福利的强制力及来源，福利可划分为国家法定福利与企业自主福利两大类。

(一) 国家法定福利

国家法定福利是指法律法规规定的企业必须为员工提供的具体配套福利，用以保障或改善员工的安全和健康、维持家庭收入等。国家法定福利具有强制性，所有企业都必须执行。国家法定福利的保障对象主要是全体劳动者，目的是保障基本生活，保障与补偿功能明显。社会保险的资金来源主要是用人单位和劳动者本人按规定缴纳的社会保险费，政府给予资助并承担最终责任。我国目前的法定福利主要包括以下内容：

(1) 法定社会保险。包括基本养老保险、基本医疗保险、失业保险、工伤保险和生育保险，企业必须按照员工工资的一定比例为员工缴纳保险费。

(2) 公休假日和法定假日。目前我国实行每周休息两天公休日制度，同时规定了元旦、春节、国际劳动节、国庆节等为法定休假日。在公休日和法定休假日加班的员工应享受相当于基本工资双倍或三倍津贴补助。

(3) 带薪休假。带薪休假是指员工工作满一定的时期后，可以带薪休假一定的时间。《中华人民共和国劳动法》第 45 条规定：国家实行带薪年休假制度。劳动者连续工作一年以上的，享受带薪年休假。

(4) 地方政府规定的其他福利项目。在中央政府的法定福利项目之外，各地地方政府根据本地区特殊情况相应规定的福利项目，如住房公积金等。

(二) 企业自主福利

企业自主福利是企业在国家法定福利之外向员工提供的其他福利项目。企业自主福利不具有强制性，因此没有统一的标准，各企业往往根据自己的具体情况灵活决定。大体来说，包括以下一些形式：

（1）国家法定社会保险之外的各类保险和福利。包括退休福利（退休金、公积金）、医疗保健福利（免费定期体检、免费防疫注射、药费和营养费补贴、职业病免费防护、免费疗养等）、意外伤害福利（意外工伤补偿、伤残生活补助、死亡抚恤金等）、带薪休假（对特殊贡献的员工给予一定时间的带薪旅游休假和疗养休假等）。

（2）各种津贴。津贴一般是企业自主向员工提供的，不具强制性，也没有具体标准。津贴有很多种，包括交通津贴、洗理津贴、服装津贴、节假日津贴或实物、住房津贴、购物补助、子女入托补助、困难补助等。

（3）加班补助。在国家规定的加班补助之外，企业还可以额外提供免费的加班伙食、饮料等。

（4）教育培训福利。企业内部免费脱产培训、公费进修、报刊订阅补助等。

（5）文体活动和旅游福利。有组织的集体文体活动（晚会、舞会、郊游）和自建文体设施（运动场、游泳馆、健身房、阅览室等）等。

二、员工福利的设计与管理

员工福利的设计与管理必须注意以下四个要点：

1. 结合企业战略分析

福利管理的指导思想要与企业发展的阶段以及战略目标相匹配，企业在发展的初期、中期与末期，扩张期与收缩期，盈利或亏损期，其福利方案应该是有所区别的。同时，社会经济发展形势的变化、劳动力市场的变化等也要求企业的福利方案做出响应。不顾本企业实际情况、照搬其他企业的做法，只会导致福利管理的失败。

2. 基于员工需求调查

高效率的福利项目一定来源于员工本身，只有在员工得到其期望获得的福利项目时才会产生作用，脱离员工需求设计的福利项目是无效的，尤其是激励性福利项目。若普惠制的福利项目对于员工来说如同“鸡肋”，就是浪费。因此，福利项目除“五险一金”外，应来源于大多数员工的需求，福利设计之初，必须高度重视对员工需求的调查。

3. 重视项目设置的效率性与导向性

福利项目的设置中，国家法定福利项目具有刚性，企业当然应设立。除此以外的福利项目设置应尽量做到效率性与导向性并举。注重效率性是指福利投入要有针对性，相同的投入应讲求保障或激励作用的最大化；相同性质的福利项目尽量避免重复设置，以免造成浪费和低效率。重视导向性是指福利项目应与员工个人利益紧密联系，并使之成为企业管理的“风向标”，传达组织意志，引导员工行为。

4. 定期评估与更新

一成不变的福利不仅不利于企业的人工成本管理，还会导致员工思维僵化。如果不能考虑到企业与周围环境的变化，而且无法将企业发展的压力传递给员工，就会导致组织内部缺乏生机与活力，大大降低组织效率。因此，应根据形势的变化定期对企业内外部情况做出评估与诊断，及时调整更新福利项目，使其保持长久的吸引力。

三、弹性福利计划

传统的福利项目是“千人一面”，没有选择性，不管员工需不需要，全部统一配给，这样做难以发挥福利的作用。当今，越来越多的企业已经摒弃这种传统的“大一统”式的福利计划，开始实施弹性福利计划，取得了很好的效果。

弹性福利计划（flexible benefit plan），又称自助餐式福利计划（cafeteria benefit plan），是指在国家法定福利项目必选的基础上，根据员工的特点和具体需求，列出一些福利项目，在一定的金额限制内，员工按照自己的需求和偏好自由选择和组合。这种方式区别于传统的整齐划一的福利计划，具有很强的灵活性、可选性，不仅可以满足员工多样化的需要，增强其工作满意度，还有利于企业控制成本、吸引人才、激励员工。

弹性福利计划在实际的操作过程中逐渐演化为以下几种类型①：

（1）附加型弹性福利计划。这是最普遍的一种弹性福利计划，具体做法是在现有的福利计划之外，再提供其他不同的福利措施或扩大原有福利项目的水准，让员工去选择。附加型弹性福利计划的优点是，除了维持现行福利水平外，还提供额外福利，因此可以增加员工的选择范围，进而满足员工的需求。该计划的缺点是会导致福利管理程序繁杂，成本增加。

（2）核心加选择型弹性福利计划。由“核心福利”和“弹性选择福利”组成。“核心福利”是每个员工都可以享有的基本福利，不能自由选择；可以随意选择的福利项目则全部放在“弹性选择福利”之中，这部分福利项目都附有价格，可以让员工选购。核心加选择型弹性福利计划和附加型弹性福利计划最大的不同就在于核心福利部分。后者的核心福利完全取自原有的福利项目，附加的选择福利项目则是新增的；前者等于是重新设计一套福利制度。这种福利计划既有稳定性，又不乏灵活性，但是管理起来比较烦琐。

（3）弹性支用账户。员工每一年可从其税前总收入中支取一定数额的款项作为自己的“支用账户”，并以此账户去选择购买雇主所提供的各种福利措施。拨入支用账户的金额不需扣缴所得税，不过账户中的金额如未能于年度内用完，余额就归公司所有。各种福利项目的认购款项如经确定就不能留用。此制度的优点是福利账户的钱免缴税，相对会增加净收入，对员工极有吸引力；缺点是管理手续较为烦琐，每一个员工的支用账户必须随时登记造册，以保持其正确性。

（4）福利“套餐”。由企业同时推出不同的“福利组合”，每个组合所包含的福利项目或优惠水准都不一样，员工只能选择其中一个“组合”的弹性福利制。在规划此种弹性福利制时，企业可依据员工背景（如婚姻状况、年龄、有无眷属、住宅需求等）来设计。此种福利计划的优点是行政作业比较简单，缺点是选择弹性较小。

（5）选择型弹性福利计划。这种福利计划一般会提供几种项目不等、程度不一的“福利组合”给员工做选择，以组织现有的固定福利计划为基础，再据以规划数种不同的福利组合。这些组合的价值和原有的固定福利相比，有的高，有的低。如果员工选择的福利高于原有的固定福利，则需从其薪酬中扣除一定的金额来补足，反之则可获得现金补助的差额，而且该项现金补助必须纳税。很明显，选择型弹性福利计划与套餐型弹性福利计划相比，对员工较为有利，不过人力资源部门的相关管理程序将大为增加。

从以上分析可以看出，实行弹性福利计划，并不是对员工所选择的福利种类和福利数量没有丝毫的限制，只不过是在遵循一定的规则条件下，赋予员工更多的自主选择权。要保证弹性福利计划的实施效果，企业在实施过程中应注意以下几个问题：

第一，要适应企业的发展战略和实际承受能力。员工福利支出是企业雇佣成本的一个重要组成部分，福利水平的确定将影响到企业劳动力成本的支出，进而影响企业的竞争力。因此，员工福利的水平一定要以企业的战略及经济实力为依托，不可不切实际地追求高福利，影响到企业的正常经营和发展。

---

① 欧明臣．自助餐式的员工福利：弹性福利制．中国人力资源开发，2003（7）：25-27．

第二，要符合员工的实际需要，切忌华而不实。企业在进行福利项目选择时一定要深入调查，所选项目要尽量实用，既要在企业承受能力之内，也要在员工的需要范围之列，以实现供需平衡。

第三，应采取员工参与机制，及时与员工沟通，了解员工需求。福利是为员工提供的，在企业设计及实施福利计划过程中，只有让员工参与进来，才能真正了解他们的需求，实现福利的激励和保障功能。如果员工在某种程度上拥有对自己福利形式的发言权，其工作满意度和对公司的忠诚度都会得到提升。

第四，弹性福利管理是一项相对复杂的管理，企业在准备实施此福利计划时应事先做好相关的人员及机构安排。在需求分析、调查，物品的采购、保管等一系列管理过程中，应保持各阶段的协调和衔接，避免出现管理的混乱；对弹性福利实施动态管理，针对员工的需求适时调整福利水平与福利项目。

本章小结

本章介绍了薪酬的含义、功能，薪酬管理的含义、意义、影响因素、系统模型与地位等；阐述了几种重要的基本薪酬体系。

报酬是指员工从企业那里得到的作为个人贡献回报的他认为有价值的各种东西，一般分为内在报酬和外在报酬。薪酬是报酬体系的一部分，是指员工从企业那里得到的各种直接和间接的经济收入，相当于财务报酬部分，一般分为基本薪酬、绩效薪酬以及福利三种类型。薪酬具有补偿功能、激励功能、调节功能与信息传递功能。

薪酬管理是指企业在综合考虑内外部各种因素的影响的情况下，根据企业的经营战略和发展规划，针对所有员工提供的服务来确定他们应当得到的薪酬总额以及薪酬结构和薪酬形式的一个过程。战略性薪酬管理是指将薪酬管理与企业经营战略及人力资源管理的其他活动结合起来，充分发挥薪酬管理功能的管理过程。战略性薪酬管理要求以战略的观点看待薪酬管理，并做出一系列的战略性薪酬决策。米尔科维奇提出了由薪酬政策、薪酬技巧、薪酬目标构成的系统的薪酬管理模型，企业在薪酬管理的过程中必须做出一些重要的决策，主要包括薪酬设计的导向、薪酬的外部竞争性、薪酬的内部公平性、薪酬的构成、薪酬的等级结构等。

本章还介绍了职位薪酬体系、技能薪酬体系、能力薪酬体系、绩效薪酬体系以及员工福利的概念、内容与设计等。

关键词

报酬（rewards）

内在报酬（intrinsic rewards）

外在报酬（extrinsic rewards）

财务报酬（financial rewards）

非财务报酬（non-financial rewards）

直接报酬（direct rewards）

间接报酬（indirect rewards）

薪酬管理（compensation management）

战略性薪酬管理（strategic compensation management）

职位薪酬（pay for job）

职位评价（job evaluation）
排序法（ranking method）
归类法（job classification）
要素计点法（point method）
要素比较法（factor comparison）
薪酬调查（compensation survey）
知识薪酬（pay for knowledge）
技能薪酬（pay for skill）
工作积分累计模型（job-point accrual model）
能力薪酬（pay for competency）
宽带薪酬（broadbanding compensation）
绩效薪酬（pay for performance）
计件工资制（piecework）
标准工时制（standard hour plan）
绩效工资（merit pay）
利润分享计划（profit-sharing plans）
收益分享计划（gain-sharing plan）
员工持股计划（employee stock ownership plan，ESOP）
员工福利（benefit）
弹性福利计划（flexible benefit plan）

思考题

1. 什么是报酬和薪酬？薪酬的功能是什么？
2. 什么是薪酬管理？它有何意义？它与人力资源管理其他职能之间具有什么样的关系？
3. 影响薪酬管理的主要因素有哪些？
4. 什么是战略性薪酬管理？它有哪些特点？
5. 阐述米尔科维奇的薪酬管理系统模型。
6. 阐述职位薪酬体系、技能薪酬体系与绩效薪酬体系的含义、优缺点、设计流程及方法。
7. 什么是职位评价？它包括哪些常用方法？阐述每种方法的优缺点及操作方法。
8. 什么是薪酬调查？它的步骤有哪些？
9. 什么是薪酬战略？它分为哪几种类型？
10. 什么是宽带薪酬？它有哪些优缺点？
11. 阐述个体绩效薪酬和群体绩效薪酬分别具有哪些形式，以及每种形式的含义及优缺点。
12. 什么是员工福利？它包含哪些具体内容？福利设计与管理应该注意哪些问题？
13. 什么是弹性福利计划？它包含哪些类型？

第 12 章

劳动关系管理

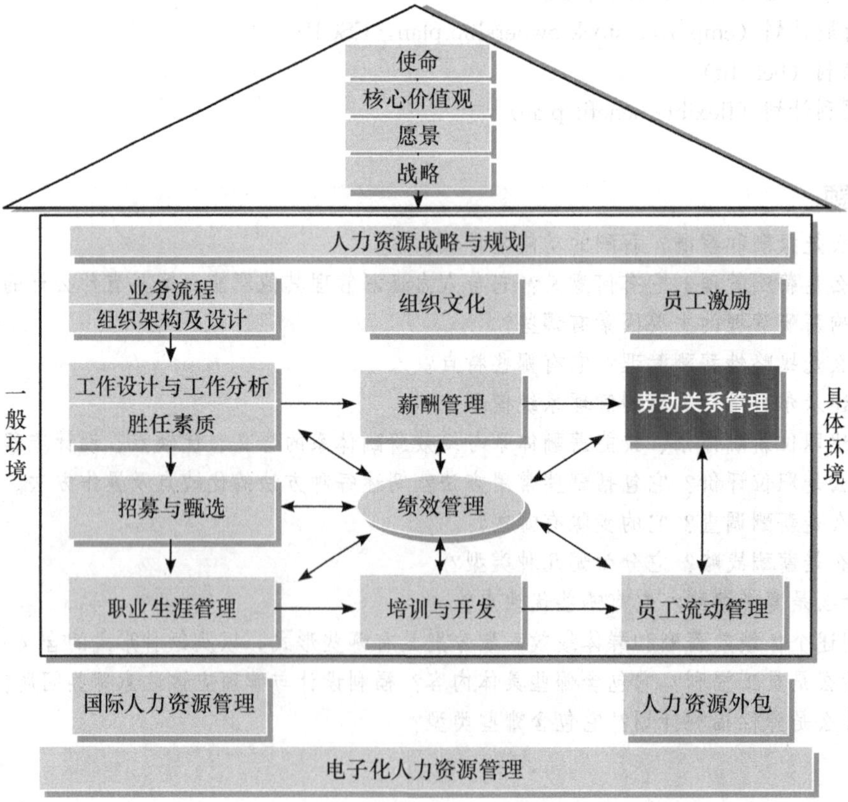

使命
核心价值观
愿景
战略
人力资源战略与规划
业务流程
组织架构及设计
组织文化
员工激励
一般环境
工作设计与工作分析
胜任素质
薪酬管理
劳动关系管理
具体环境
招募与甄选
绩效管理
职业生涯管理
培训与开发
员工流动管理
国际人力资源管理
人力资源外包
电子化人力资源管理

第1节 劳动关系概述

一、劳动关系的含义与主体

(一) 劳动关系的含义

劳动关系(labor relations)在不同的国家又被称为劳资关系、雇佣关系、劳工关系等。它有广义和狭义之分。从广义上讲,生活在城市和农村的任何劳动者与任何性质的用人单位之间因从事劳动而结成的社会关系都属于劳动关系的范畴;从狭义上讲,现实经济生活中的劳动关系是指依照国家劳动法律法规规范的劳动关系,即双方当事人是被一定的劳动法律规范所规定和确认的权利和义务联系在一起的,其权利和义务的实现,是由国家强制力来保障的。

根据《中华人民共和国劳动法》(以下简称《劳动法》)的规定,目前我国劳动关系的具体含义不是泛指一切劳动者在社会劳动时形成的所有劳动关系,而仅仅是指劳动者与用人单位之间在劳动过程中发生的关系。《劳动法》是调整劳动关系以及与劳动关系密切联系的其他关系的法律规范,其作用是从法律角度确立和规范劳动关系。《劳动法》所规范的劳动关系主要有以下三个法律特征:第一,劳动关系是在现实劳动过程中发生的关系,与员工有直接的联系;第二,劳动关系的双方当事人,一方是劳动者,另一方是提供生产资料的用人单位,包括各类企业、个体工商户、事业单位等;第三,劳动关系一方的劳动者要成为另一方(用人单位)的成员,并遵守用人单位的内部劳动规则。

(二) 劳动关系的主体

劳动关系的主体是指劳动关系的参与者。从狭义上看,劳动关系的主体包括两方:一方是员工或劳动者以及以工会(labor union)为主要形式的员工团体;另一方是企业以及企业协会组织。从广义上看,劳动关系的主体还包括政府。

在劳动关系中,员工是指在企业中自身不具有基本经营决策权力,从属于这种决策权力的工作者。员工团体是指因为共同利益、兴趣或目标而组成的员工组织,包括工会和类似于工会组织的员工协会和专门的行业协会。工会代表其成员并为其成员争取利益和价值。企业协会组织的主要任务是与工会或工会代表进行集体谈判,在劳动争议处理程序中对其企业成员提供支持,通过参与同劳动关系有关的政治活动、选举和立法改革等间接影响劳动关系。政府是劳动关系立法的制定者、公共利益的维护者、有效服务的提供者和公共部门的用人单位,通过立法介入影响劳动关系,通过监督、干预等手段促进劳动关系的协调发展,为劳动关系双方提供高质量的信息服务和指导,并以用人单位的身份直接参与和影响劳动关系。

二、劳动关系的内容

劳动关系的内容是指劳动关系双方依法享有的权利和应当承担的义务,一般包括劳动者与用人单位之间在工作时间、休息时间、劳动报酬、劳动安全卫生、劳动纪律与奖惩、劳动福利保险、职业教育培训、劳动环境等方面形成的关系。这些方面都与劳动者的利益密切相关,是直接影响劳动者劳动积极性和工作满意度的重要因素。人是生产力中最重要的因素,劳动关系则是生产关系中的重要组成部分。调整、维护和谐的劳动关系,是人力资源管理的重要内容。

(一) 劳动者的权利和义务

《劳动法》规定,劳动者享有平等就业和选择职业的权利、取得劳动报酬的权利、休息休假的权利、获得劳动安全卫生保护的权利、接受职业技能培训的权利、享受社会保险和福利的权利、提请劳动争议处理的权利以及法律规定的其他劳动权利。

（1）平等就业的权利。劳动是人们生活的第一个基本条件，是创造物质财富和精神财富的源泉。劳动就业权是有劳动能力的公民获得参加社会劳动和切实保证按劳取酬的权利。公民的劳动就业权是公民享有其他各项权利的基础。公民的劳动就业权不能实现，其他一切权利也就失去了基础。

（2）选择职业的权利。劳动者拥有自由选择职业的权利，有利于劳动者充分发挥自己的特长，促进社会生产力的发展。劳动者在劳动力市场上作为就业的主体，具有支配自身劳动力的权利，可根据自身的素质、能力、志趣和爱好以及市场信息，选择用人单位和职位。选择就业的权利是劳动者劳动权利的体现，是社会进步的一个标志。

（3）取得劳动报酬的权利。劳动者付出劳动，依照合同及国家有关法律获取劳动报酬，是劳动者的权利，而及时定额地向劳动者支付工资，则是用人单位的义务。《劳动法》、《中华人民共和国劳动合同法》（以下简称《劳动合同法》）和《工资支付暂行规定》等对劳动者工资的保障都作了具体规定，包括工资支付原则、特殊情况下工资支付要求以及最低工资制度等。

（4）获得劳动安全卫生保护的权利。保证劳动者在劳动中的生命安全和身体健康，是对享有劳动权利的主体切身利益最直接的保护。其中包括防止工伤事故和职业病。如果企业单位劳动保护工作欠缺，其后果不仅是某些权益的丧失，而且会使劳动者健康和生命直接受到伤害。目前，我国已制定了大量关于劳动安全保护方面的法规，形成了安全技术的法律制度、职业安全卫生行政管理制度以及劳动保护监督制度等。

（5）享有休息休假的权利。我国宪法规定，劳动者有休息的权利，国家建设劳动者休息和休养设施，规定职工工作时间和休假制度。休息时间包括工作间歇、两个工作日之间的休息时间、公休日、法定节假日以及年休假、探亲假、婚丧假、生育假、事假、病假等。

（6）享受社会保险和福利的权利。疾病和年老等，是每个劳动者都不可避免的，社会保险是劳动力再生产的一种客观需要。劳动保险项目包括养老保险、医疗保险、工伤保险、失业保险等。随着生产力水平的提高和社会财富的增加，劳动者有享受越来越完善的社会福利的权利，这种权利也必须受到法律保护。

（7）接受职业技能培训的权利。公民要实现自己的劳动权，必须拥有一定的职业技能，而要获得这些职业技能，越来越依赖于专门的职业培训。因此，劳动者若没有职业培训权利，劳动就业权利就会成为一句空话。

（8）提请劳动争议处理的权利。劳动关系当事人，各自存在不同的利益，双方不可避免地会发生分歧，劳动者可依法申请调解、仲裁、提起诉讼。

劳动者承担的主要义务：（1）按质按量完成生产任务和工作任务；（2）学习政治、文化、科学、技术和业务知识；（3）遵守劳动纪律和规章制度；（4）保守国家和企业的机密。

（二）用人单位的权利和义务

用人单位的主要权利：（1）依法录用、调动和辞退职工；（2）决定企业的机构设置；（3）任免企业的行政干部；（4）制定工资、报酬和福利方案；（5）依法奖惩职工。

用人单位的主要义务：（1）依法录用、分配、安排职工工作；（2）保障工会和职代会行使其职权；（3）按职工的劳动质量、数量支付劳动报酬；（4）加强对职工思想、文化和业务的教育、培训；（5）改善劳动条件，搞好劳动关系和环境保护。

三、劳动关系的相关法律法规

我国与劳动关系有关的法律法规类型主要如下：

（1）宪法。宪法是法的最高形式，其他所有法律法规都必须与宪法的精神保持一致。宪法是劳动立法的最高法律依据，具有最高的适用效力。

（2）法律。指全国人民代表大会的立法及其全国人民代表大会常务委员会制定或批准发布的规范性劳动法律文件。如《劳动法》《工会法》《劳动合同法》《就业促进法》《劳动争议调解仲裁法》等。

（3）行政法规。指由国务院制定、国务院总理签署发布的，以条例、规定、办法命名的有关劳动方面的规范性文件。如《女职工劳动保护规定》《企业劳动争议处理条例》等。劳动行政法规是依据宪法、法律制定的，是劳动法律的具体化，是人民法院审理劳动案件的依据，属于“法”的范畴。

（4）地方性法规。指由省、自治区、直辖市和较大的市的人民代表大会及其常务委员会制定的有关劳动方面的规范性文件。地方性法规不得与宪法、法律、行政法规相抵触。

（5）行政规章。指国务院各部委，省、自治区、直辖市人民政府制定的有关劳动方面的规范性文件。人民法院审理劳动争议案件，对行政规章是“参照”而不是“依照”。

（6）法律解释。指有解释权的国家机关对劳动法律规范的含义以及所使用的概念、术语、定义所作的说明和解释，包括立法解释、司法解释和行政解释。如最高人民法院《关于审理劳动争议案件适用法律若干问题的解释》等。

（7）国际劳工公约和建议书。劳工公约和建议书共同构成国际劳工标准。凡是我国批准的劳工公约，即产生与国内法同等的法律效力。

四、改善劳动关系的途径

企业改善内部劳动关系可以通过以下途径：

（1）立法。劳动争议的产生很大程度上是因为相关法规不健全，当企业各方因利益冲突而产生矛盾时，常常无法可依，无所适从。通过完善法律，企业各方的权、责、利就可明确下来，并在法律的基础上加以调整。

（2）发挥工会及企业党组织的作用。工会与企业党组织代表职工与企业协调劳动关系，兼顾职工与企业的利益，避免矛盾激化。

（3）培训主管人员。劳动争议的产生和劳动关系的紧张常常与企业主管人员的工作作风、业务知识、法律意识有关。通过对企业主管人员进行培训，能使他们增强劳动关系意识，掌握处理劳动关系问题的原则及技巧。

（4）提高职工的工作与生活质量，是改善劳动关系的根本途径。提高职工的工作与生活质量的主要内容包括参与管理、职位设计、周期性安排培训与休息时间，满足个人的特殊要求，使职工在工作中感觉到真正的意义。

（5）职工参与民主管理。职工参与民主管理可以使职工参与企业的重大决策，尤其是涉及广大职工切身利益的决定，这样可以使企业经营管理者在做出重大决策时更充分地考虑职工的利益。

第 2 节 劳动合同管理

一、劳动合同概述

（一）劳动合同的含义及特征

劳动合同（labor contract）又称劳动契约、劳动协议，是劳动者与用人单位确立劳动关系、明确双方权利和义务的具有法律效力的协议。劳动合同是确立劳动关系的凭证，签订劳动合同是建立劳动关系的具体方式，由此也决定了劳动关系具有相对的稳定性并受到法律保护。因此，劳动合同在劳动关系中处于基础和核心的地位，劳动合同是劳动关系的法律体现。

劳动合同的法律特征主要体现在以下方面：（1）合同主体的特定性，即合同主体一方是劳动者，另一方是用人单位。（2）主体意志的限制性，即劳动合同主体双方的自由协商，要在国家法律规定的范围之内。（3）合同履行的隶属性，即在履行合同的过程中，劳动者在组织中担任一定的工作，要服从用人单位的领导和指挥，并遵守其劳动规则。（4）合同订立的互动性，即订立劳动合同要遵循合法、公平、平等自愿、协商一致、诚实守信的原则。（5）合同的有偿性，即劳动合同是以劳动换取报酬的协议，有偿性是劳动合同的本质特征。（6）合同试用期的规定性，即双方当事人可以根据合同期限的长短约定试用期。《劳动合同法》第19条规定："劳动合同期限三个月以上不满一年的，试用期不得超过一个月；劳动合同期限一年以上不满三年的，试用期不得超过二个月；三年以上固定期限和无固定期限的劳动合同，试用期不得超过六个月。同一用人单位与同一劳动者只能约定一次试用期。以完成一定工作任务为期限的劳动合同或者劳动合同期限不满三个月的，不得约定试用期。试用期包含在劳动合同期限内。劳动合同仅约定试用期的，试用期不成立，该期限为劳动合同期限。"

（二）劳动合同的类型

劳动合同可以按照不同的标准进行分类。

（1）按照劳动合同的期限，划分为固定期限劳动合同、无固定期限劳动合同和以完成一定工作任务为期限的劳动合同。

固定期限劳动合同是指用人单位与劳动者约定终止时间的劳动合同。用人单位与劳动者协商一致，可以订立固定期限劳动合同，合同期限可以是长期的，如5年或10年，也可以是短期的，如1年或3年。

无固定期限劳动合同是指用人单位与劳动者约定无确定终止时间的劳动合同。为鼓励用人单位与劳动者签订无固定期限劳动合同，解决合同短期化问题，《劳动合同法》第14条规定："用人单位与劳动者协商一致，可以订立无固定期限劳动合同。"劳动者在该用人单位连续工作满十年等情况下，劳动者提出或者同意续订劳动合同的，除劳动者提出订立固定期限劳动合同外，应当订立无固定期限劳动合同；用人单位自用工之日起满一年不与劳动者订立书面劳动合同的，视为用人单位与劳动者已订立无固定期限劳动合同。

以完成一定工作任务为期限的劳动合同，是指用人单位与劳动者约定以某项工作的完成为合同期限的劳动合同。用人单位与劳动者协商一致，可以订立以完成一定工作任务为期限的劳动合同。这类合同多适用于建筑业、铁路交通建设项目和水利工程等。

（2）按照工作时间，划分为全日制劳动合同和非全日制劳动合同。

全日制劳动合同，是从事全时工作的劳动者与用人单位签订的书面劳动合同，即以日计酬、在同一用人单位每日工作时间在4小时以上8小时以下，每周工作时间不超过40小时。

非全日制劳动合同，是以小时计酬为主，劳动者在同一用人单位一般平均每日工作时间不超过4小时，每周工作时间累计不超过24小时的用工形式。双方当事人可以订立口头协议。从事非全日制用工的劳动者可以与一个或者一个以上用人单位订立劳动合同，但后订立的劳动合同不得影响先订立的劳动合同的履行。非全日制用工，双方当事人不得约定试用期，任何一方都可以随时通知对方终止合同。终止合同时用人单位无须向劳动者支付经济补偿。非全日制用工，用人单位支付给劳动者的小时工资标准不得低于当地人民政府规定的最低小时工资标准，劳动报酬支付周期最长不得超过15日。

二、劳动合同的订立

《劳动合同法》第3条规定："订立劳动合同，应当遵循合法、公平、平等自愿、协商一致、诚实守信的原则。"依法订立的劳动合同具有约束力，用人单位与劳动者应当履行劳动合同约定的义务。

（一）劳动合同订立的程序

根据《劳动合同法》的有关规定以及订立劳动合同的实践，签订劳动合同的程序一般为：

（1）提议。在签订劳动合同前，劳动者或用人方提出签订劳动合同的建议，称为要约。一般由用人方提出和起草劳动合同草案，提供协商的文本。

（2）协商。双方对劳动合同的内容，包括工作任务、劳动报酬、劳动条件、内部规章、合同期限、保险福利待遇等进行认真协商、充分讨论，最后达成一致意见，协商即告结束。

（3）签约。在认真审阅合同文书，确认没有分歧后，用人单位的法定代表人或者其书面委托的代理人代表用人方与劳动者签订劳动合同。劳动合同由双方分别签字或者盖章，并加盖用人单位印章。《劳动合同法》规定，用人单位与劳动者在用工前订立劳动合同的，劳动关系自用工之日起建立。

（二）劳动合同的内容、条款与形式

1. 劳动合同的内容

劳动合同的内容是指劳动关系双方的权利和义务。因为权利义务是相互对应的，一方的权利即为对方的义务，所以劳动合同往往从义务方面表述双方的权利义务关系。

劳动者的主要义务包括：（1）劳动付出的义务。必须按照合同约定的时间、地点亲自提供劳动，有权拒绝做约定范围以外的工作。这是劳动者的主要义务。（2）忠诚的义务。例如，保守用人单位在技术、经营、管理、工艺等方面的秘密；在合同规定的时间和地点，服从用人单位及代理人的合理指挥和安排。（3）附随的义务。由于劳动者怠工或个人责任，使劳动合同义务不能履行或不能完全履行时，应负赔偿责任。

用人单位的主要义务包括：（1）劳动报酬给付的义务。按照劳动合同约定的支付标准、支付时间和支付方式按时足额支付劳动者工资，不得违背国家有关最低工资的法律规定及集体协议规定的最低标准。这是用人单位的主要义务。（2）照料的义务。用人单位应为劳动者提供保险福利待遇，提供休息、休假等，保障劳动者享有职业培训权、民主管理权、结社权等。（3）提供劳动条件的义务。用人单位有义务提供符合法律规定的生产、工作条件和保护措施，如工作场所、生产设备等其他便利条件，以及提供劳动保护设备等。

2. 劳动合同的条款

劳动合同的内容是通过具体条款体现的。合同的条款分为法定条款和约定条款，约定条款只要不违反法律和行政法规，具有与法定条款同样的约束力。

《劳动合同法》规定，双方当事人签订劳动合同必须具备一些条款，主要包括以下方面：用人单位的名称、住所和法定代表人或者主要负责人；劳动者的姓名、住址和居民身份证或者其他有效身份证件号码；劳动合同期限；工作内容和工作地点；工作时间和休息休假；劳动报酬；社会保险；劳动保护、劳动条件和职业危害防护；法律、法规规定应当纳入劳动合同的其他事项。

双方当事人在必备条款之外，根据具体情况，经协商可以约定的条款主要有下列几项：一是试用期。在试用期内，劳动者享有合同期内法律赋予劳动者的一切权利，包括社会保险权利和住房公积金权利。在试用期内，劳动者不符合录用条件的，用人单位可以解除劳动合同。劳动者在试用期内可以解除合同，但需提前3天通知用人单位。二是培训。培训条款是用人单位出资对劳

动者培训后所签订的协议，属合同双方自主约定的条款。三是保守商业秘密和竞业限制条款。《劳动合同法》第23条规定："用人单位与劳动者可以在劳动合同中约定保守用人单位的商业秘密和与知识产权相关的保密事项。对负有保密义务的劳动者，用人单位可以在劳动合同或者保密协议中与劳动者约定竞业限制条款，并约定在解除或者终止劳动合同后，在竞业限制期限内按月给予劳动者经济补偿。"四是补充保险和福利待遇。除应当依法参加社会保险外，双方还可以约定补充医疗、补充养老和人身意外伤害等条款，明确有关福利。五是其他事项。如对第二职业的限制、对归还物品的约定等。

3．**劳动合同的形式**

《劳动合同法》第10条规定："建立劳动关系，应当订立书面劳动合同。已建立劳动关系，未同时订立书面劳动合同的，应当自用工之日起一个月订立书面劳动合同。"同时，《劳动合同法》还规定非全日制用工双方当事人可以订立口头协议。

（三）无效劳动合同的确认及处理

劳动合同有效应当具备如下要件：劳动合同签订的主体、内容、形式和订立程序合法。劳动合同的无效或者部分无效是指劳动合同不具备或不完全具备劳动合同的法定有效要件，不能产生当事人预期的法律后果。根据《劳动合同法》第26条的规定，无效或者部分无效的劳动合同主要有：（1）以欺诈、胁迫的手段或者乘人之危，使对方在违背真实意思的情况下订立或者变更的劳动合同；（2）用人单位免除自己的法定责任、排除劳动者权利订立的劳动合同；（3）违反法律、行政法规强制性规定的劳动合同。

无效的劳动合同自订立之时起就没有法律约束力。《劳动合同法》第27条规定："劳动合同部分无效，不影响其他部分效力的，其他部分仍然有效。"对劳动合同的无效或者部分无效有争议的，由劳动争议仲裁机构或者人民法院确认。劳动合同被确认无效或部分无效后，若劳动者已付出劳动，用人单位应支付相应的劳动报酬。劳动合同双方当事人，对劳动合同法律效力发生争议时，应向劳动争议仲裁委员会申请仲裁或向人民法院起诉确认。

三、劳动合同的履行与变更

劳动合同的履行是指劳动合同当事人依据合同规定的条件，享有各自权利，承担各自义务的法律行为。《劳动合同法》第29条规定："用人单位与劳动者应当按照劳动合同的约定，全面履行各自的义务。"全面履行，是指双方当事人应当按照约定的时间和方式、亲自、全部履行各自的义务。如劳动者履行劳动给付义务，原则上以合同约定的范围为限，用人单位一般不得要求其从事约定以外的工作，而且强调当事人亲自履行，未经对方同意，不能由第三人替代。

劳动合同的变更，指劳动合同在履行过程中，经双方协商一致，对合同条款进行的修改或补充，具体包括工作内容、工作地点、工资福利的变更等。其实质是双方的权利义务发生改变。劳动合同的变更，要遵循平等自愿、协商一致的原则，任何一方不得将自己的意志强加给对方。其条件是：（1）订立劳动合同时所依据的法律、法规、规章发生变化的，应当依法变更劳动合同的相关内容；（2）订立劳动合同时所依据的客观情况发生重大变化，致使劳动合同无法履行，当事人一方要求变更其相关内容的，如企业转产、调整生产任务，劳动者部分丧失劳动能力或身体健康状况发生变化等引起的合同变更；（3）用人单位名称、法定代表人变更，不影响合同履行；（4）单位分立、合并应变更劳动合同。

劳动合同当事人一方要求变更劳动合同相关内容的，应当将变更要求以书面形式送交另一方，另一方应当在15日内答复，逾期不答复的，视为不同意变更劳动合同。具体做法：（1）提出要求。向对方提出变更合同的要求和理由。（2）做出答复。在规定的期限内给予答复，同意、不同意或提议再协商。(3) 签订协议。在变更协议上签字盖章即生效，变更后的合同文本一式两份，由双方当事人各执一份。

四、劳动合同的解除、终止与续订

(一) 劳动合同的解除

劳动合同解除是劳动合同在期限届满之前，双方或单方提前终止劳动合同效力的法律行为。它分为法定解除和协商解除。法定解除是指法律、法规或劳动合同规定可以提前终止劳动合同的情况。协商解除指双方经协商一致而提前终止劳动合同的法律效力。

《劳动合同法》第36条规定："用人单位与劳动者协商一致，可以解除劳动合同。"如果劳动者提出解除合同，用人单位同意，用人单位一般可以不支付经济补偿金；如果用人单位提出解除合同，劳动者同意，用人单位一般要向劳动者支付经济补偿。

此外，为了保障劳动者的择业自主权，促进人才合理流动，《劳动合同法》明确规定了劳动者享有解除劳动合同的权利。劳动者单方解除劳动合同有以下几种情形：(1) 一般情形下提前30天通知解除合同；(2) 试用期内提前3天通知解除合同；(3) 用人单位违法，劳动者可以解除合同，比如未及时足额支付劳动报酬、未依法为劳动者缴纳社会保险费等；(4) 非常情况下，劳动者解除合同无须提前通知，包括用人单位以暴力、威胁或者非法限制人身自由的手段强迫劳动者劳动，以及违章指挥、强令冒险作业危及劳动者人身安全等。

用人单位单方解除合同有以下几种情形：(1) 劳动者有过失，用人单位可以解除合同，包括在试用期间被证明不符合录用条件，以及严重违反用人单位的规章制度等。(2) 劳动者无过失的情形，比如经过培训或者调整职位，仍不能胜任工作，以及劳动合同订立时所依据的客观情况发生重大变化，致使劳动合同无法履行等，用人单位可以解除合同的情形，但要提前30天以书面形式通知劳动者本人或者额外支付劳动者1个月工资，且要依法给予劳动者经济补偿。(3) 裁员。当用人单位出现依照企业破产法规定进行重整以及生产经营发生严重困难等情形，可以裁减人员，需要裁减人员20人以上或者裁减不足20人但占企业职工总数10%以上的，用人单位必须提前30日向工会或者全体职工说明情况，听取工会或者职工的意见，而且裁减人员方案必须向劳动行政部门报告。

同时，为了保护弱势群体的权益，裁减人员时，应当优先留用下列人员：一是与本单位订立较长期限的固定期限劳动合同的；二是与本单位订立无固定期限劳动合同的；三是家庭无其他就业人员，有需要扶养的老人或者未成年人的。用人单位裁减人员后，在6个月内重新招用人员的，应当通知被裁减的人员，并在同等条件下优先招用被裁减的人员。

为了保护劳动者的合法权益，防止不公正解雇，《劳动合同法》除规定用人单位可以解除劳动合同的情形外，还规定了用人单位不得解除劳动合同的情形：一是从事接触职业病危害作业的劳动者未进行离岗前职业健康检查，或者疑似职业病病人在诊断或者医学观察期间的；二是在本单位患职业病或者因工负伤并被确认丧失或者部分丧失劳动能力的；三是患病或者非因工负伤，在规定的医疗期内的；四是女职工在孕期、产期、哺乳期的；五是在本单位连续工作满15年，且距法定退休年龄不足5年的；六是法律、行政法规规定的其他情形。

劳动合同的解除，应当依法办理的手续或者遵循的步骤主要包括：(1) 提前书面通知，一般需要提前30日以书面形式通知对方；(2) 征求工会意见；(3) 协商并给予经济补偿，补偿金的标准，主要取决于劳动者在本单位的工作年限和劳动者解除劳动合同前12个月的平均工资水平。

（二）劳动合同的终止

劳动合同终止，是指劳动合同期限届满或双方当事人主体资格消失，合同规定的权利义务即行消灭的制度。根据《劳动合同法》第44条的规定，有下列情形之一的，劳动合同终止：（1）劳动合同期满的；（2）劳动者开始依法享受基本养老保险待遇的；（3）劳动者死亡，或者被人民法院宣告死亡或者宣告失踪的；（4）用人单位被依法宣告破产的；（5）用人单位被吊销营业执照、责令关闭、撤销或者用人单位决定提前解散的；（6）法律、行政法规规定的其他情形。

劳动合同终止按以下程序进行：一是提前通知，一般提前30日通知劳动者。二是支付经济补偿，除用人单位维持或者提高劳动合同约定条件续订劳动合同，劳动者不同意续订的情形外，合同期满终止固定期限劳动合同的，用人单位都要支付经济补偿。三是终止合同应办理相关手续，包括出具证明、转移社会保险、办理工作交接、支付经济补偿以及保存档案备查。

（三）劳动合同的续订

根据《劳动合同法》的规定，劳动合同期满，双方可以续订劳动合同。续订劳动合同包括下列情形：一是双方协商一致续订劳动合同。二是有下列情形之一的，必须续订劳动合同，劳动合同的期限应当延续至相应的情形消失：（1）从事接触职业病危害作业的劳动者未进行离岗前职业健康检查，或者疑似职业病病人在诊断或者医学观察期间的；（2）在本单位患职业病或者因工负伤并被确认丧失或者部分丧失劳动能力的，应按照国家有关工伤保险的规定执行；（3）劳动者患病或者非因工负伤，在规定的医疗期内的；（4）女职工在孕期、产期、哺乳期的；（5）劳动者在本单位连续工作满15年，且距法定退休年龄不足5年的；（6）法律、行政法规规定的其他情形。

五、违反劳动合同的法律责任

违反劳动合同的法律责任主要包括用人单位的法律责任、劳动者的法律责任和政府的法律责任。

1. 用人单位的法律责任

《劳动合同法》规定了用人单位违反劳动合同的法律责任，主要包括：（1）订立劳动合同中的法律责任。其中包括合同文本违法、未订立书面劳动合同、不按规定订立无固定期限劳动合同、违法约定试用期、违法扣押证件和收取财物、招用未解除劳动关系的劳动者、用人单位不具备主体资格、个人承包经营违法招用劳动者等情况及相应责任。（2）履行和变更劳动合同的法律责任。其中包括用人单位规章制度违法、不按规定支付劳动报酬或加班费、无效劳动合同、危及或损害劳动者的健康与安全等情况及相应责任。（3）解除和终止劳动合同的法律责任。其中包括违法解除或终止劳动合同、拒绝出具证明、扣押劳动者档案、未支付经济补偿等情况及相应责任。（4）劳务派遣中的法律责任。

2. 劳动者的法律责任

为防止劳动者任意解除劳动合同给用人单位造成损害，《劳动合同法》第90条规定："劳动者违反本法规定解除劳动合同，或者违反劳动合同中约定的保密义务或者竞业限制，给用人单位造成损失的，应当承担赔偿责任。"

3. 政府的法律责任

《劳动合同法》第95条规定："劳动行政部门和其他有关主管部门及其工作人员玩忽职守、不履行法定职责，或者违法行使职权，给劳动者或者用人单位造成损失的，应当承担赔偿责任；对直接负责的主管人员和其他直接责任人员，依法给予行政处分；构成犯罪的，依法追究刑事责任。"

第3节 工作时间、劳动保护与员工健康管理

工作时间（working time）和劳动保护（labor protection）方面的法律法规的目的是保护劳动者在完成劳动生产和工作任务的同时，保证其身心健康和正常的休息。

一、工作时间

工作时间是法律规定的劳动者在工作场所为履行劳动义务而消耗的时间，即劳动者每天工作的时数或每周工作的天数。作为法律范畴，工作时间既包括劳动者实际完成工作的时间，也包括劳动者从事生产或工作所必需的准备和结束的时间、从事连续性有害健康工作的间歇时间、工艺中断时间、女职工哺乳未满一周岁婴儿的哺乳时间以及因公外出等法律规定限度内消耗的其他时间。工作时间可以以小时、日、周、月、季和年来计算，用人单位必须按规定支付劳动者劳动报酬。

（一）工作时间的基本内容

工作时间主要有以下几种类型：

（1）标准工作日。标准工作日是国家统一规定的，在一般情况下，是劳动者从事工作或劳动的时间。我国的标准工作日为每日工作8小时，每周工作40小时。标准工作日是计算其他工作日种类的依据，如实行综合计算工作时间的用人单位，其平均日工作时间和平均周工作时间应与法定标准工作时间基本相同。对实行计件工作的劳动者，用人单位应当根据标准工作日制度，合理地确定其劳动定额和计件报酬标准。

（2）缩短工作日。缩短工作日是指法律规定的少于标准工作日时数的工作日，即每天工作时数少于8小时或者每周工作时数少于40小时。我国实行缩短工作日的情况主要有下列几类人员：从事矿山井下、高山、有毒有害、特别繁重体力劳动的劳动者；夜班工作者；哺乳期工作的女职工。

（3）不定时工作日。不定时工作日是指没有固定工作时间限制的工作日，主要适用于因工作性质和工作职责限制，不能实行标准工作日的劳动者。主要包括下列几类人员：企业的高级管理人员、外勤人员、推销人员、部分值班人员和其他工作无法按标准工作时间衡量的职工；企业中的长途运输人员、出租汽车司机和铁路、港口、仓库的部分装卸人员以及因工作性质特殊，需机动作业的职工；其他因生产特点、工作特殊需要或职责范围的关系，适合实行不定时工作制的职工。

（4）综合计算工作日。综合计算工作日是指用人单位根据生产和工作特点，分别采取以周、月、季、年等为周期综合计算劳动者工作时间的一种工时形式。一般适用于从事受自然条件或技术条件限制的劳动，主要包括下列几类人员：交通、铁路、邮电、水运、航空、渔业等行业中因工作性质特殊，需连续作业的职工；地质及资源勘探、建筑、制盐、制糖、旅游等受季节和自然条件限制的行业的部分职工；其他适合实际综合计算工时工作制的职工。

（5）弹性工作时间。弹性工作时间是指在标准工作时间的基础上，每周的总工作时间不变，每天的工作时间在保证核心时间的前提下可以调节。弹性工作时间制度是在20世纪60年代末发展起来的，目前发达国家已普遍实行，我国在个别地区和行业开始试行。

（6）计件工作时间。计件工作时间是指以劳动者完成一定劳动定额为标准的工作时间。《劳动法》规定，对实行计件工作的劳动者，用人单位应当根据标准工时制度合理地确定其劳动定额和计件报酬标准。实行计件工作的用人单位，必须以劳动者在一个标准工作日或一个标准工作周的工作时间内能够完成的计件数量为标准，合理确定劳动者每日或每周的劳动定额。

（二）加班加点

加班加点，即延长劳动时间，是指劳动者的工作时数超过法律规定的标准工作时间。加班，是指劳动者在法定节日或公休假日从事生产或工作。加点，是指劳动者在标准工作日以外继续从事劳动或工作。为维护劳动者的身体健康和合法权益，国家法律、法规严格限制加班加点。

用人单位由于生产经营需要，可以延长工作时间。《劳动法》第41条规定："用人单位由于生产经营需要，经与工会和劳动者协商后可以延长工作时间，一般每日不得超过一小时；因特殊原因需要延长工作时间的，在保障劳动者身体健康的条件下延长工作时间每日不得超过三小时，但是每月不得超过三十六小时。"这一规定明确了加班加点的条件：（1）符合法定条件。必须是生产经营需要，必须与工会协商，必须与劳动者协商，征得劳动者同意，不得强迫劳动。（2）不得超过法定时数。每日不得超过1小时，特殊原因需要延长工作时间的，每日不得超过3小时，但每月不得超过36小时。

当出现特殊情况或紧急事件，如救灾、抢险或威胁公共利益时，用人单位延长工作时间不受《劳动法》第41条的限制，即不受一般情况下延长工作时间的条件和法定时数的限制，既不需要审批，也不必与工会和劳动者协商。无论哪一种情况安排劳动者延长工作时间，用人单位都应当支付高于劳动者正常工作时间的工资报酬。根据《劳动法》第44条的规定，安排劳动者延长工作时间的，支付不低于工资的150%的工资报酬；休息日安排劳动者工作又不能安排补休的，支付不低于工资200%的工资报酬；法定休假日安排劳动者工作的，支付不低于工资300%的工资报酬。

（三）休息休假

休息休假，是指劳动者在国家规定的法定工作时间以外自行支配的时间。根据《劳动法》及相关法规规定，劳动者的休息时间主要有：（1）工作日内的间歇时间，即一个工作日内给予劳动者休息和用餐的时间。（2）两个工作日之间的休息时间，即一个工作日结束后至下一个工作日开始前的休息时间。（3）公休假日，工作满一个工作周以后的休息时间。我国劳动者的公休假日为两天，一般安排在周六和周日。（4）法定休假日，即国家法律统一规定的用于开展庆祝、纪念活动的休息时间。（5）年休假，即法律规定的劳动者工作满一定年限后，每年享有的保留工作带薪连续休假。（6）探亲假，即劳动者享有的探望与自己分居两地的配偶和父母的休息时间。探望配偶的，每年给予一方探亲假一次，假期30天。未婚职工探望父母的，原则上每年给假一次，假期20天；两年探亲一次的，假期45天。已婚职工探望父母的，每4年给假一次，假期20天。

二、劳动保护

劳动保护（labor protection）是国家对劳动者在生产过程中安全和健康的保护。我国目前的劳动保护主要包括劳动安全技术规程、劳动卫生规程、劳动安全管理制度与女职工和未成年工的劳动保护。

（一）劳动安全技术规程

劳动安全技术规程是防止和消除生产过程中的伤亡事故，保障劳动者生命安全和减轻繁重体力劳动强度，维护生产设备安全运行的法律规范。《劳动法》第53条规定："劳动安全卫生设施必须符合国家规定的标准。"根据《中华人民共和国安全生产法》第28条的规定，生产经营单位新建、改建、扩建工程项目的安全设施，必须与主体工程同时设计、同时施工、同时投入生产和使用。安全设施投资应当纳入建设项目概算。

劳动安全技术规程的内容主要包括：（1）技术措施，如机器设备、电气设备、动力锅炉的装置，厂房、矿山和道路建筑的安全技术措施；（2）组织措施，即安全技术管理机构的设置、人员的配置和训练，以及工作计划和制度。

(二) 劳动卫生规程

劳动卫生规程，是防止有毒有害物质的危害和防止职业病发生所采取的各种防护措施的规章制度。包括各种行业生产卫生、医疗预防、健康检查等技术和组织管理措施的规定。职业危害主要有：(1) 生产过程中的危害，如高温、噪声、粉尘、不正常的气压等；(2) 生产管理中的危害，如过长的工作时间和过强的体力劳动等；(3) 生产场所的危害，如通风、取暖和照明等。

(三) 劳动安全管理制度

为保障劳动者在劳动过程中的安全和健康，用人单位应根据国家有关规定，结合本单位实际制定有关安全卫生管理的制度。其内容主要包括：(1) 安全生产责任制。例如，单位主要负责人对安全生产工作全面负责，应当建立、健全本单位安全生产责任制；组织制定本单位安全生产规章制度和操作规程；保证安全生产投入的有效实施等。(2) 安全技术措施计划管理制度。例如，用人单位应当保证安全生产条件所必需的资金投入，对由于安全生产所必需的资金投入不足导致的后果承担责任；建设项目安全设施的设计人、设计单位应当对安全设施设计负责。(3) 安全生产教育制度。例如，用人单位应当对从业人员进行安全生产教育和培训，保证从业人员具备必要的安全生产知识，熟悉有关的安全生产规章制度和安全操作规程，掌握本职位的安全操作技能；特种作业人员必须按照国家有关规定经专门的安全作业培训，取得特种作业操作资格证书，方可上岗作业。(4) 安全生产检查制度。例如，工会对用人单位违反安全生产法律、法规，侵犯从业人员合法权益的行为，有权要求纠正；发现单位违章指挥、强令冒险作业或者发现事故隐患时，有权提出解决的建议等。(5) 安全卫生监察制度。例如，工会有权对建设项目的安全设施与主体工程同时设计、同时施工、同时投入生产和使用进行监督，提出意见。(6) 伤亡事故报告和处理制度。例如，县级以上各级人民政府劳动行政部门、有关部门和用人单位应当依法对劳动者在劳动过程中发生的伤亡事故和劳动者的职业病状况，进行统计、报告和处理。

(四) 女职工劳动保护

根据妇女的生理特点，对妇女劳动者在劳动过程和劳动市场中实施特殊保护，是保证人类健康繁衍生存和劳动力再生产质量的大事。

(1) 就业权利的保障。相关劳动法律规定，妇女享有同男子平等的就业权利。根据《中华人民共和国就业促进法》第 27 条的规定，用人单位招用人员，除国家规定的不适合妇女的工种或者职位外，不得以性别为由拒绝录用妇女或者提高对妇女的录用标准。用人单位录用女职工，不得在劳动合同中规定限制女职工结婚、生育的内容。法律的主要规定如下：第一，凡适合妇女从事劳动的工作，不得以性别为由拒绝录用妇女或者提高对妇女的录用标准；第二，不得以结婚、怀孕、生育、哺乳等为由辞退女职工或者单方面解除劳动合同；第三，男女同工同酬，同等劳动应领取同等报酬，不得因女职工怀孕、生育、哺乳而降低其基本工资。女职工生育期间，享受法律规定的产假和医疗待遇，产假期间应由所在单位按法律规定支付工资。

(2) 女职工禁忌从事的劳动。《劳动法》第 59 条规定："禁止安排女职工从事矿山井下、国家规定的第四级体力劳动强度的劳动和其他禁忌从事的劳动。"《女职工禁忌劳动范围的规定》明确了女职工禁忌从事以下范围的劳动：一是矿山井下作业；二是森林业伐木、归楞及流放作业；三是《体力劳动强度分级》标准中第Ⅳ级体力劳动强度的作业；四是建筑业脚手架的组装和拆除作业，以及电力、电信行业的高处架线作业；五是连续负重每次超过 20 千克，间断负重每次超过 25 千克的作业。

(3)"四期"保护。针对女职工生理机能的变化，我国劳动法律、法规对女职工经期、孕期、产期和哺乳期规定了特殊保护，读者可查阅相关法规，此处不再赘述。

（五）未成年工劳动保护

未成年工指年满16周岁未满18周岁的劳动者。我国劳动法律对未成年工的特殊保护作了专门规定，主要内容包括：（1）最低就业年龄的规定。禁止用人单位招用未满16周岁的未成年人，文艺、体育部门需招收未满16周岁的未成年人的，必须严格依据法律规定办理。禁止任何单位使用童工或为未满16周岁的少年、儿童介绍职业。（2）禁止未成年工从事有害健康的工作。不得安排未成年工从事矿山井下、有毒有害、国家规定的第四级体力劳动强度的劳动和其他禁忌从事的劳动。（3）定期体检。用人单位应当对未成年工定期进行健康检查。（4）实行登记制度。用人单位招收使用未成年工，除符合一般用工要求外，还须到所在地的县以上劳动行政部门办理登记。

三、员工健康管理

员工健康管理（employee health management）是通过企业自身或借助第三方的力量，应用现代医疗和信息技术从生理、心理角度对企业员工的健康状况进行跟踪、评估，系统维护企业员工的身心健康，降低医疗支出，提高企业整体生产效率的一项企业管理行为。员工健康管理是一种现代化的人力资源管理模式，体现了企业对员工的人文关怀、对人的尊重和对人力资本的重视。员工健康管理的具体措施如下①：

1．建立尊重员工的文化氛围

员工健康管理源于以人为本的企业文化。要实施员工健康管理，必须先从企业文化着手。企业要树立人性化的管理理念，营造尊重员工、重视员工的文化氛围。在具体的管理实践中，企业要实行柔性管理和爱心管理，倾听员工需求，帮助员工进步，让员工参与决策，使员工切实体验到受尊重的感觉，并找到归属感。

2．创造舒适的工作环境

舒适的工作环境有利于身心健康，也有利于调动员工的工作积极性，发挥员工的创造力。例如，从空间、装饰、光线、整洁度等方面对工作环境加以优化，为员工提供舒适的办公环境；对于一些枯燥的重复性劳动，通过工间操、播放背景音乐等形式，达到舒缓压力、调节情绪的目的。

3．完善企业的激励、沟通机制

企业要通过完善激励、沟通机制来解决员工的后顾之忧，扫清员工健康发展的障碍。企业要关注员工个人发展，提供广阔的发展空间，完善职业晋升通道，给员工以动力和希望。企业要提供有竞争力的薪酬和奖励制度，激励员工朝着积极、健康的方向发展。同时，企业要建立畅通的沟通渠道，让员工之间、上下级之间可以平等对话、互通信息、交流思想。企业要积极举办各种形式的文化体育活动，舒缓员工工作的压力，增强员工之间的情感交流，提高团队凝聚力。

4．设置员工健康管理相关岗位

企业要加强人力资源方面的投入，设置员工健康管理的相关岗位，负责对员工健康进行管理和监督，如组织对员工进行全面的体检、建立健康档案、定期进行健康评估。华为公司2008年首次设立首席员工健康与安全官，以进一步完善员工保障与职业健康计划。此外，华为还专门成立了健康指导中心，规范员工餐饮、办公等健康标准和疾病预防工作，提供健康与心理咨询。

5．实施员工帮助项目

员工帮助项目（employee assistance program，EAP），是由组织为员工提供的一套系统服务，通过专业人员对企业员工提供诊断、辅导、咨询和培训等服务，解决员工的各种心理和行为问

---

① 伍娜，张舫．人力资源管理：理论、方法与实务．成都：西南财经大学出版社，2017：274-277.

题，改善员工在组织中的工作绩效。员工帮助项目主要包括初级预防、二级预防和三级预防等三方面内容，作用分别是消除诱发问题的来源、教育和培训、员工心理咨询与辅导。

（1）初级预防：消除诱发问题的来源。初级预防的目的是减少或消除任何导致职业心理健康问题的因素，更重要的是设法建立一个积极的、支持性的和健康的工作环境。通过对人力资源方面的企业诊断，能够发现问题在哪里和解决问题的途径。通常，初级预防通过改变一些人事政策来实现，如改善组织内的信息沟通、工作再设计和给予低层人员更多的自主权等。

（2）二级预防：教育和培训。教育和培训旨在帮助员工了解职业心理健康的知识，如各种可能的因素怎样对员工心理健康产生影响以及如何提高对抗不良心理问题的能力。有关的教育课程包括应付工作压力、自信性训练、放松技术、生活问题指导以及解决问题技能等。二级预防的另一个重要目的是向人力资源管理人员和组织内从事员工保健的专业人员提供专门的培训课程，来提高他们对员工心理健康的意识和处理员工个人问题的能力。例如，基本咨询技能和行为风险管理等方面的培训。

（3）三级预防：员工心理咨询与辅导。员工心理咨询是指由专业心理咨询人员向员工提供个别、隐私的心理辅导服务，以解决他们的各种心理和行为问题，使他们能够保持较好的心理状态来生活和工作。由于员工的许多职业心理健康问题与家庭生活方面的因素有关，这种心理咨询服务通常也面向员工的直系家庭成员。

第 4 节 劳动争议处理

一、劳动争议概述

（一）劳动争议的含义与类型

劳动争议（labor disputes）就是劳动纠纷，是指劳动关系当事人之间因劳动权利与义务发生的争执。在我国，具体指劳动者与用人单位之间，在劳动法调整范围内，因适用国家法律、法规和订立、履行、变更、终止和解除劳动合同以及其他与劳动关系直接相联系的问题而引起的纠纷。劳动争议是劳动关系不协调的反映，只有妥善、合法、公正、及时地处理劳动争议，才能维护劳动关系双方当事人的合法权益。

根据劳动争议的性质不同，劳动争议可以划分为两类：一是个别争议，即单个用人单位与各个劳动者之间所发生的劳动争议。二是集体争议，即多个用人单位或用人单位团体与劳动者团体之间所发生的劳资争议，其争议对象是集体的利益，属于集体协议上的争议，也就是以劳动者团体即工会为主体的、在集体谈判过程中发生的争议。对劳动争议进行分类，有利于设置不同的解决争议的机构，采用不同的法律程序。例如，权利争议的处理多采用仲裁、诉讼的方法解决，因为既定权利的确认相对容易；利益争议则由于其复杂性和专业性特点，通常由政府或专业人士出面进行仲裁，而很少走诉讼途径。

（二）劳动争议的范围与处理目的

我国劳动争议的范围一般包括：（1）因确认劳动关系发生的争议；（2）因订立、履行、变更、解除劳动合同或者聘用合同发生的争议；（3）因除名、辞退等处分职工和职工辞职、离职发生的争议；（4）因劳动报酬、工作时间、休息休假、保险、福利、培训以及劳动保护发生的争议；（5）按规定应当依照法律处理的其他劳动争议。

劳动争议处理的主要目的：（1）公正及时地处理劳动争议。公正及时地处理劳动争议，保障用人单位与劳动者的合法权益，有利于平衡劳动合同双方当事人的利益，有利于建立和谐稳定的劳动关系。(2) 建立和谐稳定的劳动关系。劳动争议，特别是集体劳动争议，如果不及时预防和有效解决，就会引起停工、罢工，影响经济发展和社会安定。因此，事先预防和事后公正处理劳动纠纷具有重要意义。(3) 保护用人单位和劳动者双方的合法权益。只有将劳动纠纷纳入法制轨道，才能妥善处理、切实保障双方的合法权益，发展良好的劳动关系。

(三) 劳动争议处理的原则

劳动争议处理的原则贯穿劳动争议处理的全过程，主要包括：

(1) 在查清事实的基础上依法处理原则。在处理劳动争议的过程中，劳动争议处理机构应当对争议的起因、发展和现状进行深入细致的调查，在查清事实的基础上，依据劳动法规、规章、政策做出公正处理。达成的调解协议、做出的裁决和判决不能违反国家现行法规和政策规定，不得损害国家利益、社会公共利益或他人的合法权益。

(2) 当事人在适用法律面前一律平等原则。劳动争议当事人法律地位平等，双方具有平等的权利和义务，任何一方当事人不得有超越法律规定的特权；劳动争议处理机构应当公正执法，保障和便利双方当事人行使权利，对当事人在适用法律上一律平等，不得偏袒或歧视任何一方。

(3) 着重调解和及时处理原则。劳动争议的调解贯穿整个处理程序，企业内处理劳动争议的全过程属于调解，在仲裁和诉讼阶段同样必须坚持先行调解。及时原则要求在处理劳动争议的过程中必须及时处理。《劳动法》规定，提出仲裁要求的一方应当自劳动争议发生之日起60日内向劳动争议仲裁委员会提出书面申请。仲裁裁决一般应在收到仲裁申请的60日内做出。

二、劳动争议处理的程序及方法

我国法律规定，劳动争议发生后，当事人应当协商解决；不愿协商或协商不成的，可以向本企业劳动争议调解委员会申请调解；调解不成的，可以向劳动争议仲裁委员会申请仲裁。当事人也可以直接向劳动争议仲裁委员会申请仲裁；对仲裁裁决不服的，可以向人民法院起诉。我国现行劳动争议处理制度的基本体制是自愿选择企业内部调解（自主协商调解机制），仲裁是劳动争议诉讼的前置程序，诉讼是处理劳动争议的最终程序。

(一) 劳动争议调解

劳动争议调解（labor mediation）是指调解委员会对企业与劳动者之间发生的争议，在查明事实、分清是非、明确责任的基础上，依照国家劳动法律及依法制定的企业规章和劳动合同，通过民主协商的方式，推动双方互谅互让，达成协议，消除纷争的一种活动。

1. 劳动争议调解机构

企业可以设立劳动争议调解委员会，负责调解本企业发生的劳动争议。调解委员会由下列人员组成：一是职工代表；二是企业代表；三是企业工会代表。职工代表由职工代表大会或者职工大会推举产生；企业代表由企业领导指定；工会代表由企业工会委员会指定。调解委员会组成人员的具体人数，由职工代表大会提出并与企业领导协商确定，企业代表人数不得超过调解委员会成员总数的1/3。调解委员会主任由工会代表担任，调解委员会的办事机构设在企业工会委员会。没有成立工会组织的企业，调解委员会的设立及其组成由职工代表与企业代表协商决定。

2. 劳动争议调解的程序及方法

劳动争议调解要遵循自愿原则与民主说服原则，调解程序一般包括调解准备、调解开始、实施调解、调解终止等几个阶段。当事人申请调解，应当自知道或应当知道其权利被侵害之日起30日内，以口头或书面形式向调解委员会提出申请，并填写《劳动争议调解申请书》。调解委员会接到调解申请后，应征询对方当事人的意见，对方当事人不愿调解的，应做好记录，在3日内以书面形式通知申请人。调解委员会应在4日内做出受理或不受理申请的决定，对不受理的，应向申请人说明理由。调解达成协议的，制作调解协议书；调解不成的，应做好记录。调解委员会调解劳动争议，应当自当事人申请调解之日起30日内结束；到期未结束的，视为调解不成。企业调解委员会调解劳动争议未达成协议的，当事人可以自劳动争议发生之日起60日内，向劳动争议仲裁委员会申请仲裁。

(二) 劳动争议仲裁

劳动争议仲裁（labor arbitration）指劳动争议仲裁委员会对用人单位与劳动者之间发生的劳动争议，在查明事实、明确是非、分清责任的基础上，依法做出裁决的活动。劳动争议仲裁具有较强的专业性，其程序与司法程序相比，较为简便、快速。

1. 劳动争议仲裁的机构

劳动争议仲裁机构主要包括劳动争议仲裁委员会、仲裁委员会办事机构以及仲裁庭。仲裁委员会是国家授权依法独立处理劳动争议的专门机构，负责处理本仲裁委员会管辖范围内的劳动争议案件，聘任专职和兼职仲裁员，并对仲裁员进行管理。仲裁委员会由下列人员组成：一是劳动行政主管部门的代表；二是同级工会的代表；三是用人单位方面的代表。仲裁委员会组成实行“三方原则”：劳动行政主管部门代表政府；工会代表劳动者；企业联合会（协会）或企业家协会代表用人单位。仲裁委员会组成人数必须是单数，主任由劳动行政主管部门的负责人担任，实行少数服从多数的原则。劳动行政主管部门的劳动争议处理机构为仲裁委员会的办事机构，负责办理仲裁委员会的日常事务。

2. 劳动争议仲裁的原则

劳动争议仲裁的原则包括：（1）一次裁决原则。不服裁决的，只能向法院起诉。（2）合议原则。少数服从多数。（3）强制原则。一方当事人申请，仲裁委员会即可受理；调解不成时可直接裁决，无须当事人同意；对发生法律效力的仲裁裁决，一方不执行，另一方可申请法院强制执行。（4）回避原则。与当事人有亲属关系或其他关系，可能影响公正裁决的人员应回避。（5）区分举证责任原则。在履行劳动合同而发生的争议中，谁主张谁举证；而在用人单位处罚职工的劳动争议中，谁决定谁举证。

3. 仲裁时效与裁决

时效是指在规定的期限内，劳动争议当事人不行使申诉权，申诉权因期满而归于消灭的制度。当事人应当从知道或者应当知道其权利被侵害之日起60天内，以书面形式向仲裁委员会申请仲裁。如期限届满，即丧失请求保护其权利的申诉权，仲裁委员会对其仲裁申请不予受理。时效的规定是针对正常情况做出的，如果当事人因不可抗力或者有其他正当理由超过时效的，仲裁委员会应当受理。仲裁裁决是仲裁庭做出的、对当事人具有约束力的、具体解决争议的决定。仲裁庭处理劳动争议案件应当先行调解，调解达成协议的，制作调解书，调解书自送达之日起具有法律效力。调解未达成协议或者调解书送达前当事人反悔的，仲裁庭应当及时裁决。当事人对仲裁裁决不服的，自收到裁决书之日起15日内，可以向人民法院起诉；期满不起诉的，裁决书即发生法律效力，当事人对发生法律效力的调解和裁决书，应当依照规定的期限履行。一方当事人逾期不履行的，另一方当事人可以申请人民法院强制执行。劳动争议仲裁委员会做出仲裁裁决后，当事人对裁决中的部分事项不服，依法向人民法院起诉的，劳动争议仲裁裁决不发生法律效力。

4. 仲裁的程序和期限

仲裁主要包括立案、裁决和结案三个步骤。当事人向仲裁委员会申请仲裁，应当提交申诉书，并按照被诉人数提交副本。仲裁委员会应当自收到申诉书之日起7日内做出受理或者不予受理的决定。仲裁委员会决定受理的，应当自做出决定之日起7日内将申诉书的副本送达被诉人，并组成仲裁庭；决定不予受理的，应当说明理由。被诉人应当自收到申诉书副本之日起15日内提交答辩书和有关证据。被诉人没有按时提交或者不提交答辩书的，不影响案件的审理。仲裁庭应当于开庭的4日前，将开庭时间、地点的书面通知送达当事人。当事人接到书面通知，无正当理由拒不到庭的，或者未经仲裁庭同意中途退庭的，对申诉人按照撤诉处理，对被诉人可以作缺席判决。仲裁庭处理劳动争议，应当自组成仲裁庭之日起60日内结束。案情复杂需要延期的，经报仲裁委员会批准，可以适当延期，但是延长的期限不超过30日。仲裁庭应当严格执行时限的规定。

（三）劳动争议诉讼

劳动争议诉讼（labor litigation）是指劳动争议当事人不服劳动争议仲裁委员会的裁决，在规定的期限内向人民法院起诉，人民法院依照民事诉讼程序，依法对劳动争议案件进行审理的活动。此外，劳动争议的诉讼还包括当事人一方不履行仲裁委员会已发生法律效力的裁决书或调解书，另一方当事人申请人民法院强制执行的活动。劳动争议诉讼是处理劳动争议的最终程序，它通过司法程序保证了劳动争议的最终彻底解决。

1. 劳动争议诉讼的条件和范围

人民法院受理劳动争议的条件：第一，劳动关系当事人之间的劳动争议，必须先经过劳动仲裁委员会仲裁；第二，必须是在接到仲裁决定书之日起15日内向人民法院起诉的；第三，属于受诉人民法院管辖。人民法院只处理如下范围内的劳动争议案件：第一，争议事项范围。因履行和解除劳动合同发生的争议，因执行国家有关工资、保险、福利、培训、劳动保护的规定发生的争议，法律规定由人民法院处理的其他劳动争议。第二，企业范围。指国有企业、县（区）以上城镇集体所有制企业、乡镇企业、私营企业、“三资”企业。第三，员工范围。指与上述企业形成劳动关系的劳动者；经劳动行政机关批准录用并已签订劳动合同的临时工、季节工、农民工；依据有关法律、法规的规定，可以参照处理的其他员工。

2. 劳动争议诉讼的程序

劳动争议的法律诉讼一般有以下几个阶段：（1）起诉受理阶段。起诉是指争议当事人向法院提出诉讼请求，要求法院行使审判权，依法保护自己的合法权益。诉讼请求要尽可能详细，要明确被告，说明要求被告承担的各种义务等。受理是指法院接受争议案件并同意审理。法院的受理与否的决定是在对原告的起诉进行审查以后做出的。（2）调查取证阶段。法院除了对原告提供的有关材料、证据或仲裁机构掌握的情况、证据进行核实外，还要对争议的有关情况、事实进行重点调查。（3）进行调解阶段。法院的调解也要建立在双方当事人自愿的基础上，法院不得强迫调解。调解成功的，要制作法院调解书。法院调解不成或调解书送达前当事人反悔的，法院应当进行及时判决。（4）开庭审理阶段。开庭审理是在法院调解失败的情况下进行的。这一阶段主要进行法庭调查、法庭辩论和法庭判决等活动。（5）判决执行阶段。法庭判决书送达当事人以后，当事人在规定时间内不向上一级法院上诉的，判决书即行生效，双方当事人必须执行。

本章小结

本章介绍了劳动关系的含义、主体、内容、相关法律法规、改善途径等，阐述了劳动合同管理相关规定、工作时间与劳动保护以及劳动争议处理程序及方法等。

劳动关系是指劳动者与用人单位之间在劳动过程中发生的关系。劳动关系主体是指劳动关系的参与者，包括员工或劳动者以及以工会为主要形式的员工团体、企业以及企业协会组织和政府。劳动关系的内容是指劳动关系双方依法享有的权利和应当承担的义务，一般包括劳动者与用人单位之间在工作时间、休息时间、劳动报酬、劳动安全卫生、劳动纪律与奖惩、劳动福利保险、职业教育培训、劳动环境等方面形成的关系。劳动者依法享有的权利有劳动就业权、职业选择权、劳动报酬权、劳动保护权、休息休假权、社会保险权、职业培训权、劳动争议提请处理权等。其中，公民的劳动就业权是公民享有其他各项权利的基础。企业可以通过立法、发挥工会及企业党组织的作用、培训主管人员、提高职工的工作与生活质量、职工参与民主管理等途径改善内部劳动关系。

劳动合同是劳动者与用人单位确立劳动关系、明确双方权利和义务的具有法律效力的协议。

工作时间是法律规定的劳动者在工作场所为履行劳动义务而消耗的时间，即劳动者每天工作的时数或每周工作的天数。劳动保护是国家对劳动者在生产过程中安全和健康的保护，主要包括劳动安全技术规程、劳动卫生规程、劳动安全管理制度与女职工和未成年工的劳动保护。员工健康管理是通过企业自身或借助第三方的力量，应用现代医疗和信息技术从生理、心理角度对企业员工的健康状况进行跟踪、评估，系统维护企业员工的身心健康，降低医疗支出，提高企业整体生产效率的一项企业管理行为。

劳动争议是指劳动关系当事人之间因劳动权利与义务发生的争执。根据劳动争议性质不同，劳动争议可以划分为个别争议与集体争议两大类别。

关键词

劳动关系（labor relations）
工会（labor union）
劳动合同（labor contract）
工作时间（working time）
劳动保护（labor protection）
员工健康管理（employee health management）
员工帮助项目（employee assistance program，EAP）
劳动争议（labor disputes）
劳动争议调解（labor mediation）
劳动争议仲裁（labor arbitration）
劳动争议诉讼（labor litigation）

思考题

1. 什么是劳动关系？它的主体和内容是什么？
2. 劳动关系相关法律法规有哪些？
3. 企业改善劳动关系的途径有哪些？
4. 劳动者和用人单位各有哪些权利和义务？
5. 什么是劳动合同？它具有哪些特征？分为哪些类型？
6. 阐述劳动合同的订立、履行和变更、解除和终止的条件与程序。
7. 阐述劳动合同的法律责任。
8. 阐述工作时间方面的主要法律规定。
9. 什么是劳动保护？目前我国的劳动保护包含哪些内容？
10. 什么是员工健康管理？员工健康管理的具体措施有哪些？
11. 什么是劳动争议？它包含哪些类型？
12. 阐述解决劳动争议的原则、程序及方法。

第 13 章

员工流动管理

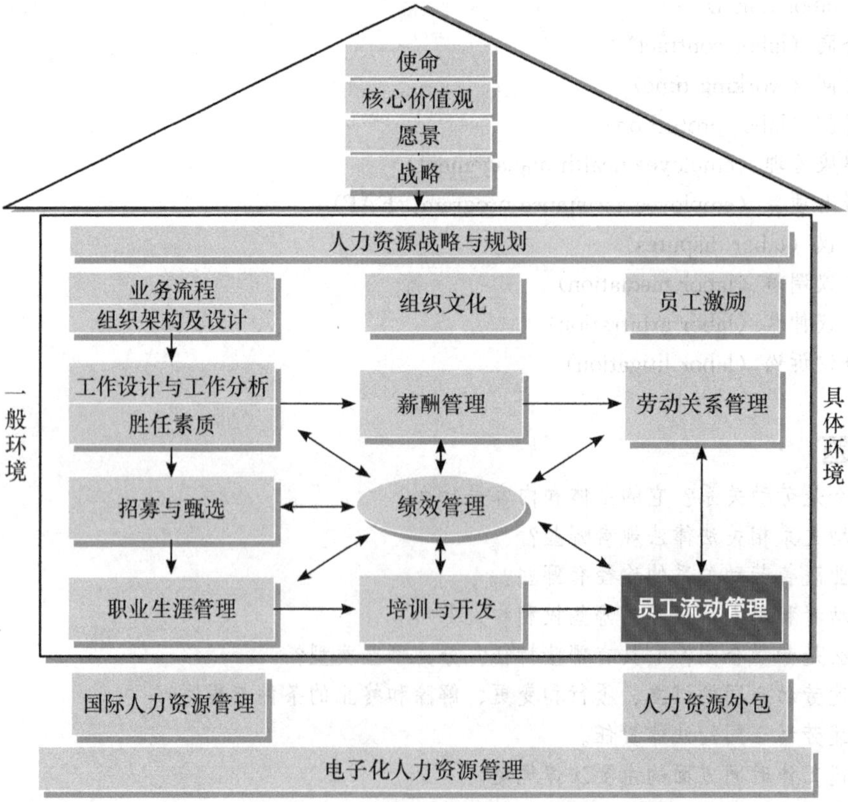
使命
核心价值观
愿景
战略
人力资源战略与规划
业务流程
组织架构及设计
组织文化
员工激励
工作设计与工作分析
胜任素质
薪酬管理
劳动关系管理
一般环境
具体环境
招募与甄选
绩效管理
职业生涯管理
培训与开发
员工流动管理
国际人力资源管理
人力资源外包
电子化人力资源管理

第 1 节 员工流动概述

一、员工流动

(一) 员工流动的含义与类型

员工流动（employee turnover）通常是指人员的流出、流入和组织内所发生的人员变动，它影响到一个组织人力资源的有效配置。根据不同的标准，员工流动可划分为不同的类型，常见的分类方法如下：

（1）根据流动的方向，分为内部流动与外部流动。内部流动是指组织内部员工职位的转换与升降；外部流动是指员工因各种原因离开现有组织。

（2）根据流动的原因，可分为自愿流动（voluntary turnover）与非自愿流动（involuntary turnover）。自愿流动是出于员工个人原因；非自愿流动大多是员工被组织解雇或被迫辞职。

（3）根据流动的效果，分为合理流动与不合理流动。合理流动是指有效或有益的员工流动，这是员工流动管理所要达到的目标；不合理流动是指无效或有危害的员工流动，主要体现为员工流动比率失衡与核心员工（或人才）流失。

(二) 员工流动的积极意义与负面影响

员工流动是社会经济发展的必然现象，既具有积极意义，又具有负面影响。“流水不腐，户枢不蠹。”合理的员工流动可以不断改善员工的素质和结构，帮助组织长期保持活力与增强竞争优势；不合理的员工流动会导致核心员工流失，造成人力资源的浪费，进而对组织的发展产生诸多不利影响。

1. 合理员工流动的积极意义

一般而言，合理员工流动的积极意义主要体现在以下几个方面：

（1）有利于人力资源的合理配置和有效利用。从宏观的角度看，员工流动是社会人力资源再配置的基本形式之一。如果员工流动受阻甚至停滞，则全社会范围的人力资源将很难自动实现合理的再配置和优化组合。而且，合理的员工流动能够促进人力资源和其他生产要素的竞争，进而实现人力资本的增值，并避免人力资源的闲置与浪费。

（2）能够为组织注入活力与增强竞争优势。组织及其成员需要不断创新与变革，才能充满活力与竞争优势。如果组织成员长期局限在一个组织内部活动，容易视野狭窄、思想僵化，并形成关系网和“近亲繁殖”，造成“优势退化”，久而久之，整个组织会缺乏生机和创造力。因此，组织需要有适度的员工流动，才能够保证组织成员的新陈代谢、新老交替，为员工引入竞争机制、树立危机意识，从而注入新活力，增强竞争优势。

（3）能够促进员工发展。就员工职业发展历程而言，总是由低向高发展的，当一个人的才能在原有基础上有所提高时，为了最大限度地发挥才能，就需要有与之相适应的新的职位和条件，因此必须进行流动，否则人的才能就会受到压抑，影响成长。因此，适度的员工流动，能够使员工在流动中，通过实践找到自己最恰当的施展才能的位置，真正做到人尽其才，从而有利于员工职业生涯发展，避免埋没与压制员工才华的现象发生。

2. 不合理员工流动的负面影响

不合理员工流动的负面影响主要体现在以下几个方面：

（1）人员分布不平衡，导致资源浪费。不合理的员工流动会产生“马太效应”，即某些地区、组织及部门人满为患，员工无事可干，另一些地区、组织及部门却员工稀少、职位空缺严重。如此，员工分布结构性失衡，对于组织和个人而言，都是一种资源浪费。

(2) 员工流动过于频繁，会导致一系列严重危害。首先，员工流动频繁意味着组织在员工身上进行的人力资本投资得不到回报。这包括招聘、培训、员工替换等直接成本以及工作空缺、客户关系中断等间接成本。例如，摩托罗拉公司估计，流失一名员工的损失相当于其一年半到两年的工资，员工流失率如果达到10%，则会造成重大损失。其次，员工流动频繁，会影响工作的连续性和工作质量，也影响在职员工的稳定性。特别是离职率过高，会使组织成员心理不稳，对组织信心不足，破坏组织的凝聚力和向心力。再次，员工流动频繁，会加大商业及技术秘密泄露的风险，造成难以估量的损失。最后，员工流动频繁，会导致管理混乱，包括侵蚀组织文化、降低员工士气、拆散管理团队、颠覆管理效果等。

(3) 核心员工流失，危及组织生存与发展。员工流失是指组织不愿意而员工个人愿意的自愿流出，一般对组织发展不利。核心员工是组织核心竞争力形成和发展的源泉，组织间的竞争实际上是在掌握关键知识和能力的核心员工中展开的，因为核心员工具有相当程度的不可替代性，所以其流失比一般员工流失危害更大，甚至会直接危及组织的生存和发展。核心员工的流失，会直接导致组织成本增加、资源浪费、客户流失、秘密泄露与管理难度加大等。

(三) 影响员工流动的主要因素

分析影响员工流动的主要因素，有助于提高员工流动管理的针对性，从而提高管理的有效性。影响员工流动的因素很多，许多学者从不同角度进行了研究，提出了很多观点。例如，贝文(Bevan) 认为，对于员工流动，公司内部因素的作用比起外部的吸引来说有着更大的影响，而且员工做出离开组织的决定是基于离开的愿望和流动的容易程度。特雷西 (Tracey) 认为，员工之所以跳槽，首先是因为组织对他们不信任，他们对自己做的工作没有自主权；其次是工作条件差，而工作要求又很高；最后是报酬低。汉姆和格里菲斯 (Ham & Griffeth) 发现了几个与流动率密切相关的因素，包括性别、年龄、家庭负担、对工作的满意程度、对工作的期望、物质补偿、业绩和提升机会、工作的复杂程度、组织的激励措施等。让-玛丽·希托普 (Jean-Marie Hiltrop) 指出，影响员工流动的因素包括工作报酬、工作的挑战性、培训和提升机会、社会经济状况、工作时间安排、工作责任、工作自主权、工作保障和职业发展机会等。

综合国内外诸多学者的观点，总体而言，影响员工流动的因素可分为两大类：一是宏观因素，主要是指国家或社会层面的经济、政策、文化等因素；二是微观因素，主要是指组织、工作及员工个人等方面的因素（见表13-1）。

表13-1　影响员工流动的主要因素一览表

宏观因素		微观因素		
社会经济因素	公共政策因素	组织因素	工作因素	个人因素
● 经济发展水平 ● 就业与失业水平 ● 收入水平 ● 通货膨胀	● 就业政策 ● 户籍制度 ● 保障制度	● 组织管理与领导方式 ● 组织所处的环境 ● 组织规模、地位和绩效 ● 组织文化 ● 组织公平 ● 组织人际关系	● 工作报酬 ● 工作性质 ● 工作前景 ● 工作类别	● 年龄和性别 ● 受教育程度 ● 家庭状况 ● 生活方式 ● 人格特征

1. 社会经济因素

一个国家或地区的总体经济状况对员工流动行为具有相当大的影响，有关研究表明，70%～80%的个人迁移是由于经济的原因。(1) 经济发展水平与员工流动有着密切的联系，即员工往往从经济发展水平低的地区向经济发展水平高的地区流动。(2) 就业与失业水平影响着员工流动。

当出现经济危机，失业率很高，找工作很难时，员工一般会珍惜现有工作，很少自愿离职；反之，经济繁荣时期，就业职位相对较多，失业率低，找工作相对容易，员工自愿离职的可能性就较大。(3) 收入水平影响着员工流动。例如，员工更容易从收入水平低的地区或组织流向收入水平高的地区或组织。(4) 通货膨胀影响着员工流动。例如，通货膨胀会刺激更多员工进入就业市场去寻求第二职业，以补充家庭经济收入。

2. 公共政策因素

公共政策因素对员工流动的影响主要体现在以下方面：(1) 吸引核心员工的优惠就业政策为员工流动提供了客观的指引，促使他们在组织、地区、国家之间快速地流动。(2) 户籍制度影响着员工流动。例如，我国一些大城市实施严格的户籍制度，约束着员工流动，而一些东部沿海地区以及西部各地区相继颁布新的宽松的户籍制度，有效地促进了员工流动。(3) 一国或地区的社会保障制度越完善，保障的社会化程度越高，员工流动所考虑的生活保障方面的顾虑越少，流动的障碍就越小。目前，我国正致力于建立多层次、覆盖面广、符合市场经济体制要求的现代社会保障制度，为合适的员工流动创造条件。

3. 组织因素

组织因素对员工流动的影响主要体现在以下方面：(1) 组织管理或领导方式（如集权与分权、柔性与弹性等）影响员工流动。一般而言，分权化或柔性化的管理方式更受现代员工的欢迎，因此更有利于降低员工离职率，保持员工的稳定。(2) 组织所处的环境及地理位置也是影响员工流动的一种因素。例如，处于繁华地段或具有良好文化背景的城市里的组织对员工较有吸引力，常常能以较低的薪酬水平吸引到优秀的员工。(3) 组织规模、地位和绩效与员工流动负相关。组织规模越大，在行业所处地位越高或者绩效越好，给员工的安全感就越强，实惠也越多，员工以能进入这些组织而感到满足和自豪，一般不愿轻易离开组织。(4) 组织文化影响着员工流动。如果员工的价值取向、奋斗目标与组织文化、组织目标以及管理运行机制相一致，员工比较喜欢组织的氛围，其继续留任的可能性就较大，反之则较小。(5) 组织公正。组织无论在程序还是分配上的公正，都会直接或间接地与员工离职相关。当员工感到雇佣关系不公平时，会表现出愤恨情绪和更低的组织承诺，从而引发离职行为。(6) 如果组织人际关系好，员工感到从同事那里得到了支持和认可，会提高工作满意度和组织承诺，使离职率下降。

4. 工作因素

工作因素对员工流动的影响主要体现在以下方面：(1) 工作报酬的内容和水平与员工流动密切相关。例如，组织的报酬水平与能力水平不吻合，同类人员的报酬水平不一致，以及内在报酬不足等，都容易导致员工流动。(2) 工作性质影响着员工流动。工作单调乏味影响员工的工作热情，导致工作满意度下降，因此离职倾向增强，而富有挑战性的内容丰富的工作能够激发员工的成就感，进而降低离职率。(3) 工作前景影响着员工流动。如果员工在工作中学习培训机会多、发展空间大，就会安心工作，否则会流动到其他更有发展前景的组织。(4) 从工作类别看，员工从事工作类别不同，其流动率也有所差异。比如从事管理类和专业技术类工作的员工的流动率要明显低于从事市场营销类工作的员工。

5. 个人因素

个人因素对员工流动的影响主要体现在以下方面：(1) 员工流动受年龄与性别的影响较大。年龄越小的员工越看重工作的兴趣和工作经验的积累，对组织承诺较低，因此具有更高的离职率与流动率，而年龄越大的员工组织承诺越高，离职与流动意向也越低。此外，性别差异对员工的组织承诺有着显著的影响，女性员工的组织承诺明显高于男性员工，因此流动率较低。(2) 受教育程度越高的员工，组织承诺越低，因此流动率要高于受教育程度低的员工。(3) 家庭状况，包括住房、配偶的工作及两地分居问题的解决、子女入学等问题是影响员工流动的重要因素。研究表明，家庭责任与员工流动是正相关的，如果员工承担了更多的家庭责任，包括让子女能接受更好的教育、解决住房与配偶两地分居等问题，则会做出更多的流动决策和选择。(4) 员工流动与员工所追求的生活方式也有一定关系。有些人喜欢较为稳定的生活方式，其流动欲望不是很强烈；相反，有些人讨厌单调而稳定的生活方式，喜欢多变，其流动欲望较为强烈，因而流动的可能性就较大。(5) 人格特征也影响着员工流动。例如，自尊心强的人易流动，自尊心弱的人不易流动；性格锋芒毕露的易流动，性格温和的人不易流动。

(四) 员工流动率

员工流动率是一定时期内组织某类员工流动人数与员工总数的比率。它是考察组织及员工队伍是否稳定的重要指标。员工流动受多种因素的影响，因此员工流动率的计算方法较多，常用的比率有以下几种：

1. 员工流出率

员工流出率是以某一单位时间（主要以月为单位）的流出人数，除以工资册的月初与月末平均人数，然后乘以 100%。用公式表示为：

$$员工流出率=\frac{流出人数}{工资册平均人数}\times 100\%$$

流出人数包括辞职、解雇、免职人数，工资册上的平均人数是指月初人数加月末人数然后除以 2。流出率可用来衡量一个组织人力资源的稳定程度。流出率以月为单位，主要是因为如果以年度为单位，就要考虑季节与周期变动等因素。

2. 员工新进率

员工新进率是新进员工人数除以工资册平均人数然后乘以 100%。用公式表示为：

$$员工新进率=\frac{新进员工人数}{工资册平均人数}\times 100\%$$

3. 净员工流动率

净员工流动率是补充人数除以工资册平均人数然后乘以 100%，补充人数是指为补充离职员工所聘用的人数。用公式表示为：

$$净员工流动率=\frac{补充人数}{工资册平均人数}\times 100\%$$

分析净人力资源流动率时，可与流出率和新进率相比较。一般来说，一个组织在成长期，净员工流动率等于员工流出率；在萎缩期，净员工流动率等于员工新进率；处在常态下，其净员工流动率、新进率与流出率三者相同。

4. 员工流动速率

员工流动速率是用来衡量内部员工流动速度的。它是指员工从一个职位换到另一个职位的速度。从水平流动和垂直流动来考察，公司中的不同员工群体之间，其速率有很大不同。从历史上看，中高层的经理从一个职位换到另一个职位相当频繁，在一个职位上的平均时间在有的公司中短到 2～3 年。在办公室职员和技工中，在一个职位上的平均时间可能稍长一些，为 5～10 年。同理，成熟工业中的经理比成长工业如信息产业或高科技行业的经理，在一个职位上的时间可能要长得多。而且，在不同的时期，不同员工群体的流动速率也不相同。

组织员工流动率过高或过低都不是好现象。员工流动率过高，管理和替换成本加大，而且这种不稳定性会影响员工工作的积极性和安全感；员工流动率过低，组织显得安于现状，缺少活力和创新意识，不利于长远发展。那么，组织究竟应该保持多大的流动率呢？不同的管理学者和管理实践者有不同的看法，多数人认为，流动率处于 10%～20%之间是比较理想的。但事实上，处于不同时间或地点的组织，其员工流动率往往会大相径庭。从这个意义上说，我们应该以权变的观点来看待员工流动率。

二、员工流动管理

(一) 员工流动管理的含义与目标

员工流动管理是指对组织员工的流入、内部流动和流出进行计划、组织、协调和控制的过程，以确保组织员工的可获得性，进而满足组织现在和未来人力资源需要和员工职业生涯发展需要。

员工流动管理的目标包括以下几个方面：(1) 确保组织在现在和未来的发展中获取所需的各类员工；(2) 使员工感觉到的组织提供的发展机会与其自身需要相一致；(3) 员工不会因为自身的不可控因素而被解雇；(4) 让员工感觉到选人、安置、晋升和解雇等都是公平的；(5) 不断改善员工素质和结构，促使人尽其才，才尽其用。

(二) 战略性员工流动管理

在战略人力资源管理时代，组织需要构建一种基于组织战略与人力资源战略的员工流动管理模式。战略性员工流动管理 (strategic employee turnover management) 是战略性人力资源管理的一项重要职能。它是一项系统性很强的活动，要求人力资源管理部门与业务部门共同实施员工流动管理，并且充分考虑组织内外环境的变化，有效整合组织战略目标与个人发展要求，以支持组织的战略规划与组织文化（如图 13-1 所示）。

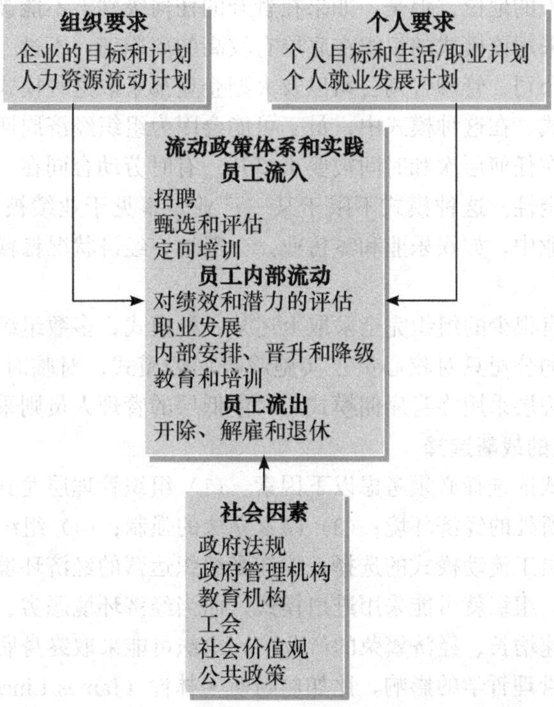

图 13-1　战略性员工流动管理系统模型

资料来源：WALKER J W. Human Resource Planning. New York：McGraw-Hill，1980.

战略性员工流动管理要求首先根据组织目标和计划设计员工流动计划，进而整合个人要求，包括个人目标、生活或职业计划、个人就业发展计划等，来设计并开展员工流入、内部流动以及员工流出等管理活动；而且，整个活动必须在社会机构强加的限制条件下完成。

战略性员工流动管理通过更细致的计划及对政策、实践、体系和它们相互之间联系的考察，避免了传统员工流动管理的孤立性与不连续性，促使组织的需要和员工的职业抱负相一致。

三、员工流动模式的战略选择

员工流动模式是指员工流动管理的一种成熟的范例。组织中员工流入、内部流动和流出的模式影响着每一个员工的职业发展和能力水平，也影响着组织的效能和社会角色。因此，决定组织的流动模式，必须考虑员工、组织和社会三个方面的因素。从这种意义上讲，员工流动管理是一个战略管理的领域。

（一）员工流动模式的类型

员工流动模式有四种类型，即终身雇佣模式、或上或出模式、不稳定进出模式与综合模式。其中前三种模式是基本的，第四种模式是前三种的混合。

（1）终身雇佣模式。在这种模式中，员工一旦进入组织，职业生涯都与组织结合在一起，没有人会因为经济周期的原因被解雇，但是可能会因为绩效不佳而被要求离开，这会因国家与组织的不同而不同。例如，日本的一些大公司一般不会因为员工绩效不佳而解雇员工，而是将其安置到相对不重要的职位上去；惠普、IBM等公司绩效不佳的员工则会在分别处理的基础上被解雇。欧洲的一些公司因法律规定的尤其对年老员工的解雇成本太高，而被迫采用此模式。

（2）或上或出模式。在这种模式中，员工按预定的轨道在组织中晋升，如果达到组织上层，会被给予组织完全合伙人的地位。但是，如果在晋升的任何级别上不能被提升，或者不能到达最高级别，则必须离开。采用该模式的组织在底层有较高的离职率，不过上层相对稳定。美国许多大的会计师公司、法律公司、管理咨询公司以及大型企业都采取这种模式。

（3）不稳定进出模式。在这种模式中，员工可能会因为组织经济周期、绩效不佳或者与新的管理层不配合等原因，在任何层次和时间被要求离开。有时劳动合同在一定期限内有效，以保证员工具有一定的职位稳定性。这种模式不限于某一产业，多见于业绩被认为是与个人表现密切相关以及高度可变的产业中，如娱乐业和零售业。一般地，经济状况糟糕时会引起解雇，经济状况好转时又会被聘用。

（4）综合模式。只有很少的组织完全采取上述某一种模式，多数组织则是将不同模式结合起来运用。例如，日本大的公司只对核心员工实施终身雇佣模式，对临时工和女性则采用进出模式。有的公司对最高管理层采用终身雇佣模式，对中低层的管理人员则采用进出模式。

（二）员工流动模式的战略选择

组织对员工流动模式的选择必须考虑以下因素：（1）组织管理层尤其是最高管理层的态度和价值观；（2）组织经营所处的经济环境；（3）国家立法的强制；（4）组织创立者的哲学理念。

很多时候，组织对员工流动模式的选择，往往受组织运营的经济环境的影响。如果因经济波动对组织产品需求不旺，组织就可能采用进出模式，而当经济环境恶劣、组织不景气时，就会解雇其员工。反之，在快速增长、经济繁荣的产业中，组织可能采取终身雇佣模式。而且，流动模式还会受组织价值观和管理哲学的影响，比如詹姆斯·林肯（James Lincoln）相信员工不应该由于管理层的错误而饱受苦难，这种信念导致他在林肯电气采取了终身雇佣模式。

选择不同的员工流动模式要从战略高度进行考虑。组织高层管理者应该在人力资源专家的支持下，认真衡量员工流动管理决策的战略后果，包括对员工忠诚度、组织的适应性和组织文化等可能带来的影响。

(1) 对员工忠诚的影响。不同的员工流动模式影响着员工对组织的忠诚。终身雇佣模式为创造忠诚提供了一个基础，而上升或流出模式与不稳定的进出模式使员工难以对组织长期忠诚，即使他们对工作和薪酬都感到满意，如果他们感觉不到在组织就业的稳定性，是不会轻易表现出对组织的忠诚的。

(2) 对组织适应性的影响。流动模式也会影响组织的适应能力。在采用不稳定的进出模式的组织中，员工可能会更富有多样性，而多样性一般来说是有利于创新的。但是，这也并不意味实施终身雇佣模式的组织缺乏创新，事实上，日本的企业通过系统地招聘具备不同背景和特质的人才，同样实现了多样性。

(3) 对组织文化的影响。组织文化的力量受到员工流动模式的影响，因为流动模式决定着员工和组织在一起的时间，进而决定着学习和传播一系列组织信念的可能性。例如，在不稳定进出模式中，人员流出率很高，以致员工未被充分地同化就已经离开组织，并且在这样的组织中也没有足够多的长期员工来传播文化；在实施终身雇佣模式的组织中，发展强有力的文化会相对容易一些，因为员工更有可能认同组织，并且希望被同化；或上或出模式也有可能发展出强有力的文化，只是保持文化的重担要落在相对较少的高级员工肩上。

总之，组织在员工流动模式的选择上要高瞻远瞩，从战略的高度综合各个模式的优点，依据具体情况做出反应性的决策，这样既能为员工提供安全的职业生涯，又可保持组织的创新和灵活。

第 2 节 员工流动的理论基础

关于员工流动的必要性，国外学者进行了许多研究，主要学说有以下四种。

一、勒温的场论

美国著名的心理学家库尔特·勒温（Kurt Lewin）提出了单个人与环境关系的理论，即“场论”（field theory）。他把个人在某时间所处的空间称为“场”，把行为看成人及其环境的一个函数。这里的“场”借用了物理学中“磁场”的概念。由此，他提出了个人与环境关系的公式：

$$B=f(P,E)$$

式中，B 为个人的行为绩效；P 为个人的能力和条件；E 为个人所处的环境。

该函数式表示，一个人所能创造的绩效，不仅与能力和素质有关，还与他所处的环境有着密切的关系。如果一个人处于一个不良的环境之中，例如专业不对口、人际关系恶劣、心情不舒畅、工资待遇不公平、领导作风专断、不尊重知识和人才等，就很难发挥其聪明才智，也很难取得应有的成绩。一般而言，个人对环境往往无能为力，因此只有离开这个环境，转到更适宜的环境去工作，从而产生了员工流动。

二、卡茨的组织寿命学说

美国学者罗伯特·卡茨（Robert Katz）从保持组织活力的角度提出了组织寿命学说（organization life theory）。他通过对科研组织寿命的研究，发现组织寿命的长短与组织内信息沟通情况有关，与获得成果的情况有关。他通过大量调查统计形成了一条组织寿命曲线，即卡茨曲线（Katz curve）（见图 13-2）。

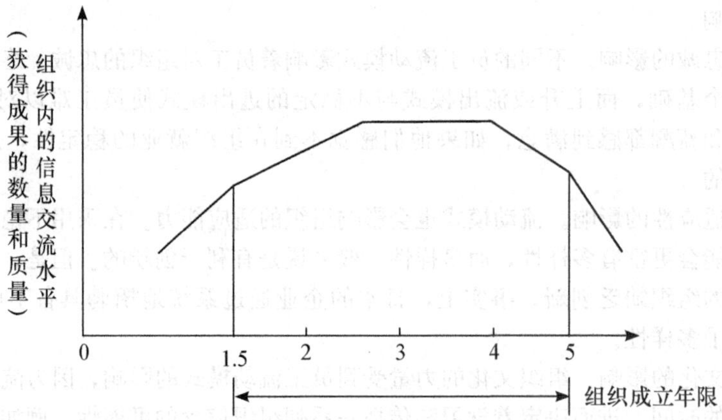

图 13-2　组织寿命曲线

该曲线表明，在一起工作的科研人员在 1.5～5 年这个时间段里，信息沟通水平最高，成果也最多。而在不到 1.5 年或超过 5 年的时间段，成员信息沟通水平不高，成果也不多。这是因为相处不到一年半，组织成员之间不熟悉，尚难敞开心扉，而相处超过 5 年，大家已经成为老相识，相互间失去了新鲜感，可供交流的信息减少。由于大家过于了解和熟悉，在思维上已经形成定式，会导致反应迟钝和认识趋同化，这时组织会呈现出老化和丧失活力，也就是其成员应该流动的时候了。

卡茨曲线告诉我们，一个科研组织和人一样，也有成长、成熟和衰退的过程，组织的最佳年龄段为 1.5～5 年，超过 5 年，就会出现沟通减少、反应迟钝，即组织老化。解决的办法是通过员工流动对组织进行改组。卡茨的组织寿命学说从组织活力的角度证明了员工流动的必要性，同时也指出员工流动不宜过快，流动间隔应大于 2 年，这是适应组织环境和完成一个项目所需时间的下限。一般而言，人的一生流动 7～8 次是可以的，流动次数过多反而会降低效益。值得注意的是，这一理论是针对科研组织提出来的，企业不能生搬硬套。

三、库克曲线

美国学者库克（Kuck）提出了另外一条曲线，即库克曲线（Kuck curve）（见图 13-3），从如何更好地发挥人的创造力的角度，论证了员工流动的必要性。

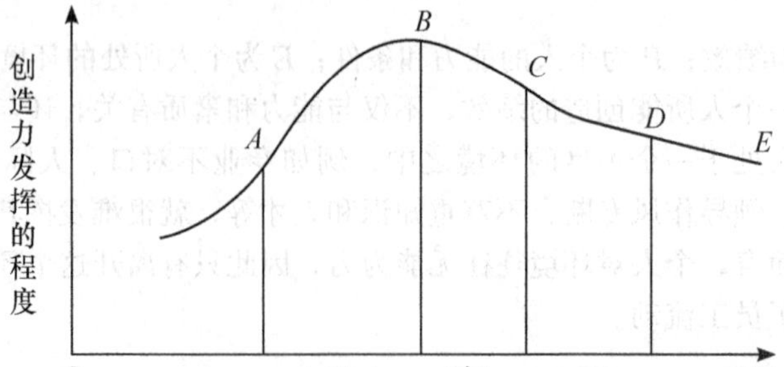

图 13-3　库克曲线

库克曲线是根据对研究生参加工作后的创造力发挥情况所做的统计描绘出的曲线。图中 *OA*

表示研究生在 3 年学习期间的创造力增长情况；AB 表示研究生毕业后参加工作初期（1.5 年），第一次承担任务的挑战性、新鲜感以及新环境的激励，促使其创造力快速增长；BC 为创造力发挥峰值区，这一峰值水平大约可保持一年，是出成果的黄金时期；随后进入 CD，即初衰期，创造力开始下降，持续时间约为 0.5～1.5 年；最后，进入衰减稳定期即 DE，创造力继续下降并稳定在一个固定值。如不改变环境和工作内容，创造力将在低水平上徘徊不前。

库克指出，为激发研究人员的创造力，应该及时变换工作部门和研究课题，即促使研究人员流动。如图 13-3 所示，创造力较强的时期大约有 4 年（AD），人的一生就是在不断开辟新工作领域的实践中激发和保持自己的创造力，即走完一个 S 形的曲线，再走下一个 S 形曲线。

四、中松义郎的目标一致理论

日本学者中松义郎在《人际关系方程式》一书中提出，处于群体中的个人，只有在个体方向与群体方向一致的时候，个体的能力才会得到充分的发挥，群体的整体功能水平也才会最大化。个体在缺乏外界条件或者心情抑郁的压制状态下，很难在工作中充分展现才华，发挥潜能。个体的发展途径也不会得到群体的认可和激励，特别是在个人方向与群体方向不一致的时候，整体工作效率必然要蒙受损失，群体功能水平势必下降。个人潜能的发挥与个人和群体方向是否一致之间，存在着一种可以量化的函数关系。据此，他提出了目标一致理论（goal alignment theory）（见图 13-4）。

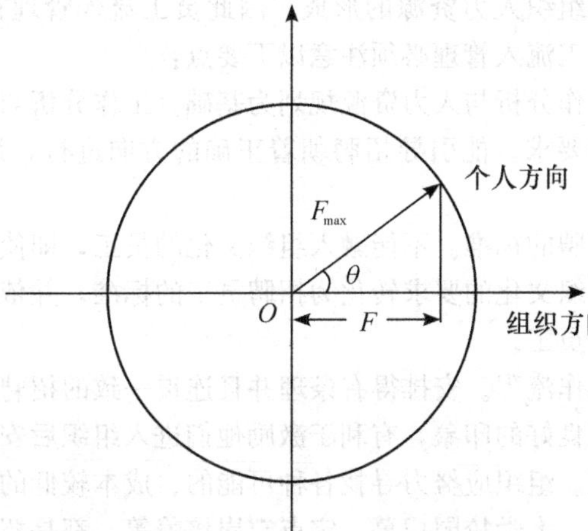

图 13-4　个人潜在能力的发挥同个人方向与群体方向夹角的关系

图 13-4 中 F 表示一个人发挥出的能力，F_{max} 表示一个人潜在的最大能力，θ 表示个人目标与组织目标之间的夹角。三者之间的关系可以表示为：

$$F=F_{max}\cos\theta \quad (0°\leqslant\theta\leqslant 90°)$$

显然，当个人目标与组织目标完全一致时，$\theta=0°$，$\cos 0°=1$，$F=F_{max}$，潜能得到充分发挥；当二者不一致时，$\theta>0°$，$\cos\theta\leqslant 1$，$F<F_{max}$，则个人的潜能受到抑制。解决这一问题有两条途径：

（1）个人目标主动向组织靠拢，或者组织向个人目标靠近。个人要从实际出发，自觉限制或改变自己的行为方向，使自己的志向和兴趣朝组织和群体方向转移，并努力趋于一致。组织一方则应积极对个人进行生活和心理方面的关心，进行业务方面的指导，使个体向群体方向转化。不过，这样做往往是相当困难的，原因在于价值观上的差异（对知识的尊重、对金钱的追求、对事业的忠诚）难以弥合，人际关系上的矛盾（任人唯亲、排除异己、忌才妒能）难以克服，业务努力方向上难以一致（如专业不对口，一改专业就有可能丧失业务上的优势），等等。总之，个人目标与组织目标之间的差距难以在短期内解决，因此这条路并不可取。

（2）进行员工流动，让员工流动到与个人目标比较一致的新单位去。如果不流动，组织会感觉到难以留人，员工会感到难以发挥作用，这对员工和组织都没有好处。如果员工能够流动到个人的努力方向与组织的期望比较一致的组织中去，就会如鱼得水，个人的积极性、创造性就能得到充分发挥，个人的行为就容易受到组织的认同和肯定，从而形成良性循环。

从以上四种员工流动理论的分析中可以看出，员工流动不仅是组织实现人力资源优化配置的重要途径，更是保持组织生机与活力，获取竞争优势的重要手段。

第 3 节 员工流动管理

一、员工流入管理

员工流入主要由招募、甄选、录用与评估等一系列活动构成，就是第 7 章所说的员工招募与甄选。这里主要从员工流动管理的角度分析组织应该如何管理员工的流入。

员工的流入直接关系到组织人力资源的形成，因此员工流入管理在整个员工流动管理过程中占有举足轻重的地位。员工流入管理必须注意以下要点：

（1）员工招聘必须以工作分析与人力资源规划为基础。工作分析与人力资源规划一般体现了组织战略与人力资源战略的要求，能引导招聘朝着正确的方向进行，最终获得符合组织战略的员工。

（2）将组织文化纳入招聘的标准。不能融入组织文化的员工，即使有能力，也未必对组织的发展有利。因此，必须将组织文化的要求转化为招聘员工的标准，并依此开展员工甄选工作，以获得与组织文化相符的合格员工。

（3）建立流畅的招聘工作流程。安排得有条理并且连贯一致的招聘过程，不但会提高招聘的效率，还可以给应聘者留下良好的印象，有利于激励他们进入组织后安心并积极工作。

（4）创新员工流入渠道。组织应努力寻找各种可能的、成本较低的招募渠道，不应局限于传统招募方式。比如网上招募、大学校园招募、定点定岗培养等，都是招聘成本相对低廉、流入人才对口的招募渠道。

（5）重视信息沟通。招聘过程中招聘者和应聘者重视对对方相关信息进行深入细致的沟通与交流，有助于双方达成共识和双向选择，避免在入职后因为相互不满意而离职。

（6）重视对新员工的跟踪调查和评估。组织需要对招来的新员工实施跟踪调查，并根据相关信息进一步评估招聘的效果。这样不仅能改进招聘工作，还有利于发现并解决新员工存在的问题，有利于员工的稳定。

二、员工内部流动管理

员工一旦进入组织，就有可能在组织内部流动，以适应组织的需要和满足自己的职业生涯发展需要。组织内部流动可以分为水平流动和垂直流动，前者分为平级调动和工作轮换，后者分为晋升和降职。工作轮换已在第 5 章进行过介绍，这里主要分析平级调动、晋升和降职及其管理。

(一) 平级调动

平级调动是指员工在组织中横向流动，在不改变薪酬和职位等级的情况下变换工作。一般说来，这样的流动并不意味着员工的晋升和降职，但与员工的职业生涯发展密切相关。如平级调动可能是为了使员工获得进一步晋升所需的经验而做的特别安排，也可能是对员工的一种变相的降职处理或惩戒性调动。

平级调动可以由组织提出，也可以由员工提出。由个人提出的调动有很多原因。如果组织不能满足员工的这种要求，员工就可能辞职。组织应对平级调动做出明确的管理规定，例如，在组织要求调动时，应该给员工多长的时间准备，组织支付调动费用的条件、支付方式和支付金额；在员工提出调动的情况下，员工应提前多长时间通知组织，组织应该在什么时间范围内批复员工的调动请求。这样，组织和员工就可以将调动造成的损失最小化，并且可以使组织避免由于调动可能带来的法律诉讼问题。

平级调动具有以下作用：(1) 可以满足组织调整结构的需要。在当今激烈竞争的环境中，组织的发展或变革经常会带来组织架构的调整，为了留住有价值的员工，组织会将那些原工作部门被撤销的员工安置到其他职位上去。(2) 可以使晋升渠道保持畅通。为了保持晋升道路的畅通，组织可能将那些不具备晋升潜质，但对组织仍然具有价值的员工进行调动。(3) 可以使组织中更多的员工获得激励。调动可以为员工提供实现工作多样化、增加工作经历，从而实现自我发展的机会。(4) 可以满足员工的需要。例如，员工结婚、生育、生病等都可能进行工作地点的变动，通过调动可以满足他们的需要，从而带来更高效率的工作。(5) 是处理劳动关系冲突的有效方法。在员工关系中，一些员工与管理者之间、员工与员工之间难免存在冲突，通过工作调动而分开不失为解决冲突的一种有效方法。

不过，平级调动有可能会给员工带来压力，因为员工的工作角色发生了变化；这种变化还有可能影响到员工的家庭生活。例如，员工必须学习一套新的工作规范和工作程序，必须与自己新的管理者和同事重新建立人际关系；员工家庭也可能不得不搬入一个新的社区，使员工的日常生活、人际关系以及工作习惯发生改变。正是由于平级调动存在一些不足，组织往往很难说服员工接受工作调动。研究表明，具有下列特征的员工往往具有较强的接受工作调动的意愿：较高的职业抱负；对自己在公司中的未来充满信心；认为接受工作调动是一个人在公司中取得成功的必要条件。另外，那些未婚的员工以及在社区中并不是很活跃的员工通常是最愿意接受工作调动的。在已婚的员工中，配偶的流动意愿是左右员工能否接受工作调动的最重要的影响因素。

(二) 员工晋升

员工晋升是指员工由于工作业绩出色和工作需要，沿着组织等级，由较低职位等级上升至较高职位等级。对于员工来说，晋升是一种积极的成就，能够使他们具有更高的职业工作地位并承担更大的责任，也可以为他们带来更高的薪酬福利。因此，一般来说，合理的晋升管理可以对员工起到良好的激励作用，有利于员工队伍的稳定，避免人才外流，还可以激励员工为达到明确可靠的晋升目标不断进取，致力于提高自身能力和素质，改进工作绩效。

但是，晋升也容易引发组织内部的明争暗斗和近亲繁殖，更重要的是，它有可能引发“彼得现象”。“彼得现象”是由美国管理学家劳伦斯·彼得（Laurence Peter）等管理学家于1969年在《彼得原理》一书中提出来的，是指在一个等级制度中，每一个人总趋向晋升到他所不能胜任的职位。进而言之，一个人被提升到高一级的职位后，如果他们继续胜任，将进一步提升，直至达到他们所不能胜任的位置。这样本来可以在低一级职位施展优秀才华的人，却不得不处在一个自己不能胜任，但是级别却较高的职位上，并且要在这个职位上一直耗到退休。这种状况对于员工和组织双方来说，无疑都是不利的。

为了克服晋升本身存在的不足，保证晋升活动的公平、公正和公开，组织应该在绩效评价的基础上，制定令人信服的晋升条件、标准和程序，设计好员工晋升通道。一般来说，晋升的具体条件至少应包括三点：一是晋升者必须有一定的管理才能；二是晋升后发挥的作用要比原来更大；三是有利于调动大多数员工的积极性。晋升的程序如下：（1）部门主管提出晋升申请；（2）人力资源部审核与批准；（3）公告职位空缺；（4）选择合适的晋升对象和方法；（5）批准和任命；（6）对晋升结果进行评估。

（三）员工降职

员工降职与员工晋升相反，是指员工在组织中向更低职位的流动。相应地，员工的工作责任与薪酬也会随之降低。降职多用在对一名工作多年的员工进行处理时。这名员工有可能过去多年的工作绩效一直令人满意，但后来由于多种原因生产效率开始下降，不再适合从事这项工作，或不再愿意长时间地按要求工作。

组织在使用降职政策时一般都会十分谨慎，因为一个人在降职时往往情绪激动，表现出愤怒、自卑和失望等，其生产率也可能进一步降低，给同事带来消极影响。用来减轻由降职引起的精神创伤的方法是建立试用期，在试用期间，允许被提升的员工尝试新的工作，如果他不能胜任，就将其退回原职位，但是这时该员工不会被看成是降级了。有的时候，由于组织机构裁减或结构扁平化的要求，会造成一些职位被撤销。这样，一些有价值的员工就会面临不能在原来职位继续留任的情况，如果公司不希望失去这些有价值的员工，就可能将其安排到一个较低的职位，并保留其原来的薪酬待遇。

三、员工流出管理

为了实现有效的竞争，组织必须采取措施确保高绩效员工有动力留在组织中，同时还应当允许甚至在必要的情况下迫使低绩效的员工流出。员工流出一般是指员工与组织解除劳动关系，按是否符合员工的主观意志分为员工自愿流出与非自愿流出，前者又称为员工主导的离职，后者则称为组织主导的离职。此外，还存在一种特殊的员工流出方式，即自然流出。

（一）员工非自愿流出

当一些员工无法达到所要求的绩效水平或在工作时违反组织的规章制度，以及组织经营状况不景气，需要降低成本或减少预算时，往往会出现员工非自愿流出的情况。非自愿流出一般包括解雇、临时解雇和裁员三种形式。

1. 解雇

解雇（dismissal）又称开除，往往是组织主导的，由于员工个人方面的原因而导致的雇佣关系的解除。解雇的原因通常是员工个人工作绩效不符合要求、行为不当、违反规定、业务水平不合格、工作要求改变、不服从组织安排等。

解雇是组织对员工采取的最严厉的纪律处分，强制性的解雇会损害被解雇者的尊严，使他们感到痛苦和愤怒，甚至可能采取极端行为，因此必须采取慎重的措施。

（1）遵循公平原则。公平有三种基本表现形式，即结果公平、程序公平和人际公平。结果公平是指人们根据其他一些自己参照的人所获得的结果而对自己得到的结果进行的一种判断；程序公平是指在决定员工所得到的结果时所使用的方法和步骤；人际公平指的是决策被执行过程中的人际关系表现。结果公平的关注点是最终结果，程序公平和人际公平所关注的则是过程和手段。显然，被解雇者在自己失去工作而别人没有失去工作的情况下，很容易产生结果不公平的感受。这种感受到底会在多大程度上转化为恼怒与怨恨，甚至演化为暴力或诉讼形式的报复，取决于被解雇者对程序公平和人际公平的感知。如果被解雇者认为与解雇有关的决策程序和方法是公平的，那么他的反应就会比他认为决策程序和方法是不公平的情况下的反应要积极一些。当组织对解雇决策进行了充分的解释，在实际执行决策中细心周到、充满人情味，那么被解雇者因失去工作而产生的怨恨就可能会消除。

(2) 建立逐级惩戒制度。根据公平原则，当员工出现过失或不能满足工作要求时，一般不应马上采取辞退措施，而应根据其犯错的次数及严重程度，采取逐渐加大处罚力度的惩戒政策。有效的惩戒制度应由两个要素构成：有关文件和逐级惩戒措施。有关文件包括书面的职务规范和职务说明书、考核制度、人事档案等，它们为惩戒措施决策提供标准和依据；逐级惩戒措施是指针对犯错的次数及严重程度而相应可以采取的处罚措施，它们事先都要有详细阐述并明文记载，使组织的每个成员都知道。惩戒措施应当以逐渐加大力度的方式来执行。例如，第一次犯错时，可以采取口头非正式警告；第二次犯错时，则可以采取书面通报批评；第三次再犯时，则可以实施临时停职的做法；最后，当该员工留下来只能给组织带来更大的不利影响时，就有必要采取解雇的做法。在逐级惩戒的过程中，组织应对员工每一次惩戒的时间、原因、措施等信息进行记录，以免发生纠纷。

(3) 重视解雇面谈。首先，在进行解雇面谈前，应当对被解雇员工的危险程度做出一个判断，确认这位员工是否会铤而走险。其次，精心设计谈话，尤其是挑选谈话的时间和地点。资料表明，大多数组织喜欢在星期五的下午进行解雇面谈。事实上，在星期一上午进行面谈所引起的暴力反应会更少一些。解雇面谈的场所最好是在工作现场中的公共场所。再次，面谈过程中要抓住要点，简要说明解雇的原因，使员工知道整个过程是客观公正的，而且管理者要尽量保持倾听，以表现出对员工的尊重，避免陷入争执。最后，就解雇费和离职交接手续等问题与员工沟通，注意不能暗示还有留下来的机会，理想状态应该是在员工离开办公室时，完成解雇过程。

(4) 采取建设性争议解决法。在惩戒过程中，组织成员希望引入外部第三方力量来帮助自己解决分歧。比如法律诉讼就是利用法律这个第三方来解决冲突的。但由于诉讼成本比较高，因此组织可以采取建设性的争议处理技术，即以一种及时的、富有建设性且成本较低的方式来解决争议。建设性争议解决法可以采取多种形式，通常包含表 13-2 所示的四个阶段，这些阶段呈递进式发展，即只有当前一阶段未能达成一致时，才进入下一个阶段，其目的是希望在争议的前一阶段就尽快把冲突解决掉。

表 13-2　建设性争议解决技术

阶段一：开放式协商 冲突双方试图通过面对面协商共同达成解决方法。如果协商未果，则进入阶段二。 阶段二：同事审查 由组织中与争议双方处于同一等级的代表组成听证小组，听取双方对于案件的看法，并帮助双方当事人达成解决争议的办法。如果未能达成一致，则进入阶段三。 阶段三：调解 由劳动争议调解委员会通过查明事实、分清责任，促使当事人在相互谅解的基础上达成协议的处理方法。经调解达成协议的要制作调解协议书，双方当事人应自觉遵守；调解不成的，则可以进入阶段四。 阶段四：仲裁 由外部的专业仲裁人员按照一定的法律程序，对争议的事实进行认定，对双方当事人的责任做出裁决，从而解决争议的一项法律制度。

资料来源：诺伊，霍伦贝克，格哈特，等. 人力资源管理：赢得竞争优势：第 5 版. 北京：中国人民大学出版社，2005：470.

(5) 搞好再就业服务。国外一些公司在内部设有专业的咨询人员负责这项工作，也有一些公司利用外部的咨询服务机构，以付费的方式帮助失业者谋取新的工作。在我国，目前主要通过再就业服务中心或类似机构，引导和帮助失业职工或组织富余人员再就业。实践表明，建立再就业服务中心已经成为促进再就业的有效措施。

2. 临时解雇

临时解雇是指工作暂时短缺时，告诉员工没有工作可提供给他们，但此后又有工作机会时，管理人员打算召回这些员工。临时解雇不同于解雇，解雇是雇佣关系的永久解除，临时解雇的关键则是取得员工的谅解，使员工不会因为被临时解雇而对组织产生不良印象，从而在召回后保持同样的组织承诺。这就需要规范临时解雇的程序，即在没有工作的情况下根据什么标准确定如何解雇、解雇谁。一般允许员工利用其资历保留工作，资历通常是确定谁将留下来工作的根本决定因素。资历是根据员工加入本组织日期来算，而不是从其接受某种特定工作时算起。对于临时解雇来说，也有替代的形式，比如员工主动降薪、制定季节性薪酬方案等，不过这些方案实施的前提是员工能够理解组织，与组织建立共同的愿景。

3. 裁员

裁员（downsizing），也称精简，是指为了强化组织的有效性而大量减少所雇用人员数量的过程。裁员是当组织面临倒闭、停业、降低规模、效益下滑或者战略性经营转移时，组织减少劳动力的数量或者更换劳动力的类型等而导致劳动关系的终止，而不是由于员工个人的原因引起的组织解雇。

裁员过程可以分为两个阶段：第一阶段是确定裁员对象的阶段，这个时候需要公平地对待每一个员工，让被裁减员工理解组织现状以及做出裁员决策的程序。对于战略性裁员来说，往往因为裁员与绩效没有关系而让员工难以接受，对组织的社会声誉影响更大，因此尤其需要做好裁员的后续工作。第二阶段是确立并实施裁员后计划。这一阶段的工作更重要。因为裁员会影响到留任者的预期，组织应该设法使他们保持对公司的信任和忠诚，保持工作团队的团结、士气和生产效率。首先，组织应开展一系列的通告活动，包括召开全体员工大会，向员工说明组织的现状，紧接着向每位员工通报其在组织的状况。其次，采取跟踪行动，让留下来的员工与管理者一起讨论，鼓励员工表达对这次解雇的感想，说出他们对自己在组织的未来发展愿望以及对组织未来的关心和期望。通过实施裁员后计划，组织应该确保留下来的员工迅速地步入正轨并高效地开展工作。

（二）员工自愿流出

员工自愿流出的形式有辞职和拒聘，以辞职为主。辞职是员工主导的，因员工对工作、工作环境等不满意或者被其他组织吸引而产生的自动离职过程；拒聘是指聘任期满后，员工对当前的组织及工作状况不满意，拒绝接受组织的续聘。辞职的员工往往是那些对组织很有价值、组织却留不住的人。员工辞职数量较多则会形成员工流失。员工流失会对组织产生较大的影响和损失，因此组织应采取措施，分析员工流失的原因，最大限度地维护组织的利益。

许多管理学者对管理和控制员工流失进行了研究，得出了一些结论。让-玛丽·希托普指出，要吸引和留住员工，组织必须树立正确的员工价值观，摸清员工在这里工作看重的是什么；应该给员工提供学习和自我发展的机会，辅以职业发展计划，对员工的提拔应根据其对公司的贡献，而不是他本身的素质。阿劳斯（C. Araoz）认为，招聘适合组织的员工是降低员工流失的关键，从招聘开始就应该注意尽量挑选那些优秀的、愿意长久留在组织中的员工是防止员工流失的最好办法。兰考（M. Lankau）等人认为，在重视招聘的基础上，对新员工进行传帮带是留住员工的重要措施。蒂莫西·巴特勒和詹姆斯·沃德鲁普（Timothy Butler & James Waldroop）则认为，职业塑造是留住员工的一个好办法。他们认为，有能力、现时工作出色的员工不一定满意自己的工作，而员工对工作的满意度很大程度上决定了员工是否流动，因此管理人员应该了解员工的追求，根据他们的追求来进行职位设计，降低员工流失率。

影响员工流失的变量很多，不同的国家、地区、组织及部门存在不同的具体情况。总体而言，我国员工流失的管理和控制措施主要如下：一是利用相关法律法规，如《劳动法》《劳动合同法》等来制约不合理的员工流动，进而减少员工流失的概率；二是加强对员工流动的制度管理，尤其是利用劳动合同制度，规定在合同期内员工不能擅自离开组织，否则将付出较高的经济代价；三是完善人力资源管理体系，建设良好的防止员工流失的软环境。

要细化流程，做好员工自愿流出管理工作。员工辞职和拒聘是难以避免的，需要进行科学管理，制定相应的制度规范员工行为，努力将其行为给企业带来的损失最小化；同时，由于自愿流出员工在成为"局外人"和卸掉思想包袱之际，可能提出有益于企业管理的建议，要抓住机会注意听取离职员工的意见，以便改进管理工作。现以处理员工辞职为例，分析具体的工作流程。

（1）员工提交辞职申请。应明文规定员工提交辞职申请的时间要求、辞职申请接收人等。

（2）沟通程序。提出辞职员工的直接主管应当与提交辞职申请的员工进行沟通，对于工作业绩良好的员工进行挽留，并了解其辞职的原因，寻找解决的方法，减少组织因员工流失而造成的损失。如果直接主管挽留无效，则可由上一级主管人员决定是否需要挽留并根据情况做挽留面谈，还可以在批准辞职前为员工提供收回辞呈的机会，最大限度地挽留人才。在挽留面谈中还应就企业管理问题请提交辞职申请的员工提出建议。

（3）批准辞职。对挽留无效或没有挽留必要的员工，可以按照相关程序审批。完成审批流程后，应将有关书面文件交人力资源管理部门存档备案。

（4）工作交接。人力资源管理部门收到书面审批文件后，通知有关部门主管安排辞职员工进行工作交接。交接工作完成后，应由有关交接人员书面确认。

（5）证件和办公用品收回。

（6）财务结算。组织应与辞职员工做好借款、贷款等应收款项，工资、奖金、福利结算，违约金、承诺合同期未满的补偿费用结算等事宜。

（7）劳动关系解除。组织应为辞职员工出具证明，办理退工手续，调转人事关系、档案、党团关系和保险关系等。

（8）辞职员工的后续管理。辞职员工仍然是组织的潜在人力资本，未来仍有可能为组织带来价值。可以安排专人与其保持长久联系，这些活动都是在为组织储备社会资本。

（三）员工自然流出

员工自然流出的形式有多种，如退休、伤残、死亡等。其中，退休是主要形式，后两种情况多是偶然性的，所占比例极小。退休分为两种：一是员工到了退休年龄时的法定退休；二是组织采取的提前退休计划。提前退休一般是组织通过给年长的员工提供金钱或其他福利的手段实现的，比如员工在 50 岁的时候提前退休，可照领本来应该在 60 岁或 65 岁退休才能拿到的养老金。提前退休有利于组织在面临大量裁员抉择时缓解裁员压力，特别是解雇在许多国家受到立法的极大限制，因此提前退休计划不失为一种员工流出管理的现实举措。

良好的退休计划可以使退休者顺利地完成从工作状态到赋闲在家的各方面转变，对现有的在职员工也能起到一定的激励作用，使他们安心工作，无后顾之忧，更重要的是，它还可能成为组织吸引外部优秀人才加盟的"激励源"。但是，退休常常会给员工带来强烈的感情波动。员工退休后会缺乏归属感，迷失自我，进而觉得无所适从，浑身不自在。因此，组织必须加强退休管理。它主要包括两方面的内容：一是为退休者提供与退休相关的信息，如退休后的住房、家庭关系处理、态度调整和有关法律事务方面的信息；二是为退休者提供心理支持，包括将已退休者请回来，让他们为面临退休的员工介绍经验并解答即将退休者的疑问，以及提供有关健康、心理、休闲等方面的咨询。

在美国进行的一项调查显示，大约30%的企业制订了正式的退休准备计划，最常见的退休计划的基本做法包括说明各项社会保障福利、休闲咨询、财务与投资咨询、健康咨询、生活安排、心理咨询、公司外第二职业咨询、公司内第二职业咨询等。此外，允许退休员工从事兼职工作也成为退休管理发展的一种趋势。

本章小结

本章介绍了员工流动的概念、理论基础与管理流程及方法等。

员工流动通常是指人员的流入、流出和组织内所发生的人员变动，它影响到一个组织人力资源的有效配置。根据不同的标准，员工流动可划分为不同的类型。合理的员工流动可以不断改善员工的素质和结构，帮助组织长期保持活力与增强竞争优势；不合理的员工流动会导致核心员工流失，造成人力资源的浪费，进而对组织的发展产生诸多不利影响。

员工流动率是一定时期内组织某类员工流动人数与员工总数的比率。它是考察组织及员工队伍是否稳定的重要指标。员工流动受多种因素的影响，因此员工流动率计算方法较多，常用的比率有员工流出率、员工新进率、净员工流动率、员工流动速率等。员工流动管理是指对组织员工的流入、内部流动和流出进行计划、组织、协调和控制的过程，以确保组织员工的可获得性，进而满足组织现在和未来人力资源需要和员工职业生涯发展需要。它包括员工流入管理、内部流动管理、流出管理等。员工流动模式有四种类型，即终身雇佣模式、或上或出模式、不稳定进出模式与综合模式。

员工流动的理论基础包括勒温的场论、卡茨的组织寿命学说、库克的库克曲线、中松义郎的目标一致理论等。

关键词

员工流动（employee turnover）
自愿流动（voluntary turnover）
非自愿流动（involuntary turnover）
战略性员工流动管理（strategic employee turnover management）
场论（field theory）
卡茨曲线（Katz curve）
库克曲线（Kuck curve）
目标一致理论（goal alignment theory）
解雇（dismissal）
裁员（downsizing）

思考题

1. 什么是员工流动？它包含哪些类型？
2. 员工流动具有哪些积极意义与负面效应？
3. 影响员工流动的因素有哪些？

4. 如何计算员工流动率？
5. 什么是员工流动管理？它的目标是什么？
6. 什么是员工流动模式？它包含哪些类型？
7. 员工流动的理论基础有哪些？请阐述每种理论的主要观点。
8. 谈谈员工流入、内部流动、流出的形式及管理措施。

第 14 章

员工激励

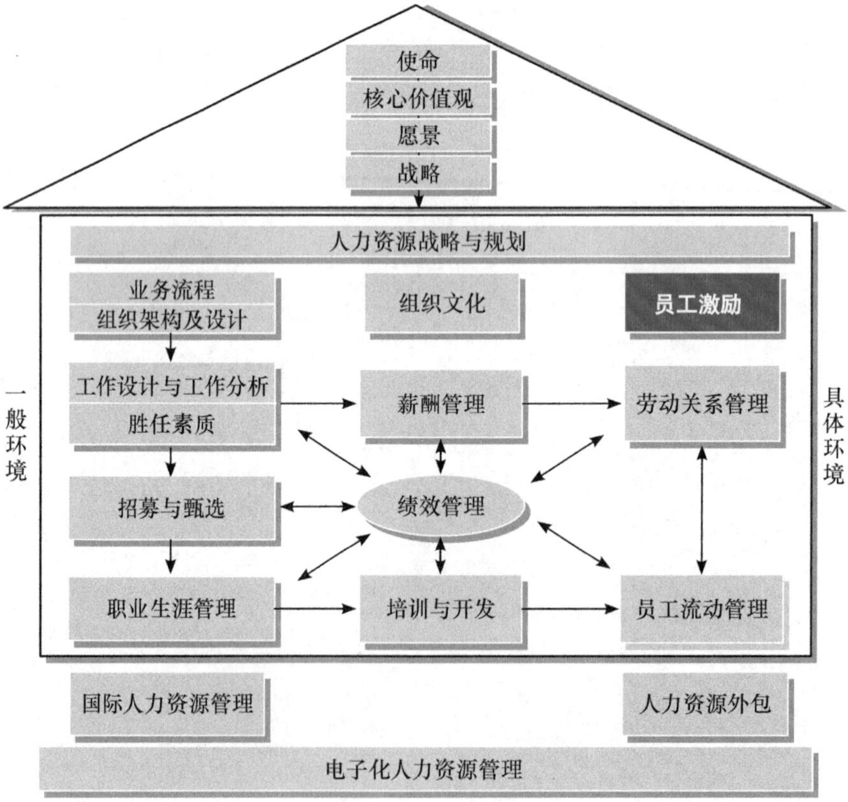

使命
核心价值观
愿景
战略
人力资源战略与规划
业务流程
组织架构及设计
组织文化
员工激励
工作设计与工作分析
胜任素质
薪酬管理
劳动关系管理
一般环境
具体环境
招募与甄选
绩效管理
职业生涯管理
培训与开发
员工流动管理
国际人力资源管理
人力资源外包
电子化人力资源管理

第 1 节 员工激励概述

一、员工激励的含义与类型

激励（motivation）是管理者提高员工积极工作的动机水平的过程，动机则是个体通过高水平的努力实现组织目标的愿望，当然这种努力也能满足个体的某些需要。换句话说，激励就是通过满足员工的需要而使之努力工作，从而实现组织目标的过程。通过激发员工动机使他们看到自己的需要与组织目标之间的联系，使之处于一种驱动状态，在这种驱动状态下，他们所付出的努力不仅满足个人需要，同时通过达成工作绩效而实现组织目标。对于管理者而言，激励员工，提高员工的动机水平是管理的关键。按照不同的标准，激励可划分为不同的类型。不同的激励类型会对行为过程产生不同的影响，因此激励类型的选择是做好激励工作的先决条件。激励有以下常见的划分方法：

（1）根据激励的内容，分为物质激励与精神激励。物质激励作用于人的生理方面，是对人的物质需要的满足；精神激励作用于人的心理方面，是对人的精神需要的满足。随着物质生活水平的不断提高，人们对精神与情感的需求越来越迫切。比如期望得到爱、得到尊重、得到认可、得到赞美、得到理解等。

（2）根据激励的作用，分为正激励与负激励。正激励是当一个人的行为符合组织的需要时，通过奖赏的方式来鼓励这种行为，以达到持续和发扬这种行为的目的；负激励是当一个人的行为不符合组织的需要时，通过制裁的方式来抑制这种行为，以达到减少或消除这种行为的目的。正激励与负激励都是对人的行为进行强化，不同之处在于二者的取向相反。正激励起正强化的作用，是对行为的肯定；负激励起负强化的作用，是对行为的否定。

（3）根据激励的对象，分为对他人激励与自我激励。对他人激励是调整他人动机；自我激励是对自己进行激励，是调整自己的动机。自我激励也应从需要、目标着手，通过分析自己的需要，选择合理的目标并实现这些目标。在大多数激励过程中，被激励者是受到外在力量控制的，即必须接受他人的控制或鼓励。很显然，在这样的情况下，要使受激励者产生持续的积极性，就应该不断地施加激励举措。

（4）根据激励产生的原因，分为内激励与外激励。内激励是由工作本身引起的，即在工作进行过程中所获得的满足感，它与工作任务是同步的，会产生一种持久的作用。比如对工作的好奇心、喜爱和全身心投入等。外激励是在工作任务完成之后或在工作场所以外所获得的，由工作任务下达者提供的货币奖励、表扬以及职务晋升等，它与工作任务不是同步的。外激励一般难以持久，比如一旦停发奖金，员工的积极性可能就不存在了。阿莫比（Amobile）和巴顿（Barton）等学者通过实证研究发现，个体的内激励倾向是其创造活动的一个关键影响因素，内激励的大小与个体的创造力显著正相关；外激励在短期内与创造力的相关关系不显著，在长期则与个体创造力负相关。

二、员工激励的过程与作用

1. 员工激励的过程

当个体被激励时，就会对自身的内外部条件做出反应，激励的过程本质上就是一个需要不断获得满足的过程，如图 14-1 所示。当个体处于需要状态的时候，某种结果（外在目标或刺激物）就具有吸引力。当需要未被满足时就会产生紧张情绪，进而激发个体的内驱力，这种内驱力将导致个体开展寻求特定目标的行为。如果最终目标实现，则需要会得到满足，这种紧张情绪也就会解除。也可以说，受到激励的员工处于紧张状态之中。为了缓解紧张情绪，他们会努力工作。如果努力能够带来需要的满足，则紧张情绪得以解除。当然，这种努力必须指向组织目标才有积极意义。

图 14-1　员工激励的过程

资料来源：罗宾斯，库尔特．管理学：第7版．北京：中国人民大学出版社，2004．

2. 员工激励的作用

员工激励已经成为组织管理不可或缺的管理手段，具有极其重要的作用，主要表现在以下几个方面。

（1）吸引并留住人才。随着社会的发展，智力劳动的作用日益显著，组织内所拥有的各种专门人才的数量和质量已经成为组织发挥作用的决定性因素。因此，许多企业在进行生产经营的同时，会运用各种有效的激励方法来吸引人才，如支付高额报酬、提供良好的工作环境和生活条件、给予继续学习的机会等。同时，有效运用各种激励方法，也可以增加安全感，提高满意度，增强组织的吸引力，进而保持组织内人员的稳定性。

（2）开发潜能，激发和调动员工的工作积极性。美国哈佛大学的威廉·詹姆斯（William James）教授通过研究发现，按时计酬的分配制度仅能让员工发挥20%～30%的能力，如果采取激励措施，员工的能力可以发挥出80%～90%，两种情况之间60个百分点的差距就是有效激励的结果。而且，管理学家的研究表明，员工的工作绩效是员工能力和受激励程度的函数。如果把激励对员工创造性、革新精神和主动提高自身素质的意愿的影响都考虑进去，激励对工作绩效的影响就更大了。

（3）促使员工个人目标与组织目标协调一致。个人目标是由个人需要所决定的，它往往与组织的目标和要求相矛盾。运用激励方法进行目标管理，让员工参与自身目标和组织目标的制定，在设置组织目标的时候尽可能地考虑个人目标，并把组织目标具体分解为个人目标，可以使个人目标与组织目标很好地结合起来。同时，运用激励方法，满足员工的合理需求，减弱或者消除其不合理要求，也可以调节员工的行为，使其与组织目标协调一致，以更好地实现组织目标。

（4）造就良性的竞争环境。科学的激励制度包含着一种竞争精神，它的运行能够创造出一种良性的竞争环境，进而形成良性竞争机制。在竞争性的环境中，组织成员就会感到环境的压力，这种压力将转变为员工努力工作的动力。正如麦格雷戈所说："个人与个人之间的竞争，才是激励的主要来源之一。"在这里，员工工作的动力和积极性成了激励工作的间接结果。

三、员工激励的基本原则

组织在制定和实施激励政策时，必须遵循一些基本原则，这样才能提高激励的效果。激励的基本原则主要包括以下几点。

（1）目标导向原则。员工激励必须以明确的战略目标为导向。目标统帅全局，处于激励的中心地位，它决定着激励模式的设计内容与激励方式方法的选择与安排，并最终影响到激励的运行。激励实质上就是激励目标的设置，也就是根据激励对象的需求设置某些目标，通过目标导向使对象产生有利于组织目标的优势动机，并按组织所需要的方式行动。

(2) 综合激励原则。激励方式方法多种多样，必须综合运用并优化组合，在空间上相辅相成，在时间上相互衔接，形成综合激励的格局。而且，人的行为的复杂性和众多影响因素的交叉性，决定了激励必须采取综合的方式，即根据影响人的行为的各个因素之间相互联系、相互制约的特点及系统理论，使若干项激励措施有机地结合起来，综合使用。这样一方面可防止顾此失彼，保证激励措施奏效，另一方面可以利用几项措施的综合效果，即系统的整合效应来达到激励的目的。

(3) 按需激励原则。激励的起点是满足员工的需要，但员工的需要存在个体差异性和动态性，因人而异，因时而异，并且只有满足最迫切需要（主导需要）的措施，其效价才高，激励强度才大。因此，激励切不可搞"一刀切"。在激励上不存在一劳永逸的办法，更没有放之四海而皆准的法宝。因此，管理者必须深入进行调查研究，不断了解员工需要层次和需要结构的变化趋势，有针对性地采取激励措施，才能收到实效。一些单位出现奖金越发越多，员工出勤率却越来越低的现象，原因就在于违背了按需激励原则。

(4) 适度原则。一般来说，好人好事应及时表扬；下属做了错事，为防止扩大损失，固然应及时制止，但批评也要掌握时机。对于反复出现的积极行为，不能反复表扬，而要讲究表扬的艺术性，应当出其不意，使人们有所期待和有所争取，奖励、惩罚、表扬、批评都有一个最低限度，心理学上称为阈值。低于这个阈值的激励，如轻描淡写的批评、漫不经心的表扬是不起作用的。但是，激励的力度也不能过大，过度奖励与过度惩罚都会产生不良后果。

(5) 公平公正原则。公平公正一方面意味着所有员工在激励面前享有平等的权利和义务，另一方面也意味着奖励的程度与价值贡献度对等。公平公正必然导致价值分配实际上的不平均，而这种不平均恰好体现了制度和程序的公平公正。有些管理者愿做"老好人"，幻想皆大欢喜，追求成果分享的平均主义，这是一种实质上的不公平，得不到很好的激励效果，而且可能产生负面作用，打击优秀员工的积极性。

第2节 激励理论及应用

激励理论是在心理学和组织行为学的研究基础上形成的。它以问题研究为导向，以管理环境为依托，以人的需要为基础，侧重对一般人性的分析。按照研究的侧重及与行为关系的不同，激励理论划分为两大类：内容型激励理论（content activation theory）、过程型激励理论（process activation theory）。这两种理论并不是截然分开的，而是相互渗透，存在着密切的联系。

一、内容型激励理论

需要是人类行为的原动力，因此内容型激励理论实际上是围绕人们的各种需要来进行研究的，进而又称为需要理论。内容型激励理论主要包括麦格雷戈的X理论和Y理论（theory X and theory Y），马斯洛的需要层次理论（hierarchy of needs theory），克雷顿·奥尔德弗（Clayton Alderfer）的ERG理论（ERG theory），赫茨伯格的双因素理论（motivation-hygiene theory），以及麦克利兰的成就动机理论（acquired need theory）。

（一）X理论和Y理论

在讨论管理问题的时候，一定要有一个假设前提，那就是人性是什么样的，人们为什么会这么做。只有形成了这样的人性假设，才可能对行为背后的原因进行解释，进而根据这些解释对行为进行调整。麦格雷戈是在总结传统管理理论以后提出X理论的。他认为，管理者的管理方式是基于他们对下属的人性假设，进而根据这些假设来塑造对下属的行为；他认为传统的管理理论认同的是有关人性的X理论。

1. X理论

X理论是以下面四种假设为基础的：（1）人本质上就是懒惰的，要靠外力刺激才能努力工作，只要有可能，人们就会逃避工作，逃避责任，安于现状。（2）员工不喜欢工作，追求的是个人目标，因此必须采取强制措施或惩罚办法，才能使他们的行为与组织目标保持一致。（3）员工是非理性的，而且不能自我管理和自我控制，没有雄心壮志。（4）只有很少的人是理性的，能够自我激励和管理他人，只有这些人才能管理员工。正是基于以上的消极人性假设，传统的管理策略是严格控制员工工作，约束员工行为，采取强制或惩罚的方式来要求员工，拒绝员工参与到管理过程中。

2. Y理论

与X理论相对照，麦格雷戈提出了Y理论，它是基于这样的假设：（1）人们追求一种有意义的生活，期望获得工作中的成就感，员工往往会主动追求工作成就，而且期望自己的生活是独立自主的。（2）当员工能够控制自己的生活和进行自我激励的时候，他们就会主动寻找外在的目标并努力实现这些目标，主动寻求责任。（3）当给员工努力工作的机会时，他们会把组织的目标当作自己的目标而努力，如果员工对某些工作做出承诺，他们会进行自我指导和自我控制，以完成任务。（4）绝大多数人都具备做出正确决策的能力，并不只有管理者才具备这一能力。[①] 因此，基于Y理论的管理策略应该是鼓励员工参与决策，组织应当为员工提供富有挑战性和责任感的工作，建立良好的群体关系，调动员工的积极性。

麦格雷戈认为，Y理论比X理论更加实际有效，因此他鼓励基于Y理论采取管理策略和制定管理制度，比如建立民主管理制度、提升员工的责任感等。麦格雷戈的人性假设理论给管理者提供了最简单和直接的指导，就是使管理者清楚地知道他们应该干什么，应该如何解释和员工之间心理上的相互关系，这对于组织管理相互影响的管理者和员工之间的关系非常重要。令人遗憾的是，该理论并没有证据证实一种假设能更为有效地解释员工的行为，也没有直接证据表明，采用基于X理论或Y理论的管理手段能相应地改变员工的行为或有效地调动员工的积极性。

（二）需要层次理论

亚伯拉罕·马斯洛被誉为人本心理学之父。按照马斯洛的观点，人的需要可以分为五个层次：生理需要（physiological needs）、安全需要（safety needs）、社会需要（social needs）、尊重需要（esteem needs）和自我实现需要（self-actualization needs），而且它们之间是由低到高的关系（见图14-2）。

（1）生理需要是最低等级、最基本的需要。包括觅食、饮水、栖身、性和其他身体需要，这些需要都是与生存息息相关的。

（2）安全需要是指保护自己免受生理和心理伤害的需要，同时还要能保证生理需要得到持续满足的需要。

（3）社会需要有时也称作友爱和归属需要，是指人们需要社会交往与认同，包括爱、归属、接纳和友谊的需要。这种需要得不到满足，可能会影响人们的精神健康。

（4）尊重需要是指一个人期望发展自尊的同时得到别人的认可，包括自我尊重和他人尊重。自我尊重包括自尊、自主和成就感；他人尊重包括地位、认可和关注。

① 罗宾斯．组织行为学：第10版．北京：中国人民大学出版社，2005：173.

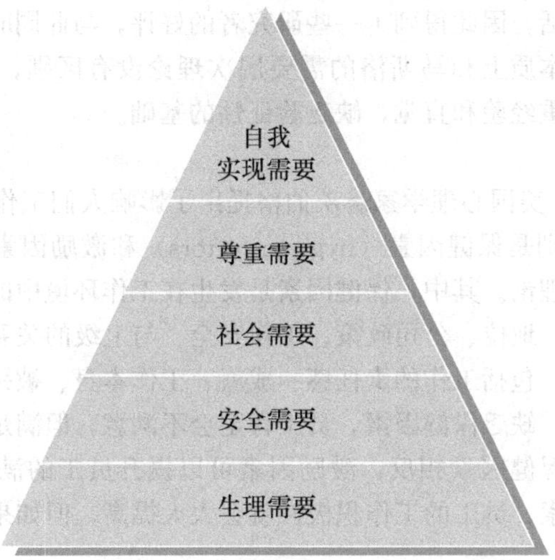

图 14-2 马斯洛的需要层次理论

(5) 自我实现需要是最高层次的需要，是指一个人成为他所期望的人的内驱力，发展个人的潜力、实现理想的需要，包括成长、开发自我潜能和自我实现。

这些需要属于不同层次，构成一个需要的“金字塔”。马斯洛认为，只有低层次需要基本满足之后，才会出现高一层次的需要，也就是说，人的基本需要是由低级向高级发展的，具有连续性；当某一层次需要没有满足的时候，人就会去追求它，产生一种内驱力，而当这种需要满足以后就不再有动力了。他还认为，每个人在不同时期都有一个占主导地位的优势需要，它是五种需要中力量最强的一个。

人的需要具有多样性，会根据环境和时期发生变化，因此马斯洛的需要层次理论得到了广泛的认同，并被应用到很多工作环境中，主要原因是该理论简单明了、易于理解、具有内在的逻辑性。然而，总体上说，这一理论尚未得到实证研究的检验，也没有足够的证据表明马斯洛的理论在所有文化中都适用。

(三) ERG 理论

ERG 理论是美国心理学家奥尔德弗在马斯洛的需要层次理论基础上发展起来的，这个理论得名于他的三种需要的第一个英文字母。ERG 理论认为，个体的基本需要是三种需要，而不是五种需要。它们分别是存在的需要（existence needs）、关系的需要（related needs）和成长的需要（growth needs）。其中，存在的需要包括马斯洛的生理需要和安全需要；关系的需要主要是指人与人之间的需要、爱和归属的需要；成长的需要侧重于确认个人尊重和自我实现的需要。与马斯洛的需要层次理论一样，ERG 理论认为没有满足的需要会占据主导地位，但是 ERG 理论也有和马斯洛的需要层次理论的不同点：

(1) 各种需要可以同时具有激励作用，三种需要之间没有明显的界限，它们是一个连续体，层次等级关系差异不是非常明显，因此人类需要可以越级上升。

(2) 在同一时期，人可以接受一种或多种需要，也可以接受一级或多级需要的作用，这些需要可以是出自本能的，也可以是后天习得的。

(3) 当较高层次需要不能得到满足的时候，满足较低层次需要的欲望就会加强，这就是“挫折-退化”规则。

(4) 某种需要在得到基本满足后，其强烈程度不一定会减弱，反而有可能会增强。

ERG 理论和马斯洛的需要层次理论一样，说明了员工的内在心理需要，但它比马斯洛的需要层次理论更简单、更灵活，因此得到了一些研究者的好评，与此同时它也受到不少批评。有的研究者认为，这个理论在本质上和马斯洛的需要层次理论没有区别，还有的研究者认为这个理论缺乏实证支持，过于注重经验和直觉，缺乏验证性的基础。

（四）双因素理论

20世纪50年代末期，美国心理学家赫茨伯格提出了影响人们工作效率的两种因素，这两种因素所起的作用不同，分别是保健因素（hygiene factors）和激励因素（motivation factors），因此这个理论被称为双因素理论。其中，保健因素是发生在工作环境中的因素，包括上级领导、人际关系、工资、工作条件、地位、公司政策、工作安全、与上级的关系等；激励因素是与工作内容或工作成果有关的因素，包括工作的责任感、成就、工作本身、被别人尊重、成长的机会以及专业发展等。该理论认为，缺乏保健因素，员工肯定会不满意，但满足了保健因素，员工的激励水平并不一定会提高；与保健因素相反，激励因素可以提升员工的满意度，产生相应的激励效果，因此如果拥有激励因素，员工的工作积极性就会大大提高，但如果缺乏激励因素，大多数的员工也不会不满意。

赫茨伯格在企业调查中还发现，激励因素和保健因素有若干重叠现象，如赏识属于激励因素，基本上起积极作用；但当没有受到赏识时，又可能起消极作用，这时则表现为保健因素。工资是保健因素，但有时也能使员工产生满意的结果。典型的保健因素和激励因素如图14－3所示。

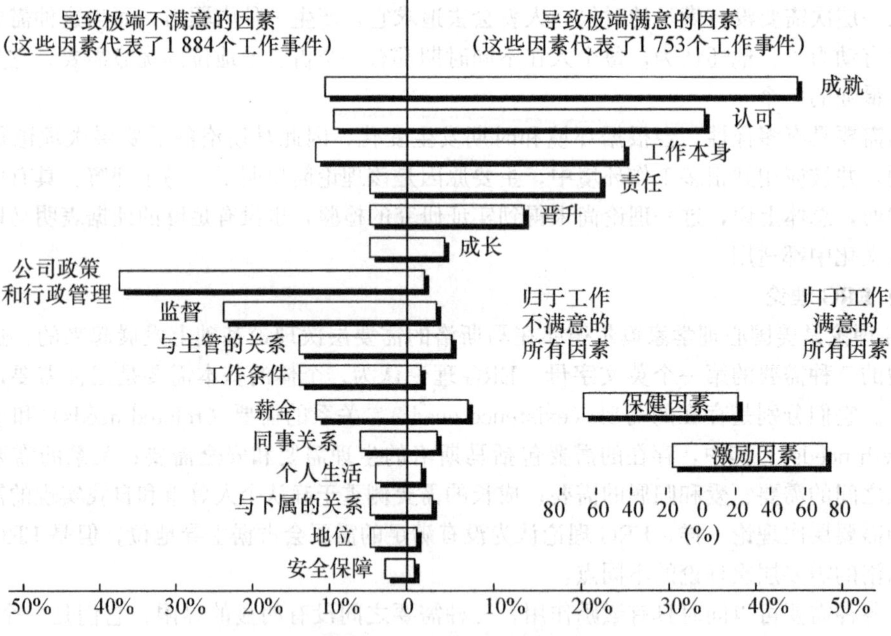

图14－3　双因素理论模型

资料来源：罗宾斯．组织行为学：第10版．北京：中国人民大学出版社，2005：175.

基于研究结果，赫茨伯格进一步认为，工作满意的对立面并不是不满意，消除了工作中的不满意因素并不必然使工作结果令人满意。也就是说，双因素理论认为，满意和不满意并不是一个硬币的两面，非此即彼，满意和不满意之间是一个双重的连续体：满意的对立面是没有满意，而不是不满意；同样，不满意的对立面是没有不满意，而不是满意（见图14－4）。

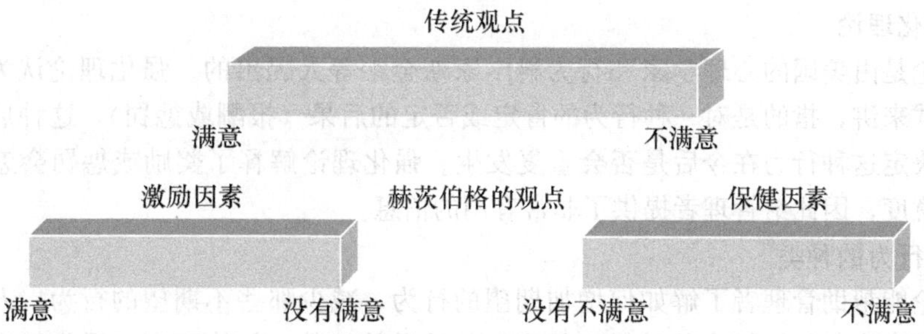

图 14-4　双因素理论对满意-不满意的对比

资料来源：罗宾斯，库尔特．管理学：第 7 版．北京：中国人民大学出版社，2004：455．

尽管双因素理论让人们觉得过于简单，也有不少批评，但赫茨伯格的观点依然得到了广泛的认同。它启示管理者，满足不同需要所引起的激励深度和效果是不一样的，物质需要的满足是必需的，没有它会导致不满，但即使获得满足，它的作用也有限。要提高工作效率，管理者不仅要注意物质利益和工作条件等外部因素，更要关心工作性质，量才使用，使工作本身具有挑战性和内在奖赏性，这样，员工就能通过完成工作来体会成长和发展的良好感觉。因此，根据赫茨伯格的理论，管理者应该尽量使工作丰富化，提高员工的满意度。

（五）成就动机理论

成就动机理论是由麦克利兰于 20 世纪 50 年代提出来的。他把人的高层次需求归纳为三个方面的需求：成就需要（need for achievement），权力需要（need for power），关系需要（need for affiliation）。他对这三种需要，特别是成就需要做了深入的研究。

（1）成就需要是追求卓越、实现目标和争取成功的一种需要。具有高度成就需要的员工总是力求把事情做得更好，他们希望对工作承担责任，喜欢适度的风险，希望获得有关其工作绩效的迅速且具体的反馈。过于简单或复杂的工作对他们都不具有吸引力，因为他们对结果所承担的责任较少。

（2）权力需要是指对名誉、责任、影响力和控制他人能力的关注。具有高度权力需要的员工偏好领导职位，同时也通常被他人视为有效领导者。

（3）关系需要是建立友好和亲密的人际关系的欲望。具有高度归属需要的人喜欢与他人建立密切友好的关系，并且更喜欢合作而非竞争的环境。

在大量研究的基础上，麦克利兰对成就需要与工作绩效的关系进行了十分有说服力的推断：高成就需要者并不一定就是优秀管理者，因为他们感兴趣的是他们个人如何做好，而不是如何影响他人做好；最优秀的管理者是权力需要很高而关系需要很低的人；动机是可以训练和激发的，因此可以训练和提高员工的成就需要，以提高生产率。

二、过程型激励理论

过程型激励理论主要关心在不同激励条件下，行为改变是如何发生的，或者说，一个人是怎样用不同的方式来实现目标的，因此它并不关注员工行为发生的原因，而是强调对员工适应外界环境变化的过程进行分析。过程型激励理论主要有伯勒斯・斯金纳的强化理论（reinforcement theory）、维克托・弗鲁姆（Victor Vroom）的期望理论（expectancy theory）、约翰・斯塔西・亚当斯（John Stacey Adams）的公平理论（equity theory）和埃德温・洛克（Edwin Locke）的目标设置理论（goal setting theory）。

(一) 强化理论

强化理论是由美国的心理学家和行为科学家斯金纳等人提出的。强化理论认为，强化从其最基本的形式来讲，指的是对一种行为的肯定或否定的后果（报酬或惩罚），这种后果至少会在一定程度上决定这种行为在今后是否会重复发生。强化理论解释了奖励或惩罚会怎样影响员工的行为和满意度，因此给管理者提供了非常有用的信息。

1. 强化行为的种类

强化理论能帮助管理者了解如何增加期望的行为，减少那些不期望的行为。人们拥有什么样的行为主要取决于他们行为的结果，行为是其结果的函数。具体而言，强化行为包括以下几类：正强化、惩罚、负强化和忽视。

（1）正强化。正强化就是奖励那些符合组织目标的行为，以使这些行为得到进一步加强，重复出现。正强化的手段包括经济方面的，如提薪、奖金等，以及非经济方面的，如晋升、表扬、进修等。

（2）惩罚。当员工出现不符合组织目标的行为时，采取惩罚的办法，可以迫使这些行为少发生或不再发生。与正强化鼓励所希望的行为更多地出现并维持下去不同，惩罚是力图使所不希望的行为逐渐削减，甚至完全消失。惩罚的手段包括经济方面的，如减薪、扣奖金或处以罚款，以及非经济方面的，如批评、处分、降级、撤职或免除其他可能得到的好处等。

（3）负强化，也称规避。与正强化和惩罚不同，负强化是在事前的规避。它通过对什么样的行为会不符合组织目标的要求以及如果员工发生不符合要求的行为将予以何种惩罚的规定来体现。这种约束、规避的作用会使组织成员的行为趋于符合要求的比较规范的状态，因此，这是一种非正面的对所希望行为的强化，称为负强化。

（4）忽视，也称自然消退，是对已出现的不符合要求的行为进行“冷处理”，达到“无为而治”的效果。通常是以不理睬或者蔑视的态度来对待这些行为。

2. 强化理论的原则

强化理论讨论环境与行为的关系，因此它可以将以下原则应用于管理实践：

（1）经过强化的行为趋向于重复发生。而强化就是通过肯定或称赞某种行为的后果，使某种行为在将来重复发生的可能性增加的一种行为方式。例如当某种行为的后果受人称赞时，受称赞的人就会重复这种行为。

（2）依照强化对象的不同而采取不同的强化措施。人们的年龄、性别、职业、学历、经历不同，需要就不同，强化的方式也应该不一样。比如，有的人重视物质奖励，有的人重视精神奖励，因此，在管理实践中应区分情况，采用不同的强化措施。

（3）分阶段设立目标，并对目标予以明确规定和表述。按照强化理论，对人的激励首先要设立一个明确的、鼓舞人心而又切实可行的目标，只有目标明确而具体时，才能进行衡量并采取适当的强化措施。同时还要将目标进行分解，分成许多小目标，完成每个小目标都及时给予强化，这样不仅有利于目标的实现，而且可以通过不断的激励增强员工的信心。

（4）及时反馈。及时反馈就是通过某种形式和途径，及时将工作结果告诉员工。要取得最好的激励效果，就应该在行为发生以后尽快采取适当的强化措施。当员工实施某种行为以后，即使是管理者简单地给予诸如“已注意到你们的这种行为”的反馈，都能起到正强化的作用；如果管理者对这种行为不予注意，这种行为重复发生的可能性就会减少以至消失。

（5）正面强化比负面强化更有效。正面强化主要是指结果让员工感到满意的强化方式，包括正强化、负强化；而负面强化主要是指结果让员工感到不满意的强化方式，包括惩罚和忽视。在强化手段的运用上，应以正面强化为主；必要时也要对坏的行为给予惩罚，做到奖惩结合，但要注意使用负强化的条件。长期采用惩罚等负强化方式导致员工冷漠。

强化理论的应用非常广泛，为管理实践提供了切实有效的管理手段，受到管理者的普遍好评，但还是存在一些批评意见。例如，依据强化理论，管理者应该很清楚他们能有什么样的资源来奖励或者惩罚员工，但在现实生活中，环境可能根本无法为管理者提供用于强化的资源，因此管理者可能无法实施对员工行为的强化。又如，一旦员工的行为发生了变化，管理者就要努力维持这种行为，而要让员工持续一种行为通常是很困难的。

（二）期望理论

期望理论是由弗鲁姆提出的一种认知理性模型理论。期望理论认为，激励作用的大小取决于该行动所能达成的目标及该目标可能导致某种结果的全部预期价值乘以他认为达成该目标并可能得到某种结果的期望概论。用公式可以表示为：

$$M=V\times E$$

式中，M代表激励力（motivational force），是直接推动人们采取某一行动的内驱力，它反映了调动一个人的积极性，激发人潜力的强度；V代表目标效价（valence），指达到目标后，该目标对于满足个人需要的价值大小，它反映了个人对某一成果或奖酬的重视与渴望程度；E代表期望值（expectancy），这是一个概率值，是指达到目标并能导致某种结果的概率，是个人对某一行为导致特定成果的可能性或概率的估计与判断，这个判断是一个根据以往的经验做出的主观判断。

显然，根据以上公式，只有当人们对某一行动成果的效价和期望值同时处于较高水平时，才有可能产生较高的激励水平，因此，当人们预期某一行为能给个人带来期望的结果，并且这种结果对个体具有价值时，个人就会采取某一特定行为。它包括如图 14－5 所示的三项变量或三种联系。

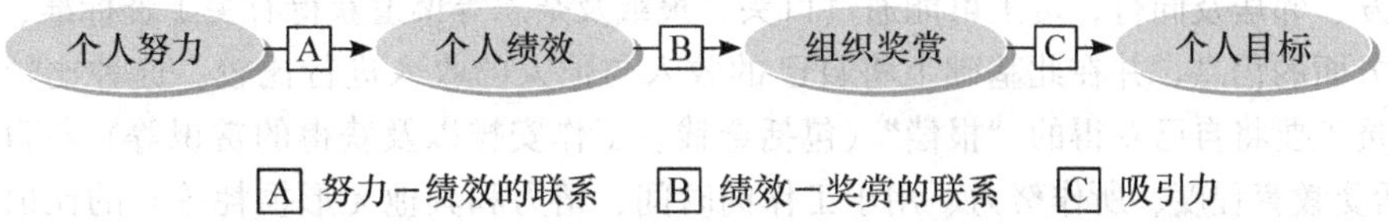

图 14－5　简化的期望理论模型

资料来源：罗宾斯，库尔特. 管理学：第 7 版. 北京：中国人民大学出版社，2004：465.

根据期望理论，员工的工作动机取决于以下因素：

（1）员工感到这份工作能提供什么样的结果？这些结果可以是积极的，如工资、人身安全、同事友谊、信任、额外福利、发挥自身潜能或才干的机会等；也可以是消极的，如疲劳、厌倦、挫折、焦虑、严格的监督与约束、失业威胁等。

（2）这些结果对员工的吸引力有多大？员工对这些结果的评价是积极的、消极的还是中性的，决定了员工的工作态度。对于相同的工作，如果员工的评价是积极的，那么他将努力工作并实现目标；如果员工的评价是消极的，他将会放弃这一工作；如果员工的评价是中性的，那么结果将没有吸引力。

（3）为得到这一结果，员工需采取什么样的行动？只有在员工清楚地知道为达到这一结果必须做些什么时，这一结果才会对员工的工作绩效产生影响。

（4）员工是如何看待这次工作机会的？员工在接受一项工作后，会衡量决定成功的各项因素的可控制程度，进而判断工作成功的可能性有多大。[①]

期望理论的实用性很强，得到了广泛认同与支持。例如，它不仅能很好地解释在环境发生巨大改变时人们的行为会发生怎样的变化，还启示管理者不要泛泛地采用一般的激励措施，应当采用多数组织成员认为效价最大的激励措施。但是，期望理论也有一些局限性。例如，要准确了解和预测员工的期望和价值，不是一件容易的事情，同时过快变化的环境也会使预测的准确性下降；它的理论假设的基础是自我利益，即认为每一个员工都在寻求获得最大的满足感，因此具有片面性。

（三）公平理论

公平理论是美国心理学家亚当斯在1965年首先提出来的。该理论认为，员工期望其做出的努力能得到相应的回报，如果员工得到的回报和其所期望的回报不匹配，就会产生不公平感，而这种不公平感会给员工带来紧张情绪，因此他就会改变自己的观念或者采取某种行动来维持他的公平感。

在公平理论中，公平感是个体的主观心理感受。公平感按照不同的标准可以分为不同的类型。一种标准是按照比较的对象来分，可将公平感区分为分配公平感和程序公平感。分配公平感是指一个人在他的收入或工作结果上，感觉到的得到公平对待的程度；程序公平感是指人们感觉到的他们在决策程序上得到平等对待的程度。另外一种标准是按照比较的标准来区分，可将公平感区分为绝对公平感和相对公平感。绝对公平感是指人们将工作所获得的实际所得与自己认为应该获得的相比较，感觉到是否公平的程度；相对公平感是指人们将自己工作所获得的实际所得，与别人在同一情境下所获得的进行比较，感觉到是否公平的程度。

根据公平理论，员工在分配公平上选择比较的参照对象一般有三种，即“他人”“自己”“制度”。重点是前两种。

(1) 与“他人”进行比较。员工进行比较的“他人”，包括同一组织中从事相似工作的个体，还包括朋友、邻居及同行。员工可能通过口头、报纸及杂志等渠道获得有关工资标准、最近的劳动合同等方面的信息，并在此基础上将自己的收入与他人的收入进行比较。这种比较称为横向比较，即员工要将自己获得的“报偿”（包括金钱、工作安排以及获得的赏识等）与自己的“投入”（包括受教育程度、所作努力、用于工作的时间、精力和其他无形损耗等）的比值与组织内外其他人作比较，只有比值相等时，他才会认为是公平的，见表14-1。

表14-1　公平理论应用示例

觉察到的比率比较	员工的评价
$\frac{所得A}{付出A}<\frac{所得B}{付出B}$	负面不公平感（报酬过低）
$\frac{所得A}{付出A}=\frac{所得B}{付出B}$	公平
$\frac{所得A}{付出A}>\frac{所得B}{付出B}$	正面不公平感（报酬过高）

资料来源：罗宾斯，库尔特．管理学：第7版．北京：中国人民大学出版社，2004：465-466.

简单地用一个公式来表示：

① 罗宾斯，库尔特．管理学：第7版．北京：中国人民大学出版社，2004：465-466.

$$\frac{O_p}{I_p} \quad \text{vs.} \quad \frac{O_c}{I_c}$$

式中，O_p为员工对自己所得回报的感觉；O_c为自己对他人所得回报的感觉；I_p为对自己所作投入的感觉；I_c为对他人所作投入的感觉。

当上式为不等式时，即表示员工出现不公平感，表现为以下两种情况：

1）$O_p/I_p<O_c/I_c$。即员工出现负面不公平感，在这种情况下，他会采用以下的方法来减轻他的紧张感，从而维持心理平衡：改变输入——改变他的工作，从而减少个人的努力；改变输出——要求提高他的报酬，改变个人待遇；离开情境——离开这种情境，改变职位或调换工作；采取破坏行动——改变他人的工作，阻挠他人的努力，以获得平衡；改变比较对象——改变对比的对象，比上不足比下有余，从心理上维持平衡。

2）$O_p/I_p>O_c/I_c$。在这种情况下，员工会体会正面的不公平感。开始时员工可能要求减少自己的报酬或自动多做些工作来维持其心理的平衡，但久而久之，员工会重新估计自己的技术和工作情况。当员工觉得确实应当得到那么高的待遇时，业绩便会回到过去的水平。

（2）与“自我”进行比较。除了横向与组织内外的他人进行比较之外，人们也经常做纵向比较，即自己目前投入的努力与所获得报酬的比值，同自己过去投入的努力与所获报酬的比值进行比较。只有在比值相等时他才认为公平，如下式所示：

$$\frac{O_p}{I_p} \quad \text{vs.} \quad \frac{O_h}{I_h}$$

式中，O_p为自己对现在所得回报的感觉；O_h为自己对过去所得回报的感觉；I_p为自己对个人现在投入的感觉；I_h为自己对个人过去投入的感觉。

同样，当上式为不等式时，也可能出现以下两种情况：

1）$O_p/I_p<O_h/I_h$。当现在的报酬比过去更少时，员工同样会有不公平感，他同样会采取减少个人努力、要求提高个人工作报酬或者离职等方式来减少紧张。

2）$O_p/I_p>O_h/I_h$。当现在的报酬比过去多时，员工当然不会因此产生负面不公平感。研究表明，这种情况下也不会产生正面的不公平感，觉得自己多拿了报偿，从而主动多做些工作。

除分配公平外，程序公平成为近年来管理者和研究者重视的新领域。研究发现：在整个组织内部，包括明文规定的制度和不成文的规定，都会影响到员工的行为。如果这些制度和规定是不公平的，或者非理性的，员工对组织的忠诚度就会受到非常大的影响，因此管理者都期望使用标准程序来形成政策和决定，避免让员工产生不公平感。但是当员工觉得某个决策对他不利，或者某个规定制约了他的发展时，他依然会觉得不公平。

公平理论也得到了许多研究的支持，尤其是公平理论在报酬分配制度设计上的应用，更是得到了广泛的认同。但与此同时，它也受到了相当多的批评。例如，一种批评观点认为，公平的感受是一种主观的判断，是一个人自己的感觉，但不同的人对不公平感的敏感性是不同的，而且容忍度也不相同，管理者很难持续敏感地体会员工的感受，除非管理者能够很明显地知道员工是否感觉公平，否则这个理论就没有什么帮助。

（四）目标设置理论

目标设置理论是由美国心理学教授洛克于 1967 年最先提出的。该理论认为目标本身就具有激励作用，目标能把人的需要转变为动机，使人们的行为朝着一定的方向努力，并将自己的行为结果与既定的目标相对照，及时进行调整和修正，从而实现目标。目标设置理论奠定了目标管理的理论基础。虽然在不同文化下目标设置理论的有效程度不同，但迄今为止的研究发现，目标设置理论适用于所有的文化背景。

许多研究表明，目标设置理论是有效的，但如果要达到最好的效果，是需要一定条件的。很多研究关注什么条件下员工的工作效率会更高，并总结出了一些有价值的建议：

（1）目标必须是明确的。“尽量做吧”这种话与没有目标一样，没有任何意义。

（2）目标必须是有时间限制的。要求一个小目标在一个月之内完成，其工作效率甚至比要求一个目标必须在一年之内完成更好。

（3）目标必须是具有挑战性的，但同时也是必须能够完成的。有意思的是，研究表明，员工常常被那些看起来很困难的目标激励，而很容易的目标则没有任何激励作用，因此高的目标会激发高的工作水平。

（4）目标制定的整个过程应该是可以影响员工行动的。如果员工参与到制定目标的过程中，愿意接受这样的目标，那么目标激励的作用就会更为明显，而没有参与制定目标过程和对目标不认同的员工，对目标的忠诚度低，工作效率自然也就低一些。

（5）如果员工拥有有关目标的一些经验和知识，员工在内心就会产生一种控制感，同时高成就的动机也会影响员工对目标的忠诚度。

（6）目标的制定有助于员工改善工作方法。研究表明，工作的复杂度会影响目标设置的成功与否，并最终影响员工的工作积极性。

（7）在完成任务的过程中，员工必须得到必要的反馈意见。一个知道自己工作进展状况的员工，其工作效率会更高。

研究者普遍认为，目标设置的关键在于员工对目标的忠诚度和完成既定目标的资源。如果员工看不到工作的价值，或者反对这种工作的结果，或者在完成工作的过程中经常失败，他们的动机水平就有可能下降。

目标设置理论是迄今为止受到关注和研究最多的理论，得到了实验室研究和工作场合研究的确认。但随着研究的深入，还有很多问题需要进一步探讨，比如如何解释目标设置与内部动机之间的关系、目标设置与满意感的关系等。

三、激励理论的整合

不同的激励理论有着自己的独特性和局限性，孤立地看待各种理论是错误的，因为不同的激励理论从不同的角度来解释同一行为。许多理论表面上看起来相互矛盾，比如用期望理论和目标设置理论来解释员工选择目标的行为。按照期望理论，员工倾向于成功概率高的目标，但根据目标设置理论却正好相反，该理论认为困难的目标更具有激励作用，但选择困难的目标，成功又缺乏保障。事实上，在现实生活中，员工做出的选择可能已将两方面都考虑到。因此，必须将各种理论融会贯通，才可能深刻认识激励的作用和过程。

如图14-6所示，该模型把我们了解的一些关于激励的知识整合起来了。它的重要基础是图14-5所示的期望理论的简化模型。

从图14-6中的模型可以看出，个体努力受到两个因素的促进或制约，一个是机会，另一个是个人目标，这个目标-努力链提醒我们：目标引导行为。

根据期望理论，如果一个员工认为努力-绩效、绩效-奖励、奖励-个人目标的实现之间有着密切的联系，那么他的努力程度就会提高。每一种关系也会受到一定因素的影响。在努力程度一定的情况下，为了取得高绩效，这个人必须具有工作所需要的能力，而且，衡量个人绩效的绩效评价系统必须被认为是公平和客观的。如果一个人认为受到奖励是由于绩效（而不是资历、个

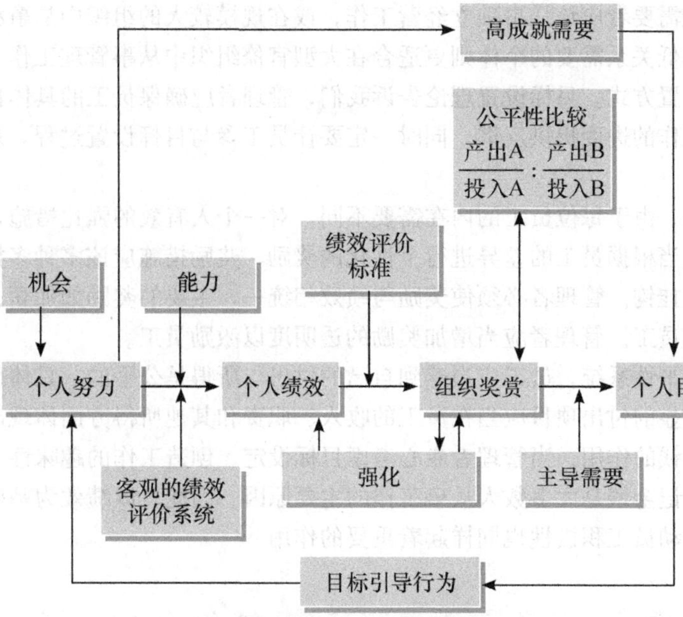

图 14-6　当代激励理论的整合

资料来源：罗宾斯，库尔特. 管理学：第 10 版. 北京：中国人民大学出版社，2005：191.

人爱好或其他标准），那么，绩效-奖励的关系就会更加密切。如果认知评价理论在实际工作中是完全有效的，可以预言，以绩效为基础的奖励会降低一个人的内部激励水平。期望理论中的最后一个关系是奖励-目标的关系。ERG 理论在这一点上可以发挥作用。激励水平的高低取决于一个人由于高绩效所得到的奖励能够在多大程度上满足与他的个人目标一致的主导需要。

此外，该模型还包含成就动机理论、强化理论和公平理论。高成就需要者不是由于组织对他的绩效评价或奖励而受到激励。对那些高成就需要的人来说，从努力到个人目标的飞跃就是最好的奖励。记住，只要高成就需要者从事的工作能给他们提供个人责任、反馈和中度的冒险，他们就能从内部受到激励。因此，他们不关心努力-绩效、绩效-奖励、奖励-目标的联系。

由于认识到组织的奖励会强化个人的绩效，这个综合模型中也列入了强化理论。如果管理层设计的奖励体系被员工看作对高绩效的报酬，那么，奖励就会强化和鼓励持续的高绩效。奖励也是公平理论中的关键部分。个人会把自己从投入中得到的产出与其他相关人士的产出与投入比进行比较，不公平感会影响他们付出努力的程度。

四、激励理论的应用

20 世纪七八十年代以来，激励理论在管理实践中得到了广泛的应用。激励理论有很多种，员工的个人需求和工作目标也千差万别。管理者若想激励他的员工，提高工作绩效，该如何将这些激励理论运用于每天的管理实践呢？尽管没有放之四海而皆准的管理真理，但下面介绍的这些管理手段会对管理者有所帮助。

（1）认清个体差异。几乎所有的激励理论都认为员工是具有独特特征的个体，他们的需要、态度、个性及其他重要的个体变量有很大的不同。因此在管理过程中，要充分认识个体差异，认识到不同理论对不同类型的人的预测性是不同的。

（2）人与岗位要匹配。大量研究结果表明，将个体与岗位进行合理匹配能够起到激励员工的作用。比如，高成就需要者应该从事独立经营工作，或在规模较大的组织中从事相对独立的部门运作；高权力需要和低关系需要的个体则更适合在大型官僚组织中从事管理工作。

（3）运用目标设置方式。目标设置理论告诉我们，管理者应确保员工的具体目标有一定的难度，并对他们完成工作的进度提供反馈，同时一定要让员工参与目标设置过程，从而提高员工对目标的忠诚度。

（4）个性化奖励。由于每位员工的内在需要不同，对一个人有效的强化措施，可能并不适用于其他人。管理者应当根据员工的差异进行个性化的奖励，奖励措施应该多种多样。

（5）奖励与绩效挂钩。管理者必须使奖励与绩效相统一，主要的奖励如加薪、晋升应授予那些达到了特定目标的员工。管理者应当增加奖励的透明度以激励员工。

（6）随时检查公平性系统。员工应当感到自己的付出与所得是公平的。具体而言，员工的经验、能力、努力等明显的付出项目应当在员工的收入、职责和其他所得方面体现出不同。

（7）不要忽视金钱的作用。当管理者专心考虑目标设定、创造工作的趣味性、提供参与机会等因素时，很容易忘记金钱是大多数人从事工作的主要原因。因此，以绩效为基础的加薪、奖励及其他物质刺激对调动员工积极性也同样起着重要的作用。[①]

第3节 员工激励的主要方法

在学习了激励理论后，我们来探讨员工激励的主要方法。员工激励方法多种多样，但一般可归纳为两大类：物质激励与非物质激励。管理者应该在理解激励理论的基础上，根据组织目标和员工特点，因地制宜，因人制宜，综合应用物质激励与非物质激励中行之有效的激励方法。高绩效工作系统综合了多种人力资源管理实践，能够给员工带来有效的激励并产生高绩效。

一、物质激励

物质激励是指运用物质手段使员工得到物质上的满足，从而调动其积极性、主动性和创造性的一种激励方法。它主要通过薪酬福利、奖金和其他合理收入来实现。每个人都有自己的物质追求和经济利益，这是人们生存和生理需要的基本条件，也是保健因素中的一个基本因素，因此是不能忽视的。运用物质激励法必须注意两个方面的问题：第一，报酬与努力程度挂钩。让员工认识到自己所得报酬是个人的努力和共同协作的结果。第二，奖励要以绩效为前提。不是先有奖励后有绩效，而是必须先完成组织任务后有物质奖励。如果员工觉得奖励与绩效关系不大，这样的奖励就不能成为高绩效的刺激物。现实中应用较多的物质激励主要有以下几种：

（1）加薪。加薪通常是在一个绩效期间结束时，组织根据员工绩效评价结果及事先确定的加薪规则，决定员工在接下来的绩效期间可以得到的基本薪酬。加薪的对象是那些业绩突出的员工，而非所有的员工；加薪的幅度有高有低，要拉开差距，以充分体现加薪的激励效果；加薪应该及时，间隔的时间不能太长，当然也不能太短，否则起不到激励的作用，多数是半年加一次或一年加一次。加薪法的激励效果虽然明显，但也存在一些不足，主要是会导致组织成本不断上升，而且对于工资水平已经处于薪酬范围中的最高值的员工，无法应用加薪对员工进行奖励。

① 罗宾斯，库尔特．管理学：第7版．北京：中国人民大学出版社，2004：475-476.

（2）奖金。为了弥补加薪的不足，许多组织用奖金来激励员工。与加薪不同的是，奖金是一种一次性支付绩效薪酬的激励方式，它不会累积性地计入基本工资。应用奖金实施激励，要注意奖金发放的时机与频率，因为这些因素直接影响激励效果。奖金发放时机和频率的选择要从实际出发，实事求是地确定。一般来说，对于十分复杂、难度较大的任务，奖金发放频率宜低；对于比较容易完成的较简单的任务，奖金发放频率宜高；对于只注意眼前利益的人，奖金发放频率宜高；对于需要层次较高、事业心很强的人，奖金发放频率宜低。

（3）股权。股权激励是指以企业的股票或股票期权为主要方式对员工实行激励的一种方法。股权激励实现了让知识、技术等因素与物质资本一起参与分配，体现了企业对人力资本价值和重要性的承认和肯定；同时，把员工的长远利益与企业的长期发展紧密地联系在一起，具有束缚员工和稳定员工的作用，可以充分调动员工积极性，是一种先进的长期激励手段。据统计，美国500强企业中，有90%的企业采用了股权激励，而且实施这种激励方法后，生产效率提高了1/3，利润增加了50%。

（4）优惠贷款。贷款购买住房、汽车等是多数员工都会遇到的事情，也是员工关心的大事。企业可以在协助员工办理贷款的基础上，给予低息、无息的优惠贷款，或者根据员工绩效高低给予减免贷款的奖励。虽然同样是为员工支付一定的金钱，但是以这样的方式来对员工进行奖励，会使员工在获得物质收益的同时，感受到企业对员工的关心，从而增强员工对企业的归属意识，达到持久激励员工的目的。

（5）旅游奖励。近年来，旅游奖励作为一种现代管理手段在世界许多发达国家已非常普及。在美国，旅游奖励起源于20世纪二三十年代，如今已有50%的企业采用旅游奖励的办法来激励员工。在英国商业组织的奖金中，有25%是以旅游奖励的方式支付给员工的。在法国和德国，50%以上的奖金是通过旅游奖励支付给员工的。许多企业，不仅通过旅游奖励满足员工的成就感和荣誉感，激发员工的积极性，还希望通过旅游奖励达到对员工进行培训的目的。

二、非物质激励

凡是运用非物质手段对员工进行激励的方法都属于非物质激励法。非物质激励重视在员工的心理或精神上“做文章”，侧重于满足员工心理或精神方面更高层次的需要，因此，它常常能够获得物质激励难以达到的效果。非物质激励的具体方法很多，行之有效的常用方法有以下几种：

（1）目标激励。目标激励是利用一定的目标对动机的刺激作用，来激励人的积极性、主动性、创造性的方法。目标是人的一种期望，只有有了明确具体的组织目标，才能激发员工奋发努力的动力。根据过程型激励理论，应用目标激励必须注意以下几个问题：第一，目标设置要适宜，要让员工感到有实现的可能性，同时又具有相当的价值；第二，允许员工参与目标的制定，协调不同人的期望值，既有利于合理调动人们的积极性，又有利于目标的实现；第三，处理好成绩与奖励的关系，根据结果对员工履行职责的情况进行评价，奖惩分明、奖罚适度。

（2）参与激励。参与激励是让员工参与组织重大问题和日常事务的商讨和决策的激励方法。实施参与激励，员工不仅可以全面了解组织的有关情况，进而获得安全感、信任感，保持心理状态和工作情绪的稳定，还可以提高对组织决策的承认和接受程度，形成心理上的认同感和归属感，增强主人翁意识。此外，参与激励法有利于开发员工的潜能，提高员工对自身地位及存在价值的认识，进而增强自尊心和自信心。

（3）荣誉激励。荣誉激励是指通过表扬员工或授予荣誉，促使员工产生荣誉感与光荣感，并获得精神上的满足，以达到激励目的的方法。荣誉是组织或社会对个体或群体的较高评价，是满足人们自尊需要，激发人奋力进取的重要手段。为工作表现比较突出、具有代表性的先进员工提供必要的荣誉奖励，对于企业全体员工都具有良好的激励效果。荣誉激励在西方企业中普遍采用，例如 IBM 有一个“百分之百俱乐部”，当公司员工完成他的年度任务，就会被批准为“百分之百俱乐部”会员，他和他的家人将被邀请参加隆重的集会。结果，公司员工都把获得“百分之百俱乐部”成员资格作为第一目标，以获取那份光荣。荣誉激励可以满足员工的荣誉需求，取得良好的激励效果。

（4）榜样激励。榜样激励就是运用榜样的力量调动员工积极性的激励方法。榜样的力量是无穷的，一个良好的榜样或典型就是一面旗帜，可以改变一个群体的工作风气。榜样激励法能够把抽象的道理转化为具体的典型，通过典型激发员工的行动，可以激励斗志，鼓舞士气，起到潜移默化的作用。实行榜样激励要注意以下几个问题：第一，要善于发现典型，特别是身边的典型，于细微之处见精神，从平凡的人中发现不平凡的事；第二，对典型不能求全责备，更不能将之神化，对其宣传要真实可靠，引导人们学其所长，避其所短，而不能过分渲染、任意拔高，失去真实性；第三，要保护典型，对那些打击典型的错误言行要进行批评教育，坚决制止，以防止狭隘心理和嫉妒心理的产生和蔓延。

（5）情感激励。情感激励是指管理者与员工或被管理者之间的以感情联系为手段的激励方法。情感是影响人们行为最直接的因素之一，每个人都需要关怀与体贴，一句亲切的问候，一番安慰的话语，都可能成为激励员工行为的动力。管理者要关心员工的工作与生活，多说真话，动真情、办实事，对于员工事业上的挫折、感情上的波折、家庭生活中的困难等各种“疑难病症”，要给予及时的“治疗”；要大力开展社会公德、职业道德和家庭美德教育，建立起正常、良好、健康的人际关系，同时营造出一种相互信任、相互关心、相互体谅、相互支持的组织氛围，增强员工的归属感，实现以感情留人。情感具有两面性，即积极的情感可以增强员工的活力，消极的情感可以削弱员工的活力，管理者运用情感激励法时要注意扬长避短、恰到好处。

（6）工作激励。工作激励是通过工作丰富化来调动员工工作积极性的激励方法，其实质就是让工作本身成为激励因素。按照赫茨伯格的双因素理论，对人最有效的激励因素来自工作本身，因此，管理者必须善于调整和调动各种工作因素，搞好工作设计，千方百计地使员工对自己的工作满意，以实现最有效的激励。日本著名企业家稻山嘉宽指出：“工作的报酬就是工作本身。”松下幸之助也认为：“激励员工并非只是增加薪金即可，能使一个人产生使命感，才能发挥一个人真正的力量。”工作激励法的关键是使工作丰富化，即通过工作再设计优化工作内容，使员工体会到工作的意义和赋予的责任。其具体含义包括：第一，工作的完成需要多方面的技能和才干，这样既能调动员工的工作积极性，又能挖掘他们的潜力；第二，员工拥有完成工作的各种必要权力，能独立自主并完整地完成某一项工作，从而获得一种成就感；第三，员工应能认识到工作的重要性，而且工作结果有健全的反馈机制，从而激发完成工作的动机。

（7）组织文化激励。组织文化激励是利用组织文化的特殊功能，激励组织成员向组织期望的目标努力的激励方法。组织文化具有强大的心理激发力、精神感召力和能量诱导力，并弥漫于组织群体之间，犹如一股无形的力量，把每个个体的行为整合起来，维系、主导并昭示组织中的所有成员，引导他们朝着既定的目标奋斗。具体而言，组织文化的激励主要包括：一是价值观的激励，即良好的价值观能增强组织的凝聚力，培养奋发向上的精神，并对每个成员的目标和行为具有导向和激励作用；二是组织形象激励，即组织利用形象增强成员的成就感、自豪感和忠诚感，进而有利于满足员工尊重的需要和自我实现的需要。

三、高绩效工作系统和激励

20 世纪 80 年代以来，战略性人力资源管理理论与管理实践逐步兴起。该理论认为，有计划的人力资源配置和管理活动的模式（人力资源管理系统）是企业赢得竞争优势的关键。西方学者对人力资源管理系统与企业绩效的关系所做的大量实证研究表明，人力资源管理系统的有效利用能够对工作满意度、组织承诺等企业绩效的主观指标，以及员工离职、劳动生产率、财务绩效等客观指标均产生积极影响。因为企业的人力资源管理实践是作为一个整体对员工产生影响，所以不同于传统人力资源管理通常就单项人力资源管理实践对员工个体的影响进行研究，战略性人力资源管理研究者通常在组织层面上进行人力资源管理实践组合的影响研究，推动系统研究成为人力资源管理研究中的一种主流范式。这种人力资源管理活动的系统化组合通常被称为高绩效工作系统（high-performance work system，HPWS），也有学者提出“高参与工作系统”“高承诺工作系统”“高绩效人力资源管理实践”等相近的概念，它们均源于学者对最佳人力资源管理实践的探索。

（1）高绩效工作系统的内涵。作为一个新的研究领域，高绩效工作系统至今还没有一个为学术界所公认的严格定义。竹内、陈和勒帕克（Takeuchi，Chen & Lepak，2009）认为，高绩效工作系统是指通过实施一组不同但相互关联（互补性与协同性）的人力资源管理实践（包括严格的招聘与选拔、薪酬激励与绩效管理、广泛的员工参与和系统培训）改善员工与绩效相关的能力、态度和动机，最终提高员工和组织的绩效。阿佩尔鲍姆、鲍利和伯格（Appelbaum，Balley & Berg，2000）提出了高绩效工作系统的 AMO 模型，把组织绩效看作组织核心要素结构的派生功能，而该核心要素结构则是由员工能力（A）、动机（M）和参与机会（O）三要素构成。他们认为高绩效工作系统中的人力资源管理实践应该能够提高员工能力、增强员工动机和增加员工的参与机会。后来一些学者沿用了 AMO 理论框架来界定高绩效工作系统，认为高绩效工作系统包括一系列人力资源管理实践，并通过一些中介变量，如工作态度、自主性、知识和技能等来改变员工的行为，最终提升组织绩效。这种界定反映了高绩效工作系统对组织绩效的作用机制。一般而言，高绩效工作系统的实践内容包括严格的人员甄选、广泛培训、内部流动、员工参与、结果导向评估、激励性薪酬、信息分享与沟通等。

（2）高绩效工作系统的激励作用。高绩效工作系统是一系列人力资源管理政策和实践的集合，是与外界环境和内部资源相契合的战略性人力资源管理实践，其效果是在提升员工能力的同时，最大限度地激发员工潜能，最终提升企业绩效。

员工的动机直接影响其工作努力水平，是员工创造高绩效的驱动力，从而影响到组织绩效。高绩效工作系统通过员工参与、程序公平、工作设计、人际沟通、内部晋升、激励性薪酬等措施激发员工工作的热情，从而使员工的潜力得到极大发挥。高绩效工作系统以员工高度参与为原则，而增加员工参与机会的最终目的也是激发员工动机，调动其积极性，发挥其潜力。员工参与能够满足员工归属和受人赞赏的需求，并给人一种成就感。员工参与既能提高员工的满意度，又能提高生产率。员工参与主要以工作团队的形式扩大员工在决策制定过程中的参与程度。程序公平不仅反映现存过程，还反映这种过程是如何执行的；程序公平更容易影响员工的组织承诺、对上司的信任和流失倾向，主要包括态度调查、抱怨机制、录用测试等。工作设计通过工作轮换、工作丰富化等措施激发员工动机。人际沟通是一种有效的非物质激励方式，主要包括跨部门沟通、业绩反馈和情感交流。人才来源反映了企业的用人机制和渠道，资历评价影响着企业对现有员工职业生涯的看法和态度。在高绩效工作系统中，重视业绩的内部晋升形成了高绩效的人才来源方式，向员工传达了重视员工的业绩表现和能力提高的组织理念。按结果付酬反映了组织对员工贡献的认可。此外，促进团队协作、授权和知识共享等实践也提供了员工充分利用其潜能的机会。由于人力资源管理实践的协同性效应，高绩效工作系统既促进员工能力的提高，也激励员工更加积极工作，使员工获得了更高的工作满意度、更低的流动率和更高的生产率。

高绩效工作系统的实施能够提高员工的能力，提供激励和参与决策的机会，并帮助员工完善职业生涯规划；员工在开放的环境中易于与组织形成互惠的交换模式，彼此间信任的心理将大大降低心理契约破裂的可能，从而激发员工角色内行为和超出工作要求的组织公民行为。

本章小结

本章对员工激励的含义、过程、作用、理论与方法等进行了介绍。

激励是通过满足员工的需要而使之努力工作，从而实现组织目标的过程。按照不同的标准，激励可划分为不同的类型。不同的激励类型对行为过程会产生程度不同的影响，因此激励类型的选择是做好激励工作的先决条件。组织在制定和实施激励政策时，必须遵循目标导向原则、综合激励原则、按需激励原则、适度原则、公平公正原则等基本原则。

激励理论是在心理学和组织行为学的研究基础上形成的，分为两大类：内容型激励理论和过程型激励理论。内容型激励理论实际上是围绕人们的各种需要来进行研究的，进而又称为需要理论，包括马斯洛的需要层次理论、奥尔德弗的ERG理论、赫茨伯格的双因素理论、麦克利兰的成就动机理论以及麦格雷戈的X理论和Y理论。过程型激励理论主要关心在不同激励条件下，行为改变是如何发生的，包括斯金纳的强化理论、弗鲁姆的期望理论、亚当斯的公平理论和洛克的目标设置理论。

员工激励方法多种多样，可归纳为两大类：物质激励与非物质激励。物质激励主要通过薪酬福利、奖金和其他合理收入来实现，包括加薪、奖金、股权、优惠贷款、旅游奖励等。凡是运用非物质手段对员工进行激励的方法都属于非物质激励法。非物质激励主要包括目标激励、参与激励、荣誉激励、榜样激励、情感激励、工作激励、组织文化激励等。高绩效工作系统是多种激励方法的集合，在实践中产生了很好的激励效果。

关键词

激励（motivation）
内容型激励理论（content activation theory）
过程型激励理论（process activation theory）
X理论和Y理论（theory X and theory Y）
需要层次理论（hierarchy of needs theory）
ERG理论（ERG theory）
双因素理论（motivation-hygiene theory）
成就动机理论（acquired need theory）
强化理论（reinforcement theory）
期望理论（expectancy theory）
公平理论（equity theory）
目标设置理论（goal setting theory）
高绩效工作系统（high-performance work system，HPWS）

思考题

1. 什么是激励？它分为哪些类型？

2. 激励过程包含哪些步骤？

3. 激励的作用是什么？它应该遵循哪些原则？

4. 什么是内容型激励理论？它包含哪些类型？

5. 什么是过程型激励理论？它包含哪些类型？

6. 阐述需要层次理论、ERG理论、双因素理论、成就动机理论以及X理论和Y理论的主要观点。

7. 阐述强化理论、期望理论、公平理论、目标设置理论的主要观点。

8. 阐述当代激励理论的整合模型。

9. 什么是物质激励和非物质激励？它们分别包含哪些具体方法？每种方法各有何优缺点？

10. 什么是高绩效工作系统？高绩效工作系统包含哪些具体的实践？

第 15 章

国际人力资源管理

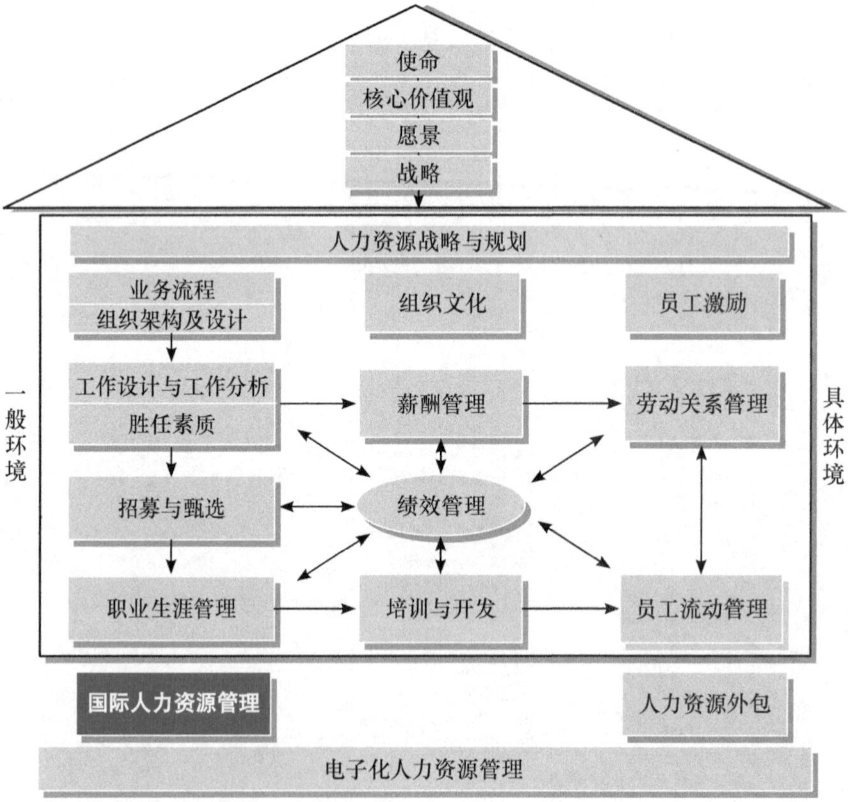

第1节 国际人力资源管理概述

一、企业国际化与跨国公司

随着经济全球化的日趋深入，各国企业与外国企业之间的联系日益密切。企业为了扩大全球市场份额，必然要选择国际化扩张。本国企业要走出国门到他国进行投资，并购他国的公司，销售自己的产品和技术，通过在国外建立子公司、跨国并购、跨国建立合资企业等方式成为国际化企业。至今，中国对外投资合作业务已经遍及全世界近200个国家和地区。随着世界经济一体化和区域经济集团化的不断发展，企业的国际化发展已成为不可阻挡的趋势。

美国学者南希·阿德勒（Nancy Adler）和法里伯兹·格哈达（Fariborz Ghadar）提出了企业国际化经营的阶段划分，即国内生产阶段、国际化阶段、多国经营阶段和全球经营阶段。各阶段的比较见表15-1。

表15-1　企业国际化的发展阶段比较

项目	国内生产阶段	国际化阶段	多国经营阶段	全球经营阶段
企业国际化	国内企业	国际企业	多国企业	全球企业
基本导向	产品/服务导向	市场导向	价格导向	策略导向
竞争策略	国内的	多国的	多国的	全球的
中心观点	母国中心	多国中心/地区中心	多国中心	全球化/多元中心
受文化差异影响的对象	没有影响	顾客	员工	顾客与员工

其中，后三个阶段的国际企业、多国企业和全球企业，按照联合国的有关决议，统一采用“跨国公司”这一名称。

跨国公司（transnational corporation）又称多国公司（multinational enterprise）、国际公司（international firm）等，是指以本国为基地，通过对外直接投资，在世界各地设立分支机构或子公司，从事国际化生产和经营活动的企业。联合国跨国公司委员会认为跨国公司应具备以下三要素：第一，跨国公司是指一个工商企业，组成这个企业的实体在两个或两个以上的国家内经营业务，而不论其采取何种法律形式经营，也不论其在哪一经济部门经营；第二，这种企业有一个核心决策体系，因而具有共同的政策，可以反映企业的全球战略目标；第三，这种企业的各个实体分享资源、信息以及共担责任。

跨国公司要想在所在国市场取得成功有赖于很多因素，比如成功的人力资源策略、营销策略以及管理决策者的应变能力和对所在国市场的熟悉程度等。归根结底，人力资源管理是决定跨国公司的跨国经营与生产成败最关键的因素之一。因此，国际人力资源管理（international human resource management）的研究与实践具有非常重要的意义。

二、国际人力资源管理的含义与特点

著名管理学者摩根（Morgan）认为，国际人力资源管理是人力资源管理活动、企业经营所在国类型和员工类型三个维度的互动组合。(1) 人力资源管理活动，包括人力资源的获取、分配与利用的过程，也就是人力资源管理的六项基本活动，即人力资源规划、员工招聘、绩效管理、培训与开发、薪酬计划与福利、劳动关系。(2) 与跨国人力资源管理相关的三种国家类型，即所在国、母国和其他国。所在国是指海外建立子公司或分公司的国家；母国是指公司总部所在的国家；其他国是指劳动力或者资金来源国。(3) 跨国公司的三种员工类型，即所在国员工、母国员工和其他国员工。简言之，国际人力资源管理主要是指跨国公司的人力资源管理，是跨国公司在国际经营环境下，有效利用和开发人力资源的管理活动或管理过程。

与国内公司相比，跨国公司面临着更加复杂的经营环境，包括政治环境、经济环境、文化环境等，这使得国际人力资源管理比国内人力资源管理复杂得多。进而言之，国际人力资源管理具有以下主要特点：

(1) 更丰富的人力资源管理活动。因为国际人力资源管理涉及两个以上的国家，所以内容更加丰富。例如，外派员工赴任前的培训、与所在国政府和所在社区的关系、语言的培训和翻译、国际税收、外派人员的家属安置等。

(2) 更多外部因素的影响。国际人力资源管理受所在国政府的类型、经济状况及可接受的工商企业运营方式等诸多外部因素的影响。例如，外派员工的薪酬是以所在国的货币作为计价单位的，而本国与所在国货币汇率的变化将影响到这些外派员工实际收入的增加或减少。诸如此类的问题都需要国际人力资源管理加以考虑与协调。

(3) 更多的风险。由于受更多外部因素的影响，国际人力资源管理会面临更多的风险与挑战，包括外派人员的失败会给公司的经营带来很大的损失，所在国的政治、法律制度的变化有可能直接影响公司的人力资源战略，国际政治局势的动荡、地区冲突和治安恶化等更是国际人力资源管理不得不面临的巨大风险。

(4) 更高的人力资源管理成本。国际人力资源管理成本要远远高于国内人力资源管理成本。比如外派人员的薪酬福利、培训成本、差旅费用等都是相当大的开支。

三、国际人力资源管理的模式

跨国公司的规模、发展阶段与经营范围等各不相同，相应地，国际人力资源管理模式也有很多种。戴维·希南（David Heenan）和霍华德·珀尔马特（Howard Perlmutter）根据跨国公司在标准的制定、评估、控制，沟通和协调，以及员工管理这三方面的管理内容提炼出四种国际人力资源管理模式。

（一）民族中心主义模式

在这种管理模式中，跨国公司将在本国母公司中的政策与工作方法直接移植到海外的子公司，这些子公司由母公司派出的本国员工管理，同时母公司对子公司的政策实行严密的控制。在这种情况下，子公司的人力资源经理就需要在公司总部的规定与所在国当地的员工可以接受的政策之间进行协调，工作难度比较大。民族中心主义模式的一个重要特征是公司总部进行战略性的决策，国外的子公司很少有自治权，国内与国外公司中的主要职务都由总公司的管理人员担任。民族中心主义模式对国际化早期阶段的公司来说很普遍。这种模式的主要优点如下：子公司经理与母公司不存在文化差异，能在国外显示母国公司的存在；同时，有利于经营活动中技术诀窍的保密。其主要缺点如下：会妨碍公司总部派出的经理人员的晋升，可能引起士气下降和人员的频繁流动；要付出高昂的代价，包括外派人员的额外津贴，以及家属和本人可能不适应在国外工作和生活等；母公司的管理风格和文化进入子公司后，可能会引起摩擦或冲突。

（二）多中心模式

在这种模式中，母公司与子公司基本上是相互独立的，各个子公司实行适合当地特定环境的人力资源管理政策，人力资源管理人员也由当地员工担任。这种模式主要有以下特征：各子公司有一定的决策权，子公司由当地人管理，但这些管理人员不可能被提拔到总公司任职；总公司人员也很少被派往国外子公司。在这种政策下，多中心模式的主要优点如下：聘用所在国人员可以消除语言、文化上的障碍，不必对雇用人员进行语言、文化方面的培训；避免一些敏感的政治风险；可以利用所在国低工资的优点来吸引高质量的人才。其主要缺点如下：雇用的当地人员往往不了解整个公司的国际化经营战略；当地人员由于所接受的教育、业务经验和文化环境不同，不善于沟通、协调该子公司与跨国公司其他部分的关系；当地人员的提升会受到限制，一旦当地人员在子公司被提升到最高职位，就不能再提升了。

（三）地区中心模式

在这种模式中，子公司按照地区进行分类，如欧洲区、大中华区和北美区等。各个地区内部的人力资源管理政策尽可能地协调，子公司的管理职务由本地区任何国家的员工担任。地区内部的协调与沟通的程度很高，而在各个地区与公司总部之间的沟通与协调是很有限的。地区中心模式主要有以下特征：人员可以到外国任职，但只能在一个特定的区域内。地区经理不可能被提拔到总公司任职，但是他在所辖范围内具有一定决策权。这种模式的主要优点如下：能促进从地区子公司调动到地区总部的高层管理人员与任命到地区总部的母国人员之间的互动；是跨国公司逐渐由民族中心模式或多中心模式向全球中心模式转变的一条途径。其主要缺点如下：在地区内可能形成"联邦主义"；人员可以晋升到地区总部，但很少能升到母国总部。

（四）全球中心模式

在这种管理方式中，公司总部与各个子公司构成一个全球性的网络，该网络被看作一个经济实体，而不是母公司与各个子公司的一个简单集合。全球中心模式下的人力资源管理政策服务于整体最优化的目标，既可以有在整个网络中普遍适用的政策，也可以有局部适用的政策。在地区中心原则和全球中心原则同时适用的情况下，子公司的人力资源经理需要在整体的人力资源战略要求与当地具体的人力资源管理政策之间进行平衡。全球中心模式有以下重要特征：跨国公司在全球范围内配置人力资源，只强调能力而不介意所聘用人员的国籍。在跨国公司任何地方的重要职位上，包括总公司的董事会、高级管理层中都可以找到三种不同的人员，即母国人员、所在国人员和其他国人员。该模式的主要优点如下：跨国公司能在全球范围内充分、合理利用人力资源，组建一支国际高级管理人员队伍；能减少和避免对整个公司系统内各单位经理国籍歧视的倾向，使各单位经理更好地挖掘其潜力，发挥其优势。其主要缺点如下：所在国往往要求外国子公司雇用当地人担任管理职务，如印度政府就把部分雇用当地人作为跨国公司入境办企业的条件之一；由于培训和重新安置成本的增加，全球中心模式的实施成本较高，完善此项模式需要的时间较长。

这四种国际人力资源管理模式的对比如表15-2所示。

表15-2　国际人力资源管理模式比较

项目	民族中心主义模式	多中心模式	地区中心模式	全球中心模式
标准设定、评估与控制	由公司总部负责	由子公司当地的管理当局负责	在地区内部的各个国家之间协调	全球的和当地的标准和控制并行
沟通与协调	从公司总部到各地的子公司	在各个子公司之间和子公司与总部之间都很少	在子公司与总部之间很少，在地区的各个子公司之间一般较多	在子公司之间和子公司与总部之间结成完全联系的网络
人员	本国员工担任管理职务	所在国员工担任管理职务	本地区各国员工担任管理职务	最好的员工被安排到最合适的地方

资料来源：赵春清. 人力资源管理. 上海：立信会计出版社，2008：325.

四、国际人力资源管理的影响因素

影响国际人力资源管理的因素很多，其中主要的四个因素是文化、教育与人力资本、政治与法律制度和经济制度（如图15-1所示）。

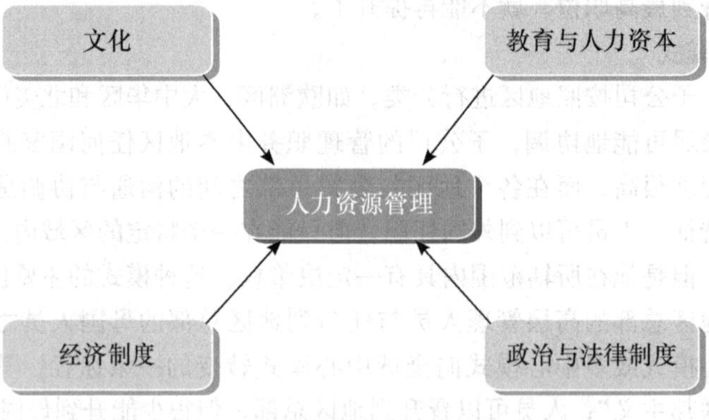

图15-1　影响国际人力资源管理的因素

资料来源：诺伊，霍伦贝克，格哈特，等．人力资源管理：赢得竞争优势：第5版．北京：中国人民大学出版社，2005：567.

（一）文化

对国际人力资源管理影响最大的因素是跨国公司分公司或分支机构所在国家或地区的文化。文化是一个内涵丰富、博大精深的范畴，是由特定群体成员共同形成的涵盖了价值观念、行为准则、知识、信仰、艺术、风俗等要素的总称。文化是社会与人们共同生活的基础，来自不同国家、种族、民族、地区的人会由于文化差异引发管理和沟通问题。

文化之所以对人力资源管理非常重要，是因为它不仅在很大程度上影响甚至决定了教育与人力资本、政治与法律制度和经济制度，而且决定了各种不同人力资源管理实践的有效性。各国的文化差异深深影响着人力资源管理实践及效果。

在对于文化差异的诸多研究成果中，荷兰的跨文化研究专家吉尔特·霍夫斯泰德（Geert Hofstede）的五维度模式最为典型。他通过多年的调查研究，发现了不同文化和国家的管理者在行为和工作态度上的差异，在此基础上，提出了不确定性规避、男性化-女性化、个人主义-集体主义、权力距离、短期倾向-长期倾向等五个能够将各种不同的文化加以分类的维度，并统计出一些国家或地区在这五个维度上的相对分数，如表15-3所示。霍夫斯泰德断言，国际企业管理在本质上就是文化问题。

表15-3　10个国家或地区在五个不同文化维度上的得分

国家或地区	PD	ID	MA	UA	LT
美国	40 L	91 H	62 H	46 L	29 L
德国	35 L	67 H	66 H	65 M	31 M
日本	54 M	45 M	95 H	92 H	80 H
法国	68 H	71 H	43 M	86 H	30^{c}L
荷兰	38 L	80 H	14 L	53 M	44 M
中国香港	68 H	25 L	57 H	29 L	96 H

续表

国家或地区	PD	ID	MA	UA	LT
印度尼西亚	78 H	14 L	46 M	48 L	25^{c}L
西非	77 H	20 L	46 M	54 M	16 L
俄罗斯	95* H	50* M	40* L	90* H	10* L
中国内地	80* H	20* L	50* M	60* M	118* H

资料来源：诺伊，霍伦贝克，格哈特，等．人力资源管理：赢得竞争优势：第 5 版．北京：中国人民大学出版社，2005：693.

说明：PD 表示权力距离；ID 表示个人主义；MA 表示男性化；UA 表示不确定性规避；LT 表示长期倾向。H 表明当前国家或地区在所有参与排名的国家或地区中位于前 1/3；M 代表该国或地区排位在中间的 1/3；L 代表该国或地区位于最后 1/3。前四个维度是根据 53 个国家或地区的排名得到的；第五个维度是根据 23 个国家或地区的排名得到的。

* 表示预测值。

（1）不确定性规避（uncertainty avoidance）。不确定性规避是指人们对一种模糊不清的情况和没有能力预测但将来有可能发生的事件的感受程度。霍夫斯泰德的研究指出，日本、葡萄牙以及希腊等不确定性规避程度较强，新加坡、瑞典和丹麦等则较弱。

（2）男性化-女性化（masculinity-femininity）。男性化-女性化又译为生活数量与生活质量。男性化表现了一个民族在自信、工作、绩效、成就、竞争、金钱、物质等方面占优势的价值观；女性化则是在生活质量方面保持良好的人际关系、服务、施善和团结等。霍夫斯泰德的研究结果表明，日本和奥地利在生活数量维度上得分最高，挪威、瑞典、丹麦和芬兰则在生活质量维度上得分最高。

（3）个人主义-集体主义（individualism-collectivism）。个人主义是指一种松散的社会结构，在这种结构中人们只关心自己和亲属的利益，每个人都有强烈的自我意识，唯我独尊。集体主义则是一种紧密结合的社会结构，人们的归属感强，极其相信甚至依赖组织。研究发现，发达国家如英国、美国、荷兰等个体倾向比较强烈，而经济相对落后的国家如哥伦比亚、巴基斯坦等则集体倾向较强。同时，个人主义-集体主义还与权力距离有关。

（4）权力距离（power distance）。权力距离维度所关心的是一种文化如何处理层级性权力关系尤其是权力分配的不平等问题。如果权力距离大，说明部下对上级极为尊敬，同时这类文化在与其他组织发生联系时往往强调同等级之间的沟通。这种国家的典型代表是菲律宾、委内瑞拉和印度等。权力距离较小的国家则强调减少等级差异，如丹麦、瑞典等。

（5）短期倾向-长期倾向（short-term-long-term orientation）。这一维度表示一个民族是追求短期利益还是追求长远利益。比较有代表性的就是日本。日本企业一般强调长远利益，甚至有可能牺牲利润来赢得市场占有率。具有短期倾向的国家则注重眼前利益，美国就是这种文化维度的代表。

国际人力资源管理面临的最大挑战，就是如何整合来自不同民族、不同国家和地区、不同文化背景的人力资源，以发挥整体优势，而这五个维度有助于我们理解在管理来自不同文化背景的员工时可能会遇到哪些潜在问题及应该采取哪些相应的措施。比如，美国是一个推崇个人主义文化的国家，因此对来自美国的员工就应该重视基于个人的绩效评价和报酬激励，而在中国和日本等推崇集体主义文化的国家，企业就应该重视基于集体或团队的绩效评价和报酬激励。

（二）教育与人力资本

人力资本是指个人的生产能力，即具有经济价值的知识、技能以及经验的总和。在向国外市场进行扩张的任何一个决策中，在国外发现和维持高质量员工队伍的潜力，是一个重要的依据。

因此，一国的人力资本状况会成为影响国际人力资源管理的重要因素。

不同国家的人力资本水平存在很大的差异，造成这种差异的一个非常重要的变量是劳动者受教育的机会。一个国家的教育投入大，劳动者受教育机会多，其人力资本水平就相对较高。而人力资本的状况可能会深刻地影响到其他国家跨国公司进入该国市场的愿望和行动。具有较低人力资本存量的国家，对于那些主要由高技术职位构成的企业通常不会有什么吸引力，因此只能吸引来对技能要求很低，同时愿意支付的工资水平也很低的一些企业。比如，美国企业之所以愿意将那些低技术、低工资的制造业和一些流水线的工作转移到墨西哥去，就是因为它们在墨西哥能够以非常低的工资获得低技术的工人。

（三）政治与法律制度

一个国家的政治与法律制度施加管制的程度对于国际人力资源管理也会产生强烈的影响。政治法律制度常常强制性地提出某些人力资源管理相关要求，比如在培训、薪酬、雇用、解雇以及裁员等方面，从而直接影响国际人力资源管理的实践。从宏观方面讲，法律制度是从其所处的文化环境中产生的。因此，一个国家的法律常常反映了关于何种行为构成合法行为的社会规范。比如，美国社会对追求薪酬制度公平具有一种坚强的信念，因此美国制定了《公平劳工标准法》以及其他一些法律和规章制度，为各种各样的工作确定了最低工资标准，进而促成薪酬制度公平的实现。

（四）经济制度

一个国家的经济制度会通过多种方式对国际人力资源管理产生影响。正如前面提到的，一个国家的文化与其经济体制是紧密融合在一起的，并且这些制度对该国的人力资本开发提供了多方面的激励。在社会主义经济体制下，个体接受教育与人力资本开发的成本较低，对于开发人力资本的经济激励也很小，因为增加人力资本并不一定会得到货币报酬。但是，在资本主义制度下，一个人在不付出较高成本的情况下，很少有机会能够开发人力资本。那些在人力资本方面进行了投资，尤其是通过教育进行投资的人，确实比其他人更有能力获得货币报酬。例如，在美国，个人之间的薪酬差别通常是对他们之间的人力资本差异的反映（高技术工人能够获得比低技术工人更高的薪酬）。研究估计，在美国，一个人的正规受教育年限每增加一年，其薪酬水平就会上升10%～16%。

此外，经济制度还会通过对总薪酬征税直接对国际人力资源管理产生影响。由于各国的税收政策及税率不同，跨国公司的外派员工实际带回家的货币收入存在相当大的差别。因此，那些在其他国家从事经营活动的公司，不得不向外派员工提供具有竞争力的实际可支配收入，而不是总收入，以留住与激励员工。

五、战略性国际人力资源管理

随着跨国公司和它的子公司在全球经济中扮演着越来越重要的角色，人们越来越重视对跨国公司战略和管理实践的研究，并且普遍认识到任何一种跨国战略的成功都离不开恰当的国际人力资源管理方式，成功的跨国公司对国际人力资源管理导向的选择也主要取决于它能否最好地支持其跨国战略的实施。于是在人力资源管理理论中诞生了一个新的研究分支，即战略性国际人力资源管理。

（一）战略性国际人力资源管理的含义与意义

战略性国际人力资源管理（strategic international human resource management，SIHRM）是指由跨国公司战略活动引起的人力资源管理的问题、职能、政策和实践，并且这些方面能够影响到跨国公司国际目标的实现。战略性国际人力资源管理要比一般人力资源管理和战略性人力资源管理复杂得多，它要考虑更多复杂的要素：不同文化观念和社会价值观、管理体系从一种文化到另一种文化的适应性、不同的经济和文化环境、源于文化差异的不同学习方式等。从这个意义上说，战略性国际人力资源管理是在考虑因国际化经营而影响企业人力资源管理各种变量的基础上建立起来的适应不同文化的人力资源管理模式。

战略性国际人力资源管理是对传统跨国公司人力资源管理的重大变革。它把人力资源管理的诸要素建立在由企业管理层共同确立、符合企业内外各方面利益、得到企业全体员工一致认同的企业发展战略目标的基础之上，促使人力资源管理在跨国公司中的地位不断提高，作用不断增强；它有利于跨国公司拥有一批高素质的人力资源，快速适应不断变化的环境，在拥有较强的国际竞争力的同时，保持着较快的发展和扩张速度，成为母国和世界经济发展的主要促进力量。目前，许多现代化跨国公司如惠普、IBM、联合利华、飞利浦等都将跨文化人力资源整合问题提升到企业组织的战略管理层面，以增强企业的全球化适应能力。

(二) 战略性国际人力资源管理模型

在现有的战略性国际人力资源管理理论中，研究者几乎都采取了一种战略的、宏观的角度，并且把战略性国际人力资源管理作为能够有效控制和管理其海外经营的手段。1993 年，兰德尔·舒勒（Randall Schuler）等人第一次提出了战略性国际人力资源管理整体框架模型，在这个模型中，他们吸收了前人研究的重要成果，认为战略性国际人力资源管理最关键、最基础的问题是跨国公司全球协调（一体化）和当地反应（差异化）的矛盾（见图 15－2）。

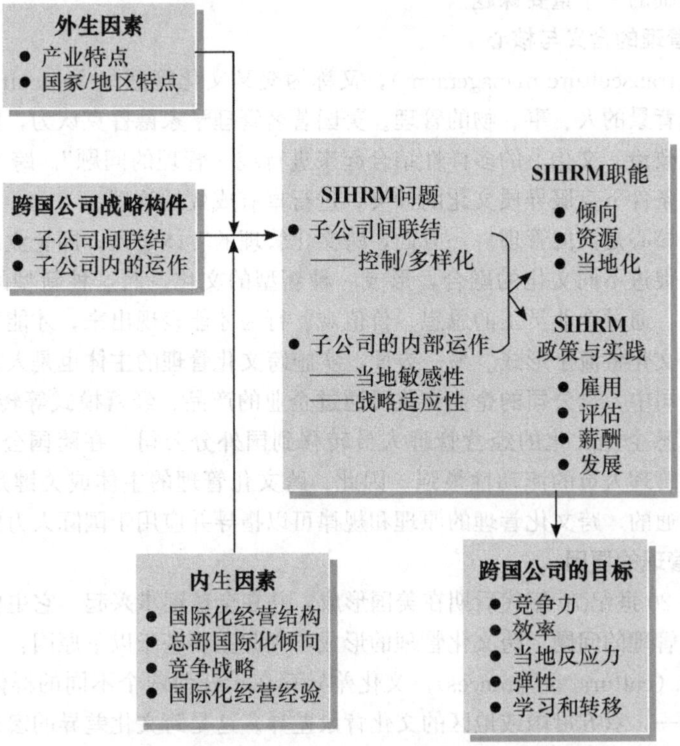

图 15－2　战略性国际人力资源管理整体框架模型

从图 15－2 中可以看出，战略性国际人力资源管理分为问题、职能、政策与实践三个方面，主要研究在跨国公司的全球背景下其海外子公司的当地适应性问题。子公司间联结及其内部运作两个因素是影响跨国公司人力资源管理的最重要的战略构件。子公司间联结就是管理的控制与多样化问题，子公司的内部运作则是指其当地敏感性和战略适应性问题，这两个问题决定了跨国公司人力资源管理的职能、政策与实践的决策和选择。而最终判断企业人力资源管理决策优劣的依据，则应该由其对企业实现国际战略目标的影响来决定。除了子公司间的联结及其内部运作影响战略性国际人力资源管理之外，还有一些外生和内生因素也会影响战略性国际人力资源管理，并发挥调整作用。

第2节 国际人力资源管理的跨文化视角

国际人力资源管理的本质是跨国公司的跨文化的人力资源管理，因此有必要从跨文化管理的角度考察国际人力资源管理，以便更直接深入地分析与理解国际人力资源管理的规律。

一、跨文化管理概述

跨国公司以及企业国际化经营蓬勃兴起，企业的经营管理超出了原有的文化边界，几乎所有企业在从事跨国跨地区经营活动时都遇到了相同的问题——跨文化管理。由于各民族国家的文化客观上存在差别，不同国家、不同民族的风俗与习惯、道德与传统、物质与精神追求都不一样。在经济全球化的形势下，如何实行跨文化管理和整合企业文化，进而达到跨文化融合成为国际人力资源管理面临的一个重要课题。

（一）跨文化管理的含义与核心

跨文化管理（transculture management），又称为交叉文化管理（crossculture management），是指涉及不同文化背景的人、事、物的管理。美国著名管理学家德鲁克认为，国际企业的经营管理"基本上就是把政治、文化上的多样性结合起来进行统一管理的问题"。跨文化管理的重点就是如何在跨文化的条件下克服异质文化的冲突，进行卓有成效的管理。

跨文化管理的核心是人的管理。一方面，跨文化管理的客体是人，即企业的所有员工。跨文化管理的目的就是促进不同文化的融合，形成一种新型的文化，而这种新型的文化只有根植于企业所有成员之中，通过企业员工的思想、价值观、行为才能表现出来，才能真正实现跨文化管理的目的，否则跨文化将流于形式。另一方面，实施跨文化管理的主体也是人，即企业的经营管理人员。在跨国公司中，母公司的企业文化可通过企业的产品、经营模式等转移到国外子公司，但更多的是通过熟悉企业文化的经营管理人员转移到国外分公司。在跨国公司的资源转移中，除资本外就数经营管理人员的流动性最强。因此，跨文化管理的主体或关键是国际人力资源管理，两者通常是相通的，跨文化管理的原理和规律可以指导并应用于国际人力资源管理。

（二）跨文化管理的原因

跨文化管理于20世纪70年代后期在美国形成，并在全球逐步兴起。它主要研究在跨文化条件下如何进行有效管理的问题。跨文化管理的形成与兴起主要基于以下原因：

（1）文化差异（cultural differences）。文化差异存在于任何两个不同的群体或组织之间。它包括三个层次：第一，双方母国或地区的文化背景差异。这是跨文化差异的宏观层次。第二，双方母公司自身特有的"公司文化"风格差异。这在通过兼并、收购实现重组的企业中特别明显。这是跨文化差异的中观层次。第三，个体文化差异。年长者和年轻者、男性和女性等任何不同的两个人身上都可能存在跨文化差异。这是跨文化差异的微观层次。导致这些差异的根源或深层次原因主要包括思维方式、语言、价值观念、风俗习惯、宗教信仰、法律规范、管理方法、经营理念以及组织架构等。

（2）文化休克（culture shock）。由于文化的差异性，不同文化背景的人在沟通时可能遭遇“文化休克”。文化休克又称“文化震荡”，是指一个人由于突然处于异己文化生活环境或者长期脱离原有的文化生活环境，也可以是由于同时遭遇两种或多种文化而产生的一种处于社会性隔离的焦虑、抑郁的心理状态。文化休克必然在企业管理中产生跨文化沟通障碍，具体表现在以下方面：1）认知层面。来自不同文化背景的管理者和员工的沟通，常常建立在自己的认知层面上，形成一种消极的定型观念，从而阻碍企业中良好人际关系的建立。2）价值观层面。不同文化背景的人具有不同的价值观，即使在同一文化内，人的价值观也不尽相同。不了解对方的价值观，势必造成跨文化沟通障碍。

（3）文化冲突（cultural conflict）。文化冲突是指不同形态的文化或者文化要素之间相互对立、相互排斥的过程。它既指跨国公司在他国经营时因与所在国的文化观念不同而产生的冲突，又包含在一个公司内部由于员工分属不同的文化背景而产生的冲突。文化冲突必然导致跨文化沟通障碍。跨国公司合作经营的实践表明，合资公司内部因为来自文化价值观的碰撞而导致的合作双方的对峙、冲突越来越多，进而造成公司组织机构的低效率和市场机会的丧失，这样的跨国合资公司很有可能在新一轮的竞争中陷入困境，甚至被淘汰。

（三）跨文化管理的意义

跨文化管理的意义主要表现在以下几个方面：

（1）有利于解决文化冲突问题。当跨国公司实施跨国经营活动时，来自不同文化的概念、价值观以及态度等也进入了所在国，这种跨文化交流无疑给其他国和本国的员工带来了文化冲突和挑战。在跨国公司内部，来自不同文化的成员间的绝大多数误会、冲突和交际障碍都可以归因于各自特有的文化要素，这些障碍包括错误的概念、成见、文化敏感缺损，或者干脆就是文化上的歧视。跨文化管理能够为持不同文化价值观的员工建立良好的跨文化沟通渠道和有文化融合力的组织机构和运行机制，从而更好地解决跨国公司面临的文化冲突问题。

（2）有利于促进全球化和地方化的优势互补。在全球化和地方化之间达到平衡是跨国公司战略制定与实施的基本原则，也是获得全球市场竞争优势的战略保障。通过有效的人力资源跨文化整合，跨国公司可以根据自身的经营目标、竞争实力和企业所在国的文化环境以及母国文化与所在国文化之间的差异来选择不同比例的全球化与地方化相结合的战略，最后决定是采用地方本土化战略，还是采用全球标准化战略或者全球地方化战略，以最大限度地实现全球化和地方化的优势互补。

（3）有利于增强跨国公司的核心竞争力。企业跨国经营面临的是具有诸多差异的经营环境，企业经营环境的文化差异是企业跨文化管理的现实背景。对于跨国企业而言，企业创新的重要动力来自当地顾客的个性化、多样化需求。因此，只有在了解、融入当地文化的基础上，才能更有效地开拓占领当地市场，满足客户需求。跨文化管理有利于融合不同国家的管理人员之间的文化传统和思想差异，形成跨文化沟通与和谐的具有所在国特色的经营理念，有利于企业开拓国际市场，增强企业的国际竞争力。

（四）跨文化管理的策略

调查资料显示，约82%的跨国公司的失败是由跨文化管理失败导致的。目前约有1/3的著名跨国公司因为多元企业文化管理不善而面临内部关系紧张的状况。那么，对于海外子公司来说，到底应该采用哪种企业文化才有利于公司的发展呢？对此，有几种跨文化管理策略可供选用。

（1）文化移植策略。跨国公司在国外创立子公司时，直接把母公司的企业文化植入子公司。这种方式一般适用于母公司的文化是强文化，子公司的文化是弱文化时的情况，因为这样造成的文化冲突小。反之，如果两者都是强文化，采用这一策略必然会造成很大的文化冲突；子公司本土化强，母公司一般，则无任何效应。从实际情况来看，这种模式采用得非常少。

(2) 文化渗透策略。母公司凭借文化优势，对子公司的当地员工进行逐步的文化渗透，使其逐渐适应母公司的人力资源管理模式，使所在国员工渐渐成为该模式的执行者和维护者。

(3) 文化嫁接策略。“嫁接”是指在尊重当地文化传统的基础上，选择一部分文化嫁接到子公司，使不同形态的文化相互结合、相互吸收。

(4) 文化合金策略。母公司的企业文化与国外子公司当地的文化进行有效的整合，通过各种渠道促进两种文化相互了解、适应、融合，并在两种文化的基础上创建一种新型公司文化，以这种新型文化作为国外子公司的管理基础。这种新型文化由于兼容性强，可容纳不同文化、观念，取各自长处进行融合创新，因而成为许多大型跨国公司跨文化管理的首选。

(5) 第三方文化策略。第三方文化是指与母公司的企业文化已达成一定共识的第三国文化。当跨国公司无法在短时间内完全适应所在国的经营环境时，为避免母国文化与所在国文化发生直接的冲突，可采用此策略。如亚洲的跨国公司想在北美洲设立子公司，借助第三方文化策略的做法是，先把子公司的海外总部设在与国际思想和经济模式较为接近的加拿大，再通过加拿大的子公司总部对北美洲其他子公司实行统一管理。

(6) 文化本土化策略。跨国公司的国外子公司为了在所在国或地区实现市场利益最大化，充分满足本地市场需求，适应本地区文化，利用本地区经营人才和经营组织，生产、销售适应特定地域的产品和服务。本土化策略包括生产经营本土化、科研开发本土化、人力资源管理本土化、市场观念本土化。其中，人力资源管理本土化对于形成跨文化沟通具有重要意义。跨国公司的海外子公司无论是管理者还是普通员工，一般都在所在国招募、选拔及任用。这样有利于跨国公司降低海外派遣人员和跨国经营的高昂费用，有利于与当地社会文化的融合，缓和当地社会对外来资本的抵触情绪。“本土化”衔接了当事双方的利益，也就成为跨国公司解决异国环境障碍的核心。

二、跨文化管理比较研究

为了做好跨文化环境中的管理，就需要鉴别不同文化间的差异，于是跨文化管理比较研究方法和观点应运而生。

(一) 威廉·大内的美日管理比较研究

20世纪60年代之后，日本经济的迅速崛起令世人瞩目，不少美国管理学者开始关注日本企业的管理模式，试图破解日本企业成功的秘诀。到了70年代，研究日本管理逐渐形成热潮，其中影响最大者当属日裔美籍学者威廉·大内。

大内认为，美日管理间的主要差异可沿七个维度去比较和剖析。他把美国和日本的典型管理模式分别称为A型组织与J型组织，它们的差异主要表现在以下七个维度：

(1) 基本的雇佣制度。A型组织采用的是短期雇佣制，员工与企业之间是一种交换关系；员工向企业提供劳动，作为回报，企业向员工支付报酬；人力资源的流动性强。J型组织则采用终身雇佣的方式，员工与企业是一种共同体的关系，人员的流动性相对较小。

(2) 企业的决策制度。A型组织实行的是个人决策制，通常采取的是由上至下的沟通方式；企业领导者掌握着决策大权，而且有效地进行权限的下放；各个部门之间职责明确，很少有越权行为。J型组织采用集体决策的方式，通常经过协商的方式进行沟通；强调表决前的工作，正式表决只是走过场。

(3) 责任制。美国标榜以个人主义立国，个人至上，企业领导者既然受命挂帅，必须授以全权，并承担企业经营成败之主要责任；如果企业经营不善而导致亏损，领导者责无旁贷，甘受惩罚，反之就能享受高薪，是一种重赏重罚模式。日本则是采取企业领导集体决策、集体负责的原则，一旦企业经营出了问题，所有领导成员都要承担相应的责任。

(4) 控制机制。A 型组织通常依靠严格系统的规章制度约束员工的行为，通过层层把关和频繁的考核来控制企业内部的绩效，考核的指标很明确。J 型组织的控制机制比较松散，企业负责人只是向下级传达一些关于企业的宗旨、目标等软性指标，下级可以根据这些指标自行决定和选择。

(5) 考评和晋升制度。A 型组织在考评方面的特点是考核频繁、名目繁多，考核的内容主要是工作业绩和实际工作能力，对潜在的工作能力和工作态度则很少考虑；在晋升方面，不受年限的限制，对业绩突出的员工及时提拔。J 型组织在考评方面除了考核员工的业绩外，潜在能力与工作态度也是一个重要内容；在晋升方面采用一种典型的论资排辈的方式，企业通常经过长时间的考察和缓慢的晋升来选择继任者。

(6) 员工的培训及职业发展道路。A 型组织通常采取专才型培训方式，比如一位新员工选择的职业生涯路径可能是出纳、会计、会计主管、总会计师，最后升至财务总监或主管财务的副总经理；在员工的招聘过程中也表现出重视专才的倾向。J 型组织实行通才型培训，在招聘阶段不太注重员工的专业和专长，经过对员工的培训和工作轮换，培养员工适应多个职位的能力和经验。

(7) 对员工的关怀。A 型组织不主张用情感来激励人、约束人；管理者与员工就是一种工作关系；对员工实际生活方面的问题很少过问，因为他们认为那是个人的隐私，不能将工作与生活混为一谈。J 型组织采用的是一种温情式的关怀，企业就像一个大家庭；管理者不仅要关心工作，还要关心员工的生活；企业注重用情感来维系与员工之间的关系。

除了上述七个维度以外，大内还对美日管理模式的其他方面进行了比较，如工会、办公室的格局和特点等。他将产生这些差异的原因归结到地理、历史、人文等方面，总之，是从文化的层面上追溯差异的形成。

大内的美日管理比较研究不仅提供了一种跨文化比较研究的方法与观点，还发现了文化对管理模式的决定性影响，为管理学与组织行为学引入了文化因素这一重要课题，因此在管理学和组织行为学中具有非常重要的地位。

(二) 美、日、韩三国的人力资源管理模式比较

1. 美国的人力资源管理模式

美国的人力资源管理模式是产生最早、发展最完善的，对其他国家的人力资源管理模式产生了很大的影响。美国的人力资源管理模式具有以下特点：(1) 人力资源的市场化配置。这是美国人力资源管理的最显著特点。美国劳动力市场非常发达，对配置劳动力资源起着极为关键的中介作用。美国企业的人力资源管理对市场的依赖性很强，人力资源工资价格水平由市场化机制决定。(2) 人力资源的全球化引进。这是美国成为世界一流强国的主要原因之一。(3) 人力资源管理的高度专业化和制度化。美国企业管理的基础是契约和理性，重视刚性制度安排，组织架构具有明确的指挥链和等级层次，分工明确，责任清楚，讲求用规范加以控制，对常规问题处理的程序和政策都有明文规定。而且，人力资源管理从业人员的职业准入标准较高，具有较高的专业水平。(4) 人才提拔的“快车道”。美国企业重能力，不重资历，对外具有亲和性和非歧视性。员工如果有能力和良好的工作绩效，就可能很快得到提拔和重用，公平竞争，不论资排辈。(5) 对抗性的劳资关系。例如，企业管理者利用信息上的优势，总是想办法压低员工的工资，而员工不信任企业，并对管理者怀有敌对情绪。(6) 人力资源管理战略成为企业战略管理的重要组

成部分。美国企业的人力资源管理正在从一种单纯的管理职能转变为企业经营的战略伙伴，人力资源管理的实践活动已成为企业赢得竞争优势并达到企业总体目标的有效途径。

2. 日本的人力资源管理模式

日本的人力资源管理模式具有以下特点：(1) 终身雇佣制、年功序列工资制与合作性劳资关系。终身雇佣制是指公司从大学毕业生或其他年轻人中雇用基本核心员工，规划员工的持续培训与开发计划，在公司集团内部任用员工直到退休，除非发生极其特殊的情况，一般不解雇员工。年功序列制是员工的工资随着年龄的增长和在同一个企业里连续工作时间的延长而逐年增加，同时，连续工龄还是决定职务晋升的重要依据。这两项制度使日本员工对公司十分忠诚，员工更愿意也更容易与企业合作，从而形成了日本企业中合作性的劳资关系。(2) 温情主义的管理方式。日本企业管理重视人际关系和富有弹性的制度安排，而且侧重于通过树立信仰、灌输价值观念，潜移默化地影响员工的行为，使其自觉地与企业的目标和要求保持一致。(3) 非专业生涯途径。终身职业可使工人在公司内轮换工作，这种长期继续培训的实践方法使员工能学到企业各方面的经验，成为有各方面才能的人，这样他们更能全面考虑自己的行为对整个组织的大目标的影响，为实现公司总目标服务。(4) 注重精神激励的工资福利政策。日本企业的工资制度重视公平和合理，不强调人与人之间的差异，也不把奖励个人放在首位，企业的福利政策也与此相对应。因此，内部激励在日本企业得到普遍应用。(5) 集体决策。日本企业中的每个人都有一种参与公司管理的意识，他们认为如果有了意见分歧，不能靠敌对手段或一方压倒另一方的方式去解决，而要靠从更多渠道取得更多信息。大家齐心协力、共同决策来解决问题。

3. 韩国的人力资源管理模式

韩国的人力资源管理模式主要有以下特点：(1) 企业家族化程度高。韩国人有一种根据家庭和宗族的原则来组建和管理企业的倾向，许多韩国企业都安排业主的亲属和宗族远亲在企业工作，并且经常按照与宗族制度内的规范相似的规范运作。(2) 重视非物质激励。韩国企业受儒家思想的深刻影响，重视人际关系和非物质奖励，从而能够有效地提高效率。许多企业通过完善现行的半终身雇佣制，促进雇主与员工之间的合作关系，增强企业成员的归属感、责任感和忠诚度。(3) 法治与情治相结合。“法治”是指建立科学严密的管理制度，依“法”行事，其评判标准是责权利的统一；“情治”是指通过感情、价值观的认同来沟通、协调、统一员工的意志，以达到为企业做贡献的合理效应，其评判标准为形成优良的企业文化，核心是积极合理的儒家思想。

美、日、韩三国人力资源管理相关制度的比较如表15-4所示。

表15-4 美、日、韩三国人力资源管理相关制度的比较

美国	日本	韩国
极少强调集体	公司像一个集体	公司像一个家庭型的集体
差别明显	管理人员与工人之间差别不明显	所有者、管理者和工人之间差别明显
无终身雇佣思想	终身雇佣思想	终身雇佣思想淡薄
与职能相联系的管理等级	非常强调普遍的等级制	极为强调普遍的等级制
在明确、严密的工作范围内强调个人的业绩	强调合作、融洽、和谐	强调忠诚和合作
年龄和服务年限仅勉强与提升有关	年龄和服务年限被明确为提升标准	年龄和服务年限被看作一个重要标准

续表

美国	日本	韩国
权力和责任表面上具体	分散的权力和责任	权力和具体责任分散
管理权威受工会的限制	管理权威受内部劳动力流动性的限制	管理权威很大程度上受所有者的政策和利益限制
工会为具体工作开展在职培训	几乎排除企业工会为多种工作进行培训的作用	企业工会在培训中居从属地位
集中在特定范围的特定工作	工作轮换且范围灵活	相当多的工作轮换且范围灵活
公司在满足特定工作所需要的经验和技能的基础上吸收新成员	公司以年龄和教育为基础吸收新成员	公司以年龄、经验和教育为基础吸收新成员

资料来源：李英，班博. 国际人力资源管理. 济南：山东人民出版社，2004：175-176.

三、跨文化管理的主要对策

跨国经营管理必须面对国家间的文化差异，跨文化包容尤其重要。无视这一客观存在，势必给跨国公司的经营活动带来困难甚至最终导致失败。跨文化管理应充分认识跨文化差异，并对员工进行跨文化培训。更为详细的对策主要有以下几个方面。

(一) 识别文化差异

知己知彼，百战不殆。文化冲突是由文化差异引起的，因而进行跨文化管理首先要分析和识别文化差异。由于多种思维方式的存在，人们看问题的角度不同，对问题的解决方式和方法也不尽相同。识别文化差异有两部分内容：一是对所在国文化的了解；二是自我认识。国际企业在进军异文化地区时，要先对这个市场的文化背景进行调研，并在掌握所在国政治、经济、文化、法律等社会信息的基础上，结合自身文化通过自我分析法、优劣势分析法和心理需求满足法等，分析文化差异，提出解决方案，最终把文化差异造成的不利影响降至最低。

(二) 进行跨文化培训

跨文化培训是为了加强人们对不同文化传统的反应和适应能力，促进不同文化背景的人之间的沟通和理解。跨文化培训主要包括以下内容：对对方民族文化及原公司文化的认识和了解，文化的敏感性、适应性的训练，语言学习，跨文化沟通与冲突的处理能力培训，地区环境模拟，等等。跨文化培训促进了跨文化沟通技能的提高，改进了管理人员与当地员工及政府之间的关系，还明显降低了与外国合作伙伴、客户和竞争对手进行谈判时失败的比率，使管理者更快地适应新义化新环境。许多公司将经理人派到海外工作或学习，使其亲身体验不同文化的冲击，或者让他留在国内，与来自不同文化背景的人相处。一些大型跨国公司，如宝洁、英特尔、摩托罗拉都建立了跨文化培训机构，将不同企业文化背景下的经营管理人员和普通员工结合在一起进行多渠道、多种形式的培训，从而加强每个员工对新文化的适应性。

(三) 建立共同的企业文化和价值观

企业文化整合不是将不同文化简单叠加和拼凑，而是将其优秀部分融合和升华，在共性认识的基础上建立起具有连续性和一致性的新文化，是对不同文化的整合重塑，是创新的过程。文化整合主要涉及经营宗旨、价值观念、道德行为准则、组织机构整合。其中，价值观念是企业文化整合的核心，也是整合难度最大的一个问题。要把原来不同文化背景下员工的不同价值取向、处世哲理统一在一个价值观体系中，并给员工以心理上的约束和行为上的规范，比确定企业经营宗旨要复杂得多。

跨国企业应注重对公司内部各种文化的尊重和理解，找到不同文化的结合点，发挥文化的优势，在企业内部逐步建立起统一的价值观。美国管理学家托马斯·彼得斯和罗伯特·沃特曼指出，“我们观察的所有优秀公司都很清楚它们主张什么，并认真地建立和形成了公司的价值标准。事实上，如果一个公司缺乏明确的价值准则或价值观念不明确，我们很怀疑它是否有可能获得经营上的成功”。

（四）推行人力资源本土化战略

本地人管理本地企业，是跨国公司全球化战略实施过程中对企业组织行为和人力资源配置的一项基本要求。本地的优秀员工及管理层更了解所在国消费者的需求，更能帮助企业将其一流的科学技术及其成功的经验扎根于所在国文化，为其在所在国的发展奠定基础。而且，他们熟悉当地的社会文化、生活习俗、法律法规，企业任用他们等于培养了自己的市场快速反应队伍，他们能够根据不同地区的市场变化，做出敏捷反应，维护和提高公司效益。

推行人力资源本土化战略，具体有以下措施：（1）直接聘用本土员工。著名跨国企业的成功之道之一就是人才本地化，而且特别注重从高校中直接选聘。例如，海尔集团是我国跨国经营本土化成功的典范，海尔认为真正的国际化应该是当地融智，也就是说人力资源应该主要用当地的，因此海尔（美国）的员工都是美国当地人。（2）在本土开设研究院。高素质的技术人员、研究人员、管理人员无疑会成为跨国公司的主要猎取目标。正如韩国三星集团总裁所言，在中国设立研究院，主要是因为中国拥有很多通信方面的优秀人才，这是韩国所缺少的。其他跨国公司也十分重视通过在我国设立研究机构来吸引优秀人才，如摩托罗拉在中国的18个研发中心有国内科研人员800名；IBM中国研究中心拥有研究人员近70名，全部拥有硕士以上学位；微软中国研究院约有60位中国研究人员，其中20位研究员有国外留学背景，另外40位则大部分是毕业于我国著名高校的博士。近年来，跨国公司在华建立研发中心呈持续增长趋势，目前已超过600家。（3）在本土设立培训中心。很多跨国公司通过设立“管理学院”或“培训中心”来加快人才本土化进程。如摩托罗拉组建了摩托罗拉大学，开设了通信技术、工商管理、市场营销等专业，每年都要挑选一批国内大学生进行培训，培训的短期目标是使他们成为中高级管理人员，长远目标是成为高级管理人才。目前，摩托罗拉大学已培养了100多名代替外籍主管的国内高级管理人才。另外，一些跨国公司还积极与国内高校合作，仅清华大学就有跨国公司培训中心14个，而IBM则与我国20多所大学有合作关系。（4）通过并购网罗人才。跨国公司并购过程中不仅注意并购的物质资源层面，而且更重视最为宝贵的人力资源。例如，思科公司不遗余力地挽留被并购公司的员工，该公司衡量并购成果的标准，首先是收购公司员工的续留率，其次是新产品开发，最后才是投资回报率。思科公司的并购求才战略使其成为全球最有价值的公司之一。

（五）实施人本管理

人本管理是跨文化管理之核心。人本管理就是以人为本的管理，把人视为既是管理与服务的对象又是管理的积极参与者，视为企业的重要资源，通过经济和行政的手段，调动和发挥员工的积极性和创造力，引导员工去实现预定的目标。全球化经营企业在跨文化管理中必须强调对人的管理，既要让经营管理人员深刻理解母公司的企业文化，又要选择具有文化整合能力的经营管理人员到国外分公司担任跨文化管理的重要职务，同时还要加强对企业所有成员的文化管理，让新型文化真正在管理中发挥重要作用，从而使经营企业在与国外企业的竞争中处于优势地位。

（六）实施跨文化沟通

跨文化沟通是指来自不同文化背景的人们之间的信息传递过程。认识并减少由于各种文化的差异而导致的沟通障碍是实施有效沟通的前提。进行跨文化沟通时，根据对对方文化的了解程度，可能出现三种情况：完全陌生；有一定了解，但过于简单或不准确；比较全面的理解。在这三种情况下，文化差异影响沟通的方式是不同的，分别表现为文化迁移、文化定式和逆文化迁移。

(1) 文化迁移 (cultural transfer)。文化迁移是指跨文化沟通中，人们下意识地用本民族的文化标准和价值观念来指导自己的言行和思想，并以此为标准来评判他人的言行和思想。发生文化迁移的主要原因是对文化差异不了解，在这种情况下，文化迁移是一种无意识的行为；文化迁移也可能是有意识的，这主要是由于文化中心主义 (cultural centralism)，即把自己的文化和价值观当作唯一合理的，认为异于自己的就是错误的。了解不同文化、价值观念取向的差异是消除文化迁移的必要前提，只有了解不同民族的文化习俗、信仰、价值观及它们的内涵，才能真正完成思想感情的交流。

(2) 文化定式 (cultural stereotype)。文化定式是指人们对另一群体成员所持有的简单化看法。文化定式可能是由于过度泛化而导致，即断言群体中的每一成员都具有整个群体的文化特征，也可能是由于忽视文化具有动态性和变迁性而引起。由于人处理信息的能力有限，为了帮助不同文化的人们相互了解，就必须概括文化差异，建立某种文化定式，从这个意义上说，一定程度的文化定式也是不可避免的，然而这些定式对于差异的“过分概括”或“标签化”又可能人为地制造屏障，妨碍文化间的交流和理解。这并不是说文化定式总是错误的，文化定式中通常蕴涵着许多准确的文化观察，但是它很容易以期待文化的形式影响我们对文化现象的理解。人们不但更容易被符合其期望的东西所吸引，并且往往会对事物做出符合其期望的解释。

(3) 逆文化迁移 (converse-cultural transfer)。文化差异是导致跨文化沟通出现障碍的主要因素。因此，尽可能全面地了解文化差异是人们关注的重点。但是了解了对方的文化特征，也不一定就能避免障碍的产生。进而言之，跨文化沟通障碍的起因不仅在于沟通双方对文化差异的无知或忽视，还在于沟通双方同时放弃了自己的立场，而采取了对方的立场，使信息的传递与接收内容出现了新的不一致。这与文化迁移很相似，却以反向的形式出现，因此称之为逆文化迁移。

在实际沟通中，上面几种问题常常会同时出现。比如，在具体实施跨文化管理前，管理人员通常会接受相应的异文化培训。经过这种文化培训，他们对异文化有了一定的了解，在头脑中建立起一种在培训基础上形成的他们所认为的该文化，即期待文化。由于这种了解通常是比较简括的，因而在沟通中就可能出现文化定式；同样，这种了解也不可能是面面俱到的，因而在差异意识的空白处，管理人员还是会有意无意地受到原文化的影响，产生文化迁移；随着管理人员与员工互相了解的深入，出于真诚沟通的愿望，他们很可能会互相体恤，但是如果不能就彼此的参与结构达成一致，就可能出现逆文化迁移的状况。

仅仅了解文化差异的作用机制并不会对跨文化沟通产生帮助。只有在了解文化差异三种作用机制的前提下，在实际过程中以宽容的态度对待文化差异，不断加深对文化差异的了解，在沟通过程中增强文化敏感性，综合运用各种沟通技巧，不断化解差异，这样才能不断推动跨文化沟通的顺利进行。

(七) 促进文化融合

在跨文化管理中，文化融合非常重要。跨文化管理有三个层次，由低到高分别是：(1) 移植。将母公司的文化移植到子公司推行，这种直接移植是最简单的方式，但融合风险大。移植成功的案例不是很多。(2) 嫁接。尊重本土文化，以子公司文化为主体，融合风险小，但有效性不稳定。(3) 文化合金。文化合金是跨文化管理最好的状态，也是最高层次的文化融合。它将两种文化进行有机结合，融合双方的优秀“基因”，培养出新的文化，成为兼容性强、多元化的合金。

这种新的文化结合双方优点，容易被双方接受，但是需要较长的时间与过程。

海尔集团是成功实施文化融合的典范。融资、融智、融文化、创世界名牌的“三融一创”是海尔国际化经营战略之一。当前在美国的子公司已经实现把海尔的文化与美国的国家文化和民族文化融合在一起，创造本土化的世界名牌。海尔人力资源本土化管理措施是子公司上自经理下至员工没有一个中国人，400多名员工全部聘用外籍经理来管理；海尔的三位一体的本土化营销模式是当地设计，当地制造，当地销售。在三位一体的前提下，实行当地融资，当地上市，与当地文化融合，最终目的是创造本土化的海尔。总之，跨国公司在进行跨文化管理时，应在充分了解本企业文化和国外文化的基础上，选择自己的跨文化管理模式，从而使不同的文化达到最佳的结合，形成自己的核心竞争力。

第3节 国际人力资源管理的内容

本章前面已经谈到，国际人力资源管理主要是跨国公司的人力资源管理。基于此，本节结合跨国公司的特点，分析国际人力资源管理的主要职能以及国际人力资源管理部门的特殊职责。要使国际人力资源管理卓有成效，应当注意遵循一些指导原则，包括关注文化差异、倡导人本主义、本土化、灵活的薪酬、利益一致等。国际人力资源管理的各项职能都包含着一些与国内人力资源管理不同的内容。

一、国际人力资源管理的主要职能

（一）国际人力资源招募与甄选

1. 国际人力资源的来源

国际人力资源来源主要包括三个部分：母国来源、所在国来源和第三国来源。

(1) 母国来源。母国来源具有以下优势：在跨国公司创建的早期阶段，任用母国人员更有利于传播技术和保守技术秘密，有利于和总部保持良好的沟通、配合与交流，他们也更熟悉总部的目标、政策和管理；有助于母国人员的管理和开发，在公司形成具有国际经验的经理人员人才库。但是母国来源也有不足之处：外派员工很难适应外国语言和所在国社会、经济、政治文化和法律环境，失败率高，特别是外派人员配偶的就业问题很难解决；外派人员的高福利会给所在国人员带来不公平感，可能引起所在国的民族情绪；所在国坚持经营本土化，要求提拔本地人员到高层位置。

(2) 所在国来源。所在国来源是跨国公司人力资源中比重最大的来源。所在国人员有很多本土的优势：熟悉当地的环境，没有文化上的隔阂，管理费用较低，有利于公司组织内部的沟通；能够为所在国的员工提供更多的职业发展机会；员工稳定性较好，可以保持管理政策的连续性。所在国员工也有不足之处：无法使母国员工获得国际任职经验和跨文化管理经验，限制了公司员工的国际化发展需求，不利于与总部交流。

(3) 第三国来源。相对于母国员工和所在国员工，第三国员工有其自身的优势：可能具备出色的技术、专业或者丰富的国际管理经验，具有更强的文化适应性；同时，其管理成本比外派员工要低。第三国员工也有不足：所在国对来自特定国家的人员具有敏感性，这些人员在与所在国员工合作时可能会有一些被排斥的情况发生；他们的任职可能受所在国就业政策的限制。

2. 选聘外派员工的标准

外派人员可以分为四类：公司高层领导人、重要职能部门经理、解决难题的能手与一般员工。每一类人员的工作职责、当地文化接触程度以及在某个国家停留的时间不尽相同，因此对于特定人员的选拔标准是有区别的。对于国际经营人员来说，具备一些特殊的个性、技能、知识以及适应环境的自我定位能力非常重要。选聘外派员工主要应考虑以下标准：

(1) 适应能力。个人对环境变化的适应能力是针对本国外派人员和第三国人员的首要的、一致的要求，在国外为本国公司工作的外派人员必须对当地的文化特别敏感，而在本国为外国公司工作的当地人员则必须尽快适应子公司的要求和工作方式。适应能力强的外派人员一般具有下面两种重要能力：发展关系（指与所在国国民发展长期友谊的能力）和交际愿望（指使用所在国语言的愿望）。如果具有上述两种能力，则他们和所在国国民的接触会非常有效，工作成功的可能性也就更大。(2) 独立工作能力。在国外工作的管理人员要能独当一面，有更强的独立工作能力，因为他们往往需要面对复杂多变的外部环境，在不请示国内总部的情况下于现场独立地做出决策和应对。(3) 年龄、经验和教育状况。年轻的管理者更乐于到海外任职，也愿意更多地了解外国文化。但是，年长的管理者更有经验、更加成熟，这也是海外任职所需要的。为同时利用这两种人的优势，很多公司将年轻人和年长者同时派往海外的同一机构，以便他们取长补短、互相学习、相得益彰。(4) 健康及家庭状况。海外管理人员必须拥有良好的身体和精神状态，他们应该精力充沛并喜欢旅行。同时，海外任职会影响员工配偶及其子女，因此有利于海外任职的家庭状况是外派人员成功的关键。(5) 动机。其选择标准是个人驻外工作的意愿和对新工作的潜在责任心。只有选择了真正从心理上接受海外工作的员工，才能降低外派失败率。

(二) 国际人力资源配置

一般来说，跨国公司会根据其发展的不同阶段采取不同的人员配置方式。在国际化阶段，一般采取母国化的模式；在多国经营阶段，一般采取当地化模式；而在全球经营阶段则多采取全球化模式。目前绝大多数的跨国企业处于多国经营阶段，人员本土化势在必行。近年来跨国公司人员配置本土化趋势已日趋明显。这不仅是出于需要，也与所在国的市场环境及政治氛围有关。

从本土化程度看，来自不同国家、不同行业的跨国公司以及不同的所在国在人员配置方面表现出不同的特征。从母国看，美国跨国公司国外分支机构人员的本土化程度最高，日本跨国公司国外分支机构依然倾向于使用外派人员，欧洲不同国家的跨国公司国外分支机构本土化程度差别明显，但基本上居于美日两个极端之间。从所在国角度看，设在发达国家的跨国公司分部的人员本土化程度普遍高于设在发展中国家和地区的分部。从发展阶段看，处于多国经营阶段的跨国公司倾向于使用本土人才，而处于全球经营阶段的公司更倾向于忽略国籍差别。从人员配置的层次上看，跨国公司在高级管理职位上总是大量使用母国外派人员，在中级管理职位上更多地使用所在国人员，而在低级管理职位上则主要起用所在国人员，基本上不使用或仅少量使用外派人员。同一级别的职位表现出来的本土化程度也不相同，人力资源总监是本土化程度最高的职位，而财务总监这个职位的本土化程度最低。

(三) 国际人力资源培训与开发

美国学者的研究显示，驻外人员不能适应海外跨国公司工作的主要原因，是不能适应海外的不同文化和工作方式。美国人在英国伦敦工作的有 18%不能适应，而在比利时布鲁塞尔工作的有 27%不能适应，在东京工作的有 36%不能适应，在阿拉伯国家的比例更高。由于美国人非常不理解阿拉伯国家的文化背景，每 100 个派到阿拉伯国家的美国人中就有 68 人会提前回国。此外，驻外的美国人中还有 30%～50%不能高效率或有效地工作。据测算，每派出一个不成功的驻外美国人，公司就要损失 4 万～25 万美元不等，这个数字还不包括公司的形象损失及今后贸易合作的损失等。可见，对到海外工作的外派人员进行培训是非常重要的。

国际人力资源培训一般要针对不同对象制定不同培训计划和内容，使外派员工或在所在国招聘的员工尽快适应工作环境，提高工作技能。主要从以下几方面入手：

（1）培训对象。国际人力资源培训与开发的对象是不同的，具体有以下几种类型：一是非技术工和半技术工的培训计划。这类培训计划一般包括对跨国公司新员工的引导性培训，常常是基础性的，如安全培训、上岗培训、文化培训等。二是专业技术工人的培训计划。这类培训在财务上通常占跨国公司培训预算中的很大部分，但就参加者的人数来说，并不一定构成培训业务量的最大部分。技术工人的培训计划通常是由设在特定地点的培训班进行的。三是高级技术工人的培训计划。高级技术工人包括从事质量控制、工作研究和程序编制、维修、电子和新技术应用的工人。这种课程大部分是内部的，因为它们与跨国公司的特定技术和方法相关，常涉及商业机密。四是经理培训计划。经理培训计划包括经营管理、电子数据处理、人事和税务、会计和销售等专业知识的培训。此类人员常被派到母公司参加高级培训课程，而且经常接受反复培训，包括属于连续培训过程中的旅行学习，以便跟上新产品和新技术的最新发展。

（2）培训目标。在任务分析和工作绩效分析基础上，确定培训需求，建立具体的、可量度的、能实现的培训目标。以跨国公司普遍进行的跨文化的培训教育为例，其主要培训目标如下：全面提高企业员工的技能和文化素质；提高派往国外的员工的跨文化技能；通过对员工行为，尤其是在文化差异管理方面的培训，来提高员工的工作效率；提高员工在不同文化背景下的人际交往能力，改善顾客与员工之间的关系；在开展海外业务时减少文化冲突，并为员工提供更多的跨文化的经历。

（3）培训内容。根据国外成功经验，跨文化培训可以分为五个阶段。一是预备培训阶段。时间为一周左右，主要内容包括所在国情况介绍、文化差异、工作任务、职责与待遇、家庭安排等。二是启程前培训阶段。一般为4～5天，其内容包括：所在国的语言训练，主要加强口语和听力训练；从母国文化背景、本质，东道国文化特征等不同角度进行跨文化培训；介绍旅途和抵达后的注意事项；开展紧急情况下的应急处理等安全培训；培训驻外人员的家属等。三是抵达后的培训阶段。主要内容包括：了解公司情况，熟悉同事；了解公司所在地的风俗习惯、交通、购物、银行、学校教育等基本情况；接受所在地的跨文化和应对突发事件的针对性培训等。四是驻外期间的培训阶段。除在所在企业接受正常培训外，还定期邀请外派员工回国，参与人员发展计划；母公司指定人员定期与外派人员保持联系，向他们提供母公司的有关信息；提供驻外人员到大学读工商管理课程的机会等。五是回国前后的培训。主要是通过在职和非在职培训的方式，增加外派人员回国后的职业安全感，最大限度减少回国后遇到的困难。

（4）培训方式。培训方式主要有集中授课、专题研究、实地考察、环境模拟、情境对话、角色扮演、工作轮换等，以便打破每个人心中的文化障碍和角色束缚，增强员工对不同文化的适应性，提高员工的合作意识。培训机构主要有以下两种：第一，公司自设培训机构。每一个跨国公司一般都有专门的培训部门负责培训，有针对性地制订培训计划，使不同地区员工有不同的培训计划。如摩托罗拉大学在全球有14个培训中心，各业务单位另有培训部门。第二，专业培训机构。专业培训机构可分两类：一类是高校的管理学院；另一类是社会的专业培训机构。

（四）国际人力资源绩效管理

国际人力资源绩效管理比国内人力资源绩效管理更复杂，也更具挑战性，这是因为需要考虑更多的因素，如公司的整体经营战略、母国与所在国业绩的不可比性、国际环境的多变性、跨国业务发展的不同阶段和成熟程度、不同类型人员的不同考核指标、绩效评价者的不明确性等。国际人力资源绩效管理主要包含以下要点：

（1）绩效计划。跨国公司要为各种类型的员工确立绩效目标，并制定绩效标准。无论是母国外派员工、所在国员工还是第三国员工，绩效目标都必须明确，并要注意绩效标准的具体性和可测性。绩效目标分为硬目标、软目标和情境目标。硬目标是可视的、可以量化并直接测量的，如销售额、市场占有率等；软目标倾向于以关系和特性为基础，如领导风格或人际技巧；情境目标则试图将绩效发生的情境作为考虑因素，例如跨国公司经常通过金融工具在子公司之间进行交易来尽可能减小外汇风险。

(2) 绩效监控。跨国公司在跨地域、跨文化经营的同时，必须有一套有效的制度和方法来监控绩效，以确保绩效有利于公司经营战略的实现与竞争力的提升。这也是总公司控制子公司运营的重要手段。一方面，管理者要持续不断地实施绩效沟通，将之贯穿绩效管理的整个过程，而不仅是年终的考核沟通；同时，重视双向的建设性沟通，以追踪绩效的进展、发现并解决问题。另一方面，做好信息的收集、观察和记录工作，为下一步的绩效评价做好资料上的准备。

(3) 绩效评价。绩效评价是国际人力资源绩效管理的核心环节。国际人力资源的复杂性，使得绩效评价问题非常复杂。一般而言，国际人力资源绩效评价需要重点关注以下两个问题。

一是海外子公司员工的绩效评价。对海外子公司员工的绩效评价，要注意区分其文化的个人主义和集体主义维度，因为文化会影响评价方法的有效性、评价结果的可接受性。要想使与某种文化差别较大的评价制度为员工所接受，需采用循序渐进的策略。其中，个人主义文化的绩效评价体系以美国为典型，信奉个人的权利、义务与报酬紧密联系的文化价值观，同时强调法律和机会上的平等。而在集体主义文化中，年龄和群体内成员身份（如社会地位）是考核中的重要因素，也就是说，在人力资源决策中，更多地考虑个人背景特征而不是个人成就。当然也不否定业绩信息的重要，由于重要的是为群体利益工作，一般在奖惩方面都是比较间接或含蓄的，管理者们更注重群体内的和谐。

二是海外经理人员的绩效评价。对海外经理人员的绩效评价，常常是以海外经理人员业务开展情况作为基本标准的。海外经理人员的绩效受开展业务的起点、国际商业活动的不确定性、跨国公司内部政策等多种因素的影响，对其评价要考虑一些特殊的做法。例如，评价要以所在国当地的评价意见为主，以公司总部的评价意见为辅；如果公司总部负责确定最终的正式评价结果，最好征求一下与被评价对象同在一个国家或地区工作过的管理者或同事的意见，以减少评价偏差；根据外派员工工作地点的文化特征，对绩效评价标准进行适当的修改，以增强评价体系的适应性。

(4) 绩效反馈。跨国公司的经营活动遍布各个国家，跨越不同的文化和语言，这就使得国际人力资源绩效反馈异常复杂和困难。对于因地域上的分散而导致母公司与子公司之间、子公司与子公司之间信息交流及通信联系困难，管理者要充分利用全球资源和机会，促使组织体系内部的总公司和子公司之间密切配合、互相协作、互通情报、交流信息，以尽可能保证绩效反馈渠道的畅通。另外，对于因语言不同而导致经理人员之间、经理与员工之间信息传递困难，管理者要克服心理障碍，加强语言学习，重视换位思考，以实现绩效反馈及沟通无障碍。

(五) 国际人力资源薪酬管理

国际人力资源薪酬管理必须考虑当地劳动力市场工资水平、劳动报酬相关法规和文化倾向，同时还要与跨国公司的整体经营战略保持一致。各子公司的人力资源经理要为所在国的员工、母公司派出的员工和第三国的员工分别制定不同的薪酬制度。这里主要对国际人力资源薪酬政策的目的与要求、多元报酬体系和外派员工的薪酬体系等方面进行介绍。

1. 国际人力资源薪酬政策的目的与要求

一是要与跨国公司的总体战略以及企业的需求一致；二是能将人才吸引到跨国公司最需要的地方并能留住他们，因此要有竞争性，而且要认识到诸如出国服务的激励、税收平等以及合理费用的报销等因素的作用；三是要有利于公司以最经济的方式调动驻外人员；四是要适当考虑行政管理的公平和方便。与此同时，驻外人员的一些个人目标也需要通过公司的薪酬政策的实施得以实现，这些个人目标包括获得在国外的福利、社会保险和生活费等，增加收入，满足职业生涯发展和回国安排等方面的需要。

2. 国际人力资源的多元报酬体系

国际人力资源需要多种不同的报酬体系，要为所在国的员工、母国派出的员工和第三国的员工分别开发出不同的薪酬制度。这方面的关键问题就是薪酬外部公平性问题和薪酬激励问题。由于在物价水平有差别的不同国家工作，外派员工的生活费用有所差别，需要在整个组织范围内执行统一的与工作性质相适应的基本工资，然后根据员工所在国家或地区的具体情况，用各种专项补贴来实现薪酬的公平性。此外，与国内员工相比，外派员工的薪酬公平性在实现上会涉及特殊的国别差异问题。解决这一问题的方法是国际经济中的购买力平价方法，即外派员工的薪酬水平至少应该能够使他们在所在国保持与在本国时相同的住房条件、商品和服务消费水平以及储蓄水平，出现缺口应由公司来弥补。当前多数跨国公司对外派员工实行海外服务奖金或津贴制度。

3. 外派员工的薪酬体系

外派员工薪酬主要包括基本薪酬、税务补偿、奖金、出国服务奖励或艰苦条件补贴、津贴和福利等。

（1）基本薪酬。确定外派员工基本薪酬有两种方式：一种是采用本国标准，即与员工来源国同类职务的薪金水平相联系，依他们的国籍不同而完全不一致，这容易产生不公平的问题；另一种是与本公司系统内各级职务的薪金水平相联系，同级同酬，这种做法较好地实现了公正，但当跨国公司活动的国度经济发展水平与本国差距较大时，又带来了与当地工资水平相差悬殊的矛盾，因此需要靠奖金和津贴等补充形式作适当的调整。

（2）税务补偿。外派员工会面临双重纳税的问题。一方面，在外国的收入首先要在收入发生地缴纳个人所得税；另一方面，是员工本国的纳税义务。比如，美国要求其公民对在其他国家所得收入纳税，即使他在该国已经纳税。雇主负责向本国或所在国支付个人所得税，数额从员工税前收入中扣除。对双重纳税的问题，雇主可以通过税务补贴来解决。

（3）奖金。外派员工获得的奖金通常有两类：一类是与业绩相关的奖金；另一类是不与业绩联系，只与底薪联系的奖金。奖金包括海外工作奖金、满期工作奖金等项目。

（4）出国服务奖励或艰苦条件补贴。母国员工通常会收到一份奖金作为接受出国派遣的奖励，或作为对在派遣过程中所遇到的艰苦条件的补偿。出国服务奖励一般为基本工资的5%～40%，根据任职、实际艰苦情况以及派遣时间的长短而不同。

（5）津贴。津贴是对员工在海外工作支付的补助，通常包括以下项目：住房津贴、生活费用津贴、探亲补贴、子女教育津贴、搬家费、特权享受津贴和配偶补助等。

（6）福利。与货币形式的薪酬相比，国际福利更复杂，需要解决许多问题。各国的福利管理实务之间存在很大的差异，使得养老金计划、医药费和社会保险费等的转移变得很难。此外，一些适用于国际人力资源的特殊的福利值得关注。例如，许多跨国公司提供休假和特殊假期，作为驻外人员定期休假的一部分；每年的探亲福利中通常包括家庭成员回国的机票费，也包括为驻外人员家属提供免费机票去工作所在国附近的疗养地疗养。除疗养福利外，还有在艰苦地区工作的驻外人员应获得额外的休假费用和疗养假期等。

（六）国际人力资源劳动关系

不同国家的劳动关系形式不仅来自文化方面的差异，也来自各国劳工组织特有的历史，在进入一个国家前，跨国公司一定要考虑工会对公司的影响程度。例如，英国工会是在没有政府干预的条件下发展起来的，这种缺乏政府干预的劳动关系使得资方和工人之间发展成强烈的对抗关系；德国文化更加注重规避不确定性，承认工会的合法性，政府强有力的作用促使劳资双方关系较为和谐地发展；法国的工会则有强烈的意识形态取向，这种意识形态的工会倾向于在同一组织中争夺工会成员，这样的后果是对资方有利而有损于工人的利益；日本的工会则被吸收进公司组织架构之中，并在很大程度上支持资方。不同国家的工会倾向于采取不同的组织架构，这反映了其不同的意识形态和取向。跨国公司在进行与其他国家相关的战略决策时，必须考虑与工会相处及相关劳动法的影响。此外，国际人力资源管理要始终将提高员工满意度作为员工关系管理的基础工作。例如，熟悉所在国的相关劳动法律法规，理解并尊重当地员工的信仰、风俗习惯，并将这些贯穿到日常管理政策的制定中；积极吸纳当地员工参与管理，进而促进劳资关系和谐，并使公司对当地的人文、市场等外部环境更加熟悉。

二、国际人力资源管理部门的特殊职责

在国内环境中，人力资源管理部门的工作通常是对单一国籍的员工群体进行计划性的管理，而身处国际环境中的人力资源部门所面对的问题是，要为来自若干国家的不同员工群体制订计划，并加以管理（如美国、法国和第三国员工同在一家美国跨国公司设在巴黎的欧洲地区总部工作）。在国际环境中经营，跨国公司人力资源部门必须考虑许多在国内环境中不必考虑的因素，许多跨国公司建立了国际人力资源服务部门，负责协调下列项目的管理。

1. 国际税收

驻外人员须遵从国际税收政策，并且经常承担国内（如母国）和所在国的双重纳税义务。因此，必须制定平等纳税政策，以保证对任何一项具体的国际任职不存在纳税方面的得失。与此相关的还包括向国外汇寄薪水、确定各种国际津贴以及国际税收条款等。

2. 行政服务

一家跨国公司也需要在其开展业务的所在国当地，为驻外人员提供行政服务。提供行政服务通常是一项耗费时间的复杂活动，因为政策和程序并不总是清晰的，有可能与当地环境发生冲突。当某种行为在所在国被视为是合法和可接受的，而在母国却是极端不道德、不合法的，就会出现伦理问题。例如，总部在美国的母公司派出驻外人员，所在国将艾滋病检查作为给予其工作许可的必要环节，但是对员工做艾滋病检查在美国依然备受争议。驻外人员拒绝接受艾滋病检查，而当地公司又需要这位总部派来的外籍员工予以配合，此类问题增加了人力资源部门为驻外人员提供行政服务的复杂程度。

3. 与所在国政府的关系

维系与所在国政府的关系是人力资源部门的一项重要活动，尤其是在发展中国家。一旦跨国公司经理与相关的政府部门官员建立了良好的私人关系，工作许可和其他关键性条件就可轻易得到，维系这种关系有助于解决由模棱两可的资格条件以及相应文件（如工作许可证）所带来的潜在问题。

4. 语言翻译服务

为内部和外部沟通提供语言翻译服务是人力资源部门的一项辅助性的国际活动。如果人力资源管理部门是翻译服务的主要提供者，那么该翻译小组的角色经常被扩展为向跨国公司的所有海外经营机构提供服务。

本章小结

本章介绍了国际人力资源管理的含义、特点、模式、影响因素等，阐述了战略性国际人力资源管理的含义与模型，并从跨文化管理角度分析国际人力资源管理的主要活动。

国际人力资源管理是决定跨国公司的跨国经营与生产成败的最关键因素。希南和珀尔马特提炼出了民族中心主义模式、多中心模式、地区中心模式、全球中心模式四种国际人力资源管理模式。影响国际人力资源管理的因素很多，其中包括文化、教育与人力资本、政治与法律制度和经济制度四个因素。战略性国际人力资源管理是对传统跨国公司人力资源管理的重大变革，它把人力资源管理的诸要素建立在由企业管理层共同确立、符合企业内外各方面利益、得到企业全体员工一致认同的企业发展战略目标的基础之上，促使人力资源管理在跨国公司中的地位不断提高，作用不断增强。

国际人力资源管理的本质是跨国公司的跨文化的人力资源管理，因此应该从跨文化管理的角度考察国际人力资源管理。跨文化管理是指涉及不同文化背景的人、事、物的管理，核心是人的管理。跨文化管理策略主要包括文化移植策略、文化渗透策略、文化嫁接策略、文化合金策略、第三方文化策略与文化本土化策略等。跨文化管理的对策主要有以下几个方面：识别文化差异；进行跨文化培训；建立共同的企业文化和价值观；推行人力资源本土化战略；实施人本管理；实施跨文化沟通；促进文化融合。

国际人力资源来源主要包括母国来源、所在国来源和第三国来源三个部分。国际人力资源管理的主要职能包括国际人力资源招募与甄选、国际人力资源配置、国际人力资源培训与开发、国际人力资源绩效管理、国际人力资源薪酬管理以及国际人力资源劳动关系等。此外，国际人力资源管理部门还具有一些特殊职责，包括国际税收、行政服务、与所在国政府的关系以及语言翻译服务等。

关键词

跨国公司（transnational corporation）
国际人力资源管理（international human resource management，IHRM）
战略性国际人力资源管理（strategic international human resource management，SIHRM）
跨文化管理（transculture management）
文化差异（cultural differences）
文化休克（culture shock）
文化冲突（cultural conflict）
文化迁移（cultural transfer）
文化定式（cultural stereotype）
逆文化迁移（converse-cultural transfer）

思考题

1. 什么是国际人力资源管理？它具有哪些特点？影响国际人力资源管理的因素有哪些？
2. 简述希南和珀尔马特提出的四种国际人力资源管理模式。
3. 什么是战略性国际人力资源管理？它的意义是什么？
4. 什么是跨文化管理？它的原因与意义是什么？
5. 阐述威廉·大内的Z理论的主要观点。

6. 分析比较美、日、韩三国人力资源管理模式。
7. 跨文化管理有哪些主要对策？
8. 阐述国际人力资源管理各主要职能的特点。
9. 国际人力资源管理部门具有哪些特殊职责？

第 16 章

人力资源外包

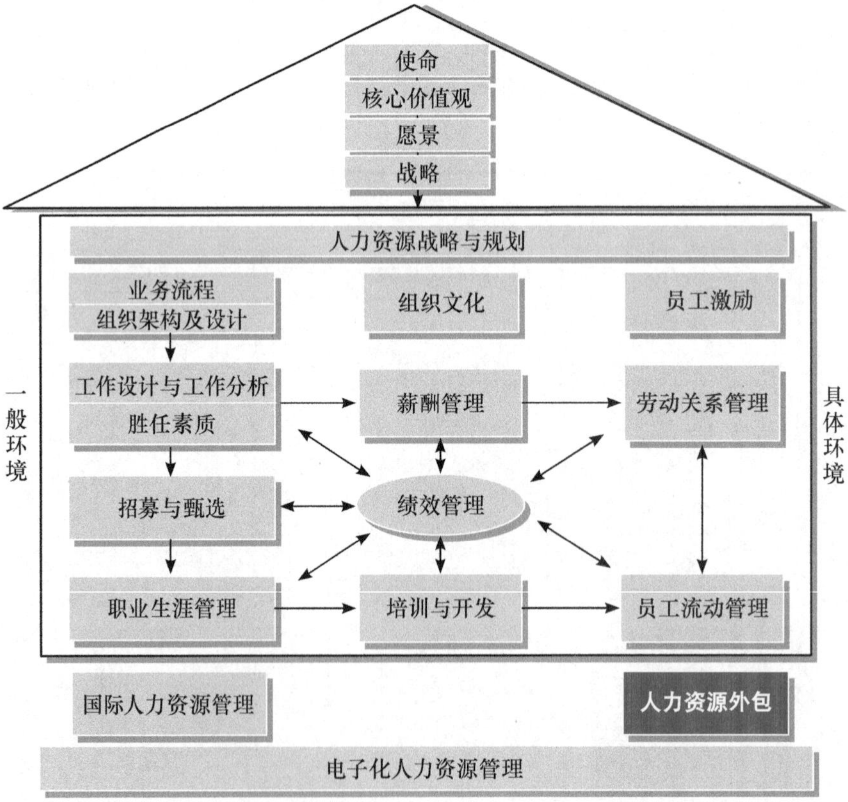
使命
核心价值观
愿景
战略
人力资源战略与规划
业务流程
组织架构及设计
组织文化
员工激励
一般环境
工作设计与工作分析
胜任素质
薪酬管理
劳动关系管理
具体环境
招募与甄选
绩效管理
职业生涯管理
培训与开发
员工流动管理
国际人力资源管理
人力资源外包
电子化人力资源管理

第1节 人力资源外包概述

一、人力资源外包的含义

1990年，加里·哈默尔和普拉哈拉德为《哈佛商业评论》写了一篇题为“企业的核心竞争力”的文章，首次提出“外包”这个概念。外包（outsourcing）就是指企业在内部资源有限的情况下，将某项业务工作的部分或整体委托给专门从事这项工作的服务商来完成，自己则专注于最具竞争优势的业务。传统的外包形式主要是指信息技术资源外包（IT outsourcing），后来随着竞争的日益激烈，在企业内驱力的推动下，应用服务外包（application service provider，ASP）应运而生。

人力资源外包（human resource outsourcing）是众多应用服务外包业务中的一项，它是指企业为了战略发展的需要，将原本由内部人力资源部门承担的职能部分或全部委托给本企业以外的专业人力资源服务机构的一种人力资源管理模式。人力资源外包是策略地利用外部资源，将企业中与人力资源相关的工作与管理责任部分或全部转由专业服务机构承担。这包括两个方面：一是策略地利用，即企业必须有选择地将组织内的部分或全部予以外包，而不是与代加工性质相同的外包；二是外包的工作或项目必须由专业服务机构完成，这依赖于专业人力资源机构的快速发展及其专业化。从这个概念出发，实施人力资源外包有两个前提：一是人力资源管理的一些工作在操作上具有基础性、重复性和通用性的特点，进而使人力资源外包成为可能；二是人力资源专业服务机构的发展，为人力资源外包提供了必要的外部条件。

二、人力资源外包的产生与发展

随着以全球化和网络为特征的新经济时代的到来，产品日新月异而且生命周期日益缩短，企业面临更激烈的竞争。为了适应更加快速的技术革命，迎接知识经济的挑战，参与世界竞争，许多企业都积极进行组织及管理方式的变革和创新，努力朝柔性化、扁平化、虚拟化的方向发展。人力资源外包正是在这样的社会大背景下应运而生的帮助企业提高效率、赢得竞争优势的一种新型管理模式。著名管理大师彼得·德鲁克曾经指出：“任何企业中仅作后台支持而不创造营业额的工作都应该外包出去，任何不提供发展机会的活动及业务都应该采取外包形式。”从人力资源管理的发展历程看，人力资源部门正逐渐从传统的行政辅助角色转变为企业战略决策的参与者，而人力资源外包存在的意义就在于将人事部门从传统的重复性、事务性的工作中解放出来，把精力投入对企业来讲更有价值的层面——人力资源战略规划和开发，力争成为企业战略决策的合作伙伴。

人力资源外包在世界范围内日益兴起，渐成风潮。在欧美国家，人力资源管理外包已经发展到相当成熟的阶段，甚至已成为管理外包的领头羊。人力资源外包这一新兴产业，在20年前才初见端倪，现在却以惊人的速度迅速成长。在美国，出现了各种各样的“临时员工”公司和专业的PEO（professional employer organization）公司，这些公司为客户公司承担有关工资、福利、员工档案、招募、录用、培训等管理工作并提供相关报告等，是为企业提供人事方面服务的专门机构。英国、法国等出现的快速人员服务公司，也是专为企业提供人力资源外包服务的。它们花费大量时间去寻找、保留、培训自己及特许经营者、合作伙伴的人力。目前市场上有实力的猎头公司，也属于为企业提供人力资源管理外包服务的公司。比如英国电信公司（British Telecom）曾与埃森哲咨询公司（Accenture）签订了为期10年、价值5.75亿美元的人力资源外包合同，这是当时全球金额最高的人力资源外包交易之一。[①] 当前世界500强公司中的绝大多数正在使用人力资源外包服务。

在我国，尽管企业人事管理向人力资源管理转变起步不久，人力资源外包业务却在蓬勃发展。相当多的跨国公司、本土公司，以及有关机构对人力资源外包表现出浓厚的兴趣和很高的关注度，可以说人力资源外包在中国具有广阔的市场前景。根据有关部门对北京、上海、广州、深圳等地区数百家企业的调查，59.2%的企业认为，人力资源外包可以提供高质量的人力资源管理服务；55.1%的企业高层领导认为人力资源外包是一个很好的人力资源管理方式。知名外资企业和快速崛起的国内企业都选择了人力资源外包，如IBM、微软、西门子、甲骨文、通用电气、三星、万科、华为、民生银行、中国移动、中国电信以及几大国有银行等。可以预见，人力资源外包的服务内容会得到进一步的拓展，市场也会日趋成熟，发展前景十分广阔。

三、人力资源外包的理论基础

人力资源外包不但有现实的社会根源，也有理论基础。它的理论基础主要是交易成本理论、专业分工理论和核心竞争力理论。

1．交易成本理论

罗纳德·科斯（Ronald Coase）在1937年发表的《企业的性质》一文中首先提出了“交易成本”的概念。交易成本理论认为，企业在获得资源投入时，必须对治理结构进行选择。当企业依赖外部服务商时，把市场合约作为治理结构形式；当依赖内部员工时，则把组织等级制度作为治理结构的形式。虽然市场机制是解决资源配置的最优办法，然而市场中存在着不完全竞争、信息不对称、不确定性和机会主义行为，这些因素将导致企业寻求资源的内部一体化。当完全内部一体化由于竞争的交易成本很高而受到限制时，进行外包合作就是最好的选择。通过外包获得人力资源服务所产生的交易成本与企业自身进行人力资源活动所产生的交易成本是不同的，市场治理结构有效降低了交易成本，企业就会选择人力资源外包服务。

2．专业分工理论

我们可以依据亚当·斯密的劳动分工与专业化理论从经济学的角度对外包进行分析。根据这一理论，人力资源管理外包在本质上是劳动分工的延伸，如同在工业化社会中，几乎没有一个企业能够生产全部的零部件，企业将一部分业务包给承包商，不仅简化了管理，同时发挥了专业化高效生产的优势。现在，社会上已经出现了许多人力资源管理服务商，比如猎头公司、人事代理机构、培训公司等，这些组织均利用专业化的优势为企业提供效率更高、质量更好的专门化服务，企业可以将工作重心放在自己更具优势的方面。

3．核心竞争力理论

核心竞争力一般是指与企业的战略定位相联系的，长期形成的、独特的、不易被对手模仿、蕴涵于企业内核中的支撑企业过去、现在和未来的竞争优势，是企业在长期竞争环境中取得主动权的核心能力。核心能力是企业增强竞争力、获得竞争优势的关键，也是成功企业的竞争优势得以长期保持的原因。根据核心竞争力理论，企业的外包行为与其核心竞争能力有密切的关系，外包就是企业保留自身的核心竞争力，而将非核心的部分外包给比自己更具成本优势和专业化优势的承包商，这有利于企业专注于自身的核心主营业务，避免工作重心的偏移。

四、人力资源外包的优势和不足

企业采取人力资源外包的动因很多，美国休伊特管理顾问公司曾对此做过一次调查，结果

① 人事外包持续升温．（2007-11-01）．中国服务外包网．

如表16－1所示。

表16－1　影响企业人力资源外包决策的因素一览表

外包的原因	被调查企业的反馈（%）		
	是	不是	不能断定
改进成本效益	82	5	13
降低管理成本	75	8	17
利用技术进步/专门知识	82	7	11
改进客户服务	70	19	11
调整人力资源职能方向，聚焦于战略/规划	66	15	19
使企业聚焦于核心业务	63	21	16
降低企业一般管理费用	82	9	9
提供周密的服务	47	38	15
员工不够	69	27	4
提高参与者的满意度	54	27	19
缩短对参与者要求的响应时间	59	29	12
控制法律风险/改进遵守法规的情况	53	39	8
提高适应特殊需要的灵活度	51	38	11
提高准确性	49	41	10
使管理成本更加明确	45	44	11
执行全面质量管理	17	71	12

资料来源：1996 Outsourcing Survey. Hewitt Associates，Lincolnshire，Illinois.

与之相适应，人力资源外包具有诸多的优势，同时也有一些不足。企业在实施人力资源外包的时候应该综合权衡、全面考虑。表16－2列出了人力资源外包的一些优势和不足。

表16－2　人力资源外包的优势和不足

优势	不足
1. 在某些情况下，人力资源服务商可以提供企业需要的服务，而且成本低于目前企业付给其人力资源部门及工作人员的总成本。 2. 很多企业没有资金或者不愿花很多钱去购买用于某些人力资源职能管理所需要的计算机硬件和软件，而将外包作为一种替代大量技术投资的积极方案。 3. 为很多企业提供人力资源外包服务的服务商已经培养出能够为各种组织管理好各种人力资源职能的人员，而这类人员往往是劳动力市场上短缺的。 4. 人力资源职能外包通常是企业精简和兼并的结果。这种精简和兼并活动还在继续。不少企业将外包作为企业重组后进行人力资源管理的首选方法。 5. 能较快缩小职能人员预算，迅速影响利润。 6. 在外包过程中，企业即使还必须对人力活动的合法性加以监控，但还是能减少人员、成本以及法律风险。	1. 如果规划和分析不充分，合同条款不全，外包双方合作关系基础不好或维护不力，服务商能力不足，都可能导致外包达不到预期目标，甚至给企业造成重大损失。 2. 将人力资源职能外包出去后，企业可能失去对日常人力资源管理活动的控制，以及与员工的沟通、互动的某些途径。 3. 建立外包合作关系的最初阶段可能是成本高昂的。初期成本往往会高于目前由企业内部人力资源部开展同类活动的成本。 4. 在将人力资源职能外包出去，尤其是长期外包的情况下，现有部分人力资源工作人员可能会被裁掉，失去工作。 5. 如果所选择的服务商不好的话，可能对内部员工的士气造成不良影响。 6. 在将严格受法律、法规控制的人力资源职能外包的时候，如果不对服务商在开展人力资源活动过程中的守法状况进行严格控制，企业难以避免有关人力资源活动的诉讼甚至巨额赔偿风险。 7. 企业必须聘请有经验的人（如法律人员等）作为外包顾问。这也会导致费用增加。 8. 外包可能导致企业内部人力资源部丧失能力。

资料来源：Outsourcing Human Resources Functions by Mary F. Cook，AMACOM.

下面结合表16-2，重点对人力资源外包的主要优势进行分析。

（1）降低经营管理成本。人力资源外包减少了分配在行政性、事务性、非经常性人力资源活动上的专门的人力资源，从而降低人力资源管理的开支。在美国，一个典型的组织中，平均每年用在每个员工身上与人力资源管理事务有关的开支约为1 500美元，效率较低的公司这项开支是此数目的2～3倍。而行政性、事务性、非经常性活动的支出在人力资源管理开支中占相当大的部分。对企业来讲，从外部服务商那里获取人力资源方面信息和优质、专业化的服务，远比自身拥有庞大繁杂的人事管理队伍更能节约成本和获取更大的价值。外部服务商所提供的服务更加专业，可以缩短服务的应答时间，方便了人力资源相关的数据查询，能够提供比企业自身更好的服务，因此从总体上降低了企业的经营管理成本。

（2）获取和维护先进的专业技术。出于效率和竞争的原因，越来越多的高新技术被应用于人力资源管理工作之中，比如互联网的应用、企业ERP系统的实施、工作评价技术的开发运用、人才测评工具的应用、建立员工数据库和知识管理系统等工作，这些都必须依托先进的专业技术。随着技术变革周期的加快，外包专业机构比企业更具备获得新设备、新技术的能力，因此对于许多缺乏人力资源管理技术的企业来说，外包能够为企业提供一种获取和持续性拥有最新技术的途径。

（3）聚焦核心业务，提高核心竞争力。在激烈的市场竞争形势下，企业为立于不败之地，总是不断寻求自身的竞争优势。如何合理地分配和利用企业的有限资源，提高自身的核心竞争力，日益成为决定企业成败的关键因素。然而，企业不可能在经营的每一个环节都具有优势，因此往往将有限的人力、物力和财力集中于核心业务，而将那些不擅长的、非核心的工作外包出去。外包后人力资源管理部门可以专注于人力资源管理中的核心职能，服务于核心业务。企业也可以利用有限的资源开展主营业务，构建竞争优势，提高核心竞争力。

（4）转变人力资源管理部门的职能。为适应知识经济的发展需要，现代企业的人力资源管理部门的职能必须从传统的事务型转变为现代的战略型，成为企业经营的战略伙伴，在组织绩效管理中扮演重要角色。战略性人力资源管理不再是企业经营战略的被动执行者，必须参与甚至有时主导企业战略的决策过程。因此，企业基本的事务性、常规性工作应外包给人力资源服务机构，使人力资源管理部门从低层次的、重复性的、事务性的工作中解脱出来，集中精力研究企业发展战略，开展与企业战略相关的人力资源管理核心业务，真正实现其战略职能。

（5）分担企业风险。越来越多的公司发现自己正面临着法规、政策、财务、技术、公司治理等方面的风险。外包提供了一种把成本负担、市场风险进行分散和转移的机会，通过建立风险共担、利益共享模式，共同面对不确定的投资风险。

人力资源外包是一把双刃剑，利弊共存，收益与风险同在。企业作为人力资源外包的主体，应进一步加强认识和理解，趋利避害，充分发挥外包的作用。关于人力资源外包风险及其规避问题，我们将在下一节进行探讨。

第2节 人力资源外包的实施

一、人力资源外包的内容与方式

（一）人力资源外包的内容

一般来说，人力资源管理的各项职能都可以外包，即企业既可以把包括招聘、考核、培训、薪酬等事务性的人力资源管理业务外包出去，也可以将人力资源战略、人力资源规划等高难度、高专业化的职能外包出去。但事实上，并不是人力资源管理的所有职能都适合外包。美国印第安纳大学的教授斯考特·莱沃1998年对美国北部的500家企业外包人力资源管理模式进行调查。调查对象是把一项以上人力资源管理职能外包的企业，规模从员工不足100人的小企业到12 000人的大型企业。调查发现，人力资源管理的不同职能对企业的意义不同，外包程度也不同，其中工资发放、福利、培训是三种常见的外包职能，人力资源规划等职能则较少外包。这种现象并不难理解。虽然人力资源管理的业务越来越多外包，但也不是全无选择性的，还是有许多因素需要考虑，其中一个方面就是人力资源的价值和独特性。例如，本书第2章谈到，美国康奈尔大学斯科特·A.斯内尔教授在对企业内部的人力资源分类进行研究的基础上，将企业内部的人力资源分为核心人才、通用人才、独特人才和辅助型人才。

一般认为，核心人才和独特人才的管理不适合外包，通用人才与辅助型人才的管理则适合外包。

经国外人力资源外包实践证明，以下项目适合外包：

(1) 薪酬管理。包括工作说明书编写、职位评价、薪酬调查、薪酬方案设计、对管理人员做薪酬方案培训、薪酬发放等。

(2) 福利管理。包括法定福利、金融保险、员工生活、购物、娱乐、学习、交际等福利服务。

(3) 组织发展和人员配置。包括管理人员继任计划设计、向外安置人员、新员工岗前培训、寻找求职者信息、发布招聘广告、进行招聘面试、预筛选、测试、求职者背景审查及推荐人调查等。

(4) 员工培训。包括管理人员培训、安全培训、团队建设训练、计算机培训等。

(5) 国际外派人员管理。包括制作委派成本预算、委派信和有关文件资料，外派人员的薪酬和福利管理，对外派人员及其家属进行岗前引导培训，等等。

(6) 人力资源信息系统方面。包括建立计算机系统和维护技术性人力资源信息系统。

(7) 遵守劳动法规和企业规章制度方面。包括向企业提供劳动法规、社会保障等相关数据和报告等，以及规章制度方面的管理。例如，旅游行业的住宿、餐饮等企业经营有季节性，实行外包后，可以将管理工作交给外包公司，由外包公司对员工进行规章制度方面的管理。

不适合外包的项目有三项：

(1) 人力资源规划。包括制订人员增长和扩展计划、人员精简计划、组织发展计划等。

(2) 人事管理。包括人事记录保管、员工日常状态变化管理以及非技术性人力资源信息系统维护。

(3) 员工关系管理。员工关系管理包括员工管理指导，仲裁与解决争端，劳动合同谈判（可以与律师一起进行），人员精简，沟通企业人力资源战略、政策和计划，员工职业发展管理，以及工作绩效评价，等等。

(二) 人力资源外包的方式

企业应该根据自身的实际、所面临的内外环境等因素及其变化趋势等来选择合适有效的人力资源外包方式。人力资源外包方式通常有四种：

(1) 人力资源职能全面外包。全面外包是指将企业的绝大部分人力资源职能包给服务商去完成的外包方式。这种方式对于中型和大型企业来说可能会有问题，因为它们的人力资源活动不仅规模大，而且复杂程度高，在全面外包的情况下，要求服务商有很全面的系统管理能力，同时企业内部员工的沟通、协调工作量会很大。虽然全面人力资源外包可能是一个发展方向，但鉴于服务商的能力和企业对外包活动的控制力还在发育中，因此，中型和大型企业实行全面人力资源外包还有待时日。而对于小型企业来说，全面外包人力资源职能则比较容易，因为它们的人力资源职能相对简单。事实上，目前实行全面人力资源外包的主要是小型企业。

（2）人力资源职能部分外包。这是目前最普遍采用的方式。企业根据实际需要，将特定人力资源活动（如人员配置、薪酬发放、福利管理等）外包出去，其他部分继续由本企业人力资源管理部门负责。这种外包方式有利于企业根据自身在人力资源管理职能中的优势和不足采取适宜的外包方式，且容易把控和达到外包目的。

（3）人力资源职能人员外包。人力资源职能人员外包是指企业保留所有人力资源职能，但让一个外部服务商来提供维持企业内部人力资源职能运作的人员。这基本上是一种员工租赁方法。采用这类方法的企业常常要求外部服务商雇用他们现有的人力资源工作人员。

（4）分时外包。有些企业根据经营需要，分时期地需要不同的技术人员和设备，因此分时段地选择服务商提供技术人员。例如，建筑行业在建设工程的不同时段所需要的技术人员不同，因此可以采取此种外包模式选择木工、钢筋工、泥工、装饰工等；我国许多旅游胜地的旅游带有季节性，一些餐饮、住宿等服务部门则采取分时外包，以满足旅游旺季对人力资源的需求。

二、人力资源外包的程序

企业实施人力资源外包可按照四个阶段分步进行。这四个阶段分别是准备阶段、实施阶段、评估控制阶段与解除阶段。每个阶段都包含若干主要工作任务。

（一）准备阶段

（1）明确人力资源外包目标。成功的人力资源外包方案始于清晰的短期和长期目标。企业可以组建一个由来自企业内部不同职能部门（如人力资源、财务、税务或法律部门）的人员组成的人力资源外包委员会，负责界定、审核人力资源外包目标，确保人力资源外包目标与企业战略协调一致，从战略的高度确定人力资源外包的方向和思路。

（2）确定外包内容和方式。企业应该根据战略要求和人力资源发展的实际需要，判断哪些内容适合外包，哪些工作不适合外包，选择适合自身的外包项目，进而根据现有资源及实际需要，选择适合自己的外包方式，以保证人力资源外包工作顺利进行。

（3）重视宣传与沟通。在实施人力资源外包之前，企业应当加强对外包必要性的宣传，重视开展与管理者及员工的沟通工作，让员工了解他们在人力资源外包中扮演的角色，消除猜疑和不满，赢得员工的支持，并鼓励他们参与外包项目。通过沟通使员工相信企业会帮助他们更好地发展，以发挥一线员工在变革中的积极作用。

（二）实施阶段

（1）选择合适的外包服务商。外包服务商一般分为三类：第一类是普通的中介咨询机构，它们从事的业务比较广，人力资源管理承包仅仅是它们诸多业务中的一项，企业可以把人力资源管理的某项工作交给它们去做；第二类是专业人才或人力资源服务机构，如英、法等国的快速人员服务公司，即专为企业人力资源外包服务的国际盛行的猎头公司，就属于这一类；第三类是高等学校、科研院所，企业可就一些专业性强的问题向它们寻求帮助。企业在选择外包服务商时应从以下两个方面来考虑：一是外包的价格。人力资源外包的目的之一就是节约成本，如果成本较高，甚至高于由企业内部自己承担业务的成本，就没有必要实施外包。二是服务商的信誉和质量。企业在选择外包服务商时，必须确认其可靠性。否则，一旦商业机密泄露给竞争对手，必将对企业产生极其不利的影响。

（2）加强与外包服务商的沟通。企业与外包服务商的合作是一个相互沟通的过程，外包服务商在开展业务时会因为不熟悉业务和人员而需要企业各部门及时提供信息，而企业的业务发展也离不开外包服务商。在外包过程中，企业管理层应指定专人参与到外包项目中，作为交流的“中介”与外包商沟通，以此强化外包服务商与内部员工的沟通。这样可以让外包商更快更充分地了解企业环境、人员和企业文化，真正融入企业中，尽早发现问题，并根据实际情况采取因地制宜的措施解决问题。双方建立起双赢的合作关系，共同把工作做好。

(三) 评估控制阶段

(1) 建立有效的监督反馈机制。在业务外包过程中，企业对相关业务的控制权随着合同的签订而转交给外包服务商，但这并不意味着企业可以放松对外包业务的监管。企业应当建立对服务商的绩效评价机制与监督体系，定期对外包项目执行情况进行检查，并审查外包合同的履行情况，将发现的问题及时反馈给外包服务商，促使人力资源外包工作以螺旋式上升的良好态势不断发展。

(2) 加强外包风险评估与控制。外包风险评估与控制是降低人力资源外包风险的重要手段。企业应该对外包风险进行定量分析与评估，估测风险发生概率及损失大小，并在此基础上提出可行方案，从而达到控制风险的目的；也可以对人力资源外包实施的成果进行阶段性验收，找出外包服务商的不良工作表现，及时发现风险并加以控制。

(四) 解除阶段

企业实施人力资源外包的同时，就在外包服务商那里建立了数据库，当企业要解除与服务商之间的合作关系时，就会涉及如何处理与服务商的关系以及如何避免企业人力资源信息泄露或缺损等问题。在退出外包的过程中，企业要处理好退出外包带来的一系列相关问题：管理者要谨慎地解除与服务商的合作关系，终止外包合同；把有关信息整理记录，备案归档，避免企业信息因服务商的退出而缺损、流失，防止机密信息泄露带来的风险和损失。同时，企业要培育不断学习的能力，以提高适应能力与自主发展能力，避免过分依赖外包服务，并确保在解除外包关系之后能够及时有效地继续开展人力资源管理工作。

三、人力资源外包的风险及规避对策

(一) 人力资源外包的风险

实施人力资源外包并不轻松，是一种高风险的策略。如果盲目跟随潮流，忽视其风险分析及防范，则不仅无法给企业带来预期的优势和效益，反而会让企业蒙受巨大的损失。人力资源外包风险（human resource outsourcing risks）主要有以下几项：一是信息不对称的风险；二是管理失控的风险；三是安全性风险；四是破坏企业文化的风险。

1. 信息不对称的风险

即在人力资源外包业务中由于信息不对称造成的风险。信息不对称主要表现在以下方面：一是企业与外包服务商之间的信息不对称。目前，人力资源外包市场参差不齐。许多国内人力资源管理咨询公司和服务机构的从业人员素质偏低、专业化程度不高，许多企业对这种状况不仅一无所知，反而盲目听信与不加批判地接受某些咨询顾问的“咨询”与“指导”，反而增加了风险。同时，国外一些比较有名气的人力资源管理咨询公司或专业机构虽然具有较高的专业水准，但为国内企业提供外包服务时却存在文化冲突问题，许多企业对此也缺乏认识，照搬照套国外的“先进经验”，导致“水土不服”，也会加大风险。二是人力资源管理部门与企业员工之间的信息不对称。企业将人力资源业务外包，必然引起企业员工的高度关注，但是现实中由于人力资源管理部门往往不能很好地与员工沟通，增加了外包风险。例如，员工担心失去工作，引起恐慌，工作积极性下降，士气降低；又如，外包后难免让员工产生“外部人”控制“内部人”的感觉，产生抵触情绪，不利于企业发展。

2. 管理失控的风险

管理失控就是企业在外包管理过程中，因自身能力有限，不能按相关外包计划运作，进而陷入困境。管理失控风险主要来源于企业自身相关能力不足，包括缺乏外包决策能力、外包合同谈判能力、外包适应能力以及外包监控能力等。外包管理能力有限极有可能导致管理失控，进而增加外包风险。

3. 安全性风险

在人力资源外包中，安全性是一个大问题。商业机密问题与互联网、局域网运行可靠性问题都是必须考虑的安全性风险。目前，由于我国人力资源外包市场不够成熟，相关法律法规尚未完善，外包行业运作在很大程度上无章可循，安全性风险显而易见。这主要表现在以下方面：外包减少了企业对人力资源管理工作的监控，服务商会或多或少地掌握企业信息及机密，进而可能以此控制企业；服务商可能与其他客户分享企业的信息，泄露企业招聘计划、薪酬福利制度等敏感性信息，使企业丧失对某些人力资源管理关键技能和优势资源的独占性。

4. 破坏企业文化的风险

人力资源外包涉及企业与服务商双方人力资源管理整合问题，而由于企业之间存在价值观的差异，双方会存在摩擦和冲突，从而可能弱化企业文化的凝聚功能，给企业文化建设带来困难。如果服务商在提供服务时不能很好地认知与适应企业文化，就会引起企业管理者及员工的不满，进而导致服务质量与效率下降。

（二）人力资源外包的风险规避对策

(1) 综合分析人力资源外包成本收益。在进行人力资源外包决策时，许多企业只关心所付出的成本以及可能得到的投资回报。但事实上，这只是其中的一部分，还应该综合分析其他一些重要因素，包括员工的未来能力、企业技术状况、员工和管理者对外包的满意度、高回报率的导因等。实施科学合理的成本收益分析将有助于企业规避外包风险。

(2) 慎重确定外包内容。缜密地研究与规划外包项目可以很好地规避外包风险。确定企业哪些人力资源管理内容适合外包，是成功实施外包的前提。企业需要根据所处的外部环境、行业状况、发展阶段、企业规模、保密程度、自身能力以及项目的成本收益等各种因素综合考虑判断，选择外包项目，避免外包活动涉及商业秘密，并威胁到企业核心业务的竞争能力。

(3) 谨慎选择外包服务商。在选择外包服务商时，首先应对其资质进行严格审查，可以从公司实力、公司信誉、服务质量、专业背景、客户群体、财务状况以及企业文化等多个方面综合考察。针对外包业务，选择专业性强、信誉可靠的服务商；通过了解服务商客户的反映，更加客观地了解服务商的水平资质。

(4) 签订详细周密的外包协议。企业与服务商是一种协作关系，必须用具有法律效力的外包合同来约束双方的行为。这是企业和服务商合作的基础，也是直接关系到外包能否成功的关键因素。在签订外包合同时，应对外包具体业务、承接业务价格、双方职责范围、合作期限、工作进度、预期目标、服务质量标准、保密要求、违约责任等进行详细周密的协商，形成协议条款，以此来规范和约束对方的行为，降低外包风险。

(5) 建立完善的内外部沟通机制。加强内部沟通，建立持续的沟通机制；优化内部沟通流程，为外包服务搭建顺畅的沟通渠道；加强与员工沟通，将外包策略传递到公司的各个层面，让员工清楚地认识到外包的目的和意义，以指导和推动外包工作的顺利进行。此外，加强外部沟通，使服务商充分了解企业的文化以及相关信息，为企业提供量身定制的外包服务；企业应指派专人联系与配合服务商的工作，双方从最初的考察研究到方案的实施都要密切配合；对于项目运转过程中出现的变化，通过良好的沟通系统，服务商可以及时掌握情况，并与企业人力资源管理部门共同协商制定相应措施。

(6) 建立风险预警管理体系。防范人力资源管理外包风险，关键要建立未雨绸缪的风险预警管理体系。企业需要事先制定好应急预案，防患于未然，在外包实施过程中，时刻关注与监控进程变化，一旦出现严重问题果断采取应急处置措施，以确保企业的正常运转，尽可能减少损失。

本章小结

本章介绍了人力资源外包的含义、理论基础、优势和不足、内容与方式、实施程序等。

人力资源外包是指企业为了战略发展的需要，将原本由内部人力资源部门承担的职能部分或全部委托给本企业以外的专业人力资源服务机构的一种人力资源管理模式。它的理论基础主要是交易成本理论、专业分工理论和核心竞争力理论。人力资源外包具有诸多优势。

人力资源外包方式通常有四种：人力资源职能全面外包、人力资源职能部分外包、人力资源职能人员外包和分时外包。企业实施人力资源外包应该按照四个阶段分步进行。这四个阶段分别是准备阶段、实施阶段、评估控制阶段与解除阶段；每个阶段都包含若干主要工作任务。人力资源外包需要规避以下风险：信息不对称的风险、管理失控的风险、安全性风险、破坏企业文化的风险。

关键词

外包（outsourcing）

信息技术资源外包（IT outsourcing）

应用服务外包（application service provider，ASP）

人力资源外包（human resource outsourcing）

人力资源外包风险（human resource outsourcing risks）

思考题

1. 什么是人力资源外包？人力资源外包的社会背景与理论基础是什么？
2. 人力资源外包具有哪些优势和不足？
3. 人力资源外包的内容与形式是什么？
4. 人力资源外包的实施包含哪些步骤？每个步骤需要完成的任务是什么？
5. 人力资源外包存在哪些风险？如何规避人力资源外包风险？

第 17 章

电子化人力资源管理

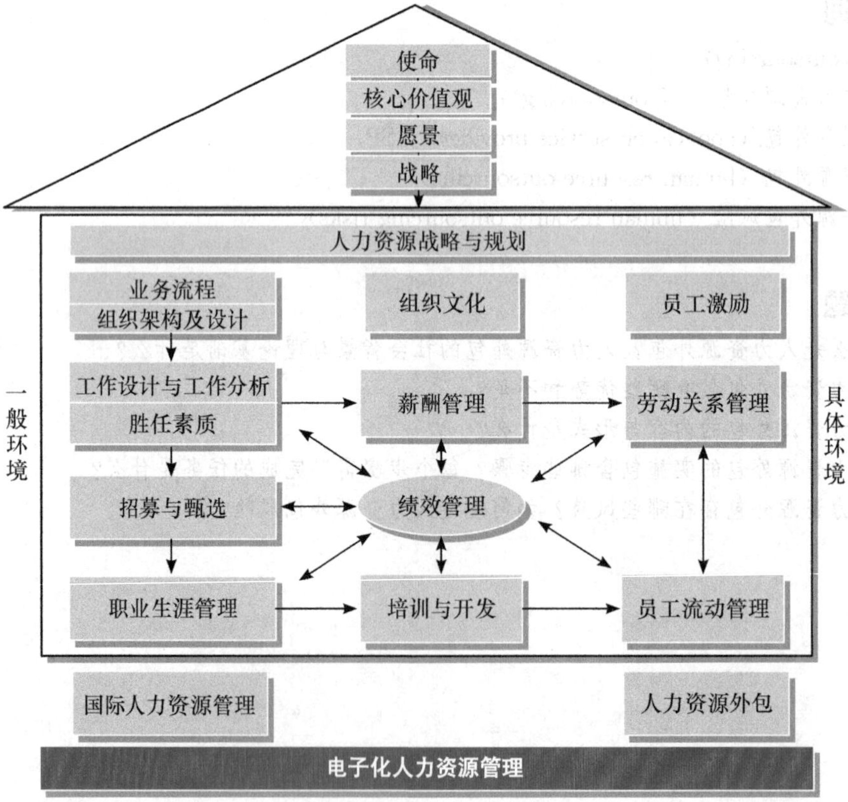

第1节 电子化人力资源管理概述

一、电子化人力资源管理的概念

信息技术的高速发展对传统观念与模式下的人力资源管理系统的分析、设计与实施提出了新的挑战，引发了人力资源管理的深刻变革，促进了与信息技术发展相适应的新的管理理念和管理方式的诞生。当前，借助现代信息技术建立灵活高效的管理信息系统，实现人力资源管理电子化，已经成为组织提高人力资源管理水平的必由之路。

电子化人力资源管理（electronic human resource management，E-HR）是指将信息技术运用于人力资源管理，以先进的软件和高速、大容量的硬件为基础，通过集中式的信息库自动处理信息、员工参与服务、外协及服务共享，使人力资源管理流程电子化，达到提高效率、降低成本、改进员工服务模式的目的的过程。简单地说，E-HR 就是指组织利用互联网和计算机技术实现人力资源管理的部分职能，它通过与组织现有网络技术相联系，保证人力资源管理与变幻莫测的技术环境同步发展。

E-HR 中的“E”有三种含义，即它不仅仅是“electronic”（电子化的），还是“efficiency”（高效的）和“employees”（全员共同参与的）。与传统人力资源管理系统不同，E-HR 是从“全面人力资源管理”的角度出发，利用互联网/内联网技术为人力资源管理搭建一个标准化、规范化、网络化的工作平台，在满足人力资源部门业务管理需求的基础上，将人力资源管理生态链上不同的角色联系起来，使得 E-HR 成为企业实行全面人力资源管理的纽带。它由面向人力资源部门的业务管理系统（HRMS）与面向企业不同角色（高管人员、直线经理、普通员工、人力资源专业管理者）的网络自助服务系统（self-service）两大部分组成，是对传统的 HRMS 在技术（建立在互联网/内联网技术基础之上）与理念上（建立在全面人力资源管理观之上，强调全员的共同参与）的延伸。

深入认识 E-HR 这个概念，还必须了解它与其他相关术语之间的关系。

1. E-HR 与 C-HR 和 D-HR

E-HR 是运用信息技术执行人力资源管理工作，将组织人力资源管理工作计算机化、网络化，提升人力资源管理绩效。E-HR 并不是 C-HR（computerized human resource management）：C-HR 是计算机化人力资源管理，计算机化人力资源管理只是将人力资源管理计算机化，虽然取代了传统手工管理文件和档案资料，但未网络化，无法实现即时的信息传递与反馈。E-HR 也不是 D-HR（digitalized human resource management）：D-HR 是数字化人力资源管理，数字化人力资源管理只是将人力资源资料具体数字化，缺少实时处理及交换等功能。也就是说，E-HR 是比 C-HR 和 D-HR 更高级的人力资源管理模式。

2. E-HR 与 HRMIS

HRMIS（human resource management information system）是人力资源管理信息系统。它产生于 20 世纪 60 年代末期，当时人们称之为 HRIS（human resource information system），即人力资源信息系统，着重于对人力资源信息的采集、维护等功能，主要表现为软件中的模块，大多是人事信息管理模块、考勤模块、薪酬计算模块、福利管理模块等。后来，随着人力资本理论的提出和现代人力资源管理的逐渐深入，企业对人力资源管理系统的要求不再局限于信息的采集、更新和维护，而是要进一步对这些数据进行挖掘，依靠各类模型和工具，提供优化的管理流程、智能的分析、战略的决策参考等，于是人力资源管理系统 HRMS（human resource management system）的称呼随之出现。HRMS 比 HRIS 增加了许多新功能，比如招聘功能、培训功能、绩效管理功能等。一般将它们通称为 HRMIS。

E-HR和HRMIS最重要的区别在于，E-HR是一种管理模式，这种管理模式以HRMIS为运行平台，以网络化、知识化、全球化为特征，代表了人力资源管理的未来发展方向。E-HR并不像HRMIS那样仅限于和人力资源管理者发生互动。E-HR体现全面人力资源管理的理念，在满足人力资源部门业务管理需求的基础上，从高层到中层管理人员，再到企业的所有员工，都参与到人力资源管理工作中来；帮助人力资源从业人员缩短管理周期，减少人力资源工作流程的重复操作，使工作流程自动化，减少不必要的人为干扰因素，使最终用户（员工）自主选择人力资源信息和服务，加速实现事务性工作和日常服务的外包。

二、电子化人力资源管理的产生与发展

E-HR的产生与发展大致经历了四个阶段：

（1）薪酬计算系统阶段。薪酬计算系统诞生于20世纪60年代末，当时由于发达国家的计算机技术已经进入实用阶段，同时企业的规模也越来越大，手工计算和发放薪酬既费时费力又非常容易出差错，为此，薪酬管理系统应运而生。这是E-HR系统的第一个阶段——仅限于自动计算薪酬的初级阶段。

（2）薪酬/人事管理系统阶段。20世纪70年代末，随着计算机技术的飞速发展，如计算机的普及以及计算机系统工具和数据库技术的发展，在计算机薪酬管理的基础上，开始记录员工的其他基本信息（包括薪酬的历史数据），具备了报表生成和薪酬数据分析功能，即具有一部分人事信息管理的功能。因此，这个阶段可称为薪酬/人事管理系统阶段，是E-HR系统发展的第二个阶段。

（3）人力资源管理系统阶段。到20世纪90年代初，人力资源管理系统出现革命性的变革。企业管理理论，特别是人力资源管理理论的发展，使人们认识到人力资源在企业发展和企业竞争中的关键性作用，另外随着计算机技术的发展，将信息技术导入企业人力资源管理成为可能。人力资源相关数据（如招聘、培训、职位管理、绩效管理、薪酬福利管理、员工信息历史资料等）的统一管理与信息共享，使人力资源管理人员摆脱了繁重的日常工作，大大提高了人事管理工作的效率。这是E-HR系统发展的第三个阶段——人力资源管理系统阶段。

（4）E-HR系统阶段。人力资源管理信息系统的第二次革命性变革出现在20世纪90年代末21世纪初。由于互联网和内联网技术的普及以及人力资源管理理论的进一步发展，人力资源管理快速响应企业内部和外部的各种要求与变化成为可能。这就是E-HR系统阶段——人力资源管理系统发展到了一个更高的阶段，即可以实现员工或潜在员工和企业人力资源管理者的互动和零距离。

三、电子化人力资源管理的意义

E-HR能够大大提高组织人力资源管理水平，它的意义主要体现在以下几个方面：

（1）提高人力资源管理效率。人力资源管理的员工考勤、人事档案管理、绩效评价、工资福利等大量事务性、程序性工作占用了人力资源管理者大量的时间，而且手工操作效率低，还容易出错。组织应用信息技术后，通过E-HR授权员工进行自助服务、外协及服务共享等，不仅可实现无纸化办公，还可以大大节省人力和时间，从而降低管理成本，显著提高效率。翰威特咨询公司的统计数字表明，戴尔公司2000年上半年通过互联网处理了300万美元的人力资源管理操作业务，思科公司通过电子化培训（e-learning）系统一年节省了2 400万美元。

（2）推进战略性人力资源管理实施。组织人力资源管理工作大致可以分为两部分：作业性项目与战略性项目。作业性项目指的是员工考勤、人事档案管理、绩效评价、工资福利等行政性和事务性的工作。战略性项目指的是人力资源政策的制定、执行，中高层主管的甄选，员工的教育、培训、职业生涯规划，开发、留住人才，等等，具有相当的前瞻性。E-HR使得稳定的、机

械性的、重复性的人力资源行政事务性工作，基本上被机器取代或者外包，使人力资源管理者集中精力于重要的战略性项目。因此，人力资源管理部门由原来边缘化的功能性部门转变成核心的战略性部门；人力资源管理工作者真正从烦琐的行政事务中摆脱出来，可以随时随地向组织决策层提供决策支持。这两方面的变革促使人力资源管理部门名副其实地成为组织管理的战略伙伴角色。这是 E-HR 系统给企业人力资源管理带来的最积极的影响。

(3) 规范人力资源管理业务流程。E-HR 的实施，有利于消除手工作业分散、隔离、盲目等现象，促进各项管理功能的关联，保证信息共享与流程规范化，从而使各项人力资源管理职能在实际运用中得到衔接；各部门的人员按照流程设定的分工开展工作，使整个业务的办理过程清晰明确，便于对业务事件的跟踪和反馈；而且，人力资源管理人员通过规范与优化人力资源运作体系的业务流程，包括招聘流程、培训与开发流程、绩效管理流程、薪酬管理流程、员工离职流程等，来实现人力资源管理工作的模式化、系统化和集成化。

(4) 为企业及管理者、员工提供增值服务。对企业而言，随着组织规模的不断扩大，组织各部门之间、员工之间、组织与外部业务伙伴之间的沟通往往会变得十分困难，但激烈的市场竞争使这种全方位的沟通极为必要。E-HR 的实施，不但可以成为员工之间的纽带，帮助他们逾越因部门、工作时间、工作地点不同等而形成的障碍，促进相互了解和沟通，同时还可促使组织与外部业务伙伴实现在人才、技术、知识等方面的资源共享，有效提高适应外部环境的能力。对管理者而言，常规的事务性工作已经不能满足组织长远发展的需要，现实的状况是：一线经理想要获取某一职位任职者的最佳人选；部门主管希望了解哪些员工可以参与轮岗或轮班；而且，管理层渴望知道谁是最佳员工，哪些员工需要哪种类型的专业培训，谁是继任计划的最佳人选，人力成本的构成和使用情况如何，等等。应用 E-HR 系统，这些问题可以得到清晰、明确、及时的解答。对员工而言，E-HR 通过网络的交互性、动态性使员工很方便地获得与维护有关自己的考勤、薪酬、培训记录等信息，还可以实现在线报销、申请休假、查询等工作，进而让员工实施自我管理成为可能，能更加自主地把握自己的职业前程。

第 2 节 电子化人力资源管理系统结构与功能模块

一、电子化人力资源管理系统结构

一套典型的 E-HR 系统从结构上应分为三个层面：基础数据层、业务处理层和决策支持层（见图 17－1）。

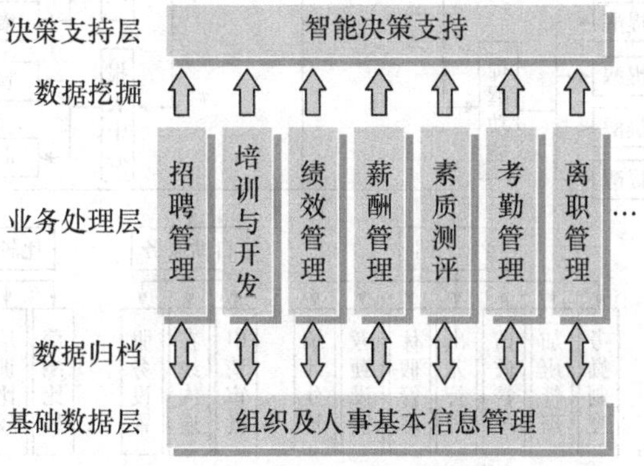

图 17－1　E-HR 系统结构图

1. **基础数据层**

基础数据层包含的是变动很小的静态数据，主要有两大类：一类是员工个人属性数据，如姓名、性别、学历等；另一类是企业数据，如企业组织架构、职位设置、工资级别、管理制度等。基础数据在人力资源管理系统初始化的时候要用到，是整个系统正常运转的基础。

2. **业务处理层**

业务处理层是指对应于人力资源管理具体业务流程的系统功能，这些功能将在日常管理工作中不断产生与积累新数据，如培训数据、绩效管理数据、薪酬数据、考勤休假数据等。这些数据将成为企业掌握人力资源状况、提高人力资源管理水平以及提供决策支持的主要数据来源。

3. **决策支持层**

决策支持层建立在基础数据与大量业务数据组成的人力资源数据库基础之上，通过对数据的统计和分析，就能快速获得决策所需信息，如工资状况、员工考核情况等。这不仅能提高人力资源的管理效率，而且便于企业高层从总体上把握人力资源情况。

二、电子化人力资源管理系统的主要功能模块

完整的E-HR系统由几十个功能模块组成，其功能涵盖人力资源管理体系的各个领域（见图17-2）。这里主要介绍E-HR系统一些常用的功能模块。

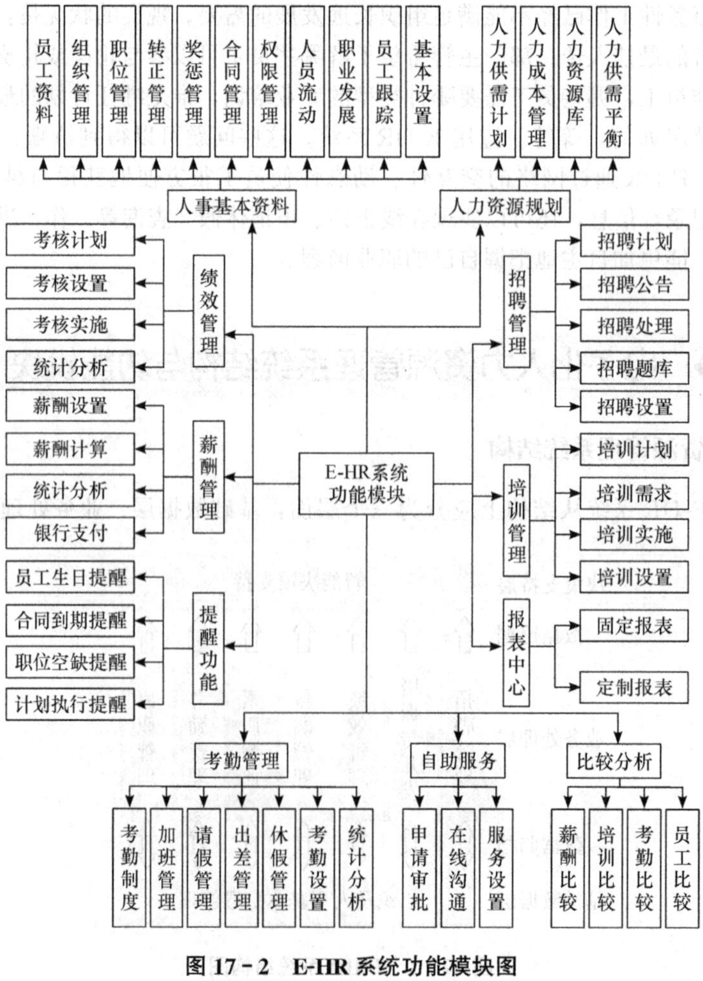

图17-2　E-HR系统功能模块图

(一) 电子化人力资源规划

电子化人力资源规划可以对企业的人力资源状况进行各种调查、统计分析；根据企业的经营战略对未来的人力资源进行预测及规划，以保证人力资源能够满足当前工作及未来发展的需要。它具有以下主要功能：(1) 收集调查对象（如本地区、本行业、竞争对手以及本单位）的人力资源状况，并进行各种对比分析，为人力资源规划和决策提供重要的参考依据；(2) 根据组织规模的发展变化、人力资源调查状况，以及本单位的人力资源的基本状况，确定本单位的人力资源战略；(3) 确定战略规划之后，将战略规划转化成定性和定量的人力资源规划，为实现既定的目标而对未来所需员工的数量和种类进行估算，并根据能力水平和职位要求确定所需员工的数量和类型，使组织内部和外部人员的供给与特定时期组织内部预计的空缺职位相吻合；(4) 根据企业实际情况灵活定义人力资源成本的计算方式，对现有人力资源的成本进行不同角度的核算与分析，结合人力资源规划进行未来人力资源成本的预算；(5) 实时监控人力资源规划的执行情况，发现异常情况做出预警提示。

(二) 电子化招聘

电子化招聘（e-recruiting）是 E-HR 中发展最为迅速的一项功能。根据《财富》杂志所作的调查，世界 500 强企业中 2000 年就有 79%的公司实现了电子化招聘。通过互联网的应用，能够在应聘者和用人单位两个层面分别创建自助服务系统，从而盘活整个招聘流程，协助进行应聘者与空缺职位的匹配，并处理这一过程中的其他环节，如应聘者测评和个人背景资料认证等。如果企业中出现了空缺职位，管理者即可在线输入职位招聘申请，同时系统会自动将其工作说明书中的任职条件、主要职责等信息从人事数据库中提取出来，以便修改和确认。职位招聘申请提交并审批通过后，系统立即在网上发布招聘信息，使招募工作及时进行。如果需要，可以先直接进入 E-HR 系统的内部人才储备库挑选合适的候选人，优先录用。招聘信息在网上发布后，应聘者在网上输入的求职信息直接转入 E-HR 系统的应聘者数据库，同时与招聘相关的管理工作的整个过程都会在网络上完成，包括确定候选人、面试考官、面试时间和地点、面试试题、面试评价表等，并通过网络进行互动式管理。应聘者一经录用，他们的基本资料便会从 E-HR 系统中的应聘者数据库直接转入公司员工信息库。这是一种完全数字化的招聘模式。

(三) 电子化培训

传统的培训是让员工集中在某一地点统一接受培训。与这种把员工送到信息面前的传统培训方式不同，电子化培训（e-learning）是把信息送到员工面前。员工可以在网上查看关于培训课程的最新信息，这些课程可以通过名称、日期、地区等路径取得。当员工选中一个课程后，能够查看关于该课程的其他一些信息，如培训人数要求、课程大纲、地点、条件、日程安排、费用等，可以查看自己培训的历史记录。当一个员工报名参加培训后，有关该课程的信息和费用情况会通过邮件自动传送到其部门经理的手中。经理有权否决，如经理无反馈则视为同意。在线培训结束后，培训效果的评价同样是通过网络来实现的。企业通过该模块可以规划自己的培训体系和调配培训资源，合理安排和管理日程、课程、进度、结果等信息，进而评估效果。此外，该模块的另外一个重要功能就是提供在线培训。以网络虚拟学院为平台的在线培训使得员工培训成为实时、全时的过程，企业可以将培训课程发布在网络上，供各地的员工共享，员工均可以根据自身要求选择针对性课程，形成员工自我学习、自我管理、自我激励的培训体系。例如，当员工为了更新自己的知识储备，产生了想要学习新知识的需求时，应用系统可以提供在线指导，并有可能按照个性化需求提供相应培训项目。随着系统应用的不断深入，培训也更加广泛和简便，而且企业用于培训的投资回报会更加直观和容易衡量。

(四) 电子化绩效管理

信息技术的应用加速了绩效管理流程的发展。通过网络和软件系统，企业有能力掌握组织核心竞争力的状况，并合理地配置员工已有的知识和技能。目标管理、关键绩效指标和平衡计分卡等现代绩效管理工具的导入，与信息系统一道为企业绩效管理工作的有效开展提供了管理技术和信息技术的双重保障。电子化绩效管理为企业提供适用于不同时间、不同部门的多种管理工具，并确保绩效评价的客观公正。这主要表现为：建立目标管理体系，与员工签订目标与绩效评价计划，按职位设置不同的评价规则，灵活定义评价规则的各项指标，并设计绩效评价表；适时调整评价周期、评价主体与复核人；提供在线绩效评价功能，不仅为异地绩效评价提供了可能，使得360度反馈真正成为现实，还能够减少员工和管理者大量的资料分析和整理的手工操作，提高了绩效评价的效率和准确度；支持对评价结果有异议的员工进行在线申诉，相关部门管理者及时处理并反馈处理结果；统计分析综合评价结果，并根据评价结果自动生成员工的评价成绩，进而将评价成绩传送到薪酬管理模块，计算相应的绩效薪酬。

(五) 电子化薪酬管理

电子化薪酬管理可以用于管理企业薪酬福利计算的全过程，其中包括企业的薪酬福利政策设定、自动计算个人所得税、自动计算社会保险等代扣代缴项目；可以根据公司的政策设置并计算由事假、病假、婚假、丧假等带薪假期以及迟到、早退、旷工等形成的对薪酬福利的扣减，能够设定企业的成本中心并按成本中心将薪酬和总账连接起来，直接生成总账凭证，还能存储完备的历史信息供查询和生成报表；提供多种薪酬支付方式，并提供与银行系统的接口，系统内的数据及指定发薪期的数据可输出至与银行自动转账系统相容的数据文件，并把数据存储在磁盘中，以便送往银行自动转账；提供政府规定格式的各种报表，高层领导可对薪酬分布进行统计和图表浏览，同时提供完善的薪酬统计分析功能，为制定薪酬制度与调整薪酬结构提供依据；员工也可以利用系统所提供的强大功能，管理个人财务安全，新的应用系统支持员工进行个人财务状况分析和个人退休金的科学规划。

(六) 其他模块

1. 人事信息管理

人事信息管理可以根据企业实际需要自定义员工档案项目，提供完善的员工档案管理功能与灵活的定位查询功能；记录员工的注册、转正、调动、职位变动、辞职、辞退、建议、沟通协作以及职位、部门改编等情况，综合统计分析生成图表，显示员工异动情况；对关键员工进行重点跟踪管理，跟踪他们从进入企业到离职全过程的历史记录，包括薪酬变动、奖惩情况、各类经历（如学习、工作、培训等），为人力资源优化配置提供依据；设置自动提示信息（如试用员工转正、员工生日、合同到期提醒等）；提供企业规章制度检索浏览功能，限定用户浏览权限。

2. 电子化考勤

电子化考勤提供对不同考勤机的数据导入接口，灵活定义企业规定的考勤规则，包括休假制度与上下班时间等；设置倒班、加班、节假日、公休日并灵活调整休息日，对每个部门及每位员工设置不同的考勤规则；记录员工的出勤情况，依据其上下班类型自动判断是否迟到、早退、请假、休假或旷工；为员工制订休假计划、加班计划并记录加班、请假与休假情况，提供请假与休假到期预警提示与销假功能；统计每位员工的月出勤情况并提供给绩效管理系统与薪酬管理系统，自动计算和累计员工的各类假期，生成积存余额记录，并在必要时折算成工资。

3. 电子化自助服务

电子化自助服务直接面向员工和经理，使信息直接到达需要它的用户界面，所收集到的信息也变得更为准确和及时。个人用户可以不必依靠信息系统部门和人力资源部门，通过自助服务系统实现自我管理。这些自助服务内容包括员工地址、电话、紧急联系方式等内容的变更，员工福利项目个人信息的变更和菜单式福利服务，工时记录和休假管理，员工绩效管理和发展计划，组织培训安排和工作调配，等等。例如，员工可在线查询个人信息（薪酬、福利累计、考勤休假情况等）和企业的公共信息（组织架构、内部招募信息等），在线请假，注册内部培训课程，在线处理绩效评价工作等；经理在授权范围内可以在线查看所有下属员工的人事信息、出勤、合同、工资、培训情况，更改员工考勤信息，查看人力资源配置和成本变动情况、薪酬平衡表、组织绩效、员工绩效等重要信息，在线审批员工转正、培训、请假、离职等申请，以及在线评估员工绩效。

第3节 电子化人力资源管理系统开发与实施

企业应该利用信息技术来完善人力资源管理体系，将E-HR系统规划与其他信息化建设规划一道纳入企业发展战略规划内容之中，从企业人力资源战略与信息化建设战略全局的高度出发，积极应对企业人力资源管理环境的变化，提高E-HR系统开发与实施的成功率，延长系统使用的生命周期。E-HR系统的开发与实施主要包括系统规划、系统分析与设计、系统运行与实施、系统维护与评估四个步骤。这四个步骤构成一个循环的系统，不断优化企业的E-HR系统流程。①

一、电子化人力资源管理系统规划

E-HR系统规划包括通盘考虑企业战略发展需要和人力资源管理现状，使全体人员充分理解E-HR的概念与结构，确认系统的目标和可能会涉及的一些变量，考虑系统设计和处理的方案，决定系统规划的范围和重点，做好系统开发与实施的时间进度安排，建立起各种责任制和规章制度，等等。具体言之，E-HR系统规划阶段一般要完成以下任务：

（1）成立规划领导小组并组织相关培训。E-HR系统规划领导小组应该由组织的主要决策者负责，其成员包括人力资源部门与相关业务部门的业务骨干、人力资源管理专家和系统分析设计人员。而且，通过组织相关培训使领导小组各位成员了解E-HR系统相关专业知识并掌握制定E-HR系统规划方法。

（2）全面收集和整理规划信息。实施E-HR系统时需要使用的信息包括人力资源管理政策信息、劳动力市场信息和现有人力资源结构信息等，通过对这些信息的归类和汇总，为E-HR系统的规划准备好“原材料”。

（3）确定规划性质和期限。E-HR系统规划需要根据组织规模、管理规范化程度以及产品或服务需求等基本情况确定规划的年限和具体方法，以明确规划的性质和适用范围，进而合理地选用规划辅助工具或软件。

（4）拟定开发与实施方案。确定E-HR系统的建设目标，诸如应具备的功能、项目服务范围和项目建设质量等，给出初步形态和基本框架，为项目的分析和设计指明方向。同时，选定优先建设的子项目，确定项目建设的总体顺序，制定较为详细的开发与实施策略，明确具体的开发与实施方法，估计项目成本和人员需求并列出建设进度表。

---

① 陈鑫铭．企业人力资源管理信息化系统设计．商业时代，2006（28）：48-49.

二、电子化人力资源管理系统分析与设计

E-HR系统的分析与设计是必不可少的一个重要环节。E-HR系统分析是对要建设的项目进行系统、结构化的研究，分析人力资源管理过程并提出优化和改进的思路和逻辑方案或模型，解决“做什么”的问题。而E-HR系统设计是在系统分析的基础上进行系统总体设计和物理设计，建设项目的物理模型，解决“怎么做”的问题。

（一）电子化人力资源管理系统分析

E-HR系统分析主要包括以下内容：

（1）项目建设的可行性分析。E-HR系统可行性分析的内容主要包括人力资源管理人员对项目建设的态度和管理方面的条件是否满足，当前项目建设队伍的能力能否满足系统需求，项目建设经费能否及时到位，项目的经济效益能否实现，等等。

（2）业务及数据的调查和分析。项目建设的可行性通过分析验证后，就应该对人力资源管理部门的结构、职能和业务流程进行详细调查和分析，在此过程中可以借助组织架构图、管理功能图和业务流程图等图形分析工具或相关软件描述相关静态或动态的管理信息，了解组织内人力资源的基本情况，以发现其不合理甚至错漏之处，进而为优化业务提供条件。为了有效地引入信息技术辅助管理，还应借助数据流程图、数据字典等工具将管理数据和处理过程抽象地独立出来，发现并解决数据流通中的问题，为后续阶段建立人力资源数据库系统和设计相关功能模块处理过程奠定基础。

（3）系统需求分析。系统需求分析的作用在于将现状诊断和流程优化、IT规划的工作继续向前推进，将管理问题的解决与IT系统紧密结合起来，从业务出发，提出对网络、硬件、软件系统功能层面的需求，为IT项目建设提供清晰明确的目标。主要包括：第一，企业全局需求分析。企业应对自身的人力资源管理水平有一个清醒的认识，并据此决定目前企业信息化的程度，减少盲目性。与此同时，也要对企业未来的战略发展有所考虑，给系统升级留下空间，为后续的完善提升做好准备。第二，内部员工需求分析。包括决策层、管理层和员工层需求分析三个层面。三个层面的人员职责、权力不同，对信息化的需求也不同。例如，决策层是企业战略的制定者，需根据内外环境的变化迅速做出反应，因此对E-HR中综合数据分析功能及动态数据库的及时更新功能要求较高；管理层最想通过信息化来全面掌握下属成员的信息；员工层希望通过信息化了解当前的薪酬福利状况，以及与自身职业生涯发展相关的信息，如企业的各项规章制度、招聘倾向等。

（4）逻辑方案的建立。逻辑方案是指经过系统分析和优化后，系统拟采用的管理模型和数据处理方法，其主要内容应包括：系统的业务流程及业务处理工作方式，系统的数据指标体系及数据流程，系统逻辑结构和数据资源分布方式，系统在各业务处理环节拟采用的模型或算法，配套的管理制度和运行体制，开发资源和时间进度估计，等等。由于逻辑方案不同于计算机配置和软件结构模型等实体结构方案，因此在进行本阶段的构思时要保留一定的柔性。

（二）电子化人力资源管理系统设计

E-HR系统设计主要包括以下内容：

（1）总体结构设计。总体结构设计就是对系统总体框架和可利用的资源进行宏观设计，主要工作是功能结构设计和系统流程设计。以结构化和模块化的思想为指导，借助功能结构图和系统流程图，可以将系统分解为功能单一但相互联系的模块，并详细描述出各模块之间的数据关系，用于表述系统处理过程的大致设想。

（2）代码设计。代码设计是利用数字、字母或相关符号的组合来替代各类不同形式的管理信

息，便于后面的计算机处理。通过设置信息的分类、编码和校验机制，可以在系统和使用者之间提供一种规范、高效的交流工具，从而使计算机处理方便简单。

(3) 物理配置设计。此项工作就是在综合衡量系统性能指标的基础上，合理选择计算机硬件设备和软件系统并明确计算机网络体系结构。在配置物理设施时，首先要注意严格依据规划和分析的结果决定系统配置，其次要考虑设计方案实现的可能性和技术的可靠性。

(4) 输入输出设计。输入输出设计是系统与用户之间交互的纽带，决定着人机交互的效率和效果，因此其内容主要涵盖输入输出的内容设计、格式设计、方式设计、设备设计及用户界面设计等。

(5) 数据结构和数据库设计。本阶段的设计任务就是根据数据的用途、使用要求、安全保密规定等特性决定数据结构、载体和权限等一系列问题。在设计过程中，首先应该利用规范化模式和关系数据模型设计系统的数据指标体系和数据库的关系结构，然后确定网络环境下的数据资源分布，最后定义数据安全保密级别和权限。

(6) 模块功能与处理过程设计。系统设计的最后一步，也是涉及具体业务处理过程最详细的一步，是编写程序实现系统的基础。结合前面阶段的分析和设计成果，使用层次模块结构图、结构化算法描述语言等工具，具体设计出系统所有模块的功能和处理过程、步骤及相互之间的连接方式。

分析与设计工作结束后，要提交系统分析与设计报告，其内容主要包括系统总体结构图、系统分类编码方案、系统设备配置图、输入输出设计方案、数据库结构图、系统处理流程图和设计方案说明等。系统分析设计报告是E-HR系统分析与设计阶段的最终成果，也是下一步系统实施的基础，一旦报告通过审查，整个项目的建设便可以进入项目运行与实施阶段。

三、电子化人力资源管理系统运行与实施

E-HR系统运行与实施的实质是将分析与设计阶段的结果在计算机系统和组织内加以实现。运行与实施阶段的主要任务如下：

(1) 物理系统的安装与调试。按照系统总体设计和物理配置方案的要求选择合适的设备和供应商，安装并调试计算机系统，连接和测试计算机网络；按照数据库设计要求搭建数据库结构。

(2) 程序设计与调试。程序设计应该遵照可靠、规范、易理解和易维护的目标，选用恰当的编程工具和设计方法完成计算机程序的编写。紧随程序设计的工作是程序的调试，即在计算机上以各种可能的人力资源数据和操作条件对程序进行试验和检测，尽可能找出存在的问题并加以修正，使其符合设计的要求。

(3) 基础数据整理与人员培训。分析设计人员应该注意采用统一规范的方法、手段和渠道将组织的人力资源数据整理并输入系统内，与此同时进行的还有操作人员和用户的培训，其主要内容应该集中在系统操作方式和流程、操作注意事项、可能的故障及其排除等方面，这样做的目的是使用户更有效地参与系统使用与维护，加强用户和分析设计人员之间的理解和沟通。

(4) 系统试运行及切换。系统试运行实际上是程序调试和检测工作的延续，它通过初始化后输入原始数据让系统运行并记录和核对系统输出，以测试系统运行的速度、可靠性并发现实际运行中可能出现的问题。此外，将通过试运行的系统应用到组织中去替代原有人力资源管理业务操作的过程就是切换，不同的组织可以根据时间、费用、复杂程度等因素决定是采用直接切换、并行切换还是分段切换的方式完成系统的平稳过渡。

四、电子化人力资源管理系统维护与评估

E-HR系统维护与评估主要包括系统应用、技术支持和维护，新功能和流程开发，以及系统

整体效果评估等。系统日常管理的内容主要包括管理机构的运行、基础数据的管理、系统运行情况的记录和维护等。此外，系统运行状况怎样、绩效如何、对组织的影响有多大等都需要建立科学的评价指标体系加以衡量，并作为维护、更新和进一步开发的依据。优秀的E-HR系统应该是一套高效率、多功能且易学易用的解决方案，可以通过以下一些特征来进行评价。

（1）易用性。界面友好简洁，能直观体现人力资源管理的主要工作内容，而且能引导用户按照优化的人力资源管理流程进行操作；一个界面就能显示尽可能多的相关信息，并操作更多的功能，信息集成度高。此外，能够符合用户的使用习惯，易使用、易维护、易升级。

（2）完整性。全面涵盖人力资源管理的所有业务功能，是用户日常工作的信息化管理平台；对员工数据的输入工作只需进行一次，与其他模块实行共享，减少重复录入工作。

（3）智能性。支持人性化的网络功能与自助服务，便于人力资源管理部门与其他部门及员工之间的沟通；可直接批量发送信息给相关人员，降低管理人员的行政事务工作强度；有提醒功能，以便用户定时操作，使人力资源管理者变被动为主动，有效提高员工对人力资源管理部门工作的满意度。

（4）稳定性。系统从底层数据库到功能层经过严格测试，数据库稳定、功能顺畅，能在不同的硬件环境中长期平稳运行。

（5）开放性。提供功能强大的数据接口，轻松实现各种数据的导入、导出以及与外部系统的无缝连接；可方便地引入各类文档，并将其存储到数据库中，同时支持主流关系型数据库管理系统及各种类型的文档处理系统。

（6）安全性。关键数据进行加密存储，设定不同级别的操作权限，建立日志文件，跟踪记录用户对系统每一次操作的详细情况；建立数据定期备份机制并提供数据灾难恢复功能。

五、电子化人力资源管理系统运行中员工隐私的保护

E-HR系统的引入带来了员工隐私容易被侵犯的风险。在公民隐私权日益受到重视的情况下，企业组织要采取有效措施，在普遍开展的电子化人力资源管理工作中保护好员工的隐私。具体措施如下：

（1）在员工授权的情况下，通过适当途径收集信息；

（2）严格按照组织目标的需要收集员工信息；

（3）向员工通报所收集信息以及将如何使用这些信息；

（4）将敏感的信息同其他资料分离开来；

（5）将信息的使用严格限定在合法、合规和实现组织目标所需行为的范围内；

（6）除非本人同意，禁止向外界公开信息。

本章小结

本章介绍了电子化人力资源管理的概念、产生与发展、意义、系统结构、功能模块、开发与实施等。

电子化人力资源管理是指将信息技术运用于人力资源管理，以先进的软件和高速、大容量的硬件为基础，通过集中式的信息库自动处理信息、员工参与服务、外协及服务共享，使人力资源管理流程电子化，达到提高效率、降低成本、改进员工服务模式的目的的过程。E-HR是电子化的、高效的和全员共同参与的。它的产生与发展大致经历了四个阶段：薪酬计算系统阶段、薪酬/人事管理系统阶段、人力资源管理系统阶段和E-HR系统阶段。

一套典型的E-HR系统从结构上一般分为基础数据层、业务处理层和决策支持层三个层面，

其功能涵盖人力资源管理体系的各个领域。E-HR系统主要功能模块包括电子化人力资源规划、电子化招聘、电子化培训、电子化绩效管理、电子化薪酬管理，以及人事信息管理、电子化考勤、电子化自助服务等。

E-HR系统的开发与实施主要包括系统规划、系统分析与设计、系统运行与实施、系统维护与评估四个步骤。这四个步骤构成一个循环的系统，不断优化企业E-HR系统流程。在电子化人力资源管理系统运行中要采取措施保护员工的隐私。

关键词

电子化人力资源管理（electronic human resource management，E-HR）
计算机化人力资源管理（computerized human resource management，C-HR）
数字化人力资源管理（digitalized human resource management，D-HR）
人力资源管理信息系统（human resource management information system，HRMIS）
电子化招聘（e-recruiting）
电子化培训（e-learning）

思考题

1. 什么是电子化人力资源管理？它有什么特点？
2. 电子化人力资源管理与人力资源管理信息系统有何异同？
3. 电子化人力资源管理的发展经历了哪几大阶段？
4. 电子化人力资源管理的意义是什么？
5. 电子化人力资源管理系统包含哪些主要功能模块？每个模块的特点是什么？
6. 电子化人力资源管理系统开发与实施包含哪些步骤？每个步骤的内容是什么？
7. 电子化人力资源管理系统运行中保护员工隐私的措施有哪些？

参考文献

[1] APPELBAUM E, BAILEY T, BERG P, et al. Manufacturing Advantage: Why High-performance Work System Pay Off. Cornell University, Press, 2000.

[2] 伯兰德，斯内尔．人力资源管理：第 13 版．大连：东北财经大学出版社，2003.

[3] 拜厄斯，鲁．人力资源管理：第 6 版．北京：华夏出版社，2002.

[4] IVANCEVICH J. Human Resource Management. 7th ed. 北京：机械工业出版社，1998.

[5] 斯宾塞．才能评鉴法．汕头：汕头大学出版社，2003.

[6] TAKEUCHI R, CHEN G, LEPAK D P. Through the looking glass of a social system: cross-level effects of high-performance work systems on employees' attitudes. Personnel Psychology, 2009, 62 (1): 1-29.

[7] WAY S A. High performance work systems and intermediate indicators of firm performance within the US small business sector. Journal of Management, 2002, 28 (6): 765-785.

[8] 沙因．企业文化与领导．北京：中国友谊出版社，1989.

[9] 圣吉．第五项修炼：学习型组织的艺术与实务．上海：上海三联书店，1998.

[10] 乌尔里克，布罗克班克．人力资源管理价值新主张．北京：商务印书馆，2008.

[11] 柯林斯，波勒斯．基业长青．北京：中信出版社，2002.

[12] 德斯勒．人力资源管理：第 12 版．北京：中国人民大学出版社，2012.

[13] 尤里奇．人力资源转型：为组织创造价值和达成成果．北京：电子工业出版社，2015.

[14] 明茨伯格，阿尔斯特兰德，兰佩尔．战略历程．北京：机械工业出版社，2006.

[15] 诺伊，霍伦贝克，格哈特，等．人力资源管理：赢得竞争优势：第 7 版．北京：中国人民大学出版社，2013.

[16] 诺伊．雇员培训与开发．北京：中国人民大学出版社，2001.

[17] 达夫特．组织理论与设计精要．北京：机械工业出版社，1999.

[18] 卡普兰，诺顿．平衡计分卡：化战略为行动．广州：广东经济出版社，2004.

[19] 卡普兰，诺顿．平衡计分卡战略实践．北京：中国人民大学出版社，2008.

[20] 卡普兰，诺顿．战略地图：化无形资产为有形成果．广州：广东经济出版社，2005.

[21] 卡普兰，诺顿．战略中心型组织：平衡计分卡的制胜方略．北京：中国人民大学出版社，2008.

[22] 卡普兰，诺顿．组织协同：运用平衡计分卡创造企业合力．北京：商务印书馆，2007.

[23] 波特．竞争战略．北京：华夏出版社，2005.

[24] 希特，爱尔兰，雷斯基森．战略管理：竞争与全球化：第 9 版．北京：机械工业出版

社，2012.

[25] 米尔科维奇，纽曼．薪酬管理：第9版．北京：中国人民大学出版社，2008.

[26] 罗宾斯，库尔特．管理学：第11版．北京：中国人民大学出版社，2012.

[27] 罗宾斯，贾奇．组织行为学：第14版．北京：中国人民大学出版社，2012.

[28] 蒙迪，诺埃，普雷梅克斯．人力资源管理：第8版．北京：经济科学出版社，2003.

[29] 马尔托奇奥．战略性薪酬管理：第3版．北京：中国人民大学出版社，2005.

[30] 尼文，拉莫尔特．OKR：源于英特尔和谷歌的目标管理利器．北京：机械工业出版社，2017.

[31] 陈德金．OKR，追求卓越的管理工具．清华管理评论，2015（12）：78-83.

[32] 陈洪权．人力资源管理．2版．北京：清华大学出版社．2016.

[33] 陈维政，余凯成，黄培伦．组织行为学高级教程．北京：高等教育出版社，2004.

[34] 陈远敦，陈全明．人力资源开发与管理．北京：中国统计出版社，1995.

[35] 程延园．劳动关系．3版．北京：中国人民大学出版社，2011.

[36] 董克用．人力资源管理概论．3版．北京：中国人民大学出版社，2012.

[37] 杜映梅．职业生涯管理．北京：中国发展出版社，2006.

[38] 方少华，方泓亮．胜任力咨询．北京：机械工业出版社，2007.

[39] 方振邦，陈建辉．不同发展阶段的企业薪酬战略．中国人力资源开发，2004（1）：56-59.

[40] 方振邦，徐东华．管理思想百年脉络．3版．北京：中国人民大学出版社，2012.

[41] 方振邦．管理学基础．2版．北京：中国人民大学出版社，2013.

[42] 方振邦．战略性绩效管理．4版．北京：中国人民大学出版社，2014.

[43] 葛玉辉．人力资源管理．4版．北京：清华大学出版社，2016.

[44] 关培兰，胡志林．人力资源管理外包．企业管理，2003（2）：54-55.

[45] 洪玫．人力资源信息化管理．北京：中国发展出版社，2006.

[46] 侯光明．人力资源战略与规划．北京：科学出版社，2009.

[47] 胡冬梅．影响高绩效工作系统因素及作用研究．北京：科学出版社，2017.

[48] 胡宏峻．人力资源e化．上海：上海交通大学出版社，2005.

[49] 胡君辰，杨永康．组织行为学．上海：复旦大学出版社，2002.

[50] 黄勋敬．赢在胜任力：基于胜任力的新型人力资源管理体系．北京：北京邮电大学出版社，2007.

[51] 姜秀丽，石岩．员工流动管理．济南：山东人民出版社，2004.

[52] 贾建锋，蒋建武．人力资源管理．北京：清华大学出版社，2016.

[53] 蒋永宁，王香玲．企业信息化人力资源管理的成功要素．中国人力资源开发，2007（8）：17-20.

[54] 李长江．人力资源管理：理论、实务与艺术．2版．北京：北京大学出版社，2017.

[55] 李富．企业不同发展阶段的人力资源外包策略．中国人力资源开发，2007（5）：31-33.

[56] 李燕萍．人力资源管理．武汉：武汉大学出版社，2002.

[57] 李英，班博．国际人力资源管理．济南：山东人民出版社，2004.

[58] 梁裕楷，袁兆亿，陈天祥．人力资源开发与管理．广州：中山大学出版社，1999.

[59] 刘吉林．各学习理论流派对学习实质的认识及教学主张的演变．当代教育科学，2005（21）：6-8.

[60] 刘昕. 薪酬管理. 5版. 北京：中国人民大学出版社，2017.
[61] 刘银花. 薪酬管理. 大连：东北财经大学出版社，2007.
[62] 刘忠群，张洪岩. 与组织相匹配的信息化人力资源管理. 中国人力资源开发，2007 (8)：28-30.
[63] 罗双平. 员工职业生涯规划设计. 企业文明，2008 (4)：27-30.
[64] 马海刚，彭剑锋，西楠. HR＋三支柱：人力资源管理转型升级与实践创新. 北京：中国人民大学出版社，2017.
[65] 马欣川. 人才测评：基于胜任力的探索. 北京：北京邮电大学出版社，2008.
[66] 苗仁涛. 战略人力资源管理的本土化研究. 北京：中国人事出版社，2016.
[67] 彭剑锋，荆小娟. 员工素质模型设计. 北京：中国人民大学出版社，2003.
[68] 彭剑锋. 人力资源管理概论. 2版. 上海：复旦大学出版社，2012.
[69] 秦杨勇，杨明广. 平衡计分卡与能力素质模型. 北京：中国经济出版社，2007.
[70] 芮明杰. 管理学：现代的观点. 3版. 上海：格致出版社，2013.
[71] 石金涛. 培训与开发. 北京：中国人民大学出版社，2013.
[72] 石伟. 组织文化. 上海：复旦大学出版社，2004.
[73] 石先广. 劳动合同法下的员工关系管理. 北京：中国劳动社会保障出版社，2008.
[74] 石先广. 新法下的人力资源管理应对实务. 北京：中国法制出版社，2008.
[75] 时勘. 基于胜任特征模型的人力资源开发. 心理科学进展，2006 (4)：586-595.
[76] 孙艳，赵俊杰. 我国企业人力资源信息化管理. 中国人力资源开发，2007 (4)：65-68.
[77] 王兰云. 人力资源管理：理论与实务. 北京：电子工业出版社，2017.
[78] 王少华. 人力资源管理的基石：胜任素质模型. 首都经济贸易大学学报，2005 (1)：54-56.
[79] 文跃然. 人力资源战略与规划. 上海：复旦大学出版社，2007.
[80] 吴宝华. 人力资源管理实用教程. 北京：北京大学出版社，2007.
[81] 吴春波. 回到原点：关于企业管理基本问题的思考. 北京：现代出版社，2004.
[82] 吴国存. 论企业职业管理的新视点：职业发展观. 南开管理评论，1999 (5)：17-21.
[83] 伍娜，张舫. 人力资源管理：理论、方法与实务. 成都：西南财经大学出版社，2017.
[84] 吴培良，郑明身，王凤彬. 组织理论与设计. 北京：中国人民大学出版社，1998.
[85] 萧鸣政. 工作分析的方法与技术. 4版. 北京：中国人民大学出版社，2014.
[86] 萧鸣政. 人力资源开发与管理：在公共组织中的应用. 北京：北京大学出版社，2005.
[87] 谢晋宇. 人力资源开发概论. 北京：清华大学出版社，2005.
[88] 徐芳. 培训与开发理论及技术. 上海：复旦大学出版社，2005.
[89] 颜爱民，方勤敏. 人力资源管理. 北京：北京大学出版社，中国林业出版社，2007.
[90] 于秀芝. 人力资源管理. 4版. 北京：中国社会科学出版社，2009.
[91] 余凯成. 组织行为学. 大连：大连理工大学出版社，2001.
[92] 余兴安. 人力资源服务概论. 北京：中国人事出版社，2016.
[93] 张爱卿，钱振波. 人力资源管理：理论与实践. 2版. 北京：清华大学出版社，2008.
[94] 张德. 人力资源开发与管理. 3版. 北京：清华大学出版社，2007.
[95] 张芬霞. 跨国人力资源开发与管理模式的比较研究. 武汉大学学报：哲学社会科学版，2006 (2)：162-167.
[96] 张小兰. 企业战略联盟论. 成都：西南财经大学出版社. 2008.

[97] 张一弛. 人力资源管理教程. 北京：北京大学出版社，1999.
[98] 赵春清. 人力资源管理. 上海：立信会计出版社，2008.
[99] 赵曙明，道林，韦尔奇. 跨国公司人力资源管理. 北京：中国人民大学出版社，2001.
[100] 赵曙明. 人力资源战略与规划. 北京：中国人民大学出版社，2004.
[101] 周文霞. 职业生涯管理. 上海：复旦大学出版社，2006.
[102] 朱健仪. 信息化人力资源管理探析. 中国管理信息化（综合版），2007 (2)：17-20.
[103] 朱颖俊. 组织设计与工作分析. 北京：北京大学出版社，2018.
[104] 朱勇国. 信息化人力资源管理. 北京：中国劳动社会保障出版社，2006.
[105] 朱舟. 人力资源管理教程. 上海：上海财经大学出版社，2001.

中国人民大学出版社　管理分社

教师教学服务说明

中国人民大学出版社管理分社以出版工商管理和公共管理类精品图书为宗旨。为更好地服务一线教师，我们着力建设了一批数字化、立体化的网络教学资源。教师可以通过以下方式获得免费下载教学资源的权限：

- 在中国人民大学出版社网站 www.crup.com.cn 进行注册，注册后进入“会员中心”，在左侧点击“我的教师认证”，填写相关信息，提交后等待审核。我们将在一个工作日内为您开通相关资源的下载权限。

- 如您急需教学资源或需要其他帮助，请加入教师 QQ 群或在工作时间与我们联络。

中国人民大学出版社　管理分社

教师 QQ 群： 648333426（工商管理）　114970332（财会）　648117133（公共管理）
教师群仅限教师加入，入群请备注（学校 + 姓名）

联系电话： 010-62515735，62515987，62515782，82501048，62514760

电子邮箱： glcbfs@crup.com.cn

通讯地址： 北京市海淀区中关村大街甲 59 号文化大厦 1501 室（100872）

管理书社　　人大社财会　　公共管理与政治学悦读坊